判例刑法
各論
第7版

西田典之・山口 厚・佐伯仁志・橋爪 隆 著

有斐閣
YUHIKAKU

第 7 版はしがき

　本書の第 6 版は 2013 年 3 月に刊行されたが，その直後の 2013 年 6 月に，著者の一人である西田典之氏が逝去された．氏の早すぎるご逝去は痛恨の極みである．

　その後，多くの重要な最高裁判例および下級審裁判例が出され，西田氏の遺志を継いで改訂を行う必要を感じていたが，2017 年 2 月には，山口厚氏が最高裁判事に就任された．そこで，今回の改訂においては，新たに橋爪隆氏に加わっていただき，橋爪氏と私の二人で改訂作業を行った．

　今回の改訂では，第 6 版刊行後に出された最高裁判例，下級審裁判例だけでなく，刑法の学習上重要と思われるものでこれまで収録されていなかったものも幾つか付け加えることとした．それらの判決の多くは，時間の制約から授業でとりあげることが難しいものであるが，読者の学習のためには，収録しておくことが有益であると考えたからである．他方で，これまでの改訂と同様，先例としての価値がなくなったものや理論的な重要性がなくなったと思われるものは削除した．その結果，今回の改訂では，総論において，新規 20 件を収録し，20 件を削除し，各論において，新規 29 件を収録し，14 件を削除した．

　本書第 7 版がこれまでと同様に，法学部や法科大学院の刑法の講義や学習において広く利用されることを願っている．

　　2018 年 2 月

　　　　　　　　　　　　　　　　　　　　　　　　　　佐　伯　仁　志

初版はしがき

　法解釈学の講義・学習における判例のもつ重要性については多言を要しないであろう。このことは，刑法各論についても同様である。刑法各論とは，刑法典各則を中心とした各犯罪類型の個別的成立要件を具体的に検討する作業であるから，「生きた法」としての判例を学ぶことが重要となるのである。本書は，このような必要にこたえるべく，刑法典各則の主要な犯罪類型について，理論的に重要と思われる判例を選び体系的に配列したものである。本書には，1992年（平成4年）5月までの判例を収録した。書物の宿命として，刊行後の情報を提供することはできないが，この点の補完は将来の改訂にまつほかはない。

　刑法各論の教材には類書も多いが，本書の特色をあげうるとすれば次の2点であろう。第1に，判例は具体的事件の解決を第一次的な目的とするものであるから，その前提となった事案についても──判決理由等から明らかである場合を除いて──具体的かつ簡潔に理解できるよう配慮した。他方，引用判例が原判決と結論を異にする場合だけでなく，リーズニングを異にする場合にも，その相違点を明らかにし，そこに潜む理論的問題点が鮮明となるよう努めてみた。第2は，判例の変化を理解できるよう意を用いた点である。刑法各論の判例は，その性質上どうしても定義的なものが多いが，他方，古い法条の枠内で（場合により枠を超えたと思われるものもあるが），いかにして現代社会の多様な変化や技術の進展に対応すべきかという苦悩を示すものも少なくない。本書では，このような観点から，判例上重要な変化が見られる問題領域については，若干古いと思われる判例をも収録配列し，判例の変化が時系列的に明らかになるよう工夫してみた。このような編集方針の結果，本書は，単なる資料集としての域を超えたものとして若干の独自性をもちえたのではないかと思う。

　本書は，基本的には，講義の教材として編集されたものであるが，体系的配列に従って読み進めば，刑法各論の自習用にも十分役立つものと考えている。本書が講義のみでなく学生諸君の自習用の教材としても広く利用されれば幸いである。

1993年4月

執筆者を代表して

西　田　典　之

目　次

I　生命に対する罪 (1)

■ 1　殺　人　罪 (1)

[1]　人の始期 (1)

1　一部露出説（大判大正 8 年 12 月 13 日）……………………………1

[2]　人の終期 (1)

2　脳死は人の死か（脳死及び臓器移植に関する重要事項について〔答申〕）……………………………1

[3]　202 条と 199 条，同意の有効性 (5)

3　同意の真意性と認識の要否（大阪高判平成 10 年 7 月 16 日）…………5

4　同意殺人罪と自殺関与罪の区別（東京高判平成 25 年 11 月 6 日）……6

5　殺害の嘱託に基づく傷害致死（札幌高判平成 25 年 7 月 11 日）………7

6　偽装心中と殺人罪の成否（最判昭和 33 年 11 月 21 日）……………9

7　自殺関与罪と殺人罪の限界（福岡高宮崎支判平成元年 3 月 24 日）…10

8　精神遅滞者の利用（大判昭和 8 年 4 月 19 日）…………………12

9　意思能力なき者の利用（最決昭和 27 年 2 月 21 日）………………12

10　肉体的精神的圧迫による自殺（広島高判昭和 29 年 6 月 30 日）…12

11　追いつめられた被害者の死亡（最決昭和 59 年 3 月 27 日）………13

12　殺人未遂罪が認められた事例（最決平成 16 年 1 月 20 日）………13

■ 2　堕　胎　罪 (15)

[1]　堕胎の概念 (15)

13　堕胎の意義（大判明治 42 年 10 月 19 日）……………………15

14　堕胎後の「嬰児」の殺害（大判大正 11 年 11 月 28 日）……………16

[2]　共　　犯 (16)

15　堕胎手術者の紹介（大判昭和 10 年 2 月 5 日）…………………16

16　妊婦及び医師に対する堕胎の教唆と適条（大判大正 9 年 6 月 3 日）……………………………16

[3]　胎児と人の限界 (17)

17　堕胎後出産された「嬰児」の放置（最決昭和 63 年 1 月 19 日）…17

18　早産のため発育不良の嬰児の殺

害（大判明治43年5月12日）…*17*

[4] 胎児性致死傷の罪責（*18*）

19 熊本水俣病事件（第1審判決）（熊本地判昭和54年3月22日）…*18*
20 熊本水俣病事件（控訴審判決）（福岡高判昭和57年9月6日）……*19*
21 熊本水俣病事件（上告審決定）（最決昭和63年2月29日）………*19*
22 交通事故による受傷（秋田地判昭和54年3月29日）……………*19*
23 自動車事故による胎児傷害（鹿児島地判平成15年9月2日）……*20*

■ **3 遺 棄 罪**（*20*）

[1] 罪 質（*20*）

24 抽象的危険犯（大判大正4年5月21日）………………………………*20*

[2] 客 体（*21*）

25 泥酔状態にある者（最決昭和43年11月7日）……………………*21*

[3] 遺棄の概念（*21*）

26 解雇した者の追い出し（大判明治45年7月16日）………………*21*
27 交通事故の被害者の放置（最判昭和34年7月24日）……………*21*
28 数日同棲した者による相手方の連れ子の置き去り（東京地判昭和48年3月9日）…………………*22*
29 喧嘩により重傷を負った同僚の放置（岡山地判昭和43年10月8日）………………………………*22*
30 母親により置き去りにされた嬰児に対する医師の責任（熊本地判昭和35年7月1日）…………*23*
31 堕胎により出生した嬰児に対する医師の責任（最決昭和63年1月19日）………………………*24*

[4] 救命可能性（*24*）

32 注射した覚せい剤により錯乱状態になった少女の放置（最決平成元年12月15日）……………*24*
33 保護責任が肯定され因果関係が否定された事例（札幌地判平成15年11月27日）………………*24*
34 保護責任が肯定され因果関係が否定された事例（東京高判平成23年4月18日）…………………*26*

[5] 不作為による殺人との限界（*27*）

35 不作為による殺人（大判大正4年2月10日）………………………*27*
36 不作為による殺人（東京地判昭和40年9月30日）………………*28*
37 不作為による殺人（シャクティパット事件）（最決平成17年7月4日）…………………………*28*

Ⅱ 身体に対する罪 (30)

■1 暴行罪 (30)

[1] 有形力の行使 (30)

38 着衣をつかみ引っ張る行為（大判昭和 8 年 4 月 15 日）……………30

39 塩まき行為（福岡高判昭和 46 年 10 月 11 日）……………30

40 音による暴行（最判昭和 29 年 8 月 20 日）……………31

[2] 身体的接触の要否 (31)

41 日本刀を突きつける行為（最決昭和 28 年 2 月 19 日）……………31

42 日本刀の抜き身を振り回す行為（最決昭和 39 年 1 月 28 日）……………31

43 人の数歩手前を狙って投石する行為（東京高判昭和 25 年 6 月 10 日）……………32

44 悪口を浴びせ、瓦の破片を投げ、追いかける気勢を示す行為（最判昭和 25 年 11 月 9 日）……………32

45 並進走行中の幅寄せ（東京高判昭和 50 年 4 月 15 日）……………32

46 被害者に詰め寄り、後ずさりさせる行為（大阪高判平成 24 年 3 月 13 日）……………33

■2 傷害罪 (34)

[1] 傷害の定義 (34)

47 剃刀による女性の頭髪の切断（大判明治 45 年 6 月 20 日）………34

48 女性の頭髪の根元からの切断（東京地判昭和 38 年 3 月 23 日）…34

49 意識障害と傷害（最決平成 24 年 1 月 30 日）……………35

[2] 暴行によらない傷害 (35)

50 嫌がらせ電話（東京地判昭和 54 年 8 月 10 日）……………35

51 音による傷害（最決平成 17 年 3 月 29 日）……………36

52 PTSD と傷害（最決平成 24 年 7 月 24 日）……………36

53 病毒の感染（最判昭和 27 年 6 月 6 日）……………37

[3] 傷害概念の相対性 (37)

54 強盗致傷罪における傷害の意義（最決平成 6 年 3 月 4 日）…………37

55 強盗致傷罪における傷害の意義（大阪地判平成 16 年 11 月 17 日）……………37

[4] 同意傷害 (41)

56 保険金詐欺の目的で与えた同意

（最決昭和 55 年 11 月 13 日） ……*41*

■ 3 現場助勢罪（*42*）

57 現場助勢と傷害幇助との限界
（大判昭和 2 年 3 月 28 日） ……*42*

■ 4 同時傷害（*42*）

58 暴行が時間的・場所的に競合する場合（大判昭和 12 年 9 月 10 日） ……………………………………*42*

59 同時傷害規定の適用のない事例（札幌高判昭和 45 年 7 月 14 日） …*43*

60 傷害致死罪への適用（最判昭和 26 年 9 月 20 日） ………*43*

61 同時傷害規定の適用範囲（最決平成 28 年 3 月 24 日） ………*44*

62 承継的共同正犯との関係（大阪高判昭和 62 年 7 月 10 日） ………*46*

63 承継的共同正犯との関係（大阪地判平成 9 年 8 月 20 日） ……*48*

■ 5 危険運転致死傷罪（*49*）

64 「アルコールの影響により正常な運転が困難な状態」の意義（最決平成 23 年 10 月 31 日） ………*49*

65 赤色信号を「殊更に無視し」の意義（最決平成 20 年 10 月 16 日） ………………………………………*51*

66 危険運転致死傷罪の因果関係（最決平成 18 年 3 月 14 日） ……*51*

■ 6 凶器準備集合罪（*52*）

[1] 保護法益・罪質（*52*）

67 清水谷公園事件——凶器準備集合罪の罪質（最決昭和 45 年 12 月 3 日） ……………………………*52*

68 罪数関係（最決昭和 48 年 2 月 8 日） ……………………………*53*

69 アドセンター事件（最判昭和 58 年 6 月 23 日） ……………*53*

[2] 共同加害の目的（*55*）

70 飯田橋事件（最判昭和 52 年 5 月 6 日） ……………………………*55*

[3] 凶　　　器（*56*）

71 長さ 1 メートル前後の角棒（最決昭和 45 年 12 月 3 日） ……*56*

72 ダンプカー（最判昭和 47 年 3 月 14 日） ……………………………*57*

73 角材の柄付きプラカード——飯田橋事件（第 1 審）（東京地判昭和 46 年 3 月 19 日） ………*57*

■ 7 業務上過失致死傷罪（*58*）

業　務　性（*58*）

74 免許を受け反復継続してなす娯楽のための狩猟行為（最判昭和 33 年 4 月 18 日） ………………*58*

75 業務性が否定された事例（東京高判昭和 35 年 3 月 22 日） ………*59*

76 反復・継続の意思（福岡高宮崎支判昭和38年3月29日）………*60*

77 易燃物の管理責任者（最決昭和60年10月21日）…………*61*

Ⅲ　自由に対する罪(62)

■*1*　脅　迫　罪(62)

[1]　罪　　質(62)

78 抽象的危険犯（大判明治43年11月15日）………………*62*

79 いやがらせと害悪の告知（最判昭和35年3月18日）…………*62*

[2]　客　　体(63)

80 法人に対する脅迫（大阪高判昭和61年12月16日）……………*63*

[3]　害悪の告知(65)

81 人民裁判事件（広島高松江支判昭和25年7月3日）………………*65*

82「告訴する」旨を告知した事例（大判大正3年12月1日）……………*65*

83 村八分（大阪高判昭和32年9月13日）……………………………*65*

■*2*　逮捕・監禁罪(67)

[1]　保護法益(67)

84 嬰児に対する監禁（京都地判昭和45年10月12日）…………*67*

85 偽計による監禁（最決昭和33年3月19日）………………*68*

86 欺罔による同意の有効性（広島高判昭和51年9月21日）………*68*

[2]　手　　段(69)

87 沖合に停泊中の漁船（最判昭和24年12月20日）………………*69*

88 疾走中のバイクの荷台（最決昭和38年4月18日）……………*70*

89 脅迫による監禁の事例（東京高判昭和40年6月25日）…………*70*

■*3*　略取誘拐罪(71)

[1]　未成年者拐取罪(71)

90 監督者を欺罔し承諾を得て未成年者をつれだした事例（大判大正13年6月19日）………*71*

91 監督者も未成年者拐取罪の告訴権者たりうるとした事例（福岡高判昭和31年4月14日）……………*71*

92 共同親権者である父による拐取（最決平成17年12月6日）………*72*

[2]　営利目的(74)

93 営利目的が肯定された事例（最決昭和37年11月21日）…………*74*

94 身代金目的が営利目的にあたるとされた事例（東京高判昭和31年9月27日）………………*74*

[3] 安否を憂慮する者の意義 (76)

95 安否を憂慮する者にあたらないとされた事例（大阪地判昭和51年10月25日）……………76

96 安否を憂慮する者にあたるとされた事例（最決昭和62年3月24日）……………77

97 安否を憂慮する者にあたるとされた事例——富士銀行事件（東京地判平成4年6月19日）……………78

[4] 国外移送略取罪 (79)

98 親権者による国外移送略取が認められた事例（最決平成15年3月18日）……………79

■4 強制性交等罪 (79)

99 夫婦間の強制性交（東京高判平成19年9月26日）……………79

■5 強制わいせつ罪 (81)

100 報復目的と強制わいせつ罪の成否（最判昭和45年1月29日）……………81

101 従業員として働かせる目的と強制わいせつ罪の成否（東京地判昭和62年9月16日）……………82

102 性的意図の要否（最大判平成29年11月29日）……………83

■6 準強制性交等・準強制わいせつ罪 (86)

103 にせ医師が治療行為と称して性交した事例（名古屋地判昭和55年7月28日）……………86

104 モデルになるために必要と誤信させてわいせつ行為をした事例（東京高判昭和56年1月27日）…88

105 霊感治療と称して性交した事例（東京地判昭和58年3月1日）……………89

■7 強制わいせつ等致死傷罪 (91)

106 逮捕を免れるための暴行と強制わいせつ致傷罪（最決平成20年1月22日）……………91

■8 住居侵入罪 (91)

[1] 客 体 (91)

107 囲繞地（最判昭和51年3月4日）……………91

108 警察署の塀（最決平成21年7月13日）……………93

109 集合住宅の敷地・建物共用部分（最判平成20年4月11日）…93

110 駅構内への立ち入り（最判昭和59年12月18日）……………94

[2] 侵入の意義 (95)

111 夫の不在中姦通目的で妻の承諾を得た立ち入り（大判大正7年12月6日）……………95

112 夫の不在中姦通目的で妻の承諾を得た立ち入り（尼崎簡判昭和43年2月29日）………*96*

113 米国陸軍病院への立ち入り（最決昭和49年5月31日）………*96*

114 ビラ貼り目的での郵便局への立ち入り（最判昭和58年4月8日）………*97*

115 ビラ投かん目的での集合住宅敷地内への立ち入り（最判平成20年4月11日）………*98*

116 ビラ配布目的での集合住宅への立ち入り（最判平成21年11月30日）………*99*

117 実父の住居への強盗目的での立ち入り（最判昭和23年11月25日）………*101*

118 別居中の妻が居住する自己所有の家屋への立ち入り（東京高判昭和58年1月20日）………*102*

119 殺害後の被害者宅への立ち入り（東京高判昭和57年1月21日）………*103*

[3] 同　意（*103*）

120 住居権者の錯誤に基づく承諾（最判昭和23年5月20日）……*103*

121 行員が常駐しない出張所への立ち入り（最決平成19年7月2日）………*104*

122 陸上競技場への式典妨害目的での立ち入り（仙台高判平成6年3月31日）………*104*

■ *9* 信用毀損罪（*105*）

信用の意義（*105*）

123 商品の品質に対する信頼（最判平成15年3月11日）………*105*

■ *10* 業務妨害罪（*106*）

[1] 業務の意義（*106*）

124 会社創立事業（大判大正10年10月24日）………*106*

125 団体の結成式（東京高判昭和30年8月30日）………*106*

126 大学が開催した改革結集集会（神戸地判昭和49年10月11日）………*107*

[2] 業務の適法性（*108*）

127 行政上の許可を得ていない営業（東京高判昭和27年7月3日）………*108*

128 取締法規に違反する営業（横浜地判昭和61年2月18日）……*108*

129 行政代執行によらない工事（最決平成14年9月30日）……*109*

[3] 公務は業務に含まれるか（*110*）

130 教育勅語事件（大判大正4年5月21日）………*110*

131 警察官の公務（最大判昭和26年7月18日）………*111*

132 国鉄の業務（最大判昭和41年11月30日）……………*111*

133 衆議院本会議の議事（東京地判昭和48年9月6日）………*112*

134 県議会委員会の条例案採決等の事務（最決昭和62年3月12日）……………*114*

135 国税調査官の税務調査（京都地判昭和61年5月23日）………*114*

136 公職選挙法上の立候補届出受理事務（最決平成12年2月17日）……………*115*

137 段ボール小屋を撤去する環境整備工事（最決平成14年9月30日）……………*116*

138 遂行され得た警察の公務（東京高判平成21年3月12日）………*116*

[4] 虚偽の風説の意義（118）

139 虚偽の風説の意義（東京地判昭和49年4月25日）……………*118*

[5] 威力の意義（120）

140 役員室内に侵入して団体交渉を強要した事例（最判昭和28年1月30日）……………*120*

141 商家の周りの板囲（大判大正9年2月26日）……………*120*

142 貨車に積載された石炭を落下させる行為（最判昭和32年2月21日）……………*121*

143 弁護士の鞄の奪取（最決昭和59年3月23日）……………*121*

144 イルカ漁網のロープの解き放ち（長崎地佐世保支判昭和55年5月30日）……………*121*

145 蒸気・電気を停止させる行為（前橋地判昭和55年12月1日）……………*122*

146 ドローンを官邸屋上に落下させた事例（東京地判平成28年2月16日）……………*123*

[6] 偽計の意義（124）

147 マジックホンの設置（最決昭和59年4月27日）……………*124*

148 電力量計の操作（福岡地判昭和61年3月3日）……………*124*

149 無言電話（東京高判昭和48年8月7日）……………*125*

150 放送線の切断（大阪高判昭和49年2月14日）……………*125*

151 現金自動預払機の占拠（最決平成19年7月2日）……………*126*

■ *11* 電子計算機損壊等業務妨害罪（126）

152 電子計算機の意義（福岡高判平成12年9月21日）……………*126*

153 ホームページ内の天気予報画像とわいせつ画像の置き換え（大阪地判平成9年10月3日）………*128*

IV 人格に対する罪 (129)

■1 秘密に対する罪 (129)

154 「業務上取り扱ったことについて知り得た人の秘密」の意義（最決平成24年2月13日）………129

■2 名誉に対する罪 (130)

[1] 保護法益 (130)

155 法人に対する侮辱（最決昭和58年11月1日）………130

[2] 公 然 性 (133)

156 7名の役員からなる会合での発言（大判昭和12年11月19日）………133

157 伝播性（大判大正8年4月18日）………134

158 噂の伝播（最判昭和34年5月7日）………134

159 関係者3名への文書の郵送（東京高判昭和58年4月27日）………134

[3] 真実性の証明 (135)

160 真実性証明の対象（最決昭和43年1月18日）………135

161 銀行の業務と公共利害事実（福岡高判昭和50年1月27日）………136

162 公務員に関する事実摘示（最判昭和28年12月15日）………137

163 私生活上の事実（月刊ペン事件最高裁判決）（最判昭和56年4月16日）………138

164 月刊ペン事件差戻後控訴審判決（東京高判昭和59年7月18日）………140

[4] 錯 誤 (141)

165 真実性の誤信は故意を阻却しないとした事例（旧判例）（最判昭和34年5月7日）………141

166 真実性の誤信につき相当の理由があるときは故意を阻却するとした事例（新判例）（最大判昭和44年6月25日）………142

167 インターネット上の名誉毀損（最決平成22年3月15日）………142

168 弁護人の行為（丸正事件）（最決昭和51年3月23日）………143

V 財産に対する罪 (145)

■1 窃盗罪 (145)

[1] 財物の概念 (145)

有体性 (145)

169 電気窃盗（大判明治36年5月21日）………………………145

170 秘密資料（新薬産業スパイ事件）（東京地判昭和59年6月28日）………………………146

171 顧客情報（城南信用金庫事件）（東京地判平成9年12月5日）…147

禁制品 (148)

172 偽造証書（大判大正元年12月20日）………………………148

173 元軍用アルコール（最判昭和24年2月15日）………………148

所有権の対象物 (148)

174 死体・遺骨から離脱した金歯（東京高判昭和27年6月3日）…148

価値の大小 (149)

175 使用済の印紙（最決昭和30年8月9日）………………………149

176 政党中央指令綴（最判昭和25年8月29日）…………………149

177 ちり紙13枚（東京高判昭和45年4月6日）…………………150

[2] 占有の有無 (150)

客観的支配 (150)

178 屋内に取り入れることを失念した自転車（福岡高判昭和30年4月25日）………………………150

179 置き忘れたカメラ（最判昭和32年11月8日）………………151

180 置き忘れた財布（東京高判平成3年4月1日）………………151

181 置き忘れたポシェット（最決平成16年8月25日）…………152

182 宿泊者が旅館内で遺失した財布（大判大正8年4月4日）……152

183 列車内に遺留された毛布（大判大正15年11月2日）………153

184 公衆電話機内に残された硬貨（東京高判昭和33年3月10日）………………………153

185 ゴルフ場内のロストボール（最決昭和62年4月10日）……153

186 飼い犬（最判昭和32年7月16日）………………………154

占有の意思 (154)

187 大震災の際道路に搬出した物（大判大正13年6月10日）……154

188 海中に取り落とした物（最決昭和32年1月24日）…………154

189 人道専用橋上に長時間無施錠で放置していた自転車（福岡高判昭和58年2月28日）………………155

190 駅近くの空地に無施錠で駐輪された自転車（東京高判平成24年10月17日）……………155

死者の占有 (157)

191 傷害致死後の金銭奪取（大判昭和16年11月11日）……………157

192 殺害直後の時計の奪取（最判昭和41年4月8日）……………158

193 殺害9時間後の奪取（東京地判昭和37年12月3日）……………158

194 殺害3時間ないし86時間後の奪取（東京高判昭和39年6月8日）……………159

195 殺害5日ないし10日後の奪取（新潟地判昭和60年7月2日）……160

占有の帰属 (160)

196 雇い人による領得（大判大正3年3月6日）……………160

197 共同保管者による領得（大判大正8年4月5日）……………160

198 郵便集配人による領得（大判明治45年4月26日）……………161

199 郵便集配人による領得（大判大正7年11月19日）……………161

200 郵便集配人による領得（東京地判昭和41年11月25日）……………161

201 旅館の丹前・浴衣（最決昭和31年1月19日）……………161

202 銀行の顧客情報を印字した用紙（城南信用金庫事件）（東京地判平成9年12月5日）……………162

203 河川の砂利（最判昭和32年10月15日）……………162

[3] 窃盗の意義 (163)

204 体感器を使用したパチスロ遊戯によるメダル取得（最決平成19年4月13日）……………163

205 ゴト行為の共犯者によるメダル取得（最決平成21年6月29日）……………164

206 自己名義の預金口座からの払戻（名古屋高判平成24年7月5日）……………165

[4] 既遂時期 (167)

207 浴場内で発見した指輪の隙間への隠匿（大判大正12年7月3日）……………167

208 後刻拾う計画の下での列車からの積み荷の突き落とし（最判昭和24年12月22日）……………167

209 自動車のエンジンを始動させ発進可能状態にする行為（広島高判昭和45年5月28日）……………168

210 工場構外に搬出していない場合（大阪高判昭和29年5月4日）……………168

211 スーパーマーケット内で商品をレジの外に持ち出す行為（東京高判平成4年10月28日）……169

212 スーパーマーケットのトイレにテレビを隠す行為（東京高判平成21年12月22日）……………169

[5] 保護法益 (169)

213 恩給担保事件（大判大正7年9月25日）……………169

214 賃貸中の牛を共有者が窃取し

た事例（大判大正12年6月9日）
............170

215 隠匿物資である元軍用アルコールの詐取（最判昭和24年2月15日）............171

216 窃取犯人からの盗品の喝取（最判昭和24年2月8日）............171

217 国鉄年金証書担保事件（最判昭和34年8月28日）............171

218 譲渡担保事件（最判昭和35年4月26日）............172

219 自動車金融事件（最決平成元年7月7日）............173

[6] 不法領得の意思 (175)

毀棄罪との区別 (175)

220 教育勅語事件（大判大正4年5月21日）............175

221 競売記録事件（大判昭和9年12月22日）............176

222 報復目的で動力鋸を持ち出し海中に投棄した事例（仙台高判昭和46年6月21日）............177

223 犯行隠蔽の目的で手提げ金庫を持ち出し河に投棄した事例（大阪高判昭和24年12月5日）............178

224 最初から自首するつもりで財物を奪取した事例（広島地判昭和50年6月24日）............178

225 最初から自首するつもりであったと弁解した事例（広島高松江支判平成21年4月17日）............179

226 犯行発覚を防ぐため死体から貴金属を取り去った事例（東京地判昭和62年10月6日）............179

227 犯行隠蔽の目的で金員を奪い自宅に隠した事例（東京高判平成12年5月15日）............181

228 詐欺罪における不法領得の意思（最決平成16年11月30日）............182

229 水増し投票をする目的で投票用紙を持ち出した事例（最判昭和33年4月17日）............183

230 木材を繋留するために電線を切り取った事例（最決昭和35年9月9日）............183

使用窃盗 (184)

231 自転車を無断使用した事例（大判大正9年2月4日）............184

232 乗り捨ての意思で他人の船を無断使用した事例（最判昭和26年7月13日）............185

233 自動車の一時使用と不法領得の意思（肯定例）（最決昭和43年9月17日）............185

234 自転車の一時使用と不法領得の意思（否定例）（京都地判昭和51年12月17日）............185

235 自動車の一時使用と不法領得の意思（肯定例）（最決昭和55年10月30日）............186

236 建設調査会事件（東京地判昭和55年2月14日）............187

237 新薬産業スパイ事件（東京地判昭和59年6月15日）............188

238 景品交換の目的でパチンコ玉をとる行為（最決昭和31年8月22日）............188

239 商品の返品を装って金銭の交付をうける目的（大阪地判昭和63

年12月22日）······*188*

[7] 親族相盗例 (189)

240 親族相盗例の意義（最決平成20年2月18日）······*189*

241 親族相盗例の意義（最決平成24年10月9日）······*190*

242 内縁関係（最決平成18年8月30日）······*191*

243 親族関係の意義（最決平成6年7月19日）······*191*

244 親族関係の錯誤（広島高岡山支判昭和28年2月17日）······*191*

245 親族関係の錯誤（大阪高判昭和28年11月18日）······*191*

■2 不動産侵奪罪 (192)

246 公園予定地への簡易建物の構築（最判平成12年12月15日）······*192*

247 占有中の土地への建物の建設（大阪高判昭和41年8月9日）······*194*

248 占有中の土地への建物の建設（最決昭和42年11月2日）······*195*

249 他人の土地に利用権限を超えて大量の廃棄物を堆積させる行為（最決平成11年12月9日）······*195*

250 占有中の建物の改築（最決平成12年12月15日）······*196*

251 他人の土地を掘削して廃棄物を投棄した行為（大阪高判昭和58年8月26日）······*196*

■3 強盗罪 (197)

[1] 暴行・脅迫の程度 (197)

252 強盗の手段たる暴行・脅迫の判断基準（最判昭和24年2月8日）······*197*

253 強盗未遂と恐喝既遂とした事例（大阪地判平成4年9月22日）······*198*

254 強盗が認められた事例（東京高判昭和29年10月7日）······*198*

255 強盗が認められなかった事例（東京高判昭和37年10月31日）······*199*

[2] 強取の意義 (200)

256 被害者不知の間の奪取（最判昭和23年12月24日）······*200*

257 ひったくり（最決昭和45年12月22日）······*200*

258 殺害後の財物奪取（東京高判昭和57年1月21日）······*201*

259 財物奪取後の暴行（最判昭和24年2月15日）······*201*

260 財物を窃取または詐取した後の暴行（最決昭和61年11月18日）······*202*

[3] 暴行後の領得意思 (203)

261 新たな暴行・脅迫が必要とした事例（東京高判昭和48年3月26日）······*203*

目次　xv

262 新たな暴行・脅迫が必要とした事例（札幌高判平成7年6月29日）……………………………*204*

263 新たな暴行・脅迫を不要とした事例（東京高判昭和37年8月30日）……………………………*205*

264 新たな暴行・脅迫を不要とした事例（東京高判昭和57年8月6日）……………………………*206*

265 実質的に暴行・脅迫が継続しているとした事例（東京高判平成20年3月19日）………………*206*

[4] 2項強盗（*208*）

処分行為の要否（*208*）

266 債権者の殺害（大判明治43年6月17日）……………………………*208*

267 暴行を加えて乗車賃の支払を免れた事例（大判昭和6年5月8日）……………………………*208*

268 債権者の殺害（最判昭和32年9月13日）……………………………*209*

財産上不法の利益（*209*）

269 債権者の殺害（大阪高判昭和59年11月28日）………………*209*

270 両親の殺害（東京高判平成元年2月27日）……………………*210*

271 会社経営権と2項強盗（神戸地判平成17年4月26日）………*211*

272 ヤミ金融業者の殺害（大津地判平成15年1月31日）……………*212*

273 キャッシュカードの暗証番号（東京高判平成21年11月16日）……………………………*212*

[5] 事後強盗（*214*）

274 事後強盗の予備（最決昭和54年11月19日）……………………*214*

275 暴行の程度（福岡地判昭和62年2月9日）……………………*214*

276 窃盗の機会（肯定例）（広島高判昭和28年5月27日）…………*215*

277 窃盗の機会（肯定例）（最決昭和34年3月23日）………………*215*

278 窃盗の機会（否定例）（京都地判昭和51年10月15日）……*216*

279 窃盗の機会（肯定例）（最決平成14年2月14日）………………*216*

280 窃盗の機会（否定例）（最判平成16年12月10日）……………*217*

281 窃盗の機会（否定例）（東京高判平成17年8月16日）………*218*

282 共犯（新潟地判昭和42年12月5日）……………………………*220*

283 共犯（東京地判昭和60年3月19日）……………………………*220*

284 共犯（大阪高判昭和62年7月17日）……………………………*220*

■ **4 強盗致死傷罪**（*221*）

285 脅迫からの致傷（大阪高判昭和60年2月6日）………………*221*

286 強盗の機会（最判昭和24年5月28日）…………………………*222*

287 強盗の機会（東京高判平成23年1月25日）……………………*222*

288 犯人に認識されていない者の負傷（東京地判平成15年3月6日）……………………………*224*

289 未遂（大判昭和4年5月16日）
……………………………226

■5 恐 喝 罪（226）

[1] 処分行為（226）

290 処分行為の有無（名古屋高判昭和30年2月16日）………226
291 支払猶予の処分行為（最決昭和43年12月11日）………227

[2] 権利行使と恐喝罪（227）

292 権利の範囲内においては詐欺恐喝が成立しないとした事例（大連判大正2年12月23日）………227
293 脅迫罪が成立するとした事例（大判昭和5年5月26日）………229
294 恐喝罪の成立を認めた事例（最判昭和30年10月14日）……229

■6 詐 欺 罪（230）

[1] 不作為の欺罔行為（230）

295 準禁治産者（被保佐人）（大判大正7年7月17日）………230
296 抵当権（大判昭和4年3月7日）………230
297 被保険者の疾病（大判昭和7年2月19日）………231
298 事業不振（福岡高判昭和27年3月20日）………231

299 土地の法的規制（東京高判平成元年3月14日）………232
300 請負金額の不告知（最判昭和31年8月30日）………233

[2] 錯 誤（233）

301 パチンコ玉の窃取（浦和地判昭和28年8月21日）………233
302 窃取したキャッシュカードによる現金引き出し（東京高判昭和55年3月3日）………234
303 ローンカードの詐取と現金の窃盗（最決平成14年2月8日）………234
304 誤振込み（最決平成15年3月12日）………236

[3] 財産上の利益（237）

305 債権者の督促を免れた場合（最判昭和30年4月8日）………237
306 弁済の延期（大判大正12年6月14日）………238
307 売買契約の締結（大判大正11年12月15日）………238
308 詐欺賭博（最決昭和43年10月24日）………239

[4] 処分行為（240）

占有の移転（240）

309 玄関に置いた風呂敷包を持って逃走する行為（最判昭和26年12月14日）………240
310 附添いを装い預金の交付を受ける行為（東京高判昭和49年10月23日）………240

311 車の試乗を装った乗り逃げ（東京地八王子支判平成3年8月28日）……241

処分意思（242）

312 知人を見送ると欺いて逃走する行為（最決昭和30年7月7日）……242

313 映画を見に行ってくると欺いて逃走する行為（東京高判昭和31年12月5日）……243

314 今晩必ず帰ってくるからと欺いて逃走する行為（東京高判昭和33年7月7日）……244

315 ホテルの無銭宿泊（東京高判平成15年1月29日）……244

316 キセル乗車（東京高判昭和35年2月22日）……246

317 キセル乗車（大阪高判昭和44年8月7日）……247

318 キセル乗車（広島高松江支判昭和51年12月6日）……249

319 高速道路のキセル利用（福井地判昭和56年8月31日）……251

320 電気計量器の操作（大判昭和9年3月29日）……252

訴訟詐欺（253）

321 公示催告の申立て（大判明治44年11月27日）……253

322 支払命令の申請（大判大正5年5月2日）……253

323 起訴前の和解の申立て（最決昭和42年12月21日）……254

324 執行文の付与と強制執行（最判昭和45年3月26日）……255

第三者を通じた交付（256）

325 釜焚き事件（最決平成15年12月9日）……256

行為者と被交付者との関係（256）

326 第三者に対して財物を交付させる行為（大阪高判平成12年8月24日）……256

[5] クレジットカードの不正使用（258）

327 他人名義のクレジットカードの不正使用（最決平成16年2月9日）……258

328 自己名義のクレジットカードの不正使用（福岡高判昭和56年9月21日）……259

329 窃取したタクシー券の使用（秋田地判昭和59年4月13日）……260

[6] 財産的損害（261）

330 価格相当な商品の提供（大決昭和3年12月21日）……261

331 価格相当な商品の提供（最決昭和34年9月28日）……261

332 県知事を欺罔して未墾地の売渡しを受ける行為（最決昭和51年4月1日）……262

333 公定代金を支払った配給物資の不正取得（最大判昭和23年6月9日）……263

334 相当の対価で根抵当権を放棄させる行為（最決平成16年7月7日）……263

335 医師の証明書を偽造して劇薬を取得する行為（東京地判昭和37年11月29日）……………265

336 虚偽の申告により運転免許証の再交付を受ける行為（高松地判丸亀支判昭和38年9月16日） ………265

337 欺罔により印鑑証明書の交付を受ける行為（大判大正12年7月14日）………………………265

338 欺罔により旅券の交付を受ける行為（最判昭和27年12月25日）…………………………………266

339 欺罔により国民健康保険被保険者証の交付を受ける行為（大阪高判昭和59年5月23日）…………266

340 欺罔により簡易生命保険証書の交付を受ける行為（最決平成12年3月27日）………………………268

341 欺罔により国民健康保険証の交付を受ける行為（最決平成18年8月21日）………………………268

342 欺罔により住民基本台帳カードの交付を受ける行為（東京高判平成27年1月29日）………………268

343 他人名義の預金通帳の交付を受ける行為（最決平成14年10月21日）………………………………270

344 自己名義の預金通帳の交付を受ける行為（最決平成19年7月17日）………………………………271

345 搭乗券の交付を受ける行為（最決平成22年7月29日）……272

346 暴力団員が身分を秘してゴルフ場の施設利用を申し込む行為（否定例）（最判平成26年3月28日）………………………273

347 暴力団員が身分を秘してゴルフ場の施設利用を申し込む行為（肯定例）（最決平成26年3月28日）………………………275

348 暴力団員が身分を秘して自己名義の預金通帳の交付を受ける行為（最決平成26年4月7日）………277

349 欺罔により請負代金を支払時期より早く受領する行為（最判平成13年7月19日）………………278

[7] 不法な利益（279）

350 売淫料支払の免脱（名古屋高判昭和30年12月13日） ………279

351 売淫料支払の免脱（札幌高判昭和27年11月20日）………280

352 不法原因給付（最判昭和25年12月5日）……………………280

■7 電子計算機使用詐欺罪（280）

353 銀行支店長による振込入金——神田信金事件（東京高判平成5年6月29日）………………………280

354 ダイヤルQ^2情報料の利得（岡山地判平成4年8月4日）………281

355 国際通話料金の免脱（東京地判平成7年2月13日）………284

356 電子マネーと電子計算機詐欺（最決平成18年2月14日）……285

357 自動改札を利用したキセル乗車（東京地判平成24年6月25日）………………………286

■8 横領罪 (289)

[1] 委託関係 (289)

358 債権譲渡人による譲渡後の弁済の受領（最判昭和33年5月1日）……289

359 誤配達された郵便物の領得（大判大正6年10月15日）……289

[2] 他人の物 (290)

360 使途を定めて寄託された金銭（最判昭和26年5月25日）……290

361 譲渡担保（大判昭和8年11月9日）……290

362 譲渡担保（大阪高判昭和55年7月29日）……291

363 所有権留保（大判昭和9年7月19日）……291

364 所有権留保（最決昭和55年7月15日）……291

[3] 占有の意義 (292)

365 登記による占有（不動産の二重売買）（最判昭和30年12月26日）……292

366 土地の権利証・白紙委任状の所持による占有（福岡高判昭和53年4月24日）……292

367 倉荷証券の所持による占有（大判大正7年10月19日）……293

368 銀行預金による金銭の占有（大判大正元年10月8日）……293

[4] 不動産の横領 (293)

369 不動産の二重売買と譲受人の罪責（最判昭和31年6月26日）……293

370 不動産の二重売買と譲受人の罪責（福岡高判昭和47年11月22日）……294

371 不動産の二重売買と詐欺の成否（東京高判昭和48年11月20日）……295

372 不実の抵当権設定仮登記と横領罪の成否（最決平成21年3月26日）……296

373 旧判例（最判昭和31年6月26日）……297

374 新判例（最大判平成15年4月23日）……298

[5] 不法原因給付と横領 (301)

375 贈賄のために預かった資金の領得（最判昭和23年6月5日）……301

376 盗品の処分あっせん者による売却代金の着服（最判昭和36年10月10日）……302

377 盗品の処分あっせん者による売却代金の着服（大判大正8年11月19日）……303

378 盗品保管後の領得（大判大正11年7月12日）……303

[6] 不法領得の意思 (303)

379 許諾の限度を越えた自動車の利用（大阪高判昭和46年11月26

xx

日）……………………303

380 秘密資料のコピー作成目的での持ち出し（東京地判昭和60年2月13日）……………304

381 供出米の流用（最判昭和24年3月8日）……………………304

382 補填の可能性（東京高判昭和31年8月9日）……………305

383 公文書の持ち出し・隠匿（大判大正2年12月16日）……306

384 第三者に領得させる場合（大判大正12年12月1日）……306

385 第三者に領得させる場合（大判昭和8年3月16日）………306

386 寺の住職による建設費調達のための什物の処分（大判大正15年4月20日）……………307

387 組合資金の定款外の営業への支出（最判昭和28年12月25日）……………………307

388 國際航業事件（最決平成13年11月5日）……………308

■ *9* 背 任 罪（310）

[1] 他人の事務処理者（310）

389 東洋レーヨン事件（神戸地判昭和56年3月27日）………310

390 綜合コンピューター事件（東京地判昭和60年3月6日）……312

391 鉱業権の二重譲渡（大判大正8年7月15日）……………313

392 電話加入権の二重譲渡（大判昭和7年10月31日）………313

393 指名債権の二重譲渡（名古屋高判昭和28年2月26日）………314

394 二重抵当（最判昭和31年12月7日）……………………315

395 売渡し予約済の農地に抵当権を設定する行為（最決昭和38年7月9日）……………………316

396 除権判決を得て質権を失効させる行為（最決平成15年3月18日）……………………316

397 代金の支払確保のために指定した振込口座を変更する行為（広島地判平成14年3月20日）………317

[2] 任務違背（319）

398 北國銀行事件（最判平成16年9月10日）……………319

399 銀行の取締役の注意義務（北海道拓殖銀行事件）（最決平成21年11月9日）……………………321

[3] 図利・加害の目的（321）

400 大光相互銀行事件（新潟地判昭和59年5月17日）……………321

401 東京相互銀行事件（最決昭和63年11月21日）……………323

402 平和相互銀行事件（最決平成10年11月25日）……………323

403 イトマン事件（最決平成17年10月7日）……………326

[4] 財産上の損害（328）

404 実害発生の危険を生じさせた場合（最判昭和37年2月13日）……………………328

目　次　xxi

405 信用保証協会事件（最決昭和58年5月24日）……………328

406 財産上の損害の意義（最決平成8年2月6日）……………329

[5] 不正融資の相手方の責任（330）

407 住専事件（最決平成15年2月18日）……………330

408 石川銀行事件（最決平成20年5月19日）……………331

■ 10 横領と背任の区別（335）

409 質物の保管者が質物を債務者に返還した事例（大判明治44年10月13日）……………335

410 売渡し予約済農地に抵当権を設定した事例（最決昭和38年7月9日）……………335

411 質屋の雇い人が通常より多額を貸出した事例（大判大正3年6月13日）……………335

412 村の収入役が自己の名をもって公金を貸与した事例（大判昭和10年7月3日）……………336

413 村長が村の財産を村の計算において貸し付けた事例（大判昭和9年7月19日）……………337

414 信用組合の支店長による員外貸付の事例（最判昭和33年10月10日）……………337

415 町長が収入役と共謀し町の公金を饗応に費消した事例（大判昭和9年12月12日）……………338

416 人夫費を接待費に流用した事例（最判昭和30年12月9日）……………339

417 税務署の官吏が予算を当該費目以外に支出した事例（仙台高判昭和26年11月29日）……………339

418 取締役が会社のために保管金を贈賄に支出した事例（大判明治45年7月4日）……………340

419 森林組合事件（最判昭和34年2月13日）……………340

420 國際航業事件（最決平成13年11月5日）……………344

■ 11 盗品等に関する罪（344）

[1] 保護法益（344）

421 盗品たる貴金属を変形して金塊とした場合と追求権の有無（大判大正4年6月2日）……………344

422 即時取得と盗品有償処分あっせん罪の成否（最決昭和34年2月9日）……………344

423 盗品を被害者宅に運ぶ行為と盗品運搬罪の成否（最決昭和27年7月10日）……………345

424 被害者を相手方として盗品の有償の処分のあっせんをする行為（最決平成14年7月1日）……………346

425 売買の不成立と盗品有償処分あっせん罪の成否（最判昭和23年11月9日）……………347

426 保管の途中で盗品性を知った場合と盗品保管罪の成否（最決昭和50年6月12日）……………347

［2］ 盗品の同一性（348）

427 加工（民法246条）による盗品性の喪失の有無（最判昭和24年10月20日）..................348

428 小切手を換金して得た金銭と盗品保管罪の成否（大判大正11年2月28日）..................349

［3］ 親族間の犯罪（349）

429 盗品等に関する罪の犯人相互に親族関係がある場合（最決昭和38年11月8日）..................349

［4］ 盗品の横領（350）

430 盗品のあっせん代金の横領（大判大正4年10月8日）..........350

■ **12** 毀棄・隠匿罪（350）

［1］ 公用文書の意義（350）

431 偽造の徴税伝令書（大判大正9年12月17日）..................350

432 日本国有鉄道の職員が白墨で記載した急告板（最判昭和38年12月24日）..................351

433 違法な取り調べの下で作成中の供述録取書（最判昭和57年6月24日）..................352

［2］ 建造物の意義（353）

434 建造物の他人性の判断（最決昭和61年7月18日）..................353

435 建造物の意義（大判大正3年6月20日）..................357

436 建造物の意義（最決平成19年3月20日）..................357

［3］ 毀棄の意義（358）

437 放尿（大判明治42年4月16日）..................358

438 鯉を流出させる行為（大判明治44年2月27日）..................359

439 競売記録を持ち出し隠匿する行為（大判昭和9年12月22日）..................359

440 学校の校庭に杭を打ち込む行為（最決昭和35年12月27日）..................359

441 看板を取り外す行為（最判昭和32年4月4日）..................359

442 イカタコウイルス事件（東京地判平成23年7月20日）..........360

443 ビラ貼り行為（最決昭和41年6月10日）..................361

444 公衆便所への落書き（最決平成18年1月17日）..................362

445 公選法違反のポスターにシールを貼る行為（最決昭和55年2月29日）..................363

目次　xxiii

VI 公共の安全に対する罪(364)

■ 1 放火罪(364)

[1] 法益(364)

446 3個の倉庫を焼損した場合の罪数(大判大正11年12月13日)
............364

[2] 焼損——既遂時期(364)

447 独立燃焼説——家屋の天井板約1尺四方の焼損(最判昭和23年11月2日)............364

448 不燃性建造物への放火罪の既遂時期(東京高判昭和49年10月22日)............365

449 不燃性建造物への放火罪の既遂時期(東京地判昭和59年6月22日)............366

450 エレベーター内の側壁の一部の燃焼(最決平成元年7月7日)............368

[3] 建造物(369)

451 建造物の意義(大判大正3年6月20日)............369

452 豚小屋は建造物か(東京高判昭和28年6月18日)............369

453 畳・建具の燃焼(最判昭和25年12月14日)............370

[4] 現住性(371)

454 起臥寝食の場所(大判大正2年12月24日)............371

455 殺害後の放火(大判大正6年4月13日)............371

456 妻が家出中の家屋の現住性(横浜地判昭和58年7月20日)............372

457 居住者を旅行に連れ出して放火した事例(最決平成9年10月21日)............373

458 劇場の一部である便所に放火した事例(最判昭和24年2月22日)............373

459 平安神宮放火事件(最決平成元年7月14日)............374

460 宿直員による巡回と現住性(大判大正3年6月9日)............375

461 待合の別棟の離れ座敷の現住性(最判昭和24年6月28日)............375

462 鉄筋10階建てマンションの1階の医院の現住性(仙台地判昭和58年3月28日)............376

463 鉄筋3階建てマンション内の空室の現住性(東京高判昭和58年6月20日)............378

464 12階建てマンション内のエレベーターの現住性(最決平成元年7月7日)............378

465 難燃性建造物における宿泊棟と研修棟の一体性(福岡地判平成14年1月17日)............379

xxiv

466　客体の性質の錯誤（名古屋高金沢支判昭和28年12月24日）……………………380

467　現住建造物等放火罪と居住者の死傷結果（最決平成29年12月19日）……………………381

[5] 無　主　物（382）

468　所有権放棄された物への放火は何罪を構成するか（大阪地判昭和41年9月19日）……………382

[6] 公共の危険（383）

469　公共の危険の意義（最決平成15年4月14日）……………383

470　自己所有の炭焼き小屋に放火した事例（広島高岡山支判昭和30年11月15日）……………384

471　自動車のボディカバーに放火した事例（浦和地判平成2年11月22日）……………………385

472　公共の危険の認識を必要とした事例（名古屋高判昭和39年4月27日）……………………385

473　公共の危険の認識を不要とした事例（最判昭和60年3月28日）……………………………386

■2　往来を妨害する罪（388）

474　往来の危険の発生（人民電車事件）（最判昭和36年12月1日）……………………………388

475　往来の危険の発生（最判平成15年6月2日）……………390

476　往来の危険の認識（大判大正13年10月23日）……………391

477　艦船覆没事件（最決昭和55年12月9日）………………391

478　三鷹事件（最大判昭和30年6月22日）…………………392

Ⅶ　公共の信用に対する罪 (396)

■1　文書偽造罪（396）

[1] 法　　益（396）

479　1筆の土地を3筆と偽った上申書を作成した事例（大判明治43年12月13日）……………396

[2] 文書の意義（397）

480　入札用陶器への記載が文書にあたるとされた事例（大判明治43年9月30日）………………397

481　郵便局の日付印（大判昭和3年10月9日）…………………397

482　名義人を特定できない場合（大判昭和3年7月14日）………397

483　名義人の記載はなくても名義人を特定できる場合（大判昭和7年5月23日）…………………398

484　名義人の実在を要するとした事例（大判明治45年2月1日）……………………………399

485　架空人名義でも文書たりうる

とした事例（最判昭和36年３月30日）……………………………399

486 公文書の改ざんコピーの作成（最判昭和51年４月30日）……399

487 公文書の改ざんコピーの作成（最決昭和61年６月27日）……405

488 ファクシミリの利用（広島高岡山支判平成８年５月22日）…405

[3] 図画（407）

489 煙草「光」の外箱（最判昭和33年４月10日）……………………407

490 土地台帳の地図（最決昭和45年６月30日）……………………408

[4] 電磁的記録（408）

491 はずれ馬券の磁気部分の改ざん（甲府地判平成元年３月31日）……………………………408

[5] 偽造（409）

偽造の意義（409）

492 文書の使用態様と偽造の有無（大阪地判平成８年７月８日）…409

493 文書の使用態様と偽造の有無（東京地判平成22年９月６日）…410

494 自己の顔写真をはり付けた履歴書（最判平成11年12月20日）……………………………411

実質主義・形式主義（412）

495 形式主義（大判大正４年９月21日）……………………………412

496 補助公務員による手続違反の公文書作成（最判昭和51年５月６日）……………………………412

[6] 名義人の承諾（413）

497 交通事件原票中の供述書（最決昭和56年４月８日）…………413

498 運転免許申請書（大阪地判昭和54年８月15日）………………414

499 替え玉受験（東京地判平成４年５月28日）……………………415

[7] 通称（416）

500 通称の使用（最決昭和56年12月22日）…………………………416

501 通称の使用（最判昭和59年２月17日）…………………………416

502 供述調書（東京地判昭和63年５月６日）………………………417

503 無効な養子縁組によって得た氏名の使用（東京地判平成15年１月31日）……………………………418

[8] 代表名義・肩書の冒用（420）

504 理事会議事録署名人名義（最決昭和45年９月４日）…………420

505 同姓同名の弁護士の肩書きの冒用（最決平成５年10月５日）……………………………421

506 国際運転免許証に類似した文書の作成（最決平成15年10月６日）……………………………421

[9] 文書内容の認識（423）

507 内容を認識していない文書の作成（大判明治44年５月８日）……………………………423

508 錯誤に基づく文書の作成（大判昭和2年3月26日）……………423
509 情を知らない公務員を利用した公文書作成（東京高判昭和28年8月3日）……………424

[10] 作成権限の有無（424）

510 銀行支配人の小切手作成（大連判大正11年10月20日）……424
511 取締役の退任後の手形作成（大判大正15年2月24日）……425
512 漁業組合参事の手形作成（最決昭和43年6月25日）………426
513 村長の文書作成（最決昭和33年4月11日）……………426
514 補助公務員の文書作成（最判昭和25年2月28日）………427
515 補助公務員の文書作成（最判昭和51年5月6日）………428

[11] 行　使（428）

516 父親を安心させるために卒業証書をみせる行為（最決昭和42年3月30日）……………428
517 登記簿原本の行使（大判大正11年5月1日）……………429
518 偽造運転免許証の行使（最大判昭和44年6月18日）………429
519 変造した文書をコピーして使用する行為（東京高判昭和52年2月28日）……………429

■2　虚偽公文書作成罪（430）

520 無形偽造の間接正犯（最判昭和27年12月25日）……………430
521 無形偽造の間接正犯（大判昭和11年2月14日）……………431
522 無形偽造の間接正犯（最判昭和32年10月4日）……………431
523 無形偽造の間接正犯（東京高判昭和28年8月3日）………432

■3　公正証書原本不実記載罪（432）

524 土地台帳（最判昭和36年3月30日）……………432
525 住民票（最決昭和48年3月15日）……………432
526 所有権移転登記と電磁的公正証書原本不実記録罪の成否（最判平成28年12月5日）……………433

■4　私文書偽造罪（435）

527 広告（最決昭和33年9月16日）……………435
528 自動車登録事項等証明書交付請求書（東京高判平成2年2月20日）……………435
529 試験答案（最決平成6年11月29日）……………436

■5　有価証券偽造罪（436）

530 約束手形（大判明治42年3月16日）……………436
531 定期乗車券（最判昭和32年7月25日）……………436

VIII 風俗に対する罪・わいせつ罪 (437)

532 わいせつ物の意義・公然陳列の意義（最決平成13年7月16日）……………437

533 わいせつ物の意義（横浜地川崎支判平成12年7月6日）……438

534 わいせつ物有償頒布目的の所持（最決平成18年5月16日）…439

535 わいせつ電磁的記録等送信頒布罪の成否（最決平成26年11月25日）……………440

536 死体遺棄罪の成否（大阪地判平成25年3月22日）…………441

537 死体遺棄罪の成否（横浜地判平成28年5月25日）…………442

IX 国家作用に対する罪 (444)

■1 公務執行妨害罪 (444)

[1] 保護法益 (444)

538 公務の保護（最判昭和28年10月2日）……………………………444

[2] 公務の範囲 (444)

539 国鉄電気機関士の出区点検行為（最決昭和59年5月8日）…444

[3] 「職務を執行するに当たり」の意義 (447)

540 東灘駅事件（最判昭和45年12月22日）……………………………447

541 長田電報局事件（最判昭和53年6月29日）……………………449

542 熊本県議会事件（最決平成元年3月10日）……………………451

[4] 暴行の意義 (452)

543 不法な攻撃（最判昭和37年1月23日）……………………………452

544 補助者に対する暴行（最判昭和41年3月24日）…………………453

545 差押対象物件の損壊（最決昭和34年8月27日）…………………453

546 交通違反の点数切符をつかみ取り引き裂く行為（秋田地判平成9年9月2日）……………………454

[5] 適法性 (455)

547 収税官吏による検査章の不携帯（最判昭和27年3月28日）…455

548 会議規則に違反する議長の措置（最大判昭和42年5月24日）……………………………………456

549 逮捕の際の被疑事実の不告知（東京高判昭和34年4月30日）……………………………………457

550 適法性の判断基準（最決昭和41年4月14日）……………………458

551 抽象的職務権限（大判昭和7年3月24日）……………459

552 適法性の錯誤（大阪地判昭和47年9月6日）……………460

553 適法性が否定された事例（鹿児島地判平成2年3月16日）…461

■ *2* 封印等破棄罪（462）

554 占有者を認識してなされた仮処分の執行と封印破棄罪の成否（最決昭和42年12月19日）……………462

■ *3* 強制執行妨害罪（463）

555 保護法益（最判昭和35年6月24日）……………463

■ *4* 強制執行関係売却妨害罪（463）

556 偽計による妨害（最決平成10年7月14日）……………463

557 威力による妨害（最決平成10年11月4日）……………464

558 本罪の終了時期（最決平成18年12月13日）……………464

■ *5* 談合罪（466）

559「公正な価格」の意義（最決昭和28年12月10日）……………466

■ *6* 犯人蔵匿罪（466）

560 罪を犯したる者の意義（最判昭和24年8月9日）……………466

561 犯人の死亡と犯人隠避罪の成否（札幌高判平成17年8月18日）……………467

562 隠避の意義（参考人の虚偽供述）（最決平成29年3月27日）……………467

563 隠避の意義（留守宅及び捜査の形勢を知らせる行為）（大判昭和5年9月18日）……………468

564 隠避の意義（勾留中の犯人の身代りを出頭させる行為）（最決平成元年5月1日）……………469

565 隠避の意義（内妻への資金援助）（大阪高判昭和59年7月27日）……………470

566 罰金刑以上であることの認識（最決昭和29年9月30日）……470

567 犯人による教唆（最決昭和40年2月26日）……………471

568 共犯者の蔵匿・隠避（旭川地判昭和57年9月29日）……………471

■ *7* 証拠隠滅罪（472）

569 他人の意義（大判大正8年3月31日）……………472

570 刑事被告事件の意義（大判明治45年1月15日）……………473

571 参考人の隠匿（最決昭和36年8月17日）……………473

572 証拠の蔵匿（大判明治43年3月25日）……………474

573 供述調書（千葉地判平成7年6月2日）……………474

574 供述調書（最決平成28年3月

目 次　xxix

31 日）……………………475
575 犯人による教唆（最決昭和 40 年 9 月 16 日）……………476

■ *8* 偽 証 罪（477）

576 虚偽の陳述の意義（大判大正 3 年 4 月 29 日）……………477
577 被告人による教唆（最決昭和 28 年 10 月 19 日）……………477

■ *9* 虚偽告訴罪（478）

578 被告訴者の承諾（大判大正元年 12 月 20 日）……………478
579 虚偽の申告の意義（最決昭和 33 年 7 月 31 日）……………478
580 目的の意義（大判昭和 8 年 2 月 14 日）……………478

■ *10* 公務員職権濫用罪（479）

581 保護観察官によるわいせつ行為（東京高判昭和 43 年 3 月 15 日）……………479
582 身分帳閲覧事件（最決昭和 57 年 1 月 28 日）……………480
583 裁判官による刑事被告人の裁判所外への呼び出し（最決昭和 60 年 7 月 16 日）……………481
584 執行吏が公示札を立てる行為（最決昭和 38 年 5 月 13 日）……482
585 盗聴（東京高決昭和 28 年 7 月 17 日）……………482
586 盗聴（最決平成元年 3 月 14 日）……………484

■ *11* 賄 賂 罪（485）

[1] 職務行為（485）

587 一般的職務権限（最判昭和 37 年 5 月 29 日）……………485
588 他の警察署が捜査中の事件に関する賄賂の収受（最決平成 17 年 3 月 11 日）……………486
589 事実上所管する職務行為（最決昭和 31 年 7 月 12 日）……………486
590 大学設置審事件（最決昭和 59 年 5 月 30 日）……………487
591 大阪タクシー事件（最決昭和 63 年 4 月 11 日）……………488
592 大館市議会議長選挙事件（最決昭和 60 年 6 月 11 日）……………488
593 板硝子事件（最判昭和 25 年 2 月 28 日）……………489
594 芸大バイオリン事件（東京地判昭和 60 年 4 月 8 日）……………489
595 ロッキード事件（丸紅ルート）（最大判平成 7 年 2 月 22 日）……491
596 リクルート事件文部省ルート（最決平成 14 年 10 月 22 日）……495
597 復興金融金庫事件（最判昭和 32 年 3 月 28 日）……………496
598 県立医大教授が医局の医師を関連病院に派遣する行為（最決平成 18 年 1 月 23 日）……………498
599 市職員による土地のあっせん（最判昭和 51 年 2 月 19 日）……500
600 中学校教員による時間外の指導（最判昭和 50 年 4 月 24 日）…500
601 市長の再選後の職務（最決昭

和61年6月27日）…………502

602 転職後の賄賂の収受（大判大正4年7月10日）…………502

603 転職後の賄賂の収受（最決昭和28年4月25日）…………503

604 転職後の賄賂の収受（最決昭和58年3月25日）…………503

[2] 賄　　賂 (504)

605 芸妓の演芸（大判明治43年12月19日）…………504

606 新規上場に先立ち株式を公開価格で取得できる利益（最決昭和63年7月18日）…………504

607 土地の売買による換金の利益（最決平成24年10月15日）……504

608 個々の職務行為との対価関係（最決昭和33年9月30日）…………505

609 社交儀礼（大判昭和4年12月4日）…………506

610 社交儀礼（最判昭和50年4月24日）…………506

611 政治献金との区別（大阪高判昭和58年2月10日）…………507

[3] 請　　託 (508)

612 請託の意義（最判昭和27年7月22日）…………508

613 請託の有無（最判昭和30年3月17日）…………508

[4] 第三者供賄 (509)

614 法人への賄賂の供与（最判昭和29年8月20日）…………509

[5] あっせん収賄 (510)

615 公務員の地位利用（最決昭和43年10月15日）…………510

616 公取委が調査中の事件を告発しないように働き掛ける行為（最決平成15年1月14日）…………510

[6] 事後収賄 (511)

617 顧問料受領（最決平成21年3月16日）…………511

[7] 恐喝との関係 (512)

618 収賄罪不成立（大判昭和2年12月8日）…………512

619 収賄罪不成立（最判昭和25年4月6日）…………513

620 恐喝罪と収賄罪の観念的競合（福岡高判昭和44年12月18日）…………513

621 贈収賄成立（最決昭和39年12月8日）…………514

[8] 没収・追徴 (514)

622 ゴルフクラブ会員権（最決昭和55年12月22日）…………514

623 追徴価額の算定基準時（最大判昭和43年9月25日）…………515

624 共犯者が共同して収受した賄賂についての追徴方法（最決平成16年11月8日）…………519

判例索引　　521

凡　例

■判例略語

大　判　大審院判決

大連判　大審院連合部判決

最判（決）　最高裁判所判決（決定）

最大判　最高裁判所大法廷判決

高判（決）　高等裁判所判決（決定）

地　判　地方裁判所判決

支　判　支部判決

簡　判　簡易裁判所判決

■判例集・雑誌略語

刑　録　大審院刑事判決録

刑　集　大審院刑事判例集・最高裁判所刑事判例集

裁判集刑　最高裁判所裁判集　刑事

高刑集　高等裁判所刑事判例集

判　特　高等裁判所刑事判決特報

裁　特　高等裁判所刑事裁判特報

高刑速　高等裁判所刑事裁判速報集

東高刑時報　東京高等裁判所判決時報　刑事

裁　時　裁判所時報

下刑集　下級裁判所刑事裁判例集

新　聞　法律新聞

刑　月　刑事裁判月報

判　時　判例時報

判　タ　判例タイムズ

百　選　刑法判例百選（第7版，2014年）

重　判　重要判例解説（年度版）

⇒ 1・2

I 生命に対する罪

■1 殺人罪

[1] 人の始期

1 一部露出説
大判大正8年12月13日刑録25輯1367頁

【事案】 被告人は，便所に行った際分娩を催し，嬰児が仮死状態で産門から一部を露出すると両手で面部を強圧し，便壺内に分娩されると棒で嬰児を糞便中に突き込み窒息死させた。

【判決理由】「胎児か未た母体より全然分離して呼吸作用を始むるに至らさるも既に母体より其一部を露出したる以上母体に関係なく外部より之に死亡を来すへき侵害を加ふるを得へきか故に殺人罪の客体となり得へき人なりと云ふを妨けす左れは原判決に於て被告か殺意を以て産門より其一部を露出したる胎児の面部を強圧したる所為を殺人行為の一部と認めたるは相当なり」

「胎児か生活機能を具備して母体より其全部若くは一部を露出したる以上たとひ仮死の状態に在りて未た呼吸作用を開始せさるも生命を保有するものなるか故に殺人罪の客体となり得へき人なりと云はさるへからす」

[2] 人の終期

2 脳死は人の死か
臨時脳死及び臓器移植調査会「脳死及び臓器移植に関する重要事項について（答申）」（平成4年1月22日・ジュリスト1001号34頁以下）

「わが国においていわゆる『死の3徴候』，すなわち心臓の拍動停止（心停止），呼吸停止，瞳孔散大という3つの徴候によって死の判定が行われてきたことは周知のとおりである。

⇒ 2

　しかし，ではなぜそれらがその時点で『死』を意味するのかについては，これまで十分に理解されてきたとは言い難く，むしろそうした説明抜きに，慣習として人々の間に受け容れられてきたと言えよう。
　ところが近年，人工呼吸器の登場によって人為的に呼吸運動の維持が可能になってきたのに伴い，この3徴候の中でとくに重要と見られる呼吸停止が必ずしも死の徴候とはいえなくなってしまった。というのも，人工呼吸器を着けたまま，一見呼吸をしながら臨終（心停止）を迎える患者が少なからず存在するようになってきたからである。さらに将来，もし人工心臓が開発された場合には，もはや死の最も普遍的な徴候であった心停止という現象自体が生じなくなる可能性すら存在している。
　そのため，これまでの『死の3徴候』というものを何故『人の死』としうるのかについても，改めて根源的に考え直す必要が生ずるとともに，ここに新しく，脳死は『人の死』かということが大きな問題となってきた。」
　「『人の死』というのは，何よりも人の身体に生じる現象であるから，その理解に当たってはまず医学，生物学的知見に基づくべきものと考えるのが自然であろう。……（中略）……
　ところで『人の死』を医学・生物学的に厳密に定義することは必ずしも容易なこととは言えない。
　死はしばしば『プロセス』だと言われるが，死が身体上どのような変化から始まり，どのような変化をもって完成するかは容易には決め難いものがある。
　例えば，その人の身体を構成している全ての細胞が死滅していれば，その人を『死んでいる』とすることに異論はないであろう。しかし，一方このような場合でなければ死の宣告を行い得ないとすることは，従来の『3徴候』による死の考え方とも著しく相異し，合理的な考え方とは言えない。
　このような考え方に対して，近年の医学・生物学の考え方では，『人』を意識・感覚を備えた一つの生体システムあるいは有機的統合体としての個体としてとらえ，この個体としての死をもって『人の死』と定義しようとするのが主流となってきている。具体的には，身体の基本的な構成要素である各臓器・器官が相互依存性を保ちながら，それぞれ精神的・肉体的活動や体内環境の維持（ホメオスタシス）等のために合理的かつ合目的々に機能を分担し，全体として有機的統合性を保っている状態を『人の生』とし，こうした統合性が失われ

た状態をもって死とする考え方である。

　このように各臓器・器官が一体となり，統一的な機能を発揮しうるのは，脳幹を含む脳を中心とした神経系がこれらの各臓器・器官を統合・調節しているためとされている。したがって『脳が死んでいる』場合，すなわち意識・感覚等，脳のもつ固有の機能とともに脳による身体各部に対する統合機能が不可逆的に失われた場合，人はもはや個体としての統一性を失い，人工呼吸器を付けていても多くの場合数日のうちに心停止に至る。これが脳死であり，たとえその時個々の臓器・器官がばらばらに若干の機能を残していたとしても，もはや『人の生』とは言えないとするのが，わが国も含め近年各国で主流となっている医学的な考え方である。なおここで強調しておく必要があるのは，いわゆる『植物状態』は，脳幹の機能が未だ失われておらず個体としての統合が失われた状態とは異なり，医学的に見て『人の死』ではなく，このことは医学的に確実に鑑別し得る点である。

　しかし，医学的に見て脳死が『人の死』であるとしても，実際に脳死によって死が判定されるのは例外的であって，大部分の場合は，これまでどおり心臓死（「3徴候」による死）をもって死と判定することで何ら差し支えない。何故なら，心臓死の場合もまた，心停止後脳の機能が停止し，脳による統合能力が失われ，個体としての統一性が失われるという点で，脳死と同じ意味での『死』と考えられるからである。」

　「脳死については，一般に『脳幹を含む全脳の不可逆的機能停止』と定義されており，国際的にもこれが広く認められている。このような定義に対し，身体を統合する脳の機能の中でも，特に生体に必須とされる機能，例えば心拍・呼吸などを統合・調節する機能は，脳の中でも主として脳幹部にあることから，『脳死』をむしろ『脳幹の不可逆的機能停止』と定義すべきであるとの考え方も近年有力となってきている。しかし，脳全体の機能が不可逆的に停止するという点では両者間に実質的な相違は認められないことから，あえて今，これを『脳幹死』で定義する必要はないものと思われる。

　ところで，ここで言う『脳幹を含む全脳の不可逆的機能停止』とは，先にも触れた脳の主機能とも称すべき意識，感覚等の脳固有の機能と身体各部を統合する機能が不可逆的に失われたことを意味し，必ずしも脳を構成する個々の細胞の代謝その他の生活機能が全くなくなることを意味しているわけではない。」

⇒ *2*

「医学的に見ると脳死をもって『人の死』とすることが合理的であるとしても、そのことから直ちに社会的・法的にも脳死をもって『人の死』とすることができるかということになると、なおそこには問題があると言わねばならない。死とは何かという重大な問題について、とにかく従来とは異なった考えを持ち込むのであるから、社会がそのことを受容するかどうかを無視することはできないものと考える。」

「こうした脳死を『人の死』とする見方に対し、一部の人々からは、脳死を『人の死』とする考え方の背景には、心身二元論の考え方があり、わが国の伝統的な死生観とは相容れないとする意見が出されている。しかし、すでに述べたような、意識・感覚や身体の有機的統合性の喪失をもって『死』とする考え方は、こうした心身二元論とは直接的な関係があるとは考えにくい。また、わが国の伝統的な宗教・倫理観から見ても、このような『死』についての考え方がとくに否定されるべき具体的な論拠も見られない。さらに、こうした見方は、西欧諸国のみならず、宗教・文化を異にする諸国においても受け入れられており、国際社会の認識とも一致したものである。したがって脳死をもって社会的・法的にも『人の死』とすることは妥当な見解であると思われる。

しかし、実際には、脳死を『人の死』とする考え方が社会的に熟し、その受容にまで成長するには、脳死を『人の死』とすることの合理性について国民の理解が相応に深まっていくことが必要であるばかりでなく、これまでの慣習と新しい考え方との間隙を感情面でも十分埋めてゆくだけの時間も必要とされよう。具体的にどのような状況となれば社会に受容され合意が成立したとするかは、一概には決め難いものがあるが、そもそも社会的に受容され合意されたとするためには、その事柄に正当性、説得性があることとともに、相当数の国民の賛成が必要であり、これら両者の適当な均衡の上に立って判断されるべきものと考えられる。

こうした基本的な考え方から判断すると、全般的には国民の脳死についての理解は近年次第に深まってきており、本調査会がこれまで行った意識調査等でも脳死を『人の死』とすることを許容する人々がこれを否定する人々の数を大幅に上回ってかなりの数(平成2年9〜10月に実施した各界の有識者を対象とした「脳死及び臓器移植についての意識調査」によれば、賛成65.1％ 反対15.3％、平成3年9月に実施した一般国民を対象とした「脳死及び臓器移植に

⇒ 3

ついての世論調査」によれば,賛成44.6% 反対24.5%)に達していること,また,問題の性格上,国民の中にある程度の反対意見があることはむしろ当然であり,こうした国民感情も今後かなりの程度解消していくことも予想されることから,脳死をもって『人の死』とすることについては概ね社会的に受容され合意されているといってよいものと思われる。

ただ,脳死と判定された場合,脳死を『人の死』と認めることを躊躇する人に対してまで,医師は一律に人工呼吸器のスイッチを切らねばならないとすることは,余りにもこうした人々の感情や医療現場の実情から掛け離れる可能性も考えられる。したがって,こうした予想される状況に対して十分な配慮を払った対応をしていくことも重要なことと思われる。」

[3] 202条と199条,同意の有効性

3 同意の真意性と認識の要否

大阪高判平成10年7月16日判時1647号156頁／判タ1006・282
(重判平10刑4)

【事案】 被告人は,SMプレイにのめりこんでいた被害者から,大金と引き替えに下腹部をナイフで刺してくれるよう懇願され,これに応じて被害者の下腹部をナイフで突き刺して死亡させた。原判決は,被害者の嘱託は真意に基づくものとは認められないとして殺人罪の成立を認めたが,本判決は,以下のように判示して嘱託殺人罪の成立を認めた。

【判決理由】「原判決は,被害者の殺害依頼はその真意に基づくものとは認められないとして嘱託殺人の成立を否定している。真意に基づくものとは認められない理由として原判決が説示するところは……①依頼内容が,刃物で下腹部を突き刺す方法に執着した奇妙なものであること,②被害者は,勤務先の成績が良好で,上司の評価も高く,また,エアロビクスに熱中するなど健康面に異常はなく,翌年まで有効な定期券を所持していたこと等から考えても,真に死ななければならない特段の事情が見当たらないこと,③被害者自身が死亡することの意義を熟慮し,死の結果そのものを受容し,意欲していたものでないこと,の3点を挙げているのである。

確かに,被害者に真に死ななければならないような事情が見当たらないこと

はそのとおりである。しかし，前記認定事実によれば，被害者は，下腹部を殴打してもらうというSMプレイが高じて，いわば究極のSMプレイとして被告人に対し本件刺突行為を依頼したものと認めるのが相当である。それだからこそ被害者は，下腹部をナイフで刺すという方法に執着したのであって，奇妙な方法に執着したからその依頼は真意に基づくものではないとするのは当を得たものではない。

　次に，被害者自身が死亡することの意義を熟慮し，死の結果そのものを受容し，意欲していたものではないとする点については，そのような認定を否定することはできないが，もしそうだとすると，右のとおり被害者は，究極のSMプレイとして下腹部をナイフで刺すことを被告人に依頼しながら，その結果惹起されるであろう死の結果はこれを望んでいないという心理状態にあったわけである。しかし，死の結果を望んでいるか否かは必ずしも嘱託の真意性を決定付けるものではないというべきである。勿論，自己が依頼した行為の結果が死に結びつくことを全く意識していない場合は『殺害』を嘱託したことにはならないだろうが，死の結果に結びつくことを認識している場合には，たとえ死の結果を望んでいなくても，真意に基づく殺害の嘱託と解する妨げとはならないとすべきである。」

「なお，被告人は，捜査段階において，被害者が本当に殺されたいと思って頼んでいるのではないことは分かっていたが，その依頼に応ずるかのように装って殺害した旨の供述をしており，公判段階では極力その点を否定しているが，仮に被告人が捜査段階で述べたような心理状態で本件犯行に及んだものであるとしても，被害者の真意に基づく嘱託が存する以上，嘱託殺人は成立すると解すべきである。」

4　同意殺人罪と自殺関与罪の区別

東京高判平成25年11月6日判タ1419号230頁

【判決理由】「関係証拠によれば，被告人とAは，二人で一緒に死のうなどと話して自殺方法を相談し，酒と睡眠薬を飲んだ上で自動車内において練炭自殺をすることを決め，練炭コンロ等を準備するとともに，本件数日前には埼玉県秩父市内の山中で自殺に適した場所を下見するなどしていたこと，本件当日も，事前の相談のとおり，自動車で下見した秩父市内の山中に向かい，共に酒と睡眠薬を飲み，着火した練炭コンロ2個を車内に置いてドアを閉めるなどしたが，

Aのみが急性一酸化炭素中毒で死亡し，被告人は死亡するに至らなかったこと，着火した練炭コンロを車内に置いてドアを閉めたのは被告人であるが，Aも，練炭の着火方法を被告人に助言するとともに，自らも車外における着火作業の一部を分担したことが認められる。被告人とAは，二人で心中することを決意して自殺の方法や場所を相談し，そのとおりの方法，場所で自殺を図ったものであり，Aも自殺の手段である練炭コンロの着火に積極的に関与しているから，被告人とAは一体となって自殺行為を行ったものであり，A自身も自殺を実行したとみるべきものである（大審院大正11年(れ)第463号同年4月27日判決・大審院刑事判例集1巻239頁参照）。原判決は，Aが練炭の着火を一部分担したとしても，殺害の実行行為の準備行為にすぎないとするが，前記のような事実関係の下では，練炭への着火は，練炭コンロを車内に置いてドアを閉めるという直接的な生命侵害行為と密接不可分の行為であり，単なる準備行為にすぎないとする原判決の評価は，いささか形式的にすぎ，賛同できない。そうすると，被告人の行為は，自殺の意思を有するAに対し，共同して自殺行為を行うことにより，その自殺の実行を容易にしたものとして，自殺幇助に該当すると認めるのが相当である。」

5 殺害の嘱託に基づく傷害致死

札幌高判平成25年7月11日高刑速（平25）253頁

（重判平26刑5）

【事案】 被告人は，A女から，「自殺ごっこ」と称して，ホテルの一室で，Aの頸部をバスローブの帯で絞め付けた上，その顔面を，口や鼻から気泡が出なくなるまで浴槽の水の中に沈めるように嘱託され，これを実行に移し，同人を頸部圧迫による窒息またはこれと溺水による窒息の複合により死亡させた。Aは，嘱託した行為によって自らが死亡することを認識し，死んでも構わないと考えていたが，被告人は，Aから，室内の様子は多数のスタッフが監視しており，Aに生命に危険が及ぶ事態が生じれば直ちに救命措置を取る手はずとなっている旨の説明を受けたことから，Aが死亡することはなく，傷害の嘱託を受けたにすぎないと認識していた。原審（札幌地判平成24年12月14日判タ1390号368頁）は，本件のような嘱託傷害致死の事例について，傷害致死罪の成立を認めると，殺意をもって嘱託殺人を行った場合よりも重い法定刑で処罰されることになり，妥当ではないから，嘱託傷害致死類型についても202条が適用されるとして，被告人に嘱託殺人罪の成立を認めた。控訴審判決は，原判決を破棄し，傷害致死罪の成立を認めた。

⇒ 5

【判決理由】「1　刑法202条後段の解釈等について

　原判決は，『嘱託傷害致死類型は，文理上，刑法202条後段が定める「人をその嘱託を受け……殺した」場合に該当するから，同条が適用される。「殺した」との文言は，日常用例に照らし，殺意がない場合をも含みうるものであって，同様の文言使用例として，刑法204条が，傷害の故意がある場合のほか，傷害の故意がなく暴行の故意にとどまる場合も含めて「人の身体を傷害した」と規定していることが想起されるべきである』と説示する。

　しかしながら，刑法は，『第二十六章　殺人の罪』に殺人罪と並んで嘱託殺人罪を規定し，同じ『人を殺した』との文言を用いており，他方，傷害致死罪については，『第二十七章　傷害の罪』の中に規定し，『人を死亡させた』との文言を用いているのであって，このような各規定の体系的位置や文言（刑法は，殺意がなく人を死亡させた場合については『人を死亡させた』（刑法205条，210条など）との文言を用い，刑法199条及び同法202条後段所定の『人を殺した』との文言と明確に区別している）からみても，刑法202条後段の『人を殺した』との文言は，同法199条と同じく，殺意のない場合を含まないと解すべきことが明らかである。」

「2　処断刑の不合理の有無等について

　(1)　まず，嘱託殺人罪と傷害致死罪の法定刑の上限を比較すると，嘱託殺人罪のその上限が懲役7年であるのに対し，傷害致死罪のそれは懲役20年であり，傷害致死罪の方が格段に重いのであるが，傷害致死罪の構成要件に被害者による殺害行為の嘱託がない傷害致死行為が含まれることは争いのないところであり，その中で特に違法性及び責任が重いものを処罰することを予定して法定刑の上限が定められていると解されるから，傷害致死罪の法定刑の上限が嘱託殺人罪のそれより重いことは何ら不合理とはいえない。

　(2)　問題は，傷害致死罪については犯罪の情状により酌量減軽をしても処断刑の下限を懲役1年6月までしか下げることができず，懲役又は禁錮6月である嘱託殺人罪の法定刑の下限より重いという点である。

　しかしながら，この点も原判決がいうような不合理があると直ちにはいえない。

　すなわち，当審で取り調べた捜査報告書添付の量刑資料（嘱託殺人（既遂））によれば，平成22年から平成24年までの3年間における嘱託殺人既遂27事

例において，懲役 6 年に処せられた事例がある一方，懲役 2 年の実刑や懲役 2 年 6 月，5 年間執行猶予に処せられた事例があり，嘱託殺人罪においても事案に応じて量刑に相当の差があり，傷害致死罪と比べて一概に量刑が軽いとはいえない。そして，上記量刑資料によれば，実兄に繰り返し殺害を依頼されてやむなく殺害に及んだ事例や，交際中の女性から強く殺害を依頼されて殺害に及んだ事例であっても，遺族が厳罰を希望しているなどの情状が認められる場合は，懲役 3 年ないし 4 年の実刑に処せられており，夫の介護に尽くしてきた妻が，精神的に追い詰められた状況下で，夫からの嘱託を受けて殺害に及んだ事例など動機，経緯に相当酌むべき事情があり，遺族も処罰を望んでいないなど刑を軽減する事情が他に存在するような事例ですら，執行猶予が付されているとはいえ，懲役 2 年 6 月ないし 3 年の刑に処せられていることが認められ，懲役 1 年 6 月を下回る量刑がなされた事例は見当たらない。」

「本件行為も含めて，被害者による殺害行為の嘱託が存在する場合に，暴行又は傷害の故意で嘱託された行為に及び被害者を死亡させたという行為類型が傷害致死罪に含まれると解したとしても，当該事案の情状に鑑み酌量減軽をして当該行為の違法性及び責任の程度に見合った適正妥当な刑を導くことができるのであり，傷害致死罪について酌量減軽をしても処断刑の下限を懲役 1 年 6 月までしか下げることができないことが原因で，嘱託傷害致死類型のうち，嘱託殺人罪に該当する行為と比較して違法性及び責任の程度が明らかに軽い行為を，より重い刑で処罰せざるを得なくなるといった処断刑の不合理があるとはいえない。なお，以上の説明するところからして，傷害致死罪を定める刑法 205 条は，その法定刑に照らすと，被害者が自らの殺害行為を嘱託した場合を想定していないと考えられるという説示部分は，文理解釈上はもちろん，嘱託殺人罪の法定刑の上限が懲役 7 年であることや嘱託殺人既遂の前記量刑傾向に徴すると合理的な理由となるものではない。」

6　偽装心中と殺人罪の成否

最判昭和 33 年 11 月 21 日刑集 12 巻 15 号 3519 頁／判時 169・28
（百選Ⅱ1）　⇒総論 114

【事案】　第 1 審判決は，以下のように認定して，殺人罪の成立を認め，原判決もこれを是認した。「被告人は……，昭和 28 年 9 月頃から料理屋甲方接客婦リリーこと A（当 22 年）と馴染となり遊興を重ねる中，同女との間に夫婦約束まで出来たが，他面右

⇒ 7

甲に対し十数万円，其他数ケ所からも数十万円の借財を負うに至り，両親からはAとの交際を絶つよう迫られ最近に至り自らもようやく同女を重荷に感じ始め，同女と関係を断ち過去の放縦な生活を一切清算しようと考えその機会の来るのを待っていたところ遂に同30年5月23日頃同女に対し別れ話を持ち掛けたが同女は之に応ぜず心中を申出でた為め困り果て同女の熱意に釣られて渋々心中の相談に乗ったものの同月26日頃には最早被告人の気が変り心中する気持がなくなっていたに拘らず同日午後3時頃同女を伴って……山中の……滝附近に赴いたが同女が自己を熱愛し追死してくれるものと信じているのを奇貨とし同女をのみ毒殺しようと企て真実は追死する意思がないのに追死するものの如く装い同女をして其旨誤信せしめ予め買求め携帯してきた青化ソーダ致死量を同女に与えて之を嚥下させよって同女をして即時同所に於て右青化ソーダの中毒により死亡せしめて殺害の目的を遂げ〔た〕。」

【判決理由】「本件被害者は被告人の欺罔の結果被告人の追死を予期して死を決意したものであり，その決意は真意に添わない重大な瑕疵ある意思であることが明らかである。そしてこのように被告人に追死の意思がないに拘らず被害者を欺罔し被告人の追死を誤信させて自殺させた被告人の所為は通常の殺人罪に該当するものというべく，原判示は正当であって所論は理由がない。」

7 自殺関与罪と殺人罪の限界

福岡高宮崎支判平成元年3月24日高刑集42巻2号103頁／判タ718・226
(百選Ⅱ2) ⇒総論 116

【判決理由】「自殺とは自殺者の自由な意思決定に基づいて自己の死の結果を生ぜしめるものであり，自殺の教唆は自殺者をして自殺の決意を生ぜしめる一切の行為をいい，その方法は問わないと解されるものの，犯人によって自殺するに至らしめた場合，それが物理的強制によるものであるか心理的強制によるものであるかを問わず，それが自殺者の意思決定に重大な瑕疵を生ぜしめ，自殺者の自由な意思に基づくものと認められない場合には，もはや自殺教唆とはいえず，殺人に該当するものと解すべきである。これを本件についてみると，原判決挙示の関係証拠を総合すると，被告人は，当時66歳の独り暮らしをしていた被害者Aから，原判示のような経緯で盲信に等しい信頼を得て，短期間に合計750万円もの多額の金員を欺罔的手段で借受けたが，その返済のめどが立たなかったことから，いずれその事情を同女が察知して警察沙汰になることを恐れ，発覚を免れるため同女をして自殺するよう仕向けることを企て，昭和60年5月29日，同女がBに金員を貸していたことを種にして，それが出

資法という法律に違反しており，まもなく警察が調べに来るが，罪となると3か月か4か月刑務所に入ることになるなどと虚構の事実を述べて脅迫し，不安と恐怖におののく同女を警察の追及から逃がすためという口実で連れ出して，17日間にわたり，原判示のとおり鹿児島から福岡や出雲などの諸所を連れ回ったり，自宅や空家に一人で潜ませ，その間体力も気力も弱った同女に，近所の人にみつかるとすぐ警察に捕まるとか，警察に逮捕されれば身内の者に迷惑がかかるなどと申し向けて，その知り合いや親戚との接触を断ち，もはやどこにも逃げ隠れする場がないという状況にあるとの錯誤に陥らせたうえ，身内に迷惑がかかるのを避けるためにも自殺する以外にとるべき道はない旨執拗に慫慂して同女を心理的に次第に追いつめ，犯行当日には，警察官がついに被告人方にまで事情聴取に来たなどと警察の追及が間近に迫っていることを告げてその恐怖心を煽る一方，唯一同女の頼るべき人として振る舞ってきた被告人にも警察の捜査が及んでおりもはやこれ以上庇護してやることはできない旨告げて突き放したうえ，同女が最後の隠れ家として一縷の望みを託していた大河原の小屋もないことを確認させたすえ，同女をしてもはやこれ以上逃れる方途はないと誤信させて自殺を決意させ，原判示のとおり，同女自らマラソン乳剤原液約100CCを嚥下させて死亡させたものであることが認められる。右の事実関係によれば，出資法違反の犯人として厳しい追及を受ける旨の被告人の作出した虚構の事実に基づく欺罔威迫の結果，被害者Ａは，警察に追われているとの錯誤に陥り，更に，被告人によって諸所を連れ回られて長期間の逃避行をしたあげく，その間に被告人から執拗な自殺慫慂を受けるなどして，更に状況認識についての錯誤を重ねたすえ，もはやどこにも逃れる場所はなく，現状から逃れるためには自殺する以外途はないと誤信して，死を決したものであり，同女が自己の客観的状況について正しい認識を持つことができたならば，およそ自殺の決意をする事情にあったものは認められないのであるから，その自殺の決意は真意に添わない重大な瑕疵のある意思であるというべきであって，それが同女の自由な意思に基づくものとは到底いえない。したがって，被害者を右のように誤信させて自殺させた被告人の本件所為は，単なる自殺教唆行為に過ぎないものということは到底できないのであって，被害者の行為を利用した殺人行為に該当するものである。」

⇒ 8・9・10

8 精神遅滞者の利用

大判昭和8年4月19日刑集12巻471頁

【事案】 被告人は被害者が精神遅滞で自分を厚く信じているのを奇貨として、仮死状態に陥る薬品であると欺いて液体を服用させ、自ら首をくくっても一時仮死状態になるだけで、被告人が別の薬品を使用して蘇生させると誤信させて、自ら縊死させた。

【判決理由】「Aは被告人の詐言の為錯誤に陥り全然自殺するの意思なく自ら其の頸部を縊りて一時仮死状態に陥るも再ひ蘇生し得へきものと信し原判示の如き方法に依り遂に死亡するに至りたるものなるを以て被告人はAを殺害したるものと謂ふへく……」

9 意思能力なき者の利用

最決昭和27年2月21日刑集6巻2号275頁
⇒総論112

【事案】 被告人は、通常の意思能力なく自殺の何たるかをも理解しない被害者が、自己の命ずることは何でも服従することを利用して、縊首の方法を教えて縊死させた。

【決定理由】「第1審判決は、本件被害者が通常の意思能力もなく、自殺の何たるかを理解しない者であると認定したのであるから、判示事実に対し刑法202条を以て問擬しないで同法199条を適用したのは正当であって、所論の違法も認められない。」

10 肉体的精神的圧迫による自殺

広島高判昭和29年6月30日高刑集7巻6号944頁／判時33・23

【事案】 妻が不倫関係にあると邪推した被告人が、連日妻Aに常軌を逸した虐待・暴行を加え、姦通の事実を認める書面や自殺する旨の書面を強制的に作成させたりし、執ように肉体的精神的圧迫を加えた結果、妻Aはついに自殺した。

【判決理由】「而して自殺とは自己の自由な意思決定に基いて自己の死を惹起することであり、自殺の教唆は自殺者をして自殺の決意を生ぜしめる一切の行為であって、その方法を問わないと解する。従って犯人が威迫によって他人を自殺するに至らしめた場合、自殺の決意が自殺者の自由意思によるときは自殺教唆罪を構成し進んで自殺者の意思決定の自由を阻却する程度の威迫を加えて自殺せしめたときは、もはや自殺関与罪でなく殺人罪を以て論ずべきである。ところで本件においては前記の如く被告人の暴行、脅迫によってAが自殺の決意をするに至ったものであること並に被告人が自己の行為によって同女が自殺するであろうことを予見しながら敢て暴行、脅迫を加えたことが夫々認めら

れるけれども，被告人の右暴行，脅迫がAの前記決意をなすにつき意思の自由を失わしめる程度のものであったと認むべき確証がないので，結局被告人の本件所為は自殺教唆に該当すると解すべきである。」

11 追いつめられた被害者の死亡
最決昭和59年3月27日刑集38巻5号2064頁／判時1116・139，判タ526・142
（重判昭59刑6）

【決定理由】「原判決及びその是認する第1審判決の認定によれば，被告人は，外2名と共に，厳寒の深夜，かなり酩酊しかつ被告人らから暴行を受けて衰弱していた被害者を，都内荒川の河口近くの堤防上に連行し，同所において同人を川に転落させて死亡させるのもやむを得ない旨意思を相通じ，上衣，ズボンを無理矢理脱がせたうえ，同人を取り囲み，『この野郎，いつまでふざけてるんだ，飛び込める根性あるか。』などと脅しながら護岸際まで追いつめ，さらにたる木で殴りかかる態度を示すなどして，遂には逃げ場を失った同人を護岸上から約3メートル下の川に転落するのやむなきに至らしめ，そのうえ長さ約3，4メートルのたる木で水面を突いたり叩いたりし，もって同人を溺死させたというのであるから，右被告人の所為は殺人罪にあたるとした原判断は相当である。」

12 殺人未遂罪が認められた事例
最決平成16年1月20日刑集58巻1号1頁／判時1850・142，判タ1146・226
（百選Ⅰ73，重判平16刑3）

【決定理由】「2 ……原判決及びその是認する第1審判決の認定並びに記録によれば，本件犯行に至る経緯及び犯行の状況は，以下のとおりであると認められる。
　(1) 被告人は，いわゆるホストクラブにおいてホストをしていたが，客であった被害者が数箇月間にたまった遊興費を支払うことができなかったことから，被害者に対し，激しい暴行，脅迫を加えて強い恐怖心を抱かせ，平成10年1月ころから，風俗店などで働くことを強いて，分割でこれを支払わせるようになった。
　(2) しかし，被告人は，被害者の少ない収入から上記のようにしてわずかずつ支払を受けることに飽き足りなくなり，被害者に多額の生命保険を掛けた上で自殺させ，保険金を取得しようと企て，……
　(3) ……自己の言いなりになっていた被害者に対し，平成12年1月9日午前零時過ぎころ，まとまった金が用意できなければ，死んで保険金で払えと迫った上，被害者に車を運転させ，それを他の車を運転して追尾する形で，同日午前3時ころ，本件犯行現場の漁港まで行かせたが，付近に人気があったため，当日は被害者を海に飛び込ませる

⇒ 12

ことを断念した。

(4) 被告人は，翌10日午前1時過ぎころ，被害者に対し，事故を装って車ごと海に飛び込むという自殺の方法を具体的に指示し，同日午前1時30分ころ，本件漁港において，被害者を運転席に乗車させて，車ごと海に飛び込むように命じた。被害者は，死の恐怖のため飛び込むことができず，金を用意してもらえるかもしれないので父親の所に連れて行ってほしいなどと話した。被告人は，父親には頼めないとしていた被害者が従前と異なる話を持ち出したことに激怒して，被害者の顔面を平手で殴り，その腕を手拳で殴打するなどの暴行を加え，海に飛び込むように更に迫った。被害者が『明日やるから。』などと言って哀願したところ，被告人は，被害者を助手席に座らせ，自ら運転席に乗車し，車を発進させて岸壁上から転落する直前で停止して見せ，自分の運転で海に飛び込む気勢を示した上，やはり1人で飛び込むようにと命じた。しかし，被害者がなお哀願を繰り返し，夜も明けてきたことから，被告人は，『絶対やれよ。やらなかったらおれがやってやる。』などと申し向けた上，翌日に実行を持ち越した。

(5) 被害者は，被告人の命令に応じて自殺する気持ちはなく，被告人を殺害して死を免れることも考えたが，それでは家族らに迷惑が掛かる，逃げてもまた探し出されるなどと思い悩み，車ごと海に飛び込んで生き残る可能性にかけ，死亡を装って被告人から身を隠そうと考えるに至った。

(6) 翌11日午前2時過ぎころ，被告人は，被害者を車に乗せて本件漁港に至り，運転席に乗車させた被害者に対し，『昨日言ったことを覚えているな。』などと申し向け，さらに，ドアをロックすること，窓を閉めること，シートベルトをすることなどを指示した上，車ごと海に飛び込むように命じた。被告人は，被害者の車から距離を置いて監視していたが，その場にいると，前日のように被害者から哀願される可能性があると考え，もはや実行する外ないことを被害者に示すため，現場を離れた。

(7) それから間もなく，被害者は，脱出に備えて，シートベルトをせず，運転席ドアの窓ガラスを開けるなどした上，普通乗用自動車を運転して，本件漁港の岸壁上から海中に同車もろとも転落したが，車が水没する前に，運転席ドアの窓から脱出し，港内に停泊中の漁船に泳いでたどり着き，はい上がるなどして死亡を免れた。

(8) 本件現場の海は，当時，岸壁の上端から海面まで約1.9ｍ，水深約3.7ｍ，水温約11度という状況にあり，このような海に車ごと飛び込めば，脱出する意図が運転者にあった場合でも，飛び込んだ際の衝撃で負傷するなどして，車からの脱出に失敗する危険性は高く，また脱出に成功したとしても，冷水に触れて心臓まひを起こし，あるいは心臓や脳の機能障害，運動機能の低下を来して死亡する危険性は極めて高いものであった。

3 上記認定事実によれば，被告人は，事故を装い被害者を自殺させて多額の保険金を取得する目的で，自殺させる方法を考案し，それに使用する車等を

準備した上，被告人を極度に畏怖して服従していた被害者に対し，犯行前日に，漁港の現場で，暴行，脅迫を交えつつ，直ちに車ごと海中に転落して自殺することを執ように要求し，猶予を哀願する被害者に翌日に実行することを確約させるなどし，本件犯行当時，被害者をして，被告人の命令に応じて車ごと海中に飛び込む以外の行為を選択することができない精神状態に陥らせていたものということができる。

被告人は，以上のような精神状態に陥っていた被害者に対して，本件当日，漁港の岸壁上から車ごと海中に転落するように命じ，被害者をして，自らを死亡させる現実的危険性の高い行為に及ばせたものであるから，被害者に命令して車ごと海に転落させた被告人の行為は，殺人罪の実行行為に当たるというべきである。

また，前記2(5)のとおり，被害者には被告人の命令に応じて自殺する気持ちはなかったものであって，この点は被告人の予期したところに反していたが，被害者に対し死亡の現実的危険性の高い行為を強いたこと自体については，被告人において何ら認識に欠けるところはなかったのであるから，上記の点は，被告人につき殺人罪の故意を否定すべき事情にはならないというべきである。」

■2 堕胎罪

[1] 堕胎の概念

13 堕胎の意義

大判明治42年10月19日刑録15輯1420頁

【判決理由】「堕胎罪は自然の分娩期に先ち人為を以て胎児を母体より分離せしむるに因て成立し胎児か死亡すると否とは犯罪の成否に影響なきものなることは本院か……判示する所にして……被告の教唆に依りAかBの身体に施術を為したる結果胎児か母体より分離し胎外に排出せられたることは原判文上明瞭にして堕胎罪を構成すへき事実理由の明示に欠くる所なけれは原判決に胎児か殺されて排出せられたるや否やを明示せさるも理由不備の違法ありと云ふを得す」

⇒ 14・15・16

14 堕胎後の「嬰児」の殺害

大判大正11年11月28日刑集1巻705頁

【事案】 被告人は，女性の依頼を受けて堕胎手術を施し，予期に反して生まれた男児を殺害した。原判決は堕胎罪と殺人罪の併合罪として処断した。

【判決理由】「堕胎罪は所論通説の如く自然の分娩期に先ち人為を以て胎児を母体外に排出するに因り成立するものにして該罪の成立には常に必しも之か死産たることを要するものに非す従て本件の如き場合に在りては被告人第1の行為は堕胎罪を構成し第2の行為は更に殺人罪を構成すへく所論の如く之を目して単一なる一罪若は手段結果の関係に基く一罪と称することを得す」

[2] 共　犯

15 堕胎手術者の紹介

大判昭和10年2月7日刑集14巻76頁

【判決理由】「原判決の証拠に依りて認定したる事実は被告人Xは堕胎せむことを決意せる妊婦より堕胎施術周旋方の依頼を受けて之を承諾し産婆たる被告人Y方に同人を案内し原判示の如き手段方法に依りてYの堕胎手術を受けしめたる上自宅に滞在せしめて其の目的を遂しめ以て妊婦の堕胎行為を容易ならしめたりと云ふに在り而して右の如く妊婦の為に堕胎手術者を紹介周旋し且手術後之を自己の居宅に滞在せしめて堕胎の目的を遂しめたることは妊婦の堕胎行為を容易ならしめたる行為なること毫も疑なきか故に該行為は妊婦に対する堕胎幇助罪を構成すへく……」

16 妊婦及び医師に対する堕胎の教唆と適条

大判大正9年6月3日刑録26輯382頁
⇒総論 361

【判決理由】「被告Xか一面懐胎の婦女を教唆して堕胎の決意を為さしめ他面医師を教唆して同婦女に対する堕胎手術を行ふへき決意を為さしめ因て1箇の堕胎行為を遂行せしめたる場合に於ては其前者に対する教唆行為は刑法第61条第1項第212条に後者に対する教唆行為は同第61条第1項第214条前段に該当する所元来被告の行為は2人を教唆して1箇の堕胎行為を実行せしめたるに過きされは包括的に之を観察し重き後者に対する刑に従ふへきものなるも被

16　I　生命に対する罪

告は医師たる身分なきものなるを以て同第65条第2項に依り同第213条前段の刑を科すべきものとす」

[3] 胎児と人の限界

17 堕胎後出産された「嬰児」の放置

最決昭和63年1月19日刑集42巻1号1頁／判時1263・48, 判タ658・87
（百選Ⅱ9, 重判昭63刑2・刑訴2）

【決定理由】「被告人は，産婦人科医師として，妊婦の依頼を受け，自ら開業する医院で妊娠第26週に入った胎児の堕胎を行ったものであるところ，右堕胎により出生した未熟児（推定体重1000グラム弱）に保育器等の未熟児医療設備の整った病院の医療を受けさせれば，同児が短期間内に死亡することはなく，むしろ生育する可能性のあることを認識し，かつ，右の医療を受けさせるための措置をとることが迅速容易にできたにもかかわらず，同児を保育器もない自己の医院内に放置したまま，生存に必要な処置を何らとらなかった結果，出生の約54時間後に同児を死亡するに至らしめたというのであり，右の事実関係のもとにおいて，被告人に対し業務上堕胎罪に併せて保護者遺棄致死罪の成立を認めた原判断は，正当としてこれを肯認することができる。」

18 早産のため発育不良の嬰児の殺害

大判明治43年5月12日刑録16輯857頁

【判決理由】「殺人罪の客体たる人は犯罪の当時に在て生活機能を保有したるものなるを以て足る其健康状態か善良にして犯罪に因り侵害せられさりしならは相当の天寿を享け得へかりし者なることを必要とせす故に原判決に於て被告か殺意を以て其長女の分娩したる嬰児を窒息せしめて殺害したる事実を判示しある以上は其嬰児は生活機能を営み居りたるものと認めたること明確なれは縦令早産の為め発育不良にして将来生長の希望なかりしとするも之を殺害するに於ては殺人罪を以て問擬すへきは当然にして該犯罪の成立には其嬰児か発育能力を具有せしことを必要とせす」

⇒ 19

[4] 胎児性致死傷の罪責

19　熊本水俣病事件（第1審判決）
熊本地判昭和54年3月22日判時931号6頁／判タ392・46
（重判昭54刑1）

【事案】（関連部分）被告人らは，工場から塩化メチル水銀を含む排水を排出して魚介類を汚染した。被害者らは，その魚介類を母親が妊娠中に摂取したために胎児性水俣病に罹患し，それにより内1名は死亡した。

【判決理由】「よって考察するに，業務上過失致死罪が成立するには，構成要件要素としての客体である『人』の存在が必要であり，通常，これが実行行為の際に存在するのを常態とする。しかしながら，構成要件要素としての客体である『人』の存在が欠如する場合に業務上過失致死罪が成立しないとされるのは，客体である『人』が絶対的に存在しないため，究極において，構成要件的結果である致死の結果が発生する危険性が全くないからである。

ところで，胎児性水俣病は，母体の胎盤から移行したメチル水銀化合物が，形成中の胎児の脳等に蓄積して病変を生じさせ，これによる障害が出生後にもおよぶものであるから，胎児の脳等に病変を生じさせた時点においては，構成要件要素としての客体である『人』は未だ存在していないといわざるを得ないのであるが，元来，胎児には『人』の機能の萌芽があって，それが，出生の際，『人』の完全な機能となるよう順調に発育する能力があり，通常の妊娠期間経過後，『人』としての機能を完全に備え，分娩により母体外に出るものであるから，胎児に対し有害な外部からの侵害行為を加え，『人』の機能の萌芽に障害を生じさせた場合には，出生後『人』となってから，これに対して業務上過失致死罪の構成要件的結果である致死の結果を発生させる危険性が十分に存在することになる。

従って，このように人に対する致死の結果が発生する危険性が存在する場合には，実行行為の際に客体である『人』が現存していなければならないわけではなく，人に対する致死の結果が発生した時点で客体である『人』が存在するのであるから，これをもって足りると解すべきである。業務上過失致死罪において，その実行行為に際して，客体である『人』が存在しているのが常態ではあるけれども，実行行為の際に客体である『人』が存在することを要件とする

20　熊本水俣病事件（控訴審判決）
福岡高判昭和 57 年 9 月 6 日高刑集 35 巻 2 号 85 頁／判時 1059・17，判夕 483・167
⇒総論 232

【判決理由】「なお，Aが人として傷害を受けて死亡するに至ったものと認めることの可否につき，原説示のほか一言付加するに，被告人らの本件業務上過失排水行為はAが胎生 8 か月となるまでに終ったものではなく，とくに，その侵害は発病可能な右時点を過ぎ，いわゆる一部露出の時点まで，継続的に母体を介して及んでいたものと認められる。そうすると，一部露出の時点まで包括的に加害が認められる限り，もはや人に対する過失傷害として欠くるところがないので，右傷害に基づき死亡した同人に対する業務上過失致死罪を是認することも可能である。」

21　熊本水俣病事件（上告審決定）
最決昭和 63 年 2 月 29 日刑集 42 巻 2 号 314 頁／判時 1266・3，判夕 661・59
（百選Ⅱ3，重判昭 63 刑 2・刑訴 2）

【決定理由】「現行刑法上，胎児は，堕胎の罪において独立の行為客体として特別に規定されている場合を除き，母体の一部を構成するものと取り扱われていると解されるから，業務上過失致死罪の成否を論ずるに当たっては，胎児に病変を発生させることは，人である母体の一部に対するものとして，人に病変を発生させることにほかならない。そして，胎児が出生し人となった後，右病変に起因して死亡するに至った場合は，結局，人に病変を発生させて人に死の結果をもたらしたことに帰するから，病変の発生時において客体が人であることを要するとの立場を採ると否とにかかわらず，同罪が成立するものと解するのが相当である。」

22　交通事故による受傷
秋田地判昭和 54 年 3 月 29 日刑月 11 巻 3 号 264 頁

【事案】　妊娠中の女性が被告人の過失による交通事故の受傷のため事故後重症の仮死状態の女児を早産（在胎 34 週）し，同児は約 36 時間半で死亡した。

【判決理由】「一部露出の段階を経て医学的には生産児の分娩と判定されても，胎児の際の過失により加害され，生活機能の重要な部分が損なわれ，自然の分娩期より著しく早く母体外に排出され（早産），生活能力もなく，自然の成り

⇒ 23・24

行きとして出産後短時間で死に至ることが予測され，実際どんな医療を施しても生活能力を具備できず医学的にも死の結果を生じた本件事案のような場合には，刑法上右分娩児は『人』となったとは言えず，胎児の延長上にあり，胎児又は死産児に準じて評価するのが相当である。」

23　自動車事故による胎児傷害

鹿児島地判平成 15 年 9 月 2 日 LEX/DB 28095497

【事案】　被告人は，業務として普通乗用自動車を運転し，道路を進行中，過失により，自車を対向直進してきた妊娠 7 か月の B（当時 27 歳）運転の軽四輪乗用自動車に衝突させ，よって，同人に 9 日間の入院治療を要する常位胎盤早期剥離等の傷害を負わせるとともに，上記傷害を原因として早期に出生した C に対し，全治不明の呼吸窮迫症候群，脳室内出血後水頭症などの傷害を負わせた。

【判決理由】　「本件事故により，B は常位胎盤早期剥離を発症させ，胎児が仮死状態となり，緊急帝王切開手術の結果，C が出生したが，その後の検査の結果，脳室内出血があることが判明し，それを原因として水頭症を発症させたことが明らかである。ところで，胎児に病変を発生させることは，人である母体の一部に対するものとして，人に病変を発生させることにほかならず，そして，胎児が出生して人となった後，右病変に起因して傷害が増悪した場合は，結局，人に病変を発生させて人に傷害を負わせたことに帰することとなるのであって，そうであれば，前記認定の事実関係のもとでは，C を被害者とする業務上過失傷害罪が成立することは明らかである。」

■3　遺　棄　罪

[1]　罪　　質

24　抽象的危険犯

大判大正 4 年 5 月 21 日刑録 21 輯 670 頁

【判決理由】　「刑法第 217 条の罪は扶助を要すへき老者，幼者，不具者又は病者を遺棄するに因りて直ちに成立し其行為の結果か現実に生命身体に対する危険を発生せしめたるや否やは問ふ所に非す蓋し法律は上叙の行為を以て当然老幼不具又は疾病の為めに扶助を要する者の生命身体に対して危険を発生せしむ

る虞あることを想定し之を処罰の理由と為したるものなるを以て遺棄の事実にして判示しある以上は特に危険発生の虞ある状態の存在に付き説示することを要せす」

[2] 客　体

25　泥酔状態にある者
最決昭和43年11月7日判時541号83頁／判タ229・252

【事案】　泥酔状態にある被害者を家に連れ帰ろうとしたが動かないので，衣類をはぎ取って引きずったもののなお動かず，全裸状態で放置して帰宅したところ，被害者は凍死した。

【決定理由】　「（原判決が維持した1審判決認定のごとく，本件被害者Hが当時，高度の酩酊により身体の自由を失い他人の扶助を要する状態にあったと認められるときは，これを刑法218条1項の病者にあたるとした原判断は相当である。）」

[3] 遺棄の概念

26　解雇した者の追い出し
大判明治45年7月16日刑録18輯1083頁

【事案】　被告人らの寺から解雇された被害者Aが無断で寺に立ち戻ったので，被告人らはAを道路に追い出した。

【判決理由】　「Aは肺結核病の為め身体衰弱し業務に服する能はさるは勿論他の扶助を受くるにあらされは生存する能はさる状態に陥り被告等の住所たるK寺境内千仏堂に寝臥し居たるものなるを以て縦しや被告等に法令若くは契約に基く扶助の義務なしとするも之を扶助せすして遺棄するか如きは善良の風俗を害することの甚しきものにして刑法第217条に所謂疾病の為め扶助を要す可き者を遺棄したる者に該当すること論を竢たす」

27　交通事故の被害者の放置
最判昭和34年7月24日刑集13巻8号1163頁／判時197・29

【判決理由】　「自動車の操縦中過失に因り通行人に自動車を接触させて同人を

⇒ 28・29

路上に顛倒せしめ，約3箇月の入院加療を要する顔面打撲擦傷及び左下腿開放性骨折の重傷を負わせ歩行不能に至らしめたときは，かかる自動車操縦者は法令により『病者を保護す可き責任ある者』に該当する」

「刑法218条にいう遺棄には単なる置去りをも包含すと解すべく，本件の如く，自動車の操縦者が過失に因り通行人に前示のような歩行不能の重傷を負わしめながら道路交通取締法，同法施行令に定むる救護その他必要な措置を講ずることなく，被害者を自動車に乗せて事故現場を離れ，折柄降雪中の薄暗い車道上まで運び，医者を呼んで来てやる旨申欺いて被害者を自動車から下ろし，同人を同所に放置したまま自動車の操縦を継続して同所を立去ったときは，正に『病者を遺棄したるとき』に該当する」

28　数日同棲した者による相手方の連れ子の置き去り

東京地判昭和48年3月9日判タ298号349頁

【事案】　被告人は同棲を開始して数日後，相手女性の連れ子（3歳）を，邪魔になるとして，東名高速道路路肩に放置して遺棄した。

【判決理由】　「判示のような事実関係のもとにおいて被告人Xと同棲関係に入ってすでに数日とはいえ共同生活を営んでいる同Yは，右Xの連れ子であるAに対し，条理上ないし社会通念上これを保護すべき責任を有するに至ったと解するのが相当である。ちなみに，右の判断にあたっては被告人両名の同棲が，弁護人の主張するような一時的な野合ではなく，同棲を開始した後の日こそ浅いが将来の婚姻を前提とした，いちおう永続的な関係であると考えられること，幼児を連れた女性が新たな男性と結婚したというだけでは，右幼児と男性との間には，法律上当然には親子関係を生じないけれども，右幼児を施設その他の第三者に預ける等特段の措置を講ずることなく，右幼児を含めて新たな共同生活を始めた場合においては，社会的にも，右夫婦と子供を含めた全体が一個の家族として扱われ，右幼児と男性との間の関係は，いわゆるまま父・まま子の関係として正規の親子関係に準じたものとみるのが一般であること等の諸点が参照されるべきである。」

29　喧嘩により重傷を負った同僚の放置

岡山地判昭和43年10月8日判時546号98頁／判タ232・230

【判決理由】　被告人は会社の同じ男子寮に住む同僚と飲食に出かけた際，路上にて同僚の肩が他人に触れたことから，この同僚が「ビール瓶の破片で左大腿

を突刺されて出血多量のため……前路上で倒れて独力による起居動作が不可能に陥ったので，同人を保護すべき責任があるのにかかわらず医師の手当を求める等同人に対する救護措置をとることなく，同人をその場に放置したまま立去り，もってこれを遺棄したものである。」

30 母親により置き去りにされた嬰児に対する医師の責任

熊本地判昭和35年7月1日下刑集2巻7＝8号1031頁

【事案】 医師である被告人はＡ女による堕胎の依頼を拒絶している内にＡが病室で出産したので，嬰児に付着する汚物を拭き取り引き渡したところ，Ａは嬰児を置き去りにして帰ってしまった。被告人はＡが立ち戻ることを期待して格別の措置を講じない内に，嬰児は死亡した。裁判所は遺棄致死の成立を否定した。

【判決理由】「被告人は分娩終了し嬰児を母親に引渡した後Ａの行為に対して困惑しながらも専ら消極的な態度に終始したのに過ぎず，被告人においてＡのため或は嬰児のために生存に必要な監護行為を開始したものとは認められず，その他本件に現われた全証拠によるも被告人が右監護行為を開始した事跡を認めることができないから被告人に対し事務管理に基く保護責任は到底発生するいわれがないといわねばならない。」

「次に検察官は条理に基く保護責任を主張する。判示事実を含めてこれまで認定した諸事実，被告人が特に人命を尊ぶべき医師を業とし右嬰児は数時間前に自らとり上げた新生児であって母親から放置されたままになっている事実，被告人において哺乳保温その他右嬰児の生存に必要な措置を講じていたならば，該児の生存を維持し得たかも知れないこと（以上の事実は前掲各事実から推測される）しかも右の監護措置を講ずることは被告人にとっていわゆる一挙手一投足の労でなし得たことなど考え合せると被告人においてＡが嬰児を置去り遺棄するのを黙って見ていたことは徳義上相当の非難に値することは明らかであり，被告人が嬰児の遺棄されている事実を警察官憲又は児童福祉機関に直ちに通知する義務を懈怠したものである（軽犯罪法第1条第18号，児童福祉法第25条参照）けれども，被告人に法律上の保護義務を認め遺棄罪に問うことは条理上も相当でないと断定する。」

⇒ *31・32・33*

31 堕胎により出生した嬰児に対する医師の責任

最決昭和 63 年 1 月 19 日刑集 42 巻 1 号 1 頁／判時 1263・48，判タ 658・87
(百選Ⅱ9，重判昭 63 刑 3) ⇒*17*

[4] 救命可能性

32 注射した覚せい剤により錯乱状態になった少女の放置

最決平成元年 12 月 15 日刑集 43 巻 13 号 879 頁／判時 1337・149，判タ 718・77
(百選Ⅰ4，重判平 2 刑 2) ⇒総論 *69*

【事案】 被告人は，A 女（当時 13 歳）と 2 人でホテルの部屋に入り，同女に覚せい剤を含有する水溶液を注射したところ，同女が覚せい剤による錯乱状態に陥り，正常な起居の動作ができない程に重篤な心身の状態に陥ったが，同女を放置してホテルを立ち去った。A は，覚せい剤による急性心不全により死亡した。

【決定理由】「原判決の認定によれば，被害者の女性が被告人らによって注射された覚せい剤により錯乱状態に陥った午前零時半ころの時点において，直ちに被告人が救急医療を要請していれば，同女が年若く（当時 13 年），生命力が旺盛で，特段の疾病がなかったことなどから，十中八九同女の救命が可能であったというのである。そうすると，同女の救命は合理的な疑いを超える程度に確実であったと認められるから，被告人がこのような措置をとることなく漫然同女をホテル客室に放置した行為と午前 2 時 15 分ころから午前 4 時ころまでの間に同女が同室で覚せい剤による急性心不全のため死亡した結果との間には，刑法上の因果関係があると認めるのが相当である。したがって，原判決がこれと同旨の判断に立ち，保護者遺棄致死罪の成立を認めたのは，正当である。」

33 保護責任が肯定され因果関係が否定された事例

札幌地判平成 15 年 11 月 27 日判タ 1159 号 292 頁

【事案】 被告人は，妻 A が実母 B から頭部を階段の角等に打ち付けられるなどして外傷を負い，頭部から多量に出血して転倒しており，医師等による治療が必要な状態であると認めたにもかかわらず，救急車の派遣等の措置等を講じることなく同女をそのまま放置して，A は失血死した。

【判決理由】「被告人が救命措置を講じた場合，受傷後約 30 分ないし 35 分で不完全ではあるが止血措置が開始され，救急隊の到着後，救急隊員による適切な止血措置を施され，病院に搬送されて輸血等の本格的な救命措置を講じられ

ること，Aは頭部に多数の傷を負い多量に出血しているが，このような状態であっても止血措置を施すことは十分に可能であること，Aは男性よりも出血に耐性を持つ女性で，受傷当時39歳とまだ若く，特段病気に罹患していなかったこと，出血性ショックのうち，重症に至っていない段階で救急医療が要請された場合には，救命可能性はかなり高いことなどに照らせば，被告人がAの救命のために執るべき措置を施した場合，Aが救命された可能性は相当程度あったものと認められる。

しかし，被告人が速やかに救急医療を要請するなど執るべき救命措置を施したとしても，救急隊が被告人宅に到着した時点では，Aはすでに相当多量に出血し（この時点では，循環血液量の4割ないしそれ以上のものが流出していた可能性を排斥できない。），何らの救命措置も施されなければ，その後数分から30分程度の短時間で死亡する状態になっていると考えられること，そのように多量に出血した後に止血措置を施してもそれだけでは全身状態の悪化を止めることはできないこと，救急車の車内では止血措置やリンゲル液の輸液等の措置を講じうるに過ぎず，輸血など本格的な救命措置は病院に搬送された後に初めてなし得ること，救急隊が被告人宅に到着してからAが病院に搬送されるまでには約40分ないし45分間程度の時間を要することなどを総合すれば，被告人が執るべき救命措置を施したとしても，Aが救急車で病院に搬送される途中に死亡した可能性を否定することはできない。」

「被告人は，自宅1階居間の階段下で，妻であるAがBから暴行を受けて頭部から多量に出血して倒れているのを発見し，その時点でAは，被告人がBをAから離し容体を見た後救急医療を要請するなどの適切な救命措置を講じていれば救命される可能性があったのであるから，被告人は保護責任者遺棄罪にいう保護責任者に当たるものと認められる。……

しかし，前記説示のとおり，被告人が執るべき救命措置を講じたとしても，Aが死亡した可能性は否定できないから，被告人がAに対する保護責任を果たさなかったことと，Aの死亡との間に因果関係を認めることについては，なお合理的な疑いが残る。……

以上のとおり，被告人の行為（不保護）と，Aの死亡との間に因果関係が認められないから保護責任者遺棄致死罪は成立しないが，被告人には，保護責任者遺棄罪の成立が認められる。」

34 保護責任が肯定され因果関係が否定された事例

東京高判平成23年4月18日東高刑時報62巻1～12号37頁

【判決理由】「被告人と被害者は，本件当日の午後，被告人が用意したMDMAをともに服用して性交したが，その後，被害者は，急性MDMA中毒による錯乱状態に陥り，意識障害が進行し，早ければ午後6時半ころには心肺停止状態に陥り，間もなく死亡したこと，そして，このように被害者が錯乱状態に陥ってから心室細動の状態を経て心肺停止状態に至るまでの時間は，少なくみても30分間はあったことが認められる。この事実によれば，被告人には保護責任者遺棄罪の成立が優に認められる。

　すなわち，被害者が急性MDMA中毒による錯乱状態に陥り，その生命，身体が重大な危機に瀕する事態となったのは，被告人がいわゆるドラッグセックスをするため，MDMAを同女に譲り渡し，同女とともに服用したことによる。被害者が錯乱状態に陥ったとき，本件居室には被告人と被害者の2人しかおらず，被告人が呼ばない限り誰も立ち入ることができず，正常な判断と行動ができるのは被告人しか存在しなかった。もとより，被告人において，被害者の生存のため必要な保護として，119番通報をし，救急車の派遣を求めて医師の診察，治療を受けさせることに何の支障もなく，それは極めて容易にできたと認められるから，被告人には，被害者の生命，身体の安全を保護すべき責任があったというべきである。

　救命の可能性についてみると，原判決が適切に説示するとおり，被害者は錯乱状態に陥った時点では，明らかに異常な事態を呈しており，一般人では到底手に負えない状況に至っていたとみられるから，被害者に錯乱状態が始まった時点で，しばらく様子をみることはあるとしても，速やかに119番通報をして救急車の派遣を求めるべきであった。そして，証拠によると，本件居室のあるaレジデンスの場所的関係などから，被告人が119番通報をして最寄りの救急隊員が本件居室の被害者に接触して医療行為に及ぶまでに十数分程度要すると認められるが，そのような状況の下で，被害者を確実に救命できたかどうかについては，原審で調べた医師の間で見解の相違がある（H医師，I医師は，9割以上の確率で救命できたと述べ，これに対し，J医師は，遺体のMDMA濃度が極めて高いことを指摘し，心肺停止前に被害者を集中治療室に搬送できたとしても，救命率は30パーセントないし40パーセントであると述べている。）。

しかし，相当程度の救命可能性があったことは，上記医師らは，救命率について最も厳しい見解を示す者を含めて，ほぼ一致して肯定する見解を示している。前述のとおり，被害者が錯乱状態に陥ってから心肺停止状態に至るまで，少なくとも30分間は要することを考えると，これらの見解は正当なものとして支持することができる。そうすると，被告人は，錯乱状態に陥った被害者の生存に必要な保護をすべき責任があり，速やかに119番通報をして保護をしていれば，被害者を救命できる相当程度の可能性があったと認められるから，保護責任者遺棄罪の成立を免れない（被害者の錯乱状態が始まってから心肺停止状態になるまで少なくとも30分間は要することからすると，所論がいうように，被害者の死亡時刻が午後6時20分ころであったとしても，保護責任者遺棄罪が成立することに変わりはない。）。

イ　所論は，被告人は，被害者が意識を失って倒れるまで同女の生命が危険な状態にあることを認識していなかったと主張する。しかし，被害者に発現した錯乱状態は，事情を知らない者が見ても，普通の理解を超える異常かつ重篤なものであり，とりわけ被告人は，それまで他の女性と薬物をともに服用して性交するドラッグセックスをした際に，MDMAによる中毒症状を見たり自分でも体験したりしていたと認められることからすると，被告人には，被害者の異常な状態を見て，その生命が危険な状態にあり，速やかに生存に必要な保護を要することを十分認識していたと認められる。」

[5] 不作為による殺人との限界

35　不作為による殺人

大判大正4年2月10日刑録21輯90頁
⇒総論 77

【事案】 被告人は貰い受けた子供（0歳）に，殺害の意思をもって必要な食物を与えず，死亡させた。原判決は殺人罪の成立を肯定した。

【判決理由】「法律に因ると将契約に因るとを問はす養育の義務を負ふ者か殺害意思を以て故らに被養育者の生存に必要なる食物を給与せすして之を死に致したるときは殺人犯にして刑法第199条に該当し単に其義務に違背して食物を給与せす因て之を死に致したるときは生存に必要なる保護を為ささるものにし

⇒ *36・37*

て刑法第218条第219条に該当す要は殺意の有無に依り之を区別すへきものとす」

36　不作為による殺人
東京地判昭和40年9月30日下刑集7巻9号1828頁／判時429・13, 判タ185・189
⇒総論 *81*

【判決理由】　被告人は，自動車を運転し，業務上過失により歩行者に傷害を負わせて，「右傷害を負ったAを救護するため最寄りの病院へ搬送すべく，意識不明に陥っている同人を自己の手によって前記自動車助手席に同乗させて右同所を出発したところ，当時，右Aの容態は，直ちに最寄りの病院に搬送することにより救護すれば死の結果を防止することが充分に可能であり，かつ，被告人には，右Aを直ちに最寄りの病院に搬送して救護し，もってその生存を維持すべき義務があるにもかかわらず，同都新宿区四谷3丁目都電停留所附近にさしかかった際，同人を搬送することによって，自己が前記第2の犯人であることが発覚し，刑事責任を問われることをおそれるの余り，右搬送の意図を放擲し，同人を都内の適当な場所に遺棄するなどして逃走しようと企てると同時に，右Aは当時重態であって病院に搬送して即時救護の措置を加えなければ，同人が死亡するかもしれないことを充分予見しながら，それもやむを得ないと決意し，このような決意のもとに，同所から千葉県市川市国分町3,156番地所在の山林まで，約29キロメートルの間，何らの救護措置もとらずに走行したため，その間走行中の同車内において，同人を骨盤骨複雑骨折による出血および右傷害に基づく外傷性ショックにより死亡させ，もって同人を殺害し」た。

37　不作為による殺人（シャクティパット事件）
最決平成17年7月4日刑集59巻6号403頁／判時1906・174, 判タ1188・239
（百選Ⅰ6, 重判平17刑2）　⇒総論 *82*

【決定理由】　「1　原判決の認定によれば，本件の事実関係は，以下のとおりである。
　(1)　被告人は，手の平で患者の患部をたたいてエネルギーを患者に通すことにより自己治癒力を高めるという『シャクティパット』と称する独自の治療（以下「シャクティ治療」という。）を施す特別の能力を持つなどとして信奉者を集めていた。
　(2)　Aは，被告人の信奉者であったが，脳内出血で倒れて兵庫県内の病院に入院し，意識障害のため痰の除去や水分の点滴等を要する状態にあり，生命に危険はないものの，数週間の治療を要し，回復後も後遺症が見込まれた。Aの息子Bは，やはり被告人の

信奉者であったが，後遺症を残さずに回復できることを期待して，Aに対するシャクティ治療を被告人に依頼した。

　(3)　被告人は，脳内出血等の重篤な患者につきシャクティ治療を施したことはなかったが，Bの依頼を受け，滞在中の千葉県内のホテルで同治療を行うとして，Aを退院させることはしばらく無理であるとする主治医の警告や，その許可を得てからAを被告人の下に運ぼうとするBら家族の意図を知りながら，『点滴治療は危険である。今日，明日が山場である。明日中にAを連れてくるように。』などとBらに指示して，なお点滴等の医療措置が必要な状態にあるAを入院中の病院から運び出させ，その生命に具体的な危険を生じさせた。

　(4)　被告人は，前記ホテルまで運び込まれたAに対するシャクティ治療をBらからゆだねられ，Aの容態を見て，そのままでは死亡する危険があることを認識したが，上記(3)の指示の誤りが露呈することを避ける必要などから，シャクティ治療をAに施すにとどまり，未必的な殺意をもって，痰の除去や水分の点滴等Aの生命維持のために必要な医療措置を受けさせないままAを約1日の間放置し，痰による気道閉塞に基づく窒息によりAを死亡させた。

　2　以上の事実関係によれば，被告人は，自己の責めに帰すべき事由により患者の生命に具体的な危険を生じさせた上，患者が運び込まれたホテルにおいて，被告人を信奉する患者の親族から，重篤な患者に対する手当てを全面的にゆだねられた立場にあったものと認められる。その際，被告人は，患者の重篤な状態を認識し，これを自らが救命できるとする根拠はなかったのであるから，直ちに患者の生命を維持するために必要な医療措置を受けさせる義務を負っていたものというべきである。それにもかかわらず，未必的な殺意をもって，上記医療措置を受けさせないまま放置して患者を死亡させた被告人には，不作為による殺人罪が成立し，殺意のない患者の親族との間では保護責任者遺棄致死罪の限度で共同正犯となると解するのが相当である。」

⇒ *38・39*

II 身体に対する罪

■1 暴行罪

[1] 有形力の行使

38 着衣をつかみ引っ張る行為

大判昭和8年4月15日刑集12巻427頁

【判決理由】「刑法第208条第1項に所謂暴行とは人の身体に対する不法なる一切の攻撃方法を包含し其の暴行か性質上傷害の結果を惹起すへきものなることを要するものに非す而して人か電車に搭乗せんとするに当り不法にも其の被服を摑みて引張り或は之を取囲みて身体の自由を拘束し其の電車に搭乗するを妨くるか如きは人の身体に対する不法なる攻撃に外ならさるを以て原判決か所論原判示被告人X等の行為を刑法第208条第1項の暴行に該当するものとして処断したるは正当にして擬律を誤りたるものに非す」

39 塩まき行為

福岡高判昭和46年10月11日刑月3巻10号1311頁／判時655・98、判タ275・285

【事案】被告人は、嫌悪の情を抱いていた女性を追いかけ、塩壺から塩を数回振りかけた。その塩は同女の頭、顔等にふりかかった。

【判決理由】「刑法第208条の暴行は、人の身体に対する不法な有形力の行使をいうものであるが、右の有形力の行使は、所論のように、必ずしもその性質上傷害の結果発生に至ることを要するものではなく、相手方において受忍すべきいわれのない、単に不快嫌悪の情を催させる行為といえどもこれに該当するものと解すべきである。そこで、これを本件についてみるに、被告人の前記所為がその性質上Aの身体を傷害するに至ることができるものか否かの判断はしばらく措き、通常このような所為がその相手方をして不快嫌悪の情を催させるに足るものであることは社会通念上疑問の余地がないものと認められ、かつ同女において、これを受忍すべきいわれのないことは、原判示全事実および

前段認定の事実に徴して明らかである。してみれば，被告人の本件所為が右の不法な有形力の行使に該当することはいうまでもない。」

40 音による暴行
最判昭和29年8月20日刑集8巻8号1277頁

【判決理由】「刑法208条にいう暴行とは人の身体に対し不法な攻撃を加えることをいうのである。従って第1審判決判示の如く被告人等が共同して判示部課長等に対しその身辺近くにおいてブラスバンド用の大太鼓，鉦等を連打し同人等をして頭脳の感覚鈍り意識朦朧たる気分を与え又は脳貧血を起さしめ息詰る如き程度に達せしめたときは人の身体に対し不法な攻撃を加えたものであって暴行と解すべきであるから同旨に出でた原判示は正当である。」

[2] 身体的接触の要否

41 日本刀を突きつける行為
最決昭和28年2月19日刑集7巻2号280頁

【決定理由】「犯人が被害者に対し前示のような日本刀を突き付ける所為をなせばそれだけでも人の身体に対する不法な有形力を行使したものとして暴行を加えたといい得ること勿論であって，かかる際に判示の如く被害者がその日本刀にしがみつき救を求め，犯人がその刀を引いたことにより被害者の判示部位に切創を負わしめたとすればその負傷は右暴行による結果たること多言を要しないところであるから本件は所論のように強盗が暴行を加えずただ脅迫しただけというような事態ではなく，強盗が暴行により被害者に傷害を加えたとの事案なのである。」

⇒脅迫からの致傷について強盗致傷を認めたものとして *285* 参照。

42 日本刀の抜き身を振り回す行為
最決昭和39年1月28日刑集18巻1号31頁／判時365・80
（百選II4）

【事案】 内妻を脅すために狭い4畳半の室内で日本刀の抜き身を振り回したところ，力が入って内妻の腹に突き刺さり死亡させた。原判決は傷害致死罪の成立を肯定した。

【決定理由】「原判決が，判示のような事情のもとに，狭い4畳半の室内で被害者を脅かすために日本刀の抜き身を数回振り廻すが如きは，とりもなおさず

⇒ *43・44・45*

同人に対する暴行というべきである旨判断したことは正当である」

43　人の数歩手前を狙って投石する行為
東京高判昭和 25 年 6 月 10 日高刑集 3 巻 2 号 222 頁

【判決理由】「暴行とは人に向って不法なる物理的勢力を発揮することで，その物理的力が人の身体に接触することは必要でない。例えば人に向って石を投じ又は棒を打ち下せば仮令石や棒が相手方の身体に触れないでも暴行は成立する。……（中略）……記録によると被告人等は同僚で仲良しである被害者 A を驚かす目的で悪戯けて夜間同人に向うてその数歩手前を狙うて四五十米手前から投石したことが認められるが石は投げた所に止るものでなくはねて更に同方向に飛ぶ性質のものであるから数歩手前を狙って投げても尚 A に向って投石したといい得るし投石の動機がいたづらであっても又その目的が同人を驚かすことにあっても投石行為を適法ならしめるものでないから右被告人等の投石行為は A に向って不法の物理的勢力を発揮したもの即ち暴行を為したものといい得る。」（石は A に当たり，傷害の成立が肯定されている。）

44　悪口を浴びせ，瓦の破片を投げ，追いかける気勢を示す行為
最判昭和 25 年 11 月 9 日刑集 4 巻 11 号 2239 頁

【判決理由】「被害者が打撲傷を負うた直接の原因が過って鉄棒に躓いて顚倒したことであり，この顚倒したことは被告人が大声で『何をボヤボヤしているのだ』等と悪口を浴せ，矢庭に拳大の瓦の破片を同人の方に投げつけ，尚も『殺すぞ』等と怒鳴りながら側にあった鍬をふりあげて追いかける気勢を示したので，同人は之に驚いて難を避けようとして夢中で逃げ出し走り続ける中におこったことであることは判文に示すとおりであるから，所論のように被告人の追い掛けた行為と被害者の負傷との間には何等因果関係がないと解すべきではなく，被告人の判示暴行によって被害者の傷害を生じたものと解するのが相当である。」

45　並進走行中の幅寄せ
東京高判昭和 50 年 4 月 15 日刑月 7 巻 4 号 480 頁

【事案】　被告人は高速道路上において，並進中の自動車に対し嫌がらせのため幅寄せをしたところ，自車をその車に衝突させ，その結果その車が中央分離帯を越え対向車と正面衝突し，死傷者を出すに至った。原判決は傷害罪・傷害致死罪の成立を肯定した。

【判決理由】「大型自動車を運転して，傾斜やカーブも少なくなく，多数の車

両が2車線上を同一方向に毎時5,60キロメートルの速さで,相い続いて走行している高速道路上で,しかも進路変更禁止区間内において,いわゆる幅寄せという目的をもって,他の車両を追い越しながら,故意に自車をその車両に著しく接近させれば,その結果として,自己の運転方法の確実さを失うことによるとか,相手車両の運転者をしてその運転方法に支障をもたらすことなどにより,それが相手方に対する交通上の危険につながることは明白で,右のような状況下における幅寄せの所為は,刑法上,相手車両の車内にいる者に対する不法な有形力の行使として,暴行罪に当たると解するのが相当である。」

46 被害者に詰め寄り,後ずさりさせる行為

大阪高判平成24年3月13日判タ1387号376頁

【事案】 被告人（30歳）は,コンビニエンスストアの駐車場で被害者（61歳）と口論になり,興奮して怒っているような態度で,被害者の至近距離まで近づこうとした。被害者は,被告人と向かい合ったまま,被告人の勢いに押されるようにして後ずさりしたが,被告人は,被害者とほぼ同程度の距離を保ちながら,被害者に向かって歩いて前進した。被害者は後ずさりするうち,何らかの理由により後ろ向けに倒れ込み,ブロック塀で頭部を強打し,頭部に傷害を負った。なお,被告人が前進を始めてから被害者が転倒するまでの時間は約3秒であり,被害者の後退距離は直線距離で約3.96メートルであった（したがって,平均速度は秒速1.3メートル余りである）。

【判決理由】「被告人は,向かい合っている被害者（年齢等に照らすと,被告人よりも体力的に劣ると考えられる。）に向かって,興奮して怒っているような態度で,被害者が転倒するまでの約3秒間,およそ4メートルにわたり,約30ないし50センチメートル（ただし,被害者がタクシーにぶつかった後は距離が少し開いた。）の距離を保ちながら,秒速1.3メートル余りの速度（原判決が,W_1証言による表現に従って,「走るより遅いが普通に歩くよりは速い速度」と表現したのは相当である。）で歩いて前進し,被害者が後ずさりしてもなおほぼ同程度の距離を保ちながら前進したものである（このような被告人の行為を原判決が「詰め寄る」と表現しているのは,相当である。）。このような被告人の本件行為によって,被害者は,後方を確認する時間的・精神的余裕のないまま,上記の速度で後ずさりすることを余儀なくされたものであって,上記のような速度で,後方確認ができないまま後ずさりをするという行為の不安定さや時間的・精神的余裕のなさ等に鑑みると,被告人の本件行為は,路面が傾斜していたかどうかとか,点字ブロックが存在していたかどうかとかに

⇒ *47・48*

かわらず，被害者に対して，路面につまずくとかバランスを崩すなどといった原因により，被害者をして転倒させてけがをさせる危険を有するというべきであるから，直接の身体接触はないものの，傷害罪の実行行為である暴行に当たると認めるのが相当である。」

■2 傷害罪

[1] 傷害の定義

47 剃刀による女性の頭髪の切断

大判明治 45 年 6 月 20 日刑録 18 輯 896 頁

【判決理由】「刑法第 204 条の傷害罪は他人の身体に対する暴行に因りて其生活機能の毀損即ち健康状態の不良変更を惹起することに因りて成立するものにして毛髪鬚髯の如きは毛根を身体の内部に寄託し其外表に蘖生し以て其保護装飾の作用を為すか故に身体の一部として法の保護する目的たることを失はすと雖も不法に之を截断し若くは剃去する行為は之を以て直ちに健康状態の不良変更を来したるものと謂ふを得す従て刑法第 204 条を以て処断すへき傷害罪に該当せす然れとも右行為か身体の一部に対する不法侵害たる暴行なることは之を争ふの余地存せす唯傷害の結果を生せしめさりしものなれは刑法第 208 条の暴行罪を以て之を処罰するを相当とす」

48 女性の頭髪の根元からの切断

東京地判昭和 38 年 3 月 23 日判タ 147 号 92 頁

【判決理由】「傷害とは，人の生活機能を傷害すること即ち人の健康状態を不良に変更する場合のほか，人の身体の完全性を侵害する場合をもこれに含まれるものと解すべきところ，頭髪は人体の中枢をなす頭脳を外力から防護する生活機能をもっているほか，これにより身体の完全性が保持されているものということができる。ここに身体の完全性を侵害する場合というのは，もともと，わが国古来の風俗，習慣，性別による観念の差異等社会観念と刑罰法令とを綜合的に考察して決すべき価値観念であるが，女性の頭髪は，前記のごとき生活機能をもつほか，女性の社会生活上重要な要素を占めている女性の容姿にとっ

て，まさに生命ともいうべきものとして古くから大切に扱われてきているところであって，本件のように女性を虐待し，その自由意思によらないで頭髪の全部を根本からしかも不整形に切除，裁断するような行為は，刑法208条の単純暴行の罪に止まるものではなく，進んで同法204条の傷害の罪にあたるものと解すべきである。」

49 意識障害と傷害

最決平成24年1月30日刑集66巻1号36頁／判時2154・144，判夕1371・137
(百選Ⅱ5，重判平24刑4)

【決定理由】「所論は，昏酔強盗や女子の心神を喪失させることを手段とする準強姦において刑法239条や刑法178条2項が予定する程度の昏酔を生じさせたにとどまる場合には強盗致傷罪や強姦致傷罪の成立を認めるべきでないから，その程度の昏酔は刑法204条の傷害にも当たらないと解すべきであり，本件の各結果は傷害に当たらない旨主張する。しかしながら，上記事実関係によれば，被告人は，病院で勤務中ないし研究中であった被害者に対し，睡眠薬等を摂取させたことによって，約6時間又は約2時間にわたり意識障害及び筋弛緩作用を伴う急性薬物中毒の症状を生じさせ，もって，被害者の健康状態を不良に変更し，その生活機能の障害を惹起したものであるから，いずれの事件についても傷害罪が成立すると解するのが相当である。所論指摘の昏酔強盗罪等と強盗致傷罪等との関係についての解釈が傷害罪の成否が問題となっている本件の帰すうに影響を及ぼすものではなく，所論のような理由により本件について傷害罪の成立が否定されることはないというべきである。」

[2] 暴行によらない傷害

50 嫌がらせ電話

東京地判昭和54年8月10日判時943号122頁

【判決理由】「被告人は，……昭和53年10月初めころから同54年4月19日ころまでの間，ほぼ連日にわたり，深夜から早朝にかけて，肩書自宅又は付近の公衆電話から，A方に電話をかけて同人方の電話の呼出音を鳴らし，同人の妻B（当66年）らが受話器を取り上げて応待した場合には，無言で電話を切り，応待しない場合には，長時間にわたり電話をかけ放しにして同人方の電

⇒ 51・52

話の呼出音を鳴らし続け，よって，右Bに著しく精神的不安感を与え，かつ不眠状態に陥れるなどして同女の心身を極度に疲労させた結果，同女に対し加療約3週間を要する精神衰弱症の傷害を負わせ」た。

51 音による傷害

最決平成17年3月29日刑集59巻2号54頁／判時1915・156, 判タ1197・136
(百選Ⅱ5)

【決定理由】「被告人は，自宅の中で隣家に最も近い位置にある台所の隣家に面した窓の一部を開け，窓際及びその付近にラジオ及び複数の目覚まし時計を置き，約1年半の間にわたり，隣家の被害者らに向けて，精神的ストレスによる障害を生じさせるかもしれないことを認識しながら，連日朝から深夜ないし翌未明まで，上記ラジオの音声及び目覚まし時計のアラーム音を大音量で鳴らし続けるなどして，同人に精神的ストレスを与え，よって，同人に全治不詳の慢性頭痛症，睡眠障害，耳鳴り症の傷害を負わせたというのである。以上のような事実関係の下において，被告人の行為が傷害罪の実行行為に当たるとして，同罪の成立を認めた原判断は正当である。」

52 PTSDと傷害

最決平成24年7月24日刑集66巻8号709頁
(重判平24刑5)

【決定理由】「被告人は，本件各被害者を不法に監禁し，その結果，各被害者について，監禁行為やその手段等として加えられた暴行，脅迫により，一時的な精神的苦痛やストレスを感じたという程度にとどまらず，いわゆる再体験症状，回避・精神麻痺症状及び過覚醒症状といった医学的な診断基準において求められている特徴的な精神症状が継続して発現していることなどから精神疾患の一種である外傷後ストレス障害（以下「PTSD」という。）の発症が認められたというのである。所論は，PTSDのような精神的障害は，刑法上の傷害の概念に含まれず，したがって，原判決が，各被害者についてPTSDの傷害を負わせたとして監禁致傷罪の成立を認めた第1審判決を是認した点は誤っている旨主張する。しかし，上記認定のような精神的機能の障害を惹起した場合も刑法にいう傷害に当たると解するのが相当である。したがって，本件各被害者に対する監禁致傷罪の成立を認めた原判断は正当である。」

53 病毒の感染
最判昭和27年6月6日刑集6巻6号795頁／判タ22・46

【事案】 易占を業とする被告人は，自覚症である性病にかかっており，感染させる懸念があることを認識しながら，欺罔により被害者である女性の同意を得て，同女の外陰部に自己の陰茎を押し当て，性病を感染させた。

【判決理由】 「傷害罪は他人の身体の生理的機能を毀損するものである以上，その手段が何であるかを問わないのであり，本件のごとく暴行によらずに病毒を他人に感染させる場合にも成立するのである。」

[3] 傷害概念の相対性

54 強盗致傷罪における傷害の意義
最決平成6年3月4日裁判集刑263号101頁

【決定理由】 「上告趣意のうち，判例違反をいう点は，強盗致傷罪における傷害の意義について，軽微な傷でも，人の健康状態に不良の変更を加えたものである以上，刑法にいわゆる傷害と認めるべきことは，既に最高裁判所の判例（最高裁昭和34年(あ)第1686号同37年8月21日第3小法廷決定・裁判集刑事144号13頁，最高裁昭和41年(あ)第1224号同年9月14日第2小法廷決定・裁判集刑事160号733頁）が存在するところであるから，所論は前提を欠〔く〕。」

55 強盗致傷罪における傷害の意義
大阪地判平成16年11月17日判タ1166号114頁

【事案】 被告人は，A及びBと共謀の上，路上を通行中の被害者C（当時52歳）に対し，被告人がやにわに同被害者の背後から跳び蹴りをして路上に転倒させるなどの暴行を加え，その反抗を抑圧して同人が所持していたセカンドバッグを強奪しようとしたが，付近に停車中のパトカーの存在に気付いて逃走したため金品強奪には至らず，その際，上記暴行によりCに全治約7日間を要する左手背部挫創の傷害を負わせた。判決は，以下のように述べて強盗未遂罪と傷害罪の成立を認めた。

【判決理由】 「(3) 本件における実際的問題点
……確かに被告人の本件暴行は悪質かつ危険なものであったとはいえ，幸い強盗は未遂に終わり，傷害も上記のとおり極めて軽微なもので済んだことから，被害者は，捜査・公判を通じ一貫して被告人の行為を宥恕し，公判廷では，被告人に対し執行猶予判決が言い渡されることを希望するまでに至っているので

⇒ 55

ある（なお，被害者は，被害弁償等も一切求めていない。）。加えて，被告人は，本件犯行当時 19 歳の少年であったものであり，これまで，その劣悪な生育環境にもかかわらず，前科はおろか非行歴も全く有しておらず，犯行直後から一貫して事実関係を素直に認めているだけでなく，公判段階では，直接被害者に謝罪するなどその反省悔悟の情も顕著である。これらの諸事情に鑑みるならば，仮に起訴検察官が起訴裁量を適切に働かせて本件を強盗未遂罪（又は強盗未遂罪と傷害罪）で起訴してきたならば，本件は躊躇無く執行猶予が選択された事案ではなかったかと思われる。

そうすると，本件における最大の問題は，たまたま被害者が被告人の前記暴行により『かすり傷』程度の本件傷害を負ったというだけで，およそ被告人に対し執行猶予の途を閉ざしてしまってよいのか，また，仮に執行猶予は付さないにしても，上記のような犯情の下で，被告人に対しいきなり懲役 3 年 6 か月もの実刑に処することが，真に刑事裁判の正義にかない，刑法上の根本原則に背馳するところがないと言い切れるのかどうかである。そして，もしその不当性が著しいというのであれば，単に法律上やむを得ないこととして，その結論を座視するようなことは許されず，すべからく強盗致傷罪の『負傷』要件につき目的論的縮小解釈を施して，本件につき強盗致傷罪の成立を否定し，強盗未遂罪と傷害罪でこれを処断することが妥当ではないかと考えられるのである。

そこで，以下，種々の観点から，その妥当性について検討を加える。」

「(4) 立法経過からの検討
……もともと現行刑法の制定段階では，強盗罪・強盗致傷罪とも執行猶予を付しうる余地はなかったのであるが，昭和 22 年の刑法改正により，強盗罪については，実際上の裁判では情状によっては執行猶予をぜひ付したいという事例も多いなどとの理由で，執行猶予を付し得る余地が認められるようになる一方，強盗致傷罪に関しては，それが『極悪な重大犯罪』であっておよそ執行猶予にはなじまないとの理由で執行猶予を付しうる途が閉ざされてしまうことが認められる。しかしながら，たとえ形式的には強盗致傷に当たる事案であっても常に『極悪な重大犯罪』ばかりでないことは裁判実務家の誰しもが共通に認識しているところであって，上記のような改正経過に照らすと，強盗罪と強盗致傷罪との差別化要因である『負傷』の内容があまりに貧弱なものであって，他の犯情や一般情状に照らしても到底『極悪重大犯罪』とは評価できないような

事案に関しては，そもそも当該傷害は強盗致傷罪における『負傷』には当たらないとして強盗致傷罪の成立そのものを否定し，強盗罪と傷害罪等にこれを分かって，執行猶予を付しうる余地を認めることが相当であると考えられよう。」
「(5) 他罪の量刑傾向との均衡という観点からの検討
……〔強盗未遂罪，傷害罪，窃盗罪の量刑傾向と対比した上で〕……発生した傷害がいかに軽微なものであっても，ともかく強盗目的で暴行が行われた場合には，一律に最下限でも懲役3年6か月の実刑を免れないとすることは，同種他罪の量刑傾向に比しても重きに過ぎるというべきであり，特に，本件のように他に被告人のために酌むべき事情が種々存する場合には，なおさらであると指摘することができる。
(6) 法解釈学的見地からの検討
以上に加え，法解釈学的見地からしても，これまでの一部下級審裁判例や学説が既に指摘しているとおり，(a)もともと強盗罪の要件としての暴行は相手方の反抗を抑圧するに足りる程度の強度を備えたものでなければならないのであるから，それに伴い軽微な傷害が生じることは当然予想されているものと思われ，そうであれば，軽微な傷害は強盗致傷罪における『負傷』の対象から除外するのが相当であると解されること，(b)傷害罪に関してはその法定刑の下限が科料まで設けられており（この点は暴行罪と同一である。），極めて軽微な傷害も処罰の対象に予定されているのに対し，強盗致傷罪と強盗罪との間には傷害の有無により法定刑の下限の差が懲役2年も存しているのであるから，ここで予定されている『傷害』には軽微な傷害は含まれないと解するのが素直な理解であること，以上のとおり解することができる。
(7) 昨今の立法動向からの検討
更に加えて，今国会（第161回国会）に，凶悪・重大犯罪の法定刑引き上げ等に関する刑法等の一部改正法案が内閣から提出されているところ，同法案中では，強盗致傷罪の法定刑の下限を懲役7年から懲役6年に引き下げる刑法240条の改正案も含まれていることは公知の事実である。これは，法制審議会刑事法部会において，上記法定刑の引き上げが審議された際，強盗致傷罪に関しては，執行猶予を付す余地がない現行法の法定刑の不合理性が指摘され，全会一致で上記のとおりの附帯決議がなされたことに基づくものである（この点も公知の事実）。

⇒ *55*

　仮に同法案が法律として成立したとしても，本件のように成立前に行われた犯罪については附則の規定により現行法が適用されることになるが，このように強盗致傷罪の法定刑の不合理性を理由とする法改正が現に国会で審議されるまでに至っている事実は，現行法の法解釈においても十分参酌されなければならないと解される。

(8)　結論

　以上を総合すると，現行の刑法240条については，これに関連する立法の経過や罪刑法定主義の一内容たる罪刑均衡の原則に照らして考えると，強盗致傷罪の刑の最下限に酌量減軽を施しても懲役3年6か月を下回ることができず，執行猶予を付しうる余地がないことはもとより，犯情のいかんにかかわらずいきなり懲役3年6か月もの長期の実刑にすることを余儀なくされる点で著しい不合理性が存在するといわざるを得ないように思われる。この点は，前述のような法解釈学的見地や近時の立法動向に鑑みても，十分に裏付けられていると解される。

　そして，このような不合理性は，現行法の下では，強盗致傷罪の『負傷』要件に目的論的縮小解釈を施し，医師の診療を要せず，日常生活にもほとんど支障を来さないような軽微な傷害については，同罪の『負傷』には該当しないと解することによってこれを解消するほかないのではないかと考える。

　この点に関しては，いずれも刑集不登載（裁判集刑事には登載）の判例であるとはいえ，既に少なからざる最高裁判例（近時のものでは，最決平成6年3月4日裁判集刑事263号101頁）が『軽微な傷でも，人の健康状態に不良の変更を加えたものである以上，強盗致傷罪における傷害にあたる』旨説示していることは，当裁判所も十分承知しているところであるが，いずれの判例も本件とは事案を異にするものであり（なお，上記の最高裁判例及びこれと同旨の下級審の裁判例は―事案の詳細が不明であるものもあるが―各事案を子細に見ると，上記平成6年の最高裁決定を初めとして，事案自体としては本来的に実刑相当と解されるものが少なくないように思われる。），仮にいわゆる『理由付けのための一般的法命題』に判例性が認められるというのであれば，当裁判所は上記判例に賛同しかねるというほかない。

　そうすると，本件傷害は，前記のとおり，極めて軽微な傷害であって，被害者はこれによって日常生活にもほとんど支障を来さなかったというのであるか

ら，本件は強盗致傷罪にいう『人を負傷させた』場合に該当せず，強盗未遂罪と傷害罪が成立するに止まると解するのが相当である。」

[4] 同意傷害

56 保険金詐欺の目的で与えた同意
最決昭和55年11月13日刑集34巻6号396頁／判時991・53，判タ433・93
（百選Ⅰ22，重判56刑1）　⇒総論 119

【事案】 本再審請求人は，過失による交通事故を装って保険金を騙取する目的で，被害者の承諾を得て故意に同人の運転する自動車に自車を衝突させ，傷害を負わせた。請求人は，このために業務上過失傷害罪で処罰されたが，その後保険金詐欺の事実が判明したため，詐欺罪で処罰された。そこで，業務上傷害罪は成立せず，被害者の承諾により傷害罪も成立しないとして再審請求を行った。

【決定理由】「被害者が身体傷害を承諾したばあいに傷害罪が成立するか否かは，単に承諾が存在するという事実だけでなく，右承諾を得た動機，目的，身体傷害の手段，方法，損傷の部位，程度など諸般の事情を照らし合せて決すべきものであるが，本件のように，過失による自動車衝突事故であるかのように装い保険金を騙取する目的をもって，被害者の承諾を得てその者に故意に自己の運転する自動車を衝突させて傷害を負わせたばあいには，右承諾は，保険金を騙取するという違法な目的に利用するために得られた違法なものであって，これによって当該傷害行為の違法性を阻却するものではないと解するのが相当である。したがって本件は，原判決の認めた業務上過失傷害罪にかえて重い傷害罪が成立することになるから，同法435条6号の『有罪の言渡を受けた者に対して無罪を言い渡し，又は原判決において認めた罪より軽い罪を認める』べきばあいにあたらないことが明らかである。」

⇒ *57・58*

■3 現場助勢罪

57 現場助勢と傷害幇助との限界
大判昭和2年3月28日刑集6巻118頁

【事案】 被告人は，傷害の現場付近に於いて，傷害の共犯者の1人に対し，「愚図愚図云うなら一層展してしまえ」と他の傷害行為者に言えと助言し，これらの者の犯意を強固にした。

【判決理由】 「刑法第206条の罪は所謂傷害の現場に於ける単なる助勢行為を処罰するものにして特定の正犯者を幇助する従犯とは自ら差別の存するものあるを認むへく原判決の認定したる本件被告の行為か特定の正犯者を幇助したる傷害罪の従犯にして之に該当せさること其の認定事実自体に徴し自ら明なれは原判決は所論の如き違法あるものに非す」

■4 同時傷害

58 暴行が時間的・場所的に競合する場合
大判昭和12年9月10日刑集16巻1251頁

【判決理由】 「刑法第207条は2人以上の者か共同行為に非すして同時に各別に暴行を加へて他人を傷害し而も傷害の軽重又は傷害を生せしめたる者を知ること能はさる場合に対する規定なるを以て2人以上の暴行か時間的及場所的に相競合する場合にのみ其の適用を見るへきものなること所論の如くなれとも2人以上の各暴行か夫々同一の一定期間に亘り同一場所に於て同一客体に対し相近接して数次に反覆累行せられ其の所為か連続一罪たる傷害罪を構成するか如き場合に於ては尚其の2人以上の暴行行為は日時及場所的に相競合するものと解するを相当とす原判決認定の㈠の事実は要するに被告人両名は昭和10年12月下旬以後同11年1月中旬過頃迄の間孰れも犯意継続して十数回に亘り自宅に於てAに対し手拳又は物指玩具等を以て殴打する等暴行を加へ因て其の頭部其の他身体十数箇所に挫創皮下出血等無数の傷害を加へたるものにして其の軽重を知ること能はす又其の傷害を生せしめたる者を知る能はさるものなりと

謂ふに在るを以て右被告人両名の所為か刑法第207条に該当すること冒頭説明の趣旨に徴し明かなるところとす」

59　同時傷害規定の適用のない事例
札幌高判昭和45年7月14日高刑集23巻3号479頁／判時625・114，判タ252・235
【事案】　被告人Xは食堂内で被害者に暴行を加えた。Xが帰った後，約40分後，被告人Yは別の理由から被害者を店外に引き出して暴行を加え，その結果被害者は収容先の病院で数日後死亡した。死亡がいずれの暴行により生じたのか不明である。

【判決理由】　「刑法207条は，もともと数人によるけんか闘争などのように，外形的にはいわゆる共犯現象に類似しながら，実質的には共犯でなく，あるいは共犯の立証が困難な場合に，行為者を知ることができず又はその軽重を知ることができないというだけの理由で，生じた結果についての責任を行為者に負わせ得ないとすることの不合理等に着目し，刑事政策上の要請から刑法の個人責任の原則に譲歩を求め，一定の要件のもとに，共犯者でない者を共犯者と同一に扱うことにしたものである。したがって，右立法の趣旨からすれば，同条の適用を認め得るのは，原則として，(イ)数人による暴行が，同一場所で同時に行なわれたか，または，これと同一視し得るほど時間的，場所的に接着して行なわれた場合のように，行為の外形それ自体が，いわゆる共犯現象に強く類似する場合に限られ，かりに，(ロ)右各暴行間の時間的，場所的間隔がさらに広く，行為の外形面だけでは，いわゆる共犯現象とさして強度の類似性を有しない場合につき同条の適用を認め得るとしても，それは，右時間的，場所的間隔の程度，各犯行の態様，さらに暴行者相互間の関係等諸般の事情を総合し，右各暴行が社会通念上同一の機会に行なわれた一連の行為と認められ，共犯者でない各行為者に対し生じた結果についての責任を負わせても著しい不合理を生じない特段の事情の認められる場合であることを要すると解するのが相当である。」
(本判決は，前記イ・ロのいずれにも当たらないとして，同時傷害規定の適用を否定して，暴行の限度で処断した。)

60　傷害致死罪への適用
最判昭和26年9月20日刑集5巻10号1937頁
⇒総論 180
【事案】　被告人両名は被害者に暴行を加え，被害者はその傷害により死亡するに至ったが，この傷害致死の結果がいずれの暴行によって生じたのか知ることができない。

⇒ 61

【判決理由】「原判決は本件傷害致死の事実について被告人外2名の共同正犯を認定せず却って2人以上の者が暴行を加え人を傷害ししかもその傷害を生ぜしめた者を知ることできない旨判示していること原判文上明らかなところであるから，刑法207条を適用したからといって，原判決には所論の擬律錯誤の違法は存しない。」

61　同時傷害規定の適用範囲

最決平成28年3月24日刑集70巻3号1頁
（重判平28刑6）

【決定理由】「1　原判決の認定によれば，本件の事実関係は，次のとおりである。
　(1)　被告人A及び同Bは，犯行現場となった本件ビルの4階にあるバーの従業員であり，本件当時も，同店内で接客等の仕事をしていた。被告人Cは，かねて同店に客として来店していたことがあり，本件当日（以下，日時は，特に断らない限り，本件当日である。），被告人Bの誘いを受け，同店で客として飲食していた。
　被害者は，午前4時30分頃，女性2名とともに同店を訪れ，客として飲食していたが，代金支払の際，クレジットカードでの決済が思うようにできず，午前6時50分頃までに，一部の支払手続をしたが残額の決済ができなかった。被害者は，いらだった様子になり，残額の支払について話がつかないまま，同店の外に出た。
　(2)　被告人A及び同Bは，被害者の後を追って店外に出，本件ビルの4階エレベーターホールで被害者に追い付き，午前6時50分頃から午前7時10分頃までの間，相互に意思を通じた上で，こもごも，次のような暴行（以下「第1暴行」という。）を加えた。すなわち，被告人Aが，4階エレベーターホールで被害者の背部を蹴って，3階へ至る途中にある階段踊り場付近に転落させ，さらに，被害者をエレベーターに乗せた際，その顔面をエレベーターの壁に打ち付け，4階エレベーターホールに引きずり出すなどし，被告人Bが，同ホールにあったスタンド式灰皿に，被害者の頭部を打ち付けるなどした。その上，被告人Aは，床に仰向けに倒れている被害者の顔面を拳や灰皿の蓋で殴り，顔面あるいは頭部をつかんで床に打ち付けるなどし，被告人Bも，被害者を蹴り，馬乗りになって殴るなどした。
　(3)　被告人Cは，午前7時4分頃，4階エレベーターホールに現れ，同店の従業員のDが被告人A及び同Bを制止しようとしている様子を見ていたが，Dと被告人Aが被害者のそばを離れた直後，床に倒れている被害者の背部付近を1回踏み付け，被告人Bに制止されて一旦同店内に戻った。その後，被告人Cは，再度4階エレベーターホールに現れ，被告人A及び同Bが被害者を蹴る様子を眺め，午前7時15分頃，倒れている状態の被害者の背中を1回蹴る暴行を加えた。
　(4)　被告人Aは，被害者から運転免許証を取り上げて，同店内に被害者を連れ戻し，

飲食代金を支払う旨の示談書に氏名を自書させ，運転免許証のコピーを取るなどした。その後，被告人A及び同Bは，同店内で仕事を続け，被告人Cも同店内でそのまま飲食等を続けた。

(5) 被害者は，しばらく同店内の出入口付近の床に座り込んでいたが，午前7時49分頃，突然，走って店外へ出て行った。Dは，直ちに被害者を追いかけ，本件ビルの4階から3階に至る階段の途中で，被害者に追い付き，取り押さえた。

一方，被告人Cは，午前7時50分頃，電話をするために本件ビルの4階エレベーターホールに行った際，Dが被害者の逃走を阻止しようとしているのを知り，Dが被害者を取り押さえている現場に行った。被告人Cは，その後の午前7時54分頃までにかけて，次のような暴行（以下「第2暴行」という。）を加えた。すなわち，被告人Cは，階段の両側にある手すりを持って，自身の身体を持ち上げ，寝ている体勢の被害者の顔面，頭部，胸部付近を踏み付けた上，被害者の両脚を持ち，3階まで被害者を引きずり下ろし，サッカーボールを蹴るように被害者の頭部や腹部等を数回蹴り，いびきをかき始めた被害者の顔面を蹴り上げるなどした。

(6) 午前7時54分頃，通報を受けた警察官が臨場した時には，被害者は，大きないびきをかき，まぶたや瞳孔に動きがなく，呼びかけても返答がない状態で倒れていた。被害者は，午前8時44分頃，病院に救急搬送され，開頭手術を施行されたが，翌日午前3時54分頃，急性硬膜下血腫に基づく急性脳腫脹のため死亡した。

第1暴行と第2暴行は，そのいずれもが被害者の急性硬膜下血腫の傷害を発生させることが可能なものであるが，被害者の急性硬膜下血腫の傷害が第1暴行と第2暴行のいずれによって生じたのかは不明である。

2(1) 第1審判決は，仮に第1暴行で既に被害者の急性硬膜下血腫の傷害が発生していたとしても，第2暴行は，同傷害を更に悪化させたと推認できるから，いずれにしても，被害者の死亡との間に因果関係が認められることとなり，『死亡させた結果について，責任を負うべき者がいなくなる不都合を回避するための特例である同時傷害致死罪の規定（刑法207条）を適用する前提が欠けることになる』と説示して，本件で，同条を適用することはできないとした。

(2) しかし，同時傷害の特例を定めた刑法207条は，二人以上が暴行を加えた事案においては，生じた傷害の原因となった暴行を特定することが困難な場合が多いことなどに鑑み，共犯関係が立証されない場合であっても，例外的に共犯の例によることとしている。同条の適用の前提として，検察官は，各暴行が当該傷害を生じさせ得る危険性を有するものであること及び各暴行が外形的には共同実行に等しいと評価できるような状況において行われたこと，すなわ

⇒ *62*

ち，同一の機会に行われたものであることの証明を要するというべきであり，その証明がされた場合，各行為者は，自己の関与した暴行がその傷害を生じさせていないことを立証しない限り，傷害についての責任を免れないというべきである。

　そして，共犯関係にない二人以上による暴行によって傷害が生じ更に同傷害から死亡の結果が発生したという傷害致死の事案において，刑法207条適用の前提となる前記の事実関係が証明された場合には，各行為者は，同条により，自己の関与した暴行が死因となった傷害を生じさせていないことを立証しない限り，当該傷害について責任を負い，更に同傷害を原因として発生した死亡の結果についても責任を負うというべきである（最高裁昭和26年(れ)第797号同年9月20日第一小法廷判決・刑集5巻10号1937頁参照）。このような事実関係が証明された場合においては，本件のようにいずれかの暴行と死亡との間の因果関係が肯定されるときであっても，別異に解すべき理由はなく，同条の適用は妨げられないというべきである。」

62 承継的共同正犯との関係

大阪高判昭和62年7月10日高刑集40巻3号720頁／判時1261・132，判タ652・254
　　　　　　　　　　　　　　　　　　　　　　　　　　　　　⇒総論*378*

【事案】 AがB・Cと共謀の上，被害者に暴行を加え傷害を負わせたところへ被告人が現れ，事態の成りゆきを察知してAらによる暴行・傷害を認識・認容しながらこれに加担する意思で暴行を加えた。その後さらにBが暴行を加えている。原判決は傷害の共同正犯の成立を肯定した。

【判決理由】「いわゆる承継的共同正犯が成立するのは，後行者において，先行者の行為及びこれによって生じた結果を認識・認容するに止まらず，これを自己の犯罪遂行の手段として積極的に利用する意思のもとに，実体法上の一罪（狭義の単純一罪に限らない。）を構成する先行者の犯罪に途中から共謀加担し，右行為等を現にそのような手段として利用した場合に限られると解するのが相当である。」

「例えば，先行者が遂行中の一連の暴行に，後行者がやはり暴行の故意をもって途中から共謀加担したような場合には，一個の暴行行為がもともと一個の犯罪を構成するもので，後行者は一個の暴行そのものに加担するのではない上に，後行者には，被害者に暴行を加えること以外の目的はないのであるから，

後行者が先行者の行為等を認識・認容していても，他に特段の事情のない限り，先行者の暴行を，自己の犯罪遂行の手段として積極的に利用したものと認めることができず，このような場合，当裁判所の見解によれば，共謀加担後の行為についてのみ共同正犯の成立を認めるべきこととなり，全面肯定説とは結論を異にすることになる。」

「被告人が先行者たるＣらの行為等を自己の犯罪遂行の手段として利用する意思であったとか，これを現実にそのようなものとして利用したと認めることは困難である。従って，本件において，被告人に対しては，Ｃらとの共謀成立後の行為に対して共同正犯の成立を認め得るに止まり，右共謀成立前の先行者の行為等を含む犯罪全体につき，承継的共同正犯の刑責を問うことはできないといわざるを得ない。」

「受傷の少なくとも大部分は，被告人の共謀加担前に生じていたことが明らかであり，右加担後の暴行（特にＢの顔面殴打）によって生じたと認め得る傷害は存在しない。そうすると，被告人に対しては，暴行罪の共同正犯が成立するに止まり，傷害罪の共同正犯の刑責を問うことはできない。」

「右のような当裁判所の結論に対しては，刑法207条のいわゆる同時傷害罪の規定との関係で，異論があり得るかと思われるので，以下，若干の説明を補足する。

　例えば，甲の丙に対する暴行の直後乙が甲と意思の連絡なくして丙に暴行を加え，丙が甲，乙いずれかの暴行によって受傷したが，傷害の結果を生じさせた行為者を特定できない場合には，刑法207条の規定により，甲，乙いずれも傷害罪の刑責を免れない。これに対し，甲の暴行終了後乙が甲と共謀の上暴行を加えた場合で，いずれの暴行による傷害か判明しないときには，前示のような当裁判所の見解によれば，乙の刑責が暴行罪の限度に止まることになり，甲との意思連絡なくして丙に暴行を加え同様の結果を生じた場合と比べ，一見均衡を失する感のあることは，これを否定し難い。しかし，刑法207条の規定は，2人以上で暴行を加え人を傷害した場合において，傷害を生じさせた行為者を特定できなかったり，行為者を特定できても傷害の軽重を知ることができないときには，その傷害が右いずれかの暴行（又は双方）によって生じたことが明らかであるのに，共謀の立証ができない限り，行為者のいずれに対しても傷害の刑責を負わせることができなくなるという著しい不合理を生ずることに着目

し，かかる不合理を解消するために特に設けられた例外規定である。これに対し，後行者たる乙が先行者甲との共謀に基づき暴行を加えた場合は，傷害の結果を生じさせた行為者を特定できなくても，少なくとも甲に対しては傷害罪の刑責を問うことができるのであって，刑法の右特則の適用によって解消しなければならないような著しい不合理は生じない。従って，この場合には，右特則の適用がなく，加担後の行為と傷害との因果関係を認定し得ない後行者たる乙については，暴行罪の限度でその刑責が問われるべきこととなるのであって，右結論が不当であるとは考えられない。

　もっとも，本件のように，甲の暴行終了前に乙がこれに共謀加担し，丙の傷害が，乙の共謀加担の前後にわたる甲の暴行によって生じたと認められる場合には，乙の共謀加担後の甲，乙の暴行とその加担前の甲の暴行とを，あたかも意思連絡のない2名（甲及び甲′）の暴行と同視して，刑法207条の適用を認める見解もあり得るかと思われ，もし右の見解を肯認し得るものとすれば，本件においても，同条の規定を媒介とすることにより，被告人に対し傷害罪の刑責を問う余地は残されていることになる。しかしながら，右のような見解に基づき被告人に傷害罪の刑責を負わせるためには，その旨の訴因変更（予備的変更を含む。）手続を履践して，事実上・法律上の論点につき被告人に防禦を尽くさせる必要のあることは当然であると解せられるところ，本件においては，検察官は，かかる訴因変更の請求をしていないし，また，本件が，訴因変更を促し又は命ずる義務があるとされるような事案でないことも明らかであると考えられる。」

63　承継的共同正犯との関係

大阪地判平成9年8月20日判タ995号286頁
⇒総論 379

【事案】 被告人XおよびYと友人のZが，XとYが前をZがその2, 30メートル後を歩いていた際，ZがVに暴行を加え，これに気づいたXおよびYが，Zに加勢しようと現場に駆けつけ，3人でさらにVに暴行を加えた。その結果，Vは傷害を負ったが，その傷害がX・YがZに加勢する前後いずれの暴行により生じたかは不明であった。判決は，X・Yにつき，承継的共犯の成立を否定した上で，以下のように判示して，刑法207条の適用を認めた。

【判決理由】「一般に，傷害の結果が，全く意思の連絡がない2名以上の者の同一機会における各暴行によって生じたことは明らかであるが，いずれの暴行

によって生じたものであるのかは確定することができないという場合には，同時犯の特例として刑法207条により傷害罪の共同正犯として処断されるが，このような事例との対比の上で考えると，本件のように共謀成立の前後にわたる一連の暴行により傷害の結果が発生したことは明らかであるが，共謀成立の前後いずれの暴行により生じたものであるか確定することができないという場合にも，右一連の暴行が同一機会において行われたものである限り，刑法207条が適用され，全体が傷害罪の共同正犯として処断されると解するのが相当である。けだし，右のような場合においても，単独犯の暴行によって傷害が生じたのか，共同正犯の暴行によって傷害が生じたのか不明であるという点で，やはり『その傷害を生じさせた者を知ることができないとき』に当たることにかわりはないと解されるからである。」

■ 5　危険運転致死傷罪

64　「アルコールの影響により正常な運転が困難な状態」の意義
最決平成23年10月31日刑集65巻7号1138頁／判時2152・15，判タ1373・136
（重判平23刑2）

【決定理由】　「1　原判決が認定した事実の要旨は，被告人は，(1)平成18年8月25日午後10時48分頃，福岡市内の海の中道大橋上の道路において，運転開始前に飲んだ酒の影響により，前方の注視が困難な状態で普通乗用自動車を時速約100kmで走行させ，もってアルコールの影響により正常な運転が困難な状態で自車を走行させたが，折から，前方を走行中の被害車両右後部に自車左前部を衝突させ，その衝撃により，被害車両を左前方に逸走させて橋の上から海に転落・水没させ，その結果，被害車両に同乗していた3名（当時1歳，3歳，4歳）をそれぞれ溺水により死亡させたほか，被害車両の運転者（当時33歳）及び同乗していたその妻（当時29歳）に傷害を負わせ，さらに，(2)上記事故について，負傷者を救護する等必要な措置を講ぜず，かつ，その事故発生の日時場所等を直ちに最寄りの警察署の警察官に報告しなかった，というものである。
……（中略）……
　5　そして，原判決の認定によれば，本件道路上においては，被告人が自車を走行させた条件の下では，前方を向いている限り，先行する被害車両を遅くとも衝突の約9秒前（車間距離としては約150m）からは認識できる状況にあったにもかかわらず，被告人は，被害車両の直近に至るまでの8秒程度にわたり，その存在に気付かないで自車を

⇒ **64**

走行させて追突し，本件事故を引き起こしたというのである。

6 ……被告人が，自車を時速約 100 km で高速度走行させていたにもかかわらず 8 秒程度にわたって被害車両の存在を認識していなかった理由は，その間終始前方を見ていなかったか，前方を見ることがあっても被害車両を認識することができない状態にあったかのいずれかということになる。認識可能なものが注意力を欠いて認識できない後者の場合はもちろんのこと，前者の場合であっても，約 8 秒間もの長い間，特段の理由もなく前方を見ないまま高速度走行して危険な運転を継続したということになり，被告人は，いずれにしても，正常な状態にある運転者では通常考え難い異常な状態で自車を走行させていたというほかない。そして，被告人が前記のとおり飲酒のため酩酊状態にあったことなどの本件証拠関係の下では，被告人は，飲酒酩酊により上記のような状態にあったと認定するのが相当である。

そして，前記のとおりの被告人の本件事故前の飲酒量や本件前後の被告人の言動等によれば，被告人は自身が飲酒酩酊により上記のような状態にあったことを認識していたことも推認できるというべきである。

7 刑法208条の2第1項前段の『アルコールの影響により正常な運転が困難な状態』とは，アルコールの影響により道路交通の状況等に応じた運転操作を行うことが困難な心身の状態をいうと解されるが，アルコールの影響により前方を注視してそこにある危険を的確に把握して対処することができない状態も，これに当たるというべきである。

そして，前記検討したところによれば，本件は，飲酒酩酊状態にあった被告人が直進道路において高速で普通乗用自動車を運転中，先行車両の直近に至るまでこれに気付かず追突し，その衝撃により同車両を橋の上から海中に転落・水没させ，死傷の結果を発生させた事案であるところ，追突の原因は，被告人が被害車両に気付くまでの約8秒間終始前方を見ていなかったか又はその間前方を見てもこれを認識できない状態にあったかのいずれかであり，いずれであってもアルコールの影響により前方を注視してそこにある危険を的確に把握して対処することができない状態にあったと認められ，かつ，被告人にそのことの認識があったことも認められるのであるから，被告人は，アルコールの影響により正常な運転が困難な状態で自車を走行させ，よって人を死傷させたものというべきである。被告人に危険運転致死傷罪の成立を認めた原判決は，結論において相当である。」

65　赤色信号を「殊更に無視し」の意義

最決平成20年10月16日刑集62巻9号2797頁／判時2039・144, 判タ1295・190
（重判平20刑6）

【決定理由】「1　原判決及びその是認する第1審判決の認定によれば，本件の事実関係は，次のとおりである。

　被告人は，普通乗用自動車を運転し，パトカーで警ら中の警察官に赤色信号無視を現認され，追跡されて停止を求められたが，そのまま逃走し，信号機により交通整理の行われている交差点を直進するに当たり，対面信号機が赤色信号を表示していたにもかかわらず，その表示を認識しないまま，同交差点手前で車が止まっているのを見て，赤色信号だろうと思ったものの，パトカーの追跡を振り切るため，同信号機の表示を意に介することなく，時速約70kmで同交差点内に進入し，折から同交差点内を横断中の歩行者をはねて死亡させた。

　2　所論は，平成19年法律第54号による改正前の刑法208条の2第2項後段にいう赤色信号を『殊更に無視し』とは，赤色信号についての確定的な認識がある場合に限られる旨主張する。

　しかしながら，赤色信号を『殊更に無視し』とは，およそ赤色信号に従う意思のないものをいい，赤色信号であることの確定的な認識がない場合であっても，信号の規制自体に従うつもりがないため，その表示を意に介することなく，たとえ赤色信号であったとしてもこれを無視する意思で進行する行為も，これに含まれると解すべきである。これと同旨の見解の下，被告人の上記行為について，赤色信号を殊更に無視したものに当たるとして，危険運転致死罪の成立を認めた原判断は正当である。」

66　危険運転致死傷罪の因果関係

最決平成18年3月14日刑集60巻3号363頁／判時1928・155, 判タ1208・98
（百選Ⅱ7, 重判平18刑5）

【決定理由】「原判決及びその是認する第1審判決の認定並びに記録によれば，本件の事実関係は，以下のとおりである。すなわち，被告人は，平成15年11月25日午前2時30分ころ，普通乗用自動車を運転し，札幌市北区内の信号機により交通整理の行われている交差点手前で，対面信号機の赤色表示に従って停止していた先行車両の後方にいったん停止したが，同信号機が青色表示に変わるのを待ちきれず，同交差点を右折進行すべく，同信号機がまだ赤色信号を表示していたのに構うことなく発進し，対向車線に進出して，上記停止車両の右側方を通過し，時速約20kmの速度で自車を運転して同交差点に進入しようとした。そのため，折から右方道路から青色信号に従い同交差点を左折して対向進行してきた被害者運転の普通貨物自動車を前方約14.8mの地点に

⇒ *67*

認め，急制動の措置を講じたが間に合わず，同交差点入口手前の停止線相当位置付近において，同車右前部に自車右前部を衝突させ，よって，同人に加療約8日間を要する顔面部挫傷の傷害を，同人運転車両の同乗者にも加療約8日間を要する頸椎捻挫等の傷害をそれぞれ負わせた。

以上の事実関係によれば，被告人は，赤色信号を殊更に無視し，かつ，重大な交通の危険を生じさせる速度で四輪以上の自動車を運転したものと認められ，被害者らの各傷害がこの危険運転行為によるものであることも明らかであって，刑法208条の2第2項後段の危険運転致傷罪の成立を認めた原判断は正当である。

所論は，被告人が自車を対向車線上に進出させたことこそが同車線上で交差点を左折してきた被害車両と衝突した原因であり，赤色信号を殊更に無視したことと被害者らの傷害との間には因果関係が認められない旨主張する。しかし，被告人が対面信号機の赤色表示に構わず，対向車線に進出して本件交差点に進入しようとしたことが，それ自体赤色信号を殊更に無視した危険運転行為にほかならないのであり，このような危険運転行為により被害者らの傷害の結果が発生したものである以上，他の交通法規違反又は注意義務違反があっても，因果関係が否定されるいわれはないというべきである。所論は理由がない。」

■6 凶器準備集合罪

[1] 保護法益・罪質

67 清水谷公園事件──凶器準備集合罪の罪質
最決昭和45年12月3日刑集24巻13号1707頁／判時614・22，判タ255・96
（百選Ⅱ8，重判昭45刑3） ⇒*71*，総論 *39*

【事案】 被告人らは，都学連派の学生であった。昭和41年9月22日清水谷公園において開催された都学連の集会中，かねて対立抗争関係にあった全学連派の学生がその場に参集して対抗しようとしたため，都学連派の学生約50名が，この全学連派の学生を実力で排除するため相手の身体に共同して害を加える目的で，それぞれ角棒を携帯準備して集合した際，被告人らも同様の目的のもとに，長さ1メートル前後の角棒を所持して参加し，全学連派の学生との乱闘にも加わった。第1審判決は，次のように述べて凶器準備集合罪は成立しないとした。「2人以上の者が共同加害の目的をもって凶器を準備して集合した場合であっても，進んで加害行為実行の段階に至ったときは，そこに存

在するのは先に目的とされた共同加害行為の実行そのものであって，集合体による行動はあっても既に刑法208条ノ2所定の構成要件的状況といわれる共同加害の目的をもって集合した状態ではなく，凶器についてはその行使であって，その準備ではないと解すべきである」(東京地判昭和43年4月13日判時519号96頁)。これに対して，原審は，第1審判決を破棄して凶器準備集合罪の成立を認め，最高裁も以下のように述べて，これを是認した。

【決定理由】「刑法208条の2にいう『集合』とは，通常は，2人以上の者が他人の生命，身体または財産に対し共同して害を加える目的をもって兇器を準備し，またはその準備のあることを知って一定の場所に集まることをいうが，すでに，一定の場所に集まっている2人以上の者がその場で兇器を準備し，またはその準備のあることを知ったうえ，他人の生命，身体または財産に対し共同して害を加える目的を有するに至った場合も，『集合』にあたると解するのが相当である。また，兇器準備集合罪は，個人の生命，身体または財産ばかりでなく，公共的な社会生活の平穏をも保護法益とするものと解すべきであるから，右『集合』の状態が継続するかぎり，同罪は継続して成立しているものと解するのが相当である。」

68 罪数関係
最決昭和48年2月8日刑集27巻1号1頁／判時693・108，判タ288・288

【事案】 被告人Xは，他11名の者と共謀のうえ，Aらに危害を加える目的をもって，猟銃，日本刀，包丁，木刀等の凶器を準備して集合し，さらに，A方において他3名と所携の包丁，日本刀を示し，「指を詰めろ」等と脅迫し，手拳等で暴行を加えた。

【決定理由】「兇器準備集合罪が個人の生命，身体または財産ばかりでなく，公共的な社会生活の平穏をも保護法益とするものであること(当裁判所昭和44年(あ)第1453号同45年12月3日第一小法廷決定・刑集24巻13号1707頁参照)にかんがみれば，被告人の本件兇器準備集合の所為は暴力行為等処罰に関する法律違反の所為に対する単なる手段とのみ評価することはできず，両者は通常手段結果の関係にあるというをえないものであるから，牽連犯ではなく，併合罪と解すべきであって，原判決の判断は正当である。」

69 アドセンター事件
最判昭和58年6月23日刑集37巻5号555頁／判時1082・18，判タ500・121

【事案】 被告人らは，いわゆる中核派に属する者であるが，同派に所属する多数の者とともに昭和49年2月3日から4日にかけて，豊島区東池袋所在の東京アドセンター

⇒ 69

事務所において，かねて対立抗争中のいわゆる革マル派の者たちが襲撃してきたときはこれを迎撃し，同人等の生命・身体に共同して害を加える目的をもって，多数の鉄パイプ，バール，れんが，コーラの空き瓶等を準備して集合した。

【判決理由】「兇器準備集合罪は，個人の生命，身体又は財産ばかりでなく，公共的な社会生活の平穏をも同様に保護法益とするものであり（最高裁昭和44年(あ)第1453号同45年12月3日第一小法廷決定・刑集24巻13号1707頁，同47年(あ)第159号同48年2月8日第一小法廷決定・刑集27巻1号1頁参照），また，同罪はいわゆる抽象的危険犯であって，いわゆる迎撃形態の兇器準備集合罪が成立するためには，必ずしも相手方からの襲撃の蓋然性ないし切迫性が客観的状況として存在することは必要でなく，兇器準備集合の状況が社会生活の平穏を害しうる態様のものであれば足りるというべきである。」

団藤重光裁判官の補足意見 「本件判旨が兇器準備集合罪を抽象的危険犯として性格づけているのは，迎撃形態のばあいに相手方からの襲撃の蓋然性ないし切迫性が客観的状況として存在することを要するものではないという消極面において意味を有するばかりでなく，およそ本罪の成立要件一般の問題として，兇器の種類・数量，集合した人数，周囲の状況，等々，行為当時の具体的な要因をすべて総合的に考察判断して，その行為の規模・態様等が，定型的にみて，個人の生命・身体・財産および公共的な社会生活の平穏を害する抽象的危険を感じさせるようなものであることを要するという積極面においても，重要な意味を有するものと考える。おもうに，兇器準備集合罪の規定（刑法208条ノ2）は刑法典の傷害罪の章に置かれていることもあって，その罪質は立法当初からかならずしも明確なものとはいえなかったが，本罪は憲法21条の保障する集会の自由ともかかわりがあるものであるだけに，その成立要件については，解釈上，必要かつ充分なしぼりをかけることが要請されるのである。わたくしの理解によれば，本件判旨は，判旨引用の当小法廷の両決定とあいまって，まさにこの要請にこたえるものである。（原判決が，本罪をもって『右規定（＝刑法208条ノ2）の定める構成要件に該当することが性質上一般的に法益侵害の危険を生ぜしめるものと擬制されるいわゆる抽象的危険犯である』としているのは，抽象的危険犯の積極面を遺却しているかにみえる点で，すくなくとも措辞において妥当を欠くものといわなければならないであろう。）」

[2] 共同加害の目的

70 飯田橋事件
最判昭和 52 年 5 月 6 日刑集 31 巻 3 号 544 頁／判時 852・22, 判タ 350・181

【事案】 第 1 審判決の認定した事実によれば, 被告人ら 5 名は, 昭和 43 年 1 月 15 日, 約 200 名の学生とともに, 全員がヘルメットをかぶり,「エンタープライズ寄港阻止」などと書いた角材の柄付きプラカード (長さ約 120 センチメートル, 太さ約 3.5×約 4.5 センチメートルの角材の一端に縦約 35 センチメートル, 横約 45 センチメートルのベニヤ板を釘で取り付けたもの) を携行し, 約 5 列の縦隊形で A 大学正門を出発して飯田橋方面へ向かい,「エンプラ粉砕」などと叫びながら公安委員会の許可を受けない集団示威運動をおこなった際, これを制止する任務に従事する警察官に対し, 右約 200 名の学生と共同して, 所携の角材の柄付きプラカードをもって殴打・刺突することの意思を相通じ, もって他人の身体に対し共同して害を加える目的で凶器を準備して集合したものである。これに対して, 控訴審判決は, 前夜の集会において,「いかなる警察権力に対しても闘い抜こう」という指導者の意思表明に対し学生らが賛意を表したからといって, そのことは学生らの共同加害意思を推認させる事実とはいえない, 学生らは, 所携の角材の柄付きプラカードを佐世保で使うつもりであったことが明白である, 等の理由から, 本件暴行は, ひそかに待機していた警察官により突如阻止線が設けられたために生じた偶発的行為であり, 学生集団間に共同加害の目的を認定できないとして凶器準備集合罪の成立を否定した。

【判決理由】「兇器準備集合罪が成立するためには, 2 人以上の者が他人の生命, 身体又は財産に対し共同して加害行為を実行しようとする目的をもって兇器を準備し集合したことをもって足り, 集合者の全員又はその大多数の者の集団意思としての共同加害目的を必要とするものではないと解されるところ, 原判決も, A 大学での集会あるいは集団示威運動において, これに参加した約 200 名の学生が, 指導者の『……いかなる警察権力に対しても闘い抜こう』との呼びかけに応じ昂揚した気分にあったこと, 本件『角材の柄付きプラカード』は柄の部分の角材を闘争などの際に使用する意図のもとに, 全体としてはプラカード様に偽装されたものと疑われるふしがあること, 学生らが A 大学を出発するに先だって石塊等を準備したことはいずれもこれを肯定しているところであるから, これらの情況は学生集団の潜在的加害意思を認めるに十分であるうえに, 現実に, 学生集団の先頭部分に位置していた一部の学生が, 所携

⇒ 71

の『角材の柄付きプラカード』あるいは角材を振り上げて阻止線を形成している警察官をめがけて殴りかかっている事実を考え合わせると，学生集団の構成員の間に，警察官に対する暴行につき，明示の統一した意思連絡がなかったとしても，その先頭部分にいた学生らが警察官に対し『角材の柄付きプラカード』等を振り上げて加害行為に出た時点以後においては，これらの行動を相互に目撃し得る場所に近接して位置していた学生らのうち，少くとも，直接警察官に対し暴行に及んだ者あるいは『角材の柄付きプラカード』等を振り上げて暴行に及ぼうとした学生らは，特段の事情がない限り，漸次波及的に警察官に対する共同加害意思を有するに至ったものと認定するのが相当である。ところで，被告人らは，いずれも学生集団の先頭部分に位置し，直接警察官に対し暴行に及び，あるいは『角材の柄つきプラカード』又は角材を振り上げていたことは原判決も認定するところであるから，右に判示したところに照らし，被告人らは阻止線を形成していた警察官に対し共同加害意思を有するに至ったと認められる疑いが極めて濃厚であるにもかかわらず，これを否定すべき特段の事情についてなんら説明しないまま，被告人らを含む先頭部分の学生集団の学生らの行為は銘銘の個人的な意思発動による偶発的行為にすぎず，これら学生らの間に共同加害目的の存在を認めることはできないとして，被告人らに対し兇器準備集合罪が成立しないとした原判決は，経験則に違反して事実を誤認した疑いがあるものというべく，これが判決に影響を及ぼし，原判決を破棄しなければ著しく正義に反するものといわなければならない。」

[3] 凶　器

71　長さ 1 メートル前後の角棒
最決昭和 45 年 12 月 3 日刑集 24 巻 13 号 1707 頁／判時 614・22，判タ 255・96
（百選Ⅱ8，重判昭 45 刑 3）　⇒67，総論 39

【決定理由】「原判示長さ 1 メートル前後の角棒は，その本来の性質上人を殺傷するために作られたものではないが，用法によっては人の生命，身体または財産に害を加えるに足りる器物であり，かつ，2 人以上の者が他人の生命，身体または財産に害を加える目的をもってこれを準備して集合するにおいては，社会通念上人をして危険感を抱かせるに足りるものであるから，刑法 208 条の

2にいう『兇器』に該当するものと解すべきである。」

72 ダンプカー
最判昭和47年3月14日刑集26巻2号187頁／判時664・97, 判タ276・256

【事案】 被告人らは，暴力団の組員であったが，対立する暴力団の殴り込みに備えて，拳銃，日本刀，ダンプカーを準備し，準備のあることを知って集合した。原審の大阪高裁は次のようにのべてダンプカーの凶器性を肯定した。「本件ダンプカーは大型貨物自動車の部類に属し，その大きさ，形状，馬力に照らし，之を走行させて目的物に衝突せしめれば，人を殺傷し，或は普通乗用車等を破壊するに十分な能力を備えていることが明らかであるところ，被告人らは，……（中略）……ダンプカーを久保組事務所前道路の北寄に南を向けておき，組員2名を乗車させ，エンジンをかけたまま待機していたことが認められるので，このような状況でダンプカーを準備したことは，これを刑法208条の2にいう兇器を準備しに当ると解することが相当であ〔る〕。」

【判決理由】「原判決は，被告人らが他人を殺傷する用具として利用する意図のもとに原判示ダンプカーを準備していたものであるとの事実を確定し，ただちに，右ダンプカーが刑法208条ノ2にいう『兇器』にあたるとしているが，原審認定の具体的事情のもとにおいては，右ダンプカーが人を殺傷する用具として利用される外観を呈していたものとはいえず，社会通念に照らし，ただちに他人をして危険感をいだかせるに足りるものとはいえないのであるから，原判示ダンプカーは，未だ，同条にいう『兇器』にあたらないものと解するのが相当である。これと異なる判断をした原判決には，右『兇器』についての解釈適用を誤った違法があるが，原判決の維持する第1審判決によれば，被告人らは，右ダンプカーのほか，けん銃，日本刀などの兇器の準備があることを知って集合したというのであるから，右ダンプカーを除いても，被告人につき同条所定の兇器準備集合罪が成立するのであり，原判決の右違法は判決に影響を及ぼすものとは認められない。」

73 角材の柄付きプラカード──飯田橋事件（第1審）
東京地判昭和46年3月19日刑月3巻3号444頁／判時648・49, 判タ261・178
（重判昭46刑5） ⇒70参照

【判決理由】「(一) 兇器準備集合罪にいう兇器には用法上の兇器も含むと解すべきであり，用法上の兇器とは人を殺傷するに足る器具で，社会通念に照らし人の視聴覚上直ちに危険性を感ぜしめるものをいうと解せられる。……

(二) そこで，本件の『角材の柄付きプラカード』が前記の兇器にあたるかど

⇒ 74

うかを判断するに、まず、本件の柄の部分である長さ約120糎、太さ約3.5糎×約4.5糎の角材が用法上の兇器にあたることは明らかである（最高裁判所第一小法廷決定昭和45年12月3日裁判所時報第559号2頁参照）。ところが、本件物件は右のごとき角材の一端に、厚さ0.27糎、縦約35糎、横約45糎のベニヤ板に『エンタープライズ実力阻止全学連』または『エンタープライズ寄港阻止』などと書いた紙面を貼りつけたものを釘で取り付けたものであって、一見してプラカードとしての機能を有することは否定し難く、前記第四、㈡のとおり、柄の部分の角材を闘争の際に使用する意図のもとに全体としてプラカード様に偽装された疑いのあるものではあるものの、学生集団が15日午前8時20分ころこれを所持して第1校舎から校庭に出て来て、第2校舎付近で隊形を整え、同8時23分ころA大学正門を出発し、同27分ころ前田建設付近にさしかかるまでの間においては、人を殺傷する能力を備えていても、社会通念に照らし、人の視聴覚上直ちに危険性を感ぜしめるものとは未だいえず、これを直ちに兇器とみなすことはできない。しかしながら、少なくとも、同27分ころ学生集団がB建設正門前付近でC署長らと接触し、うち一部の学生が同署長らに本件『角材の柄付きプラカード』で殴りかかった段階（前記第三、⒅ないし⒇においては、客観的状況からして右物件はプラカードとして使用されるのではなく、闘争の際に使用される意図が明らかに外部的に覚知され、社会通念に照らし人の視聴覚上直ちに危険性を感ぜしめる状態になったものと思料され、右段階において本件物件は兇器性を帯有するものにいたったものといわなければならない。」

■7 業務上過失致死傷罪

業 務 性

74 免許を受け反復継続してなす娯楽のための狩猟行為

最判昭和33年4月18日刑集12巻6号1090頁

【判決理由】「刑法211条にいわゆる業務とは、本来人が社会生活上の地位に基き反覆継続して行う行為であって（昭和25年(れ)146号同26年6月7日第一小法廷判決、集5巻7号1236頁参照）、かつその行為は他人の生命身体等に危

害を加える虞あるものであることを必要とするけれども，行為者の目的がこれによって収入を得るにあるとその他の欲望を充たすにあるとは問わないと解すべきである。従って銃器を使用してなす狩猟行為の如き他人の生命，身体等に危害を及ぼす虞ある行為を，免許を受けて反覆継続してなすときは，たといその目的が娯楽のためであっても，なおこれを刑法211条にいわゆる業務と認むべきものといわねばならない。

　本件において，被告人が昭和27年10月20日附東京都発行第7767号乙種狩猟免許状を有して狩猟に従事していたものであるとの第1審判決判示事実は，原判決もこれを認めているところである。そして第1審判決挙示の証拠中被告人の司法警察員及び検察官に対する各供述調書によれば，被告人は昭和11年以来10数年に亘る狩猟家としての経歴を有し，その間昭和11年当初は田無猟友会員に，本件当時は武蔵野猟友会員になっており，昭和16年は応召のため又昭和25年26年は仕事の関係で休んだ外は，毎年狩猟免許を受けて狩猟を続けて来たものであり，本件当時においても，自己の猟犬を使用して狩猟行為をしていたことが認められ，被告人が反覆継続の意思を以てこれを反覆継続していたことが推測されるのである。これらの事実関係に徴すると，被告人の本件狩猟行為は，これを刑法211条にいわゆる業務と認定するのが相当である。

　然るに，原判決が，娯楽のために行う者の狩猟行為は，たとえ，それが狩猟免許者の行うところであるにしても，刑法211条にいわゆる業務に該らないという見解に立ち，被告人が狩猟をいわゆる業務としていた事実は，これを証拠上確認するに由がないとして，被告人の本件所為を刑法211条の業務上過失傷害の罪に問うべき場合でないと判断したのは，刑法211条の解釈を誤りひいて判決に影響を及ぼすべき重大な事実の誤認をおかしたものであって，これを破棄しなければ著しく正義に反するといわねばならない。」

75　業務性が否定された事例

東京高判昭和35年3月22日東高刑時報11巻3号73頁／判タ103・38

【判決理由】「刑法第211条にいわゆる業務とは，人の社会生活上の地位に基いて継続的に従事する事務であって人の生命身体に対する危険を伴うものを指称し，その事務について法規上官庁の免許を必要とする場合にも免許の有無を問わないものと解すべきである。従って被告人においてその性質上ある程度の危険を伴う普通乗用自動車の運転をする事務を社会生活上の地位に基いて継続

⇒ 76

反覆して行い又は1回でも継続反覆の意思を以て行った事実が存すれば，被告人が右普通乗用自動車運転の免許を有しなくても，被告人はその運転を業としている者に該当することは言を俟たない。しかし原判決挙示の証拠によれば，被告人は，昭和29年1月頃から東京都江東区南砂町××酒類販売業AことB方に店員として雇われ，近所は自転車で遠方はスクーターで注文取り，商品の配達，集金等に従事していたところ，偶々昭和32年1月1日，正月休みを利用し，友人より自家用普通乗用自動車を借り受け，C外4名を同乗させ自らこれを運転し，東京都江東区錦糸町より埼玉県本庄市に赴く途中原判示場所で原判示の如き事故を発生せしめたことを認めることができるけれども，被告人が普通乗用自動車運転の業務に従事していたこと，即ち社会生活上の地位に基いて該自動車の運転を反覆していたこと又は将来これを継続して行う目的を以て運転したことは，いずれもこれを確認し得る証拠はない。尤も前記各証拠によれば被告人は，昭和31年8月頃友人の運転する乗用自動車に同乗して箱根に行った際，その帰途たまたま約2粁位を運転したことが窺われるが，ただそれだけでは被告人の本件運転を自己の生活上の地位に基き反覆継続して行う意思に出たものということはできないし，また被告人が自転車又はスクーターで注文取りや商品の配達に従事していた事実があるからといって，被告人が社会生活上の地位に基き反覆継続する意思を以て普通乗用自動車の運転をしたものということもできない。故に被告人が自動車運転の業務に従事していたということはできない。従って被告人は自動車運転の業務に従事していたものと認定した原判決には理由のくいちがいがあるものといわなければならない。論旨は理由があり原判決は破棄を免れない。」

76　反復・継続の意思

福岡高宮崎支判昭和38年3月29日判タ145号199頁

【事案】　米穀商が，自己の営業用に運転免許をとるため，空き地で2回程練習したのち公道で軽自動3輪車の運転練習中に人を負傷させた事例。

【判決理由】　「所論は，被告人は本件事故発生までに自宅附近空地で2回練習運転をしたに過ぎないのに，自宅附近路上で数回運転し自動車運転の業務に従事していたとして，本件を業務上過失致死に問擬したのは事実を誤認し，ひいては法令の解釈適用を誤った違法がある，というのである。しかし刑法第211条の業務とは人がその社会生活上の地位に基づき反覆継続して行うもので，一

般に人の生命，身体に危害を加える虞のある仕事を意味するが，自動車運転の如きは，その性質上人が社会生活上の地位に基いて行い，しかも人の生命，身体に危害を加える虞れのある行為にして，苟しくも反覆継続の意思でなされる以上業務ということを妨げないから，反覆継続する意思で自動車を運転する限り，たとえその運転が練習のためであっても，又過去において運転練習した回数が2回であり，場所が空地であったに過ぎないとしてもその運転は業務に当たるといわなければならない。」

77 易燃物の管理責任者
最決昭和60年10月21日刑集39巻6号362頁／判時1176・151，判タ575・41
（百選 I 60）

【決定理由】「刑法117条の2前段にいう『業務』とは，職務として火気の安全に配慮すべき社会生活上の地位をいうと解するのが相当であり（最高裁昭和30年(あ)第4124号同33年7月25日第二小法廷判決・刑集12巻12号2746頁参照），同法211条前段にいう『業務』には，人の生命・身体の危険を防止することを義務内容とする業務も含まれると解すべきであるところ，原判決の確定した事実によると，被告人は，ウレタンフォームの加工販売業を営む会社の工場部門の責任者として，易燃物であるウレタンフォームを管理するうえで当然に伴う火災防止の職務に従事していたというのであるから，被告人が第1審判決の認定する経過で火を失し，死者を伴う火災を発生させた場合には，業務上失火罪及び業務上過失致死罪に該当するものと解するのが相当である。」

⇒ 78・79

III 自由に対する罪

■1 脅迫罪

[1] 罪質

78 抽象的危険犯
　　　　　　　　　　　大判明治43年11月15日刑録16輯1937頁

【事案】 被告人Xは，Aに対し，虚無人Y名義で要求に応じなければ放火または殺害をなすべき旨の手紙を郵送した。弁護人は，脅迫罪成立には，Aがこの手紙により現実に畏怖したことが必要であると主張した。

【判決理由】「刑法第222条に規定する脅迫罪は同条列記の法益に対して危害の至るへきことを不法に通告することに因て成立し必すしも被通告者に於て法益に対して害を受くへしとの信用即ち畏怖の念を起したることを要せす然れは原判決に於て論旨掲記の如く被告か判示の方法に依りAに対し同人の生命財産に害を加ふへきことを告けたる以上は茲に前記法条第1項に規定する脅迫罪を構成すへく同人に於て右通告を受けたる為め畏怖の念を生したると否とは同罪の成立に影響なきものとす従て本論旨は理由なし」

79 いやがらせと害悪の告知
　　　　　　　　　　　最判昭和35年3月18日刑集14巻4号416頁
　　　　　　　　　　　（百選II 11）

【事案】 被告人Xは，町村合併に関する住民投票について，対立する反対派との抗争が熾烈になり互いに感情悪化し強烈な言論戦，文章戦が行われていた際，反対派の首脳A宛に同じ反対派の首脳B名義で「出火御見舞申上げます火の元に御用心8月16日」と記載した郵便葉書を郵送した。

【判決理由】「なお所論は要するに刑法222条の脅迫罪は同条所定の法益に対して害悪を加うべきことを告知することによって成立し，その害悪は一般に人を畏怖させるに足る程度のものでなければならないところ，本件2枚の葉書の各文面は，これを如何に解釈しても出火見舞にすぎず，一般人が右葉書を受取

っても放火される危険があると畏怖の念を生ずることはないであろうから，仮に右葉書が被告人によって差出されたものであるとしても被告人に脅迫罪の成立はない旨主張するけれども，本件におけるが如く，2つの派の抗争が熾烈になっている時期に，一方の派の中心人物宅に，現実に出火もないのに，『出火御見舞申上げます，火の元に御用心』，『出火御見舞申上げます，火の用心に御注意』という趣旨の文面の葉書が舞込めば，火をつけられるのではないかと畏怖するのが通常であるから，右は一般に人を畏怖させるに足る性質のものであると解して，本件被告人に脅迫罪の成立を認めた原審の判断は相当である。」

[2] 客 体

80 法人に対する脅迫

大阪高判昭和61年12月16日高刑集39巻4号592頁／判時1232・160，判タ637・225

【事案】 暴力団甲組の組員である被告人Xは他3名の者と，K建設会社がS産業に発注を予定していた下請け工事をM組に発注させるため，K建設会社の土木管理部長Aらを脅迫しようと共謀し，K建設会社大阪支店の応接室において，A他1名に対し，暴力団員であることを示す名刺を差し出したりしながら，こもごも「なんで地元の業者を使わんねや。地元の業者使わへんかったら工事出来ん様になるぞ。妨害が出ても知らんぞ。」「泉州で仕事ができん様になるぞ。」「S一本に仕事させるんやったら，仕事ができん様になるぞ。わしら黙ってへんぞ。毎日ここへ押しかけて来てやる。」などと語気鋭く申し向けた。原審は，「暴力団甲組の団体の威力を示し，かつ，数人共同して右Aらの生命，身体及同社の営業等に如何なる危害を加えるかも知れない旨気勢を示して脅迫したものである」として，暴力行為等処罰に関する法律1条の成立を認めた。

【判決理由】「刑法222条の脅迫罪は，刑法体系上，生命，身体に対する殺人の罪，傷害の罪に引き続き，人身の自由に対する罪として，逮捕・監禁の罪及び略取・誘拐の罪と並んでそれら両者の間に置かれ，人の意思活動の平穏ないし意思決定の自由をその保護法益とするものであることにかんがみ，さらに同条各項の文言自体をも参照すると，同条1項の脅迫罪は，自然人に対しその生命，身体，自由，名誉又は財産に危害を加えることを告知する場合に限って，その成立が認められ，法人に対しその法益に危害を加えることを告知しても，それによって法人に対するものとしての同罪が成立するものではなく，ただ，それら法人の法益に対する加害の告知が，ひいてその代表者，代理人等として

⇒ *80*

現にその告知を受けた自然人自身の生命，身体，自由，名誉又は財産に対する加害の告知に当たると評価され得る場合にのみ，その自然人に対する同罪の成立が肯定されるものと解される。そして，この解釈は，同条1項を構成要件の内容として引用している暴力行為等処罰に関する法律1条の集団的脅迫罪についても，そのまま当てはまるといわなければならない。翻って原判文をみるに，原判決が，上記のごとく，加害の対象として『同社の営業等』を掲げ，Ａら個人に対する脅迫行為と上記Ｋ株式会社に対する脅迫行為とを並記し，右会社の営業等に対する加害の告知が，ひいて現にその告知を受けたＡら自身の法益に対する加害の告知に当たると評価され得ることを示すような事情を全く摘示していないことからすれば，原判決は，Ａらに対する脅迫罪を構成する事実と右会社自体に対する脅迫罪を構成するものとする事実とを認定，判示し，この両名に対し暴力行為等処罰に関する法律1条（刑法222条1項）を適用したものと解される。そうしてみると，原判決は，上記説示から明らかなように，罪とならない事実を犯罪事実として認定，判示して，これに刑罰法令を適用したことになり，それは法令の解釈，適用を誤ったもので，その誤りは判決に影響を及ぼすことが明らかである。

　なお，かりに，原判決はもっぱらＡら個人に対する脅迫罪を認定しているのであり，従って原判決が加害の対象として『同社の営業等』を挙げているのは，Ａら個人に対して告知された害悪の内容としてこれを摘示したものと解し得るとしても，刑法222条1項を構成要件の内容として引用する暴力行為等処罰に関する法律1条の集団的脅迫罪において，加害の対象となる法益は害悪の告知を受ける自然人自身の法益に限られ，第三者である法人の法益に対して危害を加えることを告知しても，それがひいてその自然人自身の法益に対する加害の告知に当たると評価され得る場合でない限り同罪の成立しないことは，上記説示によって明らかであるところ，原判決は，上記のように，『同社の営業等』に対する加害の告知（それは原判示脅迫言辞の大半を占めている。）がＡら自身の法益に対する加害の告知に当たると評価され得ることを示すような事実を全く示していないのであるから，原判決が罪とならない事実を犯罪事実として認定，判示して，これに刑罰法令を適用しているのは前同様であって，原判決には法令の解釈，適用の誤りがあり，その誤りは判決に影響を及ぼすことが明らかであるといわなければならない。」

⇒ *81・82・83*

⇒法人に対する侮辱罪の成立を認めたものとして，*155*参照。

[3] 害悪の告知

81 人民裁判事件

広島高松江支判昭和25年7月3日高刑集3巻2号247頁／判タ8・55

【事案】 いわゆる人民裁判を予告した事例（原審は，暴力行為等処罰に関する法律1条の成立を認めた）。

【判決理由】 「刑法第222条所定の脅迫たるには単に害悪がその発生すべきことを通告せられるだけでは足らずその発生が行為者自身において又は行為者の左右し得る他人を通じて即ち直接又は間接に行為者によって可能ならしめられるものとして通告せられるを要するものと解すべきところ被告人はただ『云々の警察官は人民政府ができた暁には人民裁判によって断頭台上に裁かれる。人民政府ができるのは近い将来である』と申向けたのにとどまるのであるからこのこと自体で直ちに害悪たる断頭台上に裁かれることが被告人自身において又は被告人の左右し得る他人を通じて可能ならしめられるものとして通告せられたものと解することはできない。むしろ被告人は警告を発したものと解するのが妥当であろう。その他本件訴訟記録全部によるも被告人において害悪を左右し得るものとして通告したことを認めるに足る証拠がないから本件は単純脅迫罪にも該当しないものと言わねばならぬ。」

82 「告訴する」旨を告知した事例

大判大正3年12月1日刑録20輯2303頁

【判決理由】 「誣告を受けたる者か真に誣告罪の告訴を為す意思なきに拘はらす誣告者を畏怖せしむる目的を以て之に対し該告訴を為す可き旨の通告を為したりとすれは固より権利実行の範囲を超脱したる行為なるを以て脅迫の罪を構成す可きは疑を容れす」

83 村八分

大阪高判昭和32年9月13日高刑集10巻7号602頁／判時135・32，判タ76・54

【判決理由】 「さて一定地域の居住者が集団社会を形成し，朝夕寒暑の挨拶をかわし，吉凶互いに慶弔し，相互依存の協同生活を営むことは，人間本来の常態ということができるが，他人と交際すると否とは個人の自由に属し，従来結

⇒ *83*

んできた交際を絶つことを決意し，これを相手方に通告したからといって，それだけで違法行為として刑事責任を問われることは決してない。しかしながら，その地域における多数者が結束して，特定の1人又は数人に対し将来一切の交際を絶つべきこと，いわゆる村八分の決定をし，これを通告することは，それらの者をその集団社会における協同生活圏内から除外して孤立させ，それらの者のその圏内において享有する，他人と交際することについての自由とこれに伴う名誉とを阻害することの害悪を告知することに外ならないのであって，それらの者に集団社会の平和を乱し，これに適応しない背徳不正不法等があって，この通告に社会通念上正当視される理由があるときは格別しからざる限り，刑法第222条所定の脅迫罪の成立を免れないのである。そしてそれが脅迫罪となるには，地域を基本とする集団社会から，特定の1人又は数人を除外して孤立させることについて，多数者が意思を共通にして，その通告をすれば足りるのであって，その集団社会の地域の広狭，居住者の多寡によって，犯罪の成立が左右されるものではない。本件のような農林産部落あるいは隣保は，その地域は必ずしも広くはなく又居住者も多くはないが，その居住者による集団社会の交際関係は却って緊密度が高く，このような関係から除外されることから受ける前記自由及び名誉に対する脅威は，より深いものがあるということができる。従ってこの協同生活圏内から除外する旨の通告が，少数者間に行われたということだけで，脅迫罪の成立を否定する理由とするには足らないのである。本件通告は，それに先立ち公会堂の役員会議の出席者間において，Aら5名の行った仮処分執行に対する報復として，同人ら及びその家族を里組居住者の大部分を占める組合員との交際関係から除外すること，その通告には右5名の属する隣保内の役員又は隣保員らが共同して当ることに意見が一致し，その結果その各隣保員らによって微温的言動によるとはいえ，共同して行われたもので，この中前記(2)の(イ)は隣保員のみならず，組合員全員の交際関係を絶つ趣旨その他は隣保内の交際関係を絶つ趣旨のものであったこと前詳記のとおりである。そして右5名が前記仮処分の執行をしたからといって，それを不正，不法として集団生活圏内から排除される理由はなく，右処置に対抗するには法的手段に訴える等の方策によるべきであるのに，これに対する報復として共同絶交を通告することは社会通念上正当であるとは認められない。従って本件通告が脅迫罪を構成することはきわめて明らかであって，通告の用語又は態度が微温的で

あったからといって，その成立を妨げるものではない。」

■2 逮捕・監禁罪
[1] 保護法益

84 嬰児に対する監禁
京都地判昭和45年10月12日刑月2巻10号1104頁／判時614・104，判タ255・227
（百選Ⅱ10）

【事案】 被告人Xは，A女宅に強盗に入り，包丁をA女に突きつけて「金を出せ」と脅迫したが，A女はその長男B（当時生後1年7月）を残したまま屋外に逃走した。Xは，間もなく警察官によりA宅が包囲されたことを知るや，Bを人質にして逮捕を免れようと企て，警察官らに「近づくと子供を殺すぞ」と申し向けて外部との交通を遮断し，A宅6畳間において，歩き回る同児を手や足で押さえて同部屋の片隅に留めおくようにするなどして，午後6時30分頃から同11時頃までBの脱出を不能にさせた。

【判決理由】「弁護人は，監禁罪は人の行動の自由を侵害する行為であるが，本件被害者は，本件犯行当時生後1年7月を経たばかりの幼児であって，行動の自由の前提要件とされる行動の意思が認められないから，本件監禁罪の客体とはならない。と主張する。

　おもうに，監禁罪は，身体，行動の自由を侵害することを内容とする犯罪であって，その客体は自然人に限られるが，右の行動の自由は，その前提として行動の意思ないし能力を有することを必要とし，その意思，能力のない者は，監禁罪の客体とはなりえないと解する説が有力にとなえられている。

　たしかに，監禁罪がその法益とされている行動の自由は，自然人における任意に行動しうる者のみについて存在するものと解すべきであるから，全然任意的な行動をなしえない者，例えば，生後間もない嬰児の如きは監禁罪の客体となりえないことは多く異論のないところであろう。しかしながら，それが自然的，事実的意味において任意に行動しうる者である以上，その者が，たとえ法的に責任能力や行動能力はもちろん，幼児のような意思能力を欠如しているものである場合も，なお，監禁罪の保護に値すべき客体となりうるものと解することが，立法の趣旨に適し合理的というべきである。

　これを本件についてみるに，前掲各証拠を総合すると，被害者Bは，本件

⇒ *85・86*

犯行当時,生後約1年7月を経たばかりの幼児であるから,法的にみて意思能力さえも有していなかったものと推認しうるのであるが,自力で,任意に座敷を這いまわったり,壁,窓等を支えにして立ち上り,歩きまわったりすることができた事実は十分に認められるのである。されば,同児は,その当時,意思能力の有無とはかかわりなく,前記のように,自然的,事実的意味における任意的な歩行等をなしうる行動力を有していたものと認めるべきであるから,本件監禁罪の客体としての適格性を優にそなえていたものと解するのが相当である。そして,その際同児は,被告人の行為に対し,畏怖ないし嫌忌の情を示していたとは認められないけれども,同児が本件犯罪の被害意識を有していたか否かは,その犯罪の成立に毫も妨げとなるものではない。」

85 偽計による監禁
最決昭和33年3月19日刑集12巻4号636頁

【事案】 被告人Xは,接客婦として雇い入れたV女が逃走したため,同女をX宅まで連れ戻そうと企て,A地点でVの母が入院中のH病院へ連れてゆくと誤信させ,あらかじめX宅まで直行するよういいふくめて雇ったY運転のタクシーに乗せた。タクシーはB地点までの約12キロメートルを時速約40キロメートルで疾走したが,H病院へ行くにはB地点で左折すべきであるのに左折しなかったため,V女は騙されたことに気付き停車を求めた。しかし,Xは,そのままX宅へ直行するよう要求したため,措置に迷ったYが時速約25キロメートルに減速して運行中,V女はB地点から約150メートル離れたC派出所付近で車外に逃げだした。第1審はAからC地点までの監禁罪を認めた。弁護人は,誤信とはいえV女は任意的意思により乗車したのであるから監禁にあたらないと主張して控訴したが,控訴が棄却されたので,さらに上告した。

【決定理由】「刑法220条1項にいう『監禁』とは,人を一定の区域場所から脱出できないようにしてその自由を拘束することをいい,その方法は,必ずしも所論のように暴行又は脅迫による場合のみに限らず,偽計によって被害者の錯誤を利用する場合をも含むものと解するのを相当とする。されば,原判決が右と同旨に出で,第1審判決第三摘示の被告人の所為を不法監禁罪に当たるとしたのはまことに正当である。」

86 欺罔による同意の有効性
広島高判昭和51年9月21日刑月8巻9=10号380頁／判時847・106

【事案】 被告人Xらは,強制性交(強姦)の目的を秘してA女を自動車に乗せ犯行現場まで運行したが,A女は,犯行現場に着くまで被告人Xらの意図に全く気付かず降

車を要求することもなかった。

【判決理由】「被告人らがAあるいはBを自動車に乗せて犯行現場に連行した際、被告人らは自動車を疾走させたほかには同女らが自動車から脱出するのを困難ならしめる方法を講じておらず、また同女らは被告人らの意図に全く気付かず、途中被告人らに対し降車せしめるよう求めたこともないことは所論のとおりであるけれども、およそ監禁罪にいわゆる監禁とは人をして一定の区域外に出ることを不可能またはいちじるしく困難ならしめることをいい、被監禁者が行動の自由を拘束されていれば足り、自己が監禁されていることを意識する必要はないと解するのが相当である。本件において被告人らは同女らを強姦する目的で偽計を用いて自動車に乗車させて疾走したものであり、自動車を疾走させることは、同女らをして容易に自動車から脱出することができないようにしてその自由を拘束するものであって、これは外形的にも社会的にも監禁行為と評価さるべきものであり、これを監禁の実行行為ということを妨げない。被告人らが被害者らの脱出を困難ならしめるような積極的な方法を講じていないとしても、また被害者らが被告人らの意図に気付かず降車を要求していなかったとしても、被告人らの行為が監禁罪に該当することは明らかであり、これを監禁罪に問擬したのは正当であって、原判決には所論のような過誤は存しない。」

[2] 手　段

87　沖合に停泊中の漁船

最判昭和24年12月20日刑集3巻12号2036頁

【判決理由】「被告人は海上沖合に碇泊中の漁船内に同女を閉込めたのであるから陸上の一区画に閉込めた場合と異り上陸しようとすれば岸まで泳ぐより外に方法はないのみならず時刻は深夜の事でもあり、しかも当時強姦による恐怖の念が尚継続していたものと認められないことはない本件の場合において同女が該漁船から脱出することは著しく困難なことであるといわなければならない。しかしてかかる場合は猶刑法にいわゆる『不法に人を監禁した』ものと解するのが相当である。」

⇒ 88・89

88 疾走中のバイクの荷台

最決昭和38年4月18日刑集17巻3号248頁

【事案】 被告人Xは，強制性交（強姦）の目的を秘してA女を第2種原動機付自転車の荷台に乗せて疾走したが，同女は途中これに気付き飛び下りて自宅に逃げ帰った。Xは，なおも暴行を加え目的を遂げようとしたが同女が抵抗したため果たさなかった。なお，同女はこのような辱めを受けたことを苦にして自殺した。第1審はXを監禁致傷で処断した。

【決定理由】「婦女を姦淫する企図の下に自分の運転する第2種原動機付自転車荷台に当該婦女を乗車せしめて1000メートルに余る道路を疾走した所為を以て不法監禁罪に問擬した原判決の維持する第1審判決の判断は，当審もこれを正当として是認する。」

89 脅迫による監禁の事例

東京高判昭和40年6月25日高刑集18巻3号238頁／判夕179・175

【判決理由】「被告人は，原判示のような経緯から嫌がり渋るAを原判示の被告人居室に同行したうえ，同女に対し，原判決の摘示するとおり，同女の変心を執拗に難詰し，軽便カミソリを突きつけて脅し文句をいい，その挙句には同女の頭髪を切断したほか，なお，『俺は刑務所に入ってもこの気持は変らない。どこにかくれても必ず探し出してやってやる』，『俺はてめえの顔を切るといったら必ず切るからな』などと言い，更に，折りたたみの果物ナイフを突きつけて，『俺はこのように用意してあるんだ』といって，脅迫し，同女をして被告人の余りにも激しい言動により，後難を恐れるの余り，その場を脱出しようにもできなくさせて，原判示の時間同女の行動の自由を拘束したことが認められる。所論は，被告人が居室の扉や窓に施錠したといっても，室内からは錠をはずして自由に出られたもので，また，被告人は，その間暫らく眠ったり短時間ではあるが外出しており，同女を終始監視したものではなく，従って当時被告人に同女を監禁する意思はなかったものであると陳弁し，被告人の居室の扉及び窓における施錠の状況が所論のとおりであり，また，被告人がその間眠ったり外出したりしたことがあったことも所論のとおりであるが，当時における被告人の同女に対する言動が前叙のようなものであったことに想いを致せば，所論の情況から直ちに同女の脱出が可能であったと即断するのは早計であり，却って，被告人の同女に対する仕打が前記のように苛烈なものであったため，敢

て施錠や監視を必要としなかったものとさえ言えないことはないのであって，以上のような情況の下において当時被告人に監禁の意思がなかったものとする所論は到底採用することができない。」

■3 略取誘拐罪

[1] 未成年者拐取罪

90 監督者を欺罔し承諾を得て未成年者をつれだした事例

大判大正13年6月19日刑集3巻502頁

【事案】 被告人Xは，A方で雇われているB女の父Cを娘Bに別に良い働き口があると欺罔してその承諾を得，A方に赴きB女を連れだしD方に就職させ，給料前借り名下に100円を受取りCに10円を交付し90円を収得した。

【判決理由】 「誘拐罪に於ける誘拐の手段として未成年者の監督者を欺き利害判断を誤らしめ監督者をして未成年者を自己の支配内に移すことを承諾せしめ之を利用して未成年者を自己の支配内に移し之に対する監督権を侵害するに至るときは誘拐罪を成立せしむるものとす本件被告か監督者たるCを欺き未成年者B等を被告の支配内に委することを承諾せしめB等の雇主より同人等の引取方を委任せしめたるは所謂誘拐の手段に過きす又被告か該委任を利用し未成年者B等を被告の支配内に移し又は移さんとしBを承諾以外の場所に誘出したるか如きは不法にCの監督権を侵害し又は侵害せんとしたるものとすされは被告かCを欺き其の瑕疵ある承諾を利用して為したる原判示の第一第二の行為か原判示の如く誘拐罪を構成すること当然にして論旨は理由なし」

91 監督者も未成年者拐取罪の告訴権者たりうるとした事例

福岡高判昭和31年4月14日裁特3巻8号409頁

【判決理由】 「論旨は，原判決には，判示第二の誘拐の事実について，告訴権者の告訴なくして審理裁判をした違法があるというにある。しかし，およそ，未成年者誘拐罪の保護法益は，被誘拐者である未成年者の自由のみでなく，両親，後見人等の監護者又はこれに代り未成年者に対し，事実上の監護権を有する監督者などの監護権にあるのであって，未成年者を誘惑して，叙上の監護権を有する者の監督関係を離脱せしめ，不法に自己の実力的支配の下に置くこと

は，当然に監督者の監護権に対する侵害ということができるから，かかる監督者は告訴権を有するものと解すべきところ，本件において，未成年者Aこと，Bを従前から養育，保護して来たCは，まさに同人に対し監護権を有する監督者に該当し，被告人のAを誘拐した行為によりその監護権を侵害された者として，告訴権を有するものと認めるを相当とする。」

「原判決に挙示の関係証拠に徴すると，被告人が判示Aに対し，Dをして判示のごとく申向けしめて誘惑し，被告人方に来ることを承諾させて，同女を連行したことを認め得られないことはなく，少くとも，甘言により右Aをして，被告人方に来れば，着物も着せて貰え，貯金もできて，良い働き口であるごとく思い込ましめ，その判断を誤らしめたのみならず，監督者であるCに無断で，その意思に反し，Aをその保護されている生活環境から離脱せしめて被告人の事実的支配内に移したことを肯認するに充分であり，右認定を妨げる資料は記録上見当らない。しかも，前点に説示のように，未成年者誘拐罪においては，監督者の監護権も同罪の保護客体であることからして，被監督者の利益保護の見地における監督者の意思に反して，未成年者を拐引する行為は，たとえ，未成年者の同意があっても，その同意は該行為の違法性を阻却するものでないと解すべきであるから，仮にAの判断を誤らしめた甘言の内容が判示のごときものでなかったとしても，このことは本件誘拐罪の成否に消長を来たすものでないことは自ら明白であり，ひっきょう判示事実の認定を否定すべき事由を見出すことはできない。」

92 共同親権者である父による拐取

最決平成17年12月6日刑集59巻10号1901頁／判時1927・156，判タ1207・147
（百選Ⅱ12，重判平17刑7）

【決定理由】 「1 原判決及びその是認する第1審判決並びに記録によれば，本件の事実関係は以下のとおりであると認められる。

(1) 被告人は，別居中の妻であるBが養育している長男C（当時2歳）を連れ去ることを企て，平成14年11月22日午後3時45分ころ，青森県八戸市内の保育園の南側歩道上において，Bの母であるDに連れられて帰宅しようとしていたCを抱きかかえて，同所付近に駐車中の普通乗用自動車にCを同乗させた上，同車を発進させてCを連れ去り，Cを自分の支配下に置いた。

(2) 上記連れ去り行為の態様は，Cが通う保育園へBに代わって迎えに来たDが，自分の自動車にCを乗せる準備をしているすきをついて，被告人が，Cに向かって駆

⇒ 92

け寄り，背後から自らの両手を両わきに入れてＣを持ち上げ，抱きかかえて，あらかじめドアロックをせず，エンジンも作動させたまま停車させていた被告人の自動車まで全力で疾走し，Ｃを抱えたまま運転席に乗り込み，ドアをロックしてから，Ｃを助手席に座らせ，Ｄが，同車の運転席の外側に立ち，運転席のドアノブをつかんで開けようとしたり，窓ガラスを手でたたいて制止するのも意に介さず，自車を発進させて走り去ったというものである。

被告人は，同日午後10時20分ころ，青森県東津軽郡平内町内の付近に民家等のない林道上において，Ｃと共に車内にいるところを警察官に発見され，通常逮捕された。

(3) 被告人が上記行為に及んだ経緯は次のとおりである。

被告人は，Ｂとの間にＣが生まれたことから婚姻し，東京都内で3人で生活していたが，平成13年9月15日，Ｂと口論した際，被告人が暴力を振るうなどしたことから，Ｂは，Ｃを連れて青森県八戸市内のＢの実家に身を寄せ，これ以降，被告人と別居し，自分の両親及びＣと共に実家で暮らすようになった。被告人は，Ｃと会うこともままならないことから，ＣをＢの下から奪い，自分の支配下に置いて監護養育しようと企て，自宅のある東京からＣらの生活する八戸に出向き，本件行為に及んだ。

なお，被告人は，平成14年8月にも，知人の女性にＣの身内を装わせて上記保育園からＣを連れ出させ，ホテルを転々とするなどした末，9日後に沖縄県下において未成年者略取の被疑者として逮捕されるまでの間，Ｃを自分の支配下に置いたことがある。

(4) Ｂは，被告人を相手方として，夫婦関係調整の調停や離婚訴訟を提起し，係争中であったが，本件当時，Ｃに対する被告人の親権ないし監護権について，これを制約するような法的処分は行われていなかった。

2 以上の事実関係によれば，被告人は，Ｃの共同親権者の1人であるＢの実家においてＢ及びその両親に監護養育されて平穏に生活していたＣを，祖母のＤに伴われて保育園から帰宅する途中に前記のような態様で有形力を用いて連れ去り，保護されている環境から引き離して自分の事実的支配下に置いたのであるから，その行為が未成年者略取罪の構成要件に該当することは明らかであり，被告人が親権者の1人であることは，その行為の違法性が例外的に阻却されるかどうかの判断において考慮されるべき事情であると解される（最高裁平成14年(あ)第805号同15年3月18日第二小法廷決定・刑集57巻3号371頁参照）。

本件において，被告人は，離婚係争中の他方親権者であるＢの下からＣを奪取して自分の手元に置こうとしたものであって，そのような行動に出ることにつき，Ｃの監護養育上それが現に必要とされるような特段の事情は認められ

⇒ 93・94

ないから，その行為は，親権者によるものであるとしても，正当なものということはできない。また，本件の行為態様が粗暴で強引なものであること，Cが自分の生活環境についての判断・選択の能力が備わっていない2歳の幼児であること，その年齢上，常時監護養育が必要とされるのに，略取後の監護養育について確たる見通しがあったとも認め難いことなどに徴すると，家族間における行為として社会通念上許容され得る枠内にとどまるものと評することもできない。以上によれば，本件行為につき，違法性が阻却されるべき事情は認められないのであり，未成年者略取罪の成立を認めた原判断は，正当である。」

[2] 営 利 目 的

93 営利目的が肯定された事例

最決昭和37年11月21日刑集16巻11号1570頁

【事案】 被告人Xは，ストリップ劇団の経営者Yから，ストリッパーになる女を連れてくれば将来ストリップ劇団を持てるよう援助してやるといわれたため，未成年の女子A，Bを欺罔して福岡から大阪へとつれだしてYに引き渡し，謝礼金を含め旅費等の名下に14000円を受領した。

【決定理由】「刑法225条所定の営利誘拐罪にいわゆる『営利の目的』とは，誘拐行為によって財産上の利益を得ることを動機とする場合をいうものであり，その利益は，必ずしも被誘拐者自身の負担によって得られるものに限らず，誘拐行為に対して第三者から報酬として受ける財産上の利益をも包含するものと解するを相当とする。」

94 身代金目的が営利目的にあたるとされた事例

東京高判昭和31年9月27日高刑集9巻9号1044頁／判時90・7，判タ63・62

【判決理由】「未成年者に対する誘拐行為であっても，それが営利の目的に出たものであるときは，刑法第224条を適用すべきではなく，同法第225条によって処断すべきことは右各法条の文理上明らかであるのみならず，その立法趣旨に照らしてもまた疑を容れる余地がないから，本件の被害者たる原判示Aは未成年者ではあるが，もし被告人に営利の目的があったならば，その所為は単なる未成年者誘拐罪ではなく，刑法第225条所定の営利誘拐罪が成立するものといわなければならないのである。換言すれば，本件被告人に営利の目的が

あったと認められるかどうかという点が，問題を解決するに最も重要な焦点になるわけである。そこで，刑法第225条にいわゆる『営利の目的』というのはいかなる意味であるかという点について考えてみると，誘拐罪の保護法益は人の自由であることは刑法における同罪に関する規定の地位と，その規定の内容に照らして明白であるから，刑罰加重の要件である『営利の目的』という観念を定めるに当ってもまた右の立法趣旨にそうように解釈しなければならないのは当然である。ところで，刑法が営利の目的に出た誘拐を，他の動機に基くそれよりも，とくに重く処罪しようとする理由は，原判決も詳細に判示しているが，要するに営利の目的に出た誘拐行為は，その性質上他の動機に基く場合よりも，ややもすれば被誘拐者の自由に対する侵害が一層増大される虞があるためであって，とくに被誘拐者その他の者の財産上の利益に対する侵害を顧慮したためではないと認められるから，刑法第225条にいわゆる『営利の目的』とは，ひろく自己又は第三者のために財産上の利益を得ることを行為の動機としている場合の総てをいうものではなく，被誘拐者を利用し，その自由の侵害を手段として，自己又は第三者のために財産上の利益を得ようとする場合に限るものと解すべく，ただそれは被誘拐者を利用するものである限り，必ずしも誘拐行為自体によって利益を取得する場合に限らず，誘拐行為後の或行為の結果，これを取得する場合をも包含するものと解するのを相当とする。

　よって，進んで，本件被告人に，果して右に述べたような営利の目的があったかどうかという点について審究すると，原判決が証拠に基いて認定した被告人の所為は，要するに，釈放の代償，即ち，身代金を得る目的を以て原判示Aを誘拐したというのであるが，かように釈放の代償を得るために人を誘拐するのは財産上の利益を得るために，被誘拐者の身体を自己の支配下に置き，その自由を制限するものに他ならないから，それはとりもなおさず被誘拐者を利用して自己の財産上の利益を得ようとするものであって，刑法第225条にいうところの営利の目的を以て人を誘拐したというのに該当するものといわなければならない。原判決は同条にいわゆる営利の目的という観念をひろく解し，『自己又は第三者のために財産上の利益を得ることを行為の動機としている場合はその利益を取得する手段，方法については何等の制限はない』という前提に立ち，『被誘拐者の身体を直接利用しようとする場合であると，そうでない場合とによって差異を生ずるものではない。』と説明したうえ，被告人を営利

⇒ 95

誘拐罪に問擬しているが，営利誘拐罪における『営利の目的』とはさようにひろく解すべきものではないことは，さきに，判示したとおりであるから，この点に関する原判決の見解は必ずしも正当であるということはできないけれども，本件被告人の誘拐行為は，右に説明したとおりの理由により刑法第225条所定の営利誘拐罪に該当するものであるから，同法条の規定を適用処断した原判決の法令の適用は結局において正当に帰するものというべく，原判決には所論のような法令適用の誤りは存しないといわなければならない。」

[3] 安否を憂慮する者の意義

95　安否を憂慮する者にあたらないとされた事例

大阪地判昭和51年10月25日刑月8巻9＝10号435頁／判時857・124，判タ347・307

【事案】　被告人Xほか3名は，身代金目的でパチンコ店の経営者Aを略取し，同店の従業員（常務取締役）Bに対し身代金を要求し，Bから現金1130万円，小切手2通（額面合計1200万円）の交付を受けた。検察官は，身代金目的拐取罪で起訴したが，大阪地裁は，営利目的拐取罪およびBに対する恐喝罪が成立するとした。

【判決理由】　「『近親其他拐取者の安否を憂慮する者』とは必ずしも明確な概念ではない。例示として挙示されている『近親』とは直系血族，配偶者，兄弟姉妹を含むことはいうまでもないが，『親族』という概念より狭い意味を持つことも明らかである。そして，昭和39年法律124号により新設された本条は，犯人が被拐取者と特別な人間関係にある者の憂慮という，いわば通常抵抗不可能な窮状に乗じて財物を得ようとする犯人の心情にはいささかも同情すべきものがないから，この種の犯人を無期又は3年以上の懲役刑をもって厳重に処罰する趣旨で制定されたものであることを考えるならば，『近親』ではない『其他被拐取者の安否を憂慮する者』とは，被拐取者との間の特別な人間関係が存在するため，被拐取者の生命，身体又は自由に対する危険を近親者と同程度に親身になって心配する者，さらに詳言するならば，被拐取者の生命，身体又は自由に対する危険を回避するためにはいかなる財産的犠牲をもいとわない，被拐取者の危険と財産的な犠牲をはかりにかけるまでもなく危険の回避を選択すると通常考えられる程度の特別な人間関係を指すものと解すべきである。したがって，単に被拐取者或いは近親者等の苦境に同情する心情から心配する者に

すぎない者は，『被拐取者の安否を憂慮する者』には該当しない。これを本件についてみるに，前掲関係証拠によると，Bは，被拐取者であるAが代表取締役をしている株式会社K（パチンコ店「L」を営む）の常務取締役であるとともに，同人の個人営業であるパチンコ等店『M』の管理責任者の地位にあり，Aが代表取締役として，又営業主として全権限を掌握し，Bは両会館における現場営業面の最高責任者としてAのいわば片腕的な立場にあり，この関係は10年余も継続し，互いに他を必要としていたことが認められるものの，所詮は互いに必要とする範囲で結合された人間関係であり，その中心は従業員と雇主という経済的利害に基づく結合関係にすぎず，現に，前掲証拠によると，Bは本件の被害者としての立場にあったが，被告人Xの能力を惜しみ，その人柄を愛し，AがBを退職のやむなきに至らしめたことについてAを非難し，パチンコ業界における従業員の地位が弱いことを主張したことなどから，本件後Aと不仲になり，同人から本件犯行に加担したものである旨のあらぬ言辞を投げかけられて退職のやむなきに至っているものであり，到底前記法条にいう『被拐取者の安否を憂慮する者』とはいいがたい。」

96 安否を憂慮する者にあたるとされた事例

最決昭和62年3月24日刑集41巻2号173頁／判時1229・155, 判夕639・135
（百選Ⅱ13, 重判昭62刑4）

【事案】 被告人Xは，S相互銀行社長Aを身代金目的で拐取し，同銀行の専務取締役B他の銀行幹部に対し身代金3億円を要求したが，警察に潜伏場所を発見され身代金を獲得するには至らなかった。佐賀地裁は，刑法225条ノ2にいう「安否を憂慮する者」とは「被拐取者と近しい親族関係その他これに準ずる特殊な人的関係があるため被拐取者の生命又は身体に対する危険を親身になって心配する立場にある者をいい，近親以外であっても，被拐取者ととくに親近な関係があり，被拐取者の生命，身体の危険をわがことのように心痛し，その無事帰還を心から希求するような立場にあればここに含まれる」として，B他の銀行幹部も「安否を憂慮する者」にあたるとし，控訴審である福岡高裁もこの判断を是認した。

【決定理由】「刑法225条の2にいう『近親其他被拐取者の安否を憂慮する者』には，単なる同情から被拐取者の安否を気づかうにすぎないとみられる第三者は含まれないが，被拐取者の近親でなくとも，被拐取者の安否を親身になって憂慮するのが社会通念上当然とみられる特別な関係にある者はこれに含まれるものと解するのが相当である。本件のように，相互銀行の代表取締役社長が拐

⇒ 97

取された場合における同銀行幹部らは，被拐取者の安否を親身になって憂慮するのが社会通念上当然とみられる特別な関係にある者に当たるというべきであるから，本件銀行の幹部らが同条にいう『近親其他被拐取者の安否を憂慮する者』に当たるとした原判断の結論は正当である。」

97 安否を憂慮する者にあたるとされた事例——富士銀行事件

東京地判平成 4 年 6 月 19 日判タ 806 号 227 頁

【事案】 被告人らは，F 銀行の頭取 H から身代金を取得しようと企て，帰宅途中の同銀行行員 A を拉致・監禁した上，頭取 H に対し電話で身代金 3 億円を要求した。

【判決理由】「刑法 225 条の 2 にいう『其他被拐取者の安否を憂慮する者』には，単なる同情から被拐取者の安否を気づかうに過ぎない者は含まれないものの，近親以外で被拐取者の安否を親身になって憂慮するのが社会通念上当然と見られる特別な関係にある者はこれに含まれると解されるところ（最高裁判所昭和 62 年 3 月 24 日決定・刑集 41 巻 2 号 173 頁参照），この特別な関係にあるかどうかは，被拐取者との個人的交際関係を離れ，社会通念に従って客観的類型的に判断すべきであり，そのような特別の関係にある以上，近親に準ずるような者でなくても『安否を憂慮する者』に当たるものと解される。

　そこで本件についてみると，確かに，みのしろ金要求の相手方 H と被拐取者 A との間に個人的交際関係は全くなく，両者の関係は都市銀行の代表取締役頭取と一般行員というに過ぎない。しかし，我が国の会社組織においては，多少社会的流動性が高まってきているとはいえ，大企業を中心に終身雇用制が広く認められ，会社側が社員らの福利厚生を含め，その生活全般を保護しようとする関係にあることが認められる。このような社会的背景事情等もあって，大企業の社員が誘拐され犯人が会社側にみのしろ金を要求した場合，代表取締役は，社員が安全に解放されることを切に願い，無事に解放されるのであれば，みのしろ金がたとえ高額なものであっても，会社を代表して交付するものと社会一般に考えられている。現に，前掲各証拠によれば，本件においても，A が誘拐されたことが判明した後，H から F 銀行の部下に対して，A が無事救出されることを最優先に考えるよう指示が出され，それに従って直ちにみのしろ金 3 億円が用意されたこと，他方，被告人らも銀行側が当然みのしろ金を出すものと考えて本件犯行を計画し，行動していたことが認められるが，これらの事実も前記のような社会一般の考えを裏付けるものである。

以上のような理由により，誘拐された者が一般行員であっても，都市銀行の代表取締役はその行員の安否を親身になって憂慮するのが社会通念上当然と見られる特別な関係にあるものと認められる。」

[4] 国外移送略取罪

98 親権者による国外移送略取が認められた事例
最決平成 15 年 3 月 18 日刑集 57 巻 3 号 371 頁／判時 1830・150，判夕 1127・121

【決定理由】「原判決が是認する第 1 審判決の認定によると，オランダ国籍で日本人の妻と婚姻していた被告人が，平成 12 年 9 月 25 日午前 3 時 15 分ころ，別居中の妻が監護養育していた 2 人の間の長女（当時 2 歳 4 か月）を，オランダに連れ去る目的で，長女が妻に付き添われて入院していた山梨県南巨摩郡 A 町内の病院のベッド上から，両足を引っ張って逆さにつり上げ，脇に抱えて連れ去り，あらかじめ止めておいた自動車に乗せて発進させたというのである。

以上の事実関係によれば，被告人は，共同親権者の 1 人である別居中の妻のもとで平穏に暮らしていた長女を，外国に連れ去る目的で，入院中の病院から有形力を用いて連れ出し，保護されている環境から引き離して自分の事実的支配下に置いたのであるから，被告人の行為が国外移送略取罪に当たることは明らかである。そして，その態様も悪質であって，被告人が親権者の 1 人であり，長女を自分の母国に連れ帰ろうとしたものであることを考慮しても，違法性が阻却されるような例外的な場合に当たらないから，国外移送略取罪の成立を認めた原判断は，正当である。」

■ 4 強制性交等罪

99 夫婦間の強制性交
東京高判平成 19 年 9 月 26 日判夕 1268 号 345 頁

【事案】　被告人は，その妻である A（当時 28 歳）とは別居状態にあり，離婚を前提とする家事調停手続中であるなど婚姻関係が実質的に破綻した状態であったところ，平成 19 年 1 月 28 日午前 8 時 40 分ころ，千葉市中央区所在の当時の被告人方において，同

⇒ 99

女を強いて性交しようと企て，同女に対し，被告人との性交に応じなければ，同女が勤務先から解雇されるように仕向ける旨申し向けて脅迫し，同女を床に押し倒すなどの暴行を加え，その反抗を抑圧して，強いて同女を姦淫した。原判決が強姦罪の成立を肯定したのに対して，弁護人が，夫婦間では強姦罪は成立しないと主張して控訴したが，本判決は，以下のように述べて強姦罪の成立を肯定した。

【判決理由】「法律上の夫が，妻に暴行脅迫を加えて，姦淫した事案に，強姦罪が成立するかについて，学説上争いがあり，無条件にこれを肯定する説，無条件にこれを否定する説（所論は，これによっている。），夫婦が実質的に破綻している場合にこれを肯定する説が存在する。そこで検討するに，強姦罪の構成要件は，その対象を『女子』と規定しているだけであり，婚姻関係にある女子を特に除外していない。しかるに，無条件でこれを除外して強姦罪の成立を認める説は，構成要件の解釈としては無理がある。そこで，婚姻中の夫婦は，互いに性交渉を求め，かつ，これに応ずべき関係にあることから，夫の妻に対する性交を求める権利の行使として常に違法性が阻却されると解することも考えられる。しかし，かかる権利が存在するとしても，それを実現する方法が社会通念上一般に認容すべきものと認められる程度を超える場合には，違法性を阻却しないと解される。そして，暴行・脅迫を伴なう場合は，適法な権利行使とは認められず，強姦罪が成立するというべきである。いかなる男女関係においても，性行為を暴行脅迫により強制できるものではなく，そのことは，女性の自己決定権を保護するという観点からも重要である。いわゆるDVの実態がある場合には強姦罪の成立も視野に入れなければならない。もっとも，こう解すると，通常の婚姻関係が維持されているなかで，例えば，偶々妻が気が乗らないという理由だけで性行為を拒否したときにも，夫に刑が重い強姦罪が成立することになり，刑法の謙抑性の観点から問題があるという批判もあり得ようが，そのような場合に，そのことが妻から訴えられるということも考えにくく，あくまで理論的な問題にとどまるともいえる。

ところで，本件においては，前記のように，被告人と被害者とは別居し，子供は被害者が養育し，被告人が養育費を月額で支払うことなどを定める調停が成立しており，さらに，同調停成立以降，被害者は，被告人と歩み寄る努力をし，別居を継続しながらも，時々は，被告人宅に泊まり，嫌々ながらも性交渉に応じたものの，少なくとも，平成19年1月には，被告人との離婚の意思を

⇒ 100

以前にも増して強く持ち，再度調停を申し立て，同月21日には，被告人に対して，離婚する意思をきちんと伝えたこと，被告人も，被害者の態度から，被害者と寄りを戻すことは難しいことに気付き，調停の第1回期日で，離婚を成立させてもやむを得ないと考えるに至っていることなどの客観的な事情もある。すなわち，被告人と被害者との婚姻関係は，本件当時，実質的に破綻していたことが客観的にも認められる。ことに，同調停の成立により，夫婦の間での同居の義務はなくなったから，その後の事情もあわせ考慮すれば，本件当時においては，夫として別居している妻に対して性交を求める権利もなくなったというべきである。そうすると，権利行使を理由とする違法性阻却の余地はなく，強姦罪が成立するという説明も可能である。本件は，実質的な破綻状態を要件とする説によっても，強姦罪が成立することになる。」

■5 強制わいせつ罪

100 報復目的と強制わいせつ罪の成否

最判昭和45年1月29日刑集24巻1号1頁／判時583・88，判タ244・230

(百選Ⅱ14) ⇒総論 36

【判決理由】「刑法176条前段のいわゆる強制わいせつ罪が成立するためには，その行為が犯人の性欲を刺戟興奮させまたは満足させるという性的意図のもとに行なわれることを要し，婦女を脅迫し裸にして撮影する行為であっても，これが専らその婦女に報復し，または，これを侮辱し，虐待する目的に出たときは，強要罪その他の罪を構成するのは格別，強制わいせつの罪は成立しないものというべきである。本件第1審判決は，被告人は，内妻Aが本件被害者Bの手引により東京方面に逃げたものと信じ，これを詰問すべく判示日時，判示アパート内の自室にBを呼び出し，同所で右Aと共にBに対し『よくも俺を騙したな，俺は東京の病院に行っていたけれど何もかも捨ててあんたに仕返しに来た。硫酸もある。お前の顔に硫酸をかければ醜くなる。』……と申し向けるなどして，約2時間にわたり右Bを脅迫し，同女が許しを請うのに対し同女の裸体写真を撮ってその仕返しをしようと考え，『5分間裸で立っておれ。』と申し向け，畏怖している同女をして裸体にさせてこれを写真撮影したとの事

⇒ *101*

実を認定し，これを刑法 176 条前段の強制わいせつ罪にあたると判示し，弁護人の主張に対し，『成程本件は前記判示のとおり報復の目的で行われたものであることが認められるが，強制わいせつ罪の被害法益は，相手の性的自由であり，同罪はこれの侵害を処罰する趣旨である点に鑑みれば，行為者の性欲を興奮，刺戟，満足させる目的に出たことを要する所謂目的犯と解すべきではなく，報復，侮辱のためになされても同罪が成立するものと解するのが相当である』旨判示しているのである。そして，右判決に対する控訴審たる原審の判決もまた，弁護人の法令適用の誤りをいう論旨に対し，『報復侮辱の手段とはいえ，本件のような裸体写真の撮影を行なつた被告人に，その性欲を刺戟興奮させる意図が全くなかったとは俄かに断定し難いものがあるのみならず，たとえかかる目的意思がなかったとしても本罪が成立することは，原判決がその理由中に説示するとおりであるから，論旨は採用することができない。』と判示して，第一審判決の前示判断を是認しているのである。

してみれば，性欲を刺戟興奮させ，または満足させる等の性的意図がなくても強制わいせつ罪が成立するとした第一審判決および原判決は，ともに刑法 176 条の解釈適用を誤つたものである。」

101 従業員として働かせる目的と強制わいせつ罪の成否

東京地判昭和 62 年 9 月 16 日判時 1294 号 143 頁／判タ 670・254

⇒総論 *37*

【判決理由】「たしかに，本件犯行の際，被告人には，右 A を全裸にしその姿態を写真撮影することによって，同女を被告人が営む女性下着販売業の従業員として働かせようという目的があったことは一応肯認することができる。

しかし一方，前掲『証拠の標目』挙示の各証拠を総合検討すれば，被告人が，右のように右 A を働かせるという目的とともに，同女に対する強制わいせつの意図をも有して本件犯行に及んだことも十分肯認できるというべきである。すなわち，右各証拠によれば，

1　右 A からすれば，初めて訪れたマンションの一室において，見ず知らずの男性の前で全裸にされ，その写真を撮られることは，若い未婚の女性としてこの上ない性的羞恥心を覚えるものであること

2　被告人は，右写真を自らの手で保管しておくときは，第三者に手渡し，その性的興味の対象として眺めさせることもでき，その意味で右 A の弱味を

握った立場に立つことができること
　3　被告人は，右Aがそのような性的羞恥心を覚えるであろうことを十分認識していたのみならず，むしろそれを利用することによって，同女を被告人の意のままに従業員として働かせようと企んだものであること
　4　そのためには，逆に言えば，被告人は右Aをして被告人自身が男性の1人として性的に刺激，興奮するような状態，すなわち全裸のような状態にしなければならず（なお，被告人としても同女の裸につき性的な興味がないわけでなかった旨，捜査段階において自認している。），かつ，その撮影する写真も被告人自身が性的に興味を覚えるようなものでなければならなかったこと
などが認められる。してみると右Aを全裸にしてその写真を撮る行為は，本件においては，同女を男性の性的興味の対象として扱い，同女に性的羞恥心を与えるという明らかに性的に意味のある行為，すなわちわいせつ行為であり，かつ，被告人は，そのようなわいせつ行為であることを認識しながら，換言すれば，自らを男性として性的に刺激，興奮させる性的意味を有した行為であることを認識しながら，あえてそのような行為をしようと企て，判示暴行に及んだものであることを優に認めることができる。
　したがって，被告人の本件所為が強制わいせつ致傷罪に当たることは明らかである。」

102　性的意図の要否

最大判平成29年11月29日刑集71巻9号467頁
⇒総論38

【判決理由】「1　弁護人A，同Bの各上告趣意，同Cの上告趣意のうち最高裁昭和43年（あ）第95号同45年1月29日第一小法廷判決・刑集24巻1号1頁（以下「昭和45年判例」という。）を引用して判例違反，法令違反をいう点について
　⑴　第1審判決判示第1の1の犯罪事実の要旨は，『被告人は，被害者が13歳未満の女子であることを知りながら，被害者に対し，被告人の陰茎を触らせ，口にくわえさせ，被害者の陰部を触るなどのわいせつな行為をした。』というものである。
　原判決は，自己の性欲を刺激興奮させ，満足させる意図はなく，金銭目的であったという被告人の弁解が排斥できず，被告人に性的意図があったと認定するには合理的な疑いが残るとした第1審判決の事実認定を是認した上で，客観的に被害者の性的自由を侵害する行為がなされ，行為者がその旨認識していれば，強制わいせつ罪が成立し，行為者の性的意図の有無は同罪の成立に影響を及ぼすものではないとして，昭和45年判例

⇒ *102*

を現時点において維持するのは相当でないと説示し，上記第1の1の犯罪事実を認定した第1審判決を是認した。

(2) 所論は，原判決が，平成29年法律第72号による改正前の刑法176条（以下単に「刑法176条」という。）の解釈適用を誤り，強制わいせつ罪が成立するためには，その行為が犯人の性欲を刺激興奮させ又は満足させるという性的意図のもとに行われることを要するとした昭和45年判例と相反する判断をしたと主張するので，この点について，検討する。

(3) 昭和45年判例は，被害者の裸体写真を撮って仕返しをしようとの考えで，脅迫により畏怖している被害者を裸体にさせて写真撮影をしたとの事実につき，平成7年法律第91号による改正前の刑法176条前段の強制わいせつ罪に当たるとした第1審判決を是認した原判決に対する上告事件において，『刑法176条前段のいわゆる強制わいせつ罪が成立するためには，その行為が犯人の性欲を刺戟興奮させまたは満足させるという性的意図のもとに行なわれることを要し，婦女を脅迫し裸にして撮影する行為であっても，これが専らその婦女に報復し，または，これを侮辱し，虐待する目的に出たときは，強要罪その他の罪を構成するのは格別，強制わいせつの罪は成立しないものというべきである』と判示し，『性欲を刺戟興奮させ，または満足させる等の性的意図がなくても強制わいせつ罪が成立するとした第1審判決および原判決は，ともに刑法176条の解釈適用を誤ったものである』として，原判決を破棄したものである。

(4) しかしながら，昭和45年判例の示した上記解釈は維持し難いというべきである。

ア 現行刑法が制定されてから現在に至るまで，法文上強制わいせつ罪の成立要件として性的意図といった故意以外の行為者の主観的事情を求める趣旨の文言が規定されたことはなく，強制わいせつ罪について，行為者自身の性欲を刺激興奮させたか否かは何ら同罪の成立に影響を及ぼすものではないとの有力見解も従前から主張されていた。これに対し，昭和45年判例は，強制わいせつ罪の成立に性的意図を要するとし，性的意図がない場合には，強要罪等の成立があり得る旨判示しているところ，性的意図の有無によって，強制わいせつ罪（当時の法定刑は6月以上7年以下の懲役）が成立するか，法定刑の軽い強要罪（法定刑は3年以下の懲役）等が成立するにとどまるかの結論を異にすべき理由を明らかにしていない。また，同判例は，強制わいせつ罪の加重類型と解される強姦罪の成立には故意以外の行為者の主観的事情を要しないと一貫して解されてきたこととの整合性に関する説明も特段付していない。

元来，性的な被害に係る犯罪規定あるいはその解釈には，社会の受け止め方を踏まえなければ，処罰対象を適切に決することができないという特質があると考えられる。諸外国においても，昭和45年（1970年）以降，性的な被害に係る犯罪規定の改正が各国の実情に応じて行われており，我が国の昭和45年当時の学説に影響を与えていたと指摘されることがあるドイツにおいても，累次の法改正により，既に構成要件の基本部分

が改められるなどしている。こうした立法の動きは，性的な被害に係る犯罪規定がその時代の各国における性的な被害の実態とそれに対する社会の意識の変化に対応していることを示すものといえる。

　これらのことからすると，昭和45年判例は，その当時の社会の受け止め方などを考慮しつつ，強制わいせつ罪の処罰範囲を画するものとして，同罪の成立要件として，行為の性質及び内容にかかわらず，犯人の性欲を刺激興奮させ又は満足させるという性的意図のもとに行われることを一律に求めたものと理解できるが，その解釈を確として揺るぎないものとみることはできない。

　イ　そして，『刑法等の一部を改正する法律』（平成16年法律第156号）は，性的な被害に係る犯罪に対する国民の規範意識に合致させるため，強制わいせつ罪の法定刑を6月以上7年以下の懲役から6月以上10年以下の懲役に引き上げ，強姦罪の法定刑を2年以上の有期懲役から3年以上の有期懲役に引き上げるなどし，『刑法の一部を改正する法律』（平成29年法律第72号）は，性的な被害に係る犯罪の実情等に鑑み，事案の実態に即した対処を可能とするため，それまで強制わいせつ罪による処罰対象とされてきた行為の一部を強姦罪とされてきた行為と併せ，男女いずれもが，その行為の客体あるいは主体となり得るとされる強制性交等罪を新設するとともに，その法定刑を5年以上の有期懲役に引き上げたほか，監護者わいせつ罪及び監護者性交等罪を新設するなどしている。これらの法改正が，性的な被害に係る犯罪やその被害の実態に対する社会の一般的な受け止め方の変化を反映したものであることは明らかである。

　ウ　以上を踏まえると，今日では，強制わいせつ罪の成立要件の解釈をするに当たっては，被害者の受けた性的な被害の有無やその内容，程度にこそ目を向けるべきであって，行為者の性的意図を同罪の成立要件とする昭和45年判例の解釈は，その正当性を支える実質的な根拠を見いだすことが一層難しくなっているといわざるを得ず，もはや維持し難い。

　(5)　もっとも，刑法176条にいうわいせつな行為と評価されるべき行為の中には，強姦罪に連なる行為のように，行為そのものが持つ性的性質が明確で，当該行為が行われた際の具体的状況等如何にかかわらず当然に性的な意味があると認められるため，直ちにわいせつな行為と評価できる行為がある一方，行為そのものが持つ性的性質が不明確で，当該行為が行われた際の具体的状況等をも考慮に入れなければ当該行為に性的な意味があるかどうかが評価し難いような行為もある。その上，同条の法定刑の重さに照らすと，性的な意味を帯びているとみられる行為の全てが同条にいうわいせつな行為として処罰に値すると評価すべきものではない。そして，いかなる行為に性的な意味があり，同条による処罰に値する行為とみるべきかは，規範的評価として，その時代の性的

⇒ *103*

な被害に係る犯罪に対する社会の一般的な受け止め方を考慮しつつ客観的に判断されるべき事柄であると考えられる。

　そうすると，刑法176条にいうわいせつな行為に当たるか否かの判断を行うためには，行為そのものが持つ性的性質の有無及び程度を十分に踏まえた上で，事案によっては，当該行為が行われた際の具体的状況等の諸般の事情をも総合考慮し，社会通念に照らし，その行為に性的な意味があるといえるか否かや，その性的な意味合いの強さを個別事案に応じた具体的事実関係に基づいて判断せざるを得ないことになる。したがって，そのような個別具体的な事情の一つとして，行為者の目的等の主観的事情を判断要素として考慮すべき場合があり得ることは否定し難い。しかし，そのような場合があるとしても，故意以外の行為者の性的意図を一律に強制わいせつ罪の成立要件とすることは相当でなく，昭和45年判例の解釈は変更されるべきである。

　⑹　そこで，本件についてみると，第1審判決判示第1の1の行為は，当該行為そのものが持つ性的性質が明確な行為であるから，その他の事情を考慮するまでもなく，性的な意味の強い行為として，客観的にわいせつな行為であることが明らかであり，強制わいせつ罪の成立を認めた第1審判決を是認した原判決の結論は相当である。

　以上によれば，刑訴法410条2項により，昭和45年判例を当裁判所の上記見解に反する限度で変更し，原判決を維持するのを相当と認めるから，同判例違反をいう所論は，原判決破棄の理由にならない。なお，このように原判決を維持することは憲法31条等に違反するものではない。」

■6　準強制性交等・準強制わいせつ罪

103　にせ医師が治療行為と称して性交した事例

名古屋地判昭和55年7月28日刑月12巻7号709頁／判時1007・140

【判決理由】「刑法178条にいう『抗拒不能の状態』には，被害者が姦淫行為に対して物理的に抵抗することができない身体的抗拒不能に基づく場合と被害者が姦淫行為に対して心理的に抵抗することができない心理的抗拒不能に基づく場合があるところ，身体的抗拒不能とは，被害者の身体が緊縛されている場

合の如く姦淫行為に対して物理的に抵抗することができないと評価される場合や，身体的機能の傷害などのため被害者が姦淫行為に対して物理的に抵抗することができないと評価される場合をいい，心理的抗拒不能とは，催眠，恐怖，驚愕，錯誤などのため，被害者が姦淫行為自体を認識することが十分に期待できないと評価される場合や，更に進んで被害者が姦淫行為自体を認識できたとしても，自由なる意思のもとに行動する精神的余裕が失われ，被害者が姦淫行為に対して抗拒することが期待できないと評価される場合をいうと解するのが相当である。

　そこで，本件各準強姦の成否につき検討するに，前掲各証拠を総合すると，被告人は，判示の如く，被害者或はその近親者，友人の氏名を確認して，被害者に近づき，巧みに警戒心を解かせて，喫茶店へ誘い込み，同所において自己が医師であると思い込ませ，母親など近親者が性病，梅毒に罹患しているため，被害者もそれが遺伝している虞れが強く，近親者からの依頼で検査が必要であり，しかも公然と検査すれば戸籍に登載されるとか，近親者から特に秘密のうちに検査してほしいと依頼されているなど言葉巧みに虚言を弄して，被害者をして病院以外の場所で被告人の検査を受けるほかないものと思い込ませて，ホテルへ誘い込み，その場で更に医師を装って性病，梅毒の症状等をもっともらしく述べ，被害者に益々誤信の度を深めさせて，性病，梅毒検査の方法，結果などについて虚偽の説明をし，不安にかられた被害者がその検査に同意をせざるをえない心理状態に追い込み，正規の検査方法を装って判示の如く避妊用ゼリーを検査薬と偽ってその膣内に注入し，被害者に対して，同女らが予想もしていなかった，性病，梅毒に罹患しているとの検査結果が出たと告知して，被害者を驚愕，不安の余り冷静な判断力，批判力を欠いた極めて不安定な心理状態に陥れたうえ被害者が被告人を権威ある医師と誤信しその言動に無批判に誘導されてしまう心理状態にあるのに乗じさらにその治療方法は被告人との性交によるほかはないと言葉巧みに申し向けて，前記の如き心理状態にある被害者をして自己の罹患している梅毒をひそかに治すためには被告人の説明どおり被告人との性交による治療を受けるほかないものと誤信させて治療行為に仮装して姦淫するに至ったことが認められる。（なお，医師A作成の鑑定書及び同人の当公判廷における供述によると，同医師は，犯行当時における被害者らは，被暗示性の昂進した精神状態であって，権威ある医師と誤信している被告人の

⇒ *104*

言動に無批判に誘導されてしまう状態であり，催眠状態ではないが，催眠下と類似した意識状態であったと説明する。）

　叙上の認定によれば，被害者は，被告人を権威ある医師と誤信し，被害者の心理状態に即応した被告人の極めて効果的な言動により，驚愕，不安の余り冷静な判断力，批判力を欠いた極めて不安定な心理状態に陥られ，当時の状況からして自由なる意思のもとに行動する精神的余裕を失い，被告人の説明するとおり被告人との性交による治療を受けるほかないものと誤信し，姦淫行為を拒否することは期待できない状態，即ち心理的に刑法178条にいう『抗拒不能の状態』にあったものといわざるをえない。」

104　モデルになるために必要と誤信させてわいせつ行為をした事例

東京高判昭和56年1月27日刑月13巻1＝2号50頁

【判決理由】「同条にいわゆる『抗拒不能』とは心神喪失以外の意味において社会一般の常識に照らし，当該具体的事情の下で身体的または心理的に反抗の不能または著しく困難と認められる状態をいい，暴行及び脅迫による場合を除きその発生原因を問わないところ，さきに抗拒不能に関する事実誤認の所論について判断したとおり，その際認定した諸事実すなわち被告人は相当額の入会金を支払って所属契約を結びモデルとして売り出してもらうことを志望していた被害者らについて，その希望を実現させることのできる当該プロダクションの実質的経営者の地位にあったという被告人と被害者らとの地位関係，被害者らの若い年齢や社会経験の程度，被告人の言うことを信じそれに応じなければモデルとして売り出してもらえないと考えた被害者らの誤信状況などを総合すれば，社会一般の常識に照らし，被告人の全裸になって写真撮影されることもモデルになるため必要である旨の発言等は被害者らをそのように誤信させ，少くとも心理的に反抗を著しく困難な状態，換言すれば前示抗拒不能に陥らせるに十分であり，その結果被害者らはその状態に陥って全裸になったものであり，また被害者らが全裸になって被告人と2人きりで密室内にいる状態が抗拒不能の状態と解すべきことも重ねていうまでもないところであり，原判決はその判文から明らかなように，これら諸事実の重要部分を全て被告人の所為によるものとして摘示したうえ原判示事実について前法条を適用したものであるから，原判決には法令適用の誤りは認められない。論旨は理由がない。」

105 霊感治療と称して性交した事例

東京地判昭和58年3月1日刑月15巻3号255頁／判時1096・145

【判決理由】「元来刑法177条の強姦罪が，暴行・脅迫により相手方の自由意思を無視して姦淫する行為について規定していることと対比し，規定の位置・法定刑の同一性等に照らし，更には刑法改正作業の進行過程において偽計による姦淫の罪の新設に関し構成要件の定め方や新設そのものの当否を巡って種々の論議が交わされた経過等をも視野に入れながら考察すれば，刑法178条の準強姦罪は，暴行・脅迫以外の方法を手段とするもののうち，実質上これと同程度に相手方の自由意思を無視して姦淫する行為について規定しているものと解するのが相当である。このような観点から，性行為についての承諾がある場合になお準強姦罪が成立するか否かについて考えると，そのような場合には，一般に暴行・脅迫により相手方の自由意思を無視して行われる通常の姦淫の場合に比べ，性的自由に対する侵害の程度が際立って異なっており，仮に性行為を承諾するに至った動機ないし周辺事情に見込み違いがあったとしても，実質的にはるかに軽い程度の被害にとどまっているのが通例であると言わざるを得ないのであるから，それにもかかわらず準強姦罪の成立を認めるためには，そのような承諾があったにもかかわらずなお暴行・脅迫と同程度に相手方の自由意思を無視したものと認めざるを得ない特段の事情の存することが必要と考えられるのである。

　それでは，本件被害者らが右のような承諾をしたのは，被告人からその性器に異常があるとか，それは霊感による前記のような治療によってのみ治すことができるとか告げられたことによって，心理的に抗拒不能ならしめられていたためであると本件証拠上認められるかどうか。確かに被告人の言動の中には，一部，不妊，流産，奇形児出産のおそれなどという内容が含まれていたから，これが被害者に何程かの心理的影響を与えたであろうことは十分考えられる。しかし，同時に以下のような諸事実が認められることを併せ考えると，被告人の行為が被害者らをして抗拒不能ならしめるようなものであったとまでは未だ認めることができない。

　まず，被告人が被害者らに対し性器異常であるとか，自分のマッサージによってのみ治すことができるとか言ったとき，その根拠としたのは，被告人の霊感能力という，所詮，一般的には不可解で，広く信用されるのが通例であると

⇒ *105*

は到底言えない類の事柄であり，したがって，当然のことながら，合理的な説明も明確な根拠の呈示もなく，ただ一方的に結論を言いたてるという以上のものではなかった。霊感能力を実証しているかに装っている点も，少し注意してみれば，被告人が被害者らとの問答の中で，被害者らの態度・表情を読みとって探索的に言う，その言回しの巧みさ故に，被害者らの一部身上等に関してあたかも言い当てているかのごとく感じさせているだけのものと容易に看破できそうな程度のものであったと考えられる。しかも，その前後の情況はと言えば，被害者らにとって被告人は全く通りがかりの素姓不明の人物であって，その言動を信じるのが自然と見られる事情は全く存しなかったし，更に，霊感による治療などと言いながら，行おうとする治療行為の内容は，手指を女性性器に挿入するというような露骨かつ怪しげな方法であり，もとより医療クリニック的な場所・設備を構える等の通常誤信しやすい外観を備えていたというわけでもない。むしろ逆に，治療行為をすると称して被害者らを個室喫茶とかラブホテルとかの，どうみても怪しげなとしか感じられない場所へ同行しようとしながら，そのホテル代のみならず喫茶店代も所持していない手合いであったのである。こうした状況からは，被告人の言動は，通常人の感覚に照らし，いかにも眉つばもの，少なくとも，通常の判断能力を有する成人女性を広く信用させるに足りる力を有するものとは見ることができない。もとより，被害者らは，いつでも被告人のもとから退出し得た拘束のない環境にあったのであり，更に，あわてて被告人に治してもらわなくても，日を改め，他の然るべき医療機関で診断・治療を受ける方法も自由に選び得たのであって，そうしたことをも併せ考えると，右のような被告人の言動は，これにより被害者らが精神的余裕を失わせられ，抗拒不能ならしめられるのが通常と理解されるほどの実質を有する行為であったとは到底考えられない。」

「以上のとおりであって，被告人の本件各行為は，被害者らを抗拒不能ならしめるような性質のものとは認められず，また，現実にも，被告人の働きかけによって被害者らが抗拒不能に陥っていたとは認められないのみならず，性行為について承諾のあった本件につき，それにもかかわらず準強姦罪の成立を認めるべき特段の事情はうかがうことができない。」

■7 強制わいせつ等致死傷罪

106 逮捕を免れるための暴行と強制わいせつ致傷罪
最決平成20年1月22日刑集62巻1号1頁／判時2000・160, 判タ1266・137
(百選Ⅱ15, 重判平20刑7)

【決定理由】「原判決及びその是認する第1審判決の認定によれば, 被告人は, 深夜, 被害者宅に侵入し, 就寝中の被害者が熟睡のため心神喪失状態であることに乗じ, その下着の上から陰部を手指でもてあそび, もって, 人の心神喪失に乗じてわいせつな行為をしたが, これに気付いて覚せいした被害者が, 被告人に対し,『お前, だれやねん。』などと強い口調で問いただすとともに, 被告人着用のTシャツ背部を両手でつかんだところ, 被告人は, その場から逃走するため, 被害者を引きずったり, 自己の上半身を左右に激しくひねるなどし, その結果, 被害者に対し, 右中指挫創, 右足第1趾挫創の傷害を負わせたというのである。

上記事実関係によれば, 被告人は, 被害者が覚せいし, 被告人のTシャツをつかむなどしたことによって, わいせつな行為を行う意思を喪失した後に, その場から逃走するため, 被害者に対して暴行を加えたものであるが, 被告人のこのような暴行は, 上記準強制わいせつ行為に随伴するものといえるから, これによって生じた上記被害者の傷害について強制わいせつ致傷罪が成立するというべきであり, これと同旨の原判断は正当である。」

■8 住居侵入罪

[1] 客　体

107 囲繞地
最判昭和51年3月4日刑集30巻2号79頁／判時812・43, 判タ335・326

【事案】被告人らは, ほか百数十名の学生らとともに, 正門を閉鎖し通路を金網柵で遮断したうえ, 部外者の立ち入りを禁止していたT大学地震研究所構内へ, 同所南側通路の金網柵を引き倒して乱入した。第1審判決は建造物侵入罪の成立を認めたが, 原判決はこれを破棄して, 被告人らに無罪を言い渡した。その理由は, 本件土地が地震研の建物の固有の敷地とは認め難く, むしろ, 広く同大学の関係者一般に利用されていた同大学の構内の一部であったと見るべきものであり, 金網柵は性質上一時的に本件土地

⇒ *107*

への立ち入りを阻止するためのものにすぎないと考えられるので，本件土地を地震研の建物に付随する囲繞地と見ることはできない，というものである。

【判決理由】「刑法130条にいう『人の看守する建造物』とは，単に建物を指すばかりでなく，その囲繞地を含むものであって，その建物の附属地として門塀を設けるなどして外部との交通を制限し，外来者がみだりに出入りすることを禁止している場所に故なく侵入すれば，建造物侵入罪が成立するものであることは，当裁判所の判例（昭和24年(れ)第340号同25年9月27日大法廷判決・刑集4巻9号1783頁，昭和41年(あ)第1129号同44年4月2日大法廷判決・刑集23巻5号685頁）の示すところである。そして，このような囲繞地であるためには，その土地が，建物に接してその周辺に存在し，かつ，管理者が外部との境界に門塀等の囲障を設置することにより，建物の附属地として，建物利用のために供されるものであることが明示されれば足りるのであって，右囲障が既存の門塀のほか金網柵が新設付加されることによって完成されたものであったとしても，右金網柵が通常の門塀に準じ外部との交通を阻止し得る程度の構造を有するものである以上，囲障の設置以前における右土地の管理，利用状況等からして，それが本来建物固有の敷地と認め得るものかどうか，また，囲障設備が仮設的構造をもち，その設置期間も初めから一時的なものとして予定されていたかどうかは問わないものと解するのが相当である。けだし，建物の囲繞地を刑法130条の客体とするゆえんは，まさに右部分への侵入によって建造物自体への侵入若しくはこれに準ずる程度に建造物利用の平穏が害され又は脅かされることからこれを保護しようとする趣旨にほかならないと解されるからである。この見地に立って本件をみると，地震研建物の西側に設置されたT大学構内を外部から区画する塀，通用門（第1審判決のいう正門）及び南側に設置されたテニスコートの金網など既存の施設を利用し，これら施設相互間及び地震研建物との間の部分に，前記金網柵を構築してこれらを連結し，よって完成された一連の障壁に囲まれるに至った土地部分は，地震研建物のいわゆる囲繞地というべきであって，その中に含まれる本件土地は，建造物侵入罪の客体にあたるといわなければならない。」

108　警察署の塀

最決平成 21 年 7 月 13 日刑集 63 巻 6 号 590 頁／判時 2095・154，判タ 1335・85
（重判平 21 刑 4）

【事案】　被告人は，交通違反等の取締りに当たる捜査車両の車種やナンバーを把握するため，八尾警察署東側の高さ約 2.4 メートルの塀の上によじ上り，塀の上部に立って，外部からの立入りが制限されている同警察署の中庭を見た。

【決定理由】　「本件塀は，本件庁舎建物とその敷地を他から明確に画するとともに，外部からの干渉を排除する作用を果たしており，正に本件庁舎建物の利用のために供されている工作物であって，刑法 130 条にいう『建造物』の一部を構成するものとして，建造物侵入罪の客体に当たると解するのが相当であり，外部から見ることのできない敷地に駐車された捜査車両を確認する目的で本件塀の上部へ上がった行為について，建造物侵入罪の成立を認めた原判断は正当である。」

109　集合住宅の敷地・建物共用部分

最判平成 20 年 4 月 11 日刑集 62 巻 5 号 1217 頁／判時 2033・142，判タ 1289・90
（重判平 20 憲 7・刑 8）

【事案】　被告人らは，自衛隊のイラク派遣を非難する旨のビラを陸上自衛隊立川宿舎の各号棟の各室玄関ドアの新聞受けに投かんする目的で，立川宿舎の敷地内に入り込み，各号棟の 1 階出入口から各室玄関前まで立ち入り，ビラを投かんした。同宿舎は，防衛庁の職員及びその家族が居住するための国が設置する宿舎であり，その管理権者（敷地および 5 号棟ないし 8 号棟は陸上自衛隊東立川駐屯地業務隊長，1 号棟ないし 4 号棟は航空自衛隊第 1 補給処立川支処長，9 号棟，10 号棟は防衛庁契約本部ないし同庁技術研究本部第 3 研究所）の管理下にあった。第 1 審判決（東京地八王子支判平成 16 年 12 月 16 日判時 1892 号 150 頁）は，本件敷地等はいずれも同宿舎居室と一体をなして「住居」に該当すると評価すべきであり，被告人らの各立入り行為は，居住者及び管理者の意思に反するというべきであるから，住居侵入罪の構成要件に該当するとしたうえで，被告人らが立川宿舎に立ち入った動機は正当なものといえ，その態様も相当性を逸脱したものとはいえず，結果として生じた居住者及び管理者の法益の侵害も極めて軽微なものに過ぎないこと，さらに，被告人らによるビラの投かん自体は，憲法 21 条 1 項の保障する政治的表現活動の一態様であり，商業的宣伝ビラの投かんに比して，いわゆる優越的地位が認められていること，などを理由に，被告人らの立入り行為は，法秩序全体の見地からして，刑事罰に処するに値する程度の違法性があるものとは認められない，と判示して，被告人らに無罪を言い渡した。これに対して，原判決（東京高判平成 17 年 12 月 9 日判時 1949 号 169 頁）は，集合住宅建物の囲繞地および建物共用部分は刑法

⇒ *110*

130条にいう「人の看守する邸宅」に該当するとしたうえで，何人も他人が管理する場所に無断で侵入して勝手に自己の政治的意見等を発表する権利はないというべきであるから，本件各立入り行為について刑法130条を適用してこれを処罰しても憲法21条に違反するということにはならず，被告人らの各立入り行為が，いわゆる可罰的違法性を欠くとして違法性が阻却されるとはいえない，と判示して，邸宅侵入罪の成立を肯定した。弁護人の上告に対して，本判決は，以下のように述べて（*115*も参照），被告人らの行為が邸宅侵入罪の構成要件に該当することを肯定し，「本件で被告人らが立ち入った場所は，防衛庁の職員及びその家族が私的生活を営む場所である集合住宅の共用部分及びその敷地であり，自衛隊・防衛庁当局がそのような場所として管理していたもので，一般に人が自由に出入りすることのできる場所ではない。たとえ表現の自由の行使のためとはいっても，このような場所に管理権者の意思に反して立ち入ることは，管理権者の管理権を侵害するのみならず，そこで私的生活を営む者の私生活の平穏を侵害するものといわざるを得ない。したがって，本件被告人らの行為をもって刑法130条前段の罪に問うことは，憲法21条1項に違反するものではない。」と判示して，上告を棄却した。

【判決理由】「立川宿舎の各号棟の構造及び出入口の状況，その敷地と周辺土地や道路との囲障等の状況，その管理の状況等によれば，各号棟の1階出入口から各室玄関前までの部分は，居住用の建物である宿舎の各号棟の建物の一部であり，宿舎管理者の管理に係るものであるから，居住用の建物の一部として刑法130条にいう『人の看守する邸宅』に当たるものと解され，また，各号棟の敷地のうち建築物が建築されている部分を除く部分は，各号棟の建物に接してその周辺に存在し，かつ，管理者が外部との境界に門塀等の囲障を設置することにより，これが各号棟の建物の付属地として建物利用のために供されるものであることを明示していると認められるから，上記部分は，『人の看守する邸宅』の囲にょう地として，邸宅侵入罪の客体になるものというべきである（最高裁昭和49年(あ)第736号同51年3月4日第一小法廷判決・刑集30巻2号79頁参照）。」

110 駅構内への立ち入り

最判昭和59年12月18日刑集38巻12号3026頁／判時1142・3，判タ546・128

【事案】被告人らは，井の頭線吉祥寺駅構内である同駅南口1階階段付近において，同駅係員の許諾を受けないで，多数の乗降客や通行人に対してビラを配布し，かつ携帯用拡声器を使用して演説を行い，右駅を管理していた同駅助役から退去要求を受けたにもかかわらずこれに従わず，同駅構内に滞留した。

【判決理由】「刑法130条にいう『人の看守する建造物』とは，人が事実上管

理・支配する建造物をいうと解すべきところ，原判決及びその是認する第1審判決の認定するところによれば，被告人4名の本件各所為が鉄道営業法違反及び不退去の各罪に問われた原判示井の頭線吉祥寺駅南口1階階段付近は，構造上同駅駅舎の一部で，井の頭線又は国鉄中央線の電車を利用する乗降客のための通路として使用されており，また，同駅の財産管理権を有する同駅駅長がその管理権の作用として，同駅構内への出入りを制限し若しくは禁止する権限を行使しているのであって，現に同駅南口1階階段下の支柱2本には『駅長の許可なく駅用地内にて物品の販売，配布，宣伝，演説等の行為を目的として立入る事を禁止致します　京王帝都吉祥寺駅長』などと記載した掲示板3枚が取り付けられているうえ，同駅南口1階の同駅敷地部分とこれに接する公道との境界付近に設置されたシャッターは同駅業務の終了後閉鎖されるというのであるから，同駅南口1階階段付近が鉄道営業法35条にいう『鉄道地』にあたるとともに，刑法130条にいう『人の看守する建造物』にあたることは明らかであって，たとえ同駅の営業時間中は右階段付近が一般公衆に開放され事実上人の出入りが自由であるとしても，同駅長の看守内にないとすることはできない。」

[2] 侵入の意義

111　夫の不在中姦通目的で妻の承諾を得た立ち入り

大判大正7年12月6日刑録24輯1506頁

【判決理由】「刑法第130条に規定せる住居侵入の罪は他人の住居権を侵害するを以て本質と為し住居権者の意思に反して違法に其住居に侵入するに因りて成立す故に住居権者の承諾ありたるとき若くは通常住居権者に於て他人か住居に入ることを認容するの意思ありと推測し得へき場合に限りて其家族又は雇人の承諾ありたるときは本罪の成立せさること疑を容れす然れとも本件に於ては被告は他人の不在に乗し其妻と姦通する目的を以て其住宅に侵入せんとしたる者なれは縦令予め妻の承諾を得たりとするも斯る場合に於ては当然本夫たる住居権者か被告の住居に入ることを認容する意思を有すと推測し得へからさるを以て妻か本夫に代り承諾を与ふるも其承諾は固より何等其効力を生すへきに非す従て被告の犯罪の成立を阻却することなし」

112　夫の不在中姦通目的で妻の承諾を得た立ち入り

尼崎簡判昭和43年2月29日下刑集10巻2号211頁／判時523・90,判タ219・156

【判決理由】「住居の立ち入りについて承諾をなしうる者は住居権者の夫であり，その住居権は一家の家長である夫が専有するものであるからその承諾を推測し得ない場合には承諾があっても効果がないものであり，自己の妻と姦通するために住居に立ち入ることを夫が認容する意思があるとは推測できないから姦通の目的で妻の承諾を得て住居に立ち入った行為は住居侵入罪を構成するとするのが従来の判例の態度である。

しかしながら，夫だけが住居権をもつということは男女の本質的平等を保障する日本国憲法の基本原理と矛盾するし，承諾の有無に住居侵入罪についての決定的意義を認め承諾の効果にかかずらうことは妥当でない。なるほど住居者の承諾を得て平穏に住居に立ち入る行為は侵入行為とはいえない。しかしその理由は住居侵入罪の保護法益が事実上の住居の平穏であるところから住居者の承諾があれば事実上の住居の平穏が害されないと考えられるからであって，その重点は被害者の承諾の有無ではなく事実上の住居の平穏である。

住居侵入罪の保護法益は『住居権』という法的な権利ではなく事実上の住居の平穏であるから夫の不在中に住居者である妻の承諾を得ておだやかにその住居に立ち入る行為は，たとい姦通の目的であったとしても住居侵入罪が保護しようとする事実上の住居の平穏を害する態様での立ち入りとはいえないから住居侵入罪は成立しないと解するのが相当である。」

113　米国陸軍病院への立ち入り

最決昭和49年5月31日裁判集刑192号571頁

【事案】　被告人は，ベトナム戦争反対運動の一環として，王子米国陸軍病院に侵入した。被告人は，上告趣意において，憲法前文及び9条に違反する日米安保条約にその存立の根拠を持つ王子野戦病院への立ち入りの禁止は正当な権限に基づくものとはいえない，等と主張した。

【決定理由】「住居侵入罪の保護すべき法律上の利益は，住居等の事実上の平穏であり，居住者又は看守者が法律上正当の権限を有するか否かは犯罪の成立を左右するものではないから，所論は，原判決の結論に影響のない事項に関する論難であ〔る〕。」

114　ビラ貼り目的での郵便局への立ち入り

最判昭和58年4月8日刑集37巻3号215頁／判時1078・153, 判タ497・112
(百選Ⅱ16, 重判昭58刑6)

【事案】　全逓信労働組合員である被告人らは, 昭和48年4月18日午後9時30分ころ, O郵便局内にスト権奪還などと記載されたビラ多数を貼付する目的で, 同局の施錠していない通用門から中庭を通り, 同局舎の同じく施錠していない郵便局発着口から, 宿直員Aに「おい来たぞ」と声をかけて土足のまま同局局舎に立ち入り, ビラ約1000枚を窓ガラス, 備品等に貼付していたところ, 前日からビラ貼りを警戒して見回りを行っていた同局局長Bが同局に立ち寄り, 同局局長代理Cとともにこれを制止したため同局舎を退出した。被告人らは建造物侵入罪で起訴されたが, 第1審判決は無罪を言い渡した。第1審判決は, 刑法130条の保護法益は住居等の事実上の平穏であって,「建造物の侵入行為に該当するか否かはその行為が住居等の平穏を害する態様のものであるかによって決定されるべきもので, 管理権者の意思はその判断の重要な資料にすぎない」としたうえで, ①宿直員への指示, 特別の掲示, 施錠などビラ貼り目的での立ち入りを阻止するための特別の措置を講じた形跡が認められず, Bの立ち入り拒否の意思は客観的にはそれほど強固なものでなかったと見られてもやむをえないこと, ②組合活動としてのビラ貼りで違法性の程度は強くないこと (被告人らは建造物損壊, 器物損壊等では起訴されていない), ③被告人らの立ち入りは宿直員に声をかけその黙認のもとで立ち入るという全く平穏なものであったこと, ④時間的にも終業後で執務の妨害にならないものであったこと, 等の具体的事情を考慮すると, 被告人らの本件立ち入りは建造物侵入罪に該当しないとした。これに対して, 原判決は, 刑法130条の「侵入する」とは, 立ち入ることにより当該建造物の事実上の管理支配を侵害し, もって当該建造物内の事実上の平穏を害することにほかならないから, 管理権者の意思に反する立ち入りは原則として建造物侵入罪を構成する, と判示したが, このような管理権者の意思は, 少なくとも何らかの形で表示されるか建造物の管理支配状態等周囲の事情から理解され得るものでなければならず, 本件では事前の立ち入り拒否の表示がなかったとして, 結局検察官の控訴を棄却した。本判決は, 以下のように述べて, 原判決を破棄し事件を原審に差し戻した。

【判決理由】　「刑法130条前段にいう『侵入し』とは, 他人の看守する建造物等に管理権者の意思に反して立ち入ることをいうと解すべきであるから, 管理権者が予め立入り拒否の意思を積極的に明示していない場合であっても, 該建造物の性質, 使用目的, 管理状況, 管理権者の態度, 立入りの目的などからみて, 現に行われた立入り行為を管理権者が容認していないと合理的に判断されるときは, 他に犯罪の成立を阻却すべき事情が認められない以上, 同条の罪の

⇒115

成立を免れないというべきである。
　ところで，原判決は，被告人らが，全逓の春季闘争の一環として，多数のビラを貼付する目的で，O郵便局局舎内に管理権者であるB局長の事前の了解を受けることなく立ち入ったものであること，局舎等におけるビラ貼りは，郵政省庁舎管理規程によると，法令等に定めのある場合のほかは，管理権者が禁止すべき事項とされていること，被告人らは，夜間，多人数で土足のまま局舎内に立ち入り，縦約25糎，横約9糎大の西洋紙に『大巾賃上げ』『スト権奪還』などとガリ版印刷をしたビラ約1000枚を局舎の各所に乱雑に貼付したものであり，被告人らの右ビラ貼りは，右庁舎管理規程に反し，前記B局長の許諾しないものであることが明らかであること，右ビラ貼りは，その規模等からみて外形上軽犯罪法違反に該当する程度の評価が可能であり，それが組合の闘争手段としてなされたものであるとはいえ，庁舎施設の管理権を害し，組合活動の正当性を超えた疑いがあるから，管理権者としては，このような目的による立入りを受忍する義務はなく，これを拒否できるものと考えられること，組合のビラ貼りについては，東北郵政局から警戒するよう指示されていたこともあって，前記B局長は，当夜，C局長代理と交代で局舎に立ち寄り，局舎の外側からビラ貼りを警戒していたが，被告人らが局舎内に立ち入りビラ貼りをしているのを確認するや，右局長代理とともに局舎に入り被告人らに退去を求めたことなどを認定している。これらの事実によれば，記録上他に特段の事情の認められない本件においては，被告人らの本件局舎内への立入りは管理権者である右局長の意思に反するものであり，被告人らもこれを認識していたものと認定するのが合理的である。局舎の宿直員が被告人らの立入りを許諾したことがあるとしても，右宿直員は管理権者から右許諾の権限を授与されていたわけではないから，右宿直員の許諾は右認定に影響を及ぼすものではない。」

115　ビラ投かん目的での集合住宅敷地内への立ち入り
最判平成20年4月11日刑集62巻5号1217頁／判時2033・142，判タ1289・90
(重判平20憲7・刑8)

【事案】⇒109
【判決理由】「刑法130条前段にいう『侵入し』とは，他人の看守する邸宅等に管理権者の意思に反して立ち入ることをいうものであるところ（最高裁昭和55年(あ)第906号同58年4月8日第二小法廷判決・刑集37巻3号215頁参照），

立川宿舎の管理権者は，前記〔*109*事案参照〕……のとおりであり，被告人らの立入りがこれらの管理権者の意思に反するものであったことは，……事実関係から明らかである。

　そうすると，被告人らの本件立川宿舎の敷地及び各号棟の1階出入口から各室玄関前までへの立入りは，刑法130条前段に該当するものと解すべきである。」

116　ビラ配布目的での集合住宅内への立ち入り

最判平成21年11月30日刑集63巻9号1765頁／判時2090・149，判タ1331・79
（重判平22憲6・刑8）

【判決理由】　「1　原判決の認定及び記録によれば，本件の事実関係は，次のとおりである。

　(1)　本件マンションの構造等

　ア　本件マンションは，東京都葛飾区亀有2丁目所在の地上7階，地下1階建ての鉄筋コンクリート造りの分譲マンションであり，1階部分は4戸の店舗・事務所として，2階以上は40戸の住宅として分譲されている。1階の店舗・事務所部分への出入口と2階以上の住宅部分への出入口とは完全に区分されている。

　イ　2階以上の住宅部分への出入口としては，本件マンション西側の北端に設置されたガラス製両開きドアである玄関出入口と，敷地北側部分に設置された鉄製両開き門扉である西側敷地内出入口とがある。住宅部分への出入口である玄関出入口から本件マンションに入ると，玄関ホールがあり，玄関ホールの奥にガラス製両開きドアである玄関内東側ドアがあり，これを開けて，1階廊下を進むと，突き当たりの右手側にエレベーターがあり，左手側に鉄製片開きドアである東側出入口がある。東側出入口から本件マンションの敷地内に出ると，すぐ左手に2階以上に続く階段がある。

　(2)　玄関出入口及び玄関ホール内の状況

　ア　玄関出入口付近の壁面には警察官立寄所のプレートが，玄関出入口のドアには『防犯カメラ設置録画中』のステッカーがちょう付されていた。

　イ　玄関ホール南側には掲示板と集合ポストが，北側には同ホールに隣接する管理人室の窓口があり，掲示板には，A4判大の白地の紙に本件マンションの管理組合（以下「本件管理組合」という。）名義で『チラシ・パンフレット等広告の投函は固く禁じます。』と黒色の文字で記載されたはり紙と，B4判大の黄色地の紙に本件管理組合名義で『当マンションの敷地内に立入り，パンフレットの投函，物品販売などを行うことは厳禁です。工事施行，集金などのために訪問先が特定している業者の方は，必ず管理人室で「入退館記録簿」に記帳の上，入館（退館）願います。』と黒色の文字で記載されたはり紙がちょう付されていた。これらのはり紙のちょう付されている位置は，ビラの配

⇒ 116

布を目的として玄関ホールに立ち入った者には，よく目立つ位置である。
　ウ　管理人室の窓口からは，玄関ホールを通行する者を監視することができ，本件管理組合から管理業務の委託を受けた会社が派遣した管理員が，水曜日を除く平日の午前8時から午後5時まで，水曜日と土曜日は午前8時から正午までの間，勤務していた。
　(3)　本件マンションの管理組合規約は，本件マンションの共用部分の保安等の業務を管理組合の業務とし，本件管理組合の理事会が同組合の業務を担当すると規定していたところ，同理事会は，チラシ，ビラ，パンフレット類の配布のための立入りに関し，葛飾区の公報に限って集合ポストへの投かんを認める一方，その余については集合ポストへの投かんを含めて禁止する旨決定していた。
　(4)　被告人は，平成16年12月23日午後2時20分ころ，日本共産党葛飾区議団だより，日本共産党都議会報告，日本共産党葛飾区議団作成の区民アンケート及び同アンケートの返信用封筒の4種（以下「本件ビラ」という。）を本件マンションの各住戸に配布するために，本件マンションの玄関出入口を開けて玄関ホールに入り，更に玄関内東側ドアを開け，1階廊下を経て，エレベーターに乗って7階に上がり，各住戸のドアポストに，本件ビラを投かんしながら7階から3階までの各階廊下と外階段を通って3階に至ったところを，住人に声をかけられ，本件ビラの投かんを中止した（以下，この本件マンションの廊下等共用部分に立ち入った行為を「本件立入り行為」という。）。当時，被告人は，上記1(2)イの玄関出入口及び玄関ホール内の状況を認識していた。

　2　以上の事実関係によれば，本件マンションの構造及び管理状況，玄関ホール内の状況，上記はり紙の記載内容，本件立入りの目的などからみて，本件立入り行為が本件管理組合の意思に反するものであることは明らかであり，被告人もこれを認識していたものと認められる。そして，本件マンションは分譲マンションであり，本件立入り行為の態様は玄関内東側ドアを開けて7階から3階までの本件マンションの廊下等に立ち入ったというものであることなどに照らすと，法益侵害の程度が極めて軽微なものであったということはできず，他に犯罪の成立を阻却すべき事情は認められないから，本件立入り行為について刑法130条前段の罪が成立するというべきである。
　3(1)　所論は，本件立入り行為をもって刑法130条前段の罪に問うことは憲法21条1項に違反する旨主張する。
　(2)　確かに，表現の自由は，民主主義社会において特に重要な権利として尊重されなければならず，本件ビラのような政党の政治的意見等を記載したビラの配布は，表現の自由の行使ということができる。しかしながら，憲法21条1項も，表現の自由を絶対無制限に保障したものではなく，公共の福祉のため

必要かつ合理的な制限を是認するものであって，たとえ思想を外部に発表するための手段であっても，その手段が他人の権利を不当に害するようなものは許されないというべきである（最高裁昭和59年(あ)第206号同年12月18日第三小法廷判決・刑集38巻12号3206頁参照）。本件では，表現そのものを処罰することの憲法適合性が問われているのではなく，表現の手段すなわちビラの配布のために本件管理組合の承諾なく本件マンション内に立ち入ったことを処罰することの憲法適合性が問われているところ，本件で被告人が立ち入った場所は，本件マンションの住人らが私的生活を営む場所である住宅の共用部分であり，その所有者によって構成される本件管理組合がそのような場所として管理していたもので，一般に人が自由に出入りすることのできる場所ではない。たとえ表現の自由の行使のためとはいっても，そこに本件管理組合の意思に反して立ち入ることは，本件管理組合の管理権を侵害するのみならず，そこで私的生活を営む者の私生活の平穏を侵害するものといわざるを得ない。したがって，本件立入り行為をもって刑法130条前段の罪に問うことは，憲法21条1項に違反するものではない。このように解することができることは，当裁判所の判例（昭和41年(あ)第536号同43年12月18日大法廷判決・刑集22巻13号1549頁，昭和42年(あ)第1626号同45年6月17日大法廷判決・刑集24巻6号280頁）の趣旨に徴して明らかである（最高裁平成17年(あ)第2652号同20年4月11日第二小法廷判決・刑集62巻5号1217頁参照）。所論は理由がない。」

117 実父の住居への強盗目的での立ち入り

最判昭和23年11月25日刑集2巻12号1649頁

【判決理由】「本件において，原審は『被告人が第1審相被告人等3名と共謀して，当時出奔していた実父A方に，共犯者にはその実父の家であることを告げず，午後11時30分頃強盗の目的を以て侵入した』との事実を認定しているのである。この場合，もし被告人が家出したことを後悔して父に謝罪するつもりで涙の帰宅をしていたものとすれば，たといかかる深夜戸締りを破っての侵入であったとしても，父にとってそれは迷える羊の帰還であり，心からの歓喜そのものであったかも知れないのであって，もとより住居侵入罪の成立しよう筈はないのである。しかし，これが強盗の目的で，しかも共犯者3名をも帯同して深夜家宅内に侵入したとあっては，たといそれが嘗ては自らも住み慣れたなつかしい実父の家であるとしても，父としても，世間としても，これを目

して正当な『故ある』家宅の侵入とは認めえないであろう。されば原審の確定した被告人等の右所為は，数人共同して住居侵入罪を実行した場合に該当すること勿論であって，刑法第130条第60条により問擬せらるべきものなのである。」

118　別居中の妻が居住する自己所有の家屋への立ち入り

東京高判昭和58年1月20日判時1088号147頁

【事案】　妻と別居して離婚訴訟中であった被告人は，妻A子の住む自己所有の家屋へ，A子の不貞行為の事実の現認と証拠保全の目的で，従前より所持していた合い鍵を使用して夜間玄関から立ち入った。

【判決理由】　「〔原判決〕の説示のような経過を辿って離婚の訴を提起したA子に対し被告人からの離婚の反訴が提起された昭和55年初め頃には，両名共に離婚の意思は決定的となり，婚姻関係は破綻し，将来再び同居する可能性のない状態に立ち至っていたのであり，しかして，その後もその破綻の度を深めつつ推移して被告人ら夫婦が別居を始めてから約2年6カ月，同居の可能性が潰えてから約1年5カ月をそれぞれ経過後の本件当夜に至り，被告人において原判示の目的をもってたまたま持ち合わせていた合鍵を使用しA子方玄関入口の施錠を開け，同女の意思に反してその住居内に立ち入ったものであって，被告人の所為が社会的相当性を欠くものであることは極めて明らかであるというべきである。被告人において所論のような民事上の権利を有するからといって，被告人の本件所為が刑法的評価の面において適法視される理由はなく，また，所論のように離婚訴訟中に被告人ら夫婦が2人だけで話し合いを持ったのは，その双方に和合の希望，意図があったからではなく，離婚を前提としたうえ財産分与の問題を早急に解決しようとする意図があったからであること，右両名の所論の性交渉も未だ互いに未練を残していた別居直後の時期におけるものであること，A子において被告人に所論の合鍵を所持させたままにしておいたのは，被告人に同女方への立ち入りを容認していたからではなく，同女においてもはや被告人がこれを使用して同女方に立ち入ることはあるまいと思い，同居の可能性がなくなった後においても，被告人から敢えて右合鍵を回収することなくそのままにしておいたからであることはいずれも証拠上動かしがたいところであり，るる説示するまでもなく，被告人の本件所為が刑法130条前段にいう『故なく人の住居……に侵入』する行為にあたるものであることは明らか

であって，所論は採用することができない。」

119　殺害後の被害者宅への立ち入り
東京高判昭和57年1月21日刑月14巻1＝2号1頁
⇒258

【事案】　被告人は，Aを松山市内で殺害して財物を奪い，その25時間後に東京のA宅に侵入し更に同人の財物を奪った。

【判決理由】　「被告人らは，Aを殺害する前から，同女を殺害した後同女方に侵入することを企図していたものであり，その実行に及んだものであること，殺害現場とA方住居との距離や時間的経過の点は，前述のように航空路線の発達からしてそれほど大きいものではないと考えられること，Aの死亡の事実は被告人らだけが知っていたものであること，A方住居は施錠され，同女の生前と同じ状況下にあったことなどの諸点からすれば，A方の住居の平穏は，被告人らの侵入の時点においても，同女の生前と同様に保護されるべきものであり，被告人らはその法益を侵害したものと解されるから，原判決が住居侵入罪の成立を認めたことに誤りはなく，論旨は理由がない。」

［3］　同　　意

120　住居権者の錯誤に基づく承諾
最判昭和23年5月20日刑集2巻5号489頁

【事案】　被告人ら3名は，古着商Aの店内に客を装って侵入しAを殺害して金品を奪取しようと共謀し，昭和21年12月27日午後9時頃閉店直後を見計らって同店に至り，被告人XがAに向かい着用のオーバーを脱いで，売ると称して値踏みをさせ，その隙にYが出刃包丁でAを突き刺そうと企んだが，その機を失したので値段の折合わないのを理由に再考するといって一旦同店を退去した。被告人らは，同日午後9時40分頃再び同店に赴き，Xが表戸を叩き先の者だが開けてくれといってAに表戸を開けさせ，同入口から3名前後して同店内に侵入し，Aが被告人らを店内土間に招じ入れた後，背を向けて1，2歩進むところを背後から襲いかかって殺害し，同店内の金品を奪った。

【判決理由】　「住居侵入罪の『故なく』とは正当の事由なくしての意であるから，強盗殺人の目的を以て他人の店舗内に侵入したのは，すなわち，故なくこれに侵入したものに外ならない。そして住居権者の承諾ある場合は違法を阻却すること勿論であるけれども，被害者において顧客を装い来店した犯人の申出

⇒ *121・122*

を信じ店内に入ることを許容したからと言って，強盗殺人の目的を以て店内に入ることの承諾を与えたとは言い得ない。果して然らば被告人等の本件店屋内の侵入行為が住居侵入罪を構成すること言うまでもない」

121 行員が常駐しない出張所への立ち入り
最決平成19年7月2日刑集61巻5号379頁／判時1986・156, 判タ1252・169
（百選Ⅱ18, 重判平19刑6）

【決定理由】「1 原判決及びその是認する第1審判決の認定並びに記録によれば，本件の事実関係は，次のとおりである。

(1) 被告人は，共犯者らと，本件銀行の現金自動預払機を利用する客のカードの暗証番号，名義人氏名，口座番号等を盗撮するため，現金自動預払機が複数台設置されており，行員が常駐しない同銀行支店出張所（看守者は支店長）に営業中に立ち入り，うち1台の現金自動預払機を相当時間にわたって占拠し続けることを共謀した。……（中略）……

(3) 被告人らは，前記共謀に基づき，前記盗撮目的で，平成17年9月5日午後0時9分ころ，現金自動預払機が6台設置されており，行員が常駐しない同銀行支店出張所に営業中に立ち入り，1台の現金自動預払機の広告用カードホルダーに盗撮用ビデオカメラを設置し，その隣の現金自動預払機の前の床に受信機等の入った紙袋を置き，そのころから同日午後1時47分ころまでの1時間30分間以上，適宜交替しつつ，同現金自動預払機の前に立ってこれを占拠し続け，その間，入出金や振込等を行う一般の利用客のように装い，同現金自動預払機で適当な操作を繰り返すなどした。また，被告人らは，前記共謀に基づき，翌6日にも，現金自動預払機が2台設置されており，行員が常駐しない同銀行支店の別の出張所で，午後3時57分ころから午後5時47分ころまでの約1時間50分間にわたって，同様の行為に及んだ。なお，被告人らがそれぞれの銀行支店出張所で上記の行為に及んでいた間には，被告人ら以外に他に客がいない時もあった。

2 以上の事実関係によれば，被告人らは，現金自動預払機利用客のカードの暗証番号等を盗撮する目的で，現金自動預払機が設置された銀行支店出張所に営業中に立ち入ったものであり，そのような立入りが同所の管理権者である銀行支店長の意思に反するものであることは明らかであるから，その立入りの外観が一般の現金自動預払機利用客のそれと特に異なるものでなくても，建造物侵入罪が成立するものというべきである。」

122 陸上競技場への式典妨害目的での立ち入り
仙台高判平成6年3月31日判時1513号175頁

【事案】 被告人は，国民体育大会の開会式を妨害する目的で一般観客を装って陸上競

技場に立ち入り，発煙筒を投げるなどして開会式を妨害した。判決は，被告人の入場が競技場を管理する公園公社の意向に反するものであったことは明らかであるとしたうえで，以下のように判示して建造物侵入罪の成立を認めた。

【判決理由】「なお，所論は建造物侵入罪の保護法益は今日では建造物内における利用者個々の私的生活の平穏と解されているところ，本件開会式場は一般の利用に供することを目的とする開かれた建造物であるから，この建造物の本来の性格，使用目的を考慮すれば，入場券を所持して正規の入口から平穏に入場した被告人の入場行為によって，本件建造物の保護法益が侵害されたとは到底認められないというが，建造物侵入罪の保護法益を建造物の管理権と見るか，建造物利用の平穏と見るかはともかくとして，他人の看守する建造物に管理権者の意思に反して立ち入ることは，その建造物管理権の侵害に当たることはもとより，一般に，管理権者の意思に反する立入り行為は，たとえそれが平穏，公然に行われた場合においても，建造物利用の平穏を害するものということができるから，本件について建造物侵入罪の保護法益の侵害はない旨の所論は採用できない。」

9 信用毀損罪

信用の意義

123 商品の品質に対する信頼

最判平成15年3月11日刑集57巻3号293頁／判時1818・174，判タ1119・116

【判決理由】「原判決の是認する第1審判決の認定によると，被告人は，コンビニエンスストアで買った紙パック入りオレンジジュースに次亜塩素酸イオン等を成分とする家庭用洗剤を注入した上，警察官に対して，上記コンビニエンスストアで買った紙パック入りオレンジジュースに異物が混入していた旨虚偽の申告をし，警察職員からその旨の発表を受けた報道機関をして，上記コンビニエンスストアで異物の混入されたオレンジジュースが陳列，販売されていたことを報道させたというのである。

そうすると，被告人は，粗悪な商品を販売しているという虚偽の風説を流布して，上記コンビニエンスストアが販売する商品の品質に対する社会的な信頼を毀損したというべきところ，原判決は，刑法233条にいう『信用』には，人の支払能力又は支払意思に対する社会的な信頼のほか，販売する商品の品質等に対する社会的な信頼が含まれると

⇒ *124・125*

して，被告人の上記行為につき同条が定める信用毀損罪の成立を認めた。

2 所論引用の大審院の判例のうち，大審院大正5年(れ)第2605号同年12月18日判決・刑録22輯1909頁及び大審院昭和8年(れ)第75号同年4月12日判決・刑集12巻5号413頁は，人の支払能力又は支払意思に対する社会的な信頼を毀損しない限り，信用毀損罪は成立しないとしたものであるから，原判決は，上記大審院の各判例と相反する判断をしたものといわなければならない。

しかし，刑法233条が定める信用毀損罪は，経済的な側面における人の社会的な評価を保護するものであり，同条にいう『信用』は，人の支払能力又は支払意思に対する社会的な信頼に限定されるべきものではなく，販売される商品の品質に対する社会的な信頼も含むと解するのが相当であるから，これと異なる上記大審院の各判例は，いずれもこれを変更し，原判決を維持すべきである。」

■10 業務妨害罪

[1] 業務の意義

124 会社創立事業

大判大正10年10月24日刑録27輯643頁

【事案】 被告人らは，Aが新聞紙発行を目的として株式会社を創立するため発起人等を定めて大部分の株式引き受けを成立させ，さらに残り株式の引き受け申込募集をするなどの会社創立事業を執行していたのを，虚偽の風説を流布して妨害した。

【判決理由】 「刑法第233条に所謂業務は公務を除く外精神的なると経済的なるとを問はす汎く職業其他継続して従事することを要すへき事務又は事業を総称するものなること立法の旨趣に徴し疑を容れす判示Aの新聞紙発行を目的とする資本金200万円の株式会社の創立は一の事業にして之を遂行するには継続して従事することを要すへき性質のものなるを以て経済的なると否とを論せす同条規定の業務に該当すること論を竢たす」

125 団体の結成式

東京高判昭和30年8月30日高刑集8巻6号860頁／判タ53・55

【判決理由】 「刑法第234条にいわゆる業務とは，継続して従事する仕事をい

うものと解されるが，ここに継続するというがためには，継続して行う意思の下になされるものであることを要すると解されるのであるから，仕事の性質上，継続して行うことのできないようなものは，右法条にいわゆる業務の観念に属しないものというべく，従って，ある団体の結成式というような行事は，その性質上，一回的一時的なものであって，何ら継続的な要素を含まないものであるから，これをもってその団体の業務であるとすることはできないものといわなければならない。しかるに，原判決においては，前示のように，被告人がA国青年団横芝支部の結成式の挙行を妨害したとの事実を認定し，その所為が同支部の業務を妨害したことに該当する旨判示した上，これに対して刑法第234条を適用しているのであるが，右のような結成式の挙行という行事が，同支部の業務にあたらないことは，前示説明のとおりであるから，たとえ被告人において威力を用いてこれを妨害したとしても，その行為は，刑法第234条所定の威力業務妨害罪を構成しないものといわなければならない。」

126 大学が開催した改革結集集会

神戸地判昭和49年10月11日刑月6巻10号1031頁

【事案】 私立K大学は，学園紛争を解決するため神戸市王子陸上競技場で改革結集集会を開催することにしていたが，同大学の元学生である被告人両名は，同集会の開催を妨害阻止しようと企て，学長代行以下教職員及び一般学生ら数千人が右集会を開催しようと右競技場に参集しているところへ，学生ら約300名とともに乱入し，グラウンド内で蛇行行進を行い演壇付近に座り込むなどして，結集集会の開催を一時不能にした。

【判決理由】 「被告人両名の各弁護人は，まず本件改革結集集会は継続性の要件に欠けるから，刑法234条にいう業務に該当しない旨主張するので検討するに，同法234条は同法233条とともに人（自然人たると法人，その他の団体たるを問わない）が職業その他の社会生活を継続していくにあたって必要不可欠であるところの各人が備えている社会的評価や社会活動の自由を保護することを目的としており，このことに徴すると業務の意義を人が職業その他社会生活を継続していくにあたり，その社会生活上の地位にもとづいて行う事務，事業全般を指すと解するのが相当である。弁護人の言う継続性の要件は保護の目的である人の社会生活そのものが果して保護に値するか否かを判断する際にはじめて要求されるに留まり，人の社会生活が，例えば会社，大学，一般商店等のように，その社会的存在そのものとして当然保護の目的とされるに値すると見

⇒ 127・128

得る場合には個々の業務において継続性をとりたてて問題にする必要はないと解する。本件改革結集集会は，判示のとおり，K 大当局が，学園紛争が極めて深刻化し，本来の機能がほとんど麻痺してしまった大学を 1 日も早く正常化するため当局主催で企画されたもので，前記のことから集会自体の継続性を問題にするまでもなく大学の業務と解するに十分であり，弁護人の右主張は採用しない。」

[2] 業務の適法性

127 行政上の許可を得ていない営業

東京高判昭和 27 年 7 月 3 日高刑集 5 巻 7 号 1134 頁

【事案】 被告人は，自己の所有する家屋を A に賃貸し，A は同家屋で浴場を経営していた。その後，B と C が家屋の転貸を受けて浴場営業を継続したが，転貸について被告人の承諾を得ておらず，湯屋営業につき県知事の許可を受けていたのも A であって B や C ではなかった。被告人は，A から浴場の営業権を譲り受け，同浴場の引渡しを受けようとしたが，B が引渡しを拒んだため，B の営む湯屋営業を妨害しその営業を停止させる目的で，同浴場表入口付近に休業と記した紙片を掲示するという偽計を用い，右入口を板片で釘付けにして閉鎖するなどの威力を示して，B らの業務を妨害した。

【判決理由】 「業務妨害罪により保護せられる法益は事実上平穏に行われている一定の業務であって，その業務の開始される原因となった契約が民法上有効であることや，その業務に関する行政上の許可が存在することの如きは必ずしもその業務ということの要件ではないと解するのを相当とするから，前記 B 及び C の右湯屋業務も刑法第 233 条，第 234 条にいわゆる業務というのに該当するものと認むべきである。」

128 取締法規に違反する営業

横浜地判昭和 61 年 2 月 18 日刑月 18 巻 1 = 2 号 127 頁／判時 1200・161

【事案】 暴力団甲組組員である被告人両名は，パチンコ店 A の経営者が同組への経済的出捐をするいわゆる付き合いを断ったことから，同店に対するいやがらせのため，同店への景品納入業者である B 商会が同店筋向かいで C に営ませているパチンコ遊技客からの景品買入れ業務を妨害しようと共謀し，C 方景品交換所に赴いて，景品買入れ窓口のガラス戸を手荒く閉めたうえ，同所に赴こうとする遊技客に対し，「換金は駄目だよ」「駄目だ」などと語気荒く申し向けて追い返すなどして，C の景品買入れの営業を不能ならしめた。弁護人は，本件景品買入れ業務は，パチンコ屋営業者らがその提供し

た商品を買い取ることを禁止した風俗営業法及び同法施行条例に違反する違法なものなので，刑法234条の「業務」には含まれないと主張した。

【判決理由】「そもそも刑法234条の罪は人の業務を保護することによって経済生活を保護しようとするもので，その保護法益にてらし，同条にいう業務は『事実上平穏に継続されている一定の業務』というべく，従って反社会性の明らかな業務であれば格別，単に行政取締法規に違反する不適法な点があるからといって直ちに刑法234条の保護の外におかれるものではないと解するのが正当である。なぜならば，業務上各種の行政取締法規に抵触するところがあるからといって，当該業務を私人の妨害にさらさせることは，通常適法にかつ平穏に営んでいる各種業務の安全保護に十分ではなく，他面，当該業務の取締法規違背の点は所定の法的手続に従って処理されるべく，かつそれを以て取締目的は達するといえるからである。」

129　行政代執行によらない工事

最決平成14年9月30日刑集56巻7号395頁／判時1799・17，判タ1105・92
（百選Ⅱ24，重判平14刑2）　⇒*137*

【事案】　東京都は，新宿駅西口から新宿副都心へ通じる通路に「動く歩道」を設置することを計画した。本件通路は，地下道となっていて，寒さや雨，風をしのげることから，「段ボール小屋」等の中で起居する路上生活者が集まるようになり，その数は，平成8年1月13日の時点で約200名に達していた。東京都は，動く歩道の設置によって本件通路からの退去を求められる路上生活者等を保護するため，臨時保護施設を開設し，本件工事に着手するに先立ち，3回にわたって周知活動を行い，本件工事を実施する旨の事前通告及び上記臨時保護施設の案内を行うとともに，路上生活者に自主的退去を促した。東京都は，平成7年12月24日午前6時から動く歩道の設置に伴う環境整備工事を実施することとしたが，被告人両名は，本件工事を実力で阻止するため，多数の路上生活者に指示して，本件通路の都庁側出入口にバリケードを構築し，その内側で約100名の者とともに座り込むなどして東京都職員らの同工事区域内への進入を阻止した上，警備員に補助させて本件工事に従事していた東京都職員らに対し，鶏卵，旗竿，花火等を投げ付け，消火器を噴射し，「帰れ，帰れ」とシュプレヒコールを繰り返し怒号するなどして座込みを続けた。警察官は，再三警告を発していたが，同日午前7時34分ころ，座込みを続ける者らを1人ずつ引き抜く排除行為を始め，排除した者を近隣の公園まで連行するなどして，同日午前8時10分ころ，これを了した。東京都職員は，予定より遅れて，同日午前8時20分ころ，本件工事に着手し，同日午前11時半ころまでに，自主的な退去者のもののほか，警察官に排除，連行された者のものを含め，本件通路に

⇒ 130

放置されていた段ボール小屋を全部撤去した。第1審判決は，本件職務は違法で要保護性がない，権力的公務である，として業務妨害罪の成立を否定したが，控訴審判決はこれを肯定した。

【決定理由】「本件工事は，……路上生活者の意思に反して段ボール小屋を撤去するに及んだものであったが，前記1の事実関係にかんがみると，本件工事は，公共目的に基づくものであるのに対し，本件通路上に起居していた路上生活者は，これを不法に占拠していた者であって，これらの者が段ボール小屋の撤去によって被る財産的不利益はごくわずかであり，居住上の不利益についても，行政的に一応の対策が立てられていた上，事前の周知活動により，路上生活者が本件工事の着手によって不意打ちを受けることがないよう配慮されていたということができる。しかも，東京都が道路法32条1項又は43条2号に違反する物件であるとして，段ボール小屋を撤去するため，同法71条1項に基づき除却命令を発した上，行政代執行の手続を採る場合には，除却命令及び代執行の戒告等の相手方や目的物の特定等の点で困難を来し，実効性が期し難かったものと認められる。そうすると，道路管理者である東京都が本件工事により段ボール小屋を撤去したことは，やむを得ない事情に基づくものであって，業務妨害罪としての要保護性を失わせるような法的瑕疵があったとは認められない。」

[3] 公務は業務に含まれるか

130 教育勅語事件

大判大正4年5月21日刑録21輯663頁
⇒220

【事案】 被告人Xは，尋常高等小学校の教員であったが，同校長Aに対する不満から，Aを失脚させようと図り，同校の勅語奉置所に保管してあった教育勅語を持ち出し，これを自己の受持ち教室の天井裏に隠匿した。原判決は，校長Aの業務に対し悪戯をしたものとして警察犯処罰令2条5号により処断したが，検察官は，窃盗罪，業務妨害罪が成立するとして上告した。

【判決理由】「刑法第233条に所謂業務とは法文上其種類を限局せさるを以て旧刑法第8章に於て規定せる商業及農工の業は勿論其他各人の反覆執行する諸般の事務を汎称するものとなりと解すへきか如しと雖公務の執行を妨害する罪

は別に刑法第95条及第96条に規定しありて本条の罪を構成せさるを以て公務員の職務は本条の業務中に包含せすと論するを相当とす故に原判示事実か所論の如く偽計を用ふ小学校長の業務を妨害したるものに該当すと為すも判示村立小学校長か勅語謄本等貴重物件を保管する職務は公務員たる小学校長の公務に属するを以て刑法第233条の所謂業務に該当せす従て偽計を用ふ小学校長の職務を妨害する行為は同条の罪を構成せさるものとす」

131 警察官の公務

最大判昭和26年7月18日刑集5巻8号1491頁／判タ13・75

【事案】 被告人らは，業績不振から工場を閉鎖し全従業員を解雇することを決めた会社の決定に反対して，同工場の施設を占拠して生産管理を行っていたところ，裁判所執行吏の許可を得た会社従業員らが同工場に入ろうとしたため，正門前でスクラムを組み，労働歌を高唱するなどして気勢を挙げこれを阻止した。被告人らは，右業務妨害行為を鎮圧する目的で工場正門前に駆けつけた数十名の武装した警察官らによって検挙されたが，その際積極的な抵抗は行わなかった。被告人らは，建造物侵入罪，業務妨害罪，公務執行妨害罪，窃盗罪で起訴されたが，原判決は，公務執行妨害について，暴行，脅迫の事実がないとして無罪を言い渡した。検察官は，①スクラム突破を試みた警察官を多数のスクラムの力で押し返した行為は暴行に当たり，②もし暴行でないとすれば威力であるから少なくとも業務妨害罪は成立する，と主張して上告したが，本判決は，①の主張を事実誤認の主張として退け，②の主張についても以下のように判示して退けた。

【判決理由】「業務妨害罪にいわゆる業務の中には，公務員の職務は含まれないものと解するを相当とするから，公務員の公務の執行に対し，かりに，暴行又は脅迫に達しない程度の威力を用いたからといって，業務妨害罪が成立すると解することはできない。」

132 国鉄の業務

最大判昭和41年11月30日刑集20巻9号1076頁／判タ200・136

【事案】 日本国有鉄道に勤務し国鉄労組に属する被告人ら3名は，青函連絡船摩周丸船内で職場集会を開催することを計画し，他の組合員とともに，同船の2等舷門乗降口に架設中のタラップを取り外し，付近の通路をロープで遮断するなどしたうえ，組合員を排除しようと接近してきた国鉄職員を押し返す等の実力を用い，連絡船利用客の乗船を不能にして，摩周丸の出航を約1時間29分遅延させた。

【判決理由】「国鉄は，公法上の法人としてその職員が法令により公務に従事する者とみなされ，その労働関係も公労法の定めるところによる（日本国有鉄

⇒ *133*

道法2条, 34条, 35条) 等, 一般の私人又は私法人が経営主体となっている民営鉄道とは異なる特殊の公法人事業体たる性格を有するものではあるが, その行う事業ないし業務の実態は, 運輸を目的とする鉄道事業その他これに関連する事業ないし業務であって, 国若しくは公共団体又はその職員の行う権力的作用を伴う職務ではなく, 民営鉄道のそれと何ら異なるところはないのであるから, 民営鉄道職員の行う現業業務は刑法233条, 234条の業務妨害罪の対象となるが, 国鉄職員の行う現業業務は, その職員が法令により公務に従事する者とみなされているというだけの理由で業務妨害罪の対象とならないとする合理的理由はないものといわなければならない。すなわち, 国鉄の行う事業ないし業務は刑法233条, 234条にいう『業務』の中に含まれるものと解するを相当とする。

そして右の如く解するときは, 国鉄職員の非権力的現業業務の執行に対する妨害は, その妨害の手段方法の如何によっては, 刑法233条または234条の罪のほか同95条の罪の成立することもあると解するのが相当である。

されば国鉄の業務は, 民営鉄道の業務と企業活動として実態を同じくすると同時に, 国鉄職員の行う業務は, 公共の福祉に特に重要な関係を有するものとして, その職員は法令により公務に従事するものとみなされているのであるから, 国鉄の業務が, これに対する妨害に対し, 業務妨害罪または公務執行妨害罪の保護を受けるのは当然であって, 民営鉄道の業務との間に, 妨害に対する法律上の保護に差異があるからといって所論の如く憲法14条に違反する結果となるということはできない。」

133 衆議院本会議の議事

東京地判昭和48年9月6日刑月5巻9号1315頁

【事案】 被告人ら3名は, 沖縄返還協定の批准に反対する意図を持って, 同協定が審議される衆議院本会議の議事を妨害しようと企て, 同議院本会議場傍聴席に立ち入り, 同議場において内閣総理大臣の所信演説が行われている際に, 爆竹を鳴らし, 大声で「沖縄返還反対」と叫び, アジビラを撒布するなどの行為をして, 右議場を一時騒然たる状態に陥れて議事の進行を阻害した。

【判決理由】 「本件威力業務妨害の対象である衆議院本会議の議事が公務員によって行なわれる『公務』であることは明らかである。ところで, およそ公務のうち, いわゆる権力的作用を行なう職務 (以下, 単に権力的職務と称する)

については，その執行に際し，これを受ける側から抵抗されることがあるのは，当然予想されるところであるから，かかる職務の執行に従事する者に対しては，法が自ら右抵抗を排除してまで執行を遂げる権能すなわち自力執行力を付与している。したがって，右抵抗が暴行，脅迫の程度に至らない威力に止まる限りは，自らこれを排除すれば足り，敢えて刑罰を科する必要はないので，かかる職務は威力業務妨害罪の客体たる『業務』から除かれていると解することができるのに反し，公務のうち非権力的職務，すなわち，直接私人に対し命令，強制を現実に加える以外の職務については，これに対する妨害が暴行・脅迫の程度にいたらない，たんなる威力によるものであっても，その職務には性質上，自力執行力が付与されていないから，一般民間企業における業務と同様，刑罰による保護の必要性があると解することには合理性が認められ，かつ，最高裁判所大法廷判決（昭和41年11月30日言渡刑集20巻9号1076頁以下）の趣旨にも合致するものと考えられる。

　そこで翻って，本件の衆議院本会議の議事が，右にいわゆる権力的職務と非権力的職務のいずれに属すると解すべきかについて検討するに，なるほど，国会の会期中は，議長は議院の紀律を保持するための内部警察権を有し（国会法114条），議長は必要に応じて警察官の派出を要求し得るほか（同法115条），議員以外の者が議院内部において秩序をみだしたときは，議長はこれを院外に退去させ，必要な場合は，これを警察官庁に引渡すことができる（同法118条の2）とともに，その執行については，議長が衛視および警察官を指揮してこれにあたらせることとされているから（衆議院規則208条），議院内部における妨害は一応衛視等によって排除することが可能であることは，弁護人所論のとおりである。したがって，右の内部警察権に基づく執行は，衛視等が現実に強制力を行使し，かつ，これに対する妨害も自ら排除することができるから，衛視等の職務については，これを権力的職務であると解することもできるが，しかし，右衆議院本会議の議事については，それ自体現実に強制力を行使することを内容とする職務でないことは明白であり，たとえ，それが国家の統治権に基づくものであっても，その態様においては一般社会の会議となんら異なるところはないのである。また，法が右のように議長に内部警察権の権限を付与したのは，国会が国政を議する国権の最高機関であり，言論の府であることにかんがみ，院内の紀律保持の観点から，たんに妨害排除機能を認めたにほかな

⇒ 134・135

らず，これをもって法が衆議院本会議の議事自体に自力執行力を付与したと解することはとうていできない。したがって，衆議院本会議の議事自体は非権力的職務に属するものというべく，これに対する暴行・脅迫に至らない程度の妨害は威力業務妨害罪を構成すると解するのが相当である。」

134　県議会委員会の条例案採決等の事務

最決昭和62年3月12日刑集41巻2号140頁／判時1226・141，判タ632・107
（重判昭62刑5）

【決定理由】「本件において妨害の対象となった職務は，新潟県議会総務文教委員会の条例案採決等の事務であり，なんら被告人らに対して強制力を行使する権力的公務ではないのであるから，右職務が威力業務妨害罪にいう『業務』に当たるとした原判断は，正当である」

135　国税調査官の税務調査

京都地判昭和61年5月23日判タ608号137頁

【事案】　被告人3名は，その他約20名と，国税調査官Aによる税務調査に抗議するため，税務署正門前に集結していた際，税務調査に赴くためAら3名の国税調査官の乗った車が税務署の正門から道路に出ようと一時停止したところを，右車の前に立ちふさがり，同車を取り囲んで窓ガラスを叩くなどして，その発車を妨げた。第1審判決は，次のように述べて，威力業務妨害罪の成立を肯定した。なお，本件の控訴審判決（大阪高判昭和63年9月29日判時1306号138頁）は，税務調査とそのための出張行為は別個独立に評価すべきであるとして，出張行為を業務に当たるとした本判決の判断を是認したが，本判決が税務調査も業務に当たるとした点については，これを無用の判断であるとしてその当否を判断しなかった。

【判決理由】「威力業務妨害罪の保護法益は，単に私人の経済的活動の自由に止まらず，広く人の社会的行動の自由をも含むと解すべきであり，公務もまたこれを行う公務員等にとっては，人がその社会生活上の地位に基づいて継続して行う事務即ち『業務』に外ならないのであるから，公務であるというだけで『業務』から除外すべきいわれはないというべきである。しかし，公務は別に公務執行妨害罪によって保護を受け，同罪が暴行，脅迫による場合のみを処罰の対象とし，暴行，脅迫に至らない威力等による場合を処罰の対象としていないことからすると，法は，警察官のように職務の性質上その執行を妨げる者を排除する実力を有する公務員に対する暴行，脅迫に至らない威力等による抵抗については，その公務員による実力排除をもってすれば足り，刑罰を科するま

での必要はないとしたものと考え，右のような公務員の公務については，公務執行妨害罪による保護を受けるに止まり，威力業務妨害罪によっては，そのいう『業務』にあたらないとして保護されないと解する余地がある。これに対し，その職務の性質上，暴行，脅迫に至らない威力等による妨害を排除できる実力を有しない公務員等の公務については，なお威力業務妨害罪における『業務』にあたるとして同罪による保護を与える必要性があり，そう解するのが合理的である。」

「国税調査官の税務調査は国家統治権に基づく行政作用の一としての租税賦課徴収権を実行するための公務にあたり，国税調査官には税務調査のための質問検査権が法定され（所得税法 234 条 1 項ほか），質問検査を拒んだり妨げたりした者に対しては刑罰が科せられることにはなっている（同法 242 条 8 号ほか）けれども，国税調査官はその職務の性質上被調査者に対してはもちろん，それ以外の者の暴行，脅迫に至らない威力等による妨害を排除する実力を有しない公務員であるから，税務調査の職務は，威力業務妨害罪における『業務』にあたると解すべきであるし，ことに本件では税務調査のための出張行為自体を第三者らが妨害したことが問題となっているのであって，これに対する妨害をもって先の質問検査妨害罪にあたるとは解し難い……（中略）……ことからすると，この税務調査のための出張行為自体は，民間企業における出張業務と何ら別異に扱う理由もないことになるのであるから，威力業務妨害罪における『業務』にあたることは明らかであり，同罪による保護の対象になるものということができる。」

136 公職選挙法上の立候補届出受理事務

最決平成 12 年 2 月 17 日刑集 54 巻 2 号 38 頁／判時 1704・169，判タ 1025・128
(百選 II 23，重判平 12 刑 8)

【事案】 被告人は，公職選挙法上の選挙長の立候補届出受理事務を偽計および威力を用いて妨害した。

【決定理由】「なお，本件において妨害の対象となった職務は，公職選挙法上の選挙長の立候補届出受理事務であり，右事務は，強制力を行使する権力的公務ではないから，右事務が刑法（平成 7 年法律第 91 号による改正前のもの）233 条，234 条にいう『業務』に当たるとした原判断は，正当である（最高裁昭和 36 年(あ)第 823 号同 41 年 11 月 30 日大法廷判決・刑集 20 巻 9 号 1076 頁，

⇒ *137・138*

最高裁昭和 59 年(あ)第 627 号同 62 年 3 月 12 日第一小法廷決定・刑集 41 巻 2 号 140 頁参照）。」

137 段ボール小屋を撤去する環境整備工事

最決平成 14 年 9 月 30 日刑集 56 巻 7 号 395 頁／判時 1799・17，判タ 1105・92
（百選 II 24，重判平 14 刑 2） ⇒*129*

【事案】 ⇒*129* 参照

【決定理由】「本件において妨害の対象となった職務は，動く歩道を設置するため，本件通路上に起居する路上生活者に対して自主的に退去するよう説得し，これらの者が自主的に退去した後，本件通路上に残された段ボール小屋等を撤去することなどを内容とする環境整備工事であって，強制力を行使する権力的公務ではないから，刑法 234 条にいう『業務』に当たると解するのが相当であり（最高裁昭和 59 年(あ)第 627 号同 62 年 3 月 12 日第 1 小法廷決定・刑集 41 巻 2 号 140 頁，最高裁平成 9 年(あ)第 324 号同 12 年 2 月 17 日第 2 小法廷決定・刑集 54 巻 2 号 38 頁参照），このことは，……段ボール小屋の中に起居する路上生活者が警察官によって排除，連行された後，その意思に反してその段ボール小屋が撤去された場合であっても異ならないというべきである。」

138 遂行され得た警察の公務

東京高判平成 21 年 3 月 12 日高刑集 62 巻 1 号 21 頁／判タ 1304・302

【事案】 被告人は，平成 20 年 7 月 26 日，自宅からインターネット掲示板に，同日から 1 週間以内に JR 土浦駅において無差別殺人を実行する旨の虚構の殺人事件の実行を予告し，これを不特定多数の者に閲覧させ，同掲示板を閲覧した者からの通報を介して，同県警察本部の担当者らをして，同県内において勤務中の同県土浦警察署職員らに対し，その旨伝達させ，同月 27 日午前 7 時ころから同月 28 日午後 7 時ころまでの間，同伝達を受理した同署職員 8 名をして，上記土浦駅構内及びその周辺等への出動，警戒等の徒労の業務に従事させた。第 1 審判決は，被告人の予告さえ存在しなければ遂行されたはずの警ら，立番業務その他の業務の遂行を困難ならしめ，もって偽計を用いて人の業務を妨害した，との事実を認定し，業務妨害罪（刑法 233 条）が成立すると判示した。控訴審判決は，以下のように述べてこれを是認した。

【判決理由】「最近の最高裁判例において，『強制力を行使する権力的公務』が本罪にいう業務に当たらないとされているのは，暴行・脅迫に至らない程度の威力や偽計による妨害行為は強制力によって排除し得るからなのである。本件のように，警察に対して犯罪予告の虚偽通報がなされた場合（インターネット

掲示板を通じての間接的通報も直接的110番通報と同視できる。)，警察においては，直ちにその虚偽であることを看破できない限りは，これに対応する徒労の出動・警戒を余儀なくさせられるのであり，その結果として，虚偽通報さえなければ遂行されたはずの本来の警察の公務（業務）が妨害される（遂行が困難ならしめられる）のである。妨害された本来の警察の公務の中に，仮に逮捕状による逮捕等の強制力を付与された権力的公務が含まれていたとしても，その強制力は，本件のような虚偽通報による妨害行為に対して行使し得る段階にはなく，このような妨害行為を排除する働きを有しないのである。したがって，本件において，妨害された警察の公務（業務）は，強制力を付与された権力的なものを含めて，その全体が，本罪による保護の対象になると解するのが相当である（最高裁昭和62年3月12日第一小法廷決定・刑集41巻2号140頁も，妨害の対象となった職務は，「なんら被告人らに対して強制力を行使する権力的公務ではないのであるから，」威力業務妨害罪にいう「業務」に当たる旨判示しており，上記のような解釈が当然の前提にされているものと思われる。)。

　所論は，①警察官の職務は一般的に強制力を行使するものであるから，本罪にいう『業務』に当たらず，②被告人の行為は軽犯罪法1条31号の『悪戯など』に該当するにとどまるものである，というようである。

　しかし，①については，警察官の職務に一般的に強制力を行使するものが含まれるとしても，本件のような妨害との関係では，その強制力によってこれを排除できず，本罪による保護が必要であることは上述したとおりであって，警察官の職務に上記のようなものが含まれているからといって，これを除外した警察官の職務のみが本罪による保護の対象になると解するのは相当ではない。なお，所論の引用する最高裁昭和26年7月18日大法廷判決・刑集5巻8号1491頁は本件と事案を異にするものである。

　②については，軽犯罪法1条31号は刑法233条，234条及び95条（本罪及び公務執行妨害罪）の補充規定であり，軽犯罪法1条31号違反の罪が成立し得るのは，本罪等が成立しないような違法性の程度の低い場合に限られると解される。これを本件についてみると，被告人は，不特定多数の者が閲覧するインターネット上の掲示板に無差別殺人という重大な犯罪を実行する趣旨と解される書き込みをしたものであること，このように重大な犯罪の予告である以上，それが警察に通報され，警察が相応の対応を余儀なくされることが予見できる

⇒ 139

ことなどに照らして，被告人の本件行為は，その違法性が高く，『悪戯など』ではなく『偽計』による本罪に該当するものと解される。」

[4] 虚偽の風説の意義

139　虚偽の風説の意義
東京地判昭和 49 年 4 月 25 日判時 744 号 37 頁／判タ 315・163
（重判昭 50 刑 4）

【事案】　被告人は，Ａ製薬会社が製造している豆腐用殺菌剤 AF-2 が，厚生大臣から食品添加物として用いることができる科学的合成品に指定されており，真実人の健康をそこなうおそれのないものであるのに，自己の著書である『危険な食品』及び『改訂版恐るべき加工食品』に，AF-2 がたいへん毒性の強い有害薬品である旨の記載を行い，虚偽の風説を流布してＡ製薬会社の業務を妨害した，として起訴された。本判決は，次のように判示したうえで，本件被告人の各著書は確実な資料・根拠に基づいたものとはいえず虚偽の風説にあたるが，被告人には故意がないので無罪であると判示した。

【判決理由】　「『虚偽の風説』については，『風説』の意味について争いはあるが，学説上，一般に，実際の事実と異なった事項を内容とするうわさのことをいうと解されているところ，……（中略）……『虚偽の風説』か否かは，被告人の行為当時の認識内容，その根拠資料の有無・内容，その当時存在していた当該事項についての資料あるいは世間の一般的認識などとは関係なく，一切の証拠資料すなわち被告人が行為当時知らなかったものあるいはそもそも知りえなかったと思われるものや行為以後現われたものを含めて，それが実際の事実と異なっているか否かについて決せられるものと解されていたようである。」

「しかしながら，……食品等の有害性や欠陥の有無については，その研究が長期間継続され，次々に積極・消極両様のさまざまな発表がなされることが多く，その研究もいつとどまるとも知れないものがあり，研究者の立場によって結論を異にすることが多い。このような場合，最終的確定的な結果を早期に期待することはほとんど不可能であり，先にみた単純な事実の存否と異なり，一刀両断的解決は望み薄であって，その結果が確定するまでどのように裁判が遅延しようともこれを待つべきであるとする見解は，憲法 37 条 1 項の保障する迅速な裁判の要請に照らし，到底採ることができない。したがって，このような事項をめぐる業務妨害罪の成否が問題とされる場合に，『虚偽の風説』につ

いて，先にみたような従前の理解のままでよいかは，大いに疑問とされねばならない。」

「本件の場合，『虚偽の風説』についての従前の理解に従うならば，『AF-2』が完全に無害であるという証明は尽くされていないのであって，将来の研究いかんによっては，発がん性等が問題となる余地も予想されないわけではなく，仮にそうなったとすれば，枝葉末節の点はさておき，『AF-2』は有害であるとの被告人の記述自体は虚偽でないこととなり，『疑わしきは被告人の利益に』という刑事裁判の原則上，『虚偽の風説』であると認めることはできず，無罪としなければならないことになろう。しかし，そうであるとするならば，本件の場合はさておき，仮に，競争関係にある企業の関係者が，自己の利益を考え，その当時としては根拠のないことを知りつつ他社の商品を誹謗するといった事例においても，後にいわゆる科学論争に持ち込みさえすれば処罰を免れる余地があるということになるが，このような場合，後日になってその誹謗が結果的に，正当であったことが証明されえたとしても，その誹謗者は処罰されるとするほうが，世人の正義感情にかなうところであろう。

そこで，それでは『虚偽の風説』をいかに解すべきかの検討に移ると，……当該事項に関し，被告人が収集していた情報・資料および自己の研究ならびに収集すべきであったと認められる情報・資料等を判断資料として『虚偽の風説』か否かを決することになるが，それは結局，被告人が，当該事項を述べたについて，相当な資料・根拠を有していたか否かを，情報収集義務をも考慮に入れつつ判断するということになり，名誉毀損罪において，刑法230条の2・1項にいう事実が真実であることの証明がない場合でも，行為者がその事実を真実であると信じたことについて確実な資料・根拠に照らし相当の理由があるときは犯罪の故意がなく，名誉毀損の罪は成立しないものと解されている（最高裁判所第二小法廷判決昭和46年10月22日刑集25巻7号838頁参照。）のと，同様の判断過程をとることとなろう。」

「すなわち，以上の理由により，当裁判所は，刑法233条にいう『虚偽の風説』とは，行為者が確実な資料・根拠を有しないで述べた事実であると解し，故意の点は別論として，その資料・根拠の確実性は，被告人の主観によって決するのではなく，社会通念に照らし客観的に判定されるべきであるとするのが相当であると考える。」

⇒ *140・141*

「『虚偽の風説』を確実な根拠・資料に基づかない事実とした解釈に従うかぎり，故意の内容は，これに照応して，自己の言説が確実な根拠・資料に基づかないことの認識であると解するのが相当である。……客観的には，確実な根拠があるとはいえないのに，軽率にも確実な根拠があると信じた結果，根拠欠如認識を持たない者もかなり多いのではないかと思われ，また『虚偽の風説』流布による業務妨害を処罰しなければならないのは，このように軽率に物事を信用する人間が多いからであると思われるが，これらの者については，過失の責任はともかくとして故意の責任まで負わせるのは相当でないであろう。したがって，行為者が自己の言説を客観的に真実であると強く信じ，それについて何らかの根拠・資料が存するときには，その根拠等がよほど不充分であり，あるいは非常識なものであって，それだけで行為者が確実な根拠に基づいているとの認識を持つなどとは明らかに考えられない場合以外は，故意責任を問うための根拠欠如認識があったと認定することは困難であると思われる。」

[5] 威力の意義

140 役員室内に侵入して団体交渉を強要した事例

最判昭和 28 年 1 月 30 日刑集 7 巻 1 号 128 頁

【判決理由】「『威力』とは犯人の威勢，人数及び四囲の状勢よりみて，被害者の自由意思を制圧するに足る犯人側の勢力と解するを相当とするものであり，且つ右勢力は客観的にみて被害者の自由意思を制圧するに足るものであればよいのであって，現実に被害者が自由意思を制圧されたことを要するものではないと解すべきものである。」

141 商家の周りの板囲

大判大正 9 年 2 月 26 日刑録 26 輯 82 頁

【判決理由】「強制的に営業中の商家の表殆と全線に亘りて板囲を為し商家の尤も必要とする看板店灯等を街路より見るを得さらしめ玄関内帳場店の間等重要なる各室内の光線を遮断して之を暗黒ならしめ営業に関する事務を執ること能はさるに至ることを余儀なくせしめたるは即ち暴力を以て被害者の自由を制圧するものにして刑法第 234 条に所謂威力に外ならす」

142　貨車に積載された石炭を落下させる行為

最判昭和32年2月21日刑集11巻2号877頁

【判決理由】「原判決が，刑法234条にいう『威力を用ひ』とは，一定の行為の必然的結果として，人の意思を制圧するような勢力を用いれば足り，必ずしも，それが直接現に業務に従事している他人に対してなされることを要しない旨の法律見解の下に，『送炭を阻止するため，実力を以て貨車の開閉弁を開放して，同貨車に積載せる石炭をその場に落下せしめて会社の送炭業務を不能ならしめた行為は，同条所定の構成要件を充足するものとした』第1審判決の判断を相当としたことは，当裁判所においてもこれを正当として是認することができる。」

143　弁護士の鞄の奪取

最決昭和59年3月23日刑集38巻5号2030頁／判時1121・142，判タ532・135

【事案】被告人Xは，A弁護士に一方的な思慕の情を抱き，度々交際を求めたが相手にされなかったことに憤慨し，Aを困らせようと，Aの持っていた鞄を力づくで奪い取って自宅に持ち帰りこれを隠匿した。

【決定理由】「原判決の是認する第1審判決によれば，被告人は，弁護士である被害者の勤務する弁護士事務所において，同人が携行する訟廷日誌，訴訟記録等在中の鞄を奪い取り，これを2か月余りの間自宅に隠匿し，同人の弁護士活動を困難にさせたというのである。右のように，弁護士業務にとって重要な書類が在中する鞄を奪取し隠匿する行為は，被害者の意思を制圧するに足りる勢力を用いたものということができるから，刑法234条にいう『威力を用ひ』た場合にあたり，被告人の本件所為につき，威力業務妨害罪が成立するとした第1審判決を是認した原判断は，正当である。」

144　イルカ漁網のロープの解き放ち

長崎地佐世保支判昭和55年5月30日判時999号131頁／判タ414・59

【判決理由】「被告人は，有害な水産動物駆除のためイルカの捕獲処理を行うことを業務とする長崎県B郡海豚対策協議会（代表者会長A）が，同郡C町辰ノ島湾内を仕切網で区画し，その区画内に収容していた捕獲イルカを逃走させようと企て，昭和55年2月29日同島において，別添現場図記載のとおり，各仕切網を同島船着場のコンクリート製綱取に結びつけていた箇所のロープを解き放ち……仕切網の一部を水中に沈下させ，イルカ約300頭をして仕切網を

⇒ 145

乗り越えて逃走させ，もって威力を用いて同会の前記業務を妨害したものである。」

145 蒸気・電気を停止させる行為
前橋地判昭和 55 年 12 月 1 日判タ 445 号 176 頁

【事案】 被告人らは，国立心身障害者施設 A 園において，秋闘の一環としての同盟罷業に際し，多数の組合員を同園エネルギーセンター前に集合させたうえ，ボイラーのバルブ等を操作してその運転を停止させ，受電盤のスイッチを切断して，同園の停電及びボイラー停止の状態を約 4 時間にわたり継続させた。本判決は，被告人らに対する威力業務妨害罪の成立を否定した。

【判決理由】「電気，ボイラーを使用して業務を行う者にとっては，それが停止してしまえば，必然的に業務を遂行することができなくなるわけであるから，自由意思を制圧されることになり，その意味で右停止行為ないしそれにより惹き起こされた通電等の停止状態自体を威力と解する余地は一応ないではなく，……(中略)……このような考え方に立って威力業務妨害罪の成立を肯定したと解し得る先例（近江絹糸岸和田工場事件についての，大阪高裁昭 26・10・22 判決，高刑集 4 巻 9 号 1165 頁等）も存在する。

しかし，前記威力の定義は，『……人の意思を制圧するような一切の行為』ではなく，そのような『勢力』というのであるところ，本件停電，ボイラー停止行為は，いずれも当該機器装置の正規の操作方法に従って行われたもので，その直接の効果としては物の破壊ないしこれに類するようなものは一切伴っておらず，更に別の『威力』による妨害が加わらない限り，業務主体側において通電，通気状態を回復することに格別な困難があるとは認められないのであって，この点において前記最高裁判決〔⇒142〕の事案（石炭を積んだ貨車の開閉弁を開放して石炭を路線上に落下させてしまった事案。なお前記近江絹糸の事案は争議行為ではなく，また操業中の織機が停電により突然停止したため，織機にかかっていた織糸が切れたり，織物に疵ができたりしたという事情があったもののようである。）等とは質的な差違があるように考えられるのであるから，既に認定し，なお後にも触れるように，誰の制止を受けるでもなく平穏裡に行なわれた右停止行為自体を捉えて『勢力』の行使と称し得るか否かについては，多大の疑問があるといわざるを得ない。『勢力』ないし『威力』と言い得るためには，暴行，脅迫，器物損壊もしくは少くともこれらに準ずるよう

な，何らかの意味における暴力的ニュアンスを必要とすると解すべきであって，そう解しなければ，軽犯罪法1条31号所定の行為との区別も失われてしまうであろう。」

146　ドローンを官邸屋上に落下させた事例
東京地判平成28年2月16日判タ1439号245頁

【事案】　被告人は，内部に放射性物質を含有する土砂を入れ放射性物質の存在を示す標識および「RADIOACTIVE」の文字が印刷されたシールを貼付した容器，緊急保安炎筒等を搭載したドローン（小型無人飛行機）を遠隔操作し，これを総理大臣官邸の上空まで飛行させた上，降下操作をして官邸屋上に落下させた。本件ドローンが発見された際，本件ドローンの搭載物につながれたニクロム線やリード線はむき出しになっていた。ドローンを発見した庁舎管理担当者らは，警備担当者への連絡，状況説明等の対応を行った。本判決は威力業務妨害罪の成立を肯定した。

【判決理由】　「威力とは，人の自由意思を制圧するに足る勢力をいう（最高裁判決昭和28年1月30日刑集7巻1号128頁参照）。本件ドローンに搭載されていた容器には，放射性物質を含有する旨の表示があり，発見者に対して，当該容器に生命や身体に危険を与えるような高線量の放射性物質が在中している可能性を想起させ，被曝などの危険性を感じさせるものといえる。そして，本件ドローンに搭載されていた緊急保安炎筒は，そもそも一定時間にわたって高温の炎を出すものであって一度発火すれば周囲に引火するおそれがある上，一見して市販されているような緊急保安炎筒とわかるものではなく，黒色に塗装され，ニクロム線やリード線などが取り付けられていたことからすれば，発見者に対して，本件ドローンに搭載されていた緊急保安炎筒が爆発物であると誤信させ，爆発などの危険性を感じさせるものである。さらに，これらの特徴を備えた本件ドローンを，厳しい警備が敷かれ，我が国の行政執務の拠点である官邸に夜間落下させることは，発見した官邸職員に対して，何者かが政務に混乱や危害を加えるためにドローンを用いて被曝や発火爆発等を企図したとの印象を与え得るものというべきであって，このような印象を受けた官邸職員が，本件ドローンによる被曝や発火爆発等を恐れて，通常業務を中断し異常事態への対応を必要とするおそれは非常に高く，本件ドローンを官邸に落下させるという行為は，A ら官邸職員の自由意思を制圧するに足る勢力にあたるといえ，威力性を充足すると認められる。」

⇒ *147・148*

「業務妨害罪においては，現に業務妨害の結果の発生を必要とせず，業務を妨害するに足りる行為が行われれば足りると解される（最高裁判決昭和28年1月30日刑集7巻1号128頁参照）。本件ドローンを官邸に落下させる行為は……何者かが政務に混乱や危害を加えるためにドローンを用いて被曝や発火爆発等を企図したとの印象を与え，本件ドローンを発見した官邸職員が，本件ドローンによる被曝や発火爆発等を恐れて，通常業務を中断し異常事態への対応を必要とするおそれが非常に高いといえることからすれば，本件ドローンを官邸に落下させる行為がＡら官邸職員による官邸事務所の庁舎管理等の業務を妨害するに足りる行為と認められることは明らかである。なお，これに加え，庁舎管理業務の一環として官邸等の視察を予定し，官邸の屋上を視察していたＡは，本件ドローンの発見に伴い，予定していた視察を中止するなど通常業務を中断するとともに，上司である官邸事務所長に状況を説明して，警察官の事情聴取を受けるなど本件ドローンの落下に伴う異常事態への対応を迫られており，現に妨害の結果が生じている。」

［6］　偽計の意義

147　マジックホンの設置

最決昭和59年4月27日刑集38巻6号2584頁／判時1119・160，判タ531・149
（百選Ⅱ25，重判昭59刑7）

【決定理由】「日本電信電話公社の架設する電話回線において，発信側電話機に対する課金装置を作動させるため受信側から発信側に送出される応答信号は，有線電気通信法2条1項にいう『符号』にあたり，応答信号の送出を阻害する機能を有するマジックホンと称する電気機器を加入電話回線に取り付け使用して，応答信号の送出を妨害するとともに発信側電話機に対する課金装置の作動を不能にした行為が，有線電気通信妨害罪（同法21条）及び偽計業務妨害罪にあたるとした原判断は，正当である。」

148　電力量計の操作

福岡地判昭和61年3月3日判タ595号95頁

【判決理由】「被告人は，甲，乙と共謀のうえ，九州電力株式会社（以下，九州電力という。）から電気の供給を受けている福岡県○○市大字○○××番地

パチンコAこと右乙方店舗内に九州電力が電気の使用量を計量するため設置している電力量計の作動を減速させ，九州電力の右乙に対する正当な電気料金の計算徴収業務を妨害しようと企て，昭和60年3月中旬ころ，右乙方店舗において，同所に設置されていた九州電力の電力量計を収納している計器ボックスを開け，その内部の電力量計とテストスイッチ間に配線してある3Lの記号表示のある部分の電線をテストスイッチ側のターミナル端子から抜き出し切断して電力量計への通電を妨げ，その作動を減速させて実際の使用電力量より少ない電力量を指示するような工作をなし，もって偽計を用いて九州電力の右乙に対する正当な電気料金の計算徴収業務を妨害したものである。」

149 無言電話
東京高判昭和48年8月7日高刑集26巻3号322頁／判時722・107，判タ301・278

【判決理由】「刑法233条にいう偽計を用いるとは，所論のように欺罔行為により相手方を錯誤におちいらせる場合に限定されるものではなく，相手方の錯誤あるいは不知の状態を利用し，または社会生活上受容できる限度を越え不当に相手方を困惑させるような手段術策を用いる場合をも含むものと解するのが相当である。」

「被告人が相手方の業務を妨害する意図のもとに，約970回にわたり昼夜を問わず繰り返し電話をかけ，その都度，相手方が或いは顧客等からの用件による電話かも知れないとの懸念から電話口に出ると，無言のまま相対し，または自己の送受話器を放置し，その間一時的にもせよ相手方の電話の発着信を不能ならしめた所為は，一面において，受信者である相手方の錯誤ないし不知の状態を利用するものであることを全く否定し得ないものがあると共に，他面において，その目的，態様，回数等に照らし，社会生活上受容できる限度を越え不当に相手方を困惑させる手段術策に当たるものというべく，これを総合的に考察すればまさに刑法233条にいわゆる偽計を用いた場合に該当するものと解するのが相当である。」

150 放送線の切断
大阪高判昭和49年2月14日刑月6巻2号118頁／判時752・111，判タ312・285

【判決理由】「被告人両名は，同業者である有限会社A社が自社営業地盤である大阪市南区方面に進出したのでこれを阻止しようと企て，同社従業員Bは

⇒ *151・152*

か約20名と共謀のうえ、昭和41年7月10日午後11時30分ごろから翌11日午前2時ごろまでの間、右A社が不知の間に、別紙記載のとおり、同区および同市東区内において、当時同社がCほか9名の顧客に対し音楽放送を送信するため使用していた有線放送用電線をひそかに切断撤去し、右A社のCら方への放送を不能ならしめ、もって有線電気通信設備を損壊し偽計を用いて右A社の有線電気通信を妨害するとともに同社の音楽放送業務を妨害したものである。」

151　現金自動預払機の占拠

最決平成19年7月2日刑集61巻5号379頁／判時1986・156、判タ1252・169
（百選Ⅱ18、重判平19刑6）

【事案】 ⇒*121*〔決定理由〕

【決定理由】「被告人らは、盗撮用ビデオカメラを設置した現金自動預払機の隣に位置する現金自動預払機の前の床にビデオカメラが盗撮した映像を受信する受信機等の入った紙袋が置いてあるのを不審に思われないようにするとともに、盗撮用ビデオカメラを設置した現金自動預払機に客を誘導する意図であるのに、その情を秘し、あたかも入出金や振込等を行う一般の利用客のように装い、適当な操作を繰り返しながら、1時間30分間以上、あるいは約1時間50分間にわたって、受信機等の入った紙袋を置いた現金自動預払機を占拠し続け、他の客が利用できないようにしたものであって、その行為は、偽計を用いて銀行が同現金自動預払機を客の利用に供して入出金や振込等をさせる業務を妨害するものとして、偽計業務妨害罪に当たるというべきである。」

■ 11　電子計算機損壊等業務妨害罪

152　電子計算機の意義

福岡高判平成12年9月21日判時1731号131頁／判タ1064・229

【事案】 被告人は、パチンコ遊技台に取り付けられた電子計算機である各主基板から、いわゆる「大当たり」を発生するための用に供する情報が記録されたロムを取り外し、被告人らの用意した不正に作成されたロムを取り付けて交換し、「大当たり」を人為的に発生させることを可能にする虚偽の情報を各主基板に与え、もって、人の業務に使用する電子計算機の用に供する電磁的記録を損壊するとともに、電子計算機に不正な指令

を与えて使用目的に反する動作をさせ，パチンコ店の業務を妨害した，として電子計算機損壊等業務妨害罪で起訴され，第1審で有罪になった。本判決は，以下のように判示して，電子計算機損壊等業務妨害罪の成立を否定し，業務妨害罪の成立だけを認めた。

【判決理由】「刑法234条の2の電子計算機損壊等業務妨害罪は，電子計算機の普及に伴い，従来は人の身体的動作等によって遂行されていた業務処理が，電子情報処理組織による自動的な処理によって行われるようになり，その結果，業務妨害行為が業務を遂行している人に対する加害のほか，電子情報処理組織そのものに対する加害によっても行われるようになり，これにより従来に比しはるかに重大な業務妨害が行われ，かつこれが間接的には国民生活にも大きな影響を及ぼすおそれが出てきたことから，同法233条及び234条に定める業務妨害罪とは別に電子情報処理組織の中心的存在としての電子計算機に対する加害を手段とする新しい類型の業務妨害罪を定めるとともに，より重い法定刑を定めたものである。このような立法趣旨にかんがみると，電子計算機損壊等業務妨害罪にいう『業務に使用する電子計算機』とは，それ自体が自動的に情報処理を行う装置として一定の独立性をもって業務に用いられているもの，すなわち，それ自体が情報を集積してこれを処理し，あるいは，外部からの情報を採り入れながらこれに対応してある程度複雑，高度もしくは広範な業務を制御するような機能を備えたものであることを要するものというべきであり，そのような性能，実態を備えている電子計算機をいうものと解するのが相当である。立法担当者の解説にも，刑法234条の2にいう業務妨害罪との関係では，自動販売機に組み込まれたマイクロコンピューターは，販売機としての機能を高めるための部品にとどまるものであって，同条の電子計算機には当たらないとされ，これに該当しないものの例示とされているが，この点にも右の趣旨をうかがうことができる。そうすると，本件パチンコ遊技台の電子計算機部分は，前記のとおり，一定の作業をあらかじめロムに書き込まれているプログラムどおりに動作させるにとどまり，その内容も比較的単純なもので，あくまでも当該機械の動作を制御するにとどまるものであり，ましてや，パチンコ営業に関する情報を集積して事務処理をしたり，複雑，高度な業務の制御をするといえるような機能，実態を備えているとはいえないものであって，結局，自動販売機の電子計算機部分と同様に，個々のパチンコ遊技台の機能を向上させる部品の役割を果たしているにすぎないと認められるから，刑法234条の2にいう『業

⇒ 153

務に使用する電子計算機』にはいまだ該当しないと解するのが相当である。」

153　ホームページ内の天気予報画像とわいせつ画像の置き換え

大阪地判平成 9 年 10 月 3 日判タ 980 号 285 頁

【判決理由】「被告人は，大阪市北区××所在の A 放送株式会社がインターネット利用者に提供するため開設したホームページ内の天気予報画像を消去してわいせつな画像等に置き換え，同会社の情報提供業務を妨害するとともに，わいせつな画像を不特定多数のインターネット利用者に閲覧させようと企て，平成 9 年 5 月 18 日，埼玉県富士見市〈住所略〉の当時の自宅において，インターネットを利用して，右 A 放送株式会社内に設置されたサーバコンピュータの記憶装置であるハードディスク内に記憶・蔵置されていた天気予報画像のデータファイル 9 個を消去して損壊するとともに，女性の性器を露骨に撮影したわいせつな画像のデータファイル 5 個を含む画像のデータファイル 9 個を，消去した右天気予報画像のデータファイルと同一のファイル名を付して，右サーバコンピュータに順次送信するなどし，右ハードディスク内に記憶・蔵置させ，右サーバコンピュータが，不特定多数のインターネット利用者に対し，右天気予報画像のデータファイル 9 個分のデータを提供しようとした場合には，これに代えて新たに記憶・蔵置させたデータファイル 9 個分のデータを提供する結果となり，右利用者らが右わいせつな画像のデータファイル 5 個分のデータを受信してこれを再生閲覧することが可能な状況を設定し，右ホームページにアクセスしてきた A ら不特定多数の者にこれを再生閲覧させ，もって，人の業務に使用する電子計算機の用に供する電磁的記録を損壊し，かつ，同電子計算機に虚偽の情報を与え，電子計算機に使用目的に反する動作をさせて，人の業務を妨害するとともにわいせつな図画を公然と陳列したものである。」

IV 人格に対する罪

■1 秘密に対する罪

154　「業務上取り扱ったことについて知り得た人の秘密」の意義
最決平成 24 年 2 月 13 日刑集 66 巻 4 号 405 頁／判時 2156・141, 判夕 1373・86
（重判平 24 刑 6）

【事案】　精神科の医師である被告人は, 少年事件について, 家庭裁判所から, 精神科医としての知識, 経験に基づく, 診断を含む精神医学的判断を内容とする鑑定を命じられ, そのための鑑定資料として少年らの供述調書等の写しの貸出しを受けていたものであるが, 正当な理由がないのに, 同鑑定資料や鑑定結果を記載した書面を第三者に閲覧させ, 少年及びその実父の秘密を漏らした。

【決定理由】　「所論は, 鑑定医が行う鑑定はあくまでも『鑑定人の業務』であって『医師の業務』ではなく, 鑑定人の業務上知った秘密を漏示しても秘密漏示罪には該当しない, 本件で少年やその実父は被告人に業務を委託した者ではなく, 秘密漏示罪の告訴権者に当たらない旨主張する。

　しかし, 本件のように, 医師が, 医師としての知識, 経験に基づく, 診断を含む医学的判断を内容とする鑑定を命じられた場合には, その鑑定の実施は, 医師がその業務として行うものといえるから, 医師が当該鑑定を行う過程で知り得た人の秘密を正当な理由なく漏らす行為は, 医師がその業務上取り扱ったことについて知り得た人の秘密を漏示するものとして刑法 134 条 1 項の秘密漏示罪に該当すると解するのが相当である。このような場合, 『人の秘密』には, 鑑定対象者本人の秘密のほか, 同鑑定を行う過程で知り得た鑑定対象者本人以外の者の秘密も含まれるというべきである。したがって, これらの秘密を漏示された者は刑訴法 230 条にいう『犯罪により害を被った者』に当たり, 告訴権を有すると解される。

　以上によれば, 少年及びその実父の秘密を漏らした被告人の行為につき同罪

⇒ 155

の成立を認め，少年及びその実父が告訴権を有するとした第1審判決を是認した原判断は正当である。」

■2　名誉に対する罪

[1]　保護法益

155　法人に対する侮辱
最決昭和58年11月1日刑集37巻9号1341頁／判時1099・35，判タ515・126
(百選Ⅱ22)

【事案】　被告人は，A社の顧問弁護士であるBと損害賠償交渉を行っていたが，A社関係者及びBに圧迫を加えて交渉を有利に進めようと企て，Cビル1階玄関柱に「D海上の関連会社であるAは，悪徳弁護士Bと結託して被害者を弾圧している，両社は責任をとれ」と記載したビラ12枚を糊で貼付した。第1審判決は，A社及びBに対する侮辱罪の成立を認め，第2審判決もこれを是認した。

【決定理由】　「刑法231条にいう『人』には法人も含まれると解すべきであり（大審院大正14年(れ)第2138号同15年3月24日判決・刑集5巻3号117頁参照），原判決の是認する第1審判決が本件A株式会社を被害者とする侮辱罪の成立を認めたのは，相当である。」

　　中村治朗裁判官の補足意見　「名誉は，人と人との交渉過程から生れる人の人格に対する他者の評価の集積として客観的な存在を有し，かつ，かかるものとしてその人に帰属せしめられる価値たる性質をもつものであり，他方名誉感情は，このような事実の反映として人の心裡に生ずる情動ないし意識という主観的な存在であって，両者は一応それぞれ別個のものとしてとらえることができるものではあるが，一般的にみて，両者の間にはいわば楯の両面というに近い密接な関係があることに加えて，名誉感情は，人の人格と深いつながりをもつ感情ないし意識であるとはいえ，右に述べたように，客観的な存在である社会的評価の反映としていわば後者を前提として成立するという性格を多分に帯有するものであることを考えると，法が，社会的名誉と切り離して名誉感情というような主観的なものを独立の法益としてとらえ，専ら又は主としてこれを保護する目的で法的規制を施していると認めるためには，そう考えざるをえないような特段の強い理由が看取される場合であることが必要ではないかと思う。

⇒ *155*

このような見地から刑法 231 条の侮辱罪に関する規定をみると，同条が，その直前の 230 条の規定する名誉毀損罪の場合と異なり，専ら又は主として社会的名誉と区別された名誉感情を保護の対象としていると解さなければならないような，特段の強い理由があるとは思えない。かえって右 231 条が，侮辱罪の成立要件として名誉毀損罪と同様に行為の公然性を要求し，事実の摘示の有無のみを両者の区別の要点とするにとどまっているところからみれば，むしろ侮辱罪も名誉毀損の場合と同じく人の社会的名誉を保護法益として眼中に置いているとみるのが妥当であるように思われる。」

「私は，現代社会においては，法人等の団体は，その構成員を離れた社会的存在を有し，かつ，固有の活動を営んでおり，かかるものとして独自の価値主体たりうるものであって，自己に対するさまざまな面からの社会的評価に対してはそれなりの関心と利益を有すると認められるから，これを自然人の場合と同様に独自の保護法益としてとらえることは，決して無意味とはいえないと思う。そしてこのことは，営利法人の場合も同様であって，その主たる目的が経済的活動であるからといって，その者の支払能力その他の経済力に対する評価等直接その経済活動に影響を与えるもののみがその関心事であり，これのみを考慮すれば足りるとはいちがいにいいきれないものがあるのではないかと考える。」

団藤重光裁判官の意見　「何よりもまず，名誉毀損罪の法定刑が 3 年以下の懲役・禁錮を含む相当に重いものであるのに対して，侮辱罪のそれが単なる拘留・科料にとどまっていることは，事実摘示の有無というような行為態様の相違だけでは説明が困難であって，より本質的な保護法益そのものの相違にその根拠を求めなければならないのである。のみならず，侮辱罪の規定では『事実を摘示せずして』ではなく『事実を摘示せずと雖も』とされているのであるから，行為態様の相違としての事実摘示の有無ということも，文理上どこまで強く主張されうるか，疑問の余地がないわけではない。」

「『他人の社会的地位を軽蔑する抽象的判断』の公然発表という行為は，社会的名誉そのものを保護法益とみるかぎり，保護法益の侵害に対して遠い危険性を有するだけの，きわめて間接的な関係に立つにすぎないことになる。わたくしは，もっと端的な保護法益を他に求めることができるとすれば，それによるべきものと考える。そうして，名誉感情を保護法益とみる考え方が，この点で

⇒ *155*

はるかにすぐれているとおもうのである。

　もちろん，名誉感情という主観的なものを保護法益とすることについては，被害者の名誉感情の個人差の問題や証明の問題がある。しかし，前者は行為の定型性の見地から解決されるべきであり，後者は——名誉毀損罪における社会的名誉についていわれているのと同様に——名誉感情の現実の侵害を要件としないことによって解決されるべきである。刑法231条の規定が公然性を要件としていること，しかも面前性を要件としていないことも，名誉感情を侮辱罪の保護法益とみることに対する本質的な批判となるものではない。

　このようにして，わたくしは名誉感情を侮辱罪の保護法益と解するのであって，この見地からすれば，法人を被害者とする侮辱罪の成立は当然に否定されるべきことになる。」

谷口正孝裁判官の意見　「判例は一貫して『刑法第231条所定の侮辱罪は，事実を摘示せずして，他人の社会的地位を軽蔑する犯人自己の抽象的判断を，公然発表するにより成立するものなるに反し，同法第230条第1項所定の名誉毀損罪は，他人の社会的地位を害するに足るべき具体的事実を，公然告知することにより成立する』（大審院大正15年7月5日判決・刑集5巻8号303頁その他）として，刑法230条1項所定の名誉毀損罪も同231条所定の侮辱罪も，ともに人の価値に対する社会的評価，すなわち名声を保護法益とするものと考えてきた。」

　「然し，公然性を要件としているからといって直ちに侮辱罪の保護法益を右の如く理解しなければならないわけのものではなく，相手方の面前における侮辱はわれわれの社会生活上とかくありがちのことであるとして，その行為に可罰性を認めず，公然侮辱という例外的な場合に限ってその可罰性を認めたものと説明することも十分可能である。」

　「さらに，名誉毀損罪と侮辱罪との保護法益を同じく人の社会的価値に関する社会的評価であると考え，両罪のちがいを専ら事実の摘示の有無に求める場合，両罪に対する法定刑の極めて顕著なちがいをどのように説明するのか。私は，名誉毀損罪が人の社会的価値に関する社会的評価といういわば客観的なものであるのに対し，侮辱罪が名誉感情・名誉意識という主観の問題と解することによって，両罪の間に可罰性の程度のちがいがあり，そのことが両罪の法定刑の右の如きちがいを導いているのだと考える。

以上の次第であって，私は多数意見と異なり，侮辱罪の保護法益を名誉感情・名誉意識と理解する。」

「私のこのような理解に従えば，本件において法人を被害者とする侮辱罪は成立しないことになる。（従って又幼者等に対する同罪の成立も否定される場合がある。このような場合こそはモラルの問題として解決すればよく，しかも，侮辱罪は非犯罪化の方向に向うべきものであると考えるので，私はそれでよいと思う。）」

[2] 公 然 性

156　7名の役員からなる会合での発言

大判昭和12年11月19日刑集16巻1513頁

【事案】　被告人は，A村の消防組第2部の小頭であったが，同村事務所内でBほか7名の消防組役員に対し，自分が小頭を辞任する理由として，消防組第2部の後援会長Cは同村の購買販売利用組合の組合長であった当時組合の金を横領したものであり，かかる不正行為をした者の後援を受けることは自分として忍びない旨を告げた。

【判決理由】　「元来法律か公然と規定し而して判例か之を不特定又は多数人と解するに至りたる所以のものは蓋多数人なるときは動もすれは秘密の保たれ得さるの虞あるか故に外ならさるを以て多数人なりと雖其の員数の点に顧み又其の集合の性質に鑑み克く秘密の保たれ得て絶対に伝播の虞なきか如き場合に於ては公然と称するの要なきものと解するを相当とすへし

今本件事案を按するに右H団体事務所に於ける会合は一定の範囲に限られたるB外7名の役員会にして而かも同役員会に於て被告人は消防組小頭辞職の理由の釈明を求めらるるや人事に関する問題なるの故を以て当初理由の開示を拒みたるに列席者に於て右会合か懇意なる役員の会合なることを挙け強いて其の釈明を求めたるより已むなく其の理由を開陳したるものなれは其の経緯に鑑み列席者は当然被告人の開示したる事項に付秘密を保つへき責あるものと謂ふへく従て被告人か秘密の保たるへきことを予期し右会合に於て小頭辞職の理由として開示せるところか偶々Cの名誉を毀損する事項に渉れりとするも之を目して公然事実を摘示して名誉を毀損したりと為すことを得す」

⇒ *157・158・159*

157　伝播性

大判大正8年4月18日新聞1556号25頁

【事案】　原判決は，被告人XがA女と私通関係がある事実をB及びその妻他数名に対し話した旨の，Xの公判廷における供述を証拠として，名誉毀損罪の成立を認めた。これに対し，弁護人は，事実をB及びその妻に告げただけで当時他の者は居なかった旨の被告の供述は公判始末書にあるが，原判決摘示のごとき供述は存在せず，原判決は虚無の証拠を援用して事実を認定した違法がある，として上告した。本判決は，以下のように一般論を判示したうえで，B他数名と認定してもB及びその妻と認定しても犯罪の成立に影響を及ぼさないかも知れないが，原判決は被告人の不利に証拠の趣旨を変更した非難を免れない，と判示して，原判決を破棄し事件を第1審に移した。

【判決理由】　「刑法第230条の罪の成立に必要なる公然たることは必ずしも事実の摘示を為したる場所に現在せし人員の衆多なることを要せず関係を有せざる二三の人に対して事実を告知したる場合と雖も他の多数人に伝播すべき事情あるに於ては之を公然と称するに妨な〔し〕」

158　噂の伝播

最判昭和34年5月7日刑集13巻5号641頁
(百選Ⅱ19) ⇒*165*

【事案】　被告人は，被告人方庭先の燻炭囲いの菰が燃えているのを発見し消火に赴く際，偶々その付近で男の姿を見て近所のAと思い込み，自宅においてAの弟B及び村会議員で火事見舞いにきていたCに対し，また，A方でその妻D長女E及び近所のF，G，H等のいる面前で，問われるままに「Aの放火を見た」「火が燃えているので同人を捕らえることは出来なかった」旨述べた。A放火の噂は村中に相当広まった。

【判決理由】　「原判決は第1審判決の認定を維持し，被告人は不定多数の人の視聴に達せしめ得る状態において事実を摘示したものであり，その摘示が質問に対する答としてなされたものであるかどうかというようなことは，犯罪の成否に影響がないとしているのである。そして，このような事実認定の下においては，被告人は刑法230条1項にいう公然事実を摘示したものということができる」

159　関係者3名への文書の郵送

東京高判昭和58年4月27日高刑集36巻1号27頁／判時1084・138

【事案】　被告人は，A高校教諭Bの名誉を毀損しようと企て，A高校生徒の父兄を装い，「音楽のB先生が市内にあるサロンサウナの売春事件の時にサウナにいる現場を見つかって書類送検された」等と虚偽の事実を記載した手紙3通を作成し，封書で教育委

員会委員長，A高校長，A高PTA会長に対して郵送した。本件投書は，これを受け取って事実調査を行った教育委員会職員，A高校長，同校長が事実調査のため投書を見せた数人の同校教諭，事実関係の問い合わせを受けた警察官，PTA会長，同会長が投書を見せた同会長の家族とA高教諭，など20名近くの者がこれを閲読したが，いずれもその内容を外部に漏らすことはしなかった。第1審判決は，被告人に対し名誉毀損罪の成立を認めたが，本判決は，被告人の行為の公然性を否定して無罪を言い渡した。本判決は，以下のように一般論を述べたうえ，教育委員会職員，高校教諭，警察官には公務員法上の守秘義務があるほか，内容からいってもこれらの者から他へ伝播する虞れはなく，PTA会長に関しても自己の家族及びA高教諭に対して他へ漏れることはないという前提の下で閲読させたもので，結局，本件名宛人または同関係者等一部局限された者から他へ伝播する虞れはなかった，と判示した。

【判決理由】「およそ名誉毀損罪における公然とは，不特定又は多数の人が認識することができる状態を言うのであるから，人の名誉を毀損するに足りる事項を記載した文書が，直接には，それ自体で多数とは言い得ない特定人に対して郵送された場合にあっては，法の趣旨に従い，当該文書の性質，内容，相手方との関連，その他具体的諸事情を総合して，社会通念により，その記載内容が不特定又は多数の人に伝播する虞れが有るか否かを検討し，これが認められないときは，当該所為の公然性はこれを否定すべきものである。」

[3] 真実性の証明

160 真実性証明の対象

最決昭和43年1月18日刑集22巻1号7頁／判時510・74，判タ218・205

【事案】 被告人は，「銚子市政はこれでよいか」と題するパンフレットに，銚子市長選挙に当選したAの選挙運動が「徹底した，呑ませる，食わせる，握らせる，3せる戦法で，物凄いものがあった」等々Aの名誉を毀損する事実を記載したものを多数の者に頒布したが，その一部には「人の噂であるから真偽は別として，50万円もの，センベツをA市長に贈ったとかいわれ」という事実が記載されていた。第1審判決，第2審判決とも，真実証明がないとして名誉毀損罪の成立を認めた。第2審判決は，「名誉毀損罪において事実の摘示が要件とされる理由は，一定の具体的事実の存在を他人に印象づけることが当該本人の人格的価値の社会による承認ないし評価の低下を来せしめるというところにあるのであるから，その事実は，提示者が自ら体験したものとして主張しようと，他から伝聞したものとして示されるとを問わないのであって，このばあい，

⇒ 161

『人の噂であるから真偽は別として』というような表示が挿入されていても異なるところはないのである。……したがって，この餞別の件についても，風評そのものの存在が問題なのではなくして，その風評の内容たる事実そのものの真否が問題となる」と判示している。

【決定理由】「本件のように，『人の噂であるから真偽は別として』という表現を用いて，公務員の名誉を毀損する事実を摘示した場合，刑法230条ノ2所定の事実の証明の対象となるのは，風評そのものが存在することではなく，その風評の内容たる事実の真否であるとした原判断は，相当である。」

161 銀行の業務と公共利害事実

福岡高判昭和50年1月27日刑月7巻1号14頁

【事案】 被告人は，A相互銀行が競落によって所有権を取得した後Bに転売し，分筆登記がなされたうえ更にBがCに転売した山林の所在及び境界が不明であることを聞知し，Cから同銀行に対して右土地の所在及び境界の明示を求めていた。その後，被告人は，本件山林全部について所有権移転請求権保全の仮登記を受け，同銀行に対して重ねて回答を求めたが，同銀行がこれに応じなかったのに憤慨して，「銀行性悪説，その筆頭，……欺瞞の殿堂A相互銀行」の見出しで「◎あなたの土地は大丈夫か1800万の土地が消えていた◎悪ブローカーも顔負け天も恐れぬその非情の所業を今暴露◎13億のカゲでうそぶく鬼の横顔はこうだ……」と，ことさら他人をして同銀行が不正な手段により1800万円の架空の土地を譲渡していた悪徳銀行であるかのような疑いを抱かせる内容を印刷したビラ約430枚を繁華街の電柱等人の目につきやすい場所を選んで貼付し，もって公然事実を摘示してA相互銀行の名誉を毀損した。

【判決理由】「本件土地の所在が不明となったのは，株式会社A相互銀行の前身たるA無尽株式会社の行った分筆登記申請手続における現地の正確な調査を欠いた手続上の瑕疵に基因するものと推認されるところであって被告人が株式会社A相互銀行に対し本件土地の存在と隣接との境界等の明示を求めたことは正当な措置といわねばならない。

銀行（相互銀行を含む）等金融機関の行う業務は一般的に手堅いものとして社会一般からの評価を受けていることは公知の事実であり，その評価を背景にして銀行等金融機関の行う業務の遂行には極めて高い信頼が寄せられており，（相互銀行法1条参照）たといその行為が付随的業務に過ぎない分筆登記であっても異る道理はない。従って，かような金融機関の行う業務の遂行が，本来の主たる業務であると，または従たる業務であるとに関りなく公正に行われる

と否とは公共の利害に関係があるものといわねばならない。

　次に，本件土地は，登記上存在するに過ぎないもので，実際の土地は存在しないため，真実の取引価値は定められないが，また分筆登記手続の際示された書類上の位置に対応する実際の場所は道路や墓地であることが推認されるので，これまた取引価額を知る由もないが，その附近の住宅地に準じて考えれば本件当時少くとも1800万円位の価額を有していたものと推測される。従って本件ビラに使用された文言のうち『1800万円の土地が消えていた』との表現は真実に合致していたといい得るものの，その他の『偽瞞の殿堂，悪ブローカーも顔負け天も恐れぬその非情の所業，13億のカゲでうそぶく鬼の横顔』の表現は，誹謗に亘るものであって，公共の利益のため必要とする限度を遥かに逸脱するものであり，全体としてこれをみるとき，公共の利害に関する事実と認めることはできない。」

　「〔被告人は〕本件土地の存否につき直接的かつ正当な利害関係を有する者として，株式会社A相互銀行に対する交渉を有効適切ならしめようとした意図が存在していた事実を推認し得るところである。しかるときは，被告人が本件行為をなすに当って，公益を図る目的がなかったとはいい得ないにしても，それが主たる目的ないし動機であったとはいい難く，寧ろ，私的利益擁護の企図が主たる目的ないし動機であったと判断せざるを得ないのであって，本件行為の目的が専ら公益を図るためのものであったとは認め難いところである。

　従って，本件行為については，違法性阻却事由は認め難く，名誉毀損罪の成立することはも早や否み得ないものといわねばならない。」

162　公務員に関する事実摘示

最判昭和28年12月15日刑集7巻12号2436頁／判タ38・60

【事案】　被告人は，旬刊新民報の編集者兼発行人であるが，A町町会議員Bが自警廃止論者であったのにかかわらず自警存置論者に変節したので，それを批判するにあたり同人が片手を喪失していることと結びつけ，同紙上に「当町議立候補当時の公約を無視し関係当局に廃止の資料の提供を求めておきながらわずか2，3日後に至って存置派に急変したヌエ的町議もあるとか，君子は豹変すると言う。しかも2，3日のわずかの期間内での朝令暮改の無節操振りは，片手落の町議でなくては，よも実行の勇気はあるまじく。肉体的の片手落は精神的の片手落に通ずるとか」と掲載して，900余部を同町及び付近読者に頒布した。第1審判決，第2審判決とも名誉毀損罪の成立を認めた。第2審判決は，被害者の政治的無節操ぶりが真実であると証明されたとは認められないとし

⇒ *163*

たうえで，刑法第230条の2第3項について，「公務員の資質の向上に少しも奉仕することのない批判は無益有害であるから，事実上改善不可能であって，しかも公務員の職務と関係のない身体的不具事実を摘示して公務員の名誉感情を毀損することは同条第3項制定の精神を逸脱するものであって，たとえ真実であるにせよ，許されないものである。」と判示している。

【判決理由】「記録を調べても，被害者の朝令暮改的な政治的無節操振りが真実であるとの証明があったものとは認められない。仮にその証明があったとしても，これを結びつけて，ことさらに『肉体的の片手落は精神的の片手落に通ずるとか，ヌエ的町議がある。』等と凡そ公務と何等の関係のないことを執筆掲載することは身体的不具者である被害者を公然と誹謗するものであると謂うべきである。従って本件につき名誉毀損罪の成立を認めた原判決は正当であって，論旨は採るを得ない。」

163　私生活上の事実（月刊ペン事件最高裁判決）

最判昭和56年4月16日刑集35巻3号84頁／判時1000・25，判タ440・47
（百選Ⅱ20，重判昭56刑5）

【事案】月刊誌『月刊ペン』の編集者である被告人は，宗教団体甲学会を批判する連続特集を同誌上で掲載し，その一環として同会の象徴的存在である会長Aの私的行動をもとりあげ，昭和51年3月号に「Aの金脈もさることながら，とくに女性関係において，彼がきわめて華やかで，しかも，その雑多な関係が病的であり，色情狂的でさえあるという情報が，有力消息筋から執拗に流れてくるのは，一体全体，どういうことか，ということである。」等とする記事を掲載し，同年4月号に「彼にはれっきとした芸者のめかけK子が赤坂にいる。……そもそもA好みの女性のタイプというのは，①やせがたで，②プロポーションがよく，③インテリ風——のタイプだとされている。なるほど，そういわれてみるとお手付き情婦として2人とも公明党議員として国会に送りこんだというT子とM子も，こういうタイプの女性である。もっとも，現在は2人とも落選中で，再選の見込みは公明党内部の意見でもなさそうである。……」旨，右にいう落選中の前国会議員T子は甲学会のB子であり，同M子は同会のC子であることを世人に容易に推認させるような表現の記事を執筆掲載したうえ，右雑誌各約3万部を多数の者に販売・頒布し，もって公然A，B，C，及び甲学会の名誉を毀損した，として起訴された。第1審判決は，刑法230条の2の適用を否定して，真実性証明を行うことなく名誉毀損罪の成立を認めた。被告人は宗教界の刷新という公益目的のために公共の利害に関する事実を公表したものである，という弁護人の主張に対して，原判決は，摘示事実は私生活上の不倫な男女関係を内容とすること，その表現方法が不当な侮辱的，嘲笑的なものであること，不確実な噂，風聞をそのまま取り入れた文体であること，他人

の文章を適切な調査もしないで転写していること，等の諸点にかんがみ，刑法230条ノ2にいう「公共の利害に関する事実」にあたらないとして，第1審判決を是認した。本判決は，以下のように述べて，原判決及び第1審判決を破棄し事件を第1審裁判所に差し戻した。

【判決理由】「被告人が『月刊ペン』誌上に摘示した事実の中に，私人の私生活上の行状，とりわけ一般的には公表をはばかるような異性関係の醜聞に属するものが含まれていることは，1，2審判決の指摘するとおりである。しかしながら，私人の私生活上の行状であっても，そのたずさわる社会的活動の性質及びこれを通じて社会に及ぼす影響力の程度などのいかんによっては，その社会的活動に対する批判ないし評価の一資料として，刑法230条ノ2第1項にいう『公共の利害に関する事実』にあたる場合があると解すべきである。

本件についてこれをみると，被告人が執筆・掲載した前記の記事は，多数の信徒を擁するわが国有数の宗教団体である甲学会の教義ないしあり方を批判しその誤りを指摘するにあたり，その例証として，同会のA会長（当時）の女性関係が乱脈をきわめており，同会長と関係のあった女性2名が同会長によって国会に送り込まれていることなどの事実を摘示したものであることが，右記事を含む被告人の『月刊ペン』誌上の論説全体の記載に照らして明白であるところ，記録によれば，同会長は，同会において，その教義を身をもって実践すべき信仰上のほぼ絶対的な指導者であって，公私を問わずその言動が信徒の精神生活等に重大な影響を与える立場にあったばかりでなく，右宗教上の地位を背景とした直接・間接の政治的活動等を通じ，社会一般に対しても少なからぬ影響を及ぼしていたこと，同会長の醜聞の相手方とされる女性2名も，同会婦人部の幹部で元国会議員という有力な会員であったことなどの事実が明らかである。

このような本件の事実関係を前提として検討すると，被告人によって摘示されたA会長らの前記のような行状は，刑法230条ノ2第1項にいう『公共の利害に関する事実』にあたると解するのが相当であって，これを一宗教団体内部における単なる私的な出来事であるということはできない。なお，右にいう『公共の利害に関する事実』にあたるか否かは，摘示された事実自体の内容・性質に照らして客観的に判断されるべきものであり，これを摘示する際の表現方法や事実調査の程度などは，同条にいわゆる公益目的の有無の認定等に関し

⇒ *164*

て考慮されるべきことがらであって，摘示された事実が『公共の利害に関する事実』にあたるか否かの判断を左右するものではないと解するのが相当である。」

164 月刊ペン事件差戻し後控訴審判決
東京高判昭和59年7月18日高刑集37巻2号360頁／判時1128・32，判タ533・261
（重判昭59刑訴5）

【事案】 *163*事件の差戻し後の第1審判決は，事実が公共の利害に関する事実であること及び公益目的を認めたが，真実であることの証明はなく，また，真実であると誤信したことについて相当の理由があったことの証明もないとして，名誉毀損罪の成立を認め，第2審判決もこれを是認した。第2審判決は，真実性の証明の方法及び証明の程度に関して次のような判示を行っている。

【判決理由】「個人の名誉はもとより基本的人権に属する人格権として厚く保護されるべきものであるところ，その保護のため本来なら名誉毀損罪にあたるべき行為を，表現の自由保障という憲法上の要請のため一歩譲って一定の要件のもとに罪とならない場合を設けたのが刑法230条ノ2第1項の立法趣旨であり，かつ，同条項は，摘示事実の真否がいずれとも確定されなかったとき，『疑わしきは被告人の利益に』の一般原則の例外として，被告人の不利益に，すなわち事実が真実であることの証明がなかったものとしての判断を受ける，とする趣旨のものである（東京高等裁判所昭和28年2月21日判決・刑集6巻4号367頁参照）。

個人の名誉の保護と表現の自由の保障との調和均衡を図った同条項の立法趣旨からすれば，表現の自由のほうを重視する立場から，刑法230条ノ2第1項の真実性の証明に限り，刑訴法320条1項（伝聞排除）の規定の適用を除外して，被告人の立証の度合いを一般原則の場合より緩和する立法政策もありうるであろう。

しかし，現行法は，刑法に前記のような挙証責任の転換の規定を設けただけで，刑訴法に特段の規定を置いていないことにかんがみれば，右真実性の立証についてのみ『自由な証明』で足りるとしているとは解されない。

なお，同条項の真実性の証明について『自由な証明』で足りるとする学説は，その具体的内容として，『伝聞排除の原則』の不適用すなわち伝聞証拠の無制限許容だけでなく，心証の程度もいわゆる『証拠の優越』の程度で足りる，と

しているところ，後者について『合理的な疑いをいれない程度のものであることを必要とする。』と解すべきことは，すでに東京高等裁判所の判例とするところである（東京高等裁判所昭和41年9月30日判決・刑集19巻6号683頁）。」

「所論も引用する前記最高裁判所大法廷判決が示すとおり，刑法230条ノ2第1項にいう『事実が真実であることの証明』がない場合でも，行為者がその事実を真実であると誤信し，その誤信したことについて，確実な資料，根拠に照らし相当の理由があるときは，犯罪の故意がなく，名誉毀損罪は成立しないものと解されるところ，右相当性の立証に限って所論のように『自由な証明』『証拠の優越』で足りるとすべきいわれはな〔い〕。」

[4] 錯　　誤

165　真実性の誤信は故意を阻却しないとした事例（旧判例）

最判昭和34年5月7日刑集13巻5号641頁
（百選II 19）　⇒ 158

【事案】　弁護人は，原判決の判断は，証明不十分の場合でも摘示者においてこれを真実なりと信ずべき相当の理由があれば犯意を阻却するとした判例（大阪高判昭和25年12月23日判特15号94頁）に違反する，と主張した。

【判決理由】　「所論は原判決の東京高等裁判所および大阪高等裁判所の各判例違反をいうけれども，本件記録およびすべての証拠によっても，Aが本件火災の放火犯人であると確認することはできないから，被告人についてはその陳述する事実につき真実であることの証明がなされなかったものというべく，被告人は本件につき刑責を免れることができないのであって，これと同趣旨に出でた原判断は相当であり（昭和31年（あ）第938号，同32年4月4日当小法廷決定を参照），何ら所論東京高等裁判所の判例と相反するものではなく，所論大阪高等裁判所の判例は右と抵触する限度において改められるべきものであるから，論旨は採用できない。」

⇒ *166・167*

166 真実性の誤信につき相当の理由があるときは故意を阻却するとした事例（新判例）

最大判昭和 44 年 6 月 25 日刑集 23 巻 7 号 975 頁／判時 559・25, 判タ 236・224
（百選Ⅱ21, 重判昭 44 刑 3）

【事案】 被告人は，その発行する「夕刊和歌山時事」に，「吸血鬼 A の罪業」と題し，A または A の指示のもとに同人経営の B 新聞の記者が和歌山市土木部の某課長に向かって「出すものを出せば目をつむってやるんだが，チビリくさるのでやったるんや」と聞こえよがしの捨てせりふを吐いたうえ，今度は上層の某主幹に向かって「しかし魚心あれば水心ということもある，どうだ，お前にも汚職の疑いがあるが，一つ席を変えて一杯やりながら話をつけるか」と凄んだ旨の記事を掲載，頒布した。第 1 審判決が名誉毀損罪の成立を認めたのに対して，弁護人は，被告人は証明可能な程度の資料，根拠をもって事実を真実と確信したから故意が阻却され犯罪は成立しない旨主張して控訴したが，控訴審判決は，165 判決を引用してこれを排斥した。

【判決理由】「刑法 230 条ノ 2 の規定は，人格権としての個人の名誉の保護と，憲法 21 条による正当な言論の保障との調和をはかったものというべきであり，これら両者間の調和と均衡を考慮するならば，たとい刑法 230 ノ 2 第 1 項にいう事実が真実であることの証明がない場合でも，行為者がその事実を真実であると誤信し，その誤信したことについて，確実な資料，根拠に照らし相当の理由があるときは，犯罪の故意がなく，名誉毀損の罪は成立しないものと解するのが相当である。これと異なり，右のような誤信があったとしても，およそ事実が真実であることの証明がない以上名誉毀損の罪責を免れることがないとした当裁判所の前記判例（昭和 33 年(あ)第 2698 号同 34 年 5 月 7 日第一小法廷判決，刑集 13 巻 5 号 641 頁）は，これを変更すべきものと認める。したがって，原判決の前記判断は法令の解釈適用を誤ったものといわなければならない。」

167 インターネット上の名誉毀損

最決平成 22 年 3 月 15 日刑集 64 巻 2 号 1 頁／判時 2075・160, 判タ 1321・93
（重判平 22 憲 8・刑 9）

【決定理由】「個人利用者がインターネット上に掲載したものであるからといって，おしなべて，閲覧者において信頼性の低い情報として受け取るとは限らないのであって，相当の理由の存否を判断するに際し，これを一律に，個人が他の表現手段を利用した場合と区別して考えるべき根拠はない。そして，インターネット上に載せた情報は，不特定多数のインターネット利用者が瞬時に閲

覧可能であり，これによる名誉毀損の被害は時として深刻なものとなり得ること，一度損なわれた名誉の回復は容易ではなく，インターネット上での反論によって十分にその回復が図られる保証があるわけでもないことなどを考慮すると，インターネットの個人利用者による表現行為の場合においても，他の場合と同様に，行為者が摘示した事実を真実であると誤信したことについて，確実な資料，根拠に照らして相当の理由があると認められるときに限り，名誉毀損罪は成立しないものと解するのが相当であって，より緩やかな要件で同罪の成立を否定すべきものとは解されない」

168 弁護人の行為（丸正事件）

最決昭和51年3月23日刑集30巻2号229頁／判時807・8，判タ335・146

【事案】 弁護士である被告人らは，Aに対する強盗殺人事件の弁護を行っていたが，真犯人はAではなく被害者の兄B，その妻C，弟Dら同居の親族であるとの見解を抱き，上告趣意補充書にその旨を記載するとともに，最高検察庁に対してその写しを提出し再調査を申し入れた。被告人らは，新聞記者から最高検察庁では再捜査の意思がないことを聞いたため，このうえは世論を喚起し冤罪の証拠の収集に協力を求め，ひいては最高裁の職権発動による原判決破棄を促すことを企図し，最高裁判所内の司法記者クラブ室に各社の新聞記者を集めたうえ上告趣意補充書の内容を説明し，記者の質問に答え，被害者はB及びCまたはそのほか同夫婦と意思を通じた者が絞殺した旨発表した。その後，被告人らは，名誉毀損罪で告訴されたのでこれに対して防御する必要に迫られるとともに，Aに対する事件につき上告棄却の決定を受けたので，冤罪を証明する資料の収集につき世人の協力を求め再審請求の道を開くほかないとの結論に達し，B，C，Dが真犯人であるとする内容の『告発』と題する単行本を共同執筆し，約4000部を販売頒布した。第1審及び第2審判決が名誉毀損罪の成立を認めたため，被告人らは，①摘示事実が真実であることの立証がなされており，また，真実であると信じたことにつき確実な資料，根拠に照らし相当の理由がある，②本件行為は，弁護人としてAらの利益を擁護するためにした正当な弁護活動であるから刑法35条により罪とならない，と主張して上告した。本決定は，以下のように判示して，上告を棄却した。

【決定理由】 「㈠ 名誉毀損罪などの構成要件にあたる行為をした場合であっても，それが自己が弁護人となった刑事被告人の利益を擁護するためにした正当な弁護活動であると認められるときは，刑法35条の適用を受け，罰せられないことは，いうまでもない。しかしながら，刑法35条の適用を受けるためには，その行為が弁護活動のために行われたものであるだけでは足りず，行為の具体的状況その他諸般の事情を考慮して，それが法秩序全体の見地から許容

⇒ *168*

されるべきものと認められなければならないのであり，かつ，右の判断をするにあたっては，それが法令上の根拠をもつ職務活動であるかどうか，弁護目的の達成との間にどのような関連性をもつか，弁護を受ける刑事被告人自身がこれを行った場合に刑法上の違法性阻却を認めるべきかどうかという諸点を考慮に入れるのが相当である。

　㈡　これを本件についてみると，弁護人が弁護活動のために名誉毀損罪にあたる事実を公表することを許容している法令上の具体的な定めが存在しないことは，いうまでもない。

　また，原判決及びその是認する第1審判決の認定によると，被告人らは，Bら3名が真犯人であることを広く社会に報道して，世論を喚起し，Aら両名を無罪とするための証拠の収集につき協力を求め，かつ，最高裁判所の職権発動による原判決放棄ないしは再審請求の途をひらくため本件行為に出たものであって，Aらの無罪を得るために当該被告事件の訴訟手続内において行ったものではないから，訴訟活動の一環としてその正当性を基礎づける余地もない。すなわち，その行為は，訴訟外の救援活動に属するものであり，弁護目的との関連性も著しく間接的であり，正当な弁護活動の範囲を超えるものというほかはないのである。

　さらに，既に判示したとおり，被告人らの摘示した事実は，真実であるとは認められず，また，これを真実と誤信するに足りる確実な資料，根拠があるとも認められないから，たとえAら自身がこれを公表した場合であっても，名誉毀損罪にあたる違法な行為というほかはなく，同一の行為が弁護人によってなされたからといって，違法性の阻却を認めるべきいわれはない。

　その他，本件行為の具体的状況など諸般の事情を考慮しても，これを法秩序全体の見地から許容されるべきものということはできない。」

V 財産に対する罪

■ 1 窃盗罪

[1] 財物の概念

有 体 性

169 電気窃盗

大判明治 36 年 5 月 21 日刑録 9 輯 874 頁
⇒総論 11

【判決理由】「刑法第 366 条に所謂る物とは如何なる物を意味するやを按するに刑法は一般的に物の定義を与へす又た窃盗の目的たることを得へき物の範囲を限定せさるを以て或物にして苟くも窃盗罪の基本的要素を充たし得へき特性を有するに於ては窃盗罪の目的物たることを得へく之に反して窃盗罪の観念と相容れさる物は窃盗罪の目的たることを得さるものと解釈せさるへからす換言すれは刑法か窃盗罪の基本的要素となせる『窃取』の観念は自から窃盗罪の目的たることを得へき物の範囲を確定するの作用を為すものにして窃盗罪の成立に必要なる窃取の客体たるに適する物は窃盗罪の目的となり窃取の客体として不適当なる物は窃盗罪の目的たることを得さるものと解すへきものとす何となれは刑法か窃盗の目的たることを得へき物の範囲を限定すれは即ち止む既に其範囲を限定せす又目的物の窃取を以て窃盗罪の基本的要素となしたる以上は法文の解釈上犯罪成立の要件たる窃取可能の特性を有する物は其何たるを論せす総て窃盗罪の目的たることを得ると同時に此特性を具ふる物にあらされは本罪の目的たることを得さるものと論結すへきは事理の当然にして窃取可能性を具ふるものたるに拘はらす之を窃盗罪の目的より除外し窃取の不可能なる物を窃盗罪の目的中に包含せしむるは法文の主旨に添はさるものにして格段なる憑拠あるにあらされは為し得へからさるものなれはなり……（中略）……要する

1 窃盗罪　　145

⇒ *170*

に我刑法の解釈として窃盗の目的物を有体物に限定すへき確然たる証拠なきを以て窃取の目的たることを得へき物を以て窃盗罪の目的物となさゝるを得す而して刑法第366条に所謂る窃取とは他人の所持する物を不法に自己の所持内に移すの所為を意味し人の理想のみに存する無形物は之を所持すること能はさるものなれは窃盗の目的たることを得さるは論を待たす然れとも所持の可能なるか為めには五官の作用に依りて認識し得へき形而下の物たるを以て足れりとし有体物たることを必要とせす何となれは此種の物にして独立の存在を有し人力を以て任意に支配せられ得へき特性を有するに於ては之を所持し其所持を継続し移転することを得へけれはなり約言すれは可動性及ひ管理可能性の有無を以て窃盗罪の目的たることを得へき物と否らさる物とを区別するの唯一の標準となすへきものとす而して電流は有体物にあらさるも五官の作用に依りて其存在を認識することを得へきものにして之を容器に収容して独立の存在を有せしむることを得るは勿論容器に蓄積して之を所持し一の場所より他の場所に移転する等人力を以て任意に支配することを得へく可動性と管理可能性とを并有するを以て優に窃盗罪の成立に必要なる窃取の要件を充たすことを得へし故に他人の所持する他人の電流を不法に奪取して之を自己の所持内に置きたる者は刑法第366条に所謂る他人の所有物を窃取したるものにして窃盗罪の犯人として刑罰の制裁を受さるへからさるや明なり」

170 秘密資料（新薬産業スパイ事件）

東京地判昭和59年6月28日刑月16巻5＝6号476頁／判時1126・6
（百選Ⅱ33）

【事案】 国立予防衛生研究所抗生物質製剤室勤務の被告人Xは，T社社員Yに渡してコピーさせるため，同室室長の専用戸棚からM社開発の新薬に関する資料等のファイルを取り出して窃取し，これをYに渡した。

【判決理由】 「まず，情報ないし思想，観念等（以下「情報」という。）の化体（記載・入力等。以下同様）された用紙などの媒体（以下「媒体」という。）が刑法235条にいう財物に該当するか否かを判断するに当たって，弁護人主張のように情報と媒体を分離して判定するのは相当でない。けだし，媒体を離れた情報は客観性，存続性に劣り，情報の内容が高度・複雑であればあるほど，その価値は減弱している。媒体に化体されていてこそ情報は，管理可能であり，本来の価値を有しているといって過言ではない。情報の化体された媒体の財物

性は，情報の切り離された媒体の素材だけについてではなく，情報と媒体が合体したものの全体について判断すべきであり，ただその財物としての価値は，主として媒体に化体された情報の価値に負うものということができる。そして，この価値は情報が権利者（正当に管理・利用できる者を含む。以下同様）において独占的・排他的に利用されることによって維持されることが多い。また，権利者において複製を許諾することにより，一層の価値を生みだすことも可能である。情報の化体された媒体は，こうした価値も内蔵しているものといえる。以上のことは，判示窃盗にかかる本件ファイルについても同様であって，本件ファイルは，判示医薬品に関する情報が媒体に化体され，これが編綴されたものとして，財物としての評価を受けるものといわなければならない。」

171 顧客情報（城南信用金庫事件）

東京地判平成9年12月5日判時1634号155頁
⇒*202*

【事案】 甲信用金庫の支店長である被告人Aは，同金庫専務理事である被告人Bと共謀のうえ，同金庫事務センターのホストコンピュータに電磁的に記録・保存されている，同金庫会長Cおよびその家族に関する預金残高明細等をアウトプットさせて，同支店備え付けの用紙に印字し，これをB宛の私信用封筒に封入して窃取した。

【判決理由】 「被告人Aは，コンピュータに電磁的に記録保存されている預金残高明細等をアウトプットさせて前記支店備付けの所定の用紙に印字した本件書類を私信用の封筒に封入したものであり，このような場合には，印字前の用紙を取り出した行為とその後の行為とを分断することなく，支店備付けの用紙に電磁的記録をアウトプットさせて印字した書類を私信用の封筒に封入した行為の全体をとらえて犯罪の成否を論ずるのが相当である。そうすると，金庫の顧客の預金残高明細等を記載した本件書類について窃盗罪の成否を検討すべきこととなるところ，右情報を内容とする本件書類が窃盗罪における財物に当たることは明らかである。」

⇒ 172・173・174

禁制品

172 偽造証書
大判大正元年 12 月 20 日刑録 18 輯 1563 頁

【事案】 被告人は，先に偽造してTに交付しておいた借用証書等を詐取した。

【判決理由】 「偽造証書は無価値のものなるのみならす所有権の目的物と為らさるを以て之を騙取するも詐欺罪を構成せさることは本院判例の夙に認むる所なり」

173 元軍用アルコール
最判昭和 24 年 2 月 15 日刑集 3 巻 2 号 175 頁

【判決理由】 「原判決の認定した本件被害物件は，元軍用アルコールであって，かりにこれはいわゆる隠匿物資であるために，私人の所持を禁ぜられているものであるとしても，それがために所論のごとく詐欺罪の目的となり得ないものではない。刑法における財物取罪の規定は人の財物に対する事実上の所持を保護せんとするものであって，これを所持するものが，法律上正当にこれを所持する権限を有するかどうかを問はず，たとい刑法上その所持を禁ぜられている場合でも現実にこれを所持している事実がある以上社会の法的秩序を維持する必要からして，物の所持という事実上の状態それ自体が独立の法益として保護せられみだりに不正の手段によって，これを侵すことを許さぬという趣意である。

しかして原判決の認定するところは，Aが現実に所持していた元軍用アルコールを，被告人が騙取したというのであるから，原判決がこれに対して，詐欺罪の成立を認めたのは正当である。」

所有権の対象物

174 死体・遺骨から離脱した金歯
東京高判昭和 27 年 6 月 3 日高刑集 5 巻 6 号 938 頁

【事案】 被告人らは，戦災死亡者仮墳墓の改葬作業中に死体・遺骨から離脱した金歯を拾い取った。

【判決理由】 「本件金歯は東京都が管理する戦災死亡者仮墳墓の改葬作業中に

右死体より脱落したものであり，被告人がこれを取得する際既に右死体より離脱しておったことが明らかである。而して刑法第190条に所謂死体とは死者の祭祀若くは記念のために墳墓に埋葬し又は埋葬すべき死体を謂うのであり且つ右死体と謂うのは全部でなくともその一部である場合も指称するのであり，同条に所謂遺骨とは前同様の目的のために火葬の上保存し又は保存すべき遺骨を謂うのであるが人工的に附加した金歯の如きものは本来人体の一部分をなすものではないのであるからそれが本件のように既に死体より離脱するに至った場合にはもはやこれを以て死体の一部若しくは遺骨の一部と謂うことはできない。また前叙の如く本件金歯は仮埋墳墓の改葬作業中死体より脱落したものであるから所論の如く棺内に蔵置した物と謂うこともできない。従ってかような状態にある右金歯は既に死体若くは遺骨とは別個独立して純然たる財物として死者の遺族の権利に属し明らかに所有権の対象となるものと解するを相当とする。」

価値の大小

175 使用済の印紙

最決昭和30年8月9日刑集9巻9号2008頁／判タ53・53

【事案】 被告人らは，消印済の収入印紙を再生する目的で，使用済の医療品需要者割当証明書（収入印紙を貼付しこれに消印を捺印したもの）を窃取した。

【決定理由】「使用済の印紙であっても，財物であって盗罪の目的となりうることは大審院判例〔明治44年8月15日判決，録17輯1488頁，昭和4年7月4日判決，集8巻386頁〕の存するところであって，当裁判所においても右見解を変更するの要を認めない」

176 政党中央指令綴

最判昭和25年8月29日刑集4巻9号1585頁

【事案】 被告人らは，共謀の上，政党委員会事務所において，暴行を用いて中央指令綴1冊他書類印鑑等数十点を強取した。

【判決理由】「強，窃盗罪において奪取行為の目的となる財物とは，財産権殊に所有権の目的となり得べき物を言い，それが金銭的乃至経済的価値を有するや否やは問うところではない。それゆえ，原判決の引用する証拠によって認められる原判示の所論中央指令綴1冊外書類印鑑等数十点は，もとより強，窃盗

⇒ *177・178*

罪の客体たる財物に当るものと言わなければならない。」

177 ちり紙 13 枚
東京高判昭和 45 年 4 月 6 日判タ 255 号 235 頁

【事案】 被告人は，デパートのエレベーター内で，被害者のズボンのポケットからちり紙 13 枚を抜き取った。

【判決理由】「刑法第 235 条の窃盗罪において奪取行為の客体となる財物とは，財産権とくに所有権の目的となりうべき物であって，必ずしもそれが金銭的ないし経済的価値を有することを要しない（昭和 25 年 8 月 29 日第三小法廷判決・刑集 4 巻 9 号 1585 頁）が，それらの権利の客体として刑法上の保護に値する物をいうものと解すべきであるから，その物が社会通念にてらしなんらの主観的客観的価値を有しないか，またはその価値が極めて微小であって刑法上の保護に値しないと認められる場合には，右財物に該当しないものというべく，従って，そのような物を窃取しても，その行為は，窃盗既遂罪を構成しないものと解するのが相当である」

「このようなちり紙の形状，品質，数量，用途および被害者がこれに対し特段の主観的使用価値を認めていたことを窺うに足りる証拠がないことに徴すれば，本件ちり紙は，その価値が微小であって，刑法上の保護に値するものとは認め難いものであるから，被告人の本件所為は，前段説示にてらし窃盗（既遂）罪を構成することなく，金員窃取の目的を遂げなかったものとして窃盗未遂罪を構成するに止まるものと解するのが相当である。」

[2] 占有の有無

客観的支配

178 屋内に取り入れることを失念した自転車
福岡高判昭和 30 年 4 月 25 日高刑集 8 巻 3 号 418 頁

【事案】 被害者（店主）の自転車は，雇い人が夜の店の戸締まりの際屋内に取り込むことを失念したため，被害者方に属する物件の置き場所と認められる隣家の公道上の看板柱のそばに立てかけられてあり，被告人はこれを深夜持ち去った。

【判決理由】「凡そ人が其の所有物を屋内に取入れることを失念し夜間これを公道に置いたとしても所有者において其の所在を意識し且つ客観的に見て該物

件が其の所有者を推知できる場所に存するときは其の物件は常に所有者の占有に属するものと認められるから，これを窃取した所為は窃盗罪を構成すると解するを相当とする。」

179　置き忘れたカメラ
最判昭和32年11月8日刑集11巻12号3061頁

【判決理由】「本件写真機が果して被害者（占有者）の意思に基かないでその占有を離脱したものかどうかを考えてみるのに，刑法上の占有は人が物を実力的に支配する関係であって，その支配の態様は物の形状その他の具体的事情によって一様ではないが，必ずしも物の現実の所持又は監視を必要とするものではなく，物が占有者の支配力の及ぶ場所に存在するを以て足りると解すべきである。しかして，その物がなお占有者の支配内にあるというを得るか否かは通常人ならば何人も首肯するであろうところの社会通念によって決するの外はない。

ところで原判決が本件第1審判決挙示の証拠によって説示したような具体的状況（本件写真機は当日昇仙峡行のバスに乗るため行列していた被害者がバスを待つ間に身辺の左約30糎の判示個所に置いたものであって，同人は行列の移動に連れて改札口の方に進んだが，改札口の手前約2間（3.66米）の所に来たとき，写真機を置き忘れたことに気がつき直ちに引き返したところ，既にその場から持ち去られていたものであり，行列が動き始めてからその場所に引き返すまでの時間は約5分に過ぎないもので，且つ写真機を置いた場所と被害者が引き返した点との距離は約19.58米に過ぎないと認められる）を客観的に考察すれば，原判決が右写真機はなお被害者の実力的支配のうちにあったもので，未だ同人の占有を離脱したものとは認められないと判断したことは正当である。」

180　置き忘れた財布
東京高判平成3年4月1日判時1400号128頁

【事案】　被害者は大規模なスーパーマーケットの6階ベンチに財布を置き忘れたまま，地下1階（エスカレーターで約2分30秒かかる）に移動し，10分後に置き忘れたことに気づき引き返したが，財布は被告人により持ち去られていた。

【判決理由】「このような本件における具体的な状況，とくに，被害者が公衆の自由に出入りできる開店中のスーパーマーケットの6階のベンチの上に本件

⇒ 181・182

札入れを置き忘れたままその場を立ち去って地下1階に移動してしまい，付近には手荷物らしき物もなく，本件札入れだけが約10分間も右ベンチ上に放置された状態にあったことなどにかんがみると，被害者が本件札入れを置き忘れた場所を明確に記憶していたことや，右ベンチの近くに居あわせたＡ子が本件札入れの存在に気付いており，持ち主が取りに戻るのを予期してこれを注視していたことなどを考慮しても，社会通念上，被告人が本件札入れを不法に領得した時点において，客観的にみて，被害者の本件札入れに対する支配力が及んでいたとはたやすく断じ得ないものといわざるを得ない。

そうすると，被告人が本件札入れを不法に領得した時点では，本件札入れは被害者の占有下にあったものとは認め難く，結局のところ，本件札入れは刑法254条にいう遺失物であって，『占有を離れたる他人の物』に当たるものと認めるのが相当である。」

181 置き忘れたポシェット

最決平成16年8月25日刑集58巻6号515頁／判時1873・167，判タ1163・166
（百選Ⅱ28，重判平16刑7）

【事案】 被害者は，公園のベンチに座り，傍らに自身のポシェットを置いて，友人と話をするなどしていたが，ポシェットをベンチ上に置き忘れたまま，友人と共にその場を離れた。これを注視していた被告人は，被害者らが，公園出口にある横断歩道橋を上り，その階段踊り場まで行ったのを見たとき，自身の周りに人もいなかったことから，今だと思って本件ポシェットを取り上げ，それを持ってその場を離れた。

【決定理由】「被告人が本件ポシェットを領得したのは，被害者がこれを置き忘れてベンチから約27mしか離れていない場所まで歩いて行った時点であったことなど本件の事実関係の下では，その時点において，被害者が本件ポシェットのことを一時的に失念したまま現場から立ち去りつつあったことを考慮しても，被害者の本件ポシェットに対する占有はなお失われておらず，被告人の本件領得行為は窃盗罪に当たる」

182 宿泊者が旅館内で遺失した財布

大判大正8年4月4日刑録25輯382頁

【事案】 被告人は，宿泊者が旅館の便所で遺失した財布を拾い自分のものとした。

【判決理由】「被告の領得せる物件は所有者Ａの事実上の支配を離脱したるもＡの宿泊せる旅館主Ｂの事実上の支配か行はるる該旅館屋内の便所に現在せしものに係るを以てＢか右事実を認知せると否とを問はす当然右物件はＢの

支配内に属すと謂ふへく従て遺失物を以て論するの限に在らす」(窃盗が成立する)

183　列車内に遺留された毛布
大判大正 15 年 11 月 2 日刑集 5 巻 491 頁

【判決理由】「原判決か証拠により確定したるは畢竟被告か判示の如く宇野駅に連結手として勤務中判示日時頃宇野駅に停車中の 3 等客車内に於て同列車内に氏名不詳の乗客の遺留せる黒鼠色毛布 1 枚を不正に領得したる事実に外ならさること自ら瞭然たり然るに鉄道列車内に遺留せる乗客の携帯品は法律上当然に乗務鉄道係員の保管に係るへきものと論断すへき理拠なきのみならす遺失物法第 10 条によれは鉄道列車の乗務鉄道係員は寧ろ其の列車の管守者として単た其の列車内に於ける遺失物の交付を受くる権能を有するに止まり其の物に関し当然占有者たるへきものに非すと解するを正当と為すか故に判示列車内に乗客の遺留せる判示毛布 1 枚は法に所謂遺失物に該当し被告の行為は判示列車内に於て拾得せる毛布 1 枚を同列車乗務鉄道係員に交付せす不正に領得したるものにして刑法第 254 条の遺失物横領罪を構成するものとす」

184　公衆電話機内に残された硬貨
東京高判昭和 33 年 3 月 10 日裁特 5 巻 3 号 89 頁／判タ 80・73

【判決理由】「通話不能により，通話者において持ち帰ることのできるようになっている硬貨を，持ち帰えらないで，そのまま電話機内に存置させておいたとしても，それが電話機内に存置するものである以上，該硬貨は電話局長または電話分局長の管理に服するものであるから，該硬貨に対するこの管理を侵害する所為は，刑法上窃取の観念をもって律しなければならない。」

185　ゴルフ場内のロストボール
最決昭和 62 年 4 月 10 日刑集 41 巻 3 号 221 頁／判時 1231・164，判タ 637・91
(重判昭 62 刑 6)

【決定理由】「原判決の認定によれば，被告人らが本件各ゴルフ場内にある人工池の底から領得したゴルフボールは，いずれも，ゴルファーが誤って同所に打ち込み放置したいわゆるロストボールであるが，ゴルフ場側においては，早晩その回収，再利用を予定していたというのである。右事実関係のもとにおいては，本件ゴルフボールは，無主物先占によるか権利の承継的な取得によるかは別として，いずれにせよゴルフ場側の所有に帰していたのであって無主物で

⇒ 186・187・188

はなく，かつ，ゴルフ場の管理者においてこれを占有していたものというべきであるから，これが窃盗罪の客体になるとした原判断は，正当である。」

186　飼い犬
最判昭和32年7月16日刑集11巻7号1829頁

【事案】　被告人らは，近所のSが飼育中の猟犬が被告人方に入ってきたので，これを食用に供すべく捕獲して殺害した。

【判決理由】　「判示猟犬は所有者Sによって8年間も飼育訓練され，毎日運動のため放してやると夕方には同家の庭に帰って来ていたことが認められ，このように，養い馴らされた犬が，時に所有者の事実上の支配を及ぼし得べき地域外に出遊することがあっても，その習性として飼育者の許に帰来するのを常としているものは，特段の事情の生じないかぎり，直ちに飼育者の所持を離れたものであると認めることはできない。」

占有の意思

187　大震災の際道路に搬出した物
大判大正13年6月10日刑集3巻473頁

【判決理由】　「人か其の所有物を公道に置き一時其の場所を去りたる場合に於て所有者にして其の存在を認識し而かも之を抛棄するの意思に出てさりしときは其の物は所有者の支配内を離脱したるものに非すれは他人か不法に之を自己の支配内に移すに於ては其の行為は窃盗罪に該当するものとす所論原判決の援引せる第1審判決の認定せる事実は被告人は大正12年9月2日大震災の為神田区美倉橋付近道路に搬出しありたる氏名不詳者の所有に係る蒲団其の他12点を窃取したりと云ふに在り被告人の行為は大震火災の際氏名不詳者か所有物を道路上に搬出し一時他所に避難したる場合に於て其の支配内に存在せる物を窃取したる事実なりと解すへきを以て原判決には所論の如き違法あることなく本論旨は理由なし」

188　海中に取り落とした物
最決昭和32年1月24日刑集11巻1号270頁

【事案】　海中に落とした物について，落とし主の意を受けた者が，被告人らに位置を指示してその引き揚げを依頼したが，被告人らは，それを発見したにも拘らず，不発見

154　Ⅴ　財産に対する罪

を装って持ち去った。

【決定理由】「なお，原判決がなした，『本件のように，海中に取り落した物件については，落主の意に基づきこれを引揚げようとする者が，その落下場所の大体の位置を指示し，その引揚方を人に依頼した結果，該物件がその附近で発見されたときは，依頼者は，その物件に対し管理支配意思と支配可能な状態とを有するものといえるから，依頼者は，その物件の現実の握持なく，現物を見ておらず且つその物件を監視していなくとも，所持すなわち事実上の支配管理を有するものと解すべき』旨の判示は正当である。」

189　人道専用橋上に長時間無施錠で放置していた自転車
福岡高判昭和58年2月28日判時1083号156頁／判夕497・179

【判決理由】「『てんじんじまばし』は人道専用橋であるものの，事実上旦過市場にくる客の自転車置場ともなっており，終夜自転車を置いたままにしておくことも度々見受けられ，現に被告人が本件自転車を持ち去ったとき，同所には右自転車のほかに1台の自転車が置かれており，しかも，本件自転車は購入後いまだ1年くらいしか経ていない新しい品物で，後輪泥よけ部分には青色のペンキで『福島』と鮮明に記入されており，その前輪上のかごのなかには折りたたみ傘1本とタオルが入れられて，通行の邪魔にならないように同橋の東端近く欄干寄りに欄干に沿って置かれていたのであり，Aは，同橋上がそのような場所であることを認識し，後で取りにくる積りで本件自転車をそのまま同所に置いて一旦帰宅したものであるから，かかる事実関係の下では，右自転車が以後約14時間を経過して夜半を過ぎて午前3時半ころに及び，しかも無施錠でそのまま置かれていたこと等を考慮しても，社会通念上，被告人が本件自転車を持ち去った時点においても，本件自転車はAの占有下にあったものと認定するのが相当である。」

190　駅近くの空地に無施錠で駐輪された自転車
東京高判平成24年10月17日東高刑時報63巻1〜12号211頁

【判決理由】「関係証拠によれば，被害者は，平成23年9月16日午前7時30分頃，千葉県市原市内のJR五井駅近くの本件空き地に無施錠のまま本件自転車を止めて，小湊鉄道線五井駅から同線で上総川間駅まで行って高校に登校し，同日は，本件空き地には戻ることなく千葉市内鎌取の祖母の家に行き，翌日以降も，土曜日，日曜日及び祝日が続いたことから本件自転車を取りに行かず，結局，4日後の同月20日夕方頃，本件

⇒ *190*

空き地に行き，本件自転車が盗まれていることに気付いたこと，被告人が本件空き地から本件自転車を持ち去ったのは，被害者が本件空き地に本件自転車を止めてから半日ほどが経過した時点であり，その頃被害者は，鉄道を利用して移動した上，本件自転車から相当に離れた場所にいたことが認められる。

　なお，本件空き地は，JR五井駅付近の有料の自転車駐輪場である建物の敷地の一部であるが，本件空き地自体は駐輪施設ではなく，本件空き地が事実上の駐輪場として利用されていたという状況もうかがわれない（……）。

　以上のとおり，被告人が本件自転車を持ち去った時点において，被害者は，本件空き地から遠く離れて，相当長時間にわたって，本件自転車を管理することが可能な範囲内にいなかった上，本件自転車に施錠がされていたとか，置いた場所が一般に駐輪場として利用されている場所であるなどといった，本件自転車に対する所有者等の支配意思をうかがわせる状況もなかったと認められるから，被告人が本件自転車を持ち去った時点においては，被害者はもはや本件自転車を占有していたとは認められない（なお，本件自転車には防犯登録シールが貼られていたが，そのことをもって被害者の占有があったということはできない。）。

　検察官は，答弁書において，自転車の乗り物としての性格からすると，所有者はしばしばこれを路上に駐輪して自転車から離れ，再び自転車を取りに戻るまでは現実の握持や監視は行われていないのが通常の利用形態であり，所有者が自転車から離れている間においても所有者による支配が一般人により尊重されていることから，所有者が自転車から離れていてもその占有は失われないと解すべきであり，本件においても，本件自転車は，前輪側を建物に向け，後輪側を通路に向けて駐輪されており，自転車の使用者によって意識的に駐輪され，占有の意思が留保されていることが外形上明らかであったから，本件自転車に対する被害者の占有は失われていなかったと認めるべきであると主張する。

　しかしながら，無施錠のまま路上等に置かれた自転車についてその所有者等の占有が一般に認められるのは，無施錠であることと相まって，当該自転車が一時的に置かれたもので所有者等がその付近で活動するなどしており，必要に応じて容易に自ら当該自転車を現実に管理することが可能な状況にあることが想定されるからであって，本件のように，所有者等が，無施錠のまま，長時間にわたり，自ら当該自転車を管理することが不可能な遠方まで出掛けている場

合には，占有を認める前提となるべき上記のような客観的事情が存在しない上，その場合の駐輪状況は，第三者に窃取された自転車が遺棄されている状況と何ら異なるところはないのであるから，無施錠の自転車は他人においてこれを容易に持ち去ることができることをも併せ考えると，そのような場合にまで無施錠のまま路上等に置かれた自転車に対する所有者等の占有を認めることはできない。」

死者の占有

191 傷害致死後の金銭奪取

大判昭和16年11月11日刑集20巻598頁

【事案】 被告人は，被害者に暴行を加え死亡させた後，領得の意思を生じて死体から金員在中の財布を取り去った。

【判決理由】「右金員は既に死亡せる被害者の所持を離脱したる状態に在りたるものと謂ふへく且本件犯罪の現場か野外にして被害者の相続人其の他右金員を現実に支配せる者か一人も存在せさりしこと記録に徴し明瞭なる本件の場合にありては若し被告人以外の第三者にして斯かる金員を奪取したりとせは开は窃盗罪を構成せすして刑法第254条に規定せる占有離脱物横領罪を構成すること固より論を俟たさるところなりとす然れとも斯かる第三者の横領行為と本件被告人の判示奪取行為とは刑法上之を同一に取扱ふへきものに非す何となれは右第三者は右金員か右被害者の所持を離れたる事実に付主観的にも客観的にも何等の関連を有することなくして卒然占有離脱物に直面せるに反して本件被告人は原判決に徴し明白なるか如く营に自ら右占有離脱の原因たる被害者の死亡を客観的に惹起せしめたるのみならす更に其の事実を主観的に認識し居りたるものにして両者の間に犯罪実質上の逕庭を存すれはなり加之本件被告人は右の如き実情に乗し自己の右意識的行為の結果を故意に利用して自己か他人より其の占有を離脱せしめたる物を其の後直に奪取したるものなることも亦原判決に徴し明瞭なるを以て斯かる場合と上述第三者か偶路傍にて遭遇せる屍体より金員を領得するか如き場合とに於て其の刑法上の評価を区別するは吾人の有する道義的法律理念と伝統的正義感情とに鑑み寛に妥当適切なりと謂はさるへからす人の財物に対する所持の保護は固より其の人の死亡に因り原則的には之を終

⇒ *192・193*

結すへきものなれとも其の生存より死亡へ推移する過程を単純に外形的にのみ観察しあらゆる特殊的事情に眼を覆ふて之を一律に決定するか如きは法律評価上固より之を慎まさるへからすされは本件の如き場合にありては其の具体的事情を参酌して被害者か生前有したりし財物の所持を其の死亡直後に於ても尚継続して保護すへき実質上の理由存するものと謂はさるへからす蓋し被害者より其の財物の所持を離脱せしめたる自己の行為の結果を利用し該財物を奪取したる一連の被告人の行為は他人たる被害者の死亡なる外部的行為に因りて前後に截然区別せらるることなく客観的には勿論主観的にも利用意図の媒介に依り前後不可分的に一体をなせるものと観るを相当とするを以て斯かる行為全体の刑法上の効果を綜合的に評価し以て被害者の財物の所持を其の死亡直後に於ても尚継続的に保護することか本件犯罪の具体的実情に適合するを以てなり」

192 殺害直後の時計の奪取

最判昭和41年4月8日刑集20巻4号207頁／判時447・97, 判タ191・145
(百選Ⅱ29, 重判昭41・42刑6)

【判決理由】「被告人は，当初から財物を領得する意思は有していなかったが，野外において，人を殺害した後，領得の意思を生じ，右犯行直後，その現場において，被害者が身につけていた時計を奪取したのであって，このような場合には，被害者が生前有していた財物の所持はその死亡直後においてもなお継続して保護するのが法の目的にかなうものというべきである。そうすると，被害者からその財物の占有を離脱させた自己の行為を利用して右財物を奪取した一連の被告人の行為は，これを全体的に考察して，他人の財物に対する所持を侵害したものというべきであるから，右奪取行為は，占有離脱物横領ではなく，窃盗罪を構成するものと解するのが相当である」

193 殺害9時間後の奪取

東京地判昭和37年12月3日判時323号33頁／判タ140・114, 142・63

【事案】被告人は，かつて同棲していた女性Aを，同女の住むアパートで殺害し，他で飲酒・宿泊した後（約9時間後）アパートに戻って同女名義の郵便貯金通帳を持ち出した。

【判決理由】「たとえ財物奪取者が被害者の死亡に対し責任を有する場合であっても，死亡後すでに相当の時間を経過し，または死亡と全く別個の機会に財物を奪取したようなときには，最早死者の占有を犯したとはいい得ないものと

解する。……（中略）……たとえ被告人がAを殺害した本人であるとしても、すでに9時間位経過した場合には死亡後『直ちに』とはいい難く、また死亡と全く別個の機会に持ち去っているのであるから、最早死亡したAに右通帳の占有を認めることはできないものといわなければならない。」

194　殺害3時間ないし86時間後の奪取
東京高判昭和39年6月8日高刑集17巻5号446頁／判時378・15

【事案】 被告人は，同棲中の女性Tを居住中の家屋で殺害し，死体を自動車で運搬して海岸に遺棄し，同棲先に戻って（殺害3時間後）指輪を奪い，また（86時間後）そこから時計等を奪った。

【判決理由】「人の財物に対する所持の保護は，もとよりその人の死亡により原則的には，これを終結すべきものであるけれどもその生存から死亡への推移する過程を単純に外形的にのみ観察し，あらゆる特殊的な事情に眼を覆って，これを一律に決定するようなことは，法律評価上これを慎まなければならない。本件において，被告人は，Tを殺害し，みずからTの死を客観的に惹起したのみならず，さらに，その事実を主観的に認識していたのであるから，刑法第254条の占有離脱物横領罪とは，その法律上の評価を異にし，かつ，被告人の奪取した本件財物は，右Tが生前起居していた前記家屋の部屋に，同女の占有をあらわす状態のままにおかれていて，被告人以外の者が外部的にみて，一般的に同女の占有にあるものとみられる状況の下にあったのであるから，社会通念にてらし，被害者たるTが生前所持した財物は，その死亡後と奪取との間に4日の時間的経過があるにしてもなお，継続して所持しているものと解し，これを保護することが，法の目的にかなうものといわなければならない。けだし，被害者から，その財物の占有を離脱させた自己の行為の結果を利用し，該財物を奪取した一連の被告人の行為は，他人たる被害者の死亡という外部的事実によって区別されることなく，客観的にも主観的にも利用意図の媒介により前後不可分の一体をなしているとみるのが相当であるから，かかる行為全体の刑法上の効果を綜合的に評価し，もって，被害者の所持を，その死亡後と奪取との間に4日の時間的経過があるにしても，なお，継続的に保護することが，本件犯罪の特殊な具体的実情に適合し，ひいては，社会通念に合致するものというべきである。」

⇒ 195・196・197

195　殺害5日ないし10日後の奪取
新潟地判昭和60年7月2日刑月17巻7＝8号663頁／判時1160・167, 判タ562・199
【事案】 被告人は, 一人暮らしの愛人W女をその部屋で殺害し, 死体を切断の上隠匿・遺棄した後, 5日後被害者方から現金を持ち去り, また10日後同所から整理ダンス等を持ち去った。
【判決理由】「このような情況の変化を考慮すると右公訴事実第一の二及び第一の三の時点では, もはや亡Wの本件居宅内の財物に対する占有は失われたものと認めるのが相当であって, その相続人による占有の事実も認められないところである。したがって, 殺害犯人たる被告人の所為とはいえ, 右各犯行を窃盗とみることはできないところであって, 当裁判所は各公訴事実の同一性の範囲内で……各占有離脱物横領罪の成立を認めることとする。」

占有の帰属

196　雇い人による領得
大判大正3年3月6日新聞929号28頁
【判決理由】「主人方に同居せる雇人と雖も特に主人より其商品の占有を移されざる限りは其物件は固より主人の占有に属するものと謂はざるべからず而して原判決の確定せる事実は被告はA方に雇はれB家店頭にありたる主人の所有物を窃取したりと云ふに在りて被告に於て特に主人の所有物を占有し居たることは毫も其認定せざる所なりとす然れば主人の占有せる物件を自己の支配内に移せる被告の所為は窃盗罪を構成すること当然なる」

197　共同保管者による領得
大判大正8年4月5日刑録25輯489頁
【事案】 被告人は, 銀行支配人心得として同行頭取・常務取締役と共同して銀行の金庫に入れ保管している有価証券を, 他の同意を得ることなく自己に領得する意思で金庫から取り出し自己単独の支配に移した。
【判決理由】「数人共同して他人の財物を保管する場合に於て共同保管者の一人か他の保管者の同意を得ることなく不正に之を自己に領得するの意思を以て該財物を共同保管の状態より自己単独の占有に移付したるときは即ち他の保管者の占有を侵害して他人の財物を自己の支配内に移し不法に領得したるものに外ならされは其所為窃盗罪を構成すること疑を容れす」

198 郵便集配人による領得
大判明治 45 年 4 月 26 日刑録 18 輯 536 頁

【事案】 郵便集配人である被告人が，配達に際し，信書を開披して封入されていた為替証書を取り出した。

【判決理由】 「郵便集配人は其配達中に係る郵便物自体に付ては事実上の支配ありと謂ひ得へきも封入の物件は依然他人の占有内に存し自己か自由に処分し得へき状態に在らさるを以て其物件を奪取したる所為は横領罪に非すして窃盗罪を構成すへきものとす」

199 郵便集配人による領得
大判大正 7 年 11 月 19 日刑録 24 輯 1365 頁

【判決理由】 「被告は郵便局集配人にして芦屋郵便局の取扱に係る被告の配達すへき紙幣合計 6 円 20 銭在中の普通郵便物を占有中不法に之を自己に領得したる事実を判示せる趣旨なりと解すへく其『窃取し』と説示せるは原審か被告の不法領得の行為に対する判断たるに過きす被告の行為は業務上横領罪にして刑法第 253 条に該当す」

200 郵便集配人による領得
東京地判昭和 41 年 11 月 25 日判タ 200 号 177 頁

【事案】 郵便集配人である被告人が，配達に際し，書留郵便物（現金在中）を交付せず，自分のポケットに入れた。

【判決理由】 「被告人が前記 A 方において，自己の用途に充てるため，本件書留郵便物を B に交付せず自己のズボンポケットに入れたことにより，業務上横領罪が成立し（以後の隠匿，開披等の行為は，いわゆる事後行為にあたる。），窃盗罪を構成するものではない。」

201 旅館の丹前・浴衣
最決昭和 31 年 1 月 19 日刑集 10 巻 1 号 67 頁／判時 71・26，判タ 57・42

【事案】 被告人は，宿泊料の支払ができないので，「ちょっと手紙を出してくる」と偽って旅館の丹前を着，下駄を履いて出たまま戻らなかった。原判決は丹前等の窃盗の成立を肯定した。

【決定理由】 「本件のように被告人が旅館に宿泊し，普通に旅館が旅客に提供するその所有の丹前，浴衣を着，帯をしめ，下駄をはいたままの状態で外出しても，その丹前等の所持は所有者である旅館に存するものと解するを相当とする」（丹前等の刑法上の所持は被告人にあるとする反対意見がある。）

⇒ 202・203

202　銀行の顧客情報を印字した用紙（城南信用金庫事件）

東京地判平成9年12月5日判時1634号155頁

【事案】⇒171

【判決理由】「支店長が，支店においてその業務の過程でアウトプットして作出した軒先総合取引照会票及び取引状況調書等の帳票類の管理者であることは認められるものの，他方，支店長は，事務センターのホストコンピュータに電磁的に記録・保存されている顧客情報自体を管理しているものではなく，右顧客情報は，事務センターの統括者である専務理事（甲3号証），究極的には，金庫の業務を統括する理事長（甲2号証）の管理に属すると認められる。そうすると，支店長は，業務上必要な場合には右ホストコンピュータに電磁的に記録・保存されている顧客情報を自己の判断で利用する権限を与えられ，かつ業務の過程で作出された顧客情報の記載された帳票類を統括的に管理する権限を与えられているものの，それにとどまるというべきであり，もとより業務上の必要がないにもかかわらず不正の目的で右顧客情報を入手することが許されないのは当然であって，かかる目的で作出した帳票類についてまでその管理をゆだねられているとはいえず，そのような帳票類については，当該情報の管理者の管理に属すると解するのが相当である。

本件書類は，業務上の必要がないにもかかわらず，第三者に漏出させる目的で作出したものであるから，以上述べたところにより，究極的に理事長が管理するものであり，その占有に属するものと解するのが相当である。」

203　河川の砂利

最判昭和32年10月15日刑集11巻10号2597頁

【事案】　被告人は，大阪府知事より許可された期間以外に，河川の砂利等を採取した。

【判決理由】「河川法の適用または準用ある河川は，地方行政庁が河川法6条，5条，河川法準用令等によってこれを管理するのであるが，これらの法令による管理は，公共の利害に重大な関係がある河川を保全するための行政措置であって，河川またはその敷地もしくは流水の効用を保護助長することを目的とするものにほかならない。そして，地方行政庁の河川管理は，おのずから河川敷地内に堆積している砂利，砂，栗石（以下単に砂利等という）にも及ぶことは当然であるが，その採取を地方行政庁の許可にかからしめているのは，採取行為が河川法19条にいう流水または敷地の現状等に影響を及ぼす恐れのある行

為であるからであって，地方行政庁が河川を管理するという一事によって，河川敷地内に存し移動の可能性ある砂利等を当然に管理占有することによるものではない。もとより，地方行政庁の職員が河川敷地内に堆積している砂利等を随時見廻り管理しているという事実のあることは，あながち否定できないけれども，それは河川の管理に附随してなされているものであるから，その管理は公共の利用を確保するため等の行政的措置にほかならないのみでなく，これらの砂利等は，流水の変化に伴ない移動を免れないので，その占有を保持するため他に特段の事実上の支配がなされない限り，右の事実だけでは刑法の窃盗罪の規定によって保護されるべき管理占有が地方行政庁によってなされているものと認めることはできない。」

「所轄地方行政庁が本件砂利等の管理占有につき，特段の措置を講じて事実上の支配を保持した事実は，これを窺うことができない。それゆえ，本件砂利等については，刑法の窃盗罪の規定によって保護されるべき管理占有に該当する事実は認められないのであるから，被告人の所為が窃盗罪を構成しないものとした原判決の判断は正当である。」

[3] 窃盗の意義

204 体感器を使用したパチスロ遊戯によるメダル取得

最決平成19年4月13日刑集61巻3号340頁／判時1982・160，判タ1251・163
（重判平19刑7）

【決定理由】 「1 原判決の認定及び記録によれば，本件の事実関係は以下のとおりである。

（1） 本件パチンコ店（以下「被害店舗」という。）に設置されている回胴式遊技機（以下「パチスロ機」という。）『甲』は，その内蔵する電子回路の有する乱数周期を使用して大当たりを連続して発生する場合を抽選するものである。

（2） 被告人が身体に隠匿装着していた，電子回路を内蔵するいわゆる体感器と称する電子機器（以下「本件機器」という。）は，その乱数周期を上記パチスロ機の乱数周期と同期させることによって，上記パチスロ機の大当たりを連続して発生させる絵柄をそろえるための回胴停止ボタンの押し順を判定することができる機能を有するもので，専らパチスロ遊戯において不正にメダルを取得する目的に使用されるものである。

（3） 被害店舗では不正なパチスロ遊戯を行うために使用されるいわゆる体感器のよう

⇒ 205

な特殊機器の店内への持込みを許しておらず，もとより体感器を用いた遊戯も禁止して，その旨を店内に掲示するなどして客に告知しており，被告人もこのことを認識していた。

(4) 被告人は，当初から本件機器を使用してメダルを不正に取得する意図のもと被害店舗に入店して本件パチスロ機『甲』55番台でパチスロ遊戯を行い，本件機器を用いて大当たりを連続して発生させる絵柄をそろえることに成功するなどし，合計約1524枚のメダルを取得した。

2 以上の事実関係の下において，本件機器がパチスロ機に直接には不正の工作ないし影響を与えないものであるとしても，専らメダルの不正取得を目的として上記のような機能を有する本件機器を使用する意図のもと，これを身体に装着し不正取得の機会をうかがいながらパチスロ機で遊戯すること自体，通常の遊戯方法の範囲を逸脱するものであり，パチスロ機を設置している店舗がおよそそのような態様による遊戯を許容していないことは明らかである。そうすると，被告人が本件パチスロ機『甲』55番台で取得したメダルについては，それが本件機器の操作の結果取得されたものであるか否かを問わず，被害店舗のメダル管理者の意思に反してその占有を侵害し自己の占有に移したものというべきである。したがって，被告人の取得したメダル約1524枚につき窃盗罪の成立を認めた原判断は，正当である。」

205 ゴト行為の共犯者によるメダル取得

最決平成21年6月29日刑集63巻5号461頁／判時2071・159，判タ1318・112
（百選II30，重判平21刑5）

【決定理由】 「1 原判決及びその是認する第1審判決の認定によれば，本件の事実関係は，次のとおりである。

(1) 被告人，A及び氏名不詳者は，共謀の上，針金を使用して回胴式遊技機（通称パチスロ遊技機）からメダルを窃取する目的で，いわゆるパチスロ店に侵入し，Aが，同店に設置された回胴式遊技機1080番台において，所携の針金を差し込んで誤動作させるなどの方法（以下「ゴト行為」という。）により，メダルを取得した。

(2) 他方，被告人は，専ら店内の防犯カメラや店員による監視からAのゴト行為を隠ぺいする目的をもって，1080番台の左隣の1078番台において，通常の方法により遊戯していたものであり，被告人は，この通常の遊戯方法により，メダルを取得した。被告人は，自らが取得したメダルとAがゴト行為により取得したメダルとを併せて換金し，A及び換金役を担当する氏名不詳者と共に，3等分して分配する予定であった。

(3) 被告人らの犯行が発覚した時点において，Aの座っていた1080番台の下皿には72枚のメダルが入っており，これは，すべてAがゴト行為により取得したものであっ

た。他方，1078番台に座っていた被告人の太ももの上のドル箱には，414枚のメダルが入っており，これは，被告人が通常の遊戯方法により取得したメダルと，Aがゴト行為により取得したメダルとが混在したものであった。

　2　原判決は，以上の事実関係を前提に，被告人の遊戯行為も本件犯行の一部となっているものと評することができ，被害店舗においてそのメダル取得を容認していないことが明らかであるとして，被告人の取得したメダルも本件窃盗の被害品ということができ，前記下皿内及びドル箱内のメダルを合計した486枚のメダル全部について窃盗罪が成立する旨判示した。

　3　しかしながら，以上の事実関係の下においては，Aがゴト行為により取得したメダルについて窃盗罪が成立し，被告人もその共同正犯であったということはできるものの，被告人が自ら取得したメダルについては，被害店舗が容認している通常の遊戯方法により取得したものであるから，窃盗罪が成立するとはいえない。そうすると，被告人が通常の遊戯方法により取得したメダルとAがゴト行為により取得したメダルとが混在した前記ドル箱内のメダル414枚全体について窃盗罪が成立するとした原判決は，窃盗罪における占有侵害に関する法令の解釈適用を誤り，ひいては事実を誤認したものであり，本件において窃盗罪が成立する範囲は，前記下皿内のメダル72枚のほか，前記ドル箱内のメダル414枚の一部にとどまるというべきである。」

206　自己名義の預金口座からの払戻

　　　　　　　　　　　　　名古屋高判平成24年7月5日高刑速（平24）207頁

【判決理由】「論旨は，要するに，原判決は，原判示の各事実について，被告人が，被告人口座のキャッシュカード又は貯金通帳（以下「キャッシュカード等」という。）を用いて，銀行のATMから現金を引き出した行為が窃盗罪に該当するとして刑法235条を適用したが，被告人が被告人口座のキャッシュカード等を用いて銀行のATMから現金を引き出した行為は，ATM内の現金に対する銀行の占有を侵害したとはいえず，窃盗罪は成立しないから，これに同法条を適用した原判決には，判決に影響を及ぼすことが明らかな適用法令の誤りがある，というのである。

　まず，原審で取り調べた関係各証拠によれば，原判示の各事実について，ATM内の現金は，銀行のATM管理者（銀行支店長又は郵便局長）が占有するものであって，被告人口座に振替送金された金員相当額の現金についても被告人が占有するものではないことが認められるから，被告人が自己名義のキャ

⇒ 206

ッシュカード等を用いてATMから現金を引き出す行為は、その現金に対するATM管理者の占有を被告人の占有に移す行為である。

　次に、そのような被告人の行為による現金の占有の移転が、ATM内の現金に対するATM管理者の占有を侵害するものであるか否か、すなわち、ATM管理者の意思に反するものであるか否かについて検討すると、上記各証拠によれば、①被告人が自己名義のキャッシュカード等を用いてATMから引き出した現金のうち原判示の各金額は、氏名不詳者らによる振り込め詐欺という犯罪行為によって取得され、その直後、通称フジイによって、被告人口座に振替送金された金員に相当し、これを超えるものではないこと、②被告人は、原判示の各事実の各現金引き出し行為に及ぶ前に、フジイから、銀行口座を売ってくれるよう依頼されたことがあり、これは断ったものの、その後、被告人名義の口座に金銭を振り込むから、その金額相当の現金をATMで引き出し、引き出した現金を指定する場所に宅配便で送ってほしいと依頼され、被告人名義の口座に振り込まれる金銭が犯罪行為に関わる金ではないかという思いがありながら、報酬も欲しかったことなどから、一旦、被告人以外の者の口座に入金することでワンクッション置いて、その口座から被告人名義の口座に振替送金する、という条件を付けてフジイの依頼を引き受け、これに基づき、原判示の各事実におけるATMからの現金引き出し行為に及んだものであること、③銀行等の金融機関においては、預貯金債権を有する口座名義人が、その預貯金債権の行使として自己名義の通帳やキャッシュカードを用いて預貯金の払戻し請求をした場合、どのような場合であっても直ちに無条件にその払戻し請求に応じるわけではなく、例えば、その預貯金債権が振り込め詐欺の被害者が振り込んだ金銭によるものである場合など、預貯金口座が法令や公序良俗に反する行為に利用され、又は利用されるおそれがあると認められるときには、預貯金取引を停止する、という預貯金規定に基づき、口座を凍結して預貯金払戻し請求には応じない、という取扱いをしていること、以上の各事実を認めることができる。これらの事実に照らすと、原判示の各事実において、被告人がキャッシュカード等を用いてATM内の現金を引き出した行為は、それが自己名義の口座からの預貯金の払戻しであっても、ATM管理者の意思に反するものというべきであるから、ATM内の現金に対するATM管理者の占有を侵害するものであるといわなければならない。」

[4] 既遂時期

207　浴場内で発見した指輪の隙間への隠匿

大判大正12年7月3日刑集2巻624頁

【判決理由】「窃盗罪は他人の占有せる自己以外の者の所有物を奪取するに因り成立す而して所謂奪取ありとするには他人の実力的支配内に在る窃盗罪の対象たる物を自己の実力的支配内に移し之を排他的に自由に処分し得へき状態に置く行為あるを以て足り必ずしも永遠且安全に其の物の経済的価値を自己に保持し之を利用し得へき状態に在ることを要せす所論原判決の援用せる証憑に拠れは被告は判示Ａ方浴場に於て当時所有者不明の遺留品に係る金製指環を発見し領得の意思を以て自己の実力的支配内に移し排他的に之を自由に処分し得へき状態に置きたる事実を認定するに足る以上は被告か発覚を慮り一時右浴室内に於ける他人の容易に発見し能はさる如き罅隙の個所に隠匿し機会を竢つて之を持去らんとしたる事実ありたりとするも右は被告に於て物に対する実力的支配を抛棄し再ひ之を浴室の所有者たる判示Ａの支配内に移付したる事実に該当せす却て排他的に被告の実力的支配を継続したる事実なりと解すへく又判示指環紛失の事実か公然と為り被告に於て到底右指環を浴場外に帯出し完全に之を自己の支配内に保持するの困難なることを覚知し捜索して偶然発見したる如く装ひ之を返還したる事実ありたりとするも之か為に被告か一旦他人の支配を侵し其の実力の下に在りたる指環を自己の支配内に移したる確定的事実を抹殺するに足らす然らは原判決か所論証憑を援引し被告の判示窃盗既遂の事実を認定したるは相当にして所論の如き理由不備の違法あることなけれは本論旨は理由なし」

208　後刻拾う計画の下での列車からの積み荷の突き落とし

最判昭和24年12月22日刑集3巻12号2070頁

【事案】　鉄道機関助手である被告人らは，列車から積み荷を突き落として，後刻その場所に戻り拾う計画の下，積み荷を列車から突き落とした。

【判決理由】「鉄道線路の地理現場の事情に精通していると認められる鉄道機関助士である被告人等が判示のごとく共謀計画して判示のごとく定められた目的の地点で積荷を列車外に突落した本件においては，特別の事情の認められない限り，その目的の地点に積荷を突落したときその物件は他人の支配を脱して

⇒ *209・210*

被告人等共謀者の実力支配内に置かれたものと見ることができる。」

209 自動車のエンジンを始動させ発進可能状態にする行為

広島高判昭和 45 年 5 月 28 日判タ 255 号 275 頁

【事案】　被告人らは，広場に駐車中の自動車を道路まで移動させ，配線を直結してエンジンを始動させて発進可能な状態にした。

【判決理由】　「被告人らが，右のように，本件自動車をその駐車場所から付近道路まで移動させたばかりでなく，エンジンを始動させ何時にても発進可能の状態におくという行為に出た以上，既に被害者の本件自動車に対する支配は排除され，被告人らの支配に移ったものということができるから，被告人らが更に進んで本件自動車を運転する行為をまつまでもなく窃盗罪の既遂になるものと解するのが相当である。」

210 工場構外に搬出していない場合

大阪高判昭和 29 年 5 月 4 日高刑集 7 巻 4 号 591 頁

【事案】　被告人らは，工場の資材小屋から目的物件を取り出し，工場の構外へ搬出すべく約 170〜80 メートル運搬したが，構内から出ないうちに発見された。

【判決理由】　「窃盗罪が既遂の域に達するには，他人の支配内にあるものをその支配を排して自己の支配内に移すことを要する。しかして窃盗犯人がその目的物件を工場の資材小屋内から取出し，未だ工場の構外に搬出しないような場合において，構内が一般に人の自由に出入し得るが如き場所であり，構内から物件を構外に搬出するにつき，なんら障碍排除の必要のないような場合には，犯人はその目的物件を小屋内から工場構内へ取出すと同時にその目的物に対する占有者の支配を排してこれを自己の支配に移したものといい得るから窃盗既遂をもって論ずることができる。しかし，目的物件を小屋外へ取出しても，構内は一般に人の自由に出入することができず，更に門扉，障壁，守衛等の設備があって，その障碍を排除しなければ構外に搬出することができないような場合には，その目的物件をその障碍を排除して構外に搬出するか，あるいは少なくともそれに覆いをかぶせんとくする等適宜の方法によりその所持を確保しない以上，未だその占有者の事実上の支配を排して自己の支配内に納めたものとはいえないから，たとえその目的物件を小屋から構内を相当距離運搬したとしても，窃盗既遂をもって論ずるわけにはいかない。けだしこの場合といえども構内全体には完全な管理者の支配が及んでいるからである。」

⇒ *211・212・213*

211 スーパーマーケット内で商品をレジの外に持ち出す行為

東京高判平成 4 年 10 月 28 日判タ 823 号 252 頁
(百選Ⅱ34, 重判平 5 刑 6)

【事案】 被告人は，スーパーマーケット内で，買い物かごに商品を入れ，レジを通過しないでレジの外側に持ち出し，店内のカウンターの上で，商品をかごの中からとりだして同店備付けのビニール袋に入れようとしたところを，店員に取り押さえられた。

【判決理由】「以上の事実関係の下においては，被告人がレジで代金を支払わずに，その外側に商品を持ち出した時点で，商品の占有は被告人に帰属し，窃盗は既遂に達すると解すべきである。なぜなら，右のように，買物かごに商品を入れた犯人がレジを通過することなくその外側に出たときは，代金を支払ってレジの外側へ出た一般の買物客と外観上区別がつかなくなり，犯人が最終的に商品を取得する蓋然性が飛躍的に増大すると考えられるからである。」

212 スーパーマーケットのトイレにテレビを隠す行為

東京高判平成 21 年 12 月 22 日東高刑時報 60 巻 1〜12 号 247 頁／判タ 1333・282

【事案】 被告人は，スーパーマーケットの 3 階家電売り場に陳列してあったテレビ（幅 469 mm，高さ 409 mm，奥行き 167 mm）を盗むために買い物カート上のかごに入れ，レジで精算せずに買い物カートを押したまま 3 階北東側にある男性用トイレに入り，トイレ内の洗面台下部に設置されている収納棚の中にテレビを隠し入れた。その後，被告人は，テレビを店外に持ち出すための大きな袋を購入したが，その際の被告人の言動に不審を感じた店員からの連絡で警備員が被告人を追跡し，テレビを発見した。

【判決理由】「被告人は，本件テレビをトイレの収納棚に隠し入れた時点で，被害者である本件店舗関係者が把握困難な場所に本件テレビを移動させたのであり，しかも上記のように被告人が袋を買う際に不審を抱かれなければ，これを店外に運び出すことが十分可能な状態に置いたのであるから，本件テレビを被害者の支配内から自己の支配内に移したということができ，本件窃盗を既遂と認めた原判決は正当であって，原判決に事実の誤認はない。」

[5] 保 護 法 益

213 恩給担保事件

大判大正 7 年 9 月 25 日刑録 24 輯 1219 頁

【事案】 被告人 X は，債権者 A から金銭を借用し，代わりに恩給証書を渡すとも

⇒ 214

に，その受領方を委任し，かつ，その受領金をもって債務を完済するまでは委任を解除しない旨の契約を結んだ。その後，Xは，他から借り替えて弁済するとAを騙して恩給証書を丙銀行宛に送付させ，これを閲覧中，銀行員の隙をみて窃取した。原判決は，窃盗罪の成立をみとめたが，大審院はこれを破棄し被告人を無罪とした。

【判決理由】「自己の財物にして他人の占有に属するものを窃取又は騙取するときは刑法第242条第251条に依り窃盗罪又は詐欺罪を構成すること明かなりと雖も此規定は占有者か適法に其占有権を以て所有者に対抗し得る場合に限りて適用せらるへきものにして此の如き対抗権の存せさる場合に於ては此規定に依り占有者を保護し所有者を処罰すへき理由を存せす然り而して恩給は売買譲与質入書入を為し負債の抵価として差押ふることを得さるは恩給法規に明文の存する所に係り年金も亦其性質上其帯有者の一身に専属するものにして譲渡又は担保の目的物と為すことを得るものにあらす従て外形を他の法律行為に装ひて恩給年金等を譲渡又は担保の目的に供するは脱法行為にして無効たるを免れさるか故に恩給年金の帯有者か其恩給年金を債務の担保に供する目的にて其証書を債権者に交付するも其名義の如何を問はす債権者は其証書に付き何等の権利を得ることなく反之帯有者は何時にても其証書の占有を回復するの権ありと謂はさるへからす是を以て恩給年金の帯有者か其証書を債権担保の為め債権者に交付したる後債権者の意に反し又は之を欺罔して其占有を回復することあるも刑法第242条第251条に依り之を窃盗罪又は詐欺罪に問擬すへきものに非す」

214　賃貸中の牛を共有者が窃取した事例

大判大正12年6月9日刑集2巻508頁

【事案】　被告人Xは，兄Aと牛2頭を共有していたが，Aは，この牛をBに6か月を期間として賃貸し引き渡した。他方，Xは，この牛をCに売り渡した。このため，XはBに牛の返却を求めたがBが要求に応じなかったため，Cの代人Yとともに B方から無断でこの牛を連れ去った。原判決は窃盗罪の成立を認めたが，大審院はこれを破棄移送した。

【判決理由】「共有者相互の間に同意の存する場合に於ては共有者は共有者以外の者に対し単独所有者と同一の地位を占むるものなるか故に共有者か共有物に対する第三者の占有を侵したる場合に付ては必すや刑法第242条を適用すへき事実なりや否を明かにせさるへからす之を本院判例に徴するに叙上の規定は占有者か適法に其占有権を以て所有者に対抗し得へき場合に限りて適用せらる

へきものなるを以て若し本件の売買有効にして賃貸借は被告Xの同意なく且Aの持分過半数に出てさるか為無効なりとせは売買に因り所有権を取得せるCの代人たる被告Yと売主たる被告Xとか共同して原判示の牝牛及犢を無断牽去るも同条に依り窃盗罪を以て論することを得さるは明かなりと雖若し売買有効にして賃貸借亦有効なりとせは被告等か共同し擅に占有者たる貸借人Bの手より右牝牛及犢を奪取する行為は同条に依り窃盗罪を構成するものと謂はさるへからす本件か右孰れの場合に該当するやを断するに付ては先つ牝牛及犢の売買及賃貸借の有効なりや否の判断の基礎と為るへき事実を確定せさるへからす原判決は右事実の如何を確認することなくして輙く被告等の所為を窃盗罪に問擬したるは理由不備の不法あるものにして論旨は理由あり原判決は破毀を免れす」

215 隠匿物資である元軍用アルコールの詐取
最判昭和24年2月15日刑集3巻2号175頁
⇒173

216 窃取犯人からの盗品の喝取
最判昭和24年2月8日刑集3巻2号83頁

【事案】 被告人Xは，盗品を運搬中の者に対し「警察の者だが取り調べの必要があるから差し出せ」等と虚偽の事実をいって，盗品を交付させた。

【判決理由】「本件において被害者Aの持っていた綿糸は盗品であるから，Aがそれについて正当な権利を有しないことは明らかである。しかし正当の権利を有しない者の所持であっても，その所持は所持として法律上の保護を受けるのであって，例へば窃取した物だからそれを強取しても処罰に値しないとはいえないのである。恐喝罪についても同様であって，贓物を所持する者に対し恐喝の手段を用いてその贓物を交付させた場合には矢張り恐喝罪となるのである。」

217 国鉄年金証書担保事件
最判昭和34年8月28日刑集13巻10号2906頁／判時199・7

【判決理由】「原判決が，刑法246条1項の詐欺罪の規定は，必ずしも財産的損害を生ぜしめたことを問題とせず，むしろ，個々の財物に対する事実上の所持それ自体を保護の対象としているものと解すべきであるとし，本件において法令上公傷年金の受給権を担保に供することが禁止されている結果，被告人が

⇒ *218*

Aから金員を借受けるに際し，自己の所有にかかる国鉄公傷年金証書を担保として同人に差入れたことが無効であるとしても，同人の右証書の所持そのものは保護されなければならないのであるから，欺罔手段を用いて右証書を交付させた被告人の判示所為が刑法242条にいわゆる『他人の財物と看做』された自己の財物を騙取した詐欺罪に該当するものとしたことは相当であって，右は，当裁判所判例（昭和23年(れ)第967号同24年2月15日第二小法廷判決，集3巻2号175頁，昭和24年(れ)第2890号同25年4月11日第三小法廷判決，集4巻4号528頁）が，刑法における財物取得罪の規定をもって，人の財物に対する事実上の所持を保護しようとするものであって，その所持者が法律上正当にこれを所持する権限を有するかどうかを問わず物の所持という事実上の状態それ自体が独立の法益として保護され，みだりに不正の手段によって侵害することを許さないとする法意であると判示した趣旨にもそうものである。この点において，刑法242条，251条の規定をもって，正権限により他人の占有する自己の財物の場合に限り適用されるべきものとした大審院判例（大正7年9月25日刑録24輯1219頁）は，変更を免れない。」

218 譲渡担保事件

最判昭和35年4月26日刑集14巻6号748頁

【事案】　被告人Xは，A会社より貸金の譲渡担保として貨物自動車1台の所有権を取得したが，自動車は引き続きA会社が使用していた。その後，A会社につき会社更生手続開始決定がなされ，Bほか2名の管財人がA会社の財産の管理・処分権を専有するに至った。Xは，この時点で同自動車を運び去ったが，この自動車の所有権の法的帰属は，Xの債権に対するA会社からの弁済の充当関係が不明確なため，民事裁判によらなければこれを確定しがたい状態にあった。

【判決理由】　「所論は，不法占有は窃盗から保護されるべき法益となりえないことを主張するが，当裁判所においては，すでに，(1)『正当の権利を有しない者の所持であっても，その所持は所持として法律上の保護を受けるのであるから，盗贓物を所持する者に対し恐喝の手段を用いてその贓物を交付させた場合には恐喝罪となる。』との趣旨の判決（昭和23年(れ)1241号，同24年2月8日第二小法廷判決），(2)『元軍用アルコールがかりにいわゆる隠匿物資であるため私人の所持を禁じられているものであるとしても，それがため詐欺罪の目的となりえないものではない。刑法における財物取罪の規定は人の財物に対する

事実上の所持を保護せんとするものであって，これを所持する者が法律上正当にこれを所持する権限を有するかどうかを問わず，たとい刑法上その所持を禁ぜられている場合でも現実にこれを所持している事実がある以上，所持という事実上の状態それ自体が独立の法益とせられみだりに不正の手段によってこれを侵すことを許さぬとする趣旨である。』との趣旨の判決（昭和23年967号，同24年2月15日第二小法廷判決），(3)『他人に対し恐喝の手段を用いてその者が不法に所持する連合国占領軍物資を交付させたときは，恐喝罪が成立する。』との趣旨の判決（昭和24年(れ)2890号，同25年4月11日第三小法廷判決），また，(4)『法令上公傷年金の受給権を担保に供することが禁止されている結果国鉄公傷年金証書（これは刑法にいわゆる財物に該当する）を借受金の担保として差入れたことが無効であるとしても，これを受取った者の右証書の事実上の所持そのものは保護されなければならないから，欺罔手段を用いて右証書を交付させた行為は刑法242条にいわゆる「他人ノ財物ト看做」された自己の財物を騙取した詐欺罪に該当する。』との趣旨の判決（昭和31年(あ)4282号，同34年8月28日第二小法廷判決）があり，この判決により大正7年(れ)220号，同年9月25日大審院判決（刑録24輯1219頁）は変更されたものであること明らかであり，他人の事実上の支配内にある本件自動車を無断で運び去った被告人の所為を窃盗罪に当るとした原判決の判断は相当である。」

219 自動車金融事件

最決平成元年7月7日刑集43巻7号607頁／判時1328・151，判タ711・199
（百選Ⅱ26，重判平元刑4）

【事案】 原判決は，「被告人らのA外28名に対する融資の方法は，形式上は自動車の売買契約とはなっているものの，実質は，自動車を担保とする金員の貸付であることは明らかで，これらが出資法5条1項に違反することも疑念の余地がない。また被告人らがB外30名の自動車を前示のような経緯のもとに引き揚げた行為については，(一)当初の買戻約款付売買契約が内容において暴利的要素を含むのみならず，方法においても借主側の無知窮迫に乗じた悪質なものであり，契約の無効ないしは取消の可能性も大いに考えられ，所有権が被告人側に移転しているかどうかにつき法律上紛争の余地を十分に残していることや，(二)仮りに契約が有効だとしても，担保提供者は，被告人側の了解のもとに，従前どおりその自動車を平穏かつ独占的に利用保管していたものであり，しかも，返済期日の前日又は当日の未明に無断で引き揚げたものについては未だ買戻権が喪失していない時期に権原なくしてなされた不法のものであり，また，プラザが営業して

⇒ *219*

おらず，従って返済金の受領態勢にない休日等が返済期日に当っていたものにつき，その当日又は翌日の未明のうちに無断で引き揚げたことについても買戻権喪失事由が発生しているかは疑問であり，少なくとも権利濫用とみられないではなく，また，返済期日当日ないし数日のうちに無断で引き揚げたものについても，被告人らにおいて受領遅滞，あるいは権利濫用により買戻権喪失事由が発生しているかは疑問があり，その他返済期日の延伸を承諾したことにより同様の疑問のあるものがあつて，担保提供者において，返済期日の前日はもとより，当日ないしは数日のうちに承諾もなく，これが引き揚げられるとは予想もし難い事情にあつたものであることなど，右㈠，㈡の事情を考慮すると，担保提供者の占有はいまだ法律上の保護に値する利益を有していたものと認められるので，被告人らの行為が窃盗罪を構成するものであることは明らかというべきである」と判示して，窃盗罪の成立を認めた。

【決定理由】「所論は，被告人は，相手方との間に買戻約款付自動車売買契約を締結し，相手方が買戻権を喪失した後，権利の行使として自動車を引き揚げたものであるから，窃盗罪の責めを負わないと主張するので，この点について判断する。

原判決によると，次の事実が認められる。

1　被告人は，いわゆる自動車金融の形式により，出資の受入，預り金及び金利等の取締等に関する法律による利息の制限を免れる外形を採って高利を得る一方，融資金の返済が滞ったときには自動車を転売して多額の利益をあげようと企て，『車預からず融資，残債有りも可』という広告を出し，これを見て営業所を訪れた客に対し，自動車の時価の2分の1ないし10分の1程度の融資金額を提示したうえ，用意してある買戻約款付自動車売買契約書に署名押印させて融資をしていた。契約書に書かれた契約内容は，借主が自動車を融資金額で被告人に売渡してその所有権と占有権を被告人に移転し，返済期限に相当する買戻期限までに融資金額に一定の利息を付した金額を支払って買戻権を行使しない限り，被告人が自動車を任意に処分することができるというものであり，さらに本件の31台の自動車のうち2台に関しては買戻権が行使された場合の外は被告人は『自動車につき直接占有権をも有し，その自動車を任意に運転し，移動させることができるものとする。』という条項を含んでいた。しかし，契約当事者の間では，借主が契約後も自動車を保管し，利用することができることは，当然の前提とされていた。また，被告人としては，自動車を転売した方が格段に利益が大きいため，借主が返済期限に遅れれば直ちに自動車を引き揚げて転売するつもりであったが，客に対してはその意図を秘し，時たま説明を求める客に対しても『不動産の譲渡担保と同じことだ。』とか，『車を引き揚げるのは100人に1人位で，よほどひどく遅れたときだ。』などと説明するのみであり，客には契約書の写しを渡さなかった。

⇒ 220

　2　借主は，契約後も，従前どおり自宅，勤務先等の保管場所で自動車を保管し，これを使用していた。また，借主の中には，買戻権を喪失する以前に自動車を引き揚げられた者もあり，その他の者も，次の営業日か短時日中に融資金を返済する手筈であった。
　3　被告人又はその命を受けた者は，一部の自動車については返済期限の前日又は未明，その他の自動車についても返済期限の翌日未明又は数日中に，借主の自宅，勤務先等の保管場所に赴き，同行した合鍵屋に作らせた合鍵又は契約当日自動車の点検に必要であるといって預かったキーで密かに合鍵屋に作らせたスペアキーを利用し，あるいはレッカー車に牽引させて，借主等に断ることなしに自動車を引き揚げ，数日中にこれらを転売し，あるいは転売しようとしていた。
　以上の事実に照らすと，被告人が自動車を引き揚げた時点においては，自動車は借主の事実上の支配内にあったことが明らかであるから，かりに被告人にその所有権があったとしても，被告人の引揚行為は，刑法242条にいう他人の占有に属する物を窃取したものとして窃盗罪を構成するというべきであり，かつ，その行為は，社会通念上借主に受忍を求める限度を超えた違法なものというほかはない。したがって，これと同旨の原判決の判断は正当である。」
⇒物の他人性の判断について 434 参照。

［6］　不法領得の意思
毀棄罪との区別

220　教育勅語事件

大判大正4年5月21日刑録21輯663頁
⇒130

【事案】　⇒130
【判決理由】　「窃盗罪は不法に領得する意思を以て他人の事実上の支配を侵し他人の所有物を自己の支配内に移す行為なれは（大正3年6月10日宣告同年(れ)第1106号事件の判決参照）本罪の成立に必要なる故意ありとするには法定の犯罪構成要件たる事実に付き認識あるを以て足れりとせす不法に物を自己に領得する意思あることを要す而して所謂領得の意思とは権利者を排除して他人の物を自己の所有物として其経済的用方に従ひ之を利用若くは処分する意思に外ならされは単た物を毀壊又は隠匿する意思を以て他人の支配内に存する物を奪取する行為は領得の意思に出てさるを以て窃盗罪を構成せさるや疑を容れ

⇒ *221*

す原判決の確定せる事実に依れは被告は新潟県南蒲原郡Ｂ村Ｂ尋常高等小学校教員奉職中同校長Ａに銜む所あり其管掌せる重要物件を紛失せしめ因りて之をして其過失の責に任せしめんことを図りＡの管理する同校勅語奉置所の鎖鑰を開披し自己に領得する意思なくして其内に奉置しありたる同校奉戴の教育勅語謄本戊申詔書謄本文部大臣訓示の３点を紙紗包の儘取出し之を自己の受持教室の天井裏に隠匿したる者にして右被告の行為は故意に校長Ａの支配を侵して学校所蔵の物を自己の支配内に移したる事実なりとするも固より其物を自己に領得するの意思に出てたるものに非されは窃盗罪を以て論すへきに非す」

221 競売記録事件

大判昭和9年12月22日刑集13巻1789頁

【事案】 被告人Ｘは，弁護士Ａのために競売を延期させようとして，競売期日に裁判所において記録の閲覧を求め，隙を見て競売記録を持ち出して隠匿した。原判決は，詐欺罪の成立を認めたが，大審院はこれを破棄自判した。

【判決理由】「検事は本件被告人の行為は窃盗罪を構成するものなりと主張すれとも凡そ窃盗罪の成立するか為には同罪の構成要件たる事実を認識するの外犯人に於て財物を不正に領得する意思の存在を必要とするものなるに不拘判示被告人の行為は其の犯行の動機に於て説明したるか如く行為当時被告人は恩顧を蒙りたるＡ弁護士か判示競売事件の延期方法に付苦慮し居れるを知りたるより単に該事件の進行を一時妨害する意図の下に競売場より競売記録を持出し之を隠匿せむことを決意し之を実行したるに過きすして毫も該記録を持出し経済上の用法に従ひ利益を獲得せむとしたるものに非さるか故に斯かる意思の下に行はれたる行為か偶々結果より観察するときは或る経済上の利得を推想せしむることありとするも之を目して不正領得意思の下に行なはれたる行為と云ふを得す然れは本院か事実審理を為し確定したる事実就中被告人か競売裁判所より記録を持出したる意思にして叙上判示の如くなる以上窃盗罪を構成すへきものに非す然り而して刑法第258条に所謂文書の毀棄とは必すしも文書を有形的に毀損する場合のみならす無形的に一時其の文書を利用すること能はさる状態に措きたる場合をも指称するものなれは前顕認定の如く被告人か競売裁判所の使用せる判示競売事件の記録を其の競売期日に競売裁判所より窃に持出し之を隠匿して一時競売を為すこと能はさるに至らしめたるものなる以上被告人の行

為は公務所の用に供する文書を毀棄したるものにして刑法第258条の罪責を免かれさるものとす」

222 報復目的で動力鋸を持ち出し海中に投棄した事例

仙台高判昭和46年6月21日高刑集24巻2号418頁

【判決理由】「被告人は本件の数年前から浜にあげていた動力船の煙突から水を入れられたり、スクリューのねじを取り外されたり、部品を盗まれたり、また昭和39年4月には動力船に火をつけられたりして何回もいたずらをされたことがあったが、これらのいたずらをした者はAやその兄Bであると思いこみ、その仕返しのため、原判示の日の午前3時半ごろ、A方の不在であることを察知し、同人方に行き玄関土間から同人所有のロンバート・チェーンソー（動力のこぎり）1台を海中に投棄する目的で持ち出し、被告人方と反対方向の約150メートル西方の福浦港海浜に行き、さらに船で約150メートル沖合に出たうえ、これを水深約30メートルの海中に投棄したことが認められる。原判決は、弁護人の主張に対する判断の項において、被告人に不法領得の意思があったことの理由として、概ね右の事実とその回収を不能ならしめたこととを認定し、被告人には他人の財物につき自ら所有者として振舞う意思があったことを説示している。しかし、窃盗罪の構成要件としての不法領得の意思とは、権利者を排除し、他人の物を自己の所有物と同様にその経済的用法に従いこれを利用または処分する意思をいうものであることは累次の判例の示すところである（大正4年5月21日大審院判決——刑録21輯663頁、昭和26年7月13日最高裁判決——刑集5巻8号1437頁）。そして、ここに『経済的用法に従って利用または処分する意思』とは、物の所有者であれば一般にするような、または、物の所有者にして初めてなし得るような、その物の本来の用途にかなった方法に従い、あるいはなんらかの形において経済的に利用もしくは処分する意思を意味し、単純な毀滅または隠匿する意思にとどまる場合を排除する趣旨と解するのが相当である。これを本件についてみれば、被告人は前記のように仕返しのため海中に投棄する目的で、本件ロンバート・チェーンソーを持ち出したに過ぎないのであるから、不法領得の意思を欠くものというべきである。」

⇒ 223・224

223　犯行隠蔽の目的で手提げ金庫を持ち出し河に投棄した事例

大阪高判昭和24年12月5日判特4号3頁

【判決理由】「窃盗罪の成立に領得の意思を必要とすることは所論の通りであって，領得の意思とは権利者を排斥して他人の物を自己の所有物として経済的用方に従って利用若くは処分する意思，換言すれば他人の物を事実上自己の完全な支配に移し之を使用処分して自ら所有者の実を挙ぐる意思であって，永久的にその物の経済的利益を保持するの意思たることを要しないのである。原判決挙示の証拠によれば被告人は自己のこれまでの犯行を隠蔽するため大金庫内から本件手提金庫を取り出し現場から二百数十米はなれた河中に投棄したと言うのであるから之を前の説明に照し被告人は終局的に被害者の所持を奪い，之を処分して自ら所有者の実を挙ぐる意思即ち不正領得の意思あったものと解すべくその行為は明かに窃盗罪を構成するのである。」

224　最初から自首するつもりで財物を奪取した事例

広島地判昭和50年6月24日刑月7巻6号692頁

【判決理由】「右事実関係によれば，被告人は一時的にせよ前記ステレオパック等の物品に対する被害者の占有を侵害し自己の占有下においたことは，これを肯認せざるを得ないと考えられる。しかしそうだからといって，検察官主張のようにこれにより直ちに被告人に不法領得の意思があったとする見解にはにわかに左袒し難い。すなわち被告人は刑務所で服役することを企図し，当初から窃盗犯人として自首するつもりで右所為に及んだのであり，そのため直ちに100メートル以内の近接した派出所に被害品を携えて出頭しこれを証拠品として任意提出したのであるから，経済的用法に従った利用又は処分の意思は全く認めることができないし，自己を窃盗犯人とするためまさしく他人の所有物としてふるまったのであって，自己の所有物と同様にふるまう意思があったとはいえないことは明白である。のみならず当該物品に対する占有侵害があったとはいえ，それはまさに一時的のことであって，被告人の主観的意図は，即時被害者に返還し首服するというものではないが，即時近接の派出所に出頭自首し任意提出するというものと認められ，一時的にせよ権利者を排除する意思はなかったと解すべきであり，事実被害品は右の過程を経て領置手続の後，即日被害者に仮還付により返還されているのである。そうだとすれば，被告人の前示所為につき不法領得の意思を認め難く，他に以上の認定を左右しうる証拠はな

い。」

225 最初から自首するつもりであったと弁解した事例
広島高松江支判平成 21 年 4 月 17 日高刑速（平 21）205 頁

【事案】 被告人は，深夜，人気のないコンビニエンスストアを選び，店内にいた従業員に刃物を突きつけて金銭を要求したが，成功しなかった。被告人は，刑務所に入ることのみを目的として強盗を働こうとしたのであり，現金を持って近くの駐在所に自首しようと考えていたと弁解し，原判決は，奪った現金を利用・処分する目的があったと認定するには合理的疑いが残るとして強盗未遂罪の成立を否定した。これに対して，本判決は，被告人には強盗をして生活費を増やそうとの目的があったとして，強盗未遂罪の成立を認めたが，なお書きで，次のように判示した。

【判決理由】「なお，仮に，被告人の前記弁解が虚偽でないとしても，強盗罪，強盗未遂罪の成立に必要とされる不法領得の意思は，『権利者を排除し他人の物を自己の所有物と同様にその経済的用法に従いこれを利用し又は処分する意思』（最高裁判所昭和 26 年 7 月 13 日判決等）とされるところ，そこでいう『経済的用法に従いこれを利用し又は処分する意思』とは，単純な毀棄又は隠匿の意思をもってする場合を排除するという消極的な意義を有するに過ぎないと解されるのであり，奪った現金を自首の際にそのまま提出するつもりであったというのは，要するに他人の財物を奪って所有者として振る舞う意思であったことに何ら変わりはなく，単純な毀棄又は隠匿の意思をもってする場合には当たらないから，不法領得の意思を否定することにはならないというべきである。」

226 犯行発覚を防ぐため死体から貴金属を取り去った事例
東京地判昭和 62 年 10 月 6 日判時 1259 号 137 頁／判タ 658・237

【判決理由】「窃盗罪が成立するためには，他人の占有を奪取する時点において，行為者に不法領得の意思が存在することが必要であり，判例（大判大正 4 年 5 月 21 日刑録 21 輯 663 頁，大判昭和 9 年 12 月 22 日刑集 13 巻 1789 頁，最判昭和 26 年 7 月 13 日刑集 5 巻 1437 頁参照）によれば，不法領得の意思とは，『権利者を排除し他人の物を自己の所有物と同様にその経済的用法に従いこれを利用し又は処分する意思』をいうと解されている。この点につき，検察官は，不法領得の意思とは所有者ないし正当な権限を有する者として振る舞う意思を指し，判例のいう『経済的用法』の要件はその典型的な場合をいうのであって，

⇒ 226

右文言に拘泥したり，これを厳密に解すべきではない旨主張している。たしかに，文字どおりの意味での『経済的用法』である必要はないと解されるが，そもそも不法領得の意思が判例上必要とされるに至った理由が，前記引用の判例によっても明らかなように，一つには毀棄・隠匿の目的による占有奪取の場合を窃盗罪と区別するためであることや，刑法が窃盗罪と毀棄罪の法定刑に差を設けている主たる理由は，犯人の意図が物の効用の享受に向けられる行為は誘惑が多く，より強い抑止的制裁を必要とする点に求めるのが最も適当であることを考えると，不法領得の意思とは，正当な権限を有する者として振る舞う意思だけでは足りず，そのほかに，最少限度，財物から生ずる何らかの効用を享受する意思を必要とすると解すべきである。

そこで，本件の事実関係をみると，《証拠略》によれば，次の事実を認めることができる。すなわち，被告人3名は，前記のとおりAを殺害後の3月17日の午後2時ころ，同人の背広ポケットから現金を窃取したり同人の死体をダンボール箱に梱包したりしたが，その際，犯行が発覚しないように腐敗しない貴金属類を死体から剥がして死体とは別の場所に投棄することに意思を相通じたうえ，腕時計及び指輪類を被害者の死体から剥がしてビニール袋に入れておき，これを翌18日午前1時ころ，死体を自動車に積む際に一緒に積み込んで死体を埋める場所に向かった。ところが，死体の遺棄に気を取られていたためか，貴金属類を入れたビニール袋についてはこれを捨て忘れたまま帰って来てしまい，このことに気付いた被告人らは，被告人Zにこれの投棄を委ね，同被告人らは，折りを見て捨てるつもりでスナック『ルビー』2階の洋服ダンスの中に入れて保管していた。しかし，昭和60年3月21日ころ，被告人Zは，交際中のB子から金の無心を受けたこともあって，腕時計については捨てるのをやめ，これを同日B子に渡し30万円で質入れさせた。指輪についても，被告人Zは，いずれ換金しようと考えるようになって保管を続けていたところ，同年4月7日ころ，友人のCから質に入れると足がつくと忠告されたので，同人に対し投棄してくれるよう依頼して渡した。被告人X及び同Yにおいては，腕時計及び指輪は被告人Zが捨てているものと考えていた。

右の事実関係によれば，被告人らは犯行の発覚を防ぐために腕時計等を投棄しようとしてこれらを死体から剥がし，予定どおり投棄に赴いており，その間被告人らが腕時計等の占有を約11時間にわたり継続したのも専ら死体と一緒

に運ぶためであって，場合によってはこれらを利用することがありうると認識していたわけでもないから，被告人らには，未必的にせよ腕時計等から生ずる何らかの効用を享受する意思があったということはできない。本件においては，その後，被告人Zによって腕時計が質入れされる等の事態に至っているが，被告人らが腕時計等の占有を完全に取得した以後の段階において，その効用を享受する意思が生ずるに至ったとしても，遡って占有奪取時における主観的要件を補完するものでないことはいうまでもない。結局，本件では，被告人らが腕時計等の占有を取得した時点においては，不法領得の意思を認めることはできない。

　以上によれば，被告人らの行為は，器物毀棄罪等の別罪を構成するかどうかはともかく，窃盗罪を構成するものではないと解するのが相当である。」

227 犯行隠蔽の目的で金員を奪い自宅に隠した事例

東京高判平成12年5月15日判時1741号157頁

【事案】 被告人は，かつて交際していたA子を，覆面で顔を隠して殴打していたところ，被害者から「殺さないで。これを持っていって」と言われたため，事前から考えていた物取りの犯行と装うためもあって，現金等が入ったバッグを持ち去った。被告人は，逃走途中にバッグから財布を抜き取ってバッグを捨て，自宅に戻った後，財布から現金を抜き取って封筒に入れてこれを保管し，財布は他の在中品とともにゴミとして捨てた。さらに，被告人は，放火目的でA子経営の無人のスナックに侵入したが，放火を断念して，物取りの犯行と装うために，同店内から現金入りの財布，ネックレス，指輪を持ち去り，現金は封筒に入れて自宅に保管し，財布は捨て，ネックレスと指輪はプラスチックケースに入れて自宅の庭に埋めた。被告人は，大手建設会社の中堅幹部であって金に困っていたわけではなく，被告人の犯行の動機はA子に対する報復の意図が主なものであって，金員そのものを強奪したり盗んだりするのを主目的としたものではなかった。

【判決理由】 「被告人は，前記のように，金員そのものを強奪したり盗んだりするのを主目的としてはいなかったとはいえ，単に物を廃棄したり隠匿したりする意思からではなく，第1の犯行では事前から物取りを装う意図を有していて，A子が生命を守るのと引き替えに自分のバッグを提供したのに乗じてそのバッグを奪っており，第3の犯行ではその場で物取りを装おうと考え，その意図を実現するのに相応しい前記金品を持ち出して所有者の占有を奪っているのであるから，すでに右の事実関係からして，いずれの場合も，被告人には不

⇒ *228*

法領得の意思があったものというべきである。」

「被告人が取得した金品の一部を投棄ないし廃棄している点については，盗犯が必要あるいは目的とする金品以外の物を犯行後に廃棄することはあり得ることであり，被告人は，取得した金品の内容もよく確認しないままその一部を廃棄しているのであって，被告人がこれらの金品を廃棄したからといって，不法領得の意思が否定されることにはならない。」

228 詐欺罪における不法領得の意思

最決平成 16 年 11 月 30 日刑集 58 巻 8 号 1005 頁／判時 1884・149，判タ 1172・146
（百選Ⅱ31，重判平 16 刑 6）

【決定理由】「被告人は，金員に窮し，支払督促制度を悪用して叔父の財産を不正に差し押さえ，強制執行することなどにより金員を得ようと考え，被告人が叔父に対して 6000 万円を超える立替金債権を有する旨内容虚偽の支払督促を申し立てた上，裁判所から債務者とされた叔父あてに発送される支払督促正本及び仮執行宣言付支払督促正本について，共犯者が叔父を装って郵便配達員から受け取ることで適式に送達されたように外形を整え，叔父に督促異議申立ての機会を与えることなく支払督促の効力を確定させようと企てた。そこで，共犯者において，2 回にわたり，あらかじめ被告人から連絡を受けた日時ころに叔父方付近で待ち受け，支払督促正本等の送達に赴いた郵便配達員に対して，自ら叔父の氏名を名乗り出て受送達者本人であるように装い，郵便配達員の求めに応じて郵便送達報告書の受領者の押印又は署名欄に叔父の氏名を記載して郵便配達員に提出し，共犯者を受送達者本人であると誤信した郵便配達員から支払督促正本等を受け取った。なお，被告人は，当初から叔父あての支払督促正本等を何らかの用途に利用するつもりはなく速やかに廃棄する意図であり，現に共犯者から当日中に受け取った支払督促正本はすぐに廃棄している。」

「以上の事実関係の下では，郵便送達報告書の受領者の押印又は署名欄に他人である受送達者本人の氏名を冒書する行為は，同人名義の受領書を偽造したものとして，有印私文書偽造罪を構成すると解するのが相当であるから，被告人に対して有印私文書偽造，同行使罪の成立を認めた原判決は，正当として是認できる。

他方，本件において，被告人は，前記のとおり，郵便配達員から正規の受送達者を装って債務者あての支払督促正本等を受領することにより，送達が適式

にされたものとして支払督促の効力を生じさせ，債務者から督促異議申立ての機会を奪ったまま支払督促の効力を確定させて，債務名義を取得して債務者の財産を差し押さえようとしたものであって，受領した支払督促正本等はそのまま廃棄する意図であった。このように，郵便配達員を欺いて交付を受けた支払督促正本等について，廃棄するだけで外に何らかの用途に利用，処分する意思がなかった場合には，支払督促正本等に対する不法領得の意思を認めることはできないというべきであり，このことは，郵便配達員からの受領行為を財産的利得を得るための手段の一つとして行ったときであっても異ならないと解するのが相当である。そうすると，被告人に不法領得の意思が認められるとして詐欺罪の成立を認めた原判決は，法令の解釈適用を誤ったものといわざるを得ない。」

229　水増し投票をする目的で投票用紙を持ち出した事例

最判昭和33年4月17日刑集12巻6号1079頁

【判決理由】「投票用紙は所有権の客体となるものであることはいうまでもないし，また，被告人X，同Yの両名は，権利者を排除して徳島市選挙管理委員会所有の投票用紙を恰も自己の所有物のごとくこれを同用紙として利用する意思であったこと明らかであるから，同被告人等は，不法領得の意思なしというを得ない。」

230　木材を繋留するために電線を切り取った事例

最決昭和35年9月9日刑集14巻11号1457頁

【事案】　被告人は，河川を漂流中の木材を拾得して岸辺に引き上げ，その流出を防ぐため，付近の柱に巻きつけてあった他人の電線を切り取り，これを用いて木材を繋留した。原判決は「電線を送電用ではなく流木を岸に繋留するために使用することは，電線の廃棄ではなくその経済的用法に従ったものである」として不法領得の意思を認めた。

【決定理由】「原判決がその判示するような事実関係の下に，本件につき窃盗罪の成立を認めたのは相当である。」

⇒ 231

使用窃盗

231 自転車を無断使用した事例

大判大正9年2月4日刑録26輯26頁

【事案】 原判決は，被告人Xが，Aの「自転車を無断使用し其の一部を破壊し乗捨之を窃取し」と判示したのに対し，弁護人は，不法領得の意思が欠如するがゆえに窃盗罪を認めたのは不当として上告，大審院は原判決を破棄移送した。

【判決理由】 「刑法第235条の窃盗罪の成立には他人の財物に付き不正領得の意思を以て其所持を侵して之を自己の所持に移すことを必要とするか故に単に一時使用の為めに之を自己の所持に移すか如きは窃盗罪を構成せさるものとす原判決は被告の犯罪事実を判示して㈠大正8年8月27日午前6時頃京都府天田郡福知山町××稲荷神社附近に置きありたる同町A所有の自転車を無断使用し其一部を破壊し乗捨之を窃取しとありて被告か自転車を窃取したる事実を認定したるか如き観なきにあらさるも所謂窃取は其上叙の事実に対する法律上の断案を付したるものにして事実の判示にあらさるものと解せられさるにあらす又原判決か第1審判決事実認定の部にA所有の自転車を窃取しとありたるものに付き第1審の如く単に自転車を窃取しと判示せすして先つ無断使用しと叙述し続て其一部を破壊し乗捨と掲けたるに徴すれは原審に於ては被告か自転車を無断に使用して自己の所有に入れたる際には単に一時使用の意思あるに止まり不正に之を領得する意思ありたるものと認め難く其後使用中之を破壊し又乗捨てたる事実あるを以て前記の如く判示に及ひたるものと解せられさるにあらす果して然りとせは被告の行為は窃盗罪構成の一要件たる不正領得の意思を闕如するを以て縦令別罪を構成するも窃盗罪を構成せさるものと謂ふへく設し原判決判示の末段に窃取しとあるは法律上の断案にあらすして事実の認定なりとせは原判決は理由齟齬の違法あるものと謂ふへく更に又之と異なり原判決は被告か当初より無断使用の末之を破壊し且乗捨る意思ありたるものと認めたる趣旨なりとせは被告は他人の自転車を一時使用するに止まらすして終局的に被害者の所持を奪ひ事実上自己の完全なる支配に移し之を使用処分して自ら所有者の実を挙くる意思あるものと解すへきを以て即ち不正領得の意思あるものと謂ふへく其行為は正に窃盗罪を構成するものとす要するに原判決の事実判示は頗る疑似に渉り意義明瞭を欠くを以て被告の行為を刑法の窃盗罪に問擬したる

原判決法律適用の当否を判別するに由なく原判決は理由不備の違法あるものにして論旨は結局理由あり原判決は破毀を免れす」

232 乗り捨ての意思で他人の船を無断使用した事例

最判昭和 26 年 7 月 13 日刑集 5 巻 8 号 1437 頁

【判決理由】「原判決が本件窃盗の事実として確定したところは，本件強盗傷人の犯行後被告人等は追跡せられ一旦陸に上って逃走したが，更に陸地から船で逃走しようと企て，判示場所に繋留してあった判示 A 所有の肥料船 1 艘に乗り込み岸から約半丁位の海上まで漕ぎ出したというのであるから，右事実自体によって，たとえ短時間であっても，被告人等が右肥料船に対する A の所持を侵し該船を自己の所持に移したものであることは明白であるばかりでなく，更に挙示の証拠によれば被告人等は右肥料船が対岸に着けば当然その場にこれを乗り捨てる意思であったことが認められるのである。そもそも，刑法上窃盗罪の成立に必要な不正領得の意思とは，権利者を排除し他人の物を自己の所有物と同様にその経済的用法に従いこれを利用し又は処分する意思をいうのであって，永久的にその物の経済的利益を保持する意思であることを必要としないのであるから，被告人等が対岸に該船を乗り捨てる意思で前記肥料船に対する A の所持を奪った以上，一時的にも該船の権利者を排除し終局的に自ら該船に対する完全な支配を取得して所有者と同様の実を挙げる意思即ち右にいわゆる不正領得の意思がなかったという訳にはゆかない。」

233 自動車の一時使用と不法領得の意思（肯定例）

最決昭和 43 年 9 月 17 日判時 534 号 85 頁／判タ 227・177

【事案】 被告人らは，共謀のうえ食品類を窃取し売りさばいていたが，これとは別に，盗品の運搬に利用するため他人の自動車を夜間無断で使用しては，これを翌朝までに元の位置に戻しておくということを繰り返していた。

【決定理由】「被告人らは，所論各自動車を，窃盗品の運搬に使用したり，あるいは，その目的をもって，相当長時間にわたって乗り廻しているのであるから，たとえ，無断使用した後に，これを元の位置に戻しておいたにしても，被告人らに不正領得の意思を肯認することができるとした原判断は相当である。」

234 自転車の一時使用と不法領得の意思（否定例）

京都地判昭和 51 年 12 月 17 日判時 847 号 112 頁／判タ 354・339

【判決理由】「窃盗罪が成立するためには，行為者において不法領得の意思，

⇒ 235

　すなわち，権利者を排除し他人の物を自己の所有物と同様にその物の経済的用法に従いこれを利用し又は処分する意思を要すると解すべきところ，《証拠略》によると，被告人は就寝中の一人住まいの女性を姦淫しようと思い立ち，当時深夜で他に適当な交通機関もなかったため，当日午前4時前ころ自分の住んでいるアパートから約50メートル離れたところにある右K方へ行き，同家のガレージ内にあった無施錠の2台の自転車のうち1台を無断で持ち出し，そこから約2キロメートル離れた判示第9記載の犯行現場へ直行し，約10分で右現場に到着したこと，そして，右犯行現場である家の出入口に乗って来た自転車を止めて判示第9の犯行に及んだが，警察官に発見逮捕され，同時に，自転車を無断で持ち出していることが発覚したこと，……（中略）……犯行現場の出入口に自転車を止めたうえ侵入していることからみて，これを乗り捨てる意思はなく，警察官に逮捕されたため，結果的に元のガレージに戻せなかっただけであること，右Kは自己所有の自転車を被告人が再三にわたり無断で持ち出していることに全く気付いていなかったことが認められ，右諸事実に照らすと，被告人はK方から自転車を無断で持ち出す際には，右自転車を使用し後に元の場所に返還しようと考えていたものであって，これを乗り捨てる意思はなく，また，被告人が予め決めていた目的地までは距離にして約2キロメートル，自転車で約10分程度を要するだけで，さほどの距離はなく，さらに，仮に被告人が警察官に逮捕されることなく帰宅できたとすると，右自転車を無断で持ち出してから元のガレージに戻すまでの時間は従前の例からみて最大限2，3時間を越えるものではなく，その間の自転車の消耗も考慮に値しないほど軽微であることなどからみて，被告人の右自転車の無断持ち出しが検察官主張の如く住居侵入，姦淫という違法目的であったとしても，これをもって被告人が右自転車の所有者を排除するまでの意思を有していたとみることはできず，むしろ，単に一時的に使用するために右自転車を自己の占有に移したとみるのが相当であるから，被告人には不法領得の意思を認めることはできない。」

235　自動車の一時使用と不法領得の意思（肯定例）

最決昭和55年10月30日刑集34巻5号357頁／判時982・154，判タ427・83
（百選II32，重判昭56刑6）

【決定理由】「原判決及びその是認する第1審判決によれば，被告人は，深夜，広島市内の給油所の駐車場から，他人所有の普通自動車（時価約250万円相

当）を，数時間にわたって完全の自己の支配下に置く意図のもとに，所有者に無断で乗り出し，その後4時間余りの間，同市内を乗り廻していたというのであるから，たとえ，使用後に，これを元の場所に戻しておくつもりであったとしても，被告人には右自動車に対する不正領得の意思があったというべきである。」

236 建設調査会事件

東京地判昭和55年2月14日刑月12巻1=2号47頁／判時957・118
（重判昭55刑6）

【事案】 被告人Xは，株式会社建設調査会の事務所のAの事務机から，同社が機密資料として所有する調査資料講読会員名簿4冊をコピーしたのち直ちに返還する意思で持ち出し，約2時間でコピーしたのち元の場所に戻しておいた。

【判決理由】「窃盗罪の成立に必要な不法領得の意思とは，権利者を排除し，他人の物を自己の所有物と同様にその経済的用法に従いこれを利用し又は処分する意思をいい，永久的にその物の経済的利益を保持する意思であることを必要としないと解するを相当とする。」

「本件講読会員名簿の経済的価値は，それに記載された内容自体にあるものというべく，この内容をコピーし，それを自社と競争関係に立つ会社に譲り渡す手段として，本件講読会員名簿を右認定事実の如き態様により利用することの意思は，権利者を排除し，右名簿を自己の所有物と同様にその経済的用法に従い利用する意思であったものと認めるのが相当である。そして，被告人がその不法領得の意思をもって，右認定事実記載のとおりの状況下で，事務机引出内から本件講読会員名簿を取り出し，これを社外に持ち出したのであるから，まさに本件講読会員名簿の占有は被告人の占有に移ったものというべきであり，従って被告人の右行為については窃盗罪が成立することになる。しかして，右のとおり不法領得の意思が具現されて窃盗罪が成立すると解する以上，その利用後これを返還する意思でかつ返還されたとしても，それは，窃盗犯人による事後処分と評価すべきものであって，それによって窃盗罪の成立を免かれるものではない。なお，返還するまでの時間が短時間であっても，その理を異にするものでない。」

⇒ *237・238・239*

237　新薬産業スパイ事件
東京地判昭和 59 年 6 月 15 日刑月 16 巻 5 = 6 号 459 頁／判時 1126・3，判タ 533・255
(重判昭 59 刑 8)

【事案】⇒*170*
【判決理由】「本件各資料の経済的価値がその具現化された情報の有用性，価値性に依存するものである以上，資料の内容をコピーしその情報を獲得しようとする意思は，権利者を排除し右資料を自己の物と同様にその経済的用法に従って利用する意思にほかならないと言うべきであるから，判示犯行の動機及び態様に照らし，被告人には不法領得の意思が存在したと認めるが相当である。そうだとすると，被告人の本件行為については窃盗罪が成立するものと言わなければならない（なお，犯行の際に利用後は資料（原本）を返還する意思を有しておりかつ現実に返還されたとしても，それは不法領得の意思の存在に影響を及ぼすものではなく，そのことによって窃盗罪の成立が否定されるものではない。)。」

238　景品交換の目的でパチンコ玉をとる行為
最決昭和 31 年 8 月 22 日刑集 10 巻 8 号 1260 頁／判タ 63・50

【決定理由】「磁石を用いて遊技場のパチンコ機械から玉を取る所為は，たとえ，その目的がパチンコ玉を景品交換の手段とするものであったとしても，経営者の意思にもとづかないで，パチンコ玉の所持を自己に移すものであり，しかもこれを再び使用し，あるいは景品と交換すると否とは自由であるからパチンコ玉につきみずから所有者としてふるまう意思を表現したものというべきもので，所論のようにいわゆる使用窃盗とみるべきではなく，パチンコ玉に対する不法領得の意思が存するものと解するのが相当である。それゆえ原判決が被告人の本件所為を窃盗罪にあたるとしたのは正当であって，所論のような違法は認められない。」

239　商品の返品を装って金銭の交付をうける目的
大阪地判昭和 63 年 12 月 22 日判タ 707 号 267 頁

【判決理由】「被告人は，本件各商品を，単純に，もとに返還するというのではなく，あたかもこれら商品の正当な買主（即ち所有者）であるように装って返品し，代金相当額の交付を受ける意思の下に，売り場から持ち出したものであって，被告人のこのような意思は，権利者を排除して物の所有者として振舞

い，かつ，物の所有者にして初めてなしうるような，その物の用法にかなった方法に従い利用・処分する意思に外ならないというべきである（現に，被告人は，トイレ等に持ち込んだ商品から値札や商品表示カードをはずしたり，持ち込んだ商品の一部であるズボンの裾上げができていないことが判ったため，返品を装うことができないとして，これをトイレのごみ箱に捨てるなどしているのであるが，このことは，被告人が，右のような意思の下に商品を持ち出したことを示す以外のなにものでもない。）。そして，本件各商品持ち出し行為が右のように，返品を装って代金相当額の交付を受けようとする意思に基づくものである以上，持ち出し場所から返還場所までの距離が短かったことや，時間的間隔が僅かであったこと，更には，被告人においてこれら商品を衣類として着用する意思がなかったことなどの所論指摘の事情にかかわりなく，被告人には不法領得の意思が成立するものといわなければならない。」

[7] 親族相盗例

240 親族相盗例の意義

最決平成 20 年 2 月 18 日刑集 62 巻 2 号 37 頁／判時 1998・161，判タ 1265・159
（百選Ⅱ35，重判平 20 刑 11）

【決定理由】「1　本件は，家庭裁判所から選任された未成年後見人である被告人が，共犯者 2 名と共謀の上，後見の事務として業務上預かり保管中の未成年被後見人の貯金を引き出して横領したという業務上横領の事案であるところ，所論は，被告人は，未成年被後見人の祖母であるから，刑法 255 条が準用する同法 244 条 1 項により刑を免除すべきであると主張する。

　2　しかしながら，刑法 255 条が準用する同法 244 条 1 項は，親族間の一定の財産犯罪については，国家が刑罰権の行使を差し控え，親族間の自律にゆだねる方が望ましいという政策的な考慮に基づき，その犯人の処罰につき特例を設けたにすぎず，その犯罪の成立を否定したものではない（最高裁昭和 25 年(れ)第 1284 号同年 12 月 12 日第三小法廷判決・刑集 4 巻 12 号 2543 頁参照）。

　一方，家庭裁判所から選任された未成年後見人は，未成年被後見人の財産を管理し，その財産に関する法律行為について未成年被後見人を代表するが（民法 859 条 1 項），その権限の行使に当たっては，未成年被後見人と親族関係に

⇒ *241*

あるか否かを問わず，善良な管理者の注意をもって事務を処理する義務を負い（同法869条，644条），家庭裁判所の監督を受ける（同法863条）。また，家庭裁判所は，未成年後見人に不正な行為等後見の任務に適しない事由があるときは，職権でもこれを解任することができる（同法846条）。このように，民法上，未成年後見人は，未成年被後見人と親族関係にあるか否かの区別なく，等しく未成年被後見人のためにその財産を誠実に管理すべき法律上の義務を負っていることは明らかである。

　そうすると，未成年後見人の後見の事務は公的性格を有するものであって，家庭裁判所から選任された未成年後見人が，業務上占有する未成年被後見人所有の財物を横領した場合に，上記のような趣旨で定められた刑法244条1項を準用して刑法上の処罰を免れるものと解する余地はないというべきである。したがって，本件に同条項の準用はなく，被告人の刑は免除されないとした原判決の結論は，正当として是認することができる。」

241　親族相盗例の意義

最決平成24年10月9日刑集66巻10号981頁／判時2182・158，判タ1388・113
（重判平24刑7）

【決定理由】「本件は，家庭裁判所から選任された成年後見人であり，かつ，成年被後見人の養父である被告人が，後見の事務として業務上預かり保管中の成年被後見人の預貯金を引き出して横領したという業務上横領の事案であるところ，所論は，被告人が成年被後見人の養父であることは，刑法255条が準用する同法244条1項の趣旨に鑑み，量刑判断に当たり酌むべき事情であると主張する。しかしながら，家庭裁判所から選任された成年後見人の後見の事務は公的性格を有するものであって，成年被後見人のためにその財産を誠実に管理すべき法律上の義務を負っているのであるから，成年後見人が業務上占有する成年被後見人所有の財物を横領した場合，成年後見人と成年被後見人との間に刑法244条1項所定の親族関係があっても，同条項を準用して刑法上の処罰を免除することができないことはもとより，その量刑に当たりこの関係を酌むべき事情として考慮するのも相当ではないというべきである（最高裁平成19年(あ)第1230号同20年2月18日第一小法廷決定・刑集62巻2号37頁参照）。」

⇒ *242・243・244・245*

242 内縁関係
最決平成18年8月30日刑集60巻6号479頁／判時1944・169, 判タ1220・116
(重判平18刑6①)

【決定理由】「刑法244条1項は, 刑の必要的免除を定めるものであって, 免除を受ける者の範囲は明確に定める必要があることなどからして, 内縁の配偶者に適用又は類推適用されることはないと解するのが相当である。」

243 親族関係の意義
最決平成6年7月19日刑集48巻5号190頁／判時1507・169, 判タ860・118
(重判平6刑3)

【決定理由】「本件は, 被告人が, K株式会社(代表取締役T)の所有し, 被告人と6親等の血族の関係にあるSの保管する現金を窃取したという事案であるところ, 窃盗犯人が所有者以外の者の占有する財物を窃取した場合において, 刑法244条1項が適用されるためには, 同条1項所定の親族関係は, 窃盗犯人と財物の占有者との間のみならず, 所有者との間にも存することを要するものと解するのが相当であるから, これと同旨の見解に立ち, 被告人と財物の所有者との間に右の親族関係が認められない本件には, 同条1項後段は適用されないとした原判断は, 正当である。」

244 親族関係の錯誤
広島高岡山支判昭和28年2月17日判特31号67頁

【判決理由】「本件電線が国の所有であって津山電報電話局の管理に属していたこともまた被告人もこれを自己の所有物とは観念せずすくなくとも自己以外の者である実父Aの所有に属するものと考えていたことは原審公判調書中の証人B及び被告人の供述記載等によって明らかであるから, 本件についてはなお被告人の認識の限度内において, 親族相盗の成立することを否定するわけにゆかない。とすると, 本件公訴事実については親族相盗の成立を認め, 刑法第244条第1項に従い刑の免除の言渡をなすべきものであってこれと見解を異にし単純なる無罪を言渡した原判決は事実を誤認したか, または法令の解釈適用を誤った違法があるものとして破棄せらるべきものである。」

245 親族関係の錯誤
大阪高判昭和28年11月18日高刑集6巻11号1603頁

【判決理由】「原判示事実は, 要するに, 被告人が別居中の実兄Aの所有であ

⇒ 246

ると誤信して親族でないＢ所有のラジオ一台と雨靴一足を窃取したというのであつて、所論は、これに対し、右は事実の錯誤に該当するから刑法第38条第2項を適用して親族相盗の例に準じ軽きに従つて処断すべきものである。というのである。

　思うに、故意は罪となるべき事実の認識をいうのであるから、事実の錯誤が故意を阻却する可能性のあるのは、その錯誤が罪となるべき事実について存する場合に限るのであり、刑法第38条第2項もまた右の場合に限つて適用されるに止るのである。しかして、窃取した財物が別居の親族の所有である場合においては、告訴を待つてその罪を論ずるだけのことであつて、進んで窃盗罪の成立を阻却するものでないことは刑法第244条第1項が『第二百三十五条ノ罪及ヒ其未遂罪ヲ犯シタル者』と規定していることからしても明かであるから窃盗罪の客体としてはその財物が他人の所有であるを以て足り、その他人が刑法第244条第1項所定の親族であるや否やは窃罪盗の成否に影響を及ぼすものではない。従つて、財物の所有者たる他人が別居の親族であるとの錯誤は窃盗罪の故意の成立を阻却するものではなく、この点については刑法第38条第2項もまた適用の余地がないのである。ただＢの財物をＡの財物であると誤信した点において罪となるべき事実に関する具体的の錯誤が存するけれども、他人の物を他人の物と信じたことは相違がなく、その認識とその発生せしめた事実との間には法定的事実の範囲内において符合が存するから、右の錯誤を以て窃盗の故意を阻却するものということができず、この点についても刑法第38条第2項を適用することができない。」

■*2*　不動産侵奪罪

246　公園予定地への簡易建物の構築

　最判平成12年12月15日刑集54巻9号923頁／判時1739・149、判タ1054・112
（重判平12刑9）

【事案】　被告人は、平成8年10月頃から、東京都の公園予定地に無権限で中古電気製品等を置いてリサイクルショップを営み、さらに、同年12月中旬頃、無権限で角材を土台とし、要所に角材の柱を立て、多数の角材等からなる屋根部分を接合し、周囲をビ

ニールシート等で覆うなど容易に倒壊しない骨組みを有する簡易建物を構築し、相当期間立ち退き要求に応じなかった。原判決は、①本件簡易建物は、本格建築からはほど遠く、解体も容易なものであったから、占有侵害の態様は高度のものとはいえない、②東京都の本件土地の管理状況は比較的緩やかなものであり、その職員らの被告人に対する警告は、本件建物の建築の前後を通じて、本件土地を明け渡すようにとの趣旨にとどまっていた、③本件簡易建物は居住目的のものでなかったから、占有排除および占有設定の意思、相手方に与えた損害、原状回復の困難性も、さほど大きなものとはいえない、などの事実を指摘して、平成9年8月1日に行われた検証時の本件簡易建物の性状を前提にしても、同建物の建築をもって不動産侵奪罪にいう侵奪行為があったとするには、重大な疑問が残り、本件公訴事実のいう平成8年12月当時の本件簡易建物の形状は、右検証時のそれよりもさらに規模が小さく、構造が強固でないものであった可能性があるから、不動産侵奪罪の成立を認めるには合理的疑いが残る、と判示した。本判決は、以下のように述べたうえで、公訴事実が特定する時期における不動産侵奪罪を認めることができないとしても、これとその後遅くとも平成9年8月1日までの間に本件簡易建物によって本件土地を侵奪したとの事実とは、公訴事実の同一性があるというべきであるから、原審裁判所は、訴因変更手続を経るなどして、更に審理を遂げる義務があった、と判示して、原判決を破棄し差し戻した。

【判決理由】「1　刑法235条の2の不動産侵奪罪にいう『侵奪』とは、不法領得の意思をもって、不動産に対する他人の占有を排除し、これを自己又は第三者の占有に移すことをいうものである。そして、当該行為が侵奪行為に当たるかどうかは、具体的事案に応じて、不動産の種類、占有侵害の方法、態様、占有期間の長短、原状回復の難易、占有排除及び占有設定の意思の強弱、相手方に与えた損害の有無などを総合的に判断し、社会通念に従って決定すべきものであることは、原判決の摘示するとおりである。

2　本件で起訴の対象となっている平成8年12月中旬ころの時点あるいはそれに引き続いて西側に増築された時点における本件簡易建物の性状を示す的確な証拠がないことも、原判決の指摘するとおりである。

しかし、捜査段階において検証が行われた平成9年8月1日当時の本件土地の状況について見ると、本件簡易建物は、約110.75平方メートルの本件土地の中心部に、建築面積約64.3平方メートルを占めて構築されたものであって、原判決の認定した前記構造等からすると、容易に倒壊しない骨組みを有するものとなっており、そのため、本件簡易建物により本件土地の有効利用は阻害され、その回復も決して容易なものではなかったということができる。加えて、

⇒ 247

被告人らは，本件土地の所有者である東京都の職員の警告を無視して，本件簡易建物を構築し，相当期間退去要求にも応じなかったというのであるから，占有侵害の態度は高度で，占有排除及び占有設定の意思も強固であり，相手方に与えた損害も小さくなかったと認められる。そして，被告人らは，本件土地につき何ら権原がないのに，右行為を行ったのであるから，本件土地は，遅くとも，右検証時までには，被告人らによって侵奪されていたものというべきである。」

247　占有中の土地への建物の建設
大阪高判昭和41年8月9日高刑集19巻5号535頁／判タ200・147

【事案】　被告人は，期間を定めない使用貸借に基づき大阪市が所有し同市教育委員会が管理する土地に建てられた家屋に居住していたところ，大阪市教育委員会より建物からの退去を求められ右建物したがってその敷地に対する使用貸借上の権利が消滅した後も占有を続け，大阪市教育委員会が承諾していないにもかかわらず，右家屋に接続して木造建物を建設した。

【判決理由】　「本件建物を新築することは，被告人らが不法に事実上の直接占有下においているその敷地部分たる土地につき，管理者たる大阪市教育委員会の有する適法な間接占有を，従前の空地状態における場合のそれよりも，より高度に侵害する状態に移行したものといい得るであろう。然しながらこの建物は建坪約10.9平方米の木造スレート葺平家建の小規模なものであり，既存のものに接続してこれと自由に出入できる構造になっていて既存家屋の附属建物の体を成しており，この新築によって土地所有者又は管理者の直接占有を排除侵害して被告人らの新たな直接占有状態を現出するという事態を生起させたものでなく，（被告人らの従前から保持していた直接占有が前説示のように正当の権原に基づかない不法の事実占有であるにしても）本件建物の新築は右事実たる占有の状態を単に変更したに止まるものと言わなければならない。而して窃盗罪（刑法第235条）の規定が，動産に対する他人の事実上の占有（所持）を侵害することを以て処罰の対象としていることと対比して考えれば，新たに設けられた不動産侵奪罪（同法第235条ノ2）の規定も不動産に対する他人の事実上の占有を侵害奪取し新たな占有状態を作出することを刑法上の制裁の対象とし以てこれを禁圧しようとするものと解するのが相当であるところ，本件においては前記の通り，不動産に対する使用貸借終了後の事実上の占有を有す

る被告人が，その占有の状態を変更したに過ぎぬものであり，他人の占有を新たに奪取する行為がないのであるから，不動産侵奪罪におけるいわゆる侵奪には該当しないものと解するのが相当である。」

248 占有中の土地への建物の建設
最決昭和42年11月2日刑集21巻9号1179頁／判時501・30，判タ215・132
（重判昭41・42刑5）

【事案】 建築業を営む被告人は，自己の宅地に隣接するA所有の土地上に板塀で囲みをし上部をトタン板で覆って建築資材などの置場として勝手に利用し，Aもこの程度の物件であればということで黙認していたところ，台風により同囲いが倒壊したため，Aが工事中止方を強硬に申し入れたにもかかわらず，同土地の周囲に高さ2.75メートルのコンクリートブロック塀を構築し，その上をトタン板で覆い，建築資材などを置く倉庫として使用した。第1審判決及び第2審判決は，被告人に対し不動産侵奪罪の成立を認めた。第2審判決は，被告人のコンクリートブロック塀築造は，「被告人が本件土地所有者たるAと本件土地の借受け又は買取りの話合いを有利に展開できるように既成事実を作っておこうとの意図のもとに警察の警告をも無視して強引に築造したものであって，右コンクリートブロック塀が容易に除去しえない半永久的な工作物であることをも考慮すると，被告人は積極的に所有者たるAの本件土地に対する占有を排除しその占有を継続的に奪う意思をもって本件土地を自己の占有に取込んだものと認めざるをえない。即ち，被告人の本件土地に対する占有は右コンクリート塀の築造を境として従前の一時使用の態様から侵奪へと質的に変化を遂げたものということができる。」と判示している。

【決定理由】 「本件被告人の行為を不動産侵奪罪に当たるものとした原審の判断は相当である。」

249 他人の土地に利用権限を超えて大量の廃棄物を堆積させる行為
最決平成11年12月9日刑集53巻9号1117頁／判時1698・160，判タ1019・93
（百選II36，重判平11刑7）

【決定理由】 「以上のような事実関係の下においては，本件土地の所有者であるK工務店は，代表者が行方をくらまして事実上廃業状態となり，本件土地を現実に支配管理することが困難な状態になったけれども，本件土地に対する占有を喪失していたとはいえず，また，被告人らは，本件土地についての一定の利用権を有するとはいえ，その利用権限を超えて地上に大量の廃棄物を堆積させ，容易に原状回復をすることができないようにして本件土地の利用価値を喪失させたというべきである。そうすると，被告人らは，K工務店の占有を

⇒ 250・251

排除して自己の支配下に移したものということができるから，被告人両名につき不動産侵奪罪の成立を認めた原判決の判断は，相当である。」

250 占有中の建物の改築
最決平成12年12月15日刑集54巻9号1049頁／判時1739・152，判タ1054・111
(百選Ⅱ37)

【事案】 K不動産は，その所有する宅地を，転貸を禁止し，直ちに撤去可能な屋台営業だけを認めるとの約定で，Aに無償で貸し渡した。Aは，宅地上に仮設店舗（本件施設）を作り，飲食業を営んでいたが，被告人に，転貸やすぐ撤去できる屋台以外の営業が禁止されていることを伝えて本件土地を転貸した。被告人は，Aが作った本件施設を改造して風俗営業のための店舗を作った。

【決定理由】「Aが本件土地上に構築した本件施設は，増築前のものは，K不動産との使用賃借契約の約旨に従ったものであることが明らかであり，また，増築後のものは，当初のものに比べて堅固さが増しているとはいうものの，増築の範囲が小規模なものである上，鉄パイプの骨組みをビニールシートで覆うというその基本構造には変化がなかった。ところが，被告人が構築した本件建物は，本件施設の骨組みを利用したものではあるが，内壁，床面，天井を有し，シャワーや便器を設置した8個の個室からなる本格的店舗であり，本件施設とは大いに構造が異なる上，同施設に比べて解体・撤去の困難さも格段に増加していたというのであるから，被告人は，本件建物の構築により，所有者であるK不動産の本件土地に対する占有を新たに排除したものというべきである。したがって，被告人の行為について不動産侵奪罪が成立するとした原判断は，正当である。」

251 他人の土地を掘削して廃棄物を投棄した行為
大阪高判昭和58年8月26日判時1102号155頁／判時1102・155

【事案】 被告人Xは，土建業者などから持ち込まれた残土，廃棄物を投棄して金員を得ていたが，これらの廃棄物処理場の確保に困り，Yと共謀のうえ，市当局による再三の作業中止警告を無視して，京都市上水道局が管理する土地のうち約2320平方メートルの土地を約4.5メートルの深さに掘削しその土砂を搬出したうえ，昭和56年3月4日から同年4月5日までの間，業者から持ち込まれた残土，コンクリート片などを投棄し，夜間は右土地の出入口にブルドーザーを置くなどして他人の出入りを遮断した。

【判決理由】「被告人らは右のような行為態様において本件土地における京都市上下水道事業管理者の占有を排除し自己の支配下に移し，かつ損壊したもの

⇒ *252*

であって，被告人とYとの間に不動産侵奪及び器物損壊の共謀があったことは明らかである。」

「論旨は，不動産侵奪の既遂時期以降の器物損壊は不可罰的事後行為であり，器物損壊罪の成立する余地はなく，また器物損壊と不動産侵奪とが1個の行為で2個の罪名に当たるとして刑法54条1項前段を適用した原判決には法令適用の誤があるという。しかし，本件土地全域に対する不動産侵奪の既遂時期は昭和57年4月5日と認めるのが相当であるから所論のように器物損壊について不可罰的事後行為を問題にする余地はなく，また原判示所為が器物損壊の実行行為であると同時に，不動産侵奪のそれでもあるから，これに刑法54条1項前段を適用した原判決には所論のような法令適用の誤は存しない。」

■3 強盗罪

[1] 暴行・脅迫の程度

252 強盗の手段たる暴行・脅迫の判断基準

最判昭和24年2月8日刑集3巻2号75頁

【判決理由】「他人に暴行又は脅迫を加えて財物を奪取した場合に，それが恐喝罪となるか強盗罪となるかは，その暴行又は脅迫が，社会通念上一般に被害者の反抗を抑圧するに足る程度のものであるかどうかと云う客観的基準によって決せられるのであって，具体的事案の被害者の主観を基準としてその被害者の反抗を抑圧する程度であったかどうかと云うことによって決せられるものではない。原判決は所論の判示第2の事実について，被告人等3名が昭和22年8月23日午後11時半頃被害者方に到り，判示の如く匕首を示して同人を脅迫し同人の差出した現金200円を強取し，更に財布を捥ぎ取った事実を認定しているのであるから，右の脅迫は社会通念上被害者の反抗を抑圧するに足る程度のものであることは明らかである。従って右認定事実は強盗罪に該当するものであって，仮りに所論の如く被害者Aに対しては偶々同人の反抗を抑圧する程度に至らなかったとしても恐喝罪となるものではない。」

253　強盗未遂と恐喝既遂とした事例

大阪地判平成4年9月22日判タ828号281頁

【事案】　被告人は、勤務していたタクシー会社の売上金を強取しようと企て、売上金を押送する営業課長Aの運転する自動車の助手席に同乗させてもらい、途中で、売上金の入ったビニール袋をつかんで奪い取ろうとしたが、Aに奪い返されたため、所携の出刃包丁をAの脇腹に突きつけて脅迫し売上金を強取しようとした。しかし、Aが売上金の入ったビニール袋をつかんで離さなかったため引っ張り合いになり、ビニール袋の一部が引きちぎれて、中に入れてあった運転日報の集計表、チケットなどが車外に飛び出した。被告人は、Aに「拾って来い」と言われるまま、出刃包丁を上着の内ポケットにしまって下車し、日報等を拾い集めてこれを助手席に戻し、Aがこれ以上抵抗すれば被告人から危害を加えられかねないと畏怖しているのに乗じて、助手席に置いてあったビニール袋を持ち去った。

【判決理由】　「Aが最終的に、被告人が売上金を持ち去ることに抵抗しなかったのは、被告人の先の脅迫行為により、その意思を制圧され、反抗を抑圧されていたためとまでは認めがたく、従って、強盗罪について既遂を認めることはできないが、当時、Aが、その意思を制圧され、反抗を抑圧される程度には至らないにしても、これ以上被告人の要求を拒否して抵抗すれば何らかの危害を加えられかねないと畏怖していたことは明らかであり、そのため、不本意ながらも被告人の持ち去りを黙認して交付したものと認められる。Aが、被告人の持ち去りを積極的に拒否する態度にでなかったからといって、同人の立場等から考えても、同人が被告人の右脅迫と無関係に、全くの任意の意思で被告人に売上金を交付したとは、とうてい考えられない。

　そして、被告人は、右ビニール袋を持ち去るに際して、新たな脅迫行為にはでていないが、その時点での被害者の畏怖は、それに先立ち、同じ財物に向けられた強盗行為としての脅迫によるものであるから、これに乗じて売上金を持ち去った被告人の行為は恐喝罪を構成するものというべきであり、先の強盗未遂罪とこの恐喝罪とは1個の行為により2個の罪名に触れる観念的競合の関係にあると評価すべきものと考えられる。」

254　強盗が認められた事例

東京高判昭和29年10月7日東高刑時報5巻9号380頁

【事案】　米軍海兵隊員である被告人は、Aの運転する車に同僚2名と乗車して進行中に、用便のため人通りのない場所で停車した際、Aより金員を奪取することを決意し、

運転台よりAを引き降ろして同人の顔面を1回殴打したうえ更に同人の頸部を強く扼しながら「ギヴミーマネー」と申し向けて暴行脅迫し、その反抗を抑圧してA所有の現金を強取した。

【判決理由】「本件は、原判決も判示しているように、時は午後10時40分ごろの夜間であり、場所は人家及び人通りのない淋しい道路上であって、被告人側にはたとえ直接犯行に加わらなくとも、同行者たる2名の米兵が控えているのに、ただ1人の被害者を自動車の運転台より引きずりおろした上、前示のような行動に出たものであることが認められるのであるから、かくの如きは正に、社会通念上一般に被害者の反抗を抑圧するに足る程度の暴行脅迫であると認めるのが相当である。」

255 強盗が認められなかった事例

東京高判昭和37年10月31日東高刑時報13巻10号267頁

【事案】 被告人XとYは、A他3名の少年から金員を取ろうと共謀し、YがAの肩に両手をかけて後ろに押し倒し、同人が驚いてその手を振り離そうとしたところ「喧嘩をふっかけるのか」と因縁をつけ、刃渡り約10センチのジャックナイフを取り出して、その刃先を同人の足元に突きつけながら、「時計を見せろ」と要求し、同人らを畏怖困惑させてA及びBから各腕時計1個を取り、Xも手をポケットに突っ込んであたかも刃物を所持するがごとき気勢を示しながら、Cから腕時計1個を取った。原審は強盗罪の成立を否定した。

【判決理由】「当審において取り調べた証人A、同B、同Cの各証言によれば、同人等はたかりにあった感じであったとか、或いは何もしないで、黙っている方が無難だと思ったと供述しており、右各証言と記録上の関係証拠を総合すると、本件被害者3名が、被告人X等の言動、特にYがナイフを突きつけた行為により驚愕畏怖してY等の要求に応じなければ、どんな危害を加えられるか判らないと畏れ、その結果前記の如く時計を交付したことはこれを認め得るのであるが、被告人X及びYの右行為が所論の如く相手方の自由意思を制圧し、その抵抗を抑圧するに足るものであるとは全証拠を以てするも、いささかこれを認めるに十分とはいえないので、結局右3名に対する本件所為を以て強盗罪を構成するものとする検察官の所論はこれを認めるに躊躇せざるを得ない。」

⇒ 256・257

[2] 強取の意義

256 被害者不知の間の奪取
最判昭和 23 年 12 月 24 日刑集 2 巻 14 号 1883 頁

【事案】 被告人 X は，他 2 名とともに A 方に強盗に入り，拳銃を構えて A 及びその妻に対し金をくれと脅迫し同人らを畏怖させ，A 所有の現金と懐中時計を奪った。第 1 審判決及び第 2 審判決が強盗罪を認めたのに対して，弁護人は，被告人は，被害者の気づかないうちにそっと懐中時計を奪ったのであって，被害者の畏怖の結果その所持を奪ったのではないから，懐中時計に関しては窃盗罪である，と主張して上告した。

【判決理由】 「およそ，犯人が屋内に侵入して家人にピストル等を突きつけて脅迫した場合に家人は犯人が屋外に退出するに至るまで畏怖を感じ反抗を抑圧されることは当然であるから，犯人がその間家人の所持する財物を奪取すればそれは窃盗ではなく強盗であること言うまでもないことである。されば，被告人 X が懐中時計を奪取した状況が所論のとおりであったとしても強盗であることに論はな〔い〕。」

257 ひったくり
最決昭和 45 年 12 月 22 日刑集 24 巻 13 号 1882 頁／判時 618・103，判タ 257・218

【事案】 被告人は，夜間人通りのない場所で自ら普通乗用自動車を運転して通行中の女性に近づき，声をかけてその注意をそらせたり，また女性のハンドバッグに矢庭に手をかけて相手方の驚いた隙を利用したりして，女性が所持するハンドバッグをひったくって奪うという行為を繰り返し，15 人の女性のハンドバッグを奪いまたは奪おうとした。そのうち 3 人の女性については，被告人は，自動車の窓からハンドバッグのさげ紐をつかんで引っ張り，相手方がこれを奪われまいとして離さなかったため，更に奪取の目的を達成するためハンドバッグのさげ紐をつかんだまま自動車を進行させ，ハンドバッグを離そうとしない女性を車もろとも引きずって転倒させたり，車体に接触させたり，また道路脇の電柱に衝突させて傷害を負わせた。第 1 審判決は，被告人に対して窃盗罪（同未遂罪）の他に 3 人の女性について強盗致傷罪の成立を認め，第 2 審判決も，「被告人はひったくりの窃取に失敗したことから，強盗に変じて奪取の目的を達成したのであって，その過程において強盗の犯意を生じたことが認められる」と判示してこれを是認した。

【決定理由】 「事実審の確定した事実関係の下において，被告人の第 1 審判決判示第四，第八および第一五の各行為がいずれも強盗致傷罪にあたる旨の原判断は正当である。」

258 殺害後の財物奪取

東京高判昭和 57 年 1 月 21 日刑月 14 巻 1＝2 号 1 頁
⇒119

【事案】 被告人らは，A を松山におびき出して殺害し，その所持する金品や居室の鍵を奪い，直ちに上京し右鍵を利用して A 方に侵入し現金，預金通帳などを奪うことを共謀したうえ，誘いに乗って空路松山に到着した A を殺害し，その所持する金品，鍵などを奪い，その翌日計画どおり空路上京し，東京都港区の A 方に右鍵を用いて侵入し，同所において鍵 3 個，契約書 1 つなどを取得した。

【判決理由】「右松山における被告人らの犯行が強盗殺人にあたることは当然であるところ，東京における財物取得の犯行については，(イ)当初からの計画に基づくものであって，松山における犯行との間に犯意の単一性，行為の連続性が認められること，(ロ)被害物品が，松山における犯行のそれと同様に，A が単独で処理し，所有するものであること（A は一人ぐらしをしていた者であり，身寄りの者も少なかった。），(ハ)東京と松山との距離的隔たりや双方の犯行の間に約 25 時間の経過があることを考慮しても，近時における航空路線の発達からすれば，右場所や時間の隔たりはそれほど大きいものではなく，双方の犯行を包括して評価することの妨げにはならないと考えられること，(ニ)被告人らは，当初から A を殺害してその所持する金品を奪おうと企て，その実行に及んだものであるから，東京における財物取得も，全体的観察からして，殺害を手段として A の占有から被告人らの占有に移したものとみるべきであり，これを占有離脱物横領とか窃盗とみるのは当を得ないものであること，(ホ)取得した物品が鍵とか契約書などであり，財産的価値の乏しいものであったことは，たまたま金目の物が見当たらなかったという偶然の事情によるにすぎないこと，以上の諸点からみて，被告人らの上京後における鍵 3 個等の取得行為は松山における犯行と包括して強盗殺人罪を構成するものと解して差支えなく，これと同旨に出た原判決の判断は相当であって，その法令解釈又は適用になんら誤りはなく，論旨は理由がない。」

259 財物奪取後の暴行

最判昭和 24 年 2 月 15 日刑集 3 巻 2 号 164 頁

【事案】 被告人らは，A から金を強取することを共謀し，いきなり A が所持していた手提鞄を奪い取り，これを取り還そうとして追いすがって来た A を格闘のうえ組み伏せ，用意してきた麻酔薬を用いて同人を昏睡させて，鞄の中から現金を奪った。

⇒ 260

【判決理由】「暴行脅迫を用いて財物を奪取する犯意の下に先ず財物を奪取し，次いで被害者に暴行を加えてその奪取を確保した場合は強盗罪を構成するのであって，窃盗がその財物の取還を拒いで暴行をする場合の準強盗ではない。」

260　財物を窃取または詐取した後の暴行

最決昭和61年11月18日刑集40巻7号523頁／判時1216・142，判タ626・93
（百選Ⅱ39，重判昭61刑7）

【事案】　被告人XとYは，対立する暴力団の組員Aを殺害してその所持する覚せい剤を強取することを計画したが，その後計画を変更し，共謀のうえ，まずXにおいて覚せい剤取引の斡旋にかこつけてAをホテルの一室に呼び出し，別室に買い主が待機しているかのように装って，覚せい剤の売買の話をまとめるためには現物を買い主にみせる必要がある旨申し向けてAから覚せい剤を受け取り，これを持って同ホテルから逃走した後，間もなくYがAのいる部屋に赴きAを拳銃で狙撃したが殺害の目的を遂げなかった。第1審判決は，被告人らに対して1項強盗による強盗殺人未遂罪を認め，原判決も，Xは本件覚せい剤の占有をAの財産的処分行為によって取得したとはいえず，これを奪取したものと見るべきであり，あらかじめ殺人と金品奪取の意図を持って殺害と奪取が同時に行われるときはもとより，これと同視できる程度に日時場所が極めて密着してなされた場合も強盗殺人罪の成立を認めるべきである，としてこれを是認した。これに対して，本決定は，Xらの覚せい剤取得行為を原判決のように窃盗罪と解する見解に立つとしても，殺害が財物奪取の手段になっているか否かに触れないで，両者の時間的場所的密着性のみを根拠に強盗殺人罪の成立を認めるべきであるとする原判決の判断は支持しがたい，としたうえで，次のように判示した。なお，本決定には，窃盗犯人が金品の所持取得後その返還を免れるために被害者等に暴行，脅迫を加えた場合は，刑法238条の事後強盗の要件を充たすときにのみ強盗をもって論ずることができるのであり，窃盗罪の成立を肯定したうえ2項強盗罪の成立を論ずることはできない（Xらの本件覚せい剤取得行為は詐欺罪に当たる），とする谷口裁判官の意見が付されている。

【決定理由】「本件においては，被告人が303号室に赴き拳銃発射に及んだ時点では，Xらは本件覚せい剤を手中にして何ら追跡を受けることなく逃走しており，すでにタクシーに乗車して遠ざかりつつあったかも知れないというのであるから，その占有をすでに確保していたというべきであり，拳銃発射が本件覚せい剤の占有奪取の手段となっているとみることは困難であり，被告人らが本件覚せい剤を強取したと評価することはできないというべきである。したがって，前記のような理由により本件につき強盗殺人未遂罪の成立を認めた原

判決は，法令の解釈適用を誤ったものといわなければならない。
　しかし，前記の本件事実関係自体から，被告人による拳銃発射行為は，Aを殺害して同人に対する本件覚せい剤の返還ないし買主が支払うべきものとされていたその代金の支払を免れるという財産上不法の利益を得るためになされたことが明らかであるから，右行為はいわゆる2項強盗による強盗殺人未遂罪に当たるというべきであり（暴力団抗争の関係も右行為の動機となっており，被告人についてはこちらの動機の方が強いと認められるが，このことは，右結論を左右するものではない。），先行する本件覚せい剤取得行為がそれ自体としては，窃盗罪又は詐欺罪のいずれに当たるにせよ，前記事実関係にかんがみ，本件は，その罪と（2項）強盗殺人未遂罪のいわゆる包括一罪として重い後者の刑で処断すべきものと解するのが相当である。したがって，前記違法をもって原判決を破棄しなければ著しく正義に反するものとは認められない。」

［3］ 暴行後の領得意思

261 新たな暴行・脅迫が必要とした事例

東京高判昭和48年3月26日高刑集26巻1号85頁／判時711・139，判タ295・380

（重判昭48刑6）

【事案】 第1審判決は，罪となるべき事実として，被告人は，第1に，Aに対し暴行を加えて加療約1週間を要する傷害を負わせたうえ，第2に，「前記暴行により抵抗の気力を失ってその場にうずくまっているAに対し，『お前本当に金がないのか』と申し向けながら，同人の背広内ポケットに手を差し入れてビニール製2つ折り定期券入れを取り出したうえ，同人が抵抗できない状態にあるのに乗じて，右定期入れ在中の1万円札1枚及び腕時計1個を強取した」と判示して，傷害罪と強盗罪の成立を認めた。これに対して本判決は，以下のように述べたうえで，原判決は強盗罪の成立に必要な暴行または脅迫の行為につき判示が十分であるとは言いがたいとしてこれを破棄し，罪となる事実を「前記暴行を受けた結果その場にうずくまっている同人が畏怖しているのに乗じ，『金はどこにあるのか』『無銭飲食だ』などと言いながら，その背広左内ポケットに手を差し入れて懐中を探り，その態度からして，もしその財物奪取を拒否すればさらに激しい暴行を加えられるものと同人を畏怖させて脅迫し，その反抗を抑圧したうえ，……強奪した」と変えて強盗罪の成立を認めた。

【判決理由】 「強盗罪は相手方の反抗を抑圧するに足りる暴行または脅迫を手段として財物を奪取することによって成立する犯罪であるから，その暴行ま

⇒ 262

は脅迫は財物奪取の目的をもってなされるものでなければならない。それゆえ，当初は財物奪取の意思がなく他の目的で暴行または脅迫を加えた後に至って初めて奪取の意思を生じて財物を奪取した場合においては，犯人がその意思を生じた後に改めて被害者の抗拒を不能ならしめる暴行ないし脅迫に値する行為が存在してはじめて強盗罪の成立があるものと解すべきである（もっとも，この場合は，被害者はそれ以前に被告人から加えられた暴行または脅迫の影響によりすでにある程度抵抗困難な状態に陥っているのが通例であろうから，その後の暴行・脅迫は通常の強盗罪の場合に比し程度の弱いもので足りることが多いであろうし，また，前に被告人が暴行・脅迫を加えている関係上，被害者としてはさらに暴行・脅迫（特にその前者）を加えられるかもしれないと考え易い状況にあるわけであるから，被告人のささいな言動もまた被害者の反抗を抑圧するに足りる脅迫となりうることに注意する必要がある。しかし，いずれにしても，さらに暴行または脅迫の行なわれることを要することに変わりはない。）。そして右の暴行または脅迫の行なわれたことは，もとより強盗罪の罪となるべき事実として具体的かつ明確に判示されなければならない。」

262　新たな暴行・脅迫が必要とした事例

札幌高判平成7年6月29日判時1551号142頁

【事案】　被告人両名は，暴行を加えて被害者を強制性交（強姦）した後，財物奪取の犯意を生じ，身動きしなくなっていた被害者から金品を奪った。被告人らは，金品を奪う際，被害者が失神していると信じていた。本判決は，以下のように述べて，被告人両名の金品奪取行為は窃盗に当たる，とした。

【判決理由】　「失神した状態にある被害者に対しては，脅迫をすることは全く無意味というほかなく，同様に，失神した被害者に対して腹いせのために暴行を加えるような特段の事情のある場合は別として，そのような事情のない限り，反抗不能の状態を継続するために新たな暴行を加える必要もないことは明らかである。反抗不能状態を継続させるために，新たな暴行・脅迫の必要があるのは，被害者が失神していない場合か，あるいは失神して意識を取り戻したとき又はその気配を感じたときである。犯意に関していえば，そのような被害者が意識を取り戻した場合又はその気配を感じた場合は別として，被害者が失神している場合は，もともと，脅迫をすることはもちろん，新たな暴行を加えることも考え難いから，犯人の主観としては，窃盗の犯意はあり得ても，暴行・脅

迫による強盗の犯意は考え難いというべきである。他方，このような場合は，被害者の反抗もまた何ら論じる余地もないといわなければならない。さらに，被害者が金品を奪取されることを認識していないのであるから，被害者が失神している状態にある間に金品を取る行為は，反抗不能の状態に陥れた後に金品を取る犯意を生じて，被害者に気付かれないように金品を盗み取る窃盗，更にいえば，殺人犯が人を殺した後，犯意を生じ死者から金品を取る窃盗とさほどの差異がないというべきである。（本件と同様な事案と思われる高松高等裁判所昭和34年2月11日判決参照）。

そうすると，新たな暴行・脅迫が必要かどうかは，被害者が失神状態にある場合と，被害者がそうでない場合とでは，同一には論じられないと考えられる（ちなみに，刑法は強制わいせつ等の罪に関しては，被害者の心身喪失状態にある場合については，178条を設けて，これを他の場合と区別しているのである。）。」

263　新たな暴行・脅迫を不要とした事例
東京高判昭和37年8月30日高刑集15巻6号488頁／判タ136・50

【事案】　被告人は，強制性交（強姦）の目的でA女に対し暴行を加え同女をほとんど反抗不可能の状態に陥れたが，同女が「金をあげるから放してください」と言ったので，同女の身体から離れて立ち上がると，同女も起き上がり被告人に5000円を差し出したので，これを受け取って逃走した。第1審判決は強盗罪の成立を否定したが，本判決は，以下のように判示して強盗罪の成立を認めた。

【判決理由】　「強姦の目的で婦女に暴行を加えたものがその現場において相手方が畏怖に基いて提供した金員を受領する行為は，自己が作為した相手方の畏怖状態を利用して他人の物につき，その所持を取得するものであるから，ひっきょう暴行又は脅迫を用いて財物を強取するに均しく，その行為は強盗罪に該当するものと解するのが相当である。……（中略）……強姦の目的でなされた暴行脅迫により反抗不能の状態に陥った婦女はその犯人が現場を去らない限りその畏怖状態が継続し，その犯人が速かに退去することを願って金品を提供する場合においても，その提供は右畏怖状態に基づく不任意な提供であることは明らかであって，これを受け取る行為は即ち相手方が畏怖状態に陥っているのに乗じ相手方から金品を奪取するに外ならない。従ってその金品奪取の時において，先になされた暴行脅迫は財物を奪取する為の暴行脅迫と法律上同一視さ

⇒ 264・265

れ右犯人は刑法第236条にいわゆる『暴行又は脅迫を以て他人の財物を強取したる者』に該当するものと解すべきである。」

264 新たな暴行・脅迫を不要とした事例

東京高判昭和57年8月6日判時1083号150頁

【事案】 被告人らは，他人の家に忍び込み金品を窃取することを企て手ごろな家を物色していたところ，S荘1階の窓からAが寝ているのが目に入り，髪が長かったこともあって同人が女性のように見えたところから，強制性交（強姦）しようと共謀した。被告人らは，窓から室内に押し入り，Aの首を押さえつけ，「静かにしろ。騒ぐと殺すぞ」と申し向けたり，携帯していたドライバーを突きつけたりしてAの反抗を抑圧した後，Aの着衣を剥ぎ取って全裸にしたが，その途中でAが男性であることに気づいたので，この機会を利用して金品を奪おうと考えるに至り，共同してAの両手を手近の衣類で縛り上げて反抗を不能にしたうえ，A所有の現金，腕時計，預金通帳等を奪った。本判決は，次のように述べて，被告人に強盗罪の成立を認めた第1審判決を是認した。

【判決理由】 「強姦罪と強盗罪とは，目的，法益の点においては違いがあるものの，暴行，脅迫を手段として被害者の意思を制圧し，その意思に処分を委ねられた法益である貞操又は金品を奪うという点においては共通しており，犯罪構成要件の重要な部分である暴行，脅迫の点で重なり合いがあるのであるから，強姦の犯意で暴行，脅迫に及んで抗拒不能とした後，強盗の犯意に変り，それまでの暴行，脅迫の結果を利用して金品奪取の目的を遂げた場合には，右の暴行，脅迫をそのまま強盗の手段である暴行，脅迫と解してさしつかえがなく，したがって，たとい強盗の犯意に基づく新たな暴行，脅迫を加えていないときでも，強盗罪の成立を肯定するのが相当であって，暴行，脅迫を行った際の具体的な犯意が異なるからといって強盗の故意がなかったとして強盗罪の成立を否定するのは相当でない。」

265 実質的に暴行・脅迫が継続しているとした事例

東京高判平成20年3月19日高刑集61巻1号1頁／判タ1274・342
（百選Ⅱ41，重判平20刑10）

【事案】 被告人は，A女に対して性的ないたずらをして，それをカメラで撮影しようと考え，Aの住居に赴き，帰宅したAを捕まえて，顔面を数回殴打し，その両手首を紐で後ろ手に縛って，身動きが困難な状態にした上で，Aに対してわいせつ行為をし，その状況を写真に撮った。被告人は，わいせつ行為を行っている途中で，着信があったAの携帯電話を手に取り，これを自分のポケットかバッグの中に入れた。わいせつ行

為を終えた被告人は，逃走の時間を確保するために，Aの両足を更に縛り，逃走する際に，被害者から脱がせたパンティーを見つけて，これも持ち去った。この間，Aが意識を失うことはなく，被告人も，このことを認識していた。被告人は，A宅から持ち去った携帯電話やパンティーは自宅に保管し，携帯電話のメールを確認して，被害者の交際関係を確認したり，被害者の実家の電話番号を携帯電話で確認して，その住所を調べ，撮影した写真を送付したりした。

【判決理由】「強制わいせつの目的による暴行・脅迫が終了した後に，新たに財物取得の意思を生じ，前記暴行・脅迫により反抗が抑圧されている状態に乗じて財物を取得した場合において，強盗罪が成立するには，新たな暴行・脅迫と評価できる行為が必要であると解されるが，本件のように被害者が緊縛された状態にあり，実質的には暴行・脅迫が継続していると認められる場合には，新たな暴行・脅迫がなくとも，これに乗じて財物を取得すれば，強盗罪が成立すると解すべきである。すなわち，緊縛状態の継続は，それ自体は，厳密には暴行・脅迫には当たらないとしても，逮捕監禁行為には当たりうるものであって，被告人において，この緊縛状態を解消しない限り，違法な自由侵害状態に乗じた財物の取得は，強盗罪に当たるというべきなのである。緊縛された状態にある被害者は，一切の抵抗ができず，被告人のなすがままにまかせるほかないのであって，被告人の目的が最初は強制わいせつであったが，その後財物取得の意思も生じて財物を取得しても，なすすべが全くない状態に変わりはないのに，その行為が窃盗にすぎないというのは，不当な結論であるといわなければならない。例えば，緊縛状態がなく，強制わいせつの目的による当初の暴行・脅迫により反抗を抑圧された被害者に被告人が『これを寄越せ』とか『貰っておく』と言って財物を取った場合に，その言動が新たな脅迫に当たるとして強盗罪が成立するのであれば，緊縛され問答無用の状態にある被害者から財物を取った場合が強盗罪でないというのは，到底納得できるところではない。

　所論は，携帯電話等の奪取行為は，被害者の認識がないうちになされており，強盗罪は成立しないという。確かに，被害者は，被告人の本件犯行の後になって初めてこれらの物が取られたことに気付いているけれども，……被害者に意識があり，被告人もそのことを認識していた状態の下で緊縛状態が継続していたのであるから，目隠しをされた被害者が物を取られたことに気付いていなかったからといって，結論に差が生じるものでもない。」

⇒ 266・267

[4] 2項強盗

処分行為の要否

266 債権者の殺害

大判明治43年6月17日刑録16輯1210頁

【判決理由】「刑法第236条第2項に規定する暴行又は脅迫の手段に因る不法利得の罪は暴行又は脅迫の手段を用ゐて不法に財産上無形の利益を得又は他人をして之を得せしめたる外形的事実の発生すること換言すれは叙上の手段を以て不法に財産上無形の利益を得又は他人をして之を得せしむる為め他人に財産上の処分（作為又は不作為を含む）を強制することを要し債務者か債務の履行を免るる目的を以て単に債権者を殺害する行為の如きは同条項の強盗罪を以て論することを得す」

267 暴行を加えて乗車賃の支払を免れた事例

大判昭和6年5月8日刑集10巻205頁

【事案】被告人は，自動車に乗車中，乗車賃の支払を免れるため運転手の後方より手拭いでその頸部を強く締めて暴行を加え，その場を逃走して乗車賃の支払を免れた。

【判決理由】「暴行又は脅迫の手段に依り被害者を畏怖せしめ又は其の反抗を抑圧し因て財物を領得したるに於ては被害者より財物を提供せしめて収受したると其の提供を竢たす進て之を奪取したるとを問はす共に刑法第236条第1項の強盗罪を構成すること論なし同条第2項の罪は財物の奪取と不法利得とを異にする外同条第1項の罪と其の構成要素に差異あるへき理由なきか故に現に債務の支払を免るる目的を以て暴行又は脅迫の手段に因り被害者をして債務の支払を請求せさる旨を表示せしめて支払を免れたると右手段を用ゐ被害者をして精神上又は肉体上支払の請求を為すこと能はさる状態に陥らしめ以て支払を免れたるとを問はす共に暴行脅迫を以て財産上不法の利益を得たるものにして強盗罪を構成するものと謂はさるへからす換言すれは同条第1項第2項共に強盗罪の成立するには暴行脅迫と財物奪取又は不法利得との間に因果関係あるを以て足れりとし常に必すしも被害者の意思表示あるを要するものに非す」

268　債権者の殺害

最判昭和 32 年 9 月 13 日刑集 11 巻 9 号 2263 頁
（百選 II 40）

【事案】　被告人は、Ａから債務の返済を強く迫られたため、貸借につき証書もなくその内容は分明を欠き、また、Ａが死亡すればＡ以外にその詳細を知る者のないことに思いをいたし、むしろＡを殺害して債務の履行を免れ以て財産上不法の利得を得ようと企図し、Ａの殺害に着手したがこれを遂げなかった。

【判決理由】　「236 条 2 項の罪は 1 項の罪と同じく処罰すべきものと規定され 1 項の罪とは不法利得と財物強取とを異にする外、その構成要素に何らの差異がなく、1 項の罪におけると同じく相手方の反抗を抑圧すべき暴行、脅迫の手段を用いて財産上不法利得するをもって足り、必ずしも相手方の意思による処分行為を強制することを要するものではない。犯人が債務の支払を免れる目的をもって債権者に対しその反抗を抑圧すべき暴行、脅迫を加え、債権者をして支払の請求をしない旨を表示せしめて支払を免れた場合であると、右の手段により債権者をして事実上支払の請求をすることができない状態に陥らしめて支払を免れた場合であるとを問わず、ひとしく右 236 条 2 項の不法利得罪を構成するものと解すべきである。この意味において前示明治 43 年判例〔⇒266〕は変更されるべきである。」

財産上不法の利益

269　債権者の殺害

大阪高判昭和 59 年 11 月 28 日高刑集 37 巻 3 号 438 頁／判時 1146・158、判タ 555・344

【事案】　被告人は、Ａに対して 4000 万円に近い債務を負担しその返済を厳しく迫られていたため、ついに債務の支払を免れるためＡの殺害とその手元にある被告人名義の預金通帳等の奪取を決意し、Ａを殺害したうえ現金及び預金通帳在中の鞄を強取した。被告人とＡの間の貸借には正規の借用証書は作成されておらず、Ａは単独で金融業を営んでいたため右貸借に関する詳しい事情を知る従業員もいなかったが、Ａが名義人別に作成していた集金小票、被告人がＡに差し入れていた連帯借用証、被告人名義の預金通帳、キャッシュカード、印鑑等、多数の物的証拠が被害者側の手に残されていた。第 1 審判決は、被告人は、Ａ殺害によって鞄在中の現金を強取するとともに、その相続人による債権行使を著しく困難にして債務の支払を免れ財産上不法の利益を得た、と判示して 2 項強盗の成立を認めた。これに対して、本判決は、被告人の債務の存在を立

証することは比較的容易であるから，相続人による債権行使が著しく困難になったとまでは認められないとしたが，以下のような一般論を述べたうえで，被告人は，Aを殺害することによって，本件債権全体につき債権者側による速やかな権利行使を相当期間不可能ならしめ，支払猶予を得たのと同様の財産上不法の利益を得た，と判示して2項強盗の成立を認めた。

【判決理由】「債務者が債務の支払いを免れる目的で債権者を殺害した場合において，右殺害の結果，債権の相続人等においてこれを行使することが不可能もしくは著しく困難になったときは，債務者が，債権者による債務免除の処分行為を得たのと実質上同視しうる現実の利益を得たという意味において，財産上不法の利益を得たと認めうるのは当然である。しかし，債権者を殺害することにより債務者が財産上不法の利益を得たと認めうるのを，右の場合のみに限定するのは，やや狭きに失して妥当でない。なぜなら，たとえば，債務者が，履行期の到来し又は切迫している債務の債権者を殺害したときは，債権者自身による追及を絶対的に免れるだけでなく，債権の相続人等による速やかな債権の行使をも，当分の間不可能ならしめて，債権者による相当期間の支払猶予の処分行為を得たのと実質上同視しうる現実の利益を得ることになるのであって，かかる利益を，刑法236条2項にいう『財産上不法の利益』から除外すべき理由は見当たらないからである。かくして，当裁判所は，債務者が債務の支払いを免れる目的で債権者を殺害した場合においては，相続人の不存在又は証憑書類の不備等のため，債権者側による債権の行使を不可能もしくは著しく困難ならしめたときのほか，履行期の到来又は切迫等のため，債権者側による速やかな債権の行使を相当期間不可能ならしめたときにも，財産上不法の利益を得たと認めうるものと解する。」

270　両親の殺害

東京高判平成元年2月27日高刑集42巻1号87頁／判タ691・158

【事案】　被告人Xは，Yとともに，Xの両親を殺害して金品を強取するとともに，両親に属する全財産につきXへの相続を開始させようと企て，両名を殺害しようとしたがこれを遂げなかった。原判決は，相続による財産の継承を財産上不法の利益にあたるとして，右事実の全体を強盗殺人未遂罪で処断したが，本判決は，以下のように述べて，これを破棄した。

【判決理由】「刑法236条2項の強盗は，暴行，脅迫によって被害者の反抗を抑圧した上，その意に反して不法に財産上の利益を得ることを，同条1項所定

の財物の強取に匹敵すると評価し，これと同様に処罰しようとするものであるから，その対象となる財産上の利益は，財物の場合と同様，反抗を抑圧されていない状態において被害者が任意に処分できるものであることを要すると解すべきところ，現行法上，相続の開始による財産の承継は，生前の意志に基づく遺贈あるいは死因贈与等とも異なり，人の死亡を唯一の原因として発生するもので，その間任意の処分の観念を容れる余地がないから，同条2項にいう財産上の利益には当たらない。」

271 会社経営権と2項強盗

神戸地判平成17年4月26日判時1904号152頁／判タ1238・343

【判決理由】「人を殺害することにより，犯人が被害者の有していた何らかの財産上の利益を取得する結果になることはままあり得ることであって，犯人がそれを意図していたからといって，このような場合全てに2項強盗殺人罪の成立を認めることは，あまりにその成立範囲を拡大するものといわざるを得ない。単なる殺人罪ではなく奪取罪の1つである2項強盗殺人罪が成立するためには，1項強盗罪における財物の強取と同視できる程度に，その殺害行為自体によって，被害者から『財産上の利益』を強取したといえる関係にあることが必要と解される。」

「この点，2項強盗殺人罪の典型例である，債務を免れるために債権者を殺害した場合のように，行為者と相手方間に予め一定の法律関係がある場合には，相手方を殺害することによって，まさにその債権者たる相手方から債務者たる行為者に利益が移転したと認めることは，比較的容易といえる。」

「しかし，その『経営上の権益』なるものは，Fが死亡した場合には，被告人Aに引き継がれる可能性が高かったとはいえ，両者の間に当然にそのようになる一定の法律関係等が存していたわけでもない。実際，関係各証拠によれば，被告人Aは，F殺害発覚後，同グループの有力者であるMとの間で今後のグループ経営をどうするかについて話合いを持ち，被告人Aが代表者になることでMの同意を取り付けていること，その後，何回かにわたり幹部従業員が集まった席で，被告人AあるいはMやQから，出席者にその方針が示され，内心反対の者はいたものの，表面的には特段の異論が出ることはなく受け入れられていったことが認められ，このような経過からしても，殺害行為自体によって，Fから『経営上の権益』が移転したとはいい難い。」

⇒ 272・273

「そうすると，本件では，被告人Ａは，Ｆの殺害後，その後継者として『経営上の権益』を，実質的にはおおむね掌握したとみられるものの，それはＦから直接得られた利益というよりも，Ｆが死亡したことにより，被告人Ａの同グループ内での地位が相対的に上がったことによって，事実上得られた利益にすぎないというべきである。

そして，上記のとおり，『経営上の権益』などというものについて，包括的な承継が全く観念できない訳ではないとしても，本件においては，被害者を殺害すること自体によって，それが行為者に移転するという関係を想定することは困難であることからすれば，本件の事実関係のもとでは，検察官の主張する『経営上の権益』は刑法236条2項の『財産上の利益』に当たらないと解するのが相当である。」

272 ヤミ金融業者の殺害

大津地判平成15年1月31日判タ1134号311頁

【判決理由】「両被告人の弁護人は，いずれも，判示第2の事実につき，被害者の被告人両名に対する貸付行為は，いわゆる暴利行為であって，公序良俗に反し無効であるか，利息制限法上既に完済されているから債務は存在せず，強盗利得罪（二項強盗罪）における債務免脱の事実があり得ない旨主張するので，この点について判断するに，被害者に民事的には法的保護に値する利益がない場合であっても，不法な手段によって財産法秩序を乱す行為を容認することは，結局，私人の財産上の正当な権利・利益の実現を不能ならしめることになるから，暴利行為による債務の弁済を免れるという利益も，強盗利得罪の客体となると解すべきであり，両弁護人の主張は採用できない。」

273 キャッシュカードの暗証番号

東京高判平成21年11月16日東高刑時報60巻1〜12号185頁／判時2103・158, 判タ1337・280

(重判平23刑4)

【事案】　被告人は，被害者の住居に侵入して，被害者のキャッシュカードの窃取に着手しいつでも容易にその占有を取得できる状態に置いた上で，被害者に脅迫を加えて同キャッシュカードの暗証番号を強いて聞き出した。第1審判決は，キャッシュカードの暗証番号を強いて聞き出した点について，2項強盗罪の成立を否定したが，第2審判決は，以下のように述べて，2項強盗罪の成立を肯定した。

【判決理由】「キャッシュカードを窃取した犯人が，被害者に暴行，脅迫を加え，その反抗を抑圧して，被害者から当該口座の暗証番号を聞き出した場合，

⇒ *273*

　犯人は，現金自動預払機（ATM）の操作により，キャッシュカードと暗証番号による機械的な本人確認手続を経るだけで，迅速かつ確実に，被害者の預貯金口座から預貯金の払戻しを受けることができるようになる。このようにキャッシュカードとその暗証番号を併せ持つ者は，あたかも正当な預貯金債権者のごとく，事実上当該預貯金を支配しているといっても過言ではなく，キャッシュカードとその暗証番号を併せ持つことは，それ自体財産上の利益とみるのが相当であって，キャッシュカードを窃取した犯人が被害者からその暗証番号を聞き出した場合には，犯人は，被害者の預貯金債権そのものを取得するわけではないものの，同キャッシュカードとその暗証番号を用いて，事実上，ATMを通して当該預貯金口座から預貯金の払戻しを受け得る地位という財産上の利益を得たものというべきである。
　……（中略）……
　原判決は，刑法236条2項の財産上の利益は移転性のあるものに限られるというのであるが，2項強盗の罪が成立するためには，財産上の利益が被害者から行為者にそのまま直接移転することは必ずしも必要ではなく，行為者が利益を得る反面において，被害者が財産的な不利益（損害）を被るという関係があれば足りると解される（例えば，暴行，脅迫によって被害者の反抗を抑圧して，財産的価値を有する輸送の役務を提供させた場合にも2項強盗の罪が成立すると解されるが，このような場合に被害者が失うのは，当該役務を提供するのに必要な時間や労力，資源等であって，輸送の役務そのものではない。）。そして，本件においては，被告人が，ATMを通して本件口座の預金の払戻しを受けることができる地位を得る反面において，本件被害者は，自らの預金を被告人によって払い戻されかねないという事実上の不利益，すなわち，預金債権に対する支配が弱まるという財産上の損害を被ることになるのであるから，2項強盗の罪の成立要件に欠けるところはない。」

⇒ 274・275

[5] 事後強盗

274　事後強盗の予備

最決昭和54年11月19日刑集33巻7号710頁／判時953・131, 判タ406・109
（百選II43, 重判昭55刑7）

【事案】　被告人は，事務所等に忍び込んで窃盗を働き，もし他人に発見された場合には脅迫を加えて盗品の返還を拒み，逮捕を免れようと企て，これに使用する凶器として登山ナイフ及び模造拳銃を，窃盗に使用する道具類とともにアタッシュ・ケースに入れて携帯し，ビル街の路上を侵入すべき事務所を物色しながら徘徊した。第1審判決は強盗予備罪の成立を認め，第2審判決も，以下のように判示して，これを是認した。

「刑法238条に『強盗を以て論ず』とあるのは，強盗（同法236条1項の）といわゆる事後強盗とは，その構成要件においていずれも財物の奪取並びに暴行または脅迫を含み，犯罪類型において近似したものがあるばかりでなく，現象的にみても極めて類似するものがあって，その危険性の程度も両者において特段に異なるところがなく，よって事後強盗を刑法上強盗と同等に取り扱おうとする趣旨に解せられるから，単なる条文の配列，あるいは文理解釈を理由に事後強盗の意図が強盗予備罪にいう『強盗の目的』に含まれないとするのは相当でない。また，事後強盗を身分犯であるとして，いまだその身分を取得しない者の行為に事後強盗予備の構成要件充足ということはあり得ないとする所論についても，およそ予備というものは犯罪の実行に着手する以前に特定の犯罪の準備行為をするものであるから，これを本件についていえば，被告人がいまだ事後強盗の構成要件の一部である窃盗の実行行為に着手していないことを論拠に本罪の成否を云々するのは当たらないというべきである。」

【決定理由】　「刑法237条にいう『強盗の目的』には，同法238条に規定する準強盗を目的とする場合を含むと解すべきであって，これと同旨の原判決は正当である。」

275　暴行の程度

福岡地判昭和62年2月9日判時1233号157頁／判タ632・256

【事案】　被告人は，コンビニエンス・ストアーでサラミ3本を窃取し，同店舗を出て逃走を企てた際，これを追跡捕捉しようとした同店従業員Aに対し，右手で同人のシャツの襟元付近をつかんで押し返すなどの暴行を加え，よって同人に対し加療1週間を要する傷害を負わせた。被告人は強盗致傷罪で起訴されたが，本判決は，以下のように一般論を述べたうえで，①Aが過去に空手の修行を積み万引き犯人を逮捕した経験も有していたこと，②被告人と数分の間激しくもみ合っている際にも，終始被告人を離そうとせず，被告人を押さえつけるなどしながら通行人に警察への電話を依頼するなど，

被告人の逮捕に向けて的確に行動するとともに，最後まで被告人を自分一人で取り押さえる自信があったこと，③Ａの表皮剥離と皮下出血の傷は激しいもみ合いの過程で生じたもので，ことさら被告人がＡの頸部を締めあげるなどしてできたものではないこと，等の事情を総合考慮すると，被告人の本件暴行は，Ａの逮捕行為，財物取還行為を抑圧するに足りる程度のものとは認められない，と判示して窃盗罪と傷害罪の成立を認めた。

【判決理由】「事後強盗罪における暴行の程度は，同罪が強盗をもって論ぜられる以上，強盗罪におけると同程度のものであることを要するのであるが，強盗罪の暴行とはその目的，態様を異にすることから事後強盗罪にあっては，逮捕者の逮捕行為あるいは財物取還を図る者の財物取還行為を抑圧するに足りる程度の暴行であることを要すると解される。」

276 窃盗の機会（肯定例）

広島高判昭和28年5月27日判特31号15頁

【判決理由】「被告人は判示第一記載の日時場所においてＡ所有のラヂオ1台を窃取し之を所持して徘徊中判示第二記載の日時場所即ち右窃取をした時から僅かに30分位しか経過せず且つ右窃盗現場から約1粁を離れているに過ぎない場所で，当時被害者のＡが被害現場からの電話連絡により急遽自転車で自宅から右現場へ馳け付けるのに出会い，同人に前記ラヂオを所持しているのを発見され（その際被告人は氏名不詳の男1名と共にこれを所持していた）取り戻されそうになったのでその取還を防ぎ且つ逮捕を免れるため同人に対し判示第二に記載する如く暴行を加え傷害を負はしめるに至ったものであることが認められるから右傷害は前記窃盗と無関係な別個の機会に与えたものではなく，右の窃盗の機会延長の状態において与へたものと解すべきものであるから，これを包括して強盗傷人罪を以て問擬するのが正当であると云はねばならない。」

277 窃盗の機会（肯定例）

最決昭和34年3月23日刑集13巻3号391頁

【決定理由】「被告人は昭和33年6月1日午前11時20分頃京成電鉄津田沼駅より幕張駅に向け進行中の電車内において乗客Ａの着用していたズボン左側ポケット内から同人所有の現金5000円在中の財布を掏り取り現行犯人として乗務車掌に逮捕され，警察官に引渡すべく連行中同日午前11時25分頃右幕張駅下り線ホームにおいて右乗務車掌の隙を窺い逃走を企て右車掌に判示暴行を

⇒ *278・279*

加え因って同人に判示傷害を与えたというのであるから，被告人の所為は正に窃盗犯人が逮捕を免れるため暴行を為した場合にあたること論をまたない。……又被告人が右車掌に暴行を加えたのは前記のような状態の下において為されたものである以上，暴行が窃取の時より 5 分経過して居り電車外のホームで行われたからといって，右暴行は本件窃盗の現行の機会延長の状態で行われたものというべきであるから被告人の所為がいわゆる事後強盗罪を構成すること明らかである。」

278　窃盗の機会（否定例）

京都地判昭和 51 年 10 月 15 日刑月 8 巻 9 = 10 号 431 頁／判時 845・125，判タ 349・282

【事案】　被告人は，Ａの居室に侵入し同人の所有管理する現金を窃取しようとしたが，Ａに発見逮捕されその目的を遂げなかった。その後，Ａは自室において被告人に対し自分と共に警察へ行くよう約 1 時間にわたって説得を続け，被告人もようやくこれに応じて 2 人で警察署へ行く途中，被告人がやにわに逃走を企て，Ａに対し暴行を加えて傷害を負わせた。本判決は，Ａには被告人を意に反して警察へ連行しようとする意思はなく，警察署へ行く際も 2 人で並んで歩いており，途中からはむしろＡの方が被告人の先を歩いていてこれを先導するような状況でもあったこと，被告人がＡに暴行を加えた時は窃盗行為から約 70 分経過し，その現場も窃盗現場から約 200 メートル離れた地点であったこと，等の事実を認定したうえで，以下のように述べて，被告人に対し窃盗未遂罪と傷害罪の成立を認めた。

【判決理由】　「以上の事実に照らせば，Ａの当初の逮捕行為が本件暴行時まで継続していたとみるのは困難であって，被告人がＡの説得に応諾した段階で逮捕状態は消滅したものとみられ，Ａの警察への被告人の同行は有形力を用いないいわば任意の同行というべきものであり，しかも本件暴行が行われるまでに相当の時間的，場所的に隔たりがあるから，かかる状況のもとでは，たとい窃盗行為後警察への同行中に逃走のため暴行が加えられたとしても，その暴行はもはや窃盗の現場若しくは窃盗の機会継続中になされたものと解することは出来ず，従って窃盗犯人が逮捕を免れるため暴行を加えた場合に当たらないから，本件につき事後強盗致傷罪は成立しないものといわなければならない。」

279　窃盗の機会（肯定例）

最決平成 14 年 2 月 14 日刑集 56 巻 2 号 86 頁／判時 1778・159，判タ 1087・104
（重判平 14 刑 4）

【事案】　被告人は，被害者方で指輪を窃取した後，窃盗の犯意を持ち続けて被害者方

の天井裏に潜んでいたところ，その後帰宅した被害者に気づかれ，通報により駆けつけた警察官に対し，逮捕を免れるため暴行を加え傷害を負わせた。被告人は，事後強盗致傷罪で起訴されたが，第1審判決は，①犯行完了後約3時間経過後という相当の時間的隔たりがあり，その間，配線に細工し飲食や睡眠をとるなど窃盗と無関係の行動をしていること，②容易に逃走できたのに当座寝泊まりする場所を確保する目的で天井裏に潜んでいたこと，③天井裏は居室内と隔絶した空間と評価できること，などを理由として，窃盗の機会継続中に行われたものとは認められないとして，窃盗罪と傷害罪の成立を認めた。これに対して，原判決は，①被告人は窃盗の犯意を継続しながら現場にとどまっていたものであり，飲食や睡眠も窃盗行為の延長線上の行為と評価できること，②天井裏は，その構造上，長時間家人に気づかれずに居続けられるような場所ではないこと，などを指摘した上で，被告人の潜んでいた場所と窃盗現場との場所的接近性は明らかであり，時間的な接着性についても，被告人は，犯行後1時間ほどして帰宅した被害者から天井裏に潜んでいることを覚知されているのであって，その間さらに窃盗の犯意を持ち続けていたことなどを考えると，窃盗の犯行との時間的接着性があり，被告人が警察官に暴行を振るった時点においては，被害者らの追求から離脱していなかったので，窃盗の機会継続中に行われたものと認められる，として事後強盗致傷罪の成立を認めた。最高裁は，職権で以下のように判示した。

【決定理由】「なお，原判決の認定によれば，被告人は，被害者方で指輪を窃取した後も犯行現場の真上の天井裏に潜んでいたところ，犯行の約1時間後に帰宅した被害者から，窃盗の被害に遭ったこと及びその犯人が天井裏に潜んでいることを察知され，上記犯行の約3時間後に被害者の通報により駆け付けた警察官に発見されたことから，逮捕を免れるため，持っていた切出しナイフでその顔面等を切り付け，よって同人に傷害を負わせたというのである。このような事実関係によれば，被告人は，上記窃盗の犯行後も，犯行現場の直近の現場にとどまり，被害者等から容易に発見されて，財物を取り返され，あるいは逮捕され得る状況が継続していたのであるから，上記暴行は，窃盗の機会の継続中に行われたものというべきである。したがって，被告人に強盗致傷罪の成立を認めた原判断は，相当である。」

280 窃盗の機会（否定例）

最判平成16年12月10日刑集58巻9号1047頁／判時1887・156，判タ1174・256
（百選Ⅱ42，重判平16刑8）

【判決理由】「一　原判決の認定及び記録によれば，本件の事実関係は次のとおりである。

⇒ *281*

(1) 被告人は，金品窃取の目的で，平成15年1月27日午後0時50分ころ，A方住宅に，1階居間の無施錠の掃き出し窓から侵入し，同居間で現金等の入った財布及び封筒を窃取し，侵入の数分後に玄関扉の施錠を外して戸外に出て，だれからも発見，追跡されることなく，自転車で約1km離れた公園に向かった。

(2) 被告人は，同公園で盗んだ現金を数えたが，3万円余りしかなかったため少ないと考え，再度A方に盗みに入ることにして自転車で引き返し，午後1時20分ころ，同人方玄関の扉を開けたところ，室内に家人がいると気付き，扉を閉めて門扉外の駐車場に出たが，帰宅していた家人のBに発見され，逮捕を免れるため，ポケットからボウイナイフを取り出し，Bに刃先を示し，左右に振って近付き，Bがひるんで後退したすきを見て逃走した。

二 原判決は，以上の事実関係の下で，被告人が，盗品をポケットに入れたまま，当初の窃盗の目的を達成するため約30分後に同じ家に引き返したこと，家人は，被告人が玄関を開け閉めした時点で泥棒に入られたことに気付き，これを追ったものであることを理由に，被告人の上記脅迫は，窃盗の機会継続中のものというべきであると判断し，被告人に事後強盗罪の成立を認めた。

三 しかしながら，上記事実によれば，被告人は，財布等を窃取した後，だれからも発見，追跡されることなく，いったん犯行現場を離れ，ある程度の時間を過ごしており，この間に，被告人が被害者等から容易に発見されて，財物を取り返され，あるいは逮捕され得る状況はなくなったものというべきである。そうすると，被告人が，その後に，再度窃盗をする目的で犯行現場に戻ったとしても，その際に行われた上記脅迫が，窃盗の機会の継続中に行われたものということはできない。

したがって，被告人に事後強盗罪の成立を認めた原判決は，事実を誤認して法令の解釈適用を誤ったものであり，これが判決に影響することは明らかであって，原判決を破棄しなければ著しく正義に反するものと認められる。」

281 窃盗の機会（否定例）

東京高判平成17年8月16日判タ1194号289頁

【判決理由】「関係証拠によれば，被告人は，原判示第1の日時ころ，金品窃取の目的で前記甲野方に侵入し，4畳半間において，同人所有の前記手提げバッグを手に取り，そのまま同人方を出ると，誰からも追跡されることなく東側に隣接する被告人方居宅に戻ったこと，この逃走中，甲野方敷地内から自宅敷地内へ塀越しに手提げバッグを投げ入れ，自宅に戻るや同バッグを屋内に取り込んだこと，被告人は自宅において約10分ないし15分間逡巡するうち，窃盗現場を立ち去る際隣室の8畳間から物音が聞こえた

ことから葉子（以下「被害者」という。）に自己の窃盗が発覚したと考え同人を殺害するほかないと決意し，再び甲野方に至り，同所8畳間において，原判示のとおり葉子を殺害したことが認められる（なお，殺害が罪跡隠滅目的であったことは，上記経過に徴して，優に認定できる。）。

以上の事実関係を前提に，原判決は，被害者が隣人である被告人による窃盗を目撃していた可能性があること，窃盗敢行後被告人が戻った自宅はその犯行現場の隣接地であること，被告人が自宅に戻っていた時間は僅か10ないし15分程度であることから，本件では窃盗現場との時間的場所的接着性が認められ，加えて被告人との関係から被害者が警察への通報等を一定時間逡巡することも容易に想定できることを併せ考慮すると，被告人に対し被害者からの追及可能性が継続していることを理由に，本件殺害行為はなお窃盗の機会の継続中に行われたというべきであるとして，事後強盗罪の成立を認めた。

しかしながら，被告人は，手提げバッグを窃取した後，誰からも追跡されずに自宅に戻ったのであり，その間警察へ通報されて警察官が出動するといった事態もなく，のみならず，盗品を自宅内に置いた上で被害者が在宅する甲野方に赴いたことも明らかである。そうしてみると，被告人は，被害者側の支配領域から完全に離脱したというべきであるから，被害者等から容易に発見されて，財物を取り返され，あるいは逮捕され得る状況がなくなったと認めるのが相当である。本件殺害は，窃盗の機会の継続中に行われたものということはできない。原判決は時間的接着性のほか被告人方が甲野方と隣接していることをもって場所的接着性があるというが，たとえ時間的かつ距離的に近接していても追跡されないまま自宅という独立したいわば被告人自身の安全圏に脱した以上，時間的場所的接着性は本件における窃盗の機会継続に関する認定を左右するものではないというべきである。また，被害者による警察への通報等の可能性を強調し被告人に対する追及の可能性が継続していたことを指摘する点についても，本件においては追及の現実の行動がなかったことが明白である以上可能性を問題とする原判決の説示にも賛同できない。

したがって，被告人に（事後）強盗殺人罪の成立を認めた原判決は事実を誤認し法令の解釈適用を誤ったものであり，これが判決に影響を及ぼすものであることは明らかであるから，破棄を免れない。論旨は理由がある。」

⇒ 282・283・284

282 共　犯
新潟地判昭和42年12月5日下刑集9巻12号1548頁／判時509・77

【事案】　被告人X及びYは，窃盗を行ったZ他4名がAによって逮捕されようとした際に，Zらの逮捕を免れさせる意図のもとに，自らの逮捕を免れる意図を持ったZらと共同して，Aに対して暴行を加え，よって傷害を負わせた。

【判決理由】　「被告人らの判示第一の所為は各刑法第65条第1項，第240条前段，第60条に該当するが，被告人らには窃盗犯人の身分がないので，同法第65条第2項により傷害罪の限度において科刑することと〔する〕。」

283 共　犯
東京地判昭和60年3月19日判時1172号155頁
⇒総論363

【事案】　被告人XとYが一緒に飲酒していた際，YがAの財布から現金を抜き取ってこれを窃取し，AがYに対して金員の返還を求めるや，その金員の取還を防ぐ目的で被告人両名意思を相通じAに暴行を加え傷害を負わせた。本判決は，金員の窃取についても被告人両名に暗黙の共謀があったとする検察官の主張を排斥したうえで，以下のように判示した。

【判決理由】　「被告人Xは，被告人Yが事後強盗罪の構成要件の一部である窃盗を終了してから，被告人Yの行った窃盗の結果を十分認識して，窃盗にかかる金銭（飲み代）の取還を防ぐべく，被告人Yと意思相通じて被害者に暴行を加え，その結果傷害が生じているので，承継的共同正犯として強盗致傷の罪責を負うとの考え方もあり得ようが，事後強盗罪は，窃盗という身分を有する者が主体となる身分犯の一種であって，被告人Xはその身分がないのであるから，本件では承継的共同正犯の問題ではなく，共犯と身分の問題として把握すべきであり，この解決が本件事案の実態に即しているものと考える。それ故，身分のない被告人Xには，刑法65条1項により強盗致傷罪の共同正犯となるものと解するが，その刑は，同法65条2項によって傷害の限度にとどまると判断するのが相当である。」

284 共　犯
大阪高判昭和62年7月17日判時1253号141頁／判タ654・260
（百選Ⅰ93）　⇒総論364

【事案】　被告人は，共犯者2名と共に共謀の上，マスコット1個を窃盗し，警備員Aから逮捕されそうになるや，逮捕を免れる目的で同人に対し暴行を加え傷害を負わせた，として強盗致傷罪の共同正犯で起訴された。第1審判決は，共犯者2名について，被告

人の窃盗が既遂に達した後これに関与したものであって，窃盗の共同正犯でなく，かかる共犯者は事後強盗の主体ともならないとした。

【判決理由】「共犯者2名が被告人の犯行に関与するようになったのが，窃盗が既遂に達したのちであったとしても，同人らにおいて，被告人が原判示マスコットを窃取した事実を知った上で，被告人と共謀の上，逮捕を免れる目的で被害者に暴行を加えて同人を負傷させたときは，窃盗犯人たる身分を有しない同人らについても，刑法65条1項，60条の適用により（事後）強盗致傷罪の共同正犯が成立すると解すべきであるから（なお，この場合に，事後強盗罪を不真正身分犯と解し，身分のない共犯者に対し更に同条2項を適用すべきであるとの見解もあるが，事後強盗罪は，暴行罪，脅迫罪に窃盗犯人たる身分が加わって刑が加重される罪ではなく，窃盗犯人たる身分を有する者が，刑法238条所定の目的をもって，人の反抗を抑圧するに足りる暴行，脅迫を行うことによってはじめて成立するものであるから，真正身分犯であって，不真正身分犯と解すべきではない。従って，身分なき者に対しても，同条2項を適用すべきではない。），傷害罪の限度でのみしか刑法60条を適用しなかった原判決は，法令の解釈適用を誤ったものといわなければならない。」

■ 4　強盗致死傷罪

285　脅迫からの致傷

大阪高判昭和60年2月6日高刑集38巻1号50頁／判時1149・165，判タ555・342
（重判昭60刑6）

【事案】　被告人は，Aから金員を強取しようと企て，A運転のミニバイクの後部荷台にまたがって乗車し，登山ナイフをAに突きつけ，「騒ぐと殺すぞ，俺の言うとおりにせえ」などと申し向け，両手錠でAの左手首とバイクのハンドルを連結するなどの暴行脅迫を加えて同人の反抗を抑圧したうえ，「倒れろ」と命じてAを同車もろともアスファルト舗装の路上に転倒させ，同車の荷物かごから現金及び小切手在中の鞄を強取し，Aに転倒の際加療約14日を要する傷害を負わせた。

【判決理由】　「所論は，強盗致傷罪が成立するためには，傷害の結果が強盗の手段として用いられた暴行にもとづいたものでなければならないというのであるが，所論のように傷害の結果が強盗の手段たる暴行から生じた場合はもちろ

⇒ 286・287

んであるが，判例（最判昭和25年12月14日刑集4巻12号2548頁）は，これに限らず，強盗の機会においてなされた行為によって致死傷の結果を生じたときにも同罪の成立を認めているのであって，強盗の手段たる脅迫によって被害者が畏怖し，その畏怖の結果傷害が生じた場合に，強盗致傷罪の成立を否定すべき理由はないというべきである。

本件の場合，被告人は前示のとおりの暴行，脅迫を加えて被害者の反抗を抑圧し，意思の自由を失っている被害者にさらに『倒れろ』と命じ，被害者は命じられたとおりにしなければ殺されるかもしれないと畏怖してミニバイクもろとも路上に転倒したことによって傷害を負ったもので，被告人が右のように反抗抑圧状態にある被害者に『倒れろ』と命じる所為は，強盗罪における脅迫に当たるというべきで，それは強盗の実行中に強盗の手段としてなされたものであることは明らかであり，被害者の傷害は被害者が畏怖したことに起因するものであるから，強盗の手段たる脅迫によって傷害の結果を生じたものとして強盗致傷罪の成立を認めるのが相当であり，傷害の程度も所論のように軽微ではなく，強盗致傷罪における傷害に当たることに疑いはない。」

286　強盗の機会

最判昭和24年5月28日刑集3巻6号873頁
（百選Ⅱ44）

【判決理由】「刑法第240条後段の強盗殺人罪は強盗犯人が強盗をなす機会において他人を殺害することにより成立する罪である。原判決の摘示した事実によれば，家人が騒ぎ立てたため他の共犯者が逃走したので被告人も逃走しようとしたところ同家表入口附近で被告人に追跡して来た被害者両名の下腹部を日本刀で突刺し死に至らしめたというのである。即ち殺害の場所は同家表入口附近といって屋内か屋外か判文上明でないが，強盗行為が終了して別の機会に被害者両名を殺害したものではなく，本件強盗の機会に殺害したことは明である。然らば原判決が刑法第240条に問擬したのは正当であって所論のような違法はない。」

287　強盗の機会

東京高判平成23年1月25日高刑集64巻1号1頁／判時2161・143
（重判平23刑5）

【判決理由】「1　原審で取り調べた証拠によれば，次の事実を認めることができる。

⇒ 287

(1) 被告人は，被害者から金品を奪おうと考え，それを共犯者である暴力団員のAに持ち掛けたところ，Aから，被害者を自動車で拉致して，所持する金品を強取し，被害者をどこかに監禁するとともに，被害者方に赴いて金品を強取した上，被害者の記憶を飛ばし，被害を申告しても警察から信用されないようにするため，被害者に覚せい剤を注射して，どこかに捨ててくるように指示された。そして，被告人は，このような犯行の計画について，共同して本件各犯行を実行する予定の者らに説明した。

(2) 被告人は，共犯者らのうち4名と共に，平成21年6月27日午後8時37分ころ，勤務先に出勤してきた被害者を拉致して，自動車内に監禁した上，車内で被害者の所持する金品を強取し，次いで，同日午後10時5分ころ，被害者方に赴いて，被害者のパスポートを強取した後，同日午後10時45分ころ，監禁する場所として用意していたウィークリーマンションに赴き，被害者を居室内に連れ込もうとしたが，被害者に抵抗されて失敗した。

(3) 被告人は，被害者の所持金や被害者方の様子から，それ以上金品を強取することは困難かもしれないと考えるようになり，Aの指示を仰いだところ，Aから，被害者を小河内ダム付近の小屋に連れて行ってそこに監禁するように指示され，その上で最後には被害者に覚せい剤を注射するように言われたため，被害者を小河内ダムに連れて行き，Aから指示があれば，それに従って，被害者から金品の所在を聞き出そうと考えた。

(4) 被告人は，Aの指示を受けながら，前記共犯者4名と共に，被害者を監禁した自動車で移動し，翌28日午前0時35分ころ，その途中でAと会い，Aから，覚せい剤を渡された上，被害者に覚せい剤を注射して，埼玉県秩父市内の下久保ダムの橋の上から落とし，殺害するように指示された。

(5) 被告人は，前記共犯者4名と共に，被害者を監禁した自動車で前記下久保ダムに赴き，同日午前3時ころ，同共犯者4名に，被害者をそこから落として殺害することを提案したところ，反対されたため，被害者に覚せい剤を注射して人里離れたところに放置することにして，同日午前3時30分ころ，同共犯者4名のうちの1名をして，被告人の用意した覚せい剤溶液を被害者に注射させた。

(6) さらに，被告人は，前記共犯者4名と共に，被害者を監禁した自動車で山中に移動した上，同日午前4時ころ，被害者を自動車から降ろして立ち去り，被害者をその場に放置した。その後，被害者は，付近の山中において，覚せい剤使用に続発した横紋筋融解症により死亡した。

2 以上の事実関係の下では，被告人は，強盗に引き続いて，当初からの計画に従い，強盗の罪跡を隠滅するために，被害者に覚せい剤を注射して放置する行為に及び，被害者を死亡させるに至ったと認められ，このような強盗の罪跡を隠滅する行為は強盗と一体のものと評価できるから，被害者の死亡の原因

⇒ *288*

となった覚せい剤を注射するなどした行為は強盗の機会に行われたということができる。したがって，本件では，強盗致死罪が成立すると認められる。

……（中略）……

強盗と被害者の死亡の原因となった行為の場所及び時刻が離れていたとしても，被告人及び共犯者らは，当初から，罪跡を隠滅するため，被害者に覚せい剤を注射して放置することを計画しており，実際にも，その計画に従って行動したものと認められる。個別にみると，場所の点では，被告人らは，被害者を監禁している自動車で移動し，常時被害者の間近に居続けて，強盗及び罪跡を隠滅する行為に及んだといえるのであり，また，時間の点でも，被告人は，前述したように，暫くは強盗を継続するか，罪跡を隠滅する行為に移るかを決めかねていたものの，強盗の意思を放棄するや直ちに罪跡の隠滅に向けた行動を開始し，それを行うのに適当な場所まで移動した上，共犯者らと罪跡隠滅の方法を話合い，被害者に覚せい剤を注射して放置するに至っている。そうすると，強盗と罪跡を隠滅する行為との間には，連続性ないし一体性があると認められるから，本件強盗の手段となる行為と被害者の死亡との関連性を認め難いとする所論は採用することができない。」

288 犯人に認識されていない者の負傷

東京地判平成15年3月6日判タ1152号296頁

【事案】 被告人は，ビルの2階にある中国式エステ店において，同店店長のBほか3名に対し，けん銃に見せかけた所携のエアガンの銃口をその身体に向けるなどして脅迫し，その反抗を抑圧した上，同店経営者A管理に係る現金約6万円を強取した。同店の個室ベットで仮眠していたAは，被告人らが強盗に入ったことに気づき，難を逃れるため同店西側の北の窓から路上に飛び降りて全治148日間を要する傷害を負った。

【判決理由】 「被告人に強盗致傷罪が成立するか否かを検討するに，本件では，被告人らにおいては，犯行時Aが被害店舗内にいたことを認識していなかったにもかかわらず，同女の負った傷害の結果についても責任を負うのかどうかが問題となる。ところで，強盗致死傷罪は，強盗の機会には人に傷害等を負わせる行為を伴うことが少なくないことから強盗罪の加重類型として，『強盗（犯人）が人を負傷させたとき』に成立するとされていることからすれば，強盗致傷罪が成立するためには，単に強盗の現場において致死傷の結果が発生したというだけではなく，通常強盗に付随して行われるような強盗犯人の行為

に基づき傷害等の結果が発生したと評価できることを要すると解される。」

「被害店舗は，3階建てビルの2階部分にあって，通路を挟んだ7つの個室のほか，カウンターのある受付，ソファーが置いてある待合室，従業員用の控室，シャワールーム，トイレ及び流しがあるだけで，その広さは受付を中心に歩いても数秒以内で移動できる程度のものであり，出入口も被告人らが入ってきた1か所だけであること，しかも，個室とは言っても，いずれもカーテンによって通路と仕切られているだけの独立性の乏しい部屋で，その室内にはベッドと小さな棚等が置かれているだけのスペースがあるに過ぎないこと，そして，被告人らは，このようにさほど広くない被害店舗に2人組で押し入った上，その出入口近くにある待合室において，Bらに対して，真正なけん銃と見まがうようなエアガンを突きつけて脅迫し同人らの反抗を抑圧したものであって，このような被害店舗内の状況及び被告人らの犯行態様に照らすと，同店舗内にいた者は，仮にエアガンを突きつけられていなくとも，被告人らからエアガンを突きつけられ脅迫されているBらの状況を目にすれば，被告人らに発見されないで同店舗内から脱出することが事実上困難であり，もし被告人らに発見されればBらと同様に脅迫されるであろうと考えるのが自然であり，被告人らがBらにエアガンを突きつけて脅迫した行為は，客観的には，その脅迫の威力を同店舗内にいた者全員に及ぼしていたと評価することができる。」

「他方，被告人らは，既に認定したとおり，犯行時Aが被害店舗内にいるとの具体的な認識までは有していなかったとは言え，……同店舗内にはまだ被告人らによって発見されていない者が存在している可能性についても十分認識できたと認められる。」

「その上，被告人らのように，被害店舗の従業員らにエアガンを突きつけ脅迫するなどの強盗行為に及んだ場合，直接エアガンを突きつけられていない者であっても，恐怖心の余り，難を逃れるために被害店舗から外に脱出しようとして怪我を負うことも考えられることからすれば，Aの判示傷害の結果は予測可能な範囲内にあったと言える。」

「そうすると，被告人らにおいて，犯行当時Aが被害店舗内にいることについて具体的な認識を有していなかったとしても，被告人らは，Aの存在について十分認識し得る状況にあり，被告人らがエアガンをBらに突き付けた行為によって，客観的には，同店舗内にいたAに対しても脅迫が加えられてい

⇒ *289・290*

たと評価できる中で，これによって畏怖したAが上記窓から地上に降りようとして負傷した以上，被告人らは強盗致傷罪の責任を負うと解するのが相当である。」

289 未 遂
大判昭和4年5月16日刑集8巻251頁
（百選Ⅱ45）

【判決理由】「財物強取の手段として人を殺害したるときは刑法第240条後段の犯罪成立するものにして財物を得たりや否やは其の犯罪の構成に関係なきものとす蓋し同条後段は強盗の要件たる暴行脅迫を加ふる行為に因り相手方の生命を害することあるへきか故に強盗故意に又は故意なくして人を死に致す場合を予想し之か処罰規定を設けたるものにして同条後段の罪の未遂たる場合は強盗故意に人を死に致さんとして遂けさるときに於て之を認むるを得へく財物を得たるや否やは同条の構成要件に属せさるものと解するを相当とすれはなり」

■ 5 恐 喝 罪

[1] 処分行為

290 処分行為の有無
名古屋高判昭和30年2月16日高刑集8巻1号82頁

【事案】被告人XとYは暴行・脅迫を用いてAを畏怖せしめ，Aが被告人らに交付しようとして所持していた財布の中から100円札を2，3枚つまみ出そうとした瞬間，XがAの隙をみて突如その財布を持ち逃げした。第1審判決は，恐喝未遂と窃盗既遂の併合罪で処断した。

【判決理由】「成程被告人Xの手中に帰した財布及び在中の現金全部を被害者が任意に交付する意思決定がなかったものと認め得られるとは云えこの一事を以って原審認定の如く，恐喝行為が未遂に終り爾余の行為が直ちに窃盗罪を構成するものと解することは理論遊戯的な皮相の見解と謂わざるを得ない。叙上の如き事実は之を法律的に評価して被害者が任意に財物を交付した場合と同一に考え恐喝既遂罪として処断すべきものと解するを相当とする。蓋し被害者が若干の金員を交付しようと決意し，現金をつまみ出そうとしている時その隙を

見てその現金在中の財布を引さらって逃げる行為は被害者において阻止する余裕がなく犯人が財物を奪うを黙認するの余儀なきに至らしめた場合は任意の交付と同一視するに足るからである。」

291 支払猶予の処分行為
最決昭和43年12月11日刑集22巻13号1469頁／判時545・84, 判タ230・252
(百選Ⅱ61)

【事案】 被告人は，飲食代金の支払を請求したAに対して，「そんな請求をしてわしの顔を汚す気か，お前は口が過ぎる，なめたことを言うな，こんな店をつぶす位簡単だ」等と申し向けて脅迫し，Aをして右代金の請求を断念しなければいかなる危害を加えられるかもしれないと畏怖させてその請求を一時断念させ，右代金の支払を免れた。

【決定理由】 「原裁判所が，被告人が1審判決示の脅迫文言を申し向けて被害者等を畏怖させ，よって被害者側の請求を断念せしめた以上，そこに被害者側の黙示的な少くとも支払猶予の処分行為が存在するものと認め，恐喝罪の成立を肯定したのは相当である。」

[2] 権利行使と恐喝罪

292 権利の範囲内においては詐欺恐喝が成立しないとした事例
大連判大正2年12月23日刑録19輯1502頁

【事案】 被告人は，A銀行で預金残高300円の払い戻しを受ける際，同行係員を欺罔して3000円の交付を受けた。原判決が3000円全部について詐欺罪の成立を認めたのに対し，本判決は，以下のように述べて，2700円についてのみ詐欺罪を認めた。

【判決理由】 「刑法第246条同第249条に規定する詐欺及恐喝の罪は何等正当なる法律上の原因なきに拘はらす欺罔又は恐喝の手段を用ひて人を錯誤に陥れ又は之をして畏怖の念を生せしめ因て以て不法に財産の交付を受け又は財産上不法の利益を領得するに因りて成立するものなれは法律上他人より財物の交付を受け又は財産上の利益を領得すへき正当の権利を有する者か其権利を実行するに当り欺罔又は恐喝の手段を用ひて義務の履行を為さしめて財産の交付を受け又は財産上の利益を領得するも詐欺恐喝の罪を構成することなきは各国の法制其揆を一にし当院亦旧刑法の解釈として夙に認むる所の判例にして此判例は現行刑法の解釈に於ても亦之を是認すへきものとす而して他人より財物の交付を受け又は財産上の利益を領得すへき正当なる権利を有する者か之を実行する

⇒ 292

に当り其範囲を超越し義務者をして正数以外の財物を交付せしめ又は正数以上の利益を供与せしめたる場合に於ても亦同一の精神に従ひ詐欺恐喝の罪は犯人の領得したる財産又は利益の全部に付きて行はれたるものに非すして犯人か正当なる権利の範囲外に於て領得したる財産又は利益の部分に付きてのみ成立するものと解せさるへからす蓋し此場合に於ては犯人の領得したる財物又は利益の中其権利に属する部分は正当なる法律上の原因ありて給付せられたるものなれは此部分に付きては給付行為は弁済として有効に成立し犯人の有する権利は之に因りて消滅するを以て何等不当の利得あることなく従つて縦令欺罔恐喝の手段を用ひて権利の目的を達したるものなりとするも詐欺恐喝の罪を構成すへき理なく反之犯人か其権利の範囲外に於て領得したる部分は即ち欺罔恐喝に因りて不当に利得したるものなれは此部分に付て詐欺恐喝の罪を認むるは本罪の性質に適するものと謂はさるへからさるを以てなり然れとも此原則を適用するか為めに犯人か正当なる法律上の原因に基つき財物又は財産上の利益を領得し其給付行為か全部又は一部有効なることを要するを以て犯人か他人より財物又は財産上の利益を受領すへき正当の権利を有する場合と雖も犯人に之を実行するの意思なく只名を其実行に仮託し之を手段として相手方を欺罔恐喝し不正に財物又は利益を領得したる場合及ひ犯人か相手方より財物又は財産上の利得を領得したる所以の原因か其正当に有する権利と全然相異なる場合に於ては詐欺恐喝の罪は他人の領得したる財物又は財産上の利益の全部に付きて成立するものとすへく之を分割し其一部分に付き犯罪の成立を認むることを得す蓋し之等の場合に於ては犯人の為したる財物又は利益の領得は全く法律上の原因を欠き其全部又は一部に付有効なる給付行為の存在を認むること能はさるを以て其全部に付犯罪の成立を認めさるへからさるを以てなり他方に於て犯人の領得したる財物又は利益の一部分に付き犯罪の成立を認むるか為めには其財物又は利益か法律上可分なることを前提とするを以て金銭米穀其他種類数量に依り法律取引の目的となる所謂定量物か欺罔恐喝に依りて授受せられたる場合に於ては犯人の権利に属する部分と然らさる部分とを区別し前者に付きては有効なる給付行為ありとし後者に付きて犯罪の成立を認むることを得るも犯人の領得したる財物及ひ財産上の利益か法律上分割を許さされるものなるときは其一部に付有効なる給付行為を認め他の部分に付て犯罪の成立を認むることは法律上不可能なるを以て犯人は其全部に付不当の利得を為したるものとし之をして其全部に

付詐欺罪恐喝罪の責任を負はしめさる可からす」

293　脅迫罪が成立するとした事例
大判昭和5年5月26日刑集9巻342頁

【判決理由】「法律上他人より財物又は財産上の利益を受くへき権利を有する者か其の権利実行の為恐喝手段を施用するも恐喝罪と成らさるは該罪の構成要件の一たる財産に関する不法利益の要件を欠缺するか為に外ならす之か為に恐喝手段たる行為に付ては他の罪名に触るるも之を不問に付する趣旨に非すして其の触れたる罰条に問擬すへきや論を俟たす蓋し権利の行使は法律の認むる範囲内に於てのみ為すへきものなること勿論なれは其の範囲を超越して為したる行為にして罰条に触るる場合は其の触れたる限度に於て権利の行使に属せす犯罪行為を組成すれはなり故に債権取立に際しても法律上限度あり原判決の判示する如く吾々は命知らすた同類か20人や30人は迎へに行けは直にやって来る今直く金を寄越さねは家ても何ても叩きこはす旨の言を弄し且孰れも腕捲りを為し以て直に其の債務を弁済せさるに於ては身体に危害を加ふへき態度を示して脅迫するか如きは債権行使の範囲に属せすして刑法第222条の脅迫罪を構成する」

294　恐喝罪の成立を認めた事例
最判昭和30年10月14日刑集9巻11号2173頁／判時63・3
(百選Ⅱ60)

【事案】　被告人Xは、Aと共同で設立した会社を退くにあたり、会社に18万円を出資したと主張しAがこれを否定して争ったが結局Aより18万円の支払を受けることになり、その内金15万円の支払を受けたが、Aが残金の支払をしないので、被告人Yに取立を依頼し、Yは知り合いの者2名にこれを伝え、4人で共謀の上Aから残金を取り立て金員を喝取しようと企てた。被告人4名は、Aに対し要求に応じない場合は同人の身体に危害を加えるような態度を示しAを畏怖せしめ、よってAをして前記残金3万円を含む6万円をXに交付させてこれを喝取した。

【判決理由】「他人に対して権利を有する者が、その権利を実行することは、その権利の範囲内であり且つその方法が社会通念上一般に忍容すべきものと認められる程度を超えない限り、何等違法の問題を生じないけれども、右の範囲程度を逸脱するときは違法となり、恐喝罪の成立することがあるものと解するを相当とする（昭和26年(れ)2482号同27年5月20日第三小法廷判決参照）。本件において、被告人等が所論債権取立のために執った手段は、原判決の確定

⇒ 295・296

するところによれば，若し債務者Aにおいて被告人等の要求に応じないときは，同人の身体に危害を加えるような態度を示し，且同人に対し被告人Y及び同Z等は『俺達の顔を立てろ』等と申向けAをして若しその要求に応じない時は自己の身体に危害を加えられるかも知れないと畏怖せしめたというのであるから，もとより，権利行使の手段として社会通念上，一般に忍容すべきものと認められる程度を逸脱した手段であることは論なく，従って，原判決が右の手段によりAをして金6万円を交付せしめた被告人等の行為に対し，被告人XのAに対する債権額のいかんにかかわらず，右金6万円の全額について恐喝罪の成立を認めたのは正当であって，所論を採用することはできない。」

■6 詐欺罪

[1] 不作為の欺罔行為

295　準禁治産者（被保佐人）

大判大正7年7月17日刑録24輯939頁

【判決理由】「欺罔の手段は必ずしも積極的行為を要するものにあらず一定の事情を告知すへき義務ある者か故らに之を黙秘するか如きも亦人を錯誤に陥らしむへき欺罔手段と認むるを妨けさるものとす而して準禁治産者か法律上の取引を為さんとするに当り其相手方に於て準禁治産者たることを知らは取引を為ささるへき場合に於ては法律上の取引の安固を保持する必要に鑑み其準禁治産者たることを告知するの義務あるものと解するを一般法理上の観念に適するものと云はさる可らす故に斯る場合に於て故らに其準禁治産者たることを黙秘して相手方をして能力者なるか如く誤信せしめ因て以て財物を交付せしめたるときは詐欺罪を構成するものとす」

296　抵当権

大判昭和4年3月7日刑集8巻107頁

【判決理由】「抵当権の設定及其の登記ある不動産を売買する場合に於ては抵当権の行使に因り買主は其の所有権を失ふ虞あるへきを以て買主に於て抵当権設定及其の登記あることを知りたらんには或は之を買受けさることあるへく又縦令之を買受くるも代金の支払に関し自己の利益を保護する為相当の措置（例

へは民法第577条の規定に依る代金支払拒絶）を為す要あるへきを以て右設定及登記の事実を知らすして買受け代金を交付せんとする場合に於ては信義誠実を旨とする取引の必要に鑑み売主は右事実を買主に告知する法律上の義務あるものと謂はさるへからす抵当権の設定か登記簿上明白にして買主か其の閲覧等に依り容易に之か設定を知り得へきことは右義務の存在を妨くるものに非す故に叙上不動産の所有者か其の不動産を売却せんとするに当り相手方に於て抵当権の設定及其の登記あることを知りたらんには之を買受け代金を交付せさるへき場合に相手方の不知に乗し故らに抵当権の設定及其の登記あることを黙秘するは法律上の告知義務に違背するものにして之か為相手方をして抵当権の負担なき不動産なりと誤信せしめたる結果之を買受け代金を交付せしめたるときは詐欺罪成立するものとす」

297　被保険者の疾病

大判昭和7年2月19日刑集11巻85頁

【判決理由】「生命保険契約締結の際保険契約者は其の知れる被保険者の現在疾患は固より保険者に告知すへきものなれは之を隠秘して告知せす保険者をして被保険者に斯る疾患なきものと誤信せしむるは欺罔行為なりと謂ふへし原判示に依れは被告人は妻Aか子宮疾患あり頗る重症にして生命に関するものなることを察知せるに拘らす之を保険会社に告知せす判示の方法に依りAは健康者なりと誤信せしめ同人を被保険者として生命保険契約を締結したるものなれは判示行為は勿論詐欺罪を構成す」

298　事業不振

福岡高判昭和27年3月20日判特19号72頁

【事案】　建築材料販売業を営む被告人は，事業不振の結果負債の弁済に窮し，使用人全員を解雇して事業を縮小し，約束手形の不渡りも数回に亘っていた等の事情があったが，A商会からセメントの売買交渉を受けるや，昭和25年6月15日頃，右事情を告げることなく，代金23万2500円は，6月末までに4万円，7月10日までに10万円，同月末日までに残金全部を支払う旨申し向け，被告人に充分弁済資力・信用があるものと相手方を誤信させて，A商会からセメントの送付を受けた。第1審判決は，事業不振，手形不渡り等の特別事情を取引の相手方に告知しなければならなかったとして，詐欺罪の成立を認めた。

【判決理由】「原判決は被告人に判示したような事実を告知する法律上の義務があるに不拘これを相手に告知しなかった不作為を以て欺罔行為があったとし

⇒ 299

ている。然し記録による本件取引の経過その他諸般の事情に徴して被告人に判示のような法律上の作為義務ありとは認め難い。」

299 土地の法的規制
東京高判平成元年3月14日判タ700号266頁

【事案】 被告人X及びYは、国立公園第2種特別地域に属し厳しい建物建築規制や宅地造成規制を受けている土地を、規制の内容を具体的に告げることなくAに売却した。第1審判決は、被告人らは、Aが本件土地に7階建てマンションを建築する意図であることを知りながら、規制上それが不可能であることを秘し、かえってこのような建物も建築可能であるかのごとく申し向け、また、手付け金5000万円の内3000万円は被告人Yがこれを融通し、マンション建築資金も被告人Xの計らいで銀行から多額の融資が受けられる、などと申し向け、Aらをしてその旨誤信させ、手付け金として額面5000万円の小切手を騙取した、と認定して、被告人らに対し詐欺罪の成立を認めた。これに対して、本判決は、7階建てマンション建設が本件契約の条件であったとか、そのような建物が立つと被告人らが申し向けた事実はなく、被告人Yが融通すると約束したり、銀行からの融資が確実であると約束した事実もなく、融資が契約の条件または重要な事実であったということもできない、と判示した。さらに本判決は、規制の内容を告げなかった不作為の欺罔の点については、次のように判示してこれを否定し、被告人らに無罪を言い渡した。

【判決理由】 「およそ、売買の目的である土地が、いかなる法的規制を受けるかは、その利用方法に直接影響を与え、価格にも当然影響するから、信義則上、売り主において、買手にこれを告知すべき法律上の義務があり、その秘匿、不告知がときに詐欺罪における欺罔行為にあたる場合がありうることは、原判決が説示するとおりと考えられる。しかしながら、現在ではいかなる土地でも大なり小なり各種の法的規制を受けていることは周知の事実であり、特に本件のような国立公園内の土地についてとりわけ厳しい規制がなされていることは広く知られているところであるし、しかも、その土地に対する規制の有無及びその内容は、所管官庁について調査すれば、容易かつ正確にこれを知ることができることも事実であるから、売り主においていかなる程度にこれを告げれば告知義務を尽くしたといえるかは、上記の事情と照らし合わせながら決する必要がある。……本件のような国立公園内の土地建物をその持ち主が不動産業者のように振る舞う者に対し売り渡す場合には、不動産業者が一般人に対し住宅などを売買する場合などとは異なり、規制の内容を逐一告げなくとも規制のある

こと及びその概要を告げ，相手方においてこれを調査する機会を与えれば足りると解するのが相当であり，その意味で，本件において被告人らは告知義務を尽くしていないと認定することはできないものであるというべきである。」

300 請負金額の不告知

最判昭和 31 年 8 月 30 日判時 90 号 26 頁／判タ 63・50

【判決理由】「事実審が証拠によって確定したところによれば，被告人は請負人に代って亀山町との間に工事請負契約を締結し，また請負人の代理人として右請負契約に基く工事代金を町から受領したものである。そしてかかる場合においては，被告人が請負人との内部の関係において請負人に承諾せしめた請負金額を，注文主たる亀山町に告知せねばならぬ法律上の義務が被告人にあるとすべき特段の事由は認めることができないのである。たとえ事実審の認定したごとく，被告人が，請負人に対しては亀山町の工事費予算額を知らせずその予算額よりはるかに低額で請負うことを承諾させ，一方同町役場係員にはその事実を秘してあたかも請負人は同町役場の予算額（又はその範囲内で，右請負人に承諾させた請負金額を上まわる額）で請負うもののごとく申し向け，本件請負契約を締結し，そして工事完了により町役場には請負人が町との契約額を請求するよう申し向けて，自己にその代金の交付を受け，当初請負人の承諾した代金との差額を被告人が領得したとしても，被告人は町と請負人との間に有効に成立した請負契約に基づく当然の請負代金を受領したに止まり，被告人の本件所為が，町との関係において詐欺罪成立の要件たる騙取行為があったものとすることはできない。それ故，被告人の本件所為は詐欺罪を構成せず，刑訴336 条により無罪の言渡をなすべきものであり，これと反する事実審の判断は違法であって，これを破棄しなければ著しく正義に反するものと認められる。」

[2] 錯　誤

301 パチンコ玉の窃取

浦和地判昭和 28 年 8 月 21 日判時 8 号 19 頁

【判決理由】「被告人等は当り穴に玉を入れさえすれば玉が出るというパチンコ機械の装置に着眼し判示の如く磁石を使用してパチンコ機械の背面にある玉

を引き出したにすぎないのであって，その過程において遊戯場の係員を欺罔しこれを錯誤に陥らせるという詐欺の本質的手段を講じてはいないのであるからパチンコ玉を騙取したもの，即ち詐欺と認めることはできない。又パチンコ玉の奪取はこれと交換に景品の交付を受くることを窮極の目的とするものではあるが，景品引換所に至り右奪取に係る玉を恰も正当に遊戯して得た玉であるものの如く装い，その係員に示したとき景品の騙取に着手したものというべく，未だその段階に至らないパチンコ玉の奪取自体を目して景品の騙取行為の着手であるとはいうことはできない。」⇒*238* 参照。

302 窃取したキャッシュカードによる現金引き出し

東京高判昭和 55 年 3 月 3 日判時 975 号 132 頁

【判決理由】「被告人は，原判示第一，第三のように各預金払戻用キャッシュカード（以下，「カード」という）を窃取した後，その被害者らが友人でカードの暗証番号を知っていたことから，ひそかに，原判示第二，第四の管理者の意に反して，原判示のとおり S 銀行戸塚支店設置の自動支払機のカード入口に右窃取したカードをそれぞれ差し込み，同支払機の各暗証番号を押して現金を出させ，これを自己の支配下においたものであることが認められるから，被告人の欺罔により被害者の誤信による現金の交付があったものではなく，被告人が，カードを利用して，同支払機の管理者の意思に反し，同人不知の間に，その支配を排除して，同支払機の現金を自己の支配下に移したものであって，このように窃盗犯人が贓物たるカードを用いて第三者たる右管理者の管理する現金を窃取した場合には，贓物についての事実上の処分行為をしたにとどまる場合と異なり，第三者たる右管理者に対する関係において，新たな法益侵害を伴うものであるから，カードの窃盗罪のほかに，カード利用による現金の窃盗罪が別個に成立するものというべきであり，右管理者の所属する銀行がカードの預金者に対し所論の免責を受けることがあるにしても，右認定を妨げるものではない。」

303 ローンカードの詐取と現金の窃盗

最決平成 14 年 2 月 8 日刑集 56 巻 2 号 71 頁／判時 1777・159，判タ 1085・196
（重判平 14 刑 3）

【決定理由】「一，二審判決の認定及び記録によると，上記事件の事実関係は，次のとおりである。

⇒ 303

　一　同社とカードローンに関する基本契約（カードローンの借入条件等が定められたもの。）を締結して，同社から融資用キャッシングカード（以下「ローンカード」という。）を交付されたカードローン契約者は，同カードを同社の各店舗に設置された現金自動入出機に挿入して同機を操作する方法により，契約極度額の範囲内で何回でも繰り返し金員を借り入れることができるという権利を有する。一方，同社は，同契約者が上記のような権利を行使しなければ，同契約者に対し金員を貸し付ける義務を負わない。
　二　……（中略）……
　三　被告人は，他人になりすまし，同社からローンカードの交付を受けた上，同カードを利用して同社の現金自動入出機から現金を引き出そうと企てた。被告人は，群馬県館林市内の上記無人契約機コーナーに設置された無人契約機を介して，不正に入手した他人名義の自動車運転免許証により氏名等を偽るなどして，前橋市内の同社前橋サービスセンターにいる同社係員を欺き，他人名義で同社と上記基本契約を締結した上，同係員からローンカードの交付を受け，その5分後に，同カードを同無人契約機コーナー内に設置された現金自動入出機に挿入し，同機を操作して作動させ，同機から現金20万円を引き出した。
　四　被告人は，ローンカードの交付に引き続いて行われた現金の引き出しに際し，上記係員から，現金自動入出機の操作について教示を受けた旨供述している。

　上記のようなカードローン契約の法的性質，ローンカードの利用方法，機能及び財物性などにかんがみると，同社係員を欺いて同カードを交付させる行為と，同カードを利用して現金自動入出機から現金を引き出す行為は，社会通念上別個の行為類型に属するものであるというべきである。上記基本契約の締結及びローンカードの交付を担当した同社係員は，これらの行為により，上記無人契約機コーナー内に設置された現金自動入出機内の現金を被告人に対して交付するという処分行為をしたものとは認められず，被告人は，上記二のような機能を持つ重要な財物である同カードの交付を受けた上，同カードを現金自動入出機に挿入し，自ら同機を操作し作動させて現金を引き出したものと認められる。したがって，被告人に対し，同社係員を欺いて同カードを交付させた点につき詐欺罪の成立を認めるとともに，同カードを利用して現金自動入出機から現金を引き出した点につき窃盗罪の成立を認めた原判決の判断は，正当である。被告人が供述する上記のような事情は，被告人の行為及び同社係員の行為の性質に関する前記評価に影響を及ぼすものとは認められない。」

304 誤振込み

最決平成15年3月12日刑集57巻3号322頁
(百選Ⅱ51, 重判平15刑4)

【事案】 AがBに振り込むべき75万31円を被告人名義の普通預金口座に誤って振り込んでしまったところ、これを知った被告人は、残高92万円余りとなっていた預金のうち88万円の払戻しを右支店窓口において請求し、窓口受付係員から現金88万円の交付を受けた。

【決定理由】「本件において、振込依頼人と受取人である被告人との間に振込みの原因となる法律関係は存在しないが、このような振込みであっても、受取人である被告人と振込先の銀行との間に振込金額相当の普通預金契約が成立し、被告人は、銀行に対し、上記金額相当の普通預金債権を取得する(最高裁平成4年(オ)第413号同8年4月26日第二小法廷判決・民集50巻5号1267頁参照)。

しかし他方、記録によれば、銀行実務では、振込先の口座を誤って振込依頼をした振込依頼人からの申出があれば、受取人の預金口座への入金処理が完了している場合であっても、受取人の承諾を得て振込依頼前の状態に戻す、組戻しという手続が執られている。また、受取人から誤った振込みがある旨の指摘があった場合にも、自行の入金処理に誤りがなかったかどうかを確認する一方、振込依頼先の銀行及び同銀行を通じ振込依頼人に対し、当該振込みの過誤の有無に関する照会を行うなどの措置が講じられている。

これらの措置は、普通預金規定、振込規定等の趣旨に沿った取扱いであり、安全な振込送金制度を維持するために有益なものである上、銀行が振込依頼人と受取人との紛争に巻き込まれないためにも必要なものということができる。また、振込依頼人、受取人等関係者間での無用な紛争の発生を防止するという観点から、社会的にも有意義なものである。したがって、銀行にとって、払戻請求を受けた預金が誤った振込みによるものか否かは、直ちにその支払に応ずるか否かを決する上で重要な事柄であるといわなければならない。これを受取人の立場から見れば、受取人においても、銀行との間で普通預金取引契約に基づき継続的な預金取引を行っている者として、自己の口座に誤った振込みがあることを知った場合には、銀行に上記の措置を講じさせるため、誤った振込みがあった旨を銀行に告知すべき信義則上の義務があると解される。社会生活上の条理からしても、誤った振込みについては、受取人において、これを振込依頼人等に返還しなければならず、誤った振込金額相当分を最終的に自己のもの

とすべき実質的な権利はないのであるから，上記の告知義務があることは当然というべきである。そうすると，誤った振込みがあることを知った受取人が，その情を秘して預金の払戻しを請求することは，詐欺罪の欺罔行為に当たり，また，誤った振込みの有無に関する錯誤は同罪の錯誤に当たるというべきであるから，錯誤に陥った銀行窓口係員から受取人が預金の払戻しを受けた場合には，詐欺罪が成立する。」

［3］ 財産上の利益

305　債権者の督促を免れた場合

最判昭和 30 年 4 月 8 日刑集 9 巻 4 号 827 頁／判夕 51・43
（百選 II 56）

【事案】　被告人は，リンゴの仲買を業とする者であるが，A に対し，リンゴ「国光」500 箱を売り渡す契約（上越線沼田駅渡の約定）をし，その代金を受領しながら，履行期限を過ぎてもその履行をしなかったため，A より再三の督促を受けるや，その履行の意思のないのに A を五能線鶴泊駅に案内し，同駅で B をしてリンゴ 400 箱の貨車積みをなさしめ，これに上越線沼田駅行きの車票を挿入せしめ，あたかもリンゴ 500 箱を沼田駅まで発送の手続を完了し積み荷を待つのみの如く A に示してその旨同人をして誤信させ，A が安心して帰宅するやその履行をなさずよって債務の弁済を免れ，以て財産上の不法の利益を得たものである。第 1 審判決は，右のような犯罪事実を認定し，被告人に対して詐欺罪の成立を認め，原判決もこれを是認したが，本判決は，以下のように述べて，これを破棄した。

【判決理由】　「刑法 246 条 2 項にいう『〔人を欺罔して〕財産上不法の利益を得又は他人をして之を得せしめたる』罪が成立するためには，他人を欺罔して錯誤に陥れ，その結果被欺罔者をして何らかの処分行為を為さしめ，それによって，自己又は第三者が財産上の利益を得たのでなければならない。しかるに，右第 1 審判決の確定するところは，被告人の欺罔の結果，被害者 A は錯誤に陥り，『安心して帰宅』したというにすぎない。同人の側にいかなる処分行為があったかは，同判決の明確にしないところであるのみならず，右被欺罔者の行為により，被告人がどんな財産上の利益を得たかについても同判決の事実摘示において，何ら明らかにされてはいないのである。同判決は，『因て債務の弁済を免れ』と判示するけれども，それが実質的に何を意味しているのか，不

⇒ *306・307*

分明であるというのほかはない。あるいは，同判決は，Ａが，前記のように誤信した当然の結果として，その際，履行の督促をしなかったことを，同人の処分行為とみているのかもしれない。しかし，すでに履行遅滞の状態にある債務者が，欺罔手段によって，一時債権者の督促を免れたからといって，ただそれだけのことでは，刑法246条2項にいう財産上の利益を得たものということはできない。その際，債権者がもし欺罔されなかったとすれば，その督促，要求により，債務の全部または一部の履行，あるいは，これに代りまたはこれを担保すべき何らかの具体的措置が，ぜひとも行われざるをえなかったであろうといえるような，特段の情況が存在したのに，債権者が，債務者によって欺罔されたため，右のような何らか具体的措置を伴う督促，要求を行うことをしなかったような場合にはじめて，債務者は一時的にせよ右のような結果を免れたものとして，財産上の利益を得たものということができるのである。ところが，本件の場合に，右のような特別の事情が存在したことは，第1審判決の何ら説示しないところであるし，記録に徴しても，そのような事情の存否につき，必要な審理が尽されているものとは，とうてい認めがたい。」

306 弁済の延期

大判大正12年6月14日刑集2巻537頁

【判決理由】「弁済の延期は債務者をして或る期間内支払を為ささるを得せしむるものなれは債務者は之に依て不利益なる条件に於て弁済資金を調達する事を免れ或は右支払猶予期間内弁済資金を他に利用することを得へきを以て利息債務の随伴すると否とを問はす財産上利益なしと云ふ事を得す故に他人を欺罔するに依て債務の弁済を延期せしめたるときは欺罔に因て財産上不法の利益を得たるものなる事疑を容れす」

307 売買契約の締結

大判大正11年12月15日刑集1巻763頁

【事案】被告人らは，代金支払の意思がないにもかかわらずこれがあるものの如く装って売買に名をかりて山林立木を騙取することを企て，Ａほか6名の者をそれぞれ欺罔してその所有の山林立木の売買契約を締結せしめたが，Ａ所有の山林立木を伐採転売した他は，伐採前に犯意を見破られ解約の申込を受けた。原判決は，売買契約の締結によって山林立木を騙取したとして，6件の詐欺すべてについて既遂罪の成立を認めたが，本判決は，以下のように述べて，これを破棄した。

238　Ｖ　財産に対する罪

【判決理由】「刑法第246条第1項に所謂財物の騙取とは不法領得の目的を以て人を欺罔し有体物の所持即ち其の占有を移付せしむるの意にして従て同条項の詐欺罪は欺罔手段を施して人を錯誤に陥らしめたる結果不法に有体物の占有を自己又は第三者に移付せしむるに因て成立するものとす即ち同罪の完成には欺罔の結果有体物の占有を移付せしむるを要し単に所有権其の他の権利の設定及移転を為さしむるも未た以て詐欺罪の既遂ありと謂ふことを得す左れは動産に付ては其の引渡ありたるときに於て詐欺罪は完成し不動産に付ては所有権移転の意思表示ありたる場合の如きも亦其の意思表示ありたるのみを以て足れりとせす尚現実に之か占有を移転し若は所有権取得の登記を為したるときに於て詐欺罪は完了するものと謂はさるへからす蓋不動産に在りては縦令現実に之か引渡を為ささるも苟も其の所有者として登記せられたる以上は直に所有権を有すると否とに拘らす形式上他人を排斥して自由に之を処分し得へき状態に置かれたるものなれは刑法上其の不動産を占有したるものと為すに妨けなきを以てなり然り而して立木法の適用を受けさる立木は土地に定着して土地と共に不動産たること論を俟たすと雖土地と離れて単独に所有権の目的物と為り得へきことは本院判例の夙に是認する所なれは（大正4年（お）第288号同5年2月22日判決参照）特定の立木を売買の目的となしたる場合には其の立木の所有権は売買契約の成立と同時に買主に移転すへきものと解するを相当とす従て若立木を騙取する目的を以て売買名義の下に其の所有者を欺罔し之か売渡契約を為さしむるに於ては之に因り其の立木の所有権は直に犯人に移転することあるへしと雖之を土地より分離せさる間は該立木は土地の一部分として依然不動産たる性質を変することなきを以て明認し得へき方法に依ると其の他の方法に依るとを問はす犯人に於て現実に之か引渡を受け若は他人の土地に於て立木を所有することを得へき権利取得の登記を為すに非されは其の詐欺は既遂罪を構成せさること明なり」

308 詐欺賭博

最決昭和43年10月24日刑集22巻10号946頁／判時537・86，判タ228・162

【事案】 被告人らは，いわゆる詐欺賭博の方法により，Aを誤信させて賭客として参加させ，寺銭及び賭銭の名下に139万円を支払うべき債務を負担させた。第1審及び第2審判決が2項詐欺罪の成立を認めたのに対し，弁護人は，売買，貸借のように当然財物の移転を伴い，その財物の移転がその目的のすべてであるような契約では，一般に騙

⇒ 309・310

取罪が成立すべきで，単に約束のみでは利得罪の既遂は成立しないと考えるべきである，と主張して上告した。

【決定理由】「被告人らの本件所為につき，刑法246条2項の罪が成立する旨の原判決判示は正当である。」

[4] 処分行為

占有の移転

309 玄関に置いた風呂敷包を持って逃走する行為

最判昭和26年12月14日刑集5巻13号2518頁

【事案】 被告人は，被告人の虚言によって誤信に陥ったAが，自ら油糧公団まで持参するつもりで70万円の紙幣を入れた風呂敷包を同家の奥の方から持ち出して来て玄関の上り口に置き，被告人だけを玄関に残したまま便所に赴いたので，その隙に右現金を持って逃走した。

【判決理由】「刑法246条1項に定むる財物の騙取とは犯人の施用した欺罔手段により，他人を錯誤に陥れ，財物を犯人自身又はその代人若くは第三者に交付せしむるか或はこれ等の者の自由支配内に置かしむるを謂うのであって（論旨引用の大正12年(れ)1272号同年11月20日大審院判決大審院判例集2巻816頁）原判決も亦本件について『被告人Xが判示Aに虚言を弄し，同人をしてその旨誤信させた結果同人をして任意に判示の現金を同被告人の事実上自由に支配させることができる状態に置かせた上でこれを自己の占有内に収めた事実であるから刑法246条1項に該る』と判断しているのであって，大審院判決と相反する判断を示めしたものではない。」

310 附添いを装い預金の交付を受ける行為

東京高判昭和49年10月23日判時765号111頁

【判決理由】「原判決挙示の証拠によれば，被告人は老人（A）が生活扶助金を受取りに銀行に行くのを見て，これについて行き，同人がその普通預金口座に振り込まれた生活扶助金の払戻手続をするそばにいて，銀行の預金係の呼出に応じて逸早く預金係のところへ行き，引換票の提示を求められるや老人を手で招き，同人の差し出す引換票と引き換えに右預金係が生活扶助金3万4370円をカウンターの上に差出すや，素早くこれを受取り銀行の外に出てしまった

ことが認められ，なるほど銀行の預金係は被告人を老人の代りに金を受取りに来たものと誤信してこれを差出し，被告人は老人の附添いのように装い，これを受取ったことが窺われるが，右のように銀行において係員から本人が払戻請求をした金を本人の目の前で本人の代りに受取るように装い受取ったとしても，直ちに人を欺罔し任意の交付を受けて財物を騙取したとはいえず，右金の占有は，なお銀行にあり，いまだその占有は被告人に移転していないと認めるのが相当であり，而して被告人が銀行あるいは本人の承諾を得ないでこれを持ったまま銀行の外に出てしまったことによりはじめてその金を自己の事実上の支配に移し，従ってこれに対する銀行の占有を侵奪したものと解するのを相当とする。それ故，原判決が被告人の所為を以て窃盗罪に問擬したのは正当であってこれを以て所論のように詐欺罪であるというのは当らないから，論旨は理由がない。」

311 車の試乗を装った乗り逃げ

東京地八王子支判平成3年8月28日判タ768号249頁

【事案】 被告人は，試乗車を乗り逃げしようと考え，購入客を装って車の見積書に虚偽の氏名，住所，電話番号を書き込み，「ちょっと試乗してみたい」と申し向け，その旨誤信した営業員が試乗車に被告人を乗車させて一人で試乗してくるように勧めたことから，乗り逃げする意図のもとに車を発車させ，ガソリンを補給して右試乗車を乗り回した。

【判決理由】 「検察官は，『いわゆる「試乗」は，自動車販売店である被害者が，サービスの一環として，顧客になると予想される者に対し，当該車両の性能等を体験して貰うことを目的に行っているものであって，試乗時間は10分ないし20分程度を，その運転距離も試乗を開始した地点の周辺が予定されており，そのため試乗車には僅かなガソリンしか入れていないこと，試乗車にもナンバープレートが取り付けられており，仮に勝手に乗り回されても，直ちに発見される可能性が極めて高いことなどからすると，試乗に供された車輌については被害者の事実上の支配が強く及んでおり，被告人の試乗車の乗り逃げ行為によって初めて，被害者側の事実上の支配を排除して被告人が自己の支配を確立したと見るべきであり，窃盗罪が成立することは明らかである。』旨主張する。

確かに，試乗目的は，検察官の指摘するところにあって，被害者の試乗車に対する占有の意思に欠けるところはなく，かつ，前記二の2のように自動車販

⇒ *312*

売店の営業員等が試乗車に添乗している場合には，試乗車に対する自動車販売店の事実上の支配も継続しており，試乗車が自動車販売店の占有下にあるといえるが，本件のように，添乗員を付けないで試乗希望者に単独試乗させた場合には，たとえ僅かなガソリンしか入れておかなくとも，被告人が本件でやったように，試乗者においてガソリンを補給することができ，ガソリンを補給すれば試乗予定区間を外れて長時間にわたり長距離を走行することが可能であり，また，ナンバープレートが取り付けられていても，自動車は移動性が高く，前記二1で認定のとおり，殊に大都市においては多数の車輌に紛れてその発見が容易でないことからすれば，もはや自動車販売店の試乗車に対する事実上の支配は失われたものとみるのが相当である。

そうすると，添乗員を付けなかった本件試乗車の被告人による乗り逃げは，被害者が被告人に試乗車の単独乗車をさせた時点で，同車に対する占有が被害者の意思により被告人に移転しているので，窃盗罪は成立せず，従って，主位的訴因ではなく予備的訴因によって詐欺罪の成立を認めたものである。」

処 分 意 思

312 知人を見送ると欺いて逃走する行為

最決昭和30年7月7日刑集9巻9号1856頁／判時57・29，判タ53・48
(百選Ⅱ52)

【決定理由】「刑法246条2項にいわゆる『財産上不法の利益を得』とは，同法236条2項のそれとはその趣を異にし，すべて相手方の意思によって財産上不法の利益を得る場合をいうものである。従って，詐欺罪で得た財産上不法の利益が，債務の支払を免れたことであるとするには，相手方たる債権者を欺罔して債務免除の意思表示をなさしめることを要するものであって，単に逃走して事実上支払をしなかっただけで足りるものではないと解すべきである。されば，原判決が『原（第1審）判示のような飲食，宿泊をなした後，自動車で帰宅する知人を見送ると申欺いて被害者方の店先に立出でたまま逃走したこと』をもって代金支払を免れた詐欺罪の既遂と解したことは失当であるといわなければならない。しかし，第1審判決の確定した本件詐欺事実は『被告人は，所持金なく且代金支払の意思がないにもかかわらず然らざるものの如く装って東

京都文京区湯島天神町 A 料亭 S 亭 T 方に於て昭和 27 年 9 月 20 日から同月 22 日迄の間宿泊 1 回飲食 3 回をなし同月 22 日逃亡してその代金合計 3 万 2290 円の支払を免れたものである』というのであるから，逃亡前すでに T を欺罔して，代金 32290 円に相当する宿泊，飲食等をしたとき刑法 246 条の詐欺罪が既遂に達したと判示したものと認めることができる。されば逃走して支払を免れた旨の判示は，本件犯罪の成立については結局無用の判示というべく，控訴を棄却した原判決は結局正当である。」

313 映画を見に行ってくると欺いて逃走する行為
東京高判昭和 31 年 12 月 5 日東高刑時報 7 巻 12 号 460 頁

【判決理由】「この判例〔⇒312〕によって見るときは，刑法第 246 条第 2 項の不法利得罪を構成するに必要な被欺罔者の錯誤に基く財産的処分行為は，検察官が所論において言っているように，被欺罔者が錯誤に基いてただ単に代金の請求をしなかったというだけで足りず，原判決も言っているように，被欺罔者が錯誤に基き債務を免除するとか，支払の猶予を与えるとか，その他なんらかの財産上の利益供与に関する積極的な処分行為を必要とするものと言わざるを得ない。

所論公訴事実は，

被告人は，昭和 30 年 9 月 2 日から 7 日まで山形県最上郡大字富沢××番地温泉旅館 A ホテルこと S 方に宿泊滞在していたが，その内所持金を費い果して支払に窮した末，宿泊料を踏み倒して逃走しようと企図し，9 月 7 日午後 7 時 40 分頃同旅館の女中 B に対し映画を見に行ってくると申し詐ってその儘逃走し宿泊料等合計金 2869 円の請求を不能ならしめて財産上不法の利益を得た

というに在るが，証拠によって明認し得るかぎりにおいては，被告人は，ただ，すでに宿泊した料金の支払に窮し，右旅館の女中に詐言を構えてこれを未払のまま逃走したというに止まり，原審判決も述べているように，被欺罔者において錯誤に基き債務を免除したとか，支払の猶予を与えたとか，その他なんらかの財産上の利益を供与する処分行為に出でた事実はこれを認めるに由がないから，前記判例の趣旨に照らし，明らかに右公訴事実は罪とならないものというのほかはない。」

314 今晩必ず帰ってくるからと欺いて逃走する行為

東京高判昭和33年7月7日裁特5巻8号313頁／判タ83・45

【判決理由】「刑法第246条第2項にいう財産上不法の利益の取得が債務の支払を免れたことであるとするには，相手方たる債権者を欺罔して債務免除の意思表示をなさしめた場合たることを要することは所論のとおりであるが，その意思表示は必ずしも明示的たるを要しないものと解しなければならない。原判示第二の㈢の事実は，被告人は9月4日から7日まで判示旅館Mに滞在した後，同日午後3時頃，単に宿泊料等の支払をしないままで同旅館を立ち去ったというだけではなく，該判示事実を対応証拠と比照すれば，被告人は右旅館を立ち去るに当り，『今晩必ず帰ってくるから』と申し詐り，その為に，判示旅館主をして当然被告人に対して請求し得べき宿泊料等の支払の請求をさせなかったことが明らかであるので，この『支払の請求をさせなかったこと』は，とりも直さず，被告人が同旅館を立ち去るに当り，支払を即時にしなくともいい旨，換言すれば同旅館主において被告人の支払を少くとも一時猶予する旨の意思を暗黙に表示させたわけであり，しかも，この暗黙裡の意思表示が被告人の欺罔行為の結果によってなされたものである所からいって，被告人は右判示事実につき前記法条による刑事上の責任を負うべき筋合である。」

315 ホテルの無銭宿泊

東京高判平成15年1月29日判時1838号155頁

【判決理由】「関係証拠（当審における事実取調べの結果を含む。）によれば，以下の事実が認められる。……ホテル『甲野』（2階建て，以下『本件ホテル』という。）は，利用客が従業員と顔を合わせる必要がないように配慮した営業システムをとっており，車で来た客は1階の駐車場所に車を入れてから，徒歩で来た客はそのまま，従業員に断ることなく，……自ら客室を選び，その脇に掛けてある当該客室の鍵を取って2階に上がり，その客室に入室して利用し，チェックアウトの時に1階に下りて来て，フロントの小窓越しに宿泊代金を精算することになっている。他方，従業員は，本件ホテルの敷地出入口を人や車が通過したことをセンサーが感知すると，フロント及び2階従業員休憩室に設置されたチャイムが鳴ることにより，来客があったことを知ることができる上，客がドアを開けて客室に入った時点で，フロントのチャイムが鳴るとともに，フロントに設置してあるコンピューターが作動して，そのモニター画面上の当該客室番号の表示が白色から黄色（昼間）ないし赤色（夜間）に変わり，同時に入室の時刻が表示されることにより利用客の入室状況を把握することができる。……その後，利用客が帰る時に

⇒ *315*

当該客室のドアを開けた時点で，上記モニター画面の当該客室番号の表示が青色に変わるとともに，フロントのチャイムも鳴るので，これにより利用客の退出を確認することができる。」

「被告人は，所持金が1000円位しか残らず，……（中略）……親などが被告人に代わって宿泊代金を支払ってくれることの確実な期待もできず，ホテル従業員に事情を話したとしても，ツケで泊めてくれないと思ったが，同日午前1時ころ，本件ホテルに戻って1階に入り，前記案内パネルにあった212号室の鍵を取り，そのまま普通の客のような態度で，午前1時5分ころ同室に入った。」

「本件ホテルのアルバイト従業員であるCは，……被告人が212号室に入った時点では，入室の事実を把握しておらず，その後の同日午前2時ころ，フロントの前記モニター画面を見て，同室の利用状況の表示が夜間利用の宿泊を示す赤色に変わっていたのを認め，同室に利用客（被告人）が入っていることに気付いた。そこで，Cは，直ぐに1階駐車場所に行って新たな車が駐車していなかったことを確認してその利用客が徒歩で来たと判断し，その客はホテルの利用方法を理解した上で212号室に入っており，利用後にその代金などを間違いなく支払ってくれるものと信じ，その客が引き続き同室を利用することを拒否することなく，これを許容した。

被告人は，同日午後2時25分ころ，212号室を出てフロントへ行き，従業員に対し『金は持っていない。親に連絡させてください。』と申し出たが，結局，連絡をとることができなかったため，警察に通報され，午後4時4分，本件ホテル事務室で無銭宿泊により現行犯逮捕された。」

「被告人は，本件ホテルでは従業員が機械装置により客の入室状況を把握していることを認識していた上，所持金が僅かしかなく，少なくとも宿泊代金を確実に支払う意思も能力もないのに，普通の客のような態度で，本件ホテルの入室システムに従って，前記時刻ころ212号室に入っている。そうすると，このような被告人の入室行為は，従業員に対し，直接，口頭で宿泊を申し込むものではないが，機械装置による入室管理システムの背後にいる従業員に向けられた行為であり，しかも，これを知った従業員をして，入室した以上は宿泊代金を確実に支払うものと誤信せしめ，これに基づき，ホテル宿泊の利便という財産上の処分行為をなさしめる行為であるといえるから，詐欺罪の欺く行為に該当すると認められる。また，被告人に詐欺の犯意も肯定することができる。なお，……被告人が212号室に入室した時点で，フロント係のCは入室の事実を確認していないが，その事実は了知可能な状態になっていることに照らすと，詐欺罪の実行の着手に欠けるものではない。……（中略）……

⇒ *316*

　Ｃが212号室に利用客（被告人）が入っていることを認識し，宿泊代金の支払いを受けられると誤信して同室の利用を許容したのは，前記欺く行為から約1時間が経過した同日午前2時ころであって，この時点で錯誤に基づく財産的処分行為があったと認められるから，原判決が，前記欺く行為に引き続き，前記錯誤に基づく財産的処分行為があった趣旨の認定，判示をしている点には，事実の誤認があるといわざるを得ない。」

316 キセル乗車

東京高判昭和35年2月22日東高刑時報11巻2号43頁／判タ102・38

【事案】　被告人は，横浜線橋本駅において乗越料金支払の意思なく目的駅に到着後は駅員の隙を見て逃走しようと企て，同線八王子駅までの乗車券を購入したうえ，あたかも通常の乗車客のように装って乗車券を同駅係員に示し，同人ら国鉄係員をその旨誤信させて電車に乗車し，八王子駅を経て南武線府中本町駅まで至り，もって右八王子駅府中本町駅間の乗車料金相当の財産上不法の利益を得た。第1審判決は，以上のような事実を認定して，被告人に対して2項詐欺罪の成立を認めたが，本判決は，次のように判示して，これを破棄した。

【判決理由】　「旅客及び荷物運送規則第230条，第250条，第264条等によれば，旅客は乗車に際し，乗車券を係員に呈示して入鋏を受くべきものであり，乗越をしようとするときは，あらかじめ，係員に申し出，その承諾を受けるべきであり，その場合には乗越区間に対する運賃を支払えば足るのであるが，右の承諾を受けずに乗り越したときは，乗越区間に対する運賃と，その2倍に相当する額の増運賃とをあわせて支払わなければならないことになっており，同取扱細則第259条第1項によれば，あらかじめ，係員の承諾を受けずに乗り越した場合においても，特別の事由があって増運賃を収受することが特に気の毒と認められ，且つ，これを免除しても別段支障がないと認められるときは，係員の承諾を得たときと同様に取り扱うことができるのであって，かかる場合には，車内において係員の改札の際，乗越の駅を申告して運賃を支払い，また，車内改札のないときは，下車駅において運賃の精算をしなければならないことになっておるから，乗越の場合に，乗車駅において係員にこれを申告する法律上の義務はないのである。而して，単純な事実の緘黙によって他人を錯誤に陥れた場合においては，事実を申告すべき法律上の義務が存する場合でなければ，これを以て詐欺罪における欺罔があるとはいうことができないのである。本件

において，被告人は府中本町駅まで乗り越す意思であったに拘らず，これを申告せず，八王子駅の表示された乗車券を橋本駅の係員に呈示して乗車したのであるから，係員としては被告人が八王子駅において下車するものと信ずるのは当然であり，この点において係員が錯誤に陥ったことになるのではあるが，被告人において橋本駅における改札の際，乗越の意思のあることを係員に申告する法律上の義務のないことは前説示のとおりであるから，被告人の右不申告によって係員が錯誤に陥ったからといって，該事実を以て詐欺罪における欺罔とはいうことを得ないのである。次に乗客が下車駅において精算することなく，恰も正規の乗車券を所持するかのように装い，係員を欺罔して出場したとしても，係員が免除の意思表示をしないかぎり，前述のような正規の運賃は勿論，増運賃の支払義務は依然として存続し，出場することによってこれを免れ得るものではないから，これを以て財産上不法の利益を得たものということはできない。」

317 キセル乗車

大阪高判昭和44年8月7日刑月1巻8号795頁／判時572・96，判タ242・307

（百選Ⅱ53）

【事案】 被告人は，キセル乗車の方法で米子駅から京都駅まで行こうと考え，あらかじめ園部駅，京都駅間の乗車券を購入した上で，米子駅出札口で米子駅，上井駅間の乗車券を購入して，米子駅改札係員に対しこれを呈示して同改札口を通過し，京都行き普通列車に乗車して京都駅に到着下車した。被告人は，刑法246条2項の罪で起訴されたが，第1審判決は，無罪を言い渡した。第1審判決によれば，被告人が購入した切符は途中区間の乗車を開始したとき始めて旅客及び荷物営業規則によって無効とされるのであるから，改札係員は被告人が有効な切符を呈示する以上入場・乗車することを許容しなければならず，運賃の前払いを請求できるにすぎない。したがって，被告人の米子駅改札係員に切符を呈示する行為は，運賃前払請求を免れ入場・乗車する機会を得るためにのみ向けられた欺罔行為とみるべきものであって，キセル乗車の目的である途中区間乗車の許諾処分に向けられたものではなく，これに対する改札係員の所為の客観的意味も，運賃前払請求をすることなく入場・乗車を許容したというにとどまり，途中区間の乗車まで許容した趣旨ではない。被告人の欺罔行為は，キセル乗車の中心である途中区間乗車の許諾処分にとって間接的であって，詐欺利得罪にいう欺罔行為には当たらない，というのである。以上のような第1審判決に対して，本判決は，以下のように述べたうえで，被告人は，米子駅改札係員に対して，「真実は米子駅から京都駅まで乗車し，その間，上井駅，園部駅間の運賃860円の支払を免れるものであり，その不正乗車の手段

⇒ 317

として使用するものであるのに，あたかも米子駅，上井駅間を乗車する正常な乗客であるように装って右乗車券を呈示して，同係員をして米子駅，上井駅間を乗車する正常な乗客であると誤信させ，同改札口を通過して乗車することを許諾させ，前記京都行き普通列車に乗車して国鉄職員に輸送させ，京都駅に到着下車し，もって国鉄職員に米子駅京都駅間の輸送の役務を提供させて財産上不法の利益を得た」，と罪となるべき事実を判示して詐欺利得罪の成立を認めた。

【判決理由】「ところで，刑法246条2項の詐欺利得罪は，他人に対して虚偽の事実を告知し，もしくは真実の事実を隠ぺいするなどして欺罔することによりその他人を錯誤させ，その結果，特定の処分または意思表示（以下「処分行為」という。）をさせて，財産上の利益を得，または第三者をして得せしめた場合に成立するものであって，その利得は処分行為から直接に生ずるものでなくてはならないことはいうまでもないが，被欺罔者以外の者が右の処分行為をする場合であっても，被欺罔者が日本国有鉄道のような組織体の一職員であって，被欺罔者のとった処置により当然にその組織体の他の職員から有償的役務の提供を受け，これによって欺罔行為をした者が財産上の利益を得，または第三者をして得させる場合にも成立するものと解すべきであり，また，乗車区間の一部について乗車券を所持していても，その乗車券を行使することが不正乗車による利益を取得するための手段としてなされるときには，権利の行使に仮託したものに過ぎず，とうてい正当な権利の行使とはいえないから，その乗車券を有する区間を包括し，乗車した全区間について詐欺罪が成立するといわなければならない。本件についてこれをみるに，被告人は当初から米子駅，京都駅間を乗車する意図であったから鉄道営業法15条により，その旅行区間に応じた乗車券を購入して乗車すべきであるところ，前記認定のように，あらかじめ，購入しておいた園部駅，京都駅間の乗車券と，乗車の際に購入した米子駅，上井駅間の乗車券とを使用して米子駅から京都駅まで継続乗車しながら，途中区間の運賃の支払をしない意思であるにかかわらず，その意図を秘して米子駅改札係員に対し米子駅，上井駅間の乗車券を呈示したというのであるから，その乗車券の呈示は，被告人が改札係員に対し，乗車区間に応じて運賃を支払う正常な乗客であるように装い京都駅行列車に乗車して『キセル乗車』という不正乗車の目的を達するための手段としてなされたことが明らかである。したがって，その呈示は，被告人が正常な乗客を装うためにした仮装行為であって，

とうてい正当な権利行使とはいわれない。そして、昭和33年9月日本国有鉄道公示第325号旅客及び荷物営業規則（旅客編）167条1項14号は、その他乗車券を不正乗車船の手段として使用したときは、その乗車券の全券片を無効として回収するものと規定し、右呈示にかかる乗車券がこれに該当するものと解せられるところ、米子駅改札係員がこれを回収する措置をとらなかったのは、被告人を正常な乗客と誤信したためであって、以上の被告人の行為は、単純な事実の緘黙ではなく、改札係員に対する積極的な欺罔行為といわなければならない。また、右欺罔行為により改札係員をして正常な乗客と誤信させた結果、同係員が乗車券に入鋏して改札口を通過させ、京都駅行列車に乗車させ、国鉄の職員が被告人を京都駅まで輸送したことは、被告人に対し輸送の有償的役務を提供するという処分行為をしたものというべきであり、右の処分行為により被告人が輸送の利益を受け、不法の利得を得たことは明らかである。したがって、被告人の改札係員に対する欺罔行為は、国鉄職員の右の処分行為に直接指向されたものというべきであり、また、右処分行為は被告人の利得と直接因果関係があるから、詐欺利得罪にいう欺罔行為および処分行為があったといわなければならない。」

318 キセル乗車

広島高松江支判昭和51年12月6日高刑集29巻4号651頁／判時851・241

（重判昭52刑8）

【事案】 被告人は、岡山駅から名古屋駅まで無賃乗車することを企て、岡山駅で入場券を買い求め、同駅改札係員に右意図を秘して右入場券を呈示して同駅乗降場に入場し、新大阪行き急行に乗車したが、途中で検札にあって姫路駅で下車させられた。第1審判決は、欺罔行為及び処分行為がないとして被告人に無罪を言い渡した。

【判決理由】 「まず、所論は、改札係員の入場許諾行為がそれ自体処分行為に該当すると主張し、その論拠として、『乗車中あるいは下車の際に運賃の精算をすることも可能であり、一般の常識もそのような方法による運賃の支払を特に不当、異常とは考えていないから、改札係員としても入場券による入場者が列車に乗車することを予期しており、少なくとも潜在的にはその欲する区間の乗車を許容したことになるといってよい。そして改札係員が乗降場に入場させた以上、乗客か入場客かを区別することはできず、入場客の列車への乗車を阻止する機構にもなっていないので、不正乗車の意図ある被告人に改札口を通過

⇒ *318*

させた改札係員の行為は，社会的にみて輸送機関の利用という財産上の利益を与える行為である。』というのであるが，運賃が後払いされることが一般に特に異常なものと考えられておらず，改札係員がある程度このことを予期していて，国鉄が入場客の列車への乗車を阻止する設備を特に置いていないことは所論指摘のとおりであるけれども，右のような事情は，むしろ，国鉄が運賃の徴収を確保するため，改札係員に対しては専ら利用者が乗車することを含め乗降場に入るべき資格を有するか否かについて審査せしめているにすぎないことを示すものというべきであり，改札係員の入場の許容する行為が乗客ないし入場券による入場客に対し，その欲する区間の乗車を許容するとか，あるいはどの区間を乗車するとかしないとかを確かめその是非を決するような性質のものであるとは考えることができない（そのうえ，昭和33年日本国有鉄道公示第325号旅客営業規則296条2項によれば入場券所有者は列車等に立入ることができない旨定められているのである。）。たまたま改札係員が入場券呈示者に乗車の意図のあることを知り得た場合に入場を拒否できることは，もとより右のように解するについて妨げとなるものではない。

見方を変えて言えば，被告人に不正入場を許容することによって改札係員は被告人に入場券による正当な入場者と同一の地位を取得させたに過ぎないのであり，右のようにして入場した被告人が潜在的に輸送の利益を受ける可能性を有するということは被告人の主観的意図を別にしては格別の意味を有する事柄ではなく，そこに客観的に見て単なる入場自体による利益以上の利得が生じており，右入場許容行為がそのような利益を与える処分行為であるということはできない。なお改札口を通過して乗降場に入場すること自体が，入場券につき料金が定められていることから明らかなように，財産上の利益を得る行為であるということはできるけれども，本件においては被告人が輸送の利益を得たことが問題となっているのであって，乗降場に入場した利益を得たということが問題となっているのではないから，この点を論拠に改札係員に処分行為があったと考えることもできない。

以上のとおり，改札係員が被告人をして改札口を通過させた行為が，被告人に対して本件に関しなんらかの処分行為をしたものということはできない。

次に，所論は，被告人に対して処分行為をしたのは前記列車の乗務員であると主張し，『国鉄のような組織体においては，被欺罔者である改札係員のとっ

た処置により当然に他の職員から有償的役務の提供を受ける機構になっているから，被欺罔者と処分行為者が異なるときでも詐欺罪は成立する。』というけれども，前記のとおり詐欺罪が成立するためには，被欺罔者が錯誤によってなんらかの財産的処分行為をすることを要するところ，本件においては前記列車の乗務員が，被告人から直接または改札係員を利用して間接に欺罔されて錯誤に陥ったというような事情は認められず，また処分行為者とされる乗務員が被欺罔者とされる改札係員の意思支配のもとに被告人を輸送したとも認められないのであるから，単に組織体の機構を理由として被欺罔者の錯誤に基づく処分行為がなされたとすることは相当ではない。すなわち，改札係員は前記のとおり利用者の入場の資格を審査するものであって，さらに進んで入場券による入場者に対する乗車の許否に関し乗務員と個別的な意思連絡をとるわけではなく，また，処分行為者とされる列車乗務員が被告人を輸送したという行為を中心に考えると，被告人が入場券を呈示した欺罔的行為は，乗降場にやすやすと入場するための方便としての意味をもつにとどまり，輸送の利益を得るために乗務員に対して直接向けられたものではないから，顧客を装い，店員に対して『品物を見せくれ。』と申し向け，物品の交付を受けた後，隙をみて逃走するような行為について詐欺罪の成立が否定される（窃盗罪に問擬すべきである。）のと同様に被欺罔者による処分行為があったとはいえない。

以上の考察によれば，本件被告人の欺罔的行為は，その性質上，これに対応すべき被欺罔者の処分行為を欠くものであり，この点において被告人の所為は刑法246条2項の詐欺利得罪を構成しないものというべく，原審の審理経過に照らし検察官が鉄道営業法29条違反として被告人の処罰を求める意思がないことは明らかであるから，右と同旨の判断のもとに被告人に無罪を言渡した原判決には所論の事実誤認ないし法令の解釈適用の誤りはない。」

319 高速道路のキセル利用

福井地判昭和56年8月31日判時1022号144頁

【事案】 被告人は，高速道路の通行料金を免れようと考え，AインターチェンジからBインターチェンジまで有料道路を通行したにもかかわらず，Bインターチェンジを出る際に，Aインターチェンジから来たことを秘し，Bインターチェンジに近接するCインターチェンジから通行してきたように装って，あらかじめ用意していたCインターチェンジの通行券とC・B間の通行料金をBインターチェンジ料金所係員に差し出

⇒ *320*

し，同係員をその旨誤信させ，A・B 間の通行料金と C・B 間の通行料金の差額の支払を免れた。

【判決理由】「入口東名川崎インターチェンジから流入してきた被告人としては，出口の右丸岡あるいは福井インターチェンジを流出するに当り，同料金所の係員に対し『入口東名川崎』の通行券を提示したうえ，右通行区間の正規料金を支払うべき義務があり，他方右料金所の料金徴収員にはその支払を請求する権利があることは言うまでもないところ，本件において右出口の料金所の料金徴収員において，『入口武生』の無効な通行券を提示，『武生―丸岡』間あるいは『武生―福井』間の通行料金のみを支払ったにとどまる被告人に対し当該料金所から流出するのを許容したのは，右欺罔手段に供された無効な通行券が当日武生インターチェンジで交付を受けた有効なものであり，被告人の運転する車両が武生インターチェンジから流入してきたものであるという錯誤に陥り，本来当然請求すべき『東名川崎―丸岡』間あるいは『東名川崎―福井』間の通行料金の支払いを請求せず，前記の如き過少の通行料金の支払いを請求するにとどまるのを余儀なくせしめられたからであって，右認定の事実関係及び説示するところに鑑みると，料金徴収員の右通行料金の過少請求行為を目し詐欺利得罪の構成要件をなす財産的処分行為にあたるというべきであり，弁護人が引用する東京高裁昭和 35 年 2 月 22 日判決（東高時報 11 巻 2 号 43 頁）が乗越の乗客が，精算せずして下車駅を出場する行為と詐欺罪の成立について判示するところは，当該事案の被告人において単に中間駅までの乗車券を下車駅の係員に提示して事実上出場したという事実関係を踏まえた傍論に過ぎず，かつ右係員が免除の意思表示をすることが詐欺利得罪成立のための必要な構成要件であるとする点等は，必ずしも全面的に首肯し得ないところであるうえ，本件は前記の如く積極的な欺罔手段を講じて事実上出口で即時支払うべき通行料金の免脱を得て流出したという事案であるから，両事案の事実関係は相異なり，結局前記判例は本件に適切なものとは解されない。」

320 電気計量器の操作

大判昭和 9 年 3 月 29 日刑集 13 巻 335 頁

【事案】 被告人は，電気事業者が消費電気量の計量をするため各消費者方に設置した電気計量器に自己製作の逆転用コードを取り付け，計量器の指針を逆回転させて電気料金の支払を免れた。

【判決理由】「本件は実際供給を受けたる電気数量の計算を欺罔し消費量に対する支払を免れたるものなるを以て電気窃盗にあらすして詐欺罪を構成すること勿論なり」

訴 訟 詐 欺

321　公示催告の申立て

大判明治 44 年 11 月 27 日刑録 17 輯 2041 頁

【判決理由】「原判決の認定せし事実に拠れは被告は勧業銀行より判示の債券並に割増金を騙取する目的を以て東京区裁判所に対し該債券紛失に基く公示催告の申立を為し除権判決の宣告を得因て以て右銀行より判示の物件等を騙取せんとして遂けさりしものなりと云ふに在れは右被告の行為か詐欺取財未遂罪を構成すへきこと勿論なるを以て原審に於て判示の如く被告を有罪に処分したりしは相当なり何となれは抑も紛失証券に対する区裁判所の除権判決即ち失効宣言の効力は其判決あると同時に確定し其紛失せしものとして公示せられたる証券は全然無効となり之れか現実の所有者は爾後其所有に係る証券を使用して自己の権利を主張することを得さる結果を来たすものなるか故に若し被告に於て予期の如く除権判決を得たりとせは其瞬間に於て被告は其公示に係る証券の所有者たる資格を享有し之れか義務者たる銀行に対し真正の所有者か有したる権利と同一なる権利を行使し得へきか故に被告は右除権判決を得ると同時に其真正所有者に対し刑法第 246 条第 2 項の詐欺罪を構成す可き筋合なるを以て判示の如く被告に於て右判決を得るに必要なる手段即公示催告の申立を為したる以上該行為は明に右犯罪構成事実の一部に着手したるものなるを以て未た除権判決を得さるに先たち事発覚して其目的を遂けさりし本案被告の所為は詐欺未遂罪を以て論すへきものなること勿論なれはなり」

322　支払命令の申請

大判大正 5 年 5 月 2 日刑録 22 輯 681 頁

【判決理由】「虚偽の証書に基き支払命令を申請したるときと雖も申請の形式か適法なる以上は裁判所は法律の規定に依り其申請の原因たる債権を現存するものと推定し支払命令を発すへきものなれは右の如き支払命令の申請を為すは裁判所に対する欺罔手段の着手に外ならす而して債務者と指示せられたる者か

⇒ *323*

其結果金員を交付するに至りたるときは畢竟裁判所に対する右欺罔の結果に外ならされは詐欺既遂罪を構成すへく所論の如く其間因果関係なしと云ふを得す従て裁判所に対し虚偽の証書に基き支払命令を申請し未た請求金員の交付を受くるに至らさる場合は欺罔手段を施したるも未た騙取の目的を達せさるものなれは詐欺未遂罪の成立すること毫も疑なし原判決に依れは被告は偽造証書に基き被害者に対する支払命令の申請を為し裁判所は其命令を被害者に発送したるも証書の偽造なることの暴露に依り被告は騙取の目的を達せさる事実なれは原判決か詐欺未遂罪を以て之に擬したるは相当にして論旨は理由なし」

323 起訴前の和解の申立て

最決昭和42年12月21日刑集21巻10号1453頁／判時509・68, 判タ216・187

【事案】 被告人XとYは, Aの氏名を冒用し, 簡易裁判所に内容虚偽の起訴前の和解の申立てをして和解調書を作成させ, これによってA所有の宅地の所有権移転登記をしようと企て, YがAに成り済ましてA名義の訴訟委任状等を偽造したうえYをAと誤信したB弁護士をしてAの代理人としてH簡易裁判所に出頭させ, 起訴前の和解の申立てをさせて, 同裁判所裁判官の前でXとの間に右宅地の所有権移転登記手続をする旨の和解が成立した如く装い, 同裁判官をしてその旨誤信させて, 右和解条項を記載した和解調書を作成させ, ついでその和解調書の正本を, 登記官吏に登記原因を証する書面として提出し, AからXへの宅地の所有権移転登記手続をなさしめた。第1審判決は, 私文書偽造, 同行使, 公正証書原本不実記載, 同行使の罪の他に, 宅地を騙取したとして詐欺罪の成立を認め, 原判決もこれを是認した。しかし, 本決定は, 以下のように述べて, 詐欺罪の成立を否定した。

【決定理由】「詐欺罪が成立するためには, 被欺罔者が錯誤によってなんらかの財産的処分行為をすることを要すると解すべきところ, 本件で被欺罔者とされているH簡易裁判所の裁判官は, 起訴前の和解手続において出頭した当事者間に和解の合意が成立したものと認め, これを調書に記載せしめたに止まり, 宅地の所有者に代ってこれを処分する旨の意思表示をしたものではない（この点裁判所を欺罔して勝訴判決をえ, これに基いて相手方から財物を取得するいわゆる訴訟詐欺とは異なるものと解すべきである）。また, 本件宅地の所有権移転登記も, 所有者の意思に基かず, 内容虚偽の前記和解調書によって登記官吏を欺いた結果なされたものにすぎず, 登記官吏には, 不動産を処分する権限も地位もないのであるから, これらの被告人の行為によって, 被告人らが宅地を騙取したものということはできない。」

324　執行文の付与と強制執行

最判昭和 45 年 3 月 26 日刑集 24 巻 3 号 55 頁／判時 590・3, 判タ 247・167
（百選 II 55, 重判昭 45 刑 7）

【事案】　被告人 X は，裁判上の和解に基づき，A に対する債務の担保として自己所有の家屋を提供し，これに抵当権を設定してその登記並びに代物弁済予約による所有権移転請求権保全の仮登記を経由したが，その後右債務を完済したので，右各登記は抹消され，右和解調書はその効力を失った。そのため，かねて被告人に対し債権を有し，その担保として右不動産に後順位の抵当権の設定を受け，その登記並びに代物弁済予約による所有権移転請求権保全の登記を経由していた B が 1 番抵当権者に昇格し，その権利の実行として右不動産の所有権移転登記を了したうえ明渡しの強制執行をしたので，右家屋は B の所有かつ占有するところとなった。しかるに，被告人は，他 4 名と共謀の上，右家屋の奪回を企て，依然として被告人が所有，占有しているかのように装い，大阪簡易裁判所に対し，すでに効力を失っている A に対する和解調書正本につき執行文付与の申請をし，同裁判所書記官補 C をその旨誤信させて執行文の付与を受けたうえ，大阪地方裁判所所属執行吏 D に対しても右のような事実を秘して右執行文を提出し，D を C 同様に誤信させ，よって D をして右家屋に対する強制執行をなさしめ，B 占有下にある同家屋を A の占有に移転させてこれを B から騙取した。第 1 審判決は，被告人に対して詐欺罪の成立を認め，原判決もこれを是認した。

【判決理由】　「詐欺罪が成立するためには，被欺罔者が錯誤によってなんらかの財産的処分行為をすることを要するのであり，被欺罔者と財産上の被害者とが同一人でない場合には，被欺罔者において被害者のためその財産を処分しうる権能または地位のあることを要するものと解すべきである。

　これを本件についてみると，2 番目の強制執行に用いられた債務名義の執行債務者は，あくまで被告人 X であって，B ではないから，もとより右債務名義の効力が B に及ぶいわれはなく，したがって，本件で被欺罔者とされている裁判所書記官補および執行吏は，なんら B の財産である本件家屋を処分しうる権能も地位もなかったのであり，また，同人にかわって財産的処分行為をしたわけでもない。してみると，被告人らの前記行為によって，被告人らが本件家屋を騙取したものということはできないから，前記第 1 審判決の判示事実は罪とならないものといわなければならない」

⇒ 325・326

第三者を通じた交付

325　釜焚き事件
最決平成 15 年 12 月 9 日刑集 57 巻 11 号 1088 頁／判時 1848・157，判タ 1143・264
(重判平 16 刑 10)

【決定理由】　「1　原判決及びその是認する第 1 審判決の認定並びに記録によれば，本件に関する事実関係は，次のとおりである。
　(1)　被告人は，他の 1 名と共謀の上，病気などの悩みを抱えている被害者らに対し，真実は，被害者らの病気などの原因がいわゆる霊障などではなく，『釜焚き』と称する儀式には直接かつ確実に病気などを治癒させる効果がないにもかかわらず，病気などの原因が霊障であり，釜焚きの儀式には上記の効果があるかのように装い，虚偽の事実を申し向けてその旨誤信させ，釜焚き料名下に金員を要求した。
　(2)　そして，被告人らは，釜焚き料を直ちに支払うことができない被害者らに対し，被害者らが被告人らの経営する薬局から商品を購入したように仮装し，その購入代金につき信販業者とクレジット契約（立替払契約）を締結し，これに基づいて信販業者に立替払をさせる方法により，釜焚き料を支払うように勧めた。これに応じた被害者らが上記薬局からの商品売買を仮装の上クレジット契約を締結し，これに基づいて信販業者が被告人らの管理する普通預金口座へ代金相当額を振込送金した。
　2　以上の事実関係の下では，被告人らは，被害者らを欺き，釜焚き料名下に金員をだまし取るため，被害者らに上記クレジット契約に基づき信販業者をして立替払をさせて金員を交付させたものと認めるのが相当である。
　この場合，被告人ら及び被害者らが商品売買を仮装して信販業者をして立替金を交付させた行為が信販業者に対する別個の詐欺罪を構成するか否かは，本件詐欺罪の成否を左右するものではない。」

行為者と被交付者との関係

326　第三者に対して財物を交付させる行為
大阪高判平成 12 年 8 月 24 日判時 1736 号 130 頁

【判決理由】　「原判決はその『犯罪事実』の項で，『被告人は，平成 11 年 5 月 19 日，和歌山県信用漁業協同組合連合会 K 支店に電話をし，同支店係員 B に対し，A だと名乗った上，同人名義の普通預金口座 2 口から合計 25 万円を出

⇒ 326

金して紀陽銀行K支店のC名義の普通預金口座にこれを振り込むよう依頼し，Bをして，右依頼がA本人からのものと誤信させ，よって，右A名義の普通貯金口座2口から合計25万円を出金して右C名義の普通預金口座に振込入金させ（原判示第一），次いで，同月21日にも，右連合会K支店に電話をし，Bに対し，Aだと名乗った上，同人名義の普通預金口座2口から合計4万円を出金して紀陽銀行K支店のD名義の普通預金口座にこれを振り込むよう依頼し，Bをして，右同様に誤信させ，よって，右A名義の普通預金口座2口から合計4万円を出金して右D名義の普通預金口座に振込入金させ（同二），もって，それぞれ人を欺いて財物を交付させた。』旨の事実を摘示し，詐欺罪の成立を認めていることが明らかである。ところで，本件のように欺罔行為者と財物の交付を受ける者とが異なる場合に，詐欺罪が成立するというためには，欺罔行為者において第三者に利得させる目的があるとか，もともと第三者が共犯者であるとか，あるいはそれが情を知らない犯人の道具で交付を受けた財物が当然に被告人に渡る関係にあるなど，欺罔行為者と第三者との間に特別な事情の在することが必要であると解される。これを本件についてみると，関係証拠によれば，被告人は，和歌山県信用漁業協同組合連合会K支店に各電話をする前に，振込先の預金名義人であるC及びDに対して，自己に対する送金の受領のために同人らの預金口座を使わせてもらいたい旨依頼し，同人らからその承諾を得て銀行口座番号を教えてもらっていることが認められ，被告人は，情を知らない同人らを自己の犯罪の道具として利用し，その預金口座に，騙取金の交付を受けたものということができる。そして，このような被告人とC及びDとの関係は，犯罪の成否にかかわる重要な事実であり，もとより，これを罪となるべき事実に摘示する必要があるのに，原判決はその摘示をしていない。そうすると，右の摘示を欠いたまま詐欺罪の成立認めた原判決には，理由の不備があるというべきで，破棄を免れない。」

[5] クレジットカードの不正使用

327 他人名義のクレジットカードの不正使用

最決平成 16 年 2 月 9 日刑集 58 巻 2 号 89 頁／判時 1857・143, 判タ 1149・302
(百選 II 54, 重判平 16 刑 11)

【決定理由】 「一 原判決及びその是認する第 1 審判決並びに記録によれば, 本件の事実関係は, 次のとおりである。

(1) B は, 友人の C から, 同人名義の本件クレジットカードを預かって使用を許され, その利用代金については, C に交付したり, 所定の預金口座に振り込んだりしていた。

その後, 本件クレジットカードを被告人 A が入手した。その入手の経緯はつまびらかではないが, 当時, B は, バカラ賭博の店に客として出入りしており, 暴力団関係者である A も, 同店を拠点に賭金の貸付けなどをしていたものであって, 両者が接点を有していたことなどの状況から, 本件クレジットカードは, B が自発的に A を含む第三者に対し交付したものである可能性も排除できない。なお, A と C との間に面識はなく, C は B 以外の第三者が本件クレジットカードを使用することを許諾したことはなかった。

(2) A は, 本件クレジットカードを入手した直後, 加盟店であるガソリンスタンドにおいて, 本件クレジットカードを示し, 名義人の C に成り済まして自動車への給油を申し込み, A が C 本人であると従業員を誤信させてガソリンの給油を受けた。上記ガソリンスタンドでは, 名義人以外の者によるクレジットカードの利用行為には応じないこととなっていた。

(3) 本件クレジットカードの会員規約上, クレジットカードは, 会員である名義人のみが利用でき, 他人に同カードを譲渡, 貸与, 質入れ等することが禁じられている。また, 加盟店規約上, 加盟店は, クレジットカードの利用者が会員本人であることを善良な管理者の注意義務をもって確認することなどが定められている。

二 以上の事実関係の下では, A は, 本件クレジットカードの名義人本人に成り済まし, 同カードの正当な利用権限がないのにこれがあるように装い, その旨従業員を誤信させてガソリンの交付を受けたことが認められるから, A の行為は詐欺罪を構成する。仮に, A が, 本件クレジットカードの名義人から同カードの使用を許されており, かつ, 自らの使用に係る同カードの利用代金が会員規約に従い名義人において決済されるものと誤信していたという事情があったとしても, 本件詐欺罪の成立は左右されない。したがって, 被告人に

対し本件詐欺罪の成立を認めた原判断は，正当である。」

328 自己名義のクレジットカードの不正使用
福岡高判昭和 56 年 9 月 21 日刑月 13 巻 8 = 9 号 527 頁／判タ 464・178

【事案】 信販会社の会員としてクレジットカードの発行を受けた被告人は，信販会社の加盟店において，代金支払の意思・能力がないのにクレジットカードを使用して物品の購入・飲食等を行った。なお，会員は加盟店において，カードを提示し，所定の売上票に署名するだけで物品の購入等をすることができ，加盟店は取扱いを拒絶してはならないこと，代金は信販会社が会員に代わり加盟店に立て替え払いをし，会員は代金を一定の手数料を加えて返済しなければならないこととされている。原判決は，会員は加盟店に対して代金支払義務がなく，加盟店は会員によるクレジット代金の支払の有無を考慮する必要がないとして，詐欺罪の成立を否定した。

【判決理由】「先ずクレジットカードを利用する場合でも，それが売買であれ，飲食あるいは宿泊であれ，すべてその代金は利用客が負担することになることは言うまでもなく，右代金は中間で信販会社により加盟店へ立替払されるが，最後に利用客から信販会社へ返済されることが前提となって，この制度が組立てられていることは明白である。したがって，会員がカードを呈示し売上票にサインすることは，とりも直さず右利用代金を信販会社に立替払してもらい，後日これを同会社に返済するとの旨の意思を表明したものにほかならず，カードの呈示を受けた加盟店においても，その趣旨で利用客から代金が信販会社に返済されることを当然視して利用客の求めに応じたものと解するのが相当である。若し利用客に代金を支払う意思や能力のないことを加盟店が知れば，クレジットカードによる取引を拒絶しなければならないこと信義則上当然のことであり，このような場合にまで右拒絶が信販会社によって禁止されていることは到底考えられない。一見確かに，加盟店はカード利用による代金を信販会社から確実に支払ってもらえるから，利用客の信販会社に対する代金支払の有無などにかかずらう必要がないかのように考えられがちであり，この点原判決の無罪理由にも一理ないとは言えないが，前叙のようなクレジットカード制度の根本にさかのぼって考えると，一面的な見方と言うほかはない。結局被告人が，本件において，信販会社に対してその立替払金等を支払う意思も能力も全くなかったのに，クレジットカードを使用した以上，加盟店に対する関係で，右カードの使用（呈示）自体がこれをあるように仮装した欺罔行為と認めるのが相

⇒ 329

当であり，その情を知らない加盟店からの財物の交付を受け，若しくは財産上の利益を得た本件各行為は，詐欺罪に当たると言わなければならない。」

329　窃取したタクシー券の使用

秋田地判昭和 59 年 4 月 13 日判時 1136 号 161 頁

【事案】　被告人は窃取したタクシー券を使用してタクシーに乗車した。

【判決理由】「本件のタクシー共通乗車券制度は，秋田ハイタク興業株式会社（以下，ハイタク興業という。）を中心として，右乗車券使用者（以下，使用者という）との間の共通自動車乗車券使用規約及び各タクシー会社との間の加盟契約により成立し運用されているものであるが，その法律関係は次のようなものと考えられる。使用者がハイタク興業と加盟契約しているタクシー会社（以下，加盟会社という。）のタクシーに乗車する際，その都度，使用者と加盟会社との間に運送契約が締結され，使用者は加盟会社に対して運送賃支払債務を負担することになるのであり，この点，タクシー乗車券を使用する場合とて，通常の運送契約とは何ら異なるところはなく，異なるのは，その運送賃の支払がハイタク興業が使用者に代わって立替払いをする形で（秋田共通自動車乗車券使用規約第 9 条）行なわれるという点だけである。そして，前記規約 9 条にもとづきハイタク興業が加盟会社に対し運送賃の決済をすることによって，使用者がハイタク興業に対し求償債務を負担し，右債務の支払いは使用者が毎月末日までに銀行振込の形式でするという関係にあるのである。したがって，何らかの理由により加盟会社がハイタク興業より運送賃の決済を受けられなかった場合には，加盟会社は使用者に対して直接その運送賃を請求できるというべきであり，ここから，加盟会社は，乗客が右共通乗車券で支払う正当な権限を有するか否かについて関心を持たざるをえない。なるほど，右規約 10 条は盗難により他人に利用された場合にも使用者が責任を負うものとしているが，何らかの事情により当該乗客がタクシー共通乗車券を盗取したものであることを知って乗車させたときであってもなお使用者に責任を負担させることができるという趣旨まで含むものとは解されない。このような場合には，ハイタク興業から，また，場合によっては使用者から，違約ないし権利濫用などの理由によって運送賃の支払を拒絶されるおそれも考えられるのであって，加盟会社は当該乗客がその所持するタクシー共通乗車券を使用して支払う権限を有するか否かについて関心を持たざるを得ないし，法律上の利害関係を有するものというべ

きである。したがって，当該乗客がタクシー共通乗車券の盗取者であることを知ったときは，加盟会社の運転手はその者の乗車を拒むことができ，また，そうすべきなのであって，かかる加盟会社のタクシー運転手に対し，盗取にかかるものであって当該乗車券で支払権限はないにもかかわらず，当該乗車券で支払う権限あるかのように装い，これに気付かないタクシー運転手をして正当な支払権限を有する乗車券で支払をしてもらえるものと誤信させ乗車する行為は，詐欺罪を構成するものと考える。」

[6] 財産的損害

330 価格相当な商品の提供

大決昭和3年12月21日刑集7巻772頁

【決定理由】「原判決は被告人は医師の免許を有せさるに拘らす他人と共謀し判示製剤所の派遣医なる旨詐称し……診察の上各判示の疾病ありと診断し夫々該疾病に特効ある売薬を所持する旨申向け各判示定価の売薬を買取らしめて其の代金の交付を受け又は受けんとしたりし事実を判示し之を以て医師法違反及詐欺罪の競合なりと為せるも被告人か医術に関する知識を有し患者を診断して之に適応する売薬を所定の代価にて買取らしめ又は真に医療を為す意図の下に之を行ふに於ては縦令被告人に於て医師なりと詐称し相手方をして医師なりと誤信せしめたるに因り之を買取らしめたる事実なりとするも直に以て詐欺罪を構成するものなりと為すを得す何者若し叙上の事実なるに於ては判示売薬の買取りに因り相手方は毫も財産上不正の損害を被りたる事実なく又被告人に於て之に因り特に不法の利益を享受したるものと謂ふを得されはなり」

331 価格相当な商品の提供

最決昭和34年9月28日刑集13巻11号2993頁
(百選Ⅱ48)

【事案】 被告人は医師あるいは県知事指定の電気医療器販売業者であるかのように装い，一般に市販され容易に入手し得る電気アンマ器（ドル・バイブレーター）を，一般に入手困難な中風や小児麻痺に特効のある新しい特殊治療器で高価なもののように偽り，売買代金等の名義で現金（2200円ないし2400円）の交付を受けた。

【決定理由】「たとえ価格相当の商品を提供したとしても，事実を告知すると

⇒ *332*

きは相手方が金員を交付しないような場合において，ことさら商品の効能などにつき真実に反する誇大な事実を告知して相手方を誤信させ，金員の交付を受けた場合は，詐欺罪が成立する。そして本件の各ドル・バイブレーターが所論のようにD型で，その小売価格が2,100円であったとしても，原判決の是認した第1審判決が確定した事実によると，被告人は判示A外16名に対し判示のごとき虚構の事実を申し向けて誤信させ，同人らから右各ドル・バイブレーターの売買，保証金などの名義のもとに判示各現金の交付を受けたというのであるから，被告人の本件各所為が詐欺罪を構成するとした原判示は正当に帰する。」

332　県知事を欺罔して未墾地の売渡しを受ける行為

最決昭和51年4月1日刑集30巻3号425頁／判時816・102，判夕337・286
（百選Ⅱ47）

【決定理由】「原審の確定した事実は，ひっきょう，国がその所有する本件未墾地を農地法61条以下の規定により売渡処分をする旨を公示したところ，被告人両名は，原審相被告人Xと共謀し，右Xが国の定める増反者等選定の基準適格者であることを奇貨として，同人において，農地法所定の趣旨に従ってみずから右土地を保有し，これを開墾利用して自己の営農に役立てる意思がなく，売渡しを受けたうえは被告人Yにその所有権を取得させ，同人の隠居所敷地に供する意図であるのに，この事情を秘匿し，売渡事務をつかさどる県知事にあて，所定の買受予約申込書等の必要書類を順次提出してその売渡しを求め，同知事を欺罔して右Xが売渡処分名下に本件国有地の所有権を取得した，というのであって，これによれば，被告人らの行為は刑法246条1項に該当し，詐欺罪が成立するものといわなければならない。被告人らの本件行為が，農業政策という国家的法益の侵害に向けられた側面を有するとしても（農地法にはかかる行為を処罰する規定はない。)，その故をもって当然に，刑法詐欺罪の成立が排除されるものではない。欺罔行為によって国家的法益を侵害する場合でも，それが同時に，詐欺罪の保護法益である財産権を侵害するものである以上，当該行政刑罰法規が特別法として詐欺罪の適用を排除する趣旨のものと認められない限り，詐欺罪の成立を認めることは，大審院時代から確立された判例であり，当裁判所もその見解をうけついで今日に至っているのである（配給物資の不正受配につき，大審院昭和18年12月2日判決・刑集22巻19号285頁，

最高裁昭和23年6月9日大法廷判決・刑集2巻7号653頁，昭和23年11月4日第一小法廷判決・刑集2巻12号1446頁参照。）。また，行政刑罰法規のなかには，刑法に正条あるものは刑法による旨の規定をおくものもあるが，そのような規定がない場合であっても，刑法犯成立の有無は，その行為の犯罪構成要件該当性を刑法独自の観点から判定すれば足りるのである（大審院明治43年10月27日判決・刑録16輯22巻1758頁，最高裁昭和25年3月23日第一小法廷判決・刑集4巻3号382頁参照）。」（本判決には，農地法の規定がなければ本件のような売買は全く問題にならないとして，国家的法益に向けられた詐欺的行為であって詐欺罪の定型に当たらないとする団藤重光裁判官の反対意見が付されている。）

333 公定代金を支払った配給物資の不正取得

最大判昭和23年6月9日刑集2巻7号653頁

【判決理由】「原判決は被告人が偽造の特配指令書を真正なものの如く装って大阪府酒類販売株式会社係員及び麦酒配給統制株式会社関西支社係員を欺き，真正な特配指令書を提出しなければ買受けることのできない日本酒及び麦酒を買受けた事実を認定したものであるから，詐欺罪成立の判示として欠くるところはないものである。……又公定代金を支払ったとしても真正な指令書を持っておるものでなければ買受けることのできないものであるに拘わらず偽造の指令書を真正な指令書と詐り係員を誤信せしめて日本酒と麦酒とを買取ったのであるから，詐欺罪の成立をさまたげるものではない。」

334 相当の対価で根抵当権を放棄させる行為

最決平成16年7月7日刑集58巻5号309頁／判時1871・144，判タ1163・170
（重判平16刑9）

【決定理由】「一　原判決及びその是認する第1審判決の認定並びに記録によれば，本件の事実関係は次のとおりである。
　(1)　被告人が代表者として支配，経営するA社（以下「A社」という。）は，住宅金融専門会社であるB社（以下「B社」という。）に対する債務を担保するため，本件各不動産に第1順位の根抵当権又は抵当権（以下「本件各根抵当権等」という。）を設定した。
　(2)　株式会社住宅金融債権管理機構（以下「住管機構」という。）は，B社から，本件各根抵当権等を被担保債権と共に譲り受け，被告人に対し，本件各不動産を売却してその代金をA社の債務の返済に充てることを督促していた。住管機構は，担保不動産の売却による一部弁済を受けて担保権を放棄する際には，代金額が適正であることを厳

⇒ *334*

格に審査し，かつ，必要な経費を除く代金全額を返済に充てさせるものとし，担保不動産に関する利益を債務者に残さない方針を採っていた。

(3) 他方，被告人の経営する別の会社（以下「別会社」という。）の取引銀行（以下「取引銀行」という。）は，被告人に対し，被告人が実質的に支配する会社（以下「ダミー会社」という。）が適当な不動産を取得してその上に取引銀行のため第1順位の根抵当権を設定することを条件として，ダミー会社に融資を行い，その融資金の中から別会社に対する貸付債権につき返済を受けるという取引を申し出た。その取引は，取引銀行の別会社に対する回収の困難な多額の不良貸付債権を表面上消滅させ，実質はこれをダミー会社に付け替えることに主眼があったが，被告人にもこれに応じる利益のある内容であって，担保に供する不動産の価値をあえて過大に評価してダミー会社が多額の融資を受け，その中から，当該不動産の購入代金相当額を支払い，かつ，別会社の取引銀行に対する債務を返済しても，なお多額の資金が被告人の手元に残るものであった。

(4) 被告人は，取引銀行との間で，本件各不動産を担保に供して上記取引を実行することを合意し，住管機構から本件各根抵当権等の放棄を得て本件各不動産をダミー会社に売却することを企てた。しかし，住管機構のA社に対する債権額は本件各不動産の価格を大幅に上回るものであった上，被告人は，住管機構の前記(2)の方針を承知していたので，真実を告げた場合には住管機構が本件各根抵当権等の放棄に応ずるはずはないと考え，住管機構の担当者に対し，真実はダミー会社に売却をして本件各不動産を被告人において実質的に保有しつつ取引銀行から多額の融資を受ける目的であるのに，これらの事情を秘し，真実の買主ではなく名目上の買主となるにすぎない者と共謀の上，本件各不動産をその者に売却するという虚偽の事実を申し向け，上記担当者を欺いてその旨誤信させ，住管機構をして，時価評価などに基づき住管機構の是認した代金額から仲介手数料等を差し引いた金員をA社から受け取るのと引換えに，本件各根抵当権等を放棄させ，その抹消登記を了した。

二　以上の事実関係の下では，本件各根抵当権等を放棄する対価としてA社から住管機構に支払われた金員が本件各不動産の時価評価などに基づき住管機構において相当と認めた金額であり，かつ，これで債務の一部弁済を受けて本件各根抵当権等を放棄すること自体については住管機構に錯誤がなかったとしても，被告人に欺かれて本件各不動産が第三者に正規に売却されるものと誤信しなければ，住管機構が本件各根抵当権等の放棄に応ずることはなかったというべきである。被告人は，以上を認識した上で，真実は自己が実質的に支配するダミー会社への売却であることなどを秘し，住管機構の担当者を欺いて本件各不動産を第三者に売却するものと誤信させ，住管機構をして本件各根抵当権等を放棄させてその抹消登記を了したものであるから，刑法246条2項の詐

欺罪が成立するというべきである。」

335 医師の証明書を偽造して劇薬を取得する行為
東京地判昭和37年11月29日判タ140号117頁

【事案】 被告人は，医師の証明書を偽造して薬局に示し，医師の指示又は処方せんがなければ購入できない劇薬を購入した。

【判決理由】「被告人らに対する各詐欺同未遂の公訴事実は証明十分であるが所犯は薬事行政上の規制をくぐったに止まり何ら個人的財産上の法益を侵害するものでないから詐欺の罪に当らない。」

336 虚偽の申告により運転免許証の再交付を受ける行為
高松地丸亀支判昭和38年9月16日下刑集5巻9＝10号867頁

【判決理由】「それ故かかる文書を発行過程において権限ある官庁から不法手段により取得することによって侵害されまたは侵害されるおそれのある利益は，免許証なる紙片そのものではなく，専ら前記交通取締の便益という国家行政上の利益であるから，かかる利益は刑法にいう財産上の利益には該当しない。本件についてこれをみるに，被告人において，事実免許証を亡失していないのに亡失した如く公安委員会に虚偽の申告をし欺罔手段をもってその再交付を受けたとしても，それは前記道路交通法第120条第1項第15号に云う『偽りその他不正の手段により免許証の交付を受け』る行為に該当するものとして，罰金刑を定めた同法条をもって問擬せられることあるは格別，詐欺罪を構成することはないと解する。」

337 欺罔により印鑑証明書の交付を受ける行為
大判大正12年7月14日刑集2巻650頁

【判決理由】「詐欺罪ハ財産権ヲ侵害スヘキ行為ヲ要素トスルモノナルカ故ニ仮令人ヲ欺罔シテ一定ノ意思表示ヲ為サシムルモ其ノ行為ニシテ上叙ノ性質ヲ有セサル場合ニ在リテハ同罪ヲ構成スルヲ得サルコト勿論ナリ本院判例ニ於テ他人ノ署名ヲ偽造シ建物所有証明願ヲ偽造シ之ヲ村役場ニ提出シ村長名義ノ証明文句ヲ記載セシメ真正ノ名義人ニ於テ下附ヲ受クルカ如ク装ヒテ之ヲ受取ルモ村又ハ村長ニ於テ財産上ノ損害ヲ受ケ又犯人ニ於テ財産上ノ利益ヲ受クヘキモノニ非サルカ故ニ詐欺罪ヲ構成セスト為スハ右趣旨ヲ宣示シタルモノニ外ナラス而シテ原判決ハ被告ニ於テ其ノ実父名義ノ印鑑証明願等ヲ偽造シテ村役場ニ提出行使シ同吏員ヲ欺キテ村長名義ノ印鑑証明書1通ヲ騙取シタリト云フニ

⇒ *338・339*

在りて此の場合に於ては印鑑証明の文句を右印鑑証明願書に附記せしめるに非すして役場所有の用紙に記載せしめたるものなりとするも斯る場合に於ける問題は其の用紙に係るものに非すして証明其のものの真否に関するものなるか故に証明文詞を証明願書に附記したると役場備付の用紙に記載したるとに因り性質を異にするものと認むへきに非す従て右判示の事実は前掲判例の趣旨に徴し詐欺罪を構成せさるものと解するを正当なりとす」

338 欺罔により旅券の交付を受ける行為
最判昭和 27 年 12 月 25 日刑集 6 巻 12 号 1387 頁／判タ 28・52

【事案】 米国において出生した被告人は，米国に渡航するため，米領事館に虚偽の証明書（⇒*520*）を提出して旅券の交付を受けようとしたが，占領軍官憲の調査により証明書が虚偽であることが判明し，目的を遂げなかった。原判決は詐欺未遂の成立を肯定した。

【判決理由】 「刑法157条2項には，公務員に対し虚偽の申立を為し免状，鑑札又は旅券に不実の記載を為さしめたる者とあるに過ぎないけれども，免状，鑑札，旅券のような資格証明書は，当該名義人においてこれが下付を受けて所持しなければ効用のないものであるから，同条に規定する犯罪の構成要件は，公務員に対し虚偽の申立を為し免状等に不実の記載をさせるだけで充足すると同時にその性質上不実記載された免状等の下付を受ける事実をも当然に包含するものと解するを正当とする。しかも，同条項の刑罰が1年以下の懲役又は300円以下の罰金に過ぎない点をも参酌すると免状，鑑札，旅券の下付を受ける行為のごときものは，刑法246条の詐欺罪に問擬すべきではなく，右刑法157条2項だけを適用すべきものと解するを相当とする。」

339 欺罔により国民健康保険被保険者証の交付を受ける行為
大阪高判昭和 59 年 5 月 23 日高刑集 37 巻 2 号 328 頁／判時 1139・155，判タ 541・271

【事案】 被告人は，市の職員に対し欺罔手段を用いて国民健康保険被保険者証の交付を受けた。原判決（大阪地判昭和58年11月11日研修433号41頁）は詐欺罪の成立を否定した。

【判決理由】 「国民健康保険被保険者証（以下，単に被保険者証ともいう）は，市町村が国民健康保険を行う場合にあっては，被保険者の属する世帯の世帯主が当該市町村から交付を受けるものであって（国民健康保険法9条），それはその交付を受ける者，その他一個人の所有権の客体となるべき有体物であり，

⇒ *339*

　刑法にいわゆる財物にあたるものといわなければならない。しかのみならず，その性質，効用をみると，被保険者証は，市町村が行う国民健康保険の被保険者であること，換言すれば，当該市町村から療養の給付を受けうる権利を有する者であることを証明する文書で（国民健康保険法9条，同法施行規則6条），単なる事実証明に関する文書ではなく，財産上の権利義務に関する事実を証明する効力を有する文書というべきものであって，被保険者が療養の給付を受けようとするときは，原則としてこれを療養取扱機関に提出しなければならないものであり（同法36条），被保険者証は，単なる事実証明に関する文書とは異り，それ自体が社会生活上重要な経済的価値効用を有するものであるから，当該市町村の係員を欺罔して被保険者証の交付を受けてこれを取得する場合においても，詐欺罪の規定の保護に値し，同罪の構成要件を充足するものとして，詐欺罪の成立を認めるのが相当である（最高裁昭和24年11月17日第一小法廷判決・刑集3巻11号1808頁参照）。

　原判決は，『それ（被保険者証）が不正取得されることによって侵害される利益は，専らその証明事項の真偽に係り保険事業の適正な運営の確保による保険行政上の利益であって，かかる利益は刑法にいう財産上の利益には該当しないというべきであり，国家的・社会的法益に向けられた詐欺的行為は，個人的法益たる詐欺罪の定型性を欠くものであるから，本件の欺罔手段を用いて国民健康保険被保険者証の交付を受ける行為は，財産権を侵害すべき性質をもたず，したがって詐欺罪を構成しないものというべきである。』と判示する。

　しかし，原判決がいうように，欺罔手段を用いて国民健康保険被保険者証の交付を受ける行為が国家的・社会的法益の侵害に向けられた側面を有するとしても，そのことの故に当然に詐欺罪の成立が排除されるものと解するのは相当でない。すなわち，欺罔行為によって国家的・社会的法益が侵害される場合においても，当該行為が同時に詐欺罪の保護法益である財産権を侵害し，同罪の構成要件を充足する以上，関係行政法規の規定中に，右のような欺罔行為等による不正行為を処罰する罰則規定を設けるなどして，詐欺罪の適用を排除する趣旨のものが認められない限りは，詐欺罪の成立を認めるべきものといわなければならない（最高裁昭和51年4月1日第一小法廷決定・刑集30巻3号425頁参照）。

　これを本件についてみるに，欺罔手段を用いて市の係員から国民健康保険被

⇒ *340・341・342*

保険者証の交付を受けてこれを取得する行為は，前説示のとおり，詐欺罪の保護法益である財産権を侵害し，同罪の構成要件を充足するものであって，国民健康保険法やその他の罰則規定等に，右のような行為について詐欺罪の適用を排除する趣旨のものと解せられる規定は存しないのであるから，被告人の本件右の行為は刑法246条1項に該当し，詐欺罪が成立するものというべきである。」

340 欺罔により簡易生命保険証書の交付を受ける行為

最決平成12年3月27日刑集54巻3号402頁／判時1715・171，判タ1035・113
(重判平12刑10)

【決定理由】「簡易生命保険契約の事務に従事する係員に対し，被保険者が傷病により入院中であること又は被保険者につき既に法定の保険金最高限度額を満たす簡易生命保険契約が締結されていることを秘して契約を申し込み，同係員を欺罔して簡易生命保険契約を締結させ，その保険証書を騙取した行為について，刑法（平成7年法律第91号による改正前のもの）246条1項の詐欺罪の成立を認めた原判決の判断は，正当である。」

341 欺罔により国民健康保険証の交付を受ける行為

最決平成18年8月21日判タ1227号184頁

【決定理由】「なお，被告人が，町役場係員に対し，虚偽の生年月日を記入した自己名義の住民異動届に国民健康保険の被保険者の資格を転入により取得した旨を付記して提出するなどして，係員を欺いて国民健康保険被保険者証の交付を受けた行為について，刑法246条1項の詐欺罪の成立を認めた原判断は，正当である。」

342 欺罔により住民基本台帳カードの交付を受ける行為

東京高判平成27年1月29日東高刑時報66巻1〜12号1頁

【判決理由】「1 原判決は，罪となるべき事実の第1において，被告人が，他人になりすまして，住民基本台帳カードをだまし取ろうと考え，世田谷区太子堂出張所において，住民基本台帳カード交付等申請・届出書用紙の氏名欄に他人の氏名を記入するなどして，住民基本台帳カード交付等申請・届出書1通を偽造し，同出張所の職員に対し，これを提出行使するなどし，同職員らを，被告人がその他人本人であり，同人による正当な住民基本台帳カードの交付申請であると誤信させ，同人を受交付者とする住民基本台帳カード1通をだまし取ったという事実を認定し，この事実について，有印私文書偽造・同行使，詐欺の罪を適用している。

これに対して，論旨は，被告人の本件行為に対して詐欺罪を適用すべきでないのに詐欺罪を適用した点について原判決には法令適用の誤りがある，という。

　2　そこで，記録を調査し，当審における事実取調べの結果を踏まえて，検討する。

　本件住民基本台帳カードの欺もうによる取得行為について詐欺罪が成立するためには，世田谷区に財産上の損害が生ずること，または，世田谷区の財産上の権利が侵害されることが必要であると解される（大判大正3年6月11日刑録20輯1171頁，大判大正12年7月14日刑集2巻650頁，大判昭和9年12月10日刑集13巻1699頁，最二小決平成12年3月27日刑集54巻3号402頁，最一小決平成18年8月21日裁判集刑事289号505頁等参照）。

　住民基本台帳カード（以下「住基カード」という。）は，原判決もその旨説示するとおり，住民基本台帳法30条の44に基づき，各市区町村長が申請を求める住民に対し交付するものであり，同カードには，その者に係る住民票に記載された氏名その他政令で定める事項が記載され，かつ，当該住民票に記載された住民票コードが記録された半導体集積回路が組み込まれており，その基本的性格は，その所持者に対し，住民基本台帳の記録内容を証明する公的な証明書である。また，住基カードは，これを提示することで，住民票の写しを入手するなどの行政サービスを享受できる機能を有するほか，住民基本台帳法30条の44第12項は，『市町村長その他の市町村の執行機関は，住民基本台帳カードを，条例の定めるところにより，条例に規定する目的のために利用することができる。』と定めており，これを受けて，全国の市区町村は，その実情に応じ，それぞれ条例を制定して，住基カードの利用上のサービスを提供している。これについては，多くの市区町村で採用しているものとして，証明書自動交付機を利用して，住民票の写し，印鑑登録証明書その他の証明書の交付を行うサービスがある。他に，図書館の利用，図書の貸出し等を行うサービス（図書カードとの一元化）も比較的多い。特色のあるものとしては，例えば，町内温泉施設の利用料金割引（岩手県紫波町），針灸マッサージ券交付（秋田県東成瀬村），市内施設利用料無料（70歳以上。茨城県古河市），『福祉タクシー券』又は『はりきゅうマッサージ施術費助成券』の交付（千葉県市川市）などがあり，これらは市区町村が財産的な負担を伴うようなサービスの提供をする顕著な例である（当審検25）。

⇒ *343*

　これを世田谷区について見ると，世田谷区住民基本台帳カードの利用に関する条例で，住基カードを利用しての証明書自動交付機による証明書等の交付を定め，さらに，世田谷区手数料条例により，住基カードを使用して証明書自動交付機により住民票の写し等の交付を受ける場合は，窓口において交付を受ける場合の1件300円と比べて低額の1件250円の手数料を徴収することが定められている（当審検8）。

　以上からすると，市区町村が，住基カードを交付することには，公的な証明書の交付という性質のみならず，財産的な負担を伴うようなサービスを提供すること（あるいは提供する可能性のあること）を内包しているものといえる。世田谷区について見ても，上記のような手数料の減額を認めており，同様である。したがって，本件住基カードの取得行為により，世田谷区に財産上の損害が生じ，または，世田谷区の財産上の権利が侵害されるものということができるのであり，本件においては詐欺罪が成立するものと解される。」

343　他人名義の預金通帳の交付を受ける行為

最決平成14年10月21日刑集56巻8号670頁
（重判平14刑5）

【決定理由】　「1　原判決が前提とする第1審判決の認定によれば，被告人は，不正に入手したA名義の国民健康保険被保険者証を使用して同人名義の預金口座を開設し，これに伴って預金通帳を取得しようとの意図の下に，同人名義の『口座開設のお客様用新規申込書』を偽造し，これが真正に成立し，かつ，自己がA本人であるかのように装って，上記国民健康保険被保険者証，Aと刻した印鑑と共に銀行窓口係員に提出して行使し，同係員らをしてその旨誤信させ，同係員から貯蓄総合口座通帳1冊の交付を受けたというのである。

　2　第1審判決は，上記と同旨の事実を認定し，有印私文書偽造罪，同行使罪のほか，詐欺罪についても被告人を有罪とした。これに対し，原判決は，預金通帳は預金口座開設に伴い当然に交付される証明書類似の書類にすぎず，銀行との関係においては独立して財産的価値を問題にすべきものとはいえないところ，他人名義による預金口座開設の利益は詐欺罪の予定する利益の定型性を欠くから，それに伴う預金通帳の取得も刑法246条1項の詐欺罪を構成しないとして，第1審判決を破棄し，詐欺罪の成立を否定した。

　3　しかし，預金通帳は，それ自体として所有権の対象となり得るものであるにとどまらず，これを利用して預金の預入れ，払戻しを受けられるなどの財産的な価値を有するものと認められるから，他人名義で預金口座を開設し，そ

れに伴って銀行から交付される場合であっても，刑法246条1項の財物に当たると解するのが相当である。そして，被告人は，上記のとおり，銀行窓口係員に対し，自己がA本人であるかのように装って預金口座の開設を申し込み，その旨誤信した同係員から貯蓄総合口座通帳1冊の交付を受けたのであるから，被告人に詐欺罪が成立することは明らかである。そうすると，詐欺罪の成立を否定した原判決には，刑法246条1項の解釈適用を誤った違法があるというべきである。」

344　自己名義の預金通帳の交付を受ける行為

最決平成19年7月17日刑集61巻5号521頁／判時1985・176，判タ1252・166
（重判平19刑9）

【決定理由】　「1　原判決及びその是認する第1審判決の認定並びに記録によれば，本件の事実関係は次のとおりである。

(1)　被告人は，第三者に譲渡する預金通帳及びキャッシュカードを入手するため，友人のAと意思を通じ，平成15年12月9日から平成16年1月7日までの間，前後5回にわたり，いずれも，Aにおいて，5つの銀行支店の行員らに対し，真実は，自己名義の預金口座開設後，同口座に係る自己名義の預金通帳及びキャッシュカードを第三者に譲渡する意図であるのにこれを秘し，自己名義の普通預金口座の開設並びに同口座開設に伴う自己名義の預金通帳及びキャッシュカードの交付方を申し込み，上記行員らをして，Aが，各銀行の総合口座取引規定ないし普通預金規定等に従い，上記預金通帳等を第三者に譲渡することなく利用するものと誤信させ，各銀行の行員らから，それぞれ，A名義の預金口座開設に伴う同人名義の普通預金通帳1通及びキャッシュカード1枚の交付を受けた。

(2)　被告人は，A及びBと意思を通じ，平成17年2月17日，Bにおいて，上記(1)と同様に，銀行支店の行員に対し，自己名義の普通預金口座の開設等を申込み，B名義の預金口座開設に伴う同人名義の普通預金通帳1通及びキャッシュカード1枚の交付を受けた。

(3)　上記各銀行においては，いずれもA又はBによる各預金口座開設等の申込み当時，契約者に対して，総合口座取引規定ないし普通預金規定，キャッシュカード規定等により，預金契約に関する一切の権利，通帳，キャッシュカードを名義人以外の第三者に譲渡，質入れ又は利用させるなどすることを禁止していた。また，A又はBに応対した各行員は，第三者に譲渡する目的で預金口座の開設や預金通帳，キャッシュカードの交付を申し込んでいることが分かれば，預金口座の開設や，預金通帳及びキャッシュカードの交付に応じることはなかった。

2　以上のような事実関係の下においては，銀行支店の行員に対し預金口座

⇒ 345

の開設等を申し込むこと自体，申し込んだ本人がこれを自分自身で利用する意思であることを表しているというべきであるから，預金通帳及びキャッシュカードを第三者に譲渡する意図であるのにこれを秘して上記申込みを行う行為は，詐欺罪にいう人を欺く行為にほかならず，これにより預金通帳及びキャッシュカードの交付を受けた行為が刑法 246 条 1 項の詐欺罪を構成することは明らかである。被告人の本件各行為が詐欺罪の共謀共同正犯に当たるとした第 1 審判決を是認した原判断に誤りはない。」

345　搭乗券の交付を受ける行為

最決平成 22 年 7 月 29 日刑集 64 巻 5 号 829 頁／判時 2101・160，判タ 1336・55
(重判平 22 刑 10)

【決定理由】　「1　原判決及びその是認する第 1 審判決の認定並びに記録によれば，本件の事実関係は次のとおりである。

(1)　被告人は，ア　Bらと共謀の上，航空機によりカナダへの不法入国を企図している中国人のため，航空会社係員を欺いて，関西国際空港発バンクーバー行きの搭乗券を交付させようと企て，平成 18 年 6 月 7 日，関西国際空港旅客ターミナルビル内の A 航空チェックインカウンターにおいて，Bが，A 航空（以下「本件航空会社」という。）から業務委託を受けている会社の係員に対し，真実は，バンクーバー行き A 航空 36 便の搭乗券をカナダに不法入国しようとして関西国際空港のトランジット・エリア内で待機している中国人に交付し，同人を搭乗者として登録されている B として航空機に搭乗させてカナダに不法入国させる意図であるのにその情を秘し，あたかも B が搭乗するかのように装い，B に対する航空券及び日本国旅券を呈示して，上記 A 航空 36 便の搭乗券の交付を請求し，上記係員をしてその旨誤信させて，同係員から B に対する同便の搭乗券 1 枚の交付を受け，イ　Cらと共謀の上，同年 7 月 16 日，上記チェックインカウンターにおいて，C が，アと同様の意図及び態様により，C に対する航空券及び日本国旅券を呈示して，バンクーバー行き A 航空 36 便の搭乗券の交付を請求し，C に対する同便の搭乗券 1 枚の交付を受けた。

(2)　本件において，航空券及び搭乗券にはいずれも乗客の氏名が記載されているところ，本件係員らは，搭乗券の交付を請求する者に対して旅券と航空券の呈示を求め，旅券の氏名及び写真と航空券記載の乗客の氏名及び当該請求者の容ぼうとを対照して，当該請求者が当該乗客本人であることを確認した上で，搭乗券を交付することとされていた。このように厳重な本人確認が行われていたのは，航空券に氏名が記載されている乗客以外の者の航空機への搭乗が航空機の運航の安全上重大な弊害をもたらす危険性を含むものであったことや，本件航空会社がカナダ政府から同国への不法入国を防止するために搭乗券の発券を適切に行うことを義務付けられていたこと等の点において，当該乗

客以外の者を航空機に搭乗させないことが本件航空会社の航空運送事業の経営上重要性を有していたからであって，本件係員らは，上記確認ができない場合には搭乗券を交付することはなかった。また，これと同様に，本件係員らは，搭乗券の交付を請求する者がこれを更に他の者に渡して当該乗客以外の者を搭乗させる意図を有していることが分かっていれば，その交付に応じることはなかった。

2 以上のような事実関係からすれば，搭乗券の交付を請求する者自身が航空機に搭乗するかどうかは，本件係員らにおいてその交付の判断の基礎となる重要な事項であるというべきであるから，自己に対する搭乗券を他の者に渡してその者を搭乗させる意図であるのにこれを秘して本件係員らに対してその搭乗券の交付を請求する行為は，詐欺罪にいう人を欺く行為にほかならず，これによりその交付を受けた行為が刑法246条1項の詐欺罪を構成することは明らかである。被告人の本件各行為が詐欺罪の共同正犯に当たるとした第1審判決を是認した原判断は正当である。」

346 暴力団員が身分を秘してゴルフ場の施設利用を申し込む行為（否定例）

最判平成26年3月28日刑集68巻3号582頁／判時2244・121，判タ1409・136

（重判平26刑7①）

【判決理由】「1 原判決及びその是認する第1審判決の認定並びに記録によれば，本件の事実関係は次のとおりである。

(1) 被告人は，暴力団員であったが，同じ組の副会長であったDらと共に，平成23年8月15日，予約したB倶楽部に行き，フロントにおいて，それぞれがビジター利用客として，備付けの『ビジター受付表』に氏名，住所，電話番号等を偽りなく記入し，これをフロント係の従業員に提出してゴルフ場の施設利用を申し込んだ。その際，同受付表に暴力団関係者であるか否かを確認する欄はなく，その他暴力団関係者でないことを誓約させる措置は講じられていなかったし，暴力団関係者でないかを従業員が確認したり，被告人らが自ら暴力団関係者でない旨虚偽の申出をしたりすることもなかった。被告人らは，ゴルフをするなどして同倶楽部の施設を利用した後，それぞれ自己の利用料金等を支払った。なお，同倶楽部は，会員制のゴルフ場であるが，会員又はその同伴者，紹介者に限定することなく，ビジター利用客のみによる施設利用を認めていた。

Eは，同月25日，仕事関係者を宮崎県に招いてゴルフに興じるため，自らが会員となっていたCクラブに電話を架け，同年9月28日の予約をした後，組合せ人数を調整するため，被告人らを誘った。被告人は，同月28日，同クラブに行き，フロントにおいて，備付けの『ビジター控え』に氏名を偽りなく記入し，これをフロント係の従業員に提出してゴルフ場の施設利用を申し込んだ。その際，同控えに暴力団関係者であるか否かを確認する欄はなく，その他暴力団関係者でないことを誓約させる措置は講じられ

⇒ *346*

ていなかったし，暴力団関係者でないかを従業員が確認したり，被告人が自ら暴力団関係者でない旨虚偽の申出をしたりすることもなかった。被告人は，Eらと共にゴルフをするなどして同クラブの施設を利用した後，自己の利用料金等を支払った。なお，同クラブは，会員制のゴルフ場で，原則として，会員又はその同伴者，紹介者に限り，施設利用を認めていた。

(2) B倶楽部及びCクラブは，いずれもゴルフ場利用細則又は約款で暴力団関係者の施設利用を拒絶する旨規定していたし，九州ゴルフ場連盟，宮崎県ゴルフ場防犯協会等に加盟した上，クラブハウス出入口に『暴力団関係者の立入りプレーはお断りします』などと記載された立看板を設置するなどして，暴力団関係者による施設利用を拒絶する意向を示していた。しかし，それ以上に利用客に対して暴力団関係者でないことを確認する措置は講じていなかった。また，本件各ゴルフ場と同様に暴力団関係者の施設利用を拒絶する旨の立看板等を設置している周辺のゴルフ場において，暴力団関係者の施設利用を許可，黙認する例が多数あり，被告人らも同様の経験をしていたというのであって，本件当時，警察等の指導を受けて行われていた暴力団排除活動が徹底されていたわけではない。

2　上記の事実関係の下において，暴力団関係者であるビジター利用客が，暴力団関係者であることを申告せずに，一般の利用客と同様に，氏名を含む所定事項を偽りなく記入した『ビジター受付表』等をフロント係の従業員に提出して施設利用を申し込む行為自体は，申込者が当該ゴルフ場の施設を通常の方法で利用し，利用後に所定の料金を支払う旨の意思を表すものではあるが，それ以上に申込者が当然に暴力団関係者でないことまで表しているとは認められない。そうすると，本件における被告人及びDによる本件各ゴルフ場の各施設利用申込み行為は，詐欺罪にいう人を欺く行為には当たらないというべきである。

なお，Cクラブの施設利用についても，ビジター利用客である被告人による申込み行為自体が実行行為とされており，会員であるEの予約等の存在を前提としているが，この予約等に同伴者が暴力団関係者でないことの保証の趣旨を明確に読み取れるかは疑問もあり，また，被告人において，Eに働き掛けて予約等をさせたわけではなく，その他このような予約等がされている状況を積極的に利用したという事情は認められない。これをもって自己が暴力団関係者でないことの意思表示まで包含する挙動があったと評価することは困難である。」

347 暴力団員が身分を秘してゴルフ場の施設利用を申し込む行為（肯定例）

最決平成 26 年 3 月 28 日刑集 68 巻 3 号 646 頁／判時 2244・126，判タ 1409・143

（重判平 26 刑 7 ②）

【決定理由】「1 原判決及びその是認する第 1 審判決の認定並びに記録によれば，本件の事実関係は次のとおりである。

(1) 本件は，暴力団員である被告人が，本件ゴルフ倶楽部の会員である A と共謀の上，平成 22 年 10 月 13 日，長野県内のゴルフ倶楽部において，同倶楽部はそのゴルフ場利用約款等により暴力団員の入場及び施設利用を禁止しているにもかかわらず，真実は被告人が暴力団員であるのにそれを秘し，A において，同倶楽部従業員に対し，『○○○○』等と記載した組合せ表を提出し，被告人の署名簿への代署を依頼するなどして，被告人によるゴルフ場の施設利用を申し込み，同倶楽部従業員をして，被告人が暴力団員ではないと誤信させ，よって，被告人と同倶楽部との間でゴルフ場利用契約を成立させた上，被告人において同倶楽部の施設を利用し，もって，人を欺いて財産上不法の利益を得た，という事案である。

(2) 本件ゴルフ倶楽部では，暴力団員及びこれと交友関係のある者の入会を認めておらず，入会の際には『暴力団または暴力団員との交友関係がありますか』という項目を含むアンケートへの回答を求めるとともに，『私は，暴力団等とは一切関係ありません。また，暴力団関係者等を同伴・紹介して貴倶楽部に迷惑をお掛けするようなことはいたしません』と記載された誓約書に署名押印させた上，提出させていた。ゴルフ場利用約款でも，暴力団員の入場及び施設利用を禁止していた。共犯者の A は，平成 21 年 6 月頃，本件ゴルフ倶楽部の入会審査を申請した際，上記アンケートの項目に対し，『ない』と回答した上，上記誓約書に署名押印して提出し，同倶楽部の会員となった。

(3) 被告人は，暴力団員であり，長野県内のゴルフ場では暴力団関係者の施設利用に厳しい姿勢を示しており，施設利用を拒絶される可能性があることを認識していたが，A から誘われ，本件当日，その同伴者として，本件ゴルフ倶楽部を訪れた。

本件ゴルフ倶楽部のゴルフ場利用約款では，他のゴルフ場と同様，利用客は，会員，ビジターを問わず，フロントにおいて，『ご署名簿』に自署して施設利用を申し込むこととされていた。しかし，A は，施設利用の申込みに際し，被告人が暴力団員であることが発覚するのを恐れ，その事実を申告せず，フロントにおいて，自分については，『ご署名簿（メンバー）』に自ら署名しながら，被告人ら同伴者 5 名については，事前予約の際に本件ゴルフ倶楽部で用意していた『予約承り書』の『組合せ表』欄に，『△△』『○○○○』『××○○××』などと氏又は名を交錯させるなどして乱雑に書き込んだ上，これを同倶楽部従業員に渡して『ご署名簿』への代署を依頼するという異例な方法をとり，被告人がフロントに赴き署名をしないで済むようにし，被告人分の施設利用を申し込み，会員の同伴者である以上暴力団関係者は含まれていないと信じた同倶楽部従業員

⇒ *347*

をして施設利用を許諾させた。なお，Aは，申込みの際，同倶楽部従業員から同伴者に暴力団関係者がいないか改めて確認されたことはなく，自ら同伴者に暴力団関係者はいない旨虚偽の申出をしたこともなかった。

　他方，被告人は，妻と共に本件ゴルフ倶楽部に到着後，クラブハウスに寄らず，車をゴルフ場内の練習場の近くに停めさせ，直接練習場に行って練習を始め，妻から『エントリーせんでええの。どこでするの』と尋ねられても，そのまま放置し，Aに施設利用の申込みを任せていた。その後，結局フロントに立ち寄ることなく，クラブハウスを通過し，プレーを開始した。なお，被告人の施設利用料金等は，翌日，Aがクレジットカードで精算している。

　(4)　ゴルフ場が暴力団関係者の施設利用を拒絶するのは，利用客の中に暴力団関係者が混在することにより，一般利用客が畏怖するなどして安全，快適なプレー環境が確保できなくなり，利用客の減少につながることや，ゴルフ倶楽部としての信用，格付け等が損なわれることを未然に防止する意図によるものであって，ゴルフ倶楽部の経営上の観点からとられている措置である。

　本件ゴルフ倶楽部においては，ゴルフ場利用約款で暴力団員の入場及び施設利用を禁止する旨規定し，入会審査に当たり上記のとおり暴力団関係者を同伴，紹介しない旨誓約させるなどの方策を講じていたほか，長野県防犯協議会事務局から提供される他の加盟ゴルフ場による暴力団排除情報をデータベース化した上，予約時又は受付時に利用客の氏名がそのデータベースに登録されていないか確認するなどして暴力団関係者の利用を未然に防いでいたところ，本件においても，被告人が暴力団員であることが分かれば，その施設利用に応じることはなかった。

　2　以上のような事実関係からすれば，入会の際に暴力団関係者の同伴，紹介をしない旨誓約していた本件ゴルフ倶楽部の会員であるAが同伴者の施設利用を申し込むこと自体，その同伴者が暴力団関係者でないことを保証する旨の意思を表している上，利用客が暴力団関係者かどうかは，本件ゴルフ倶楽部の従業員において施設利用の許否の判断の基礎となる重要な事項であるから，同伴者が暴力団関係者であるのにこれを申告せずに施設利用を申し込む行為は，その同伴者が暴力団関係者でないことを従業員に誤信させようとするものであり，詐欺罪にいう人を欺く行為にほかならず，これによって施設利用契約を成立させ，Aと意を通じた被告人において施設利用をした行為が刑法246条2項の詐欺罪を構成することは明らかである。被告人に詐欺罪の共謀共同正犯が成立するとした原判断は，結論において正当である。」

348 暴力団員が身分を秘して自己名義の預金通帳の交付を受ける行為

最決平成 26 年 4 月 7 日刑集 68 巻 4 号 715 頁／判時 2228・129，判タ 1403・88
（重判平 26 刑 8）

【決定理由】「1　原判決及びその是認する第 1 審判決の認定並びに記録によれば，本件の事実関係は次のとおりである。

(1)　暴力団員である被告人は，自己名義の総合口座通帳及びキャッシュカードを取得するため，平成 23 年 3 月 10 日，郵便局において，株式会社ゆうちょ銀行から口座開設手続等の委託を受けている同局局員に対し，真実は自己が暴力団員であるのにこれを秘し，総合口座利用申込書の『私は，申込書 3 枚目裏面の内容（反社会的勢力でないことなど）を表明・確約した上，申込みます。』と記載のある『おなまえ』欄に自己の氏名を記入するなどして，自己が暴力団員でないものと装い，前記申込書を提出して被告人名義の総合口座の開設及びこれに伴う総合口座通帳等の交付を申し込み，前記局員らに，被告人が暴力団員でないものと誤信させ，よって，その頃，同所において，前記局員から被告人名義の総合口座通帳 1 通の交付を受け，さらに，同月 18 日，当時の被告人方において，同人名義のキャッシュカード 1 枚の郵送交付を受けた。

(2)　政府は，平成 19 年 6 月，企業にとっては，社会的責任や企業防衛の観点から必要不可欠な要請であるなどとして『企業が反社会的勢力による被害を防止するための指針』等を策定した。

前記銀行においては，従前より企業の社会的責任等の観点から行動憲章を定めて反社会的勢力との関係遮断に取り組んでいたところ，前記指針の策定を踏まえ，平成 22 年 4 月 1 日，貯金等共通規定等を改訂して，貯金は，預金者が暴力団員を含む反社会的勢力に該当しないなどの条件を満たす場合に限り，利用することができ，その条件を満たさない場合には，貯金の新規預入申込みを拒絶することとし，同年 5 月 6 日からは，申込者に対し，通常貯金等の新規申込み時に，暴力団員を含む反社会的勢力でないこと等の表明，確約を求めることとしていた。また，前記銀行では，利用者が反社会的勢力に属する疑いがあるときには，関係警察署等に照会，確認することとされていた。そして，本件当時に利用されていた総合口座利用申込書には，前記のとおり，1 枚目の『おなまえ』欄の枠内に『私は，申込書 3 枚目裏面の内容（反社会的勢力でないことなど）を表明・確約した上，申込みます。』と記載があり，3 枚目裏面には，『反社会的勢力ではないとの表明・確約について』との標題の下，自己が暴力団員等でないことなどを表明，確約し，これが虚偽であることなどが判明した場合には，貯金の取扱いが停止され，又は，全額払戻しされても異議を述べないことなどが記載されていた。さらに，被告人に応対した局員は，本件申込みの際，被告人に対し，前記申込書 3 枚目裏面の記述を指でなぞって示すなどの方法により，暴力団員等の反社会的勢力でないことを確認しており，その時点で，被告人が暴力団員だと分かっていれば，総合口座の開設や，総合口座通帳

⇒ 349

及びキャッシュカードの交付に応じることはなかった。
　2　以上のような事実関係の下においては，総合口座の開設並びにこれに伴う総合口座通帳及びキャッシュカードの交付を申し込む者が暴力団員を含む反社会的勢力であるかどうかは，本件局員らにおいてその交付の判断の基礎となる重要な事項であるというべきであるから，暴力団員である者が，自己が暴力団員でないことを表明，確約して上記申込みを行う行為は，詐欺罪にいう人を欺く行為に当たり，これにより総合口座通帳及びキャッシュカードの交付を受けた行為が刑法246条1項の詐欺罪を構成することは明らかである。」

349　欺罔により請負代金を支払時期より早く受領する行為
最判平成13年7月19日刑集55巻5号371頁／判時1759・150，判タ1070・262
(百選Ⅱ49，重判平13刑6)

【事案】　被告人は，建設会社の従業員で会社が大阪府から請け負った工事の現場責任者であったが，工事完成代金の支払いを受けるためには，大阪府の係員の完成検査を受けて検査調書を作成させなければならなかったところ，工事現場から排出された汚泥の大部分を不法投棄していたため完成検査に合格しないことをおそれ，内容虚偽の汚泥廃水処理券を作成し，これを検査員に真正なもののように装って提出して，工事は適正に行われた旨の検査調書を作成させ，大阪府から会社に工事代金を支払わせた。第1審判決は，架空の処理券を提出しなかったからといって工事代金が減額されたとは認められないが，被告人の行為は工事完成支払金の支払時期を不当に早めたといえるので詐欺罪が成立する，と判示した。これに対して，原判決は，不法投棄によって汚泥処理費用の実際額が大阪府の見積額を大幅に下回った場合は，契約の解釈上，工事代金の減額がされるべきであったにもかかわらず，実費を大幅に上回る汚泥処理費用を含めた工事代金を請求して大阪府を欺罔した，として詐欺罪の成立を認めた。最高裁は，職権で，以下のように判示して，原判決を破棄差し戻した。

【判決理由】　「記録によれば，本件請負契約は，競争入札による定額・一括請負契約であって，請負代金の総額が定められているだけで，汚泥処理費用等その内訳については一切定めがないと認められるから，汚泥処理費用の実際の額が発注者の見積額を大幅に下回った場合においても，この点について特段の約定がない限り，発注者は請負代金の減額請求をすることができない。また，本件請負契約の施工方法の細目を定めた現場説明事項11項には，『くい工事にて発生する汚泥は，すべて関係法令に基づき，場外搬出処分とする』旨定められているところ，汚泥が工事現場に残存している状態では，くい打ち工事が完成したということはできないから，汚泥を場外搬出することは，請負契約上の義

務に当たるが，場外搬出した汚泥の処分を関係法令に従って行ったか否かということは，業者としての公法上の義務に係るものであって，請負代金の支払請求権とは対価関係に立つものでなく，これを理由に，発注者に請負代金の減額請求権が発生するとはいえない。したがって，原判決が，汚泥の不法投棄によって汚泥処理費用の実際の額が発注者の見積額を大幅に下回った場合に発注者が請負代金の減額を請求できることを前提として，被告人両名が内容虚偽の処理券を提出して完成検査に不正に合格し，工事完成払金を騙取したと判断する点は，到底是認することができない。」

「請負人が本来受領する権利を有する請負代金を欺罔手段を用いて不当に早く受領した場合には，その代金全額について刑法246条1項の詐欺罪が成立することがあるが，本来受領する権利を有する請負代金を不当に早く受領したことをもって詐欺罪が成立するというためには，欺罔手段を用いなかった場合に得られたであろう請負代金の支払とは社会通念上別個の支払に当たるといい得る程度の期間支払時期を早めたものであることを要すると解するのが相当である。これを本件についてみると，第1審判決は，被告人両名が内容虚偽の処理券を提出したことにより，これを提出しなかった場合と比較して，工事完成払金の支払時期をどの程度早めたかを認定していないから，詐欺罪の成立を認める場合の判示として不十分であるといわざるを得ない。また，被告人両名の行為が工事完成払金の支払時期をどれだけ早めたかは，記録上，必ずしも明らかでない。

したがって，被告人両名に詐欺罪の成立を認めた第1審判決の判断も，是認し難いものである。」

[7] 不法な利益

350 売淫料支払の免脱

名古屋高判昭和30年12月13日裁特2巻24号1276頁／判時69・26

【事案】 被告人は欺罔手段により売淫料である遊興代金の支払を免れた。

【判決理由】「原審認定の契約が売淫を含み公序良俗に反し民法第90条により無効のものであるとしても民事上契約が無効であるか否かということと刑事上の責任の有無とはその本質を異にするものであり何等関係を有するものでなく，

⇒ *351・352・353*

詐欺罪の如く他人の財産権の侵害を本質とする犯罪が処罰されるのは単に被害者の財産権の保護のみにあるのではなく，斯る違法な手段による行為は社会秩序を乱す危険があるからである。そして社会秩序を乱す点においては売淫契約の際行われた欺罔手段でも通常の取引における場合と何等異るところがない。」

351 売淫料支払の免脱

札幌高判昭和 27 年 11 月 20 日高刑集 5 巻 11 号 2018 頁

【判決理由】「元来売淫行為は善良の風俗に反する行為であって，その契約は無効のものであるからこれにより売淫料債務を負担することはないのである。従って売淫者を欺罔してその支払を免れても財産上不法の利益を得たとはいい得ないのである。」

352 不法原因給付

最判昭和 25 年 12 月 5 日刑集 4 巻 12 号 2475 頁

【判決理由】「論旨は被告人と A 間の判示金銭の受授は米の闇売買をする為めに行われたものであって不法行為を目的とするものであるから詐欺罪は成立しないと主張する，しかし闇米の売買であっても，実際被告人は米を買ってやる意思がないにも拘わらず米を買ってやると欺いて其代金を騙取した以上詐欺罪の成立すること勿論である，従って論旨は理由がない。」

■ 7　電子計算機使用詐欺罪

353 銀行支店長による振込入金──神田信金事件

東京高判平成 5 年 6 月 29 日高刑集 46 巻 2 号 189 頁／判時 1491・141，判夕 844・273

（百選 II 57）

【事案】　信用金庫支店長の職にあった被告人 A は，①債権者 B への返済に迫られ，実際には振込入金の事実がないのに，為替係職員 C に対して，B の口座への 4600 万円の振込入金処理を指示し，C にその旨の電算機処理をさせ，また，②個人で振り出した小切手の決済資金に窮し，入金の事実がないのに，支店長代理 D に対して，被告人名義の預金口座に 2800 万円の入金処理をするように指示し，D にその旨の電算機処理をさせた。第 1 審判決は，本件振込入金及び入金は支店の業務として現実に行われたものであるから，電子計算機使用詐欺罪は成立しないとした上で，予備的訴因である（特別）背任罪の成立を認めた。これに対して，第 2 審判決は，第 1 審判決を破棄して，電子計

算機使用詐欺罪の成立を認めた。

【判決理由】「一般に，金融機関の役職員が金融機関名義で不良貸付を行って，電子計算機により貸付先の預金口座に入金処理したような場合には，その貸付が背任罪に当たるとしても，貸付自体は民事法上有効とされるので，電子計算機に与えられる情報が虚偽のものとはいえず，電子計算機使用詐欺罪は成立しないと解されているところであり，原判決は，本件もこれと同様であるとしたもののように理解される。

しかしながら，刑法246条の2の『虚偽の情報』とは，電子計算機を使用する当該事務処理システムにおいて予定されている事務処理の目的に照らし，その内容が真実に反する情報をいうものであり，本件のような金融実務における入金，振込入金（送金）に即していえば，入金等に関する『虚偽の情報』とは，入金等の入力処理の原因となる経済的・資金的実体を伴わないか，あるいはそれに符合しない情報をいうものと解するのが相当である。右の不良貸付の実例の場合においては，電子計算機に入力された入金情報は，民事法上有効な貸付という経済的・資金的実体を伴い，これに符合しているので，虚偽の情報とはいえず，電子計算機使用詐欺罪は成立しないが（右のような実体を作出した行為につき背任罪の成否が問題になる。），本件においては，……被告人は自己の個人的債務の支払に窮し，その支払のため，勝手に，支店備付けの電信振込依頼書用紙等に受取人，金額等所要事項を記載しあるいは部下に命じて記載させ，支店係員をして振込入金等の電子計算機処理をさせたものであって，被告人が係員に指示して電子計算機に入力させた振込入金等に関する情報は，いずれも現実にこれに見合う現金の受入れ等がなく，全く経済的・資金的実体を伴わないものであることが明らかであるから，『虚偽の情報』に当たり電子計算機使用詐欺罪が成立する。」

354　ダイヤル Q^2 情報料の利得

岡山地判平成4年8月4日判例集未登載

【事案】　被告人は，NTTとの間でダイヤル Q^2（情報料回収代行サービス）利用契約を締結して，番組を開設したうえで，利用者がテレホンカードを使用してカード式公衆電話機から番組を利用した場合には，NTTの情報料回収代行サービスの事務処理を行う電子計算機システムにより，テレホンカードの残度数から即時に情報料が回収されたうえ，番組開設者の銀行口座に振り込まれるべき情報料の金額が自動的に計算されるこ

⇒ *354*

とになっているのを利用して，NTT作成にかかるテレホンカードの通話可能度数を虚偽のものに改ざんし，この改ざんしたテレホンカードを使用して自己が開設した番組に電話をかけ，長時間にわたって通話中の状態にしておくことにより，NTTから財産上不法の利益を得ようと企てたが，未遂に終わった。

【判決理由】「〔被告人は〕別表記載のとおり，Aと共謀の上，単一の犯意で継続の意思をもって，平成3年8月20日ころから同年9月12日ころまでの間，前後89回にわたり，岡山県倉敷市×××ほか5か所において，前記第二の二1記載の方法によってその通話可能度数を虚偽のものに改ざんした変造テレホンカードをカード式公衆電話機に挿入して被告人の開設したダイヤルQ^2の前記番組に電話をかけ，同表『犯行時刻』欄記載の開始時刻から終了時刻までの間にわたって通話中の状態にしておくことにより日本電信電話株式会社倉敷支店に設置されているデジタル交換機を介して，北海道札幌市×××NTT北ビル同社北海道ネットワークセンターに設置され，同社が情報料回収代行サービスを行っているダイヤルQ^2の各番組ごとの通話度数及び情報料の算出の基礎になる情報料度数の計算等の事務処理に使用される電子計算機に対し，実際には，その使用されたテレホンカードの通話可能度数がいずれも零度で通話できないものであり，いずれのテレホンカードからも被告人の開設した右番組の情報料が支払われた事実がないにもかかわらず，いずれも通話可能度数が残っているテレホンカードで通話したもので，それらのテレホンカードから，同表『情報料金』欄記載の右番組の情報料が日本電信電話株式会社にそれぞれ即時に支払われた旨の虚偽の情報を与え，同電子計算機において，同表『使用限度』欄記載の通話度数を情報料度数に換算させるなどした上，これに接続されている神奈川県横浜市×××NTTデータ横浜西ビル同社情報システム本部首都圏情報システムセンター料金明細担当に設置された情報料度数等のデータを編集する電子計算機を経由し，同社からダイヤルQ^2の各番組開設者に対して支払われる情報料の金額等を1か月分ごとに記録した銀行別振込依頼用のフロッピーディスク（FD）の作成等の業務を委託されている同県川崎市×××NTTテレマーケッティグ株式会社ダイヤルQ^2センターに設置された電子計算機において，日本電信電話株式会社が代行して回収したダイヤルQ^2の右番組の情報料を合計68万7980円，同社が被告人に対して支払うべき情報料の金額を右合計額から同社の回収代行手数料等を差し引いた残額である62万4206

円とする旨記録した銀行別振込依頼用のフロッピーディスク（FD）を作成させ，もって財産権の得喪，変更に係る不実の電磁的記録を作らせ，財産上不法の利益を得ようとしたが，平成3年9月12日午前2時15分ころ，岡山県倉敷市×××に設置された公衆電話機前において，被告人が警察官に変造有価証券行使の現行犯人として逮捕されたため，平成3年8月分の情報料度数等のデータを前記日本電信電話株式会社情報システム本部首都圏情報システムセンター料金明細担当を経由して，前記NTTテレマーケッティング株式会社ダイヤルQ^2センターに送付させたにとどまり，その目的を遂げなかったものである。」

「弁護人は，変造テレホンカードをカード式公衆電話機に挿入して電話をかけたことは，通話サービスを受けるという点では虚偽の情報を与えたといえるけれども，情報料の算出という点では，実際に通話された通話時間に応じて度数計算がされているにすぎないもので，何ら虚偽の情報を与えたことにはならない旨主張する。

しかしながら，NTTがダイヤルQ^2の情報料を番組開設者に支払うのは，番組開設者との間で情報料回収代行サービスの契約を締結していることに基づくものであり，NTTから番組開設者に支払われている情報料の算出は，公衆電話機からダイヤルQ^2の番組が利用された場合には，利用者から即時に情報料を回収したとする情報が一連の電子計算機システムに与えられることによってはじめて行われるのであって，変造テレホンカードをカード式公衆電話機に挿入して電話をかけた行為は，実際には，回収されていない情報料を回収されたとする虚偽の情報を与えたものにほかならないということができる。

なお，通話可能度数を虚偽のものに改ざんした変造テレホンカードは，それ自体，財産権の得喪，変更に係る虚偽の電磁的記録であり，これをカード式公衆電話機に挿入して電話をかける行為は，まさしく刑法246条の2の『財産権の得喪，変更に係る虚偽の電磁的記録を人の事務処理の用に供』するものにほかならないが，本件犯行は，通話サービスを受けること自体を目的としてされたものではなく，NTTが回収を代行して番組開設者に支払う情報料を不正に得ることを唯一の目的としたものであり，そのためには，番組開設者に対する情報料の支払のもとになる不実の電磁的記録を別途作出することが必要であったことからすれば，本件犯行は，同条の『人の事務処理に使用する電子計算機に虚偽の情報若しくは不正の指令を与えて財産権の得喪，変更に係る電磁的記

⇒ *355*

録を作』る行為としてとらえるべきものであり，その虚偽の情報若しくは不正の指令を与える手段として虚偽の電磁的記録が用いられたものである。」

「電子計算機使用詐欺罪の実行行為の着手時期は，財産権の得喪，変更に係る電磁的記録の作出に係る人の事務処理に使用する電子計算機に虚偽の情報若しくは，不正の指令を与える行為又は財産権の得喪，変更に係る虚偽の電磁的記録を人の事務処理の用に供する行為に着手した時点であると解されるところ，本件においては，被告人らにおいて，変造テレホンカードをカード式公衆電話機の差込口に挿入して，着信先の電話番号をダイヤルした時点で実行の着手があったと認めるのが相当である。」

355 国際通話料金の免脱

東京地判平成7年2月13日判時1529号158頁
（百選Ⅱ58，重判平7刑5）

【判決理由】「被告人は，自己の利用する電話回線から，国際電信電話株式会社（以下「KDD」という。）の電話交換システムに対し，料金着信払等の通話サービス（以下，「IODCサービス」という。）を利用する旨の番号を送出し，KDDの電話交換システムをして，IODCサービスを提供しているスペイン又はグァム（以下「IODC対地国」という。）の電話交換システムに自己が使用する電話回線を接続させた上，『ブルーボックス』と称するコンピュータソフトを使用して作出した不正信号を同回線を通じてIODC対地国の電話交換に送り出し，右電話交換システムをして，IODCサービスの申込みを取り消させた上，IODC対地国を中継国としてドイツ連邦共和国等（以下，「着信国」という。）の着信人との間に電話回線を接続させる方法で国際通話を行った場合には，KDDの電話料金課金システムにおいては右国際通話がIODCサービス利用による通話であると誤認するなど，KDD，IODC対地国及び着信国のいずれの電気通信事業者の電話料金課金システムでも自らが課金を行うべき通話と認識しないことを奇貨として，その通話料金の支払を免れようと企て，別紙一覧表記載のとおり，平成5年11月29日から平成6年3月4日までの間，前後44回にわたり，東京都大田区《番地略》甲野ハウス201号室所在の自己の使用する電話回線（東京《番号略》，以下「本件電話回線」という。）から，東京都新宿区×××所在の国際電話回線の接続・切断等の回線制御及び通話料金請求のための課金ファイル作成に必要な通話情報の記憶及び伝送等の事務を電

子計算機によって処理しているKDDの電話交換システムに対し，真実はIODCサービスを利用する意思がないのに，IODCサービスを利用する旨の番号を送出して，不正の指令を与え，KDDの電話交換システムをして，IODCサービス利用の申込みがなされたものと認識させて，本件電話回線とIODC対地国の電話交換システムとを接続させ，更に，本件電話回線から，『ブルーボックス』と称するコンピュータソフトを使用して作出した，KDDの電話交換システムからIODC対地国の電話交換システムに送信される回線制御を司る業務用信号に模した不正信号を，IODC対地国の電話交換システムに送り出すことによって，右電話交換システムにIODCサービスの申込みを取り消させた上，着信国の着信人との間に電話回線を接続させるとともに，IODC対地国の電話交換システムからKDDの電話交換システムに対して送信されるIODCサービスの申込みが取り消されたことを確認する旨の信号の送信を妨害して，KDDの電話交換システムがIODCサービスの申込みが取り消されたことを確認できない状態に置き，KDDの電話交換システムをして，IODCサービス利用による回線使用が継続しているものと誤認させて，別紙一覧表記載のとおり，IODC対地国を中継国として着信国の着信人との間で国際通話を行い，そのころ，KDDの電話交換システムをして栃木県小山市×××所在の小山国際通信センター内に設置されたKDDが通話料金課金のためのファイル作成等の事務を電子計算機を使用して処理しているKDDの電話料金課金システムに対して，右国際通話がIODCサービス利用の通話である旨の虚偽の通話情報を伝送させ，これに基づき右電話料金課金システムにその旨の不実のファイルを作出させて右国際通話の通話料金相当額の支払を免れ，もって，人の事務処理に使用する電子計算機に不正の指令を与えて財産権の得喪，変更に係る不実の電磁的記録を作り，右国際通話に相当する合計37万3806円の財産上不法の利益を得た。」

356 電子マネーと電子計算機詐欺

最決平成18年2月14日刑集60巻2号165頁／判時1928・158，判タ1207・141
(百選Ⅱ59，重判平18刑7)

【決定理由】「所論にかんがみ，電子計算機使用詐欺罪の成否につき職権で判断する。

原判決及びその是認する第1審判決の認定によれば，被告人は，窃取したク

⇒ *357*

レジットカードの番号等を冒用し，いわゆる出会い系サイトの携帯電話によるメール情報受送信サービスを利用する際の決済手段として使用されるいわゆる電子マネーを不正に取得しようと企て，5回にわたり，携帯電話機を使用して，インターネットを介し，クレジットカード決済代行業者が電子マネー販売等の事務処理に使用する電子計算機に，本件クレジットカードの名義人氏名，番号及び有効期限を入力送信して同カードで代金を支払う方法による電子マネーの購入を申込み，上記電子計算機に接続されているハードディスクに，名義人が同カードにより販売価格合計11万3000円相当の電子マネーを購入したとする電磁的記録を作り，同額相当の電子マネーの利用権を取得したものである。

　以上の事実関係の下では，被告人は，本件クレジットカードの名義人による電子マネーの購入の申込みがないにもかかわらず，本件電子計算機に同カードに係る番号等を入力送信して名義人本人が電子マネーの購入を申し込んだとする虚偽の情報を与え，名義人本人がこれを購入したとする財産権の得喪に係る不実の電磁的記録を作り，電子マネーの利用権を取得して財産上不法の利益を得たものというべきであるから，被告人につき，電子計算機使用詐欺罪の成立を認めた原判断は正当である。」

357 自動改札を利用したキセル乗車

東京地判平成24年6月25日判タ1384号363頁
（重判平25刑8）

【事案】　被告人らは，130円区間有効の乗車券を使用して，東京都の上野駅から入場し，JR東日本の列車に乗車して，東北本線の宇都宮駅に到着したが，その際，雀宮駅から岡本駅までを有効区間とする回数券を自動改札機に投入し，同改札口を通過して出場し，よって，上野駅から宇都宮駅までの運賃との差額の支払を免れた（雀宮駅と岡本駅はそれぞれ宇都宮駅に隣接する駅である）。復路においても，180円区間有効の乗車券を使用して宇都宮駅から入場し，列車に乗車して，東京都の赤羽駅に到着すると，同駅改札口に設置してある自動精算機に対し，往路で用いた上野駅から130円区間有効の乗車券を投入して精算手続を行い，これにより入手した精算券を自動改札機に投入し，同改札口を通過して出場し，よって，宇都宮駅から赤羽駅までの運賃との差額の支払を免れた。

　JR東日本の自動改札機及び自動精算機のシステムによれば，入場時に乗車券等を自動改札機に投入すると，その入場に関する情報がエンコードされ，出場時に自動改札機又は自動精算機に乗車券等を投入した際，入場情報が確認されることになっており，回

⇒ *357*

数券もほぼこれと同様である。入場情報が確認されない場合等には，自動改札機が開扉しない。もっとも，回数券の場合，自動改札機未設置駅を有効区間に含むものについては，乗客の利便性等に配慮して，入場情報がなくても，下車駅の自動改札を通過することが可能であった。岡本駅が自動改札機未設置駅であったため，宇都宮駅の自動改札機に雀宮・岡本間の回数券を自動改札機に投入する場合，入場情報の記録がなくても出場が可能であった。

【判決理由】「(1) 本件構成要件中の『虚偽の電磁的記録』の意義について

　本罪は，科学技術の進展により，種々の取引分野で，直接人を介さずに，人と電子計算機との間のデータのやり取りにより決済や資金移動等の事務処理が自動的に処理される場面が著しく増加する一方，このような事務処理システムを悪用して財産上不法の利益を得る行為が生じ，従来の刑法の規定によってはこれを適正に処罰することが困難であったため，これらを詐欺利得罪に類似したものとして処罰の対象としたものである。そして，電子計算機は，その目的に従って構築された事務処理システムに基づいた演算及びこれによる判定等を行うことにより人の事務処理を代替するものであり，本罪はそのような電子計算機に向けて虚偽の電磁的記録をその事務処理の用に供して不正な事務処理を行わせようとする行為を捕捉するものである。そうすると，本件構成要件中の『虚偽』とは，電子計算機を使用する当該事務処理システムにおいて予定されている事務処理の目的に照らし，その内容が真実に反するものをいうと解するのが相当である。」

　「(2) 往路について

　まず，往路についてみると，本件回数券は真正に発券されたものであり，エンコードされた情報に誤りは一切なく，入場情報のエンコードがないまま自動改札機に投入されたものであるところ，宇都宮駅の自動改札機は，本件回数券の有効区間に含まれる岡本駅が自動改札機未設置駅であることから，入場情報がなくても，自動改札機からの出場を許している。

　しかしながら，このことは，宇都宮駅の自動改札機が入場情報を読み取りの対象としないとか，入場情報の判定が事務処理の目的になっていないということを意味するものではない。宇都宮駅の自動改札機は，一般の自動改札機と同様，入場情報を読み取っており，有効区間内の駅の自動改札機において入場した場合にエンコードされた入場情報を判定対象としているところ，例外的に，

⇒ *357*

回数券の有効区間内に自動改札機未設置駅がある場合に限り，同駅から乗車した旅客の利便性等を考慮し，入場情報がなくとも，出場を許しているにすぎない。そして，回数券については，有効区間外の駅において入場することはできないのであるから，自動改札機未設置駅を有効区間に含む回数券を出場時に自動改札機に投入する場面においては，入場情報のエンコードがないことが有効区間内の自動改札機未設置駅における入場情報に代わるものとして扱われているものといえる。この点では，宇都宮駅の自動改札機は，その乗車に係る入場情報又はこれに代わる情報を問題にしており，前記1の自動改札機の事務処理システムの前提を変更するものではない。このことを踏まえ，自動改札システムの目的，機能等に照らし，入場情報がない本件回数券を宇都宮駅の自動改札機に投入する行為の意味をみると，実質的には，宇都宮駅の自動改札機に対し，本件回数券を持った旅客が有効区間内の自動改札機未設置駅（岡本駅）から入場したとの入場情報を読み取らせるものであって，この入場情報は被告人らの実際の乗車駅である鶯谷駅又は上野駅と異なるのであるから，本件回数券の電磁的記録は，自動改札機の事務処理システムにおける事務処理の目的に照らし，虚偽のものであるといえる。本件回数券は本件構成要件に当たるというべきである。

(3) 復路について

次に，復路についてみると，本件乗車券は真正に発券されたものであり，入場時にエンコードされた入場情報もその時点では誤りがないものである。

しかしながら，前記1のとおり，自動精算機の事務処理システムに照らせば，乗車券等にエンコードされた入場情報はその事務処理を果たす上で極めて重要なものであり，しかも，その入場情報は精算駅における出場に対応する乗車に係る入場情報であることが当然の前提となっている。そうすると，本件乗車券は，発駅を鶯谷駅又は上野駅とし，これらの駅で入場したとの入場情報がエンコードされたものであって，復路の赤羽駅又は渋谷駅の自動精算機に投入される場面において，自動精算機の事務処理システムにおける事務処理の目的に照らし，被告人らの実際の乗車駅である宇都宮駅と異なる虚偽のものであるといえる。本件乗車券は本件構成要件に当たるというべきである。」

■8 横領罪

[1] 委託関係

358 債権譲渡人による譲渡後の弁済の受領

最決昭和 33 年 5 月 1 日刑集 12 巻 7 号 1286 頁

【事案】 A 会社の代表取締役である被告人は，同会社が有する債権を B 組合に譲渡したが，債務者に対する債権譲渡の通知をする前に債務者から支払われた金員を着服した。原判決は次のように述べて横領罪の成立を肯定した。「債権を譲渡して，いまだ債権譲渡の通知を出さなかったとしても，該通知は債務者に対する対抗要件たるに止り，債権を譲渡した相手方たる前記協同組合と被告人が代表者取締役である前記 A 会社との間においては，右債権は完全に譲渡されて，右 A 会社は既に権利を失い，C 会社から支払われた金員は右協同組合の所有に帰するわけであるから，右 A 会社が所有権を取得するいわれはない。従って被告人が該金員を右債務者より受領保管中自己又は A 会社のために擅に使用するにおいては，自己の占有する他人の金員を自己又は第三者のために領得費消したこととなるから，横領罪を構成することは明らかである。」

【決定理由】 「原判決が同判示のごとき理由から，本件につき横領罪の成立を認めた第 1 審判決を是認したのも正当である。」（なお，本判決には，受領した金銭の所有権は譲渡人に帰属し，譲受人から債権の取立を委任されていたといった特段の事情がない限り，譲受人である B 組合に対する関係において横領罪が成立する余地はない，という意見が付されている。）

359 誤配達された郵便物の領得

大判大正 6 年 10 月 15 日刑録 23 輯 1113 頁

【事案】 被告人は自分に誤って配達された郵便物を開披して小為替券を領得した。

【判決理由】 「同差出人の有する該占有は郵便物の送達を受託したる郵便官署の当該吏員か該郵便物を保管するに依りて之を持続するものなるを以て上記吏員か郵便物自体の所持を失ひたるときは差出人は当然該占有を喪失するものとす故に原判示の如く郵便集配人か誤て被告に為替券在中の封緘郵便物を配達し其所持を喪ひたる以上は同郵便物の差出人は之に伴ひ封入の物件に付き占有を喪失し郵便物全体は刑法第 254 条に所謂占有を離れたる他人の物に該当するを以て（明治 43 年(れ)第 2180 号同年 12 月 2 日宣告判例）被告か擅に之を領得したる判示行為は同法条に依る横領罪に該り窃盗罪を構成するものに非す」

⇒ 360・361

[2] 他人の物

360 使途を定めて寄託された金銭
最判昭和26年5月25日刑集5巻6号1186頁
（百選II 63）

【事案】 被告人は，製茶の買い付けの依頼を受け，その代金として預かった金銭を自己の用途に費消した。

【判決理由】「原判決は所論金銭は製茶買受資金として被告人に寄託されたものであることを認定している。即ち，右金銭についてその使途が限定されていた訳である。そして，かように使途を限定されて寄託された金銭は，売買代金の如く単純な商取引の履行として授受されたものとは自らその性質を異にするのであって，特別の事情がない限り受託者はその金銭について刑法252条にいわゆる『他人の物』を占有する者と解すべきであり，従って，受託者がその金銭について擅に委託の本旨に違った処分をしたときは，横領罪を構成するものと言わなければならない。」

361 譲渡担保
大判昭和8年11月9日刑集12巻1946頁

【判決理由】「原判示事実に依れは被告人は判示債務の担保として本件土地に付債権者Aに対し信託的に其の所有権を譲渡し内部関係に於て所有権を被告人に留保し弁済期に弁済を為ささる場合は該土地の所有権は内部関係に於ても完全に債権者に移転すへきことを約したるに拘らす被告人か弁済期に至り其の支払を為ささりし為該物件は完全に債権者の所有に帰属したるものなりと認定したるものなれは論旨は判示に副はさるのみならす判示の如き契約を為し弁済期に至り其の弁済を為ささるときは予め移転登記を為ささるも内部関係に於て其の所有権か完全に債権者に帰属すへきものなるか故に被告人か擅に自己の為之を他に売却すれは横領罪の成立すること勿論にして論旨理由なし」

⇒最判昭和46年3月25日民集25巻2号208頁は，譲渡担保に関し，弁済期に債務者が弁済しないときは，債権者は目的不動産につきその価額と債権額の差額を清算金として支払う義務があり，不動産の引渡しは清算金の支払と引換えに認められるべきだとした。

362 譲渡担保

大阪高判昭和 55 年 7 月 29 日刑月 12 巻 7 号 525 頁／判時 992・131

【事案】 債権者である被告人 X は譲渡担保として土地の所有権を譲渡され所有権移転登記を受けていたところ，自己の債務のため，その土地につき根抵当権設定契約・停止条件付代物弁済契約を締結して，その本登記・仮登記を終えた。原判決は背任罪の成立を肯定し，本判決も以下のように述べてこれを是認した。

【判決理由】「このような担保設定行為は，土地に物的な負担を附し，債務の弁済時に債務者に対し従前の状態のままこれを返還することができないこととなる危険性を含む行為であるから，債権者がこうした行為を行うことは許されないものというべきである。所論は，債権者は債務者に残存する所有権を損わない限度の行為をすることができると主張するが，右のような担保設定行為は，まさに債務者に留保された所有権を損う行為と解されるのである。したがって，被告人 X の前記行為は，債務者のために土地を保全するうえでの任務に背くものであり，しかも，その性質上当然に自己の利益のために行ったものと認めるのが相当である。」

363 所有権留保

大判昭和 9 年 7 月 19 日刑集 13 巻 1043 頁

【判決理由】「被告人は A 自動車商会主 B 外 6 名との間に夫々自動車の月賦代金完済に至る迄は其の所有権を売主に留保し買主たる被告人に於て賃借して之を占有使用する特約を結ひ所謂月賦買取の方法に依り代金等を定めて自動車を引取り未月賦金を完済せさるに先ち擅に之を他に売渡担保として提供し以て之を横領したることは原判決の認定するところにして右の如き契約は有効なる一種の無名契約に属し所論の如く商取引の慣例又は一般社会の通念に反するに非さるのみならす素より公序良俗に反する無効の行為に非さるなり所論は畢竟原審と相容れさる独自の見解の下に本件契約に於ては自動車の所有権は之か引渡と同時に買主に移転するものにして前示特約条項は単なる例文に属し当事者間に月賦金支払の義務の履行を確保せんとする心理的強制の意義を有するに過きさるものと做し以て原審の事実認定を非難攻撃するに帰し採用すへからす」

364 所有権留保

最決昭和 55 年 7 月 15 日判時 972 号 129 頁／判タ 421・73

【決定理由】「自動車販売会社から所有権留保の特約付割賦売買契約に基づい

⇒ 365・366

て引渡を受けた3台の貨物自動車を，右会社に無断で，金融業者に対し自己の借入金の担保として提供した被告人の本件各所為が，横領罪に該当するとした原判断は相当である。」

[3] 占有の意義

365 登記による占有（不動産の二重売買）
最判昭和30年12月26日刑集9巻14号3053頁／判タ57・42
【判決理由】「不動産の所有権が売買によって買主に移転した場合，登記簿上の所有名義がなお売主にあるときは，売主はその不動産を占有するものと解すべく，従っていわゆる二重売買においては横領罪の成立が認められるとする趣旨は，大審院当時くりかえし判例として示されたところであり，この見解は今なお支持せられるべきものである（例えば大正11年3月8日判決，刑集1巻1号124頁。昭和7年3月11日判決，刑集11巻167頁。昭和7年4月21日判決，刑集11巻342頁等参照）。本件について原判決の是認する第1審の確定した事実は，被告人は判示のように本件山林をAに売却したのであるが，なお登記簿上被告人名義であるのを奇貨とし，右山林をさらにBに売却したというのであるから，原審が横領罪の成立を認めたのは相当であってなんら誤はない。」

366 土地の権利証・白紙委任状の所持による占有
福岡高判昭和53年4月24日判時905号123頁
【判決理由】「被告人は不動産業者としてその仲介にかかる分譲住宅をAに取得させるため，同人からその所有にかかる本件土地3筆につき抵当権を設定することにより融資を斡旋することを依頼され，これに必要な書類として本件土地3筆の登記済証及び白紙委任状等を交付されていたものであるから，法律上本件土地3筆を占有していたものというべく，右書類を利用して本件土地につき自己の用に供するため，右Aの意に反してほしいままに，登記簿上自己の所有名義に移転登記をなしたことは，これを不法に領得したものというべきであるから，本件につき被告人は業務上横領罪の罪責を免かれない。」

367 倉荷証券の所持による占有

大判大正7年10月19日刑録24輯1274頁

【判決理由】「倉荷証券の所持人は寄託物を任意に処分し得へき地位に在るを以て刑法上に於ては其寄託物の占有者と認むへきものにして原旨に依れは被告は判示Aの寄託物に対する倉荷証券をBより借受け所持したるものなれは該寄託物の占有者なりと解すへきものなるを以て被告か該証券を擅に利用して判示物品を売却したる所為は包括的に相合して1箇の横領罪を構成するものと解せさるへからす」

368 銀行預金による金銭の占有

大判大正元年10月8日刑録18輯1231頁

【判決理由】「刑法に所謂占有ありと認むるには物を現実に支配するの事実あれは則ち足るものとす原判決第三事実認定に依れは被告XはK村長として其保管する同村基本財産たる判示金員換言すれは現に被告の支配内に存せる右公金を判示銀行に預け入れたる事実ありと雖も右事実は被告の前示公金の保管者たる地位に変動を生せしむるものにあらされは従て被告の右公金に対する支配関係に毫も消長あることなく即ち該公金は其預入後と雖も依然被告の支配内に存せしものなるを以て右金員は刑法第253条に所謂自己の占有する他人の物に該当するものとす故に苟くも原判決認定の如く被告に於て右銀行より該金員を引出し以て之を横領したる事実ある以上は右は前記法条の横領罪を構成すること亦論を竢たす」

[4] 不動産の横領

369 不動産の二重売買と譲受人の罪責

最判昭和31年6月26日刑集10巻6号874頁／判タ61・65
⇒373

【事案】 被告人Xは，被告人Yと共謀の上，不動産をAに譲渡したにもかかわらず登記名義がXであったことを利用して，Yのために抵当権を設定・登記し，さらにそれを抹消した後，Yに対する債務の代物弁済としてYに所有権移転登記をした。

【判決理由】「被告人Yは，被告人Xに対する元金2万8000円の債権に基きその代物弁済として昭和24年2月5日本件不動産の所有権移転登記を受けそ

⇒ *370*

の所有権を取得したというのであるから代物弁済という民法上の原因によって本件不動産所有権を適法に取得したのであって，被告人Xの横領行為とは法律上別個独立の関係である。されば本件においてたとい被告人Yが『前記の事実を良く知りながら』右所有権の移転登記を受けたとしても，これをもって直ちに横領の共犯と認めることはできないのである。」

370 不動産の二重売買と譲受人の罪責

福岡高判昭和47年11月22日刑月4巻11号1803頁／判タ289・292
（百選Ⅱ64）

【判決理由】「不動産の二重譲渡の場合，売主である前記Aの所為が横領罪を構成することは明らかであるが，その買主については，単に二重譲渡であることを知りつつこれを買受けることは，民法第177条の法意に照らし，経済取引上許された行為であって，刑法上も違法性を有しないものと解すべきことは，所論のとおりである。しかしながら本件においては，買主たる被告人は，所有者Bから買取ることが困難であるため名義人Aから買入れようと企て，前叙のとおり単に二重譲渡になることの認識を有していたのに止まらず，二重譲渡になることを知りつつ敢て前記Aに対し本件山林の売却方を申入れ，同人が二重譲渡になることを理由に右申入れを拒絶したのにもかかわらず，法的知識の乏しい同人に対し，二重譲渡の決意を生ぜしめるべく，借金はもう50年以上たっているから担保も時効になっている，裁判になっても自分が引受けるから心配は要らない等と執拗且つ積極的に働きかけ，その結果遂に同人をして被告人に本件山林を二重譲渡することを承諾させて被告人と売買契約を締結するに至らしめたのであるから，被告人の本件所為は，もはや経済取引上許容されうる範囲，手段を逸脱した刑法上違法な所為というべく，右Aを唆かし，更にすすんで自己の利益をも図るため同人と共謀のうえ本件横領行為に及んだものとして，横領罪の共同正犯としての刑責を免れないものというべきである。もし所論のように，このような場合にも買主に横領罪の共犯が成立しないものとすれば，買主の積極的な働きかけによって遂に横領の犯意を生じた売主のみが一人横領罪として処罰されることとなり，刑法的評価のうえで余りにも衡平を失することとなる」

⇒最判昭和43年8月2日民集22巻8号1571頁は，背信的悪意者である第二譲受人は民法177条の「第三者」にあたらないとしている。

371　不動産の二重売買と詐欺の成否

東京高判昭和48年11月20日高刑集26巻5号548頁／判夕304・267

（重判昭49刑8）

【判決理由】「不動産の所有者が第1の買主との間に不動産の売買契約を締結し，権利証その他の登記申請に必要な書類を交付している場合において，右買主の登記未了を奇貨として，これを他に売却し，第2の買主に所有権移転登記を経由させたときは，対抗力の取得を目的とする不動産取引の通例にかんがみ，第1の売買を告知しなかったことは第2の買主の買受行為との間に詐欺罪の予定する因果関係を欠くのを通常とするのであるが，本件のように第2の買主において売買代金を交付し，不動産につき所有権移転請求権保全の仮登記を取得したが，いまだ所有権移転の本登記を取得しないうちに売買契約を解除するに至ったときは，右売買の経緯に照らし，第1の売買の存在およびその内容等が第2の買主の所有権移転登記の取得を断念させるに足るもので，第2の買主が，もし事前にその事実を知ったならば敢えて売買契約を結び，代金を交付することはなかったであろうと認めうる特段の事情がある限り，売主が第1の売買の存在を告知しなかったことは詐欺罪の内容たる欺罔行為として，第2の買主から交付させた代金につき詐欺罪の成立があるものと解するのが相当である。これを本件についてみるに，前記認定によれば，被告人の妻とA，AとBの間における各売買契約はいずれも有効に存続しており，とくにAは不動産売買代金の半額にあたる900万円を被告人に支払い，所有権移転登記申請に必要な書類の交付を受け，右契約の履行によるAないしBへの所有権移転登記を保全している状況にあったのであるから，被告人がこれを他に転売し，Aらの対抗力の取得に困難を生ずれば，被告人との間に紛争を生じることは避け難く，したがってこのような状況のもとでは被告人がCに所有権移転登記を得させるにつき所論のようになんら障害がなかったとはいえなかったこと，他方Cとしても，本件不動産の売買は単に利殖の目的に出たものではなく，もっぱら自己および家族の居住の目的に出たものであるから，一般的にいって対象不動産をめぐる紛争の余地のある売買を嫌忌することは理由のないことではなく，とくに同人にとってAはいわゆる華僑仲間であると共に，自己の勤務先の得意先の関係でもあり，もし自己においてAにさきがけて本件不動産につき所有権移転登記を経由すれば，同人との間においても右不動産をめぐる紛争を生

⇒ 372

ずる可能性もあり、ひいてはＣの勤務先とＡとの営業上の信頼関係も損われる等Ｃの勤務先における地位にも影響しかねない事態も予想されたこと、ＣがＡら右不動産の買主の存在を知ったのちにおいて、被告人に対しあくまで売買契約の履行を求めることはせず、自ら解除を申し出たのは前記Ａとの関係等を考慮したことにほかならないこと等の事実が明らかであるから、本件における被告人とＡとの前記売買の内容および経緯は、Ｃが代金の一部を支払ったことにより所有権移転請求権保全の仮登記を取得した時点においても、なおＡらにさきがけて本件不動産の所有権移転登記を取得することを断念させるに足りるものであり、もしＣがこれら売買の経緯を事前に知っていればかかる不動産につき敢えて売買契約を結ぶことはなく、したがって代金を交付することもなかったであろうと認めるに足りる特段の事情があったものというべきである。したがって、被告人がこれら売買の経緯をＣに告知しなかったことは、取引に関する重要事項につき同人を欺罔したものといわなければならない。そして、被告人は本件不動産に関する前記売買の経緯およびＣとＡとの前記関係を知悉しながら本件不動産を高く売却するためにＣに事情を秘匿して売却したものであるから、たとえ被告人においてＣとの売買契約を履行するためＣに金融機関から金融を得させようと努力していたとしても詐欺の犯意なしということはできない。」

372 不実の抵当権設定仮登記と横領罪の成否

最決平成21年3月26日刑集63巻3号291頁／判時2041・144、判タ1296・138

(重判平21刑6)

【事案】 Ａ会社からＤ及びＢ会に順次譲渡されたものの、所有権移転登記が未了のためＡ会社が登記簿上の所有名義人であった建物を、Ａ会社の実質的代表者としてＢ会のために預かり保管していた被告人が、Ｅ会理事長Ｆほか2名と共謀の上、Ａ会社が名義人であることを奇貨とし、その各登記簿上にＥ会を登記権利者とする不実の抵当権設定仮登記をすることにより、上記Ｄ及びＢから原状回復にしゃ口して解決金を得ようと企て、ＡがＥ会から5億円を借りてその担保として本件建物等に抵当権設定契約を締結した事実がないのに、登記官に対し、本件建物及び本件地上権につき、Ｅ会を登記権利者、Ａを登記義務者とし、上記内容の虚偽の金銭消費貸借契約及び抵当権設定契約を登記原因とする本件建物及び本件地上権に係る各抵当権設定仮登記の登記申請書等関係書類を提出し、情を知らない登記官をして、本件建物及び本件土地の登記簿の原本として用いられる電磁的記録である各登記記録にそれぞれその旨の記録をさせ、そ

のころ，同所において，その各記録を閲覧できる状態にさせた。

【決定理由】「まず，本件仮登記の登記原因とされたAとE会との間の金銭消費貸借契約及び抵当権設定契約は虚偽であり，本件仮登記は不実であるから，電磁的公正証書原本不実記録罪及び同供用罪が成立することは明らかである。そして，被告人は，本件和解により所有権がB会に移転した本件建物を同会のために預かり保管していたところ，共犯者らと共謀の上，金銭的利益を得ようとして本件仮登記を了したものである。仮登記を了した場合，それに基づいて本登記を経由することによって仮登記の後に登記された権利の変動に対し，当該仮登記に係る権利を優先して主張することができるようになり，これを前提として，不動産取引の実務において，仮登記があった場合にはその権利が確保されているものとして扱われるのが通常である。以上の点にかんがみると，不実とはいえ，本件仮登記を了したことは，不法領得の意思を実現する行為として十分であり，横領罪の成立を認めた原判断は正当である。また，このような場合に，同罪と上記電磁的公正証書原本不実記録罪及び同供用罪が併せて成立することは，何ら不合理ではないというべきである（なお，本件仮登記による不実記録電磁的公正証書原本供用罪と横領罪とは観念的競合の関係に立つと解するのが相当である。）。」

373 旧判例

最判昭和31年6月26日刑集10巻6号874頁／判タ61・65
⇒369

【事案】 被告人Xは，その所有にかかる不動産をAに売却し所有権を移転したが，未だその旨の登記を了していないことを奇貨として，Bに対し右不動産につき抵当権を設定しその旨の登記をした。その後Xは，更にBに対し右不動産の所有権を移転しその旨の登記をした。

【判決理由】「原判決は，……『被告人Xが……昭和23年9月6日右元金合計2万8千円の担保として本件不動産に二番抵当権の設定登記をしたことは明らかであるが，右二番抵当権設定登記は昭和24年2月4日抹消され被告人Xは本件不動産につきAのためにまたその占有を始めたのであるから被告人両名が本件不動産につき更に判示の如く所有権移転登記をした以上その所為はまた横領罪に該当するものというべく……』と判示している。しかしながら仮りに判示のように横領罪の成立を認めるべきものとすれば，被告人Xにおいて不

⇒ *374*

動産所有権がAにあることを知りながら，被告人Bのために二番抵当権を設定することは，それだけで横領罪が成立するものと認めなければならない。判示によれば，昭和24年2月4日右二番抵当権登記は抹消されたというが，第1審判決の認定によれば，その翌日2月5日代物弁済により被告人Bに所有権移転登記をしたというのであって，記録によれば，右二番抵当権登記の抹消は所有権移転登記の準備たるに過ぎなかったことを認めるに十分である。されば原判決がことさらに被告人Xが右2月4日1日だけAのため本件不動産の占有を始めたという説明によって右所有権移転登記の時に横領罪が成立すると判断したことは，刑法の解釈を誤った違法があるに帰する。」

374 新判例
最大判平成15年4月23日刑集57巻4号467頁／判時1829・32, 判タ1127・89
(百選Ⅱ68, 重判平15刑5)

【事案】 第1審判決は，被告人は，宗教法人Aの責任役員であるところ，Aの代表役員らと共謀の上，(1)平成4年4月30日，業務上占有するA所有の本件土地1を，B株式会社に対し代金1億0324万円で売却し，同日，その所有権移転登記手続を了して横領し，(2)同年9月24日，業務上占有するA所有の本件土地2を，株式会社Cに対し代金1500万円で売却し，同年10月6日，その所有権移転登記手続を了して横領した，として，業務上横領罪の成立を認めた。弁護人は，控訴して，被告人は，上記各売却に先立ち，土地1については，昭和55年4月11日，被告人が経営するD株式会社を債務者とする極度額2500万円の根抵当権①を設定してその旨の登記を了し，その後，平成4年3月31日，Dを債務者とする債権額4300万円の抵当権②を設定してその旨の登記を了し，また，土地2については，平成元年1月13日，Dを債務者とする債権額3億円の抵当権③を設定してその旨の登記を了しており，これら抵当権設定行為が横領罪を構成するというべきであるから，各土地の売却行為は不可罰的事後行為として犯罪を構成しない，と主張した。

これに対して，原判決（東京高判平成13・3・22高刑集54巻1号13頁）は，以下のように判示して控訴を棄却した。まず，原判決は，本件抵当権①，③については，事実関係が明らかでないので，抵当権設定行為が横領罪を構成するかどうかが明瞭でなく，「先行行為についての犯罪成立が，既に取り調べられた証拠により明白に認められるか，若干の追加立証により明白に立証できる確実な見込みがある場合に限って，起訴されている後行行為を不可罰的事後行為と認めるべきものと解されるから……本件において，第1の土地及び第2の土地の各売却行為を，それぞれ①及び③の各抵当権設定の関係での不可罰的事後行為ということはできない。……仮に，①の根抵当権設定及び③の抵当権設定が横領罪を構成するものであることが，本件の証拠上明らかといえるとしても

……いずれも既に公訴時効が完成しているのであるから，これらにつき被告人を処罰することは最早不可能である。そして，このように先行行為について，公訴時効の完成とか，その他の訴訟条件の欠如や責任能力の欠如等の事由により，犯罪（横領罪）として処罰することができないような事情があるときは，後行行為がそれ自体として犯罪（横領罪）の成立要件を充足していると認められる限り，これを不可罰的事後行為とすることは不合理というべきであって，後行行為を処罰することは許されると解するのが相当である」と判示した。

次に，原判決は，②の抵当権設定については，横領に当たるが，第1の土地の売却と本件抵当権②の設定とでは土地売却の方がはるかに重要であるから，「検察官が，第1の土地につき，その売却を横領行為と捉えて公訴提起したのは，極めて合理的なものとして理解できるのであり，裁判所としては，売却を横領行為とみることができる以上は，その訴因に基づき横領罪の成立を認めるべきは当然のことである。確かに，……実体法的にみると，先行行為である抵当権設定が当該土地そのものの所有権侵奪的行為として横領に当たるということになれば，後行行為である土地の売却行為は，すでに領得した土地の処分行為ということになり，いわゆる『横領物の横領』として，そもそも横領罪には当たらないということもできよう。しかし，例えば，商店の店員が，自己の机のA引き出しに保管している店の金から，自己の用途に充てる分を毎日少しずつB引き出しの中の目立ちにくいところに移して貯め込み，数日毎にその一部を店外に持ち出していたが，費消することなくB引き出しに戻すこともあり，費消した金額・日時・場所等は証拠上確定できるというような委託金横領の事案において，実務上は，費消行為を横領行為として起訴がなされ，上記のような費消に至る事実経過が認められても，訴因のとおりの横領罪の成立が認められているものと思われる。実体法的には，店の金をB引き出しに移す行為や店外に持ち出す行為を，具体的事情如何によっては，横領行為と解することもできるのであって，そうすると，その後の費消行為は『横領金の横領』として横領行為とはいえないことになるのであるが，このような場合に，先行行為のいずれかを横領行為とする訴因変更等を問題とするのは，ありふれた横領行為の処罰を著しく困難にすることになり，不合理というべきである（これらの先行行為については日時・金額・回数等を特定することが困難な場合が少なくない。）。本件のような不動産の横領の場合は，先行行為である抵当権設定を横領行為とする訴因を構成することは容易ではあるが，売却を横領行為とみることもできる以上は，裁判所としては，そのような訴因変更を促すことなく，横領罪の成立を認めてよいし，また，認めるべきものなのである……。もっとも，本件の事案において，検察官は②の抵当権設定を横領行為として訴因構成することも可能であり，その場合には，裁判所もそのとおりの横領罪を認定すべきことになる。いずれにせよ，このように密接な関係にある売却と抵当権設定については，1回しか処罰できないものと解すべきである（なお，双方が包括的に1個の横領

⇒ 374

行為を構成すると解することも検討に値するように思われる。）」と判示した。

　さらに，原判決は，「動産に対する質権の設定は，売却処分とほぼ同視できるのが通常であろうが，不動産に対する抵当権設定は，被担保債権額と地価の関係は様々であり得るし，その双方とも弁済や経済情勢により変動し得るのであり，また，所有者にとっては，後の抵当権設定や売却処分は更に被害を大きくするものであり，占有者にとっては，後行の行為は新たに多額の利得をもたらすものであることが少なくないと思われる。また，抵当権の設定は担保余力がある限り何度でも可能であり，売却は最後ということになるが，当初の抵当権設定から相当の時日を経過した後に次の抵当権設定等が行われることもあり得るのである。そうすると，不動産に対する抵当権設定は，これが交換価値のほぼ全部を把握するものでない限りは，横領罪ではなく背任罪を構成するものと解する方が，後行行為につき，更に背任罪や横領罪の成立を無理なく認めうるので，妥当のようにも思われる（抵当権設定がその時点では土地の交換価値の全部を把握するものであっても，地価が高騰した後に売却等が行われる場合についても，やはり検討の余地がある。）。当裁判所は，今直ちに従前の判例に反対してこのような解釈に踏み切るというわけではないが，この点が慎重な検討に値することは確かであろうと考える次第である」とも判示している。

　弁護人は，原判決の上記判断が最高裁判例（⇒373）に違反する，と主張して上告した。

【判決理由】「そこで，本件引用判例に係る判例違反の主張について検討する。

　委託を受けて他人の不動産を占有する者が，これにほしいままに抵当権を設定してその旨の登記を了した後においても，その不動産は他人の物であり，受託者がこれを占有していることに変わりはなく，受託者が，その後，その不動産につき，ほしいままに売却等による所有権移転行為を行いその旨の登記を了したときは，委託の任務に背いて，その物につき権限がないのに所有者でなければできないような処分をしたものにほかならない。したがって，売却等による所有権移転行為について，横領罪の成立自体は，これを肯定することができるというべきであり，先行の抵当権設定行為が存在することは，後行の所有権移転行為について犯罪の成立自体を妨げる事情にはならないと解するのが相当である。

　このように，所有権移転行為について横領罪が成立する以上，先行する抵当権設定行為について横領罪が成立する場合における同罪と後行の所有権移転による横領罪との罪数評価のいかんにかかわらず，検察官は，事案の軽重，立証の難易等諸般の事情を考慮し，先行の抵当権設定行為ではなく，後行の所有権

移転行為をとらえて公訴を提起することができるものと解される。また，そのような公訴の提起を受けた裁判所は，所有権移転の点だけを審判の対象とすべきであり，犯罪の成否を決するに当たり，売却に先立って横領罪を構成する抵当権設定行為があったかどうかというような訴因外の事情に立ち入って審理判断すべきものではない。このような場合に，被告人に対し，訴因外の犯罪事実を主張立証することによって訴因とされている事実について犯罪の成否を争うことを許容することは，訴因外の犯罪事実をめぐって，被告人が犯罪成立の証明を，検察官が犯罪不成立の証明を志向するなど，当事者双方に不自然な訴訟活動を行わせることにもなりかねず，訴因制度を採る訴訟手続の本旨に沿わないものというべきである。

　以上の点は，業務上横領罪についても異なるものではない。

　そうすると，本件において，被告人が本件土地1につき本件抵当権①，②を設定し，本件土地2につき本件抵当権③を設定して，それぞれその旨の登記を了していたことは，その後被告人がこれらの土地を売却してその旨の各登記を了したことを業務上横領罪に問うことの妨げになるものではない。したがって，本件土地1，2の売却に係る訴因について業務上横領罪の成立を認め，前記(1)，(2)の各犯罪事実を認定した第1審判決を是認した原判決の結論は，正当である。」

　「以上の次第で，刑訴法410条2項により，本件引用判例を当裁判所の上記見解に反する限度で変更し，原判決を維持するのを相当と認めるから，所論の判例違反は，結局，原判決破棄の理由にならない。」

［5］　不法原因給付と横領

375　贈賄のために預かった資金の領得

最判昭和23年6月5日刑集2巻7号641頁
（百選Ⅱ62）

【判決理由】「原判決の確定した事実によれば被告人は昭和21年5月28日頃岩国警察署外1個所で原審相被告人X及びYから同人等の収賄行為を隠蔽する手段として同人等の上司である岩国警察署司法主任等を買収する為め金2万2000円を受取り保管中同年6月1日頃から同月中旬頃迄の間犯意を継続して

⇒ *376*

数回に神戸市その他で右金員の内 2 万円を自己のモルヒネ買入代金等に費消したものであるというのである。ところで不法原因の為め給付をした者はその給付したものの返還を請求することができないことは民法第 708 条の規定するところであるが刑法第 252 条第 1 項の横領罪の目的物は単に犯人の占有する他人の物であることを要件としているのであって必ずしも物の給付者において民法上その返還を請求し得べきものであることを要件としていないのである。そして前示原判示によれば被告人は他に贈賄する目的をもって本件金員を原審相被告人 X 及び Y から受取り保管していたものであるから被告人の占有に帰した本件金員は被告人の物であるということはできない。又金銭の如き代替物であるからといって直ちにこれを被告人の財物であると断定することもできないのであるから本件金員は結局被告人の占有する他人の物であってその給付者が民法上その返還を請求し得べきものであると否とを問わず被告人においてこれを自己の用途に費消した以上横領罪の成立を妨げないものといわなければならない。」

376 盗品の処分あっせん者による売却代金の着服

最判昭和 36 年 10 月 10 日刑集 15 巻 9 号 1580 頁／判タ 125・55

【判決理由】「大審院及び当裁判所の判例とする所によれば，刑法 252 条 1 項の横領罪の目的物は，単に犯人の占有する他人の物であることを以って足るのであって，その物の給付者において，民法上犯人に対しその返還を請求し得べきものであることを要件としない（大正 2 年 12 月 9 日大審院判決，刑録 19 輯 1393 頁，大正 4 年 10 月 8 日同院判決，刑録 21 輯 1578 頁，昭和 11 年 11 月 12 日第 1 刑事部判決，刑集 15 巻 1431 頁，昭和 23 年 6 月 5 日第二小法廷判決，刑集 2 巻 7 号 641 頁）。論旨引用の大審院判決〔⇒*377*〕は，これを本件につき判例として採用し得ない。したがって，所論金員は，窃盗犯人たる第 1 審相被告人 X において，牙保者たる被告人に対しその返還を請求し得ないとしても，被告人が自己以外の者のためにこれを占有して居るのであるから，その占有中これを着服した以上，横領の罪責を免れ得ない。」

⇒最判昭和 45 年 10 月 21 日民集 24 巻 11 号 1560 頁は，不法原因給付の場合には，給付者は給付した物の返還を請求することは許されず，その反射的効果として受贈者が所有権を取得するとしている。

377　盗品の処分あっせん者による売却代金の着服

大判大正 8 年 11 月 19 日刑録 25 輯 1133 頁

【判決理由】「原判決の認むる所に拠れは被告 X は窃盗犯人 A の委託により贓物を他人に売却し其代金中 17 円を領得したりと云ふに在るを以て該委託契約は民法第 90 条の規定あるか為め当然無効に帰すへき結果右契約に基く代理関係か直接なると間接なるとを問はす委託者 A に於ては該代金の上に所有権を獲得す可き謂なきか故に被告の判示行為は右 A に対する関係に於て横領罪を構成するものにあらす」

378　盗品保管後の領得

大判大正 11 年 7 月 12 日刑集 1 巻 393 頁

【判決理由】「被告 X は被告 Y の委託により同人か窃取したるの情を知悉し同人より判示自転車の委託を受け之を保管中不法に自己に領得したりと云ふに在るも被告 Y は勿論自転車の所有者に非さるのみならす不法原因の為給付を為したるものにして之か返還の請求其他何等の権利行使を為すことを得さるものなれは判示被告 X の行為は被告 Y に対する関係に於て横領罪を構成するものに非す又所有者との関係に付て之を按するに元来贓物に関する罪は他人の不法に領得したる物を運搬寄蔵牙保故買又は収受するに因りて成立するものにして何れの場合に於ても贓物の占有を不法に取得し以て所有者の物に対する追求権の実行を困難ならしむるを本質とす而して既に贓物を運搬寄蔵又は牙保して所有者の追求権を侵害する以上は初めより贓物を故買又は収受して該追求権を侵害すると毫も選ふ所なけれは其の者か後自ら之を領得することあるも之を以て所有権に対する新なる侵害行為なりとし贓物罪の外更に横領罪の成立を認むへきものに非す」

[6]　不法領得の意思

379　許諾の限度を越えた自動車の利用

大阪高判昭和 46 年 11 月 26 日高刑集 24 巻 4 号 741 頁／判時 665・102，判タ 280・334

【判決理由】「被告人は昭和 46 年 5 月 9 日午前 9 時頃，滋賀県草津市××A 方において，同人より同人所有の普通乗用自動車 1 台（時価約 90 万円相当）を，当日大津市石山へズボンを受取りのため乗用することの許諾をえて貸与を

⇒ 380・381

受けて保管中，同日昼頃右ズボン受取り後Ａ方に戻らず，そのまま反対方向の同市坂本方面に向い，それから同月17日警察官に逮捕されるまでの間，ほしいままに滋賀県内および福井県内等において自己のドライブ遊びに右自動車を乗り廻し，これを横領したものである。」

380 秘密資料のコピー作成目的での持ち出し

東京地判昭和60年2月13日刑月17巻1=2号22頁／判時1146・23，判タ552・137

【事案】 Ｎ社社員Ｘは，同社社員Ｙらと共謀の上，退社後新会社で利用するためにコピーを作成する意思で，Ｙが保管する秘密資料を社外に持ち出し，コピー作成後元に戻した。

【判決理由】「他人の物を一時的に持ち出した際，使用後返還する意思があったとしても，その間，所有権者を排除し，自己の所有物と同様にその経済的用法に従ってこれを利用し又は処分をする意図がある限り，不法領得の意思を認めることができると解されるところ，前記認定のとおり，被告人らが持ち出した本件資料は，Ｎが多大な費用と長い期間をかけて開発したコンピューターシステムの機密資料であって，その内容自体に経済的価値があり，かつ，所有者であるＮ以外の者が同社の許可なしにコピーすることは許されないものであるから，判示のとおり被告人等が同社の許可を受けずほしいまま本件資料をコピーする目的をもってこれを同社外に持ち出すにあたっては，その間，所有者であるＮを排除し，本件資料を自己の所有物と同様にその経済的用法に従って利用する意図があったと認められる。したがって，被告人らには不法領得の意思があったといわなければならない。」

381 供出米の流用

最判昭和24年3月8日刑集3巻3号276頁
（百選Ⅱ65）

【事案】 農業会長である被告人は，政府に売り渡すため保管していた農家からの供出米を，肥料と交換するために発送した。なお，本件当時，肥料不足対策として，供出後の余剰米を，全県で1万俵に限り，農業会が取りまとめて肥料と交換することが認められており，被告人は肥料確保のため，余剰米の収集前に供出米をとりあえず発送したものであり，保管米の不足を後日収集した余剰米で補塡しようと考えていた。

【判決理由】「横領罪の成立に必要な不法領得の意志とは，他人の物の占有者が委託の任務に背いて，その物につき権限がないのに所有者でなければできないような処分をする意志をいうのであって，必ずしも占有者が自己の利益取得

を意図することを必要とするものではなく，又占有者において不法に処分したものを後日に補塡する意志が行為当時にあったからとて横領罪の成立を妨げるものでもない。本件につき原審の確定した事実によると，被告人はA村の農業会長として，村内の各農家が食糧管理法及び同法に基づく命令の定めるところによって政府に売渡すべき米穀すなわち供出米を農業会に寄託し政府への売渡を委託したので，右供出米を保管中，米穀と魚粕とを交換するため，右保管米をB消費組合外2者に宛て送付して横領したというのである。農業会は各農家から寄託を受けた供出米については，政府への売渡手続を終った後，政府の指図によって出庫するまでの間は，これを保管する任務を有するのであるから，農業会長がほしいままに他にこれを処分するが如きことは，固より法の許さないところである。そして，前段に説明した理由によれば，原審理の確定した事実自体から被告人に横領罪の成立に必要な不法領得の意志のあったことを知ることができるのであるから，原判決には所論のような理由の不備若しくは齟齬の違法はなく，論旨は理由がない。」

382 補塡の可能性

東京高判昭和31年8月9日裁特3巻17号826頁／判タ62・71

【事案】 被告人は債権の取立を依頼され，受領した金銭を費消した。

【判決理由】 「元来，債権の取立の委託を受けた者が，委任の趣旨に従って，債務者より取立てた金銭の所有権は，直ちに債権者たる委任者本人に帰属するものと解すべきところ，金銭は所論の如く代替物であるから，委任の趣旨にかんがみその取立てた金銭の一時使用をも許さないような特別の事情の認められない限り，受任者がその金銭の占有中一時これを自己のために費消するも，遅滞なくこれを補塡する意思があり，且つ何時にてもこれを補塡し得べき十分な資力のあるときは場合により違法性を欠くことにより，横領罪を構成しないこともあり得る。……（中略）……被告人は本件1000円を費消する当時手許不如意にて，遅滞なくこれを補塡することの困難な事情にあることを十分了知しながら，敢えてこれが費消行為に及んだものであることが肯認し得られるのであるから，原判示の如く被告人に金1000円の横領罪が成立することは疑な〔い〕」

⇒ 383・384・385

383 公文書の持ち出し・隠匿

大判大正2年12月16日刑録19輯1440頁

【判決理由】「横領罪は自己の占有内に在る他人の物に対して自己領得の意思実行あるに由りて成立するを以て苟も同罪の目的たる物の所有者をして其経済的利益を喪失せしめ因りて自己に其経済的利益を収得する如き行為あれは自己領得の意思実行ありたるものと謂ふへく横領罪を以て該行為を論するは相当なり原判決の認定せる事実に拠れは被告X等は共謀してXの市助役として保管せる公文書を相被告Yをして市役所以外に帯出して之を隠匿せしめたる者にして右隠匿の行為は所有者たる市をして其公文書を保存使用するの利益を喪失せしめ被告等に於て自由に之を処分し得へき状態に措きたるもの即ち自己領得の意思を外形に表示したるものに外ならされは其行為の終局の目的如何を問はす被告等の行為を以て横領罪に問擬したる原判決は相当にして本論旨は理由なし」

384 第三者に領得させる場合

大判大正12年12月1日刑集2巻895頁

【判決理由】「横領罪は自己の占有する他人の物を不法に自己の物として自己に領得する場合最も多数にして本院の判例亦斯る場合に関するを以て最も多しと為す然れとも斯る目的物を第三者の物として其の者に不正の領得を為さしむる場合に於ても亦同罪の成立を認め得るものなること夙に本院判例の趣旨の存する所なりとす（明治44年(れ)第529号同年4月17日宣告本院判決参照）原判旨に依るときは被告は其の業務上占有するAの金銭を被告か代表社員たる合資会社A商店の為に擅に費消し又其の業務上占有する他人の判示物件を同商店の利益の為に擅に他に入質し以て不法の処分を為したる者なるを以て其の所為業務上の横領罪を構成するは明白なりとす」

385 第三者に領得させる場合

大判昭和8年3月16日刑集12巻275頁

【事案】 被告人は組合長として保管する金銭を，自分が専務取締役であり，営業資金が欠乏し経営困難であった会社に貸与した。

【判決理由】「他人の為め其の事務を処理するに当り自己の占有する本人の物を自ら不正に領得するに非すして第三者の利益を図る目的を以て其の任務に背きたる行為を為し本人に財産上の損害を加へたるときは背任罪を構成すへきも

のにして之を横領罪に問擬すへきものに非す而して原判決の認定事実を観るに……被告人は犯意継続の上判示Ａ村村長並Ａ村耕地整理組合長在職中自己か専務取締役たるＢ倉庫運送株式会社に於て営業資金欠乏し経営困難の悲境に陥りたるより右組合の資金及村有公金を同会社の利益を図る目的を以て之に流用せんことを企て……被告人の占有せる金1万300円を其の任務に背き判示日時場所に於て8回に亙り前記Ｂ倉庫運送株式会社会計係Ｃに交付して右耕地整理組合より右資力欠乏経営不確実なる会社に貸付け……因て本人たる前記耕地整理組合並Ａ村に財産上の損害を加へたる趣旨に帰するものにして被告人に於て不正領得の行為を為したりとの事実認定に非すと解するを相当なりとす」

386　寺の住職による建設費調達のための什物の処分

大判大正15年4月20日刑集5巻136頁

【判決理由】「Ａ院の本堂及庫裡は大正12年9月1日の震災に因り全部倒潰し仏像安置の場所すらなく寺務を執ること能はさりしを以て取敢へす庫裡を建設することと為りたれとも檀徒其の他より合計約500円の出捐を得たるに止まり其の額僅少に失し震災直後のこととて他に調金の手段なく苦心焦慮の末自己の責任を以て同寺院に於て従来重要せられさりし本件木像3体を売却して之に充てんと決意し後日調金したる上之を買ひ戻して再ひ寺院の所有に帰せしむへき意思を以て特に買戻の約款を附して売却し其の代金の全部を右庫裡建設費に充てたることを認定し得るを以て被告人は住職として自己の代表するＡ院の什物を同寺院の為に処分したるものにして縦令檀徒総代の同意並主務官庁の認可を得さりしとするも右処分は被告人か不法に本件木像3体を自己に領得する意思に出てたるものと謂ふを得さるを以て被告人の前記所為は横領罪を構成せす而して被告人か成規の手続を経すして売却したる所為は住職たる任務に背きたるものなること疑なきも前記の事情に鑑み被告人自己若は第三者の利益を図り又は其の代表する寺院に損害を加ふる目的ありたることは到底是認し難きを以て背任罪を以て問擬すへきものにも非す」

387　組合資金の定款外の営業への支出

最判昭和28年12月25日刑集7巻13号2721頁／判時20・24

【判決理由】「業務上横領の点につき職権を以って調査するに，記録上判示農

⇒ *388*

業協同組合の組合長たる被告人が判示貨物自動車営業に関して組合資金を支出したことが，被告人自身の利益を図る目的を以ってなされたものと認めるべき資料はないばかりでなく，それが組合のためにもなされたものであることはこれを否定し得ない。殊に被告人が判示組合名義を以ってA等から譲受け，組合名義を以って経営するに至った貨物自動車営業は，原判決の説示する如く，組合の総会及び理事会の議決を経ず，定款に違反して被告人が独断でその営業を継承したものであるとしても，この営業のためにした支出が専ら組合以外の者のためになされたと認めるに足る資料はない。してみると，判示貨物自動車営業が，原判決の認定する如く，たとえ判示組合の内部関係において，その事業に属しないとしても，被告人が該営業のため組合資金をほしいままに支出した一事を以って直ちに業務上横領罪を構成するものと即断することはできない。即ち，右支出が専ら本人たる組合自身のためになされたものと認められる場合には，被告人は不法領得の意思を欠くものであって，業務上横領罪を構成しないと解するのが相当である。」

388 國際航業事件

最決平成13年11月5日刑集55巻6号546頁
(百選Ⅱ66，重判平13刑7)

【事案】 株式会社の取締役経理部長であるX及び経理部次長であるYは，自社の株式を買い占めた仕手集団に対抗する目的で，第三者に対し，その買占めを妨害するための裏工作を依頼し，同社のために業務上保管していた裏金をその工作資金及び報酬として支出した。第1審判決（東京地判平成6年6月7日判時1536号122頁）は，被告人の行為は，専ら委託者本人のために行ったものであり，不法領得の意思が欠ける，として，業務上横領罪の成立を否定し，被告人らに無罪を言い渡した。その際，同判決は，「会社の役員等が会社の金員を会社のために支出した場合であっても，その支出が贈賄等の違法な目的を有するときや禁令の趣旨に明らかに違反してなされたときには，不法領得の意思がないとはいえないとして，横領罪の成立を認める見解も存するところである。しかし，会社の役員等の右のような行為は，贈賄罪で罰せられるなど，他の法条には触れるであろうが，委託関係の保護を目的とする横領罪の本質にかんがみ，同罪には該当しないと解すべきである」と説示している。これに対して，原判決は，業務上横領罪の成立を認めたが，その際，次のように判示した。

「被告人らによる本件金員の支出行為が不法領得の意思によるものであったか，それとも専ら会社のためにしたものであったかは，さらに，その支出行為が委託者である会社自体であれば行い得る性質のものであったか否かという観点からも検討する必要があ

る。すなわち，その支出行為が違法であるなどの理由から金員の委託者である会社自体でも行い得ない性質のものである場合においては，金員の占有者である被告人らがこれを行うことは，専ら委託者である会社のためにする行為ということはできず，支出行為の相手方などのためにした行為というほかないからである。」

最高裁は，職権で次のように判示して，被告人の上告を棄却した。

【決定理由】「当時，國際航業としては，乗っ取り問題が長期化すると，同社のイメージや信用が低下し，官公庁からの受注が減少したり，社員が流出するなどの損害が懸念されており，被告人らがこうした不利益を回避する意図をも有していたことは，第1審判決が認定し，原判決も否定しないところである。しかし，原判決も認定するように，本件交付は，それ自体高額なものであった上，もしそれによって株式買取りが実現すれば，Aらに支払うべき経費及び報酬の総額は25億5000万円，これを含む買取価格の総額は595億円という高額に上り（当時の國際航業の経常利益は，1事業年度で20億円から30億円程度であった。），國際航業にとって重大な経済的負担を伴うものであった。しかも，それは違法行為を目的とするものとされるおそれもあったのであるから，会社のためにこのような金員の交付をする者としては，通常，交付先の素性や背景等を慎重に調査し，各交付に際しても，提案された工作の具体的内容と資金の必要性，成功の見込み等について可能な限り確認し，事後においても，資金の使途やその効果等につき納得し得る報告を求めるはずのものである。しかるに，記録によっても，被告人がそのような調査等をした形跡はほとんどうかがうことができず，また，それをすることができなかったことについての合理的な理由も見いだすことができない。……本件交付における被告人の意図は専ら國際航業のためにするところにはなかったと判断して，本件交付につき被告人の不法領得の意思を認めた原判決の結論は，正当として是認することができる。

なお，原判決の上記3の判断のうち，(3)の第一段階において述べるところ〔事案に引用した部分〕は，是認することができない。当該行為ないしその目的とするところが違法であるなどの理由から委託者たる会社として行い得ないものであることは，行為者の不法領得の意思を推認させる一つの事情とはなり得る。しかし，行為の客観的性質の問題と行為者の主観の問題は，本来，別異のものであって，たとえ商法その他の法令に違反する行為であっても，行為者の

⇒ *389*

主観において，それを専ら会社のためにするとの意識の下に行うことは，あり得ないことではない。したがって，その行為が商法その他の法令に違反するという一事から，直ちに行為者の不法領得の意思を認めることはできないというべきである。しかし，本件において被告人の不法領得の意思の存在が肯認されるべきことは前記のとおりであるから，原判決の上記の判断の誤りは結論に影響しない。」

■*9* 背 任 罪

[*1*] 他人の事務処理者

389 東洋レーヨン事件

神戸地判昭和 56 年 3 月 27 日判時 1012 号 35 頁
（重判昭 56 刑 7）

【事案】 被告人 X は，A 社愛知工場製造部工務技術課副部員であったが，自己の担当する調査研究範囲外の機密資料を担当職員を欺罔して借用し，または，無断で，社外に持ち出してコピーしたのち元に戻しておいた。その後，X は，このコピーを競争会社に売却した。

【判決理由】「刑法 247 条の背任罪が成立するためには，或る一定の他人の事務を処理するものが，当該事務を処理するにあたり，その事務処理をなすにつき負担している任務に違背し，本人に対する加害目的又は自己もしくは第三者の図利目的で，当該事務処理行為に出ることを要するものであり，当該行為が右の任務に違背するものではなく，事務処理の範囲を逸脱してなされたものである場合には，他の罪を構成することはとも角，刑法 247 条の背任罪を構成するものではない。

かような観点から，まず，被告人 X について，本件各所為が背任ないし背任未遂罪を構成するか否かについて検討する。前記認定の事実関係（業務上横領及び贓物故買の関係で一括認定した事実をも含めて）によると，」

「これを要するに，MAS 以外の資料は，被告人 X の担当事務と直接関係が無く，MAS の資料も被告人 X の担当事務の遂行上参考となしうるというにとどまり，いずれの資料も，その保管者は，A 社愛知工場技術工務課長ら，同

⇒ *389*

工場DC，A社滋賀事業所施設部図面管理室各係員であり，被告人Xは，これらの各資料を複製して他へ売却する意図で，当該管理者に無断で持ち出し，ないし，右意図を秘し自己の担当事務に利用するかの如く装って当該管理者を欺罔して借り出して自宅等へ持ち帰り，1日ないし10数日間これを自己の占有下にとゞめ置いて写真撮影して複製し，複製した資料をB社側ないしC社側へ売却し，ないし売却しようとしたもので，被告人Xのかような所為は，不法領得の意思をもってなした窃盗ないし詐欺並びにそれらの事後処分というべきものであり，被告人Xの担当事務であるA社愛知工場の現有のナイロン糸製造設備の開発改善のための調査研究報告書作成という事務処理としての所為ではなく，事務処理の範囲を逸脱した所為であるといわなければならない。なるほど，被告人Xは，担当事務の処理上知り得た秘密事項を保管秘匿すべき任務を有することは勿論であるけれども，本件各資料は，その事務処理上知り得たものではなく，右のような不法な所為により領得したものであり，かような不法な所為に出ることはA社従業員としての一般的忠実義務に基づくかような所為に出てはならない義務に違反するものではあるけれども，かような不法に領得したものについてまで，領得後においてなお保管秘匿すべき任務を負担するものと考えることはできない。検察官は，本件各資料は，被告人XがそのするA社愛知工場技術工務課副部員たる地位に基づいて取得したものである以上，他に売却するという意図の有無にかかわらず，これを保管秘匿すべき任務を有するものである旨主張するけれども，たしかに被告人Xは，右副部員である地位にあったからこそ本件各資料がそれぞれの保管場所に保管されてあることを知ることができ，かつ入手することもできたということはできるけれども，借り出した各資料は，副部員たる地位を悪用して欺罔行為に出ることによりはじめて入手することができたものであり，無断で持ち出した各資料は，副部員という地位に無関係に無断で入手して持ち出したものであり，いずれも本来副部員たる地位に基づく担当事務の処理として入手したわけではないから，担当事務の処理のために入手したものについて保管秘匿の任務を有するのと同一に考えることはできない。なるほど被告人Xの資料入手の主観的意図を無視して考えるならば，いずれの資料も副部員たる地位に関連して入手したということができないわけではないけれども，その行為を主観的意図目的を離れて評価することは困難であり，被告人Xの副部員たる地位と本件各

⇒ *390*

資料とが右の意味で関連性があるということだけで，被告人Ｘに本件各資料の保管秘匿の任務が生じるものということはできない。また，被告人Ｘは，就業規則等に基づいてＡ社所有の秘密を保管し，これを社外に漏してはならない義務を負担しており，被告人Ｘの本件各所為は，かような義務に違反する側面を有するけれども，かような義務は，同被告人の担当事務との関係の有無を問わず存在するものであって，かような義務違反は，雇用契約に基づく一般的忠実義務違反としての責任を生じることはあっても刑法247条の背任罪にいう事務処理についての任務違背として評価することはできない。」

「（なお，被告人Ｘの本件各所為は，窃盗ないし詐欺罪を構成し，他の被告人らもこれにかかわりがある可能性も無いわけではないが，本件審理の経過ことに，本件審理の当初の段階においてすでに弁護人らからかような点について問題の提起がなされているのに検察官は，終始右各罪を構成するものではない旨主張してきたもので，起訴後すでに13年余を経た現段階において，訴因の変更を検討することは相当でないものと考える。）」

390 綜合コンピューター事件
東京地判昭和60年3月6日判時1147号162頁／判タ553・262

【判決理由】「被告人Ｘは，コンピューターのソフトウェアの開発販売等を営業目的とする前記株式会社Ｓに，インストラクターとして勤務し，同社において読売新聞販売店用に，開発した同新聞販売店購読者管理システムのオブジェクトプログラム（本件プログラム）を磁気により記録したフロッピーシートを管理し，これを使用して同社の顧客である同新聞販売店経営者方に設置されるオフィスコンピューターに右オブジェクトプログラムを入力しその使用方法につき技術指導するなどの業務を担当していたものであり，右オブジェクトプログラムの入力使用等に当たっては，同社が業務として同社の顧客方に設置するオフィスコンピューターに対してのみ，右フロッピーシートを使用するなど，同社のため忠実にその業務を遂行すべき任務を有していたものであり，被告人Ｙ及びＡは，同社と競合してこれと同様の営業を行うことを企図していたものであるが，被告人両名及びＡは，共謀の上，被告人Ｘの前記任務に背き，自己らの利益を図る目的で，昭和59年1月26日ころ，東京都昭島市福島××ד所在のＡ方において，右Ａ及び被告人Ｙが同社と無関係に読売新聞販売店

であるMに賃借（リース）させ，同人方に設置予定であったオフィスコンピューターエリア3D型1台に，被告人Xにおいて，前記フロッピーシート5枚分の前記オブジェクトプログラムを入力し，もって株式会社Sに対し，右オブジェクトプログラム入力代金相当額（株式会社Sが昭和58年8月31日から同年12月24日までの間に本件プログラムを入力して販売したエリア3D6台のソフト料合計を基準に平均値を算出すると約170万余円となる。）の財産上の損害を加えたものである。」

391　鉱業権の二重譲渡

大判大正8年7月15日新聞1605号21頁

【判決理由】「背任罪は他人の為に其事務を処理すべき任務を有する者が刑法第247条所定の行為を為したる場合に成立するものなれば，同罪構成の事実を判示するには犯人が叙上の任務を有することを明かにせざるべからず，原判決は被告の判示行為を背任罪に問擬すと雖も被告が上示の任務を有したる事実に付き其説示疎漫に失し明瞭を欠くの嫌あり，即ち原判決は被告がAに対する判示礦業権（原判決に於て鉱区とあるは礦業権の意義なりと解す）の売買契約に基き権利移転登録の申請を為すの義務を負担したる事実を以て被告がAの為めに其事務を処理するの任務を有するものと解したるか将た然らずして被告が他の原因に基き上記の任務を有するに至りたるものと為したるか判明せず，若し前者の趣旨なりとせば原判決は擬律錯誤の違法あるを免れず，何となれば判示売買契約に基く権利移転の登録申請は被告が登録義務者たる資格に於て登録権利者たるAと共同して之を為すものにして売買完成の手続に外ならざるを以て被告が此手続を為すは買主たるAの為めに其事務を処理するものに非ず，随て被告が契約に因り此申請を為すの義務を負担するも之に因りAの為めに其事務を処理するの任務を負ひたるものと解すべからざるを以て其結果被告の判示行為は背任罪を構成するに至らざるべければなり，若し後者の趣旨なりとせんか原判決は被告が上記の任務を負ひたる原因を説示することなきを以て理由不備の違法あるものにして原判決は到底破毀を免れず」

392　電話加入権の二重譲渡

大判昭和7年10月31日刑集11巻1541頁

【判決理由】「原審に於ては第二事実として被告人XはAの為に判示電話加

⇒ *393*

入権の名義書替を為すへき任務を有するに拘らす原審相被告人Yの利益を図りAに損害を加ふる目的を以て被告人Zと共謀の上該電話加入権をY名義と為したる上同人より之を被告人Zに売却し同人名義に変更請求書を本荘郵便局に提出したるも未た其の名義書替を了するに至らすして事発覚したる事実を認定したるものと解すへきものとす然り而して電話加入権の譲渡は譲渡人より譲受人に対し其の加入名義の変更手続を為すに非されは之を以て電話官庁其の他の第三者に対抗することを得さるものなること本院判例の判示する所なり判示事実に徴するに原審相被告人Yは亡Bの遺産相続人として其の遺産に属する判示電話加入権をAに贈与したるものなること明なりと雖Aは該電話加入権を自己名義に変更せさる間は之を以て第三者に対抗することを得さると同時にYに於て復ひ同電話加入権を被告人Zに譲渡したるもZも亦其の名義変更手続を了せさる以前に在ては之を以てAに対抗することを得さるや勿論なり即第三者との関係に於ては依然Yか該電話加入権者たる地位に在るものなれは被告人Zか右電話加入権を自己名義に変更せさる限Aに於ても同電話加入権の名義変更手続を為し自己名義に書替へ以て其の権利を保持することを得へきものなれは前叙の如く本荘郵便局に対し本件電話加入権の名義変更請求書を提出したるに止り未た其の書替を了せさるものなる以上未た以てAの電話加入権を侵害し同人に財産上の損害を加へたるものと云ふを得す然れとも被告人Xは其の任務に背きAに対し右財産上の損害を加へんとしたること前段説明に照し明白にして唯た其の目的を遂けさりしに過きす被告人Zは判示の如く之に加功したるものなれは同被告人両名に対する判示第二事実は背任未遂罪を以て論すへきものにして刑法第247条第250条第65条を適用処断すへきものとす」

393 指名債権の二重譲渡

名古屋高判昭和28年2月26日判特33号9頁

【判決理由】「背任罪の犯人たるためには、他人のために事務を処理する者であることを要し、その事務は、公法上、私法上又は慣習上何らかの特定の任務を負担し、本人との間に信任関係のあることは、所論の通りであって、本件公訴事実を要約して犯罪の構成に必要な事実のみを摘示して見るに『被告人は、名古屋市水道局から水栓柱5000本の製造を請負い、内2000本をAに下請さ

せると同時に被告人が右水道局に対して有する請負代金請求権の内18万8千円について債権譲渡を為したが，被告人は債権の譲渡人として譲受人Aが円満に債権の取立ができるように事務を処理する任務を負担していたのに，この任務に背きAより後に前記請負代金請求権を譲受けた株式会社東海銀行蟹江支店に対し，父Bの債務の弁済に充当するため，右請負代金を支払わしめ，よってAに損害を与えた』と謂うにあって，債権の譲渡人は，債権譲渡後，譲受人に対し完全に譲渡ができるように何等かの事務を処理しなければならない信任関係があるかどうかということが問題となってくる。これと類似した事件として抵当権の二重設定や電話加入権の二重譲渡については，背任罪が成立するという判例がある。本件のような指名債権の譲渡は，民法第467条所定の通知又は承諾がなければ，債務者その他第三者に対抗することができないもので，これは物権の移転について登記又は引渡がなければ第三者に対抗できないものと類似しており，不動産の二重売買については，横領罪が成立することは判例の示すところである。債権譲渡の対抗要件は物権の対抗要件と異り，譲渡人の協力なくして完全な対抗要件を具備するように手段を講ずること（譲受人の方から債務者に承諾を求めること）もできるが，債権の譲渡人の方から債務者に通知することによって，対抗要件を具備せしめることもできる，而して債権を譲渡する場合には，当事者間の契約の内容として明示又は黙示の意思表示により，譲受人が円満に債権の取立ができることを前提として居るものと認むべきであるから，債権の譲渡人が譲受人のために債務者に向って債権譲渡の通知をしたり又は譲渡人自らが債権の取立をしないとかして譲受人が円満に取立てのできるようにする法律上の義務を負担しているものと解すべきである。従って本件公訴事実は被告人がAに請負代金請求権の一部を譲渡した後，父Bの債務弁済に充当するため同一債権を東海銀行蟹江支店に譲渡し債務者名古屋市水道局をして右銀行に対し右債権の支払をなさしめて債権の譲渡人としての任務に背いて譲受人であるAに損害を与えたと謂うにあって，背任罪の構成要件を充足して居るので何等法令に違反することなく，論旨は理由がない。」

394 二重抵当

最判昭和31年12月7日刑集10巻12号1592頁
（百選II69）

【判決理由】「論旨第一は，背任罪の成立要件たる事務は他人の事務であるこ

⇒ 395・396

とを要件とする。しかるに本件第1番抵当権者たるべきAに対する被告人の抵当権設定の登記義務は設定者である被告人固有の事務であって他人の事務ではないのに，原審が被告人の所為を背任罪に問擬したのは刑法247条の解釈適用を誤った違法があり，且つ憲法31条，11条違憲の判決であると主張する。しかし抵当権設定者はその登記に関し，これを完了するまでは，抵当権者に協力する任務を有することはいうまでもないところであり，右任務は主として他人である抵当権者のために負うものといわなければならない。」

395 売渡し予約済の農地に抵当権を設定する行為

最決昭和38年7月9日刑集17巻6号608頁

【事案】 被告人Xは，自己所有の農地を県知事の許可のあったときに発効することとして所有権移転契約を締結し代金を受領した。その後，Xは，Zに対する債務の担保として同農地につき抵当権を設定し登記を済ませた。原審は背任罪の成立を認めたが，弁護人は，県知事の許可という条件が成就するまでの間はXにYへの所有権移転登記に協力する任務はないとして上告した。

【決定理由】「被告人の所論担保権設定行為は背任罪を構成するとした原判決の判断は正当である。」

396 除権判決を得て質権を失効させる行為

最決平成15年3月18日刑集57巻3号356頁
(重判平15刑6)

【決定理由】「原判決が是認する第1審判決の認定によれば，被告人は，A株式会社の代表取締役として，B生命保険相互会社から合計1億1800万円の融資を受け，その担保として同社のために株式を目的とする質権を設定し，同社に株券を交付していたところ，返済期を過ぎても融資金を返済せず，A株式会社の利益を図る目的で，質入れした上記株券を紛失したとの虚偽の理由により除権判決の申立てをし，同判決を得て上記株券を失効させ，質権者に財産上の損害を加えたというのである。株式を目的とする質権の設定者は，株券を質権者に交付した後であっても，融資金の返済があるまでは，当該株式の担保価値を保全すべき任務を負い，これには，除権判決を得て当該株券を失効させてはならないという不作為を内容とする任務も当然含まれる。そして，この担保価値保全の任務は，他人である質権者のために負うものと解される。したがって，質権設定者がその任務に背き，質入れした株券について虚偽の申立てによ

り除権判決を得て株券を失効させ，質権者に損害を加えた場合には，背任罪が成立するというべきであるから，これと同旨の見解の下に，被告人が刑法247条にいう『他人のためにその事務を処理する者』に当たるとして背任罪の成立を認めた原判決の判断は，正当である。」

397 代金の支払確保のために指定した振込口座を変更する行為
広島地判平成 14 年 3 月 20 日判タ 1116 号 297 頁

【事案】 被告人は，不動産の売買・仲介を業とする株式会社 A の代表取締役であったものであるが，A 社と土木建築工事の総合請負等を業とする H 建設株式会社との間において，マンションの建築請負契約を締結するに当たり，同マンションは，住宅金融公庫の融資付きであったことから，建築請負代金 5 億 7300 万円は，同マンション区分所有建物購入者が公庫から借り受ける融資金を A 社が代理受領した金銭の中から支払うこととし，その担保として，A 社と H 建設との間で，融資金の振込口座を指定して，同口座の預金通帳等を H 建設に交付することにより，同口座に振り込まれる融資金を建築請負代金の支払に優先的に充当する旨の契約を締結した。しかし，被告人は，A 社の資金繰りが悪化したため，融資金を同社の金融機関等に対する債務の弁済に充当することにし，別の口座を融資金の振込口座に指定して，当初の指定口座に融資金が振り込まれることを不可能ならしめ，H 建設に財産上の損害を加えた。

【判決理由】 「双務契約上の対向的な義務の一方の履行を確保するための手段としては，例えば法的担保を提供する旨の約定や，手形を振り出す旨の約定など，種々のものがあり，またそのような約定は対向的な契約関係に通常随伴することの多いものであって，そのような履行確保のための約定に基づく義務が常に背任罪における他人のための事務であるとすれば，一般の債務不履行と背任との区別がほとんどなくなり，背任罪における事務の他人性についての範囲があいまいとなって，不当にその成立範囲を拡大するものとの批判を免れ難いというべきである。

　弁護人はこの点について，背任罪成立のためには，物権的な信任関係が必要であり，本件についていえば，担保権の設定がなされたといえる場合でなければ，背任罪における任務違背行為とはならないと主張しているところ，これは一理ある見解というべきである。

　すなわち，上記のとおり，債権の履行確保のための手段，約定としては種々のものがあるところ，そのような約定に基づく債権確保のための対象財産に対する債権者側の管理支配権能が，単なる債権的なものにとどまらず物権的なも

⇒ *397*

のであれば，その管理，保全は，単に債務者のための事務というにとどまらず，債権者のための事務としての性格が強いといえ，その義務に違背する行為は，背任罪における他人の事務についての任務違背行為ということができる（訴因変更前の本件訴因が，前記のとおり質権の設定と構成されていたのも，そのような理解に基づくものではなかったかとも推察されるところである。）とともに，また，そのような基準であれば，一般の債務不履行との区別の基準としても，明確性に欠けるところはないと思われる。

　もっとも，背任罪の成否を物権的な義務違反の有無という観点から捉えるにしても，検察官は更に，本件のように預金通帳や使用印鑑の印影のある払戻請求書を預かることは，法律的には指定口座の預金債権に質権を設定したものと同視でき，Ｂは，指定口座の預金債権について，法律上，譲渡担保権ないしそれに類似する非典型担保権の設定を受けたものと評価できる，と主張し，Ｂが物権的な権利を取得したと主張する。

　しかしながら，本件指定口座の普通預金債権については，譲渡禁止及び質権設定禁止の特約が付されていた上，担保であることを公示する手段もなく，預金通帳と印鑑を預けたのみでは優先弁済権を確保したともいえないのであって，前記のとおり，指定口座に住宅金融公庫から入金があった場合には，その都度Ａは，Ｂ立会の上，これを払い出して同請負工事代金の支払に充当する旨の合意がなされていて，Ｂ単独で上記預金債権を処分することはもちろん，払い出す権限も有していなかったと考えられることからすると，当初の合意のとおり，預金通帳と印鑑が預けられたとしても，それは，事実上，弁済を確保するためのものであって，これをもって何らかの担保権を設定したと認めることはできず，印鑑さえ交付されていない本件においてはなおさらそのように認めることはできないというべきである。

　したがって，被告人ＡとＢとの間には，未だ物権的な信任関係はなく，被告人の行為は，債務不履行にはなっても，背任罪にいう任務違背行為とはならないというべきである。」

[2] 任務違背

398 北國銀行事件
最判平成 16 年 9 月 10 日刑集 58 巻 6 号 524 頁／判時 1875・148，判タ 1167・106
(重判平 16 刑 12)

【事案】 被告人 X は北國銀行の頭取であったが，石川県の信用保証協会の役員 A から信用協会の基本財産の増強計画に基づき拠出金を依頼されたのに対して，北國銀行の貸倒債権 8000 万円の代位弁済につき契約違反があったとして代位弁済の免責通知が出されていた件につき，これを見直すように強く要求した。A は他の協会の役員 B，C と相談のうえ，免責通知を取り消し，代位弁済に応じた。A，B，C が背任罪で起訴されたが，X も，その共謀共同正犯として起訴され，第 1 審，第 2 審ともに X を 65 条，247 条により身分無き共犯として懲役 2 年 6 月，執行猶予 4 年に処した。X より上告，最高裁は次のような理由で原判決を破棄し，事件を原審に差し戻した。

【判決理由】「しかしながら，原判決の上記判断は是認することができない。その理由は，次のとおりである。

(1) 原判決は，前記2(4)のとおり，被告人が，平成 8 年度の協会に対する負担金の拠出に応じないことを利用して，代位弁済を強く求めたとする。

記録によれば，負担金の問題については，次のような経緯がある。平成 6 年度から 5 年計画で協会の基本財産を 10 億 5000 万円増加させることとなり，5 年間で石川県が 5 億円，関係市町村が 5000 万円，県内の金融機関が 5 億円を協会に拠出することとなった。北國銀行は，平成 6 年度に 4200 万円余，平成 7 年度に 4400 万円余を拠出し，平成 8 年度には 4300 万円余の拠出が求められていた。金融機関の拠出額は，協会の保証を受けた債務の前年末の残高及び過去 1 年間に受けた代位弁済額によって算定されることになっていた。北國銀行関係は，当時においては，協会の保証債務残高の約 5 割弱，代位弁済額の約 3 割強ないし 4 割弱を占めており，いずれの額においても断然第 1 位であった。このような状況の下において，独り北國銀行のみが負担金の拠出を拒絶し，協会から利益は受けるけれども，応分の負担をすることは拒否するという態度を採ることが実際上可能であったのか，ひいては，原審の認定のように，被告人が協会に対する負担金の拠出に応じないことを利用して代位弁済を強く求めることができたかどうか，については疑問があるといわざるを得ない。

(2) 北國銀行が協会に対する平成 8 年度の負担金の拠出を拒絶することが実

⇒ *398*

際上も可能であり，かつ，協会側が被告人から負担金の拠出に応じられない旨を告げられていたとしても，協会としては，(ア)本件代位弁済に応ずることにより，北國銀行の負担金の拠出を受け，今後の基本財産増強計画を円滑に進めるべきか，それとも，(イ)北國銀行からの負担金を断念しても，本件代位弁済を拒否すべきか，両者の利害得失を慎重に総合検討して，態度を決定すべき立場にある。上記(ア)の立場を採ったとしても，負担金の拠出を受けることと切り離し，本件代位弁済をすることが，直ちに協会役員らの任務に背く行為に当たると速断することは，できないはずである。

(3) 原判決は，本件では免責通知書に記載された事由すなわち工場財団の対象となる機械166点のうち4点について，登記手続が未了であったという事実以外にも免責事由が存したとして，協会役員らが免責通知を撤回し代位弁済をした行為がその任務に違背するものであった旨を詳細に判示しているが，上記の登記手続が未了であったという事実以外の事実を当時の被告人が認識していたことは確定していないのであるから，そのような事実を直ちに被告人が行為の任務違背性を認識していた根拠とすることはできない。そして，記録によれば，上記の機械4点の登記漏れの事実が8000万円の債務全額について協会の保証責任を免責する事由となり得るかどうかについて，議論があり得るところである。

また，原判決は，被告人の要求は事務担当者間の実質的合意等を無視したものであるから根拠のある正当な行為とはいえない旨を判示しているが，事務担当者間の交渉結果につき役員による交渉によって再検討を求めること自体が不当なものと評価されるべきものではない。

(4) これらの諸事情に照らせば，本件においては，被告人が協会役員らと共謀の上，協会に対する背任行為を実行したと認定するには，少なからぬ合理的な疑いが残っているといわざるを得ない。

5 そうすると，原判決は，事実を誤認して法律の解釈適用を誤った疑いがあり，破棄しなければ著しく正義に反するものと認められる。

よって，その余の所論について検討するまでもなく，刑訴法411条1号，3号，413条本文により，原判決を破棄し，前記指摘の点などについて更に審理を尽くさせるため，本件を原裁判所に差し戻すこととし，裁判官全員一致の意見で，主文のとおり判決する。」

399 銀行の取締役の注意義務（北海道拓殖銀行事件）

最決平成 21 年 11 月 9 日刑集 63 巻 9 号 1117 頁／判時 2069・156、判夕 1317・142

（百選 II 70、重判平 22 刑 11）

【決定理由】「銀行の取締役が負うべき注意義務については、一般の株式会社取締役と同様に、受任者の善管注意義務（民法 644 条）及び忠実義務（平成 17 年法律第 87 号による改正前の商法 254 条の 3、会社法 355 条）を基本としつつも、いわゆる経営判断の原則が適用される余地がある。しかし、銀行業が広く預金者から資金を集め、これを原資として企業等に融資することを本質とする免許事業であること、銀行の取締役は金融取引の専門家であり、その知識経験を活用して融資業務を行うことが期待されていること、万一銀行経営が破たんし、あるいは危機にひんした場合には預金者及び融資先を始めとして社会一般に広範かつ深刻な混乱を生じさせること等を考慮すれば、融資業務に際して要求される銀行の取締役の注意義務の程度は一般の株式会社取締役の場合に比べ高い水準のものであると解され、所論がいう経営判断の原則が適用される余地はそれだけ限定的なものにとどまるといわざるを得ない。

したがって、銀行の取締役は、融資業務の実施に当たっては、元利金の回収不能という事態が生じないよう、債権保全のため、融資先の経営状況、資産状態等を調査し、その安全性を確認して貸付を決定し、原則として確実な担保を徴求する等、相当の措置をとるべき義務を有する。例外的に、実質倒産状態にある企業に対する支援策として無担保又は不十分な担保で追加融資をして再建又は整理を目指すこと等があり得るにしても、これが適法とされるためには客観性を持った再建・整理計画とこれを確実に実行する銀行本体の強い経営体質を必要とするなど、その融資判断が合理性のあるものでなければならず、手続的には銀行内部での明確な計画の策定とその正式な承認を欠かせない。」

[3] 図利・加害の目的

400 大光相互銀行事件

新潟地判昭和 59 年 5 月 17 日判時 1123 号 3 頁

【事案】 被告人 X は、A 相互銀行の代表取締役であったが、他の取締役と共謀のうえ、業績不良の 3 つの企業グループに対し、長期間多数回にわたり総額 142 億 5600 万円の

⇒ 400

不良融資を行った。

【判決理由】「被告人らが敢えて確実な回収の見込みのない本件各融資を行ったのは、もしも同グループに対する融資を停止すれば直ちに同グループが倒産し、そうなると被告人らが大蔵省銀行局に対し隠ぺいしていた同グループに対する多額の不良債権や裏保証が発覚し、ひいてはB工業グループ等に対する多額の不良債権や膨大な裏保証も発覚し、これらに関与していた被告人らの不適正な業務運営の実態がすべて露見するとともに、A相銀は多額の債権償却を行わざるを得なくなって一挙に赤字に転落し、その結果、そのような事態を招来した被告人X以下他の被告人らが銀行の内外から厳しい経営責任の追及を受け、それぞれ代表取締役社長、取締役ないし常務取締役の地位を失うことになるのは必至の状況にあり、また、更に被告人Y及び同Zにおいては、Cの倒産回避という被告人Xの方針に反対することは、そのことのみによっても、同被告人から降格、左遷等の身分上の不利益を受けることにもなりかねないことから、そこで、各自その地位を失うことをおそれ、自己保身を図るために本件各融資を行ったものと認められる。

また、既に認定したとおり、本件当時Cグループは、経営が破綻し、実質的に倒産状態にあるなどの状況にあったのであるから、本件各融資により本来受け得べくもない利益を受けたものということができる。

以上によれば、被告人らが自己及びCグループの利益を図る目的をもって本件各融資を行ったことは明らかというべきである。」

「弁護人は、本件各融資がCグループに対する既存の債権回収を図るため必要最少限度の範囲で行われたものであると主張するけれども、既に認定した本件当時のCの業況、資産状態、担保の徴求状況等からすれば、客観的にみて既存債権の回収はもとより、本件各融資金の確実な回収は到底期待できない状況であったのであるから、同被告人がその内心において債権回収を図る意図を有していたとしても、それは現実的可能性に乏しい単なる期待ないし願望に過ぎないものというべく、同被告人の主たる動機、目的が先に述べた点に存したことは否定し得ないものといわなければならない。」

401　東京相互銀行事件
　最決昭和63年11月21日刑集42巻9号1251頁／判時1297・141, 判タ685・166

【決定理由】「原判決及び原判決が是認する差戻し後の第1審判決の認定によれば、株式会社A相互銀行の銀座支店長であった被告人Xは、被告人Yの経営するB食品株式会社（以下「B食品」という。）が同支店に開設していた当座預金口座に決済資金が不足した場合には、右不足分を同銀行において立替払いをするいわゆる過振りの便宜を図っていたが、B食品の資金状態が改善される見通しのないことが明らかとなった後も、その任務に違背し、被告人Y及びB食品を利し同銀行を害することを熟知しながら、あえて回収不能のおそれのある過振りを長期間連続的に行い、同銀行に財産上の損害を加えたものであり、しかも、被告人Xが右任務違背行為に出たのは、同銀行の利益を図るためではなく、従前安易に行っていた過振りの実態が本店に発覚して自己の面目信用が失墜するのを防止するためであったというのである。
　ところで、特別背任罪における図利加害目的を肯定するためには、図利加害の点につき、必ずしも所論がいう意欲ないし積極的認容までは要しないものと解するのが相当であり、右事実関係のもとにおいては、被告人Y及びB食品を利し同銀行を害する図利加害目的の存在を認めることができるものというべきであるから、これと同旨に解される原判断は、正当である。」

402　平和相互銀行事件
　最決平成10年11月25日刑集52巻8号570頁／判時1662・157, 判タ991・134
　　　　　　　　　　　　　　　　　　　　（百選Ⅱ72, 重判平10刑5）

【決定理由】「一　……〔本件〕融資は、株式会社H相互銀行が、昭和57年11月17日、株式会社Tクラブの株式会社K及び株式会社Sに対する土地売却に当たり、その購入資金、開発資金及び利払い資金として合計88億円をK及びSに対して貸し付けたというものであるところ、原判決の認定によれば、右融資に関する事実関係は、次のとおりである。
　1　Tクラブは、昭和48年3月から、会員制レジャークラブの会員を募集し、各会員から据置期間を10年として会員権預り保証金を預かっていたが、昭和58年3月以降順次その据置期間が経過することになっており、右据置期間経過後に償還請求が殺到するのではないかと危惧される状況であった。なお、Tクラブは、H相互銀行の創業者が設立した会社であり、同銀行とは、資本、人、業務等の種々の面で極めて密接な関係を持ち、Tクラブの倒産がH相互銀行の危機につながることもあり得るような関係にあ

⇒ 402

った。

2　Tクラブでは，右償還問題の対策の一環として，同社の遊休資産を売却して償還資金を捻出することを考え，昭和57年3月ころ，同社の幹部が被告人に対してもその協力を依頼した。なお，被告人は，H相互銀行の監査役，顧問弁護士であった上，同銀行の経営全般について強い発言力を持ち，同銀行幹部らは，困難な問題があると被告人の判断を仰ぐなど，同銀行の枢要な人物として被告人に依存していた状況にあった。

3　そこで，被告人は，Tクラブが所有していた遊休資産であるK市北区八多町屛風等所在の土地（以下「屛風物件」という。）を60億円程度で売却できる先を捜すよう知人に依頼し，その結果，Kを経営するAが購入の意向を示し，K及びAの知人の経営するSがこれを購入する話が具体化していった。そして，Aが代金の支払につき融資を受けることを希望したことから，被告人は，H相互銀行の融資業務担当者らにそのことを伝え，同銀行の担当者らがKの事務所を訪ねて融資の当否に関する調査をする際に同行するなどした。

4　しかしながら，右調査の結果等によると，Aは，売買代金の60億円のほか，開発資金20億円及び利払い資金の融資も希望しているが，融資の物的担保としては屛風物件があるのみで，その時価は約60億円にとどまり，K，Sの経営者等が連帯保証をするとはいえ，希望どおり融資すると，担保が大幅に不足することが明らかであった。のみならず，K，S両社とも，業況，資産，信用状態等が甚だしく不良であり，Aは屛風物件を宅地等として開発する意図があると言うものの開発計画に具体性がなく，右開発資金の使途等もあいまいであって，このような融資を実行することがH相互銀行の融資事務取扱要領等に違反することは明らかであり，右融資を実行すれば融資金の回収が困難に陥るおそれがあることも明らかであった。また，屛風物件の売却がTクラブの償還問題解決のため意味があるとはいえ，償還請求が予想されるまでにはいまだ数箇月の余裕があり，他に買受先を捜し，他の遊休資産の売却を試み，あるいはTクラブが別に融資を受けることを検討するなど，他の方途を探ることも可能であって，その他，本件融資に至るまでの経過にもかんがみると，結局，右のように問題の大きい融資を実行してまでもなお屛風物件を売却して当面の償還資金を確保する必要性，緊急性は存在しなかった。

5　同年11月8日，H相互銀行の融資業務担当常務取締役B，同業務担当取締役Cらは，他の融資業務担当者らとともに本件融資の当否について検討したところ，前記のような問題点があるため，全員融資に消極の意見であったが，被告人のH相互銀行における前記立場に加え，本件がもともと被告人の持ち込んだ案件であったこと等を考慮して，被告人の意向を確かめることにし，Cが被告人を訪ねて，その意向をただした。これに対し，被告人は，本件融資の右問題性を承知しながら，融資を実行するほかないという意向を示し，B，Cらも，被告人の右意向表明を受けて，本件融資実行の意思を

固め，代表取締役社長Ｄも，右経緯の報告を受けて，本件融資の実行を了承した。こうして，同月17日，屛風物件の購入資金60億円，開発資金20億円及び貸し付け後1年分の利息支払資金8億円の合計88億円をＨ相互銀行からＫ及びＳに対して貸し付ける本件融資が実行されるに至った。

　6　前記のような本件融資の経緯等に照らすと，融資業務を統括しあるいは担当するＤ，Ｂ，Ｃ（以下「Ｄら」という。）が本件融資を実行するに当たっては，Ｔクラブに会員権預り保証金償還資金を確保させて，前記償還問題の解決を図り，ひいてはＨ相互銀行の利益を図るという動機もあったと認められなくはない。しかしながら，Ｄらが前記4のような本件融資の問題点を知りながらあえて融資に踏み切ったのは，自らの職責を十分果たさずに責任を回避し，主体的な判断をしないで，被告人が持ってきた案件であり，被告人が融資してもいいと言っているからそれを支えとして融資を実行するという，極めて安易かつ無責任な経営姿勢によるということができ，Ｔクラブの償還問題の解決のため，ひいてはＨ相互銀行のためという動機は，本件融資の決定的な動機ではなかった。被告人についても，前記のような本件融資の問題性にもかかわらず，あえてその実行に積極的意向を表明してこれに関与したのは，本件が被告人の手掛けてきた案件であり，売却先を捜すに当たり間に入ってもらっていた知人との関係もあって，今更引き下がるわけにいかないという事情があったことによるものであり，Ｔクラブの償還問題の解決のためという動機があったとしても，この段階ではそれは潜在的なものにとどまっていた。

　二　以上の事実関係によれば，被告人及びＤらは，本件融資が，Ｔクラブに対し，遊休資産化していた土地を売却してその代金を直ちに入手できるようにするなどの利益を与えるとともに，Ｋ及びＳに対し，大幅な担保不足であるのに多額の融資を受けられるという利益を与えることになることを認識しつつ，あえて右融資を行うこととしたことが明らかである。そして，被告人及びＤらには，本件融資に際し，Ｔクラブが募集していたレジャークラブ会員権の預り保証金の償還資金を同社に確保させることにより，ひいては，Ｔクラブと密接な関係にあるＨ相互銀行の利益を図るという動機があったにしても，右資金の確保のためにＨ相互銀行にとって極めて問題が大きい本件融資を行わなければならないという必要性，緊急性は認められないこと等にも照らすと，前記一6のとおり，それは融資の決定的な動機ではなく，本件融資は，主として右のようにＴクラブ，Ｋ及びＳの利益を図る目的をもって行われたということができる。そうすると，被告人及びＤらには，本件融資につき特別背任罪におけるいわゆる図利目的があったというに妨げなく，被告人につきＤら

⇒ 403

との共謀による同罪の成立が認められるというべきであるから，これと同旨の原判断は正当である。」

403 イトマン事件

最決平成17年10月7日刑集59巻8号779頁／判時1914・151，判タ1195・121
（重判平17刑8①）

【決定理由】「1 本件融資は，中堅総合商社であった伊藤萬株式会社（平成3年1月1日に「イトマン株式会社」と商号変更。以下「イトマン」という。）が，平成2年4月2日，不動産業等を目的とする株式会社協和綜合開発研究所（以下「協和」という。）の子会社である株式会社瑞浪ウイングゴルフクラブに対して，230億円余を貸し付けたというものであるところ，原判決及び原判決が是認する第1審判決の認定によれば，本件に関する事実関係は，次のとおりである。

(1) 被告人は，株式会社住友銀行取締役から転じて，昭和50年12月から平成3年1月25日まで，イトマン代表取締役社長の地位にあり，その業務全般を掌理していたものである。被告人は，経営危機にひんしていたイトマンの再建に取り組み，昭和53年には復配にこぎつけたが，その後は経営多角化による新規事業への進出の失敗等により経営状況が悪化したため，メインバンクの住友銀行から後任社長を送り込まれ，社長の地位を追われる事態となることを痛く危ぐし，同銀行の意向をはねのけて自己の地位を保持するためには，何としてでも自己の最大の実績である毎期連続の増収増益を維持しなければならないと思い定め，不動産融資案件関連での企画料等の名目で見せかけの利益を計上してでも公表予想経常利益を達成しようと，当面の決算対策用の利益計上の材料探しに躍起となっていた。

(2) 被告人は，平成元年8月3日ころ，東京都中央区銀座の400坪余りの土地（以下「銀座物件」という。）の地上げを遂げるとともに，岐阜県内において瑞浪ゴルフ場等2か所のゴルフ場開発を計画するなどしていた協和の代表取締役社長Aを紹介されたが，折から高金利時代を迎え，不動産業者への単なるファイナンス業務では利益が薄いのに対して，ゴルフ場等の開発プロジェクトであれば，当初は融資を行い，最終的にプロジェクトごと買い取ってイトマンで事業展開をすれば，融資時点で多額の企画料が取れる上，リスクはあるものの将来大きな利益が出る可能性もあるとの思惑を抱き，Aに対し，同人が有するプロジェクト（以下「協和プロジェクト」という。）をイトマンの資金提供の下に共同事業として遂行していくことを提案した。そして，被告人は，当時資金繰りに窮していたAから，銀座物件の状況や同物件関連の協和等の借入金額について説明を受けるや，イトマンが将来事業として取り組む場合の採算性等について全く調査，検討することなく，銀座物件関連での協和等の債務全額を肩代わりすることを決め，ノンバンク2社からの借入金436億円余は，同年11月中にイトマンから資金を貸し付けて肩代わりし，残る1社からの借入金230億円は，将来瑞浪ゴルフ場への融資名目で，

金利分を含めて出金して返済に充て，同ゴルフ場の関係でも企画料を取ることなどを部下に指示した。そして，被告人は，同月 6 日，イトマン東京本社に副社長らを集め，協和プロジェクトにイトマンの事業として共同して取り組んでいく旨の方針を表明し，同月 20 日には，イトマンから子会社を介して協和に対し，前記 436 億円余に金利を上乗せした 465 億円の融資が実行された。

(3) 平成 2 年 1 月下旬ころ，被告人は，既に 130 億円と公表していた同年 3 月期の予想経常利益について，財務経理担当副社長から，約 100 億円が不足する旨の報告を受けたため，同人に対し，A と相談して，協和プロジェクトを利用した決算対策用の利益出しを行うよう指示する一方，A にも，100 億円を企画料などとしてイトマンに入金し，3 月末の利益出しに協力するよう要請した。A は，同年 2 月 1 日付けでイトマン理事を委嘱されて社長室直轄の企画監理本部長となっていたが，上記要請を受けて決算対策用の利益出しのためのプロジェクト選定作業を進める一方，被告人に対し，かねて約束の借入金 230 億円の肩代わり融資を実行するよう求めた。被告人は，既にその肩代わりを了承していたとはいえ，その実行の時期等については確定していなかったところ，当面の最優先課題である公表予想経常利益達成のための約 100 億円の利益出しには A の協力が不可欠であると考え，瑞浪ゴルフ場への融資の関係でもイトマンに企画料を入れてもらおうと意図して，その要求に応ずることとした。

(4) かくして，被告人は，イトマン代表取締役社長として有していた任務に背いて，協和が弁済すべき前記 230 億円の返済資金をねん出するため，債権保全のための適切な担保徴求等の措置を講ずることなく，瑞浪ゴルフ場の開発工事資金名目で，本件融資を実行した。被告人は，本件融資に際して，銀座物件のビル建築等による開発計画は採算の取れる見通しがなく，その資産価値や利用価値にも疑問があることを認識しており，さらに，瑞浪ゴルフ場の開発利益や，協和プロジェクトの一つとして挙げられていた関ゴルフ場の会員権独占販売権による取得利益などを含めても，これらが実質無担保で実行される本件融資を補うに足りるような性質のものではないことについて認識していた。なお，本件融資に関連した A 側からの企画料の取得は，それに見合う役務の提供がないばかりでなく，イトマンからの融資金の流用を黙認するなどして A 側の資金の便宜を図った上で，期末に集中して企画料を入金させ，実質的にイトマンの資金を還流させたにすぎないという性格のものであった。

2 以上によれば，被告人が本件融資を実行した動機は，イトマンの利益よりも自己や A の利益を図ることにあったと認められ，また，イトマンに損害を加えることの認識，認容も認められるのであるから，被告人には特別背任罪における図利目的はもとより加害目的をも認めることができる。したがって，被告人につき図利加害目的を認めた原判断は，結論において正当である。」

⇒ 404・405

[4] 財産上の損害

404 実害発生の危険を生じさせた場合
最判昭和37年2月13日刑集16巻2号68頁

【事案】 被告人Xは，A県漁業信用基金協会の専務理事であったが，自己の利益を図る目的で同協会所有の100万円の定期預金債権を担保として90万円を借り受けた。

【判決理由】「背任罪における財産上の損害を加えたるときとは，財産上の実害を発生させた場合だけではなく，財産上の実害発生の危険を生じさせた場合をも包含するものであるところ〔昭和13年(れ)929号同年10月25日大審院第3刑事部判決，刑集17巻735頁〕，本件第1審判決が，その判示第2事実において判示するがごとき協会所有の定期預金債権証書につき質権を設定し，これを質権者に交付するときは，その行為が協会の業務の範囲外であって，法律上無効であるとしても，協会をして定期預金債権の回収を不能ならしめる危険があるから，財産上の損害がないものということはできない。」

405 信用保証協会事件
最決昭和58年5月24日刑集37巻4号437頁／判時1080・36，判タ500・133
（百選Ⅱ71，重判昭58刑7）

【決定理由】「一 刑法247条にいう『本人に財産上の損害を加へたるとき』とは，経済的見地において本人の財産状態を評価し，被告人の行為によって，本人の財産の価値が減少したとき又は増加すべかりし価値が増加しなかったときをいうと解すべきであるところ，被告人が本件事実関係のもとで同協会をしてAの債務を保証させたときは，同人の債務がいまだ不履行の段階に至らず，したがって同協会の財産に，代位弁済による現実の損失がいまだ生じていないとしても，経済的見地においては，同協会の財産的価値は減少したものと評価されるから，右は同条にいう『本人に財産上の損害を加へたるとき』にあたるというべきである。

二 また，信用保証協会の行う債務保証が，常態においても同協会に前記の意味の損害を生じさせる場合の少なくないことは，同協会の行う業務の性質上免れ難いところであるとしても，同協会の負担しうる実損には資金上限度があり，倒産の蓋然性の高い企業からの保証申込をすべて認容しなければならないものではなく，同協会の役職員は，保証業務を行うにあたり，同協会の実損を

必要最小限度に止めるべく，保証申込者の信用調査，資金使途調査等の確実を期するとともに，内規により役職に応じて定められた保証決定をなしうる限度額を遵守すべき任務があるものというべきである。本件においては，信用保証協会の支所長であった被告人が，企業者の債務につき保証業務を行うにあたり，原判示の如く，同企業者の資金使途が倒産を一時糊塗するためのものにすぎないことを知りながら，しかも，支所長に委任された限度額を超えて右企業者に対する債務保証を専決し，あるいは協会長に対する稟議資料に不実の記載をし，保証条件として抵当権を設定させるべき旨の協会長の指示に反して抵当権を設定させないで保証書を交付するなどして，同協会をして保証債務を負担させたというのであるから，被告人はその任務に背いた行為をし同協会に財産上の損害を加えたものというべきである。」

406　財産上の損害の意義

最決平成8年2月6日刑集50巻2号129頁／判時1562・133，判夕905・134
（重判平8刑7）

【決定理由】「本件は，被告人が代表者をしていた株式会社が，被害者である銀行との間で当座勘定取引を開始し，当座貸越契約を締結して融資を受けるうち，貸越額が信用供与の限度額及び差し入れていた担保の総評価額をはるかに超え，約束手形を振り出しても自らこれを決済する能力を欠く状態になっていたのに，被告人が，同銀行の支店長と共謀の上，9回にわたり同社振出しの約束手形に同銀行をして手形保証をさせたという事案である。そして，原判決によれば，一部の手形を除き，手形の保証と引換えに，額面金額と同額の資金が同社名義の同銀行当座預金口座に入金され，同銀行に対する当座貸越債務の弁済に充てられているが，右入金は，被告人と右支店長との間の事前の合意に基づき，一時的に右貸越残高を減少させ，同社に債務の弁済能力があることを示す外観を作り出して，同銀行をして引き続き当座勘定取引を継続させ，更に同社への融資を行わせることなどを目的として行われたものであり，現に，被告人は，右支店長を通じ，当座貸越しの方法で引き続き同社に対し多額の融資を行わせているというのである。右のような事実関係の下においては，右入金により当該手形の保証に見合う経済的利益が同銀行に確定的に帰属したものということはできず，同銀行が手形保証債務を負担したことは，右のような入金を伴わないその余の手形保証の場合と同様，刑法（平成7年法律第91号による

⇒ 407

改正前のもの）247 条にいう『財産上の損害』に当たると解するのが相当であって，これと同旨の原判断は，正当である。」

[5] 不正融資の相手方の責任

407　住専事件
最決平成 15 年 2 月 18 日刑集 57 巻 2 号 161 頁／判時 1819・155，判タ 1118・100
（百選 II 73，重判平 15 刑 7）

【決定理由】　「1　原判決及びその是認する第 1 審判決の認定によれば，本件の事実関係は，以下のとおりである。

(1)　被告人は，新日本証券株式会社審査部長等を経て，昭和 57 年 12 月に，株式の店頭公開の準備を進めるため，不動産の売買，賃貸，仲介等を目的とするオクト株式会社（以下「オクト」という。）に出向し，取締役，代表取締役副社長を経て，平成 2 年 11 月に辞任した A の後を受けて，同社の代表取締役社長に就任し，同社の創業者で実質的経営者であり同社の発行済株式の過半数を所有する A の指示の下に，同社の業務を統括していたものである。

(2)　オクトは，住宅金融専門会社である日本ハウジングローン株式会社（以下「JHL」という。）から，事業用・販売用不動産の取得費用等として，多額の借入れをしていたものであるが，昭和 62 年 12 月以降，毎月のように運転資金の不足を来し，その都度 JHL からの融資により急場をしのいでいた。

(3)　その後，バブル経済の崩壊によりオクトの売上げが激減し，その資金繰りが悪化する一方で金利負担が増大するにつれ，JHL からオクトに対する運転資金の融資が担保割れを起こしたが，JHL は，代表取締役社長 B の指示により，なおもオクトに対する運転資金の融資を継続し，平成 3 年 4 月の時点で同社に対する融資金の残高は約 270 億円に達した。JHL は，同月以降も，実質無担保状態に陥ったオクトに対する融資を継続したが，同社に対する融資が対外的に突出するのを避けるため，被告人の協力を得て書類を整えた上，JHL の関連会社やオクトの子会社を経由する迂回融資の方法を採った。

(4)　オクトは，平成 3 年 8 月には，JHL 以外の金融機関からの融資が受けられなくなり，JHL からの融資がなければ倒産に追い込まれる危機的状態に陥った。しかし，B ら JHL の融資担当者は，同社の貸出規定等の定めを遵守し，貸付金の回収に万全の措置を講ずるなど，同社のために職務を誠実に実行すべき任務に背き，同月から同年 11 月までの間，4 回にわたり，上記迂回融資の方法により，合計 18 億 7000 万円をオクトに貸し付けた（以下「本件融資」という。）。B らは，オクトに対する上記融資が焦

げ付く可能性が高いことを十分認識していたが、これに応じないと、オクトがたちまち倒産し、巨額の融資金が回収不能となることが予想されたため、それまで同社に運転資金として巨額の金員を放漫に貸し続けてきたことに対する責任が問われることを懸念して、自らの責任を回避し、保身を図るとともに、オクトの利益を図る目的を有していた。

(5) 被告人は、オクトの代表取締役として、同社に返済能力がなく、JHL以外の金融機関からの融資が受けられない状態であるにもかかわらず、本件融資が実質無担保の高額な継続的融資であり、迂回融資の方法が採られるなど明らかに不自然な形態の融資であることを認識しており、証券会社の審査部長等を務めた経験等に照らしても、本件融資がBらのJHLに対する任務に違背して行われたものであること、本件融資がJHLに財産上の損害を与えるものであることを十分認識していた。しかし、被告人は、抜本的な経営改善策を講じないまま、JHLに対し繰り返し運転資金の借入れを申し入れて、Bら融資担当者をして任務に違背するよう仕向けた。その際、被告人は、オクトがJHLに資金面で深く依存し、財務的に破綻状況にあったにもかかわらず、JHLからの継続的な運転資金の借入れにより倒産を免れているという状態にあったため、Bら融資担当者がオクトに対する過剰融資、貸付金の回収不能から生ずる自己らの責任を回避し、保身を図る目的で本件融資に応じざるを得ないことを知っていた。また、被告人は、Bら融資担当者と個人的に親密な関係にはなかったが、Aの意向を体し、Bと個人的に親密なAと共同して、本件融資の実現に寄与した。

2 以上の事実関係によれば、被告人は、Bら融資担当者がその任務に違背するに当たり、支配的な影響力を行使することもなく、また、社会通念上許されないような方法を用いるなどして積極的に働き掛けることもなかったものの、Bらの任務違背、JHLの財産上の損害について高度の認識を有していたことに加え、Bらが自己及びオクトの利益を図る目的を有していることを認識し、本件融資に応じざるを得ない状況にあることを利用しつつ、JHLが迂回融資の手順を採ることに協力するなどして、本件融資の実現に加担しているのであって、Bらの特別背任行為について共同加功をしたとの評価を免れないというべきである。」

408 石川銀行事件

最決平成20年5月19日刑集62巻6号1623頁／判時2047・159, 判タ1301・126

【決定理由】「1 原判決及びその是認する第1審判決の認定並びに記録によれば、本件の事実関係は、次のとおりである。

(1) 本件融資
　株式会社B銀行（以下「B銀行」という。）は、平成12年9月22日、株式会社C

⇒ *408*

（以下「C」という。）に対し，57億円を貸し付けた（以下「本件融資」という。）。本件融資の担保としては，千葉県木更津市内のCが所有するゴルフ場（以下「本件ゴルフ場」という。）に係る極度額32億円の第1順位の根抵当権，極度額36億4000万円の第3順位の根抵当権，被告人らによる連帯保証があった。

(2) 関係者の概況

ア　本件当時，Dが代表取締役頭取を務めていたB銀行の財務状態は芳しくなく，平成12年3月期には100億円以上の損失を出していた。また，大蔵省等による検査，日本銀行の考査で，財務状況の悪化や審査管理の不十分さが度々指摘され，平成12年3月17日，金融監督庁は業務改善命令を発出した。

イ　E株式会社（以下「E」という。）は，被告人が設立した会社であり，本件当時，被告人が代表取締役会長であった。被告人は，会社を次々と設立，買収するなどし，その結果，Eを中心とする十数社から成るAグループと呼ばれる企業集団が形成されていた。Cは，平成12年4月，本件ゴルフ場の譲渡先となる会社として被告人が設立した会社であり，本件当時，被告人が実質的な経営者であった。

(3) B銀行とEとの関係等

B銀行はAグループの企業に多額の融資をしていたが，同グループの融資先企業は，Eを含め経営不振に陥り，元本はおろか利息の支払も満足にできず，慢性的な資金難状態で実質的に破たんしていた。B銀行は，このような状況の下，返済期限の延長や利息の追い貸し，利払資金のう回融資等に及び，不良債権であることの表面化を先送りしてきた。その一方，Aグループの企業を他の不良債権の付け替え先として利用していた。このようにして，Aグループの企業に対する貸出金残高は，平成12年3月時点で200億円近くに上っていた。

(4) 本件ゴルフ場等

Eは，F銀行やB銀行等から百数十億円の融資を受けて，本件ゴルフ場の開発を行ったが，会員権の販売が低迷したため，造成工事を受注したG社に工事代金を一部しか支払えないまま，平成9年9月，本件ゴルフ場を開場した。

しかし，会員権の販売状況は，計画を大幅に下回り，正会員権の価格を当初の約3分の1にまで引き下げるなどしたものの，販売は伸びず，平成11年8月から平成12年5月までの10か月間の実績は，約8293万円，年間換算で約9952万円にとどまった。一方，平成12年9月時点で，会員数は約850名であり，償還を要する預託金額は約41億円に達し，その償還開始時期も平成14年3月に迫っていた。

また，Eのゴルフ場部門の経営状態も，赤字続きで，平成12年3月期には数千万円の損失を出していたが，Eの資産としては，本件ゴルフ場以外にはB銀行の債権の回収に充てられる見込みのものはなかった。

(5) 本件融資に至る経緯等

ア　前記(4)のとおり本件ゴルフ場の開発に関してEに融資していたF銀行とB銀行以外の金融機関は，平成11年3月ころ，Eに対する約100億円の債権を不良債権として処理すべく，これを極めて低額で外資系の会社に譲渡したことから，被告人は，株式会社H（以下「H」という。）を経営するIに依頼し，同社を介してAグループの企業に，B銀行からの融資金で，同債権を低額で買い取らせた。

被告人は，G社にも同種の方法により債権譲渡を働きかけようと考え，自己の支配する企業が，B銀行から融資を受けてEから本件ゴルフ場を買い取った上，G社に相当額を支払ってEに対する債権を譲り受ける形を取るなどして，Eの債務圧縮を実現する案（以下「再生スキーム」という。）をD及びB銀行の担当者（以下「Dら」という。）に提案するとともに，IにG社との交渉を依頼した。この再生スキームは，B銀行が，平成12年9月末を基準として行うこととされていた次回の金融庁検査に対応する上でも，利点のあるものであった。

イ　被告人は，Iから，本件ゴルフ場の評価額を60億円から70億円とする不動産鑑定評価書を入手することができれば，G社に対する交渉材料として利用できる旨言われ，評価額が上記金額となる不動産鑑定評価書を作成させることとし，その旨不動産鑑定士に依頼した。不動産鑑定士は，求めに応じて本件ゴルフ場の価格を67億5273万円とする不動産鑑定評価書を作成し，Eに提出した。同鑑定評価書は，Iに提供され，さらに，本件融資の決定に当たってはB銀行にも提供された。しかし，本件当時の本件ゴルフ場の客観的な担保価値は，十数億円程度にすぎないものであった。

ウ　被告人とDらとの間での話合いの結果，本件ゴルフ場の売買代金の支払名目でなされる本件融資金のうち，約25億円をAグループの企業のB銀行に対する債務の返済に，約17億円をEのG社に対する債務の返済に，約5億円をHへの手数料等の支払に，約4億5000万円をAグループがB銀行の増資を引受けた見返りに行われた融資の返済に，約2億円をCの運転資金及びホテルJに対するB銀行からのう回融資の返済等に，約3億円をその他諸経費の支払にそれぞれ充てることとし，本件融資金額を57億円とすることが決まった。その結果，平成12年9月5日，EとCとの間で，Cが約41億円の預託金返還債務を引き継いだ上，本件ゴルフ場を譲り受けるとの売買契約が締結された。また，同月11日，E，G社及びHの間で，①Eは，G社に対する合計約156億円の債務のうち，17億円を支払う，②G社は，Hに，Eに対する上記債権の残額を300万円で譲渡する，③G社は，本件ゴルフ場における自社の担保権の抹消に同意するなどの合意が成立した。

エ　本件融資については前記(1)のとおり被告人らによる連帯保証があったものの，これらの連帯保証人に本件融資金を返済する能力はなく，また，C，更にはEにも，本件ゴルフ場以外には本件融資金の返済に充てられるべき資産はなかったところ，本件当時

⇒ *408*

の本件ゴルフ場の客観的な担保価値は前記イのとおりであって，本件融資は担保価値の乏しい不動産を担保に徴求するなどしただけのものであった。本件当時のEの経営状態は前記(3)のとおり実質的に破たん状態であったところ，本件ゴルフ場の会員権の販売状況，経営状態も，前記(4)のとおり劣悪な状況にあり，会員権の販売や営業収入の増加により本件融資金の返済が可能であったとは到底いえない。本件融資は，借り主であるC，更にはEが貸付金の返済能力を有さず，その回収が著しく困難であったものである。

そうすると，B銀行における資金の貸付け並びに債権の保全及び回収等の業務を担当していたDらは，同銀行の資産内容を悪化させることのないよう，貸付けに当たっては，回収の見込みを十分に吟味し，回収が危ぶまれる貸付けを厳に差し控え，かつ，十分な担保を徴求するなどして債権の保全及び回収を確実にするとの任務を有していたところ，本件融資の実行は，同任務に違背するものであった。

(6) 関係者の認識等

ア　DらB銀行の担当者の認識

Dらは，本件融資について，借り主であるC，更にはEが貸付金の返済能力を有さず，その回収が著しく困難であり，前記の67億余円という不動産鑑定評価額が大幅な水増しで，本件ゴルフ場の担保価値が乏しく，本件融資の焦げ付きが必至のものであると認識していた。しかし，本件融資を実行しない場合，Eは早晩経営が破たんし，そうなれば，E等とB銀行との間の長年にわたる不正常な取引関係が明るみに出て，Dらは経営責任を追及されるであろうし，前記のEのG社に対する債務の処理ができなければ，金融庁からの更に厳しい是正措置の発出も必至の状況にあったから，Dらは経営責任を追及される状況にあったものというべく，本件融資はDらの自己保身のためであるとともに，Eの利益を図る目的も有していた。

イ　被告人の認識

被告人は，本件融資について，その返済が著しく困難であり，本件ゴルフ場の担保価値が乏しく，本件融資の焦げ付きが必至のものであることを認識しており，本件融資の実行がDらの任務に違背するものであること，その実行がB銀行に財産上の損害を加えるものであることを十分に認識していた。

そして，被告人の経営するE等はB銀行との間で長年にわたって不正常な取引関係を続けてきたものであるところ，本件融資の実行はEの経営破たんを当面回避させるものであり，それはDらが経営責任を追及される事態の発生を回避させるというDらの自己保身につながる状況にあったもので，被告人はDらが自己の利益を図る目的も有していたことを認識していた。

2　以上の事実関係のとおり，被告人は，特別背任罪の行為主体の身分を有していないが，上記認識の下，単に本件融資の申込みをしたにとどまらず，本件融資の前提となる再生スキームをDらに提案し，G社との債権譲渡の交渉

を進めさせ，不動産鑑定士にいわば指し値で本件ゴルフ場の担保価値を大幅に水増しする不動産鑑定評価書を作らせ，本件ゴルフ場の譲渡先となるCを新たに設立した上，Dらと融資の条件について協議するなど，本件融資の実現に積極的に加担したものである。このような事実からすれば，被告人はDらの特別背任行為について共同加功したものと評価することができるのであって，被告人に特別背任罪の共同正犯の成立を認めた原判断は相当である。」

■ 10 横領と背任の区別

409 質物の保管者が質物を債務者に返還した事例
大判明治44年10月13日刑録17輯1698頁

【判決理由】「按するに刑法第252条に所謂他人の物とは他人の所有に属する物件を指称したるものなること同条第2項の規定と相俟て其意自ら明かなり故に同条第1項の犯罪の成立には必す他人の所有権に対する侵害なかるへからす然るに被告Xの第2事件は原院の認定に依れはAかBより質物として受取り置きたる物件をXに於てAの委託を受け保管中Bの請を容れ擅に之をBに交付したりと謂ふにありて其所為Aの質権に侵害を加へたるものにしてBの所有権を侵害したるものに非されは即ち刑法第247条の犯罪を構成する事実なりとす然れは則ち原判決は之を同法第252条第1項に問擬したるは擬律の錯誤にして本論旨は其理由あり」

410 売渡し予約済農地に抵当権を設定した事例
最決昭和38年7月9日刑集17巻6号608頁
⇒395

411 質屋の雇い人が通常より多額を貸出した事例
大判大正3年6月13日刑録20輯1174頁

【判決理由】「依て按するに原判決第一㈠の事実にして質商Aの事務を処理するBか被告と共謀の上被告の利益を図り其占有せるA所有の金員中より被告の質物に対し普通質取価格より多額に貸出し又は無担保にて被告に貸出したるは本人Aの計算に於て其業務担当者として為したるものにして自己の計算に於て之を為したるものにあらさるときは其間横領行為あることなく任務に背き

⇒ *412*

本人に財産上の損害を加へたるものに外ならさるを以て背任罪を構成すへく若し又之に反して名を貸借に藉り其差額又は金額を領得するの目的を以て若くは単に自己の計算に於て前示の貸出を為したるものとすれは自己の占有せる他人所有の金員を横領したるものなること論を俟たさるを以て横領罪を以て論せさる可らす然るに原判決は第一(ロ)として『前項の期間内犯意継続して云云Ａ方に持参し其都度Ｂをして右質物に対し云云合計1060円を数次に貸出さしめ前記普通質取価格と貸付金額との差金438円に付き横領を遂け尚ほＢの保管せるＡ所有の流質品売却代金及質受金等の内より云云自己に貸与せしめて仍て共に之れか横領を遂けたり』と判示したるのみにしてＡの業務担当者として其計算に於て貸出したるや又名を貸借に藉り其差額又は金額を領得するの目的を以て若くは単にＢ自身の計算に於て貸出したるやを明かにせさるを以て前示仮定事実の内何れに相当するや分明ならす従て擬律の当否を判定するに由なく結局理由不備の失当あるものにして本論旨は何れも其理由あり」

412 村の収入役が自己の名をもって公金を貸与した事例

大判昭和10年7月3日刑集14巻745頁

【事案】 被告人ＸはＡ村の村役場書記，Ｙは同村の収入役であったが，Ｙは，Ｘの懇請によりその職務上保管する村有金を正規の手続きによらず交付した。原審は背任罪の成立を認めたが，大審院はこれを破棄自判した。

【判決理由】 「原判決か証拠に依りて認定したる事実に依れは被告人は北海道上磯郡Ａ村役場書記掛として勤務中昭和7年6月30日より昭和8年12月4日までの間に犯意を継続し当時同役場収入役たりし第1審共同被告人Ｙに対し同人の職務上保管に係る同村所有の公金の貸与方を懇請し同人と共謀の上其の頃同役場に於て同人をして其の任務に背き前後11回に亙り保管金137円20銭を交付せしめたりと云ふに在りて右判示に依れは収入役Ｙに於て村長の命令なく且村の名を以てせすして擅に被告人の為に其の保管に係る村の公金を融通したるものなること疑なく記録に徴するも事実誤認の疑なきか故に該所為は業務上の横領罪を構成し随て背任罪構成の余地なきや明白なり蓋町村の収入役か自己若は第三者の利益を図り又は本人に損害を加ふる目的を以て町村長の命令なくして町村の名を以て其の金員を擅に支出し町村に損害を加へたるか如き場合に於ては背任罪を構成すへきも本件の如く被告人か第1審共同被告人たるＡ村収入役Ｙと共謀し同村の名を以てせすして被告人の利益に其の保管する

公金を貸与し該村に損害を加へたるか如き場合は背任罪を構成せすして横領罪を構成するものなれはなり」

413 村長が村の財産を村の計算において貸し付けた事例

大判昭和9年7月19日刑集13巻983頁
（百選Ⅱ67）

【事案】 被告人Xは、A村の村長であったが、Yの懇願により村の基本財産を村会の決議を経ることなく、Yが経営者であるB無尽株式会社に村の預金として預け入れた。原審は横領罪の成立を認めたが大審院はこれを破棄自判した。

【判決理由】「仍て案するに他人の為其の事務を処理するに当り自己の占有する本人の物を自ら不正に領得するに非すして第三者の利益を図る目的を以て其の任務に背きたる行為を為し本人に財産上の損害を加へたるときは背任罪を構成すへく之を横領罪に問擬すへきものに非さることは本院の判例（昭和8年(れ)第9号同年3月16日判決）とする所なり原判決の認定したる判示第一事実は措辞妥当を欠くの嫌なきに非されとも判文の全体を通読するに被告人Xは判示A村村長在職中予て親交ある被告人Yの懇請に因り同人の社長として経営せるB株式会社の利益を図り自己の村長として職務上保管せる同村基本財産を同村の計算に於て同会社に貸与せんことを決意し同村会の決議を経すして昭和3年10月3日同基本財産中金5400円を同年11月18日同金424円34銭を被告人Yに交付して其の任務に背きたる行為を為し仍て右A村に財産上の損害を加へ被告人Yは右行為に加功したる趣旨に解するを相当とす従て原判示第一事実は背任罪の事実関係を判示したるものなりと謂ふを得へし尤も原判示中に横領なる文字あれとも此は原審か法律上の見解を表示したるものと解すへく斯る文字あるの故を以て右原判決に表示したる具体的事実関係たる背任行為を横領行為なりと論するを得さること勿論なり然れは則ち原判決か背任行為たる判示第一事実に対し業務上横領罪の法条たる刑法第253条を適用したるは擬律錯誤の違法あるものにして論旨理由あり」

414 信用組合の支店長による員外貸付の事例

最判昭和33年10月10日刑集12巻14号3246頁／判時166・76

【事案】 被告人Xは、A信用組合の支店長であったが、支店の預金成績の向上を装うため、一方で一部の預金者に対し正規の利息の外に組合の金から預金謝礼金を支払い、他方で、正規の融資を受ける資格のない者に対し組合の金を貸付名下に高利をもって交付した。

⇒ *415*

【判決理由】「論旨は，本件においては，第1審判決第一事実の㈠㈡共にその効果が直接信用組合に帰属するものであり，被告人等の計算においてなされたものでないことは，事案から見ても，また原判示から見てもこれを推認し得るから，被告人等の所為が背任罪を構成することあるは格別，横領罪を構成することはあり得ないのに，これを業務上横領として処断した原判決は法令の解釈適用を誤ったものであり且つは従来の判例にも違反すると主張する。

しかし原判決の認容する第1審判決挙示の証拠によれば，判示第一㈠の事実は，被告人等が擅に組合から仮払伝票により支出せしめた金員を預金謝礼金として支払ったものであり，又第一㈡の事実は，融資を受けられる資格ある者に貸付けるものの如く手続を偽装し，貸出伝票により支出せしめた金員を被告人等が擅に第三者に高利貸付をしたものであること，即ち前者は仮払伝票により後者は貸出伝票により組合から支出を受けて，被告人等が自由に処分し得る状態に置き，これを被告人等が預金謝礼金として支払いまたは融資希望者に貸付けていたものであることが窺われるから（被告人の検察官に対する供述調書記録360丁以下には「回収不能の場合は組合は責任を負わず，被告人等が責任を負うことになる」旨の供述記載もある）本件は，所論のように組合の計算においてなされた行為ではなく，被告人等の計算においてなされた行為であると認むるを相当とする。従って原判決が本件につき業務上横領罪の成立を認めたのは正当で，論旨引用の諸判例は本件に適切でなく，所論判例違反の主張は採用できない。」

415 町長が収入役と共謀し町の公金を饗応に費消した事例

大判昭和9年12月12日刑集13巻1717頁

【判決理由】「原判決か理由第一の一として判示せる所は被告人かA町収入役代理Bと共謀し同人か保管せる町の公金を私かに町制上町行政の公共事務に属せさる町会議員慰労の饗応其の他の費用に費消したりと云ふに在り而して町村の収入役か其の権限を超越して而も町村の為に其の保管せる公金を費消し町村に損害を生せしめたるときは背任罪を構成すへきも叙上原判決認定の如く被告人か収入役と共謀し町村の公金を町村制上町行政の公共事務に属せさる町会議員慰労の饗応其の他の費用に費消したる場合は自己の用途に費消したるものに外ならさるを以て横領罪を構成すること論を竢たす然らは右所為を刑法第253条に問擬したる原判決は相当にして之を背任罪に問擬すへしと為す所論攻

416 人夫費を接待費に流用した事例
最判昭和30年12月9日刑集9巻13号2627頁

【事案】 被告人Xは、岡山作物報告事務所A出張所長であったが、所員の出張が多いにもかかわらず、その経費が僅少であるため、その保管に係る人夫費を被告人または所員の出張旅費あるいは接待費等に流用した。弁護人は、この行為は予算流用であり、背任罪にあたりえても横領罪は成立しないと主張したが、本判決は上告を棄却した。

【判決理由】「横領罪における不法領得の意思は、他人の物の占有者が権限なくして、その物に対し所有者でなければできないような処分行為をする意思をいうのであって、必ずしも占有者自己の利益取得を意図することを必要としないことは、夙に当裁判所の判例とするところである（昭和23年(れ)第1412号、同24年3月8日第三小法廷判決、判例集3巻3号276頁参照）。」

417 税務署の官吏が予算を当該費目以外に支出した事例
仙台高判昭和26年11月29日判特22号85頁

【判決理由】「被告人が資金前渡官吏として配付された予算について部下と共謀の上、当該費途に支出する意思がないのに、虚偽の債権者を仮装して、内容虚偽の支出決議書を作成し、以て保管中の前叙予算中から引出し、当該費途以外の費目たる会議費、接待費等に支出したり、これを目的として別途に保管せしめていたことは所論の通りである。

しかし被告人の費消し、または費消せんとして保管していた本件金員は、自己の生活費その他の費用として自己の為に費消したことについては、これを認めるに足る証拠がないのであるから、右は結局被告人の弁解する如く、A税務署における税務行政の処理、運営の為の会議費又は接待費として支出したものと認めるの外ないのである。もっとも本件支出金の大部分は温泉旅館等における支出であり、しかもこれに関する支出明細書、領収証書等信憑するに足る資料は殆んど存在しないのであるから、会議費、接待費等の名の下に、被告人を初め所属職員の飲食費等に充当された部分も尠くないものと推測されるけれども、結局前述のように被告人は税務行政の処理の為正当の支払をなしたものであり、只その費用支出の経過に不法の点があったに過ぎないのであるから、これを以て直ちに被告人に不法領得の意思があったものと認める訳には行かないのである。して見れば右は財政法、会計法等に違反する職務上の義務違反ま

⇒ *418・419*

たは非行々為として国家公務員法に依る懲戒の対象となるは格別業務上横領罪に該当するものと認めることは出来ないのである。」

418 取締役が会社のために保管金を贈賄に支出した事例

大判明治 45 年 7 月 4 日刑録 18 輯 1009 頁

【事案】 被告人 X は，D 株式会社の取締役であったが，衆議院議員に対する運動資金にあてる目的で小切手を振出し，これを銀行で換金したうえ贈賄等に使用した。原審は，有価証券偽造，同行使，詐欺，業務上横領罪の成立を認め，本判決もこれを是認した。

【判決理由】 「株式会社の最高意思決定の機関たる株主総会は会社の目的たる営業の範囲内に属する事項に付てのみ適法の議決を為し得へく法令又は定款に反する事項に付ては之を議決するの権限なきや論なし（定款変更を目的とする場合は格別なり）故に株主か会社の資産を会社の営業範囲に属せさる事項に使用することを議決するも全然違法にして其議決の執行として会社の資産を不法の用途に費消したる取締役は会社の目的に対して其資産を処分したるものに非されは株主総会の議決に藉口して其責を免るを得す故に被告か取締役として占有せる会社の金円を贈賄の用に費消したる事実ある以上は固より会社の営業に使用したるものに非すして横領したるものに外ならされは縦令株主総会の議決を執行したるものとするも又後日其追認を得たるものとするも之か為めに被告の罪責に影響を及ほすことなし況んや所論株主総会の議決を執行したる事実の存在せさるをや論旨は理由なし」

419 森林組合事件

最判昭和 34 年 2 月 13 日刑集 13 巻 2 号 101 頁

【判決理由】 「論旨前段は，原判示第一の㈠，㈡の事実共に被告人らには不法領得の意思なく且つ本件政府貸付金はこれを貸付目的以外の目的に使用してもそれ自体何ら処罰の対象とはならないのに，被告人らに対し業務上横領罪の成立を認めた原判決は，法令の解釈を誤り且つ従来の判例にも違反すると主張する。

農林漁業資金融通法（昭和 26 年法律 105 号，同年 4 月 1 日施行，同 27 年法律 355 号農林漁業金融公庫法附則 8 項 1 号により廃止）による政府貸付金は，これを貸付の目的以外の目的に使用してはならないが，貸付金の使途の規正に反する行為に対しては何ら罰則の定がなく，同法による政府貸付金は消費貸借による貸金として貸付を受けた自然人若しくは法人の所有に帰し，これを貸付

の目的以外の目的に使用した場合そのこと自体は，貸主たる政府に対する関係において単なる貸付条件違反として一時償還を生ずるに止まり，直ちに横領罪が成立するものでないことは，正に所論のとおりであり，この理は借受人が自然人であると法人であるとにより何ら差異はない（同法3条4項2号，4条1項参照）。

そして右政府貸付金は，自然人に対して貸し付けられる場合とその自然人が組織する法人に対して貸し付けられる場合とあり（同法2条参照），いずれの場合にもその使途が規正されていること前叙の如くであって，後者の場合該貸付金は政府と法人との消費貸借の当然の結果として一旦は法人の所有に帰するが，必ず予定転借人である自然人に転貸することを要し，事業の進捗状態に応じ速かに転貸交付するか，直ちに転貸しないときは転貸資金として受託機関（例えば，農林中央金庫，地方銀行）に預託し，法人の通常の収入，資金とは別途に保管すべきもので，一定の手続さえ履践すれば転貸資金以外の用途に流用支出することができるものと異なり，保管方法と使途が限定され，転貸資金以外他のいかなる用途にも絶対流用支出することができない性質の金員であること，本件の場合判示A町森林組合は旧森林法（明治40年法律43号）により設立された同町区域内の森林所有者の組織する営利を目的としない社団法人であって，被告人Xは当時組合長として組合の業務一切を掌理し，同Yは当時組合常務理事として組合長を補佐し組合の業務を執行していたこと，本件政府貸付金175万円は，政府が農林漁業資金融通法により右組合の組合員のうち造林事業を営む者に交付するため，右組合に対し貸付決定したもので同法4条1項により造林資金以外の用途に使用することのできない金員であること，被告人らは右組合の業務執行機関として組合のためその委託に基き業務上これを保管する責に任じていたことは，いずれも原判決挙示の証拠により十分に認められ，この点の原審認定に誤りはない。

とすれば，たとえ右貸付金175万円が一旦は組合の所有に帰したとしても，組合の業務執行機関として組合のためその委託に基きこれが保管の責に任じていた被告人らが，これを使途の規正に反し貸付の目的以外の目的に使用したときは，借主たる組合自体と貸主たる政府との外部関係において貸付条件違反として一時償還の問題を生ずるのは勿論のこと，更にこれとは別個に，金員保管の委託を受けている被告人らと委託者本人である組合との内部関係においては，

⇒ *419*

金員流用の目的，方法等その処分行為の態様如何により業務上横領罪の成否を論ずる余地のあることは当然といわなければならない。

ところで原審の確定した事実によれば，判示第一の㈠のA町に対する貸付は年末に際し諸経費の支払資金に窮していた同町からの要請に基き専ら同町の利益を図るためになされたものであって，組合の利益のためにする資金保管の一方法とは到底認め難く，又同㈡のカラ松球果採取事業は被告人らの経営する個人事業であって同事業のための借入金元利返済に充てられた本件40万円余りは専ら被告人ら個人の利益を図るために使用されたものと認めるの外なく，しかも右㈠，㈡の各支出は組合役員会の決議の趣旨にも反し，組合本来の目的を逸脱し，たとえ監事Bの承認を経ているとはいえ，この承認は監事の権限外行為に属し，これあるがため被告人らの右各支出行為が組合の業務執行機関としての正当権限に基く行為であると解すべきものでないことは原判示のとおりであり，結局原判示第一の㈠，㈡の各支出行為は，被告人らが委託の任務に背き，業務上保管する組合所有の金員につき，組合本来の目的に反し，役員会の決議を無視し，何ら正当権限に基かず，ほしいままに被告人ら個人の計算において，A町及び被告人ら個人の利益を図ってなしたものと認むべきである。

されば，たとえ被告人らが組合の業務執行機関であり，本件第一の㈠のA町に対する貸付が組合名義をもって処理されているとしても，上来説示した金員流用の目的，方法等その処分行為の態様，特に本件貸付のための支出は，かの国若しくは公共団体における財政法規違反の支出行為，金融機関における貸付内規違反の貸付の如き手続違反的な形式的違法行為に止まるものではなくて，保管方法と使途の限定された他人所有の金員につき，その他人の所有権そのものを侵奪する行為に外ならないことにかんがみれば，横領罪の成立に必要な不法領得の意思ありと認めて妨げなく，所論指摘の事由は未だもって横領罪の成立を阻却する理由とはならず，背任罪の成否を論ずる余地も存しない。」

河村大助裁判官の少数意見「横領罪の構成要件はいう迄もなく，主観的要件である不法領得の意思と，客観的要件である不法領得の意思実現の客観的行為である，すなわち，自己の占有する他人の物を不法に領得することが犯罪の客体であって，自己の所有物を自己が処分する場合はたとえその物につき法律上又は特約上処分の制限又は禁止の存する場合（刑法252条2項の場合を除く）であっても，他人の物の処分でないから横領罪を構成することはない。又たと

え他人の物の占有者であっても，その処分が所有者のためにする場合は横領罪を構成しないこともいうをまたないところである。村長が第三者の利益を図り其の職務上保管する村の基本財産を村の計算に於て貸与しようと決意し，村会の決議を経ず擅に之を第三者に交付し因て村に財産上の損害を加えた場合，寺院の住職が寺院のためにする意思を以て法律上必要な手続を履まないで寺院の什器を処分した場合等，いずれも背任罪を構成するは格別業務上横領罪を構成しないことは夙に判例の存するところである。(前者，大判昭和9，7，19，13巻983頁，後者，大判大正15，4，20，集5巻136頁)

　本件森林組合の借入金は消費貸借に基いて政府から交付を受けたものであるから所有権が組合に属することは原判決も認むるところである。唯組合はこれを組合員に転貸すべき義務を負うものではあるが，その義務に違反して，町に一時貸与したとしても，その金員は組合から町に所有権が移転し，すなわち，組合はその金員を失う代りに消費貸借債権を取得するものであって，その間何等被告人等個人の領得乃至処分行為の介在する余地はないのである。勿論法人の貸付行為と謂っても代表者たる機関によって行われるものではあるが，その機関の行為は法人の組織の裡に吸収されて法人の行為となってしまい，個人の行為としての存在意義を失い，その行為の効果も法人に帰属するものであることはいうをまたないところである。(なお町への貸付は，不法行為ではない，唯組合が政府に対し債権的義務違背という別個の問題を生ずるに過ぎない)本件組合の財産たる金員を町に貸付けることは組合が組合財産を処分することであって，たとえそれが前記融通法に違反する行為であっても代表者等個人が個人のためにこれを処分するものでないから，その代表者等個人に不法領得の意思を認むる余地は存しないものというべきである。然るに組合から町への貸付であること明らかな本件において唯流用禁止違反の事由があるからといって，卒然として個人を業務上横領罪に問擬するのは，不正領得という財産犯罪の本質を逸脱するものであって，到底これを是認し得ないのである，すなわち，被告人等の行為が他の法定要件を具備する場合背任罪を構成するは格別，業務上横領罪を構成するものではない。従って原判決は横領罪に関する法律の解釈を誤りたるか審理不尽の違法あるものであって，此点の論旨は結局理由があり，被告人両名に対し原判決を破棄するを相当と思料する。」

⇒ *420・421・422*

420 國際航業事件

最決平成 13 年 11 月 5 日刑集 55 巻 6 号 546 頁
(百選 II 66, 重判平 13 刑 7)　⇒*388*

■ 11　盗品等に関する罪

[1]　保護法益

421　盗品たる貴金属を変形して金塊とした場合と追求権の有無

大判大正 4 年 6 月 2 日刑録 21 輯 721 頁

【事案】　被告人 X は，Y が窃取及び強取した貴金属を変形して金塊とした物を情を知って買い受けた。弁護人は，この金塊が加工により盗品（賍物）性がないと主張した。

【判決理由】　「刑法に於て賍物罪を規定し之に制裁を科する所以は賍物の移転を防止し以て被害者の返還請求権を保護せんとするにあるを以て工作を加へたる結果民法第 246 条の規定に依り加工者か所有権を取得したるときは賍物罪の成立を認むることを得さるも単に物の原形を変更したるのみにして工作を加へたるに非さるときは被害者は之れか為めに所有権を失ふことなく従て其物の返還請求を為すことを得るを以て此場合に於ては該罪の成立を認むるに礙なし原判決の判示事実に依れは X 等は其窃取又は強取し来りたる貴金属類の原形を変して金塊と為したるものにして該金属に工作を加へたるに非さるを以て原判決か右金塊を賍物なりとし之を故買したる所為に対し刑法第 256 条第 2 項を適用したるは相当にして違法に非す」

422　即時取得と盗品有償処分あっせん罪の成否

最決昭和 34 年 2 月 9 日刑集 13 巻 1 号 76 頁

【事案】　被告人 X は，A より反物 42 反の売却方の依頼を受け，それが盗品であることを知りながら A に 84000 円で売り渡す約束をした。弁護人は，本件反物が盗品であることは認めるが，依頼者 A はこれを善意取得しており，したがって，盗品（賍物）性がないと主張した。これに対し，原審は，以下のように述べて，賍物牙保罪（盗品有償処分あっせん罪）の成立を認めた。

「賍物に関する罪は財産権の保護を目的とするものであるから，賍物はその被害者が法律上これを追求し得るものであることを要するは言をまたない。従って被害者がこれを追求回復する権利を有しない場合又はその権利を喪失した後においては最早賍物とは

いえないわけであるから，民法第192条の規定によって第三者が所有権を取得した後は当然に贓物性は失われる（中断ではない）。しかし同法第193条によると，盗品については所有者は盗難の時より2年間占有者に対しその物の回復を請求する権利があることを規定しているので，たとえ第三者が善意にこれを取得したとしても，それが窃取のときから2年内であるならば，所論のように直に贓物たるの性質を失うものではない。

これを本件について見るに，Cの被害届書（謄本）の記載によると，原判示の反物は昭和30年1月7日頃盗難にかかったことが認められるのであるから，たとえAが所論のように善意にこれを取得したとしても，本件の犯行はその数日後に行われたものであって，未だその贓物性の失われていないことは明らかである。従ってそれが盗品であることの情を知りながら，その売却の斡旋をした被告人は贓物牙保の罪責を免れることはできない。」

【決定理由】「贓物に関する罪は，被害者の財産権の保護を目的とするものであり，被害者が民法の規定によりその物の回復を請求する権利を失わない以上，その物につき贓物罪の成立することあるは原判示のとおりである。」

423 盗品を被害者宅に運ぶ行為と盗品運搬罪の成否

最決昭和27年7月10日刑集6巻7号876頁／判タ23・40

【事案】 被告人Xは，ミシンを窃取された被害者Aよりその取戻しの依頼を受けて調査したところ，窃盗犯人Bをつきとめたが，Bが8万円なら売ってやると言ったため，この旨をYに取り次ぎ，Aから受け取った8万円を支払ってミシンをA宅に運搬した。原判決は，次のように述べて第1審の無罪判決を破棄し贓物（盗品）運搬罪の成立を認めた。

「抑々贓物罪は前犯の領得を継受してこれによって被害者をして贓物の回復を不能又は一層困難ならしめることをもって特色としており，贓物運搬罪は領得者のために贓物の所在を移転するによって成立するものと解するを正当とする。よって本件について之をみるに論旨摘録の右各証拠並びにその外原審で取調べられた各証拠によれば被告人Xは被害者より盗難にかかったミシン甲皮等の回復方を依頼せられその窃盗犯人と折衝してミシン及び甲皮を取戻してきたけれどもそのために被害者に窃盗犯人の要求する多額の金8万円を敢て出捐させた外に尚本件被害品である右甲皮に関し原判示第一の金1万円の恐喝の行われたこと，同被告人殊に被告人Yが窃盗犯人と密接な交渉を持ち易い環境にあって，敢て警察力を無視し右被害品の所在及び窃盗犯人を探知しながら被害者のために之を警察署に通報する等その被害の正常な回復を図ることなく，進んで被害者をして警察署に連絡することを断念させさえしておいたこと，却って寧ろ窃盗犯人のために右被害品の周旋をした観の著しいこと，その他右被告人等が親分を持っているやくざでその素行の修っていないこと等が認められ，被告人等殊に被告人Xが被害者のためにその被害品の回復につき善意誠実に協力したものとは到底認められなく，特に

⇒ 424

被告人Xの司法巡査に対する第3回供述調書におけるその供述として自分が右金1万円をAに出させるにあたり、どうも甲皮を持って来なければ1万円出してくれないのならば曩に渡したミシンをも持ち帰るとAに言ったら同人も怒って口論になりAが警察へ訴えるといったので自分は火鉢にまたがって顔色をかえ『貴様達がそんな気持でおるなら、俺は殺さんが身内が大勢いるのでお前達の命をとってしまうぞ』と申してやった旨の記載に徴してみても右被告人等の本件贓物の運搬は被害者のためになしたものではなく窃盗犯人の利益のためにその領得を継受し贓物の所在を移転したものであってこれによって被害者をして該贓物の正常なる（無償返還請求権の行使による）回復を全く困難ならしめたものであり、殊に甲皮については右金1万円と引換えることなしには被害者に之を全く手交しなかったであろう事情も容易に之を看取することができるので、原判示のように右被告人等の右所為が被害者の自救行為に協力したものでその違法性が阻却せられるものとは到底論ずることはできない。即ち右被告人等の所為は明らかに贓物運搬罪を構成しているのに拘らず右説示のように之を無罪なりと断じた原判決には事実の誤認があってその誤認が判決に影響を及ぼすことが明らかであるから、原判決は刑事訴訟法第382条第397条によって破棄を免れない。」

【決定理由】「原判決は、結局証拠に基き被告人X並びに原審相被告人Y等の本件贓物の運搬は被害者のためになしたものではなく、窃盗犯人の利益のためにその領得を継受して贓物の所在を移転したものであって、これによって被害者をして該贓物の正常なる回復を全く困難ならしめたものであると認定判示して贓物運搬罪の成立を肯定したものであるから、何等所論判例と相反する判断をしていない。」

424　被害者を相手方として盗品の有償の処分のあっせんをする行為

最決平成14年7月1日刑集56巻6号265頁／判時1798・161、判タ1104・161
（百選Ⅱ74、重判平14刑6）

【事案】　被告人らは、A社から盗まれた多数の約束手形をA社関係者に売り付けることを氏名不詳者から依頼され、盗難手形が出回れば会社は莫大な損害を受けるとか、取引先にも多大な迷惑がかかるなどと告げて、盗難手形131通（額面合計5億5313万4290円）を代金合計8220万円と引き替えにA社従業員Bに交付して売却した。

【決定理由】「盗品等の有償の処分のあっせんをする行為は、窃盗等の被害者を処分の相手方とする場合であっても、被害者による盗品等の正常な回復を困難にするばかりでなく、窃盗等の犯罪を助長し誘発するおそれのある行為であるから、刑法256条2項にいう盗品等の『有償の処分のあっせん』に当たると解するのが相当である（最高裁昭和25年(れ)第194号同26年1月30日第3小

法廷判決・刑集5巻1号117頁，最高裁昭和26年(あ)第1580号同27年7月10日第1小法廷決定・刑集6巻7号876頁，最高裁昭和31年(あ)第3533号同34年2月9日第2小法廷決定・刑集13巻1号76頁参照)。これと同旨の見解に立ち，被告人の行為が盗品等処分あっせん罪に当たるとした原判断は，正当である。」

425　売買の不成立と盗品有償処分あっせん罪の成否
最判昭和23年11月9日刑集2巻12号1504頁

【判決理由】「贓物に関する罪の本質は，贓物を転々して被害者の返還請求権の行使を困難もしくは不能ならしめる点にあるのであるから，いやしくも贓物たるの情を知りながら贓物の売買を仲介周旋した事実があれば，既に被害者の返還請求権の行使を困難ならしめる行為をしたといわなければならないから，其周旋にかかる贓物の売買が成立しなくとも，贓物牙保罪の成立をさまたげるものではない。そして原審においては被告人はAの依頼を受け昭和22年8月28日頃山口市小郡町A旅館等において，蒲団側178点外衣類手袋等を盗贓品たることの情を知りながらB外1名に対し売却の周旋をした事実を認定し，これに対して刑法第256条第2項を適用したことは判文上明白であるから，何等の違法はない。

論旨は贓物牙保罪の成立するには，被告人において贓物たるの情を知りながら，売主買主間に介在して売買を遂げさせることを要するものであって周旋にかかる売買が成立しなければ贓物牙保罪は成立しないものであるという独自の見解に基いて原判決の理由不備を非難するのであるから，理由なきものである。」

426　保管の途中で盗品性を知った場合と盗品保管罪の成否
最決昭和50年6月12日刑集29巻6号365頁／判時798・101，判タ333・320
(百選Ⅱ75，重判昭51刑8)　⇒総論 40

【事案】　被告人Xは，Aより依頼を受けて背広等5点を預かり保管中，この物件が盗品(贓物)であることを知ったが，なおその保管を継続した。原判決は，次のように述べて贓物寄蔵罪(盗品保管罪)の成立を認めた。

「なるほど，原判決挙示の関係証拠によると，被告人は，Aから，贓物であることを知らずに原判示第一の物品を預り保管中，それが贓物であることの情を知るに至ったが，その後もそのまま保管を継続したに過ぎず，その保管場所を変える等の積極的な行為をしていないことは所論のとおりである。しかしながら，かかる場合においても，贓品の

⇒ *427*

返還が不能であるとか，或いは贓品につき質権が効力を生ずる等贓品を留置し得る権利が生じた場合を除いては，贓物寄蔵罪が成立すると解するのが相当である。けだし，窃盗罪の事後従犯として，盗品に対する被害者の追及権を保護し，かつ，窃盗本犯を助長する行為を禁ずる等の贓物罪の保護法益および立法理由に徴すれば，贓品の返還が可能であり，かつ，法律上これを拒否する理由がないのに拘らず，知情後においてもなお保管を継続する行為と，当初より贓物であることの情を知りながらこれを預り保管する行為とを区別する理由はないからである。所論は，右見解は，贓物であることを知ったという，単なる心理的事実のみで刑罰を科すこととなり，近代憲法の原則（憲法31条）に反するというのであるが，しかし，知情前の保管行為についても，客観的には贓物寄蔵の外形的事実は存在しているのであって，ただ犯意がないために犯罪が成立しないのに過ぎず，これが知情後においては，右客観的事実に加えて，犯意が生ずるため犯罪が成立するに至るものであって，けっして所論のように心理的事実のみで犯罪の成立を認めるものではないのである。」

【決定理由】「贓物であることを知らずに物品の保管を開始した後，贓物であることを知るに至ったのに，なおも本犯のためにその保管を継続するときは，贓物の寄蔵にあたるものというべきであり，原判決に法令違反はない。」

[2] 盗品の同一性

427 加工（民法246条）による盗品性の喪失の有無

最判昭和24年10月20日刑集3巻10号1660頁
（百選Ⅱ76）

【判決理由】「原判決は，被告人がAなる当時16年の少年が窃取して来た中古婦人用26吋自転車1台の車輪2個（タイヤーチウブ附）及び『サドル』を取外しこれらを同人の持参した男子用自転車の車体に組替え取付けて男子用に変更せしめてこれをBに代金4000円にて売却する斡旋をして贓物の牙保をしたものと認定判示したもので，要するに他人所有の婦人用自転車の車輪2個及び『サドル』を贓物と認めこれを牙保したものと判断したものであること明白である。そして，右原判決の事実認定は，その挙示の証拠により肯認することができる。且つその認定によれば判示のごとく組替え取付けて男子用に変更したからといって両者は原形のまま容易に分離し得ること明らかであるから，これを以て両者が分離することのできない状態において附合したともいえないし，

また，もとより所論のように婦人用自転車の車輪及び『サドル』を用いてAの男子用自転車の車体に工作を加えたものということはできない。されば中古婦人用自転車の所有者たる窃盗の被害者は，依然としてその車輪及び『サドル』に対する所有権を失うべき理由はなく，従って，その贓物性を有するものであること明白であるから，原判決には所論の違法は認められない。」

428 小切手を換金して得た金銭と盗品保管罪の成否

大判大正11年2月28日刑集1巻82頁

【判決理由】「現金騙取の目的を以て詐欺手段を用ふ他人を欺罔し現金の交付を受くるの方法として小切手を振出さしめ之を支払人に呈示して額面金額を支払はしめたるときは右小切手の所持人たる犯人は支払人をして振出人の為に支払を為さしめたる者にして振出人より直接金額を交付せしめたると其の結果に於て異ることなきは既に説明せる如くなれは其の詐欺の行為は包括して之を観察すへく小切手の支払に因りて現金を受領し茲に当初の目的を達したるに外ならす而して小切手は一覧払の証券なれは詐欺に因り小切手を振出さしめたるは要するに現金を支払はしむるの手段方法たるに過きさるを以て其の呈示に因りて支払人より現金の支払ありたるときと雖右現金の受領を以て犯罪に因り得たる贓物の換価と同一に論すへからす其の現金は詐欺罪に因り領得したる物件に外ならすして贓物性を保有するを以て情を知りて右現金を寄蔵するに於ては其の所為は当然贓物寄蔵罪を構成すへきものとす」

[3] 親族間の犯罪

429 盗品等に関する罪の犯人相互に親族関係がある場合

最決昭和38年11月8日刑集17巻11号2357頁／判時359・64

【事案】 被告人Xは，妻Aが情を知って買い受けた盗品（贓物）を，情を知りつつ運搬した。

【決定理由】「刑法257条1項は，本犯と贓物に関する犯人との間に同条項所定の関係がある場合に，贓物に関する犯人の刑を免除する旨を規定したものであるから，原判決が，たとい贓物に関する犯人相互の間に右所定の配偶者たる関係があってもその刑を免除すべきでない旨を判示したのは正当である（昭和8年(れ)第36号，同年3月24日大審院判決，刑事判例集12巻305頁参照。）」

⇒ *430・431*

[4] 盗品の横領

430　盗品のあっせん代金の横領
大判大正 4 年 10 月 8 日刑録 21 輯 1578 頁

【事案】 被告人 X は，窃盗犯 A より依頼を受けて盗品を売りさばいてやったが，その代金を領得した。

【判決理由】 「民法第 708 条の立法の趣意より推考すれは不法の原因の為め給付を為したるものを売却して得たる対価に付ても原則としては其返還を請求することを得さるものと解し得へきこと所論の如しと雖も横領罪の目的物は単に犯人の占有する他人の所有物なるを以て足れりとし必すしも物の給付者に於て民法上其返還を請求し得へきものなることを要せす而して原判決の判示したる金円は窃盗犯人に於て被告人に対し返還の請求を為し得さるに拘はらす依然被告人以外の者の所有物と認む可きこと明白なるを以て本論旨は其理由なし」

■ 12　毀棄・隠匿罪

[1] 公用文書の意義

431　偽造の徴税伝令書
大判大正 9 年 12 月 17 日刑録 26 輯 921 頁

【判決理由】 「偽造文書は法律上存在を認容せさるを以て所有権の目的たることを得すと雖も公務所に於て使用の目的を以て之を保存する場合に於て不法に其文書を毀損し使用の目的を害するに於ては其行為は当然公務所の用に供する文書を毀棄したる罪に該当し其文書か偽造なるの理由を以て該罪の成立を阻却すへきに非す所掲原判決に拠れは被告人か毀棄したる徴税伝令書は其偽造に係るも之を行使して納税義務者より徴税したるものなれは村役場の徴税伝令書綴中に保存し後日の使用に供すへき文書にして刑法に所謂公務所の用に供する文書なること論を竢たす然らは原判決に於て被告人か不法に右文書を毀棄したる行為を刑法第 258 条に問擬処断したるは相当にして本論旨は理由なし」

432　日本国有鉄道の職員が白墨で記載した急告板

最判昭和 38 年 12 月 24 日刑集 17 巻 12 号 2485 頁

【判決理由】「刑法 258 条にいわゆる『公務所の用に供する文書』とは，その作成者，作成の目的等にかかわりなく，現に公務所において使用に供せられ，又は使用の目的をもって保管されている文書を総称するものと解すべきである。したがって，現に公務所において使用又は保管中の文書であるかぎり，それが証明の用に供せられるべき文書であっても，そうでない文書であっても，この罪の客体となりうる点に変りはない。原審の認定した本件毀棄の事実は，昭和 34 年 2 月 14 日国鉄労働組合広島第 2 支部が可部線合理化反対闘争を行ない，同線に列車遅延等の事態が生じたさい，同線下祇園駅助役らが，管理所長の命により，急告板に白墨を用いて『組合の不法行為により乗務員がらちされ，各列車が遅延又は運転中止にあっております。当局はできるだけ努力して列車の運転を確保していますが以上の理由により大変御迷惑をおかけしておりますことをお詫び致します』と記載し，これを同駅待合室に掲示しておいたところ，被告人は，勝手にこれを取りはずし，同駅通路に持ち出したうえ，黒板拭をもってその記載文言を全部抹消したというのであって，本件毀棄の客体となった右文言掲載の急告板は，法律上文書たるに欠けるところなく，まさしく公務所（日本国有鉄道法 34 条，刑法 7 条参照）において現に使用に供せられている文書に該当するものというべきである。原判決は，刑法 258 条にいう公用文書は証明の用に供せられるべき書類であることを要するとし，本件文書は，その内容が旅客に対する報道ないし陳謝文である等の点で証明の用に供するものとは認めがたいから，同条の公用文書に当らないとするのであるが，本件文書が証明文書たる性質を全く有しないかどうかの点は別として，刑法 258 条の公用文書に右のような制限が存するとする解釈に誤りがあることは前叙に照らして明白である。したがって，原判決が，証拠にもとずき前記毀棄の事実を認定しながら，被告人の所為を刑法 258 条の公文書毀棄罪に当らないとし，これを同法 261 条の器物毀棄罪に問擬したのは，法令の適用を誤ったものであり，原判決を破棄しなければ著しく正義に反する場合といわなければならない。」

433　違法な取り調べの下で作成中の供述録取書

最判昭和57年6月24日刑集36巻5号646頁／判時1050・159，判タ476・82

【判決理由】「原判決は，要するに，被疑者不詳の窃盗被疑事件の参考人としての被告人に対する警察官の取調が，事実上その身体の事由を拘束し実質上逮捕と同視しうる状態において行われた違法なものであることを前提に，かかる違法な取調のもとに作成されつつあった本件参考供述録取書は，右違法な取調と共に刑法上の保護に値せず，刑法258条によって保護される公務所の用に供する文書にあたるとはいえないから，右取調の過程において右供述録取書を引き裂いた被告人の所為は公文書毀棄罪を構成せず，被告人は無罪であるとするのである。

原判決の右判断のうち，被告人に対する警察官の取調方法が違法であるとした点は，一件記録に照らし必ずしも首肯しえなくはないが，違法な取調のもとに作成されつつあった供述録取書が，そのことの故に，直ちに刑法258条の公務所の用に供する文書にあたらなくなるとした点は，にわかに肯認することができない。

なぜならば，同条にいう公務所の用に供する文書とは，公務所において現に使用し又は使用に供する目的で保管している文書を総称するものであって（昭和37年(あ)第1191号同38年12月24日第三小法廷判決・刑集17巻12号2485頁，同51年(あ)第1202号同52年7月14日第一小法廷判決・刑集31巻4号713頁），本件供述録取書のように，これを完成させるために用いられた手段方法がたまたま違法とされるものであっても，原判示のように既にそれが文書としての意味，内容を備えるに至っている以上，将来これを公務所において適法に使用することが予想されなくはなく，そのような場合に備えて公務所が保管すべきものであるというべきであり，このような文書も刑法258条にいう公務所の用に供する文書にあたるものと解するのが相当だからである。

原判決は，本件供述録取書の作成過程がたまたま違法であることから，直ちに右供述録取書が公務所の用に供する文書にあたらないとの結論を導き出している点で，刑罰法令の解釈を誤っているといわざるをえず，右誤りが判決に影響を及ぼすことが明らかであり，これを破棄しなければ著しく正義に反するというべきである。」

[2] 建造物の意義

434 建造物の他人性の判断

最決昭和 61 年 7 月 18 日刑集 40 巻 5 号 438 頁／判時 1210・138, 判タ 620・80
（百選 II 77, 重判昭 61 刑 8）

【決定理由】「所論は, 被告人が損壊した本件建物は刑法 260 条の『他人の』建造物には当たらない旨主張するものであり, この点について, 1, 2 審判決が判断を異にしているので, 検討する。まず, 被告人が昭和 50 年 5 月 10 日 A 県漁業協同組合連合会（以下「県漁連」という。）の職員 2 名と自ら交渉した結果, 県漁連に対するあわびの売買代金債務の担保のため, 被告人所有の本件建物に根抵当権を設定することを承諾し, 同月 13 日本件建物に県漁連を根抵当権者とする根抵当権設定登記が経由されたこと, その後, 県漁連が A 地方裁判所 B 支部に対し, 本件建物の任意競売（民事執行法附則 2 条による廃止前の競売法に基づく。）の申立をし, 同競売手続において, 県漁連が最高価の競買申出をしたため競落許可決定を受け, その代価を同支部に支払い, 昭和 55 年 1 月 4 日本件建物につき, 右競落を登記原因とし, 所有者を県漁連とする所有権移転登記が経由されたこと, 同年 3 月 12 日同支部執行官が先に発せられた本件建物等についての不動産引渡命令の執行のため本件建物に臨んだ際, 被告人が本件建物を損壊する所為に及び, 更に, 執行官が立ち去った後も同様の所為を続けたこと, 以上の事実は, 1, 2 審判決がともに認定するところであり, 所論も争っていない。また, 本件当日被告人が執行官に対し『今すぐ出てくれと言われても困る。今年の 10 月まで待ってくれ』と申し入れたことは, 原判決が認定するところであり, 記録に照らし, 右認定は是認することができる。ところで, 被告人は, 本件建物に対する根抵当権設定の意思表示は, 県漁連職員が根抵当権の設定は形式だけにすぎず, その実行はありえないかのような言辞を用いたため, その旨誤信してなしたものであり, 本件損壊以前にその取消の意思表示をしたから, 本件建物の所有権は本件損壊当時も依然として被告人にあった旨主張しているところ, 第 1 審判決は, 被告人の主張するような詐欺が成立する可能性を否定し去ることはできず, その主張にかかる取消の意思表示をした事実も認められるから, 本件損壊当時本件建物が刑法 260 条の『他人の』建造物であったことについて合理的な疑いを容れない程度に証明が

⇒ *434*

あったとはいえない旨判断し，被告人を無罪とした。これに対し，原判決は，被告人の本件建物に対する根抵当権設定の意思表示は県漁連側の詐欺によるものではなく，本件損壊当時本件建物は県漁連の所有であったと認められる旨詳細に説示して第1審判決を破棄したうえ，建造物損壊罪の成立を認め，被告人を懲役6月，執行猶予2年に処した。所論は，要するに詐欺の成立を否定した原判決は事実を誤認したものであり，第1審判決が正当であるというのである。しかしながら，刑法260条の『他人の』建造物というためには，他人の所有権が将来民事訴訟等において否定される可能性がないということまでは要しないものと解するのが相当であり，前記のような本件の事実関係にかんがみると，たとえ第1審判決が指摘するように詐欺が成立する可能性を否定し去ることができないとしても，本件建物は刑法260条の『他人の』建造物に当たるというべきである。」

長島敦裁判官の補足意見　「私は，本件上告を棄却すべきものとする法廷意見に賛成であり，その職権で判断を示している刑法260条の解釈についても全く異論はないが，本件は犯罪の特別構成要件要素として含まれている民事法上の権利の存否につき，どこまで刑事裁判において立ち入って認定判断を行なうべきかという困難な論点を含んでいるので，私の考えるところを補足しておきたいと思う。

　一　刑法260条は『他人の建造物』を損壊する行為を処罰する。他方，刑法262条は『自己の物』であっても，差押を受け，物権を負担し又は賃貸したものを損壊したときは，同法259条から261条までの例によるものとしている。この両者を対比すると，262条が『自己の』というのは，自己の所有に属することを意味し，260条が『他人の』というのは他人の所有に属することを意味すると解するのは素直な解釈というべきである。

　そこで，本件では，損壊行為の対象となった本件建物が被告人以外の他人の所有に属するか，それとも被告人の所有つまり自己の所有に属するかにより，本件行為が刑法260条の構成要件に該当するか否か，すなわち建造物損壊罪の成否が決まるのである。

　二　被告人は，本件建物が自己の所有に属するものと信じていたという主張（客観的には他人の所有に属する建造物であるが自己の所有に属するものと信じていた，つまり，そこに錯誤があったという主張）をしているのではなくて，

それが客観的に自己の所有に属することを主張している。すなわち，被告人は，客観的な所有権の帰属そのものをも争っているのであるが，その主張によれば，本件建物は，もともと，被告人が新築した住宅であって，同人が先に県漁連に対して設定した根抵当権は，詐欺によるものとして取消の意思表示をしたので無効に帰しており，本件損壊行為時においては，被告人の所有に属し，かつ，物権を負担していないものとして，刑法 260 条の対象となる建造物には当たらないというのである。

　他方，原審が確定した本件事実関係によれば，県漁連は，右根抵当権に基づき，本件建物につき任意競売の申立をし，みずから最高価競買申出をして競落許可決定を受け，競落代金を支払って所有権移転登記を経由し，次いで不動産引渡命令の執行のため執行官が本件建物に臨んだ際本件建物の損壊行為がなされた経緯が認められる。その間，被告人からは，これらの手続に対して異議その他の不服の申立のなされた形跡は記録上全く認めることができない。なお，被告人のいう根抵当権設定取消の意思表示とは，本件根抵当権設定と同時になされた船舶等についての譲渡担保契約に基づき県漁連から被告人に対してその船舶等の引渡を求めて提起された別件民事訴訟の控訴審において被告人の訴訟代理人が陳述した準備書面中の記載，ないしは，本件損壊行為につき訴追されている本件刑事訴訟の控訴審の段階で被告人によってなされた右根抵当権設定の取消の意思表示をいうものであるところ（原審において，弁護人は，他にも「取消と認めることができる行為」があった旨の主張をしている。），別件民事訴訟においてそのいわゆる意思表示がなされた事実が，本件建物に対する右の任意競売手続の開始から不動産引渡命令の執行に至る手続の過程において全く主張されていないことについては，争いがないところである。

　三　物に対する所有権の帰属は，いうまでもなく民事実体法によって決せられる。建造物損壊罪の構成要件のように，『他人の』建造物が行為の客体となっているときは，原則として，その物が民事実体法上，他人の所有に属するものと解されなければならない。本件に即していえば，本件建物が民事法上，県漁連の所有に属し，被告人本人の所有に属さないと解されることが一般的にいって必要となる。

　しかしながら，このことは，民事法上他人の所有に属するとする解釈・判断が常に，そのまま刑法の構成要件に含まれる『他人の』物の解釈に妥当するこ

⇒ *434*

と，及び，民事法上他人の所有に属さないと判断されるときは，刑法上も，その物は常に他人の所有に属さないものと解されなければならないということを意味するものではない。けだし，民事法は，その物の所有権が誰に属するかを終局的に決することによって財産関係の法秩序の安定を図ることを目的とするのに反し，刑法は，この場合，その物に対する現実の所有関係を保護することによって既に存在している財産関係の法秩序の破壊を防止することを目的とすると考えられるからである。いいかえれば，民事法にあっては，窮極的な所有権の帰属を確定することがその使命とされるが，刑事法にあっては，社会生活上，特定の人の所有に属すると信じて疑われない客観的な状況のもとで或る物に対する現実の所有関係が存在し，かつ，その民事法上の所有権を否定すべき明白な事由がないときは，その現実の所有関係を実力による侵害から保護し，法秩序の破壊を防止することをその使命とするということができる。このことは，同時に，民事裁判と刑事裁判のあり方にも反映することとなる。つまり，民事裁判では，所有権の窮極的な帰属を判断決定することが求められるから，これに関連をもつあらゆる主張，抗弁，立証を許容し審理すべきこととなるが，刑事裁判では，犯罪の構成要件要素とされている物に対する所有権の帰属については，当該犯罪の構成要件の予定する法益の侵害があるかどうかという観点からその現実の所有関係について審理判断すれば足り，窮極的な所有権の帰属を確定する必要はないということができるであろう。

　四　刑法260条の建造物損壊罪の保護法益は，当該建造物に対する所有権にあると解されるが，現に社会一般の観念においてその所有関係の存在について疑いが抱かれず，かつ，民事法上も所有権の存在を否定すべき明白な事由が認められないときは，そのような客観的な所有関係のもとに安定している社会生活上の経済的法秩序を維持することが，民事法上の所有権の保護にも通ずるというべきであり，このような場合，民事裁判において将来，窮極的にその所有権が否定されるかどうかにかかわらず，建造物損壊罪の成立を認めるべきことは，同罪の保護法益の面からも十分に説明できるのである。

　本件についてみると，前記のとおりの経緯で本件建物につき不動産引渡命令の執行がなされるに至っており，それまでの手続の過程において，被告人からの異議等の申立もなく，更に本件損壊行為に先立ち，被告人の妻及び被告人が本件建物が被告人の所有に属することにつきなんらの主張をもしないで，もっ

ぱらその執行の延期を求めている状況からみても，社会一般の観念においてこれが県漁連の所有に属することについて全く疑義のない状況にあったのであるから，被告人の本件建物を損壊する行為が『他人の建造物』の損壊に当たることは明白であるというべきである。したがって，別件民事訴訟において，本件競売の原因となった根抵当権の設定行為を詐欺を原因として取り消す旨の意思表示をしたかどうかにかかわらず（そのような主張は，それ自体，本件所有権の存在を否定すべき明白な事由とはいえない。），右犯罪の成立することはいうまでもない。第1審裁判所がこの点につき立ち入った審理を行ない，原審も，民事法上の論点につき深く立ち入って事実審理を行なったことは，その点が被告人の犯罪の成否を決すべき唯一の論点として被告人によって強く主張されたことからみて理解できなくはないし，また，原審の行き届いた審理の結果として，民事法上も被告人の主張の理由のないことが明確とされた点において一概にこれを失当ということはできないが，刑事裁判と民事裁判との差異を重視する私の見解からは不必要な程度にまで民事関係の事実認定及び民事法上の解釈に立ち入ったものというべきこととなる。」

435 建造物の意義

大判大正3年6月20日刑録20輯1300頁

【判決理由】「建造物とは家屋其他之に類似する建築物を指称するものにして屋蓋を有し墻壁又は柱材を以て支持せられて土地に定著し少くとも其内部に人の出入することを得るものたるを要す而して本件被告の破壊したる潜戸の附属せる門は邸宅囲障の一部を成し開閉して以て通行に備ふるに過きすして人の出入し得へき内部を有せさるを以て建造物なりと謂ふを得ず従て之と一体を成せる物体を破壊するも刑法第261条に該当するのみにして建造物損壊罪を以て論するを得然るに原判決は被告は云云右A方瓦葺表門に附属し鎖鑰を施して之と一体を成せる潜戸を破砕し云云と認定し之を建造物損壊罪に問擬したるも右潜戸の附属せる門は前示の如く建造物にあらさるを以て潜戸も亦建造物に非さるは論を竢たす」

436 建造物の意義

最決平成19年3月20日刑集61巻2号66頁／判時1963・160，判タ1237・176
（百選Ⅱ78，重判平19刑10）

【決定理由】「1　原判決の認定によれば，本件ドアは，5階建て市営住宅1階

⇒ 437

にある居室の出入口に設置された，厚さ約 3.5 cm，高さ約 200 cm，幅約 87 cm の金属製開き戸であり，同ドアは，上記建物に固着された外枠の内側に 3 個のちょうつがいで接合され，外枠と同ドアとは構造上家屋の外壁と接続しており，一体的な外観を呈しているところ，被告人は，所携の金属バットで，同ドアを叩いて凹損させるなどし，その塗装修繕工事費用の見積金額は 2 万 5000 円であったというのである。

2 所論は，本件ドアは，適切な工具を使用すれば容易に取り外しが可能であって，損壊しなければ取り外すことができないような状態にあったとはいえないから，器物損壊罪が成立するにすぎないのに，原判決が建造物損壊罪の成立を認めたのは法令の解釈適用を誤っているという。

しかしながら，建造物に取り付けられた物が建造物損壊罪の客体に当たるか否かは，当該物と建造物との接合の程度のほか，当該物の建造物における機能上の重要性をも総合考慮して決すべきものであるところ，上記 1 の事実関係によれば，本件ドアは，住居の玄関ドアとして外壁と接続し，外界とのしゃ断，防犯，防風，防音等の重要な役割を果たしているから，建造物損壊罪の客体に当たるものと認められ，適切な工具を使用すれば損壊せずに同ドアの取り外しが可能であるとしても，この結論は左右されない。そうすると，建造物損壊罪の成立を認めた原判断は，結論において正当である。」

[3] 毀棄の意義

437 放　尿

大判明治 42 年 4 月 16 日刑録 15 輯 452 頁

【判決理由】「所掲条文に所謂毀棄若くは損壊とあるは単に物質的に器物其物の形体を変更又は滅尽せしむる場合のみならす事実上若くは感情上其物をして再ひ本来の目的の用に供すること能はさる状態に至らしめたる場合をも包含せしむるものと解釈するを相当とす可きか故に本案の如く被告に於て営業上来客の飲食用に供す可き鋤焼鍋及徳利に放尿せし以上被害者に於て再ひ該品を営業用に供すること能はさるは勿論なるを以て原審か右被告の所為を器物毀棄罪に問擬したりしは相当なり」

438　鯉を流出させる行為

大判明治 44 年 2 月 27 日刑録 17 輯 197 頁

【事案】　被告人 X は，他人の養魚池の水門板，格子戸を取り外して鯉 2800 匹余りを流出させた。

【判決理由】　「所論判文に依り原院は鯉魚を流出せしめたる行為を以て犯罪と認めたること洵に明かなり而して其鯉魚を流出せしめたる行為は刑法第 261 条に所謂物の傷害なること論を俟たされは本論旨も亦理由なし」

439　競売記録を持ち出し隠匿する行為

大判昭和 9 年 12 月 22 日刑集 13 巻 1789 頁
⇒221

440　学校の校庭に杭を打ち込む行為

最決昭和 35 年 12 月 27 日刑集 14 巻 14 号 2229 頁

【決定理由】　「土地の持分に対し登記を経て賃借権の設定を受けた者が，右土地に対しすでに賃借権の設定を受けていた地方公共団体がこれを，その設置かつ管理にかかる高等学校の校庭として使用していた場合に，この事実を以て自己の賃借権を侵害するものであるとして，実力を以て該校庭に『アパート建築現場』と墨書した立札を掲げ巾 6 間長さ 20 間の範囲で 2 箇所にわたり地中に杭を打込み板付けをして，もって保健体育の授業その他生徒の課外活動に支障を生ぜしめたときは，該物件の効用を害するから器物損壊罪を構成するものと解するを相当とする。」

441　看板を取り外す行為

最判昭和 32 年 4 月 4 日刑集 11 巻 4 号 1327 頁

【事案】　被告人 X は，A 株式会社 M 工場労働組合の組合員であったが，同組合がストライキ中に別に M 工場従業員組合が結成された。これに怒った X は 2, 30 名の者と M 工場従業員組合事務所にデモ行進し，同組合事務所の看板を取り外しこれを約 140 メートル離れた他人の家の板塀内に投げ捨てた。

【判決理由】　「本件 M 工場従業員組合の看板をとりはずした行為および本件荷物から荷札をとりはずした行為は，原審の認定した事実関係の下においては，いずれも右看板および荷札の本来の効用を喪失するに至らしめたものであることが認められるのであって，これを刑法 261 条の犯罪に該当するものであるとした原判示は正当であり，引用の判例に反する点は認められない。」

442 イカタコウイルス事件

東京地判平成 23 年 7 月 20 日判タ 1393 号 366 頁

【事案】 被告人は、いわゆるイカタコウイルス（またはタコイカウイルス）と呼ばれるコンピュータウイルスを音楽ファイルなどに仮装してインターネット上に公開し、同ウイルスファイルを被害者のパソコンで受信、実行させ、パソコン内蔵のハードディスクに記録されていたファイルを使用不能にするとともに、その後、新たに同ハードディスクに記録されるファイルも使用不能の状態にした。被告人は、本件ウイルスの実行によってハードディスク自体は損壊されておらず、器物損壊罪は成立しない等と主張した。

【判決理由】「刑法 261 条にいう『損壊』とは、物質的に物の全部又は一部を害し、あるいは物の本来の効用を失わせる行為をいう（最高裁昭和 25 年 4 月 21 日第二小法廷判決・刑集 4 巻 4 号 655 頁参照）。すなわち、器物損壊には、物自体を物理的に破壊する態様と物が持つ効用を侵害する態様があるが、後者の場合、『損壊』が成立するかどうかは、客体の効用を可罰的な程度に侵害したかどうかによって判断すべきであり、その効用侵害が一時的なものではないか、原状回復の難易をも考慮して検討すべきである。」

「ハードディスクはパソコンの補助記憶装置の一つであるが、その特徴は、①保存されているデータを随時読み出せること（以下「読み出し機能」という。）及び②新たにデータを何度でも書き込めること（以下「書き込み機能」という。）の 2 つである。この 2 つはいずれも重要かつ本質的な効用であるから（読み出し機能が付随的な効用に過ぎないとする見解は採用できない。）、これらのいずれかが失われてそれを容易に回復できないのであれば、ハードディスクはその本来の効用を失ったというべきである。」

「ハードディスクが持つ読み出し機能とは、利用者が既に保存しているファイルをそのとおりに随時読み出せることであるから、それができなくなって容易に回復できないのであれば、読み出し機能は失われたと評価できる。

前記のとおり、本件ウイルスの機能・作用により、本件ウイルスを実行した時点で、パソコンのハードディスクに保存されていたファイルは、高速度で順次イカやタコの画像のファイルに置き換えられてしまい、利用者が保存していたファイルをそのとおりに読み出すことが不可能になる。これは、そのファイルを保存していた部分についてハードディスクの読み出し機能が失われたとみることができる。」

「ハードディスクの書き込み機能については，ハードディスク上に新たに書き込んだファイルがそのまま読み出し可能な状態で維持（保存）されなければ，書き込み機能が維持されているとはいえない。なぜなら，ファイルをハードディスクに書き込んで保存するのは，保存すること自体に目的があるのではなく，次にそれが必要となったときに読み出して使用するためであるからである。

本件ウイルスが実行された場合，新たに作成したファイルをハードディスクに保存する機能自体が影響を受けることはないが，実行時点でハードディスクに保存されているファイルにとどまらず，その後新たにハードディスクに書き込まれるファイルについても，本件ウイルスが作用し続ける限り，上書きの対象となる。したがって，本件ウイルスが実行された状態でハードディスク上に新たに書き込んだファイルは，書き込んだ直後こそそのまま維持されているが，それが必要となって読み出そうとしたときには本件ウイルスによる上書きが行われて読み出し不能になっている蓋然性が高い。すなわち，本件ウイルスの実行状態を止めない限り，ファイルを書き込んで保存しておくことは事実上不可能であり，ハードディスクの書き込み機能は害されたものというべきである。」

「本件ウイルスの実行が止まった場合には，以後，保存されるファイルが上書きされて消えてしまうことはなくなるから，ハードディスクの書き込み機能は回復することになる。したがって，書き込み機能の原状回復の容易性は，本件ウイルスをどのような方法で止めることができるかにかかっている。」

「弁護人が主張する本件ウイルスを停止する方法は，いずれもパソコンの一般的な利用者が通常採り得るものではなく，いったん実行された本件ウイルスを止めることは非常に困難である。本件ウイルスによるハードディスクの書き込み機能の阻害は容易に回復可能であるとはいえない。」

443　ビラ貼り行為

最決昭和41年6月10日刑集20巻5号374頁／判時454・64，判タ191・149

【決定理由】「N公社職員をもって構成する全国A労働組合B地方本部副執行委員長等の地位にある被告人らが，多数の者と共謀の上，闘争手段として，当局に対する要求事項を記載した原判示ビラを，建造物またはその構成部分たる同公社B電気通信局庁舎の壁，窓ガラス戸，ガラス扉，シャッター等に，3回にわたり糊で貼付した所為は，ビラの枚数が1回に約4,500枚ないし約2500枚という多数であり，貼付方法が同一場所一面に数枚，数十枚または数

⇒ *444*

百枚を密接集中させて貼付したこと等原審の認定した事実関係のもとにおいては，右建造物の効用を減損するものと認められるから，刑法260条にいう建造物の損壊に該当するとした原審の判断は，正当である。」

444　公衆便所への落書き
最決平成18年1月17日刑集60巻1号29頁／判時1927・161，判タ1207・144
(百選Ⅱ79)

【事案】　最高裁は，以下のように述べて，建造物損壊罪の成立を肯定した。なお，本件の第1審判決（東京地判平成16年2月12日判時1867号157頁）は，建造物損壊罪と軽犯罪法1条33号の罪との関係について，「弁護人指摘の軽犯罪法1条33号等との関係で，建造物の外観ないし美観を汚損する行為が建造物損壊罪所定の損壊にまで当たるといえるか否かについては，建造物の性質，用途ないし機能との関連において，汚損行為の態様，程度，原状回復の難易等，諸般の事情を総合考慮して，社会通念に照らし，その汚損によってその建造物の効用が滅却ないし減損するに至ったか否かを基準として判断し，これが肯定されるときは，このような汚損行為は，軽犯罪法1条33号等に該当するのにとどまらず，建造物損壊罪に該当することになると解すべきである。」と述べている。

【決定理由】　「1　原判決の是認する第1審判決の認定によれば，本件の事実関係は以下のとおりである。

　(1)　本件建物は，区立公園内に設置された公衆便所であるが，公園の施設にふさわしいようにその外観，美観には相応の工夫が凝らされていた。被告人は，本件建物の白色外壁に，所携のラッカースプレー2本を用いて赤色及び黒色のペンキを吹き付け，その南東側及び北東側の白色外壁部分のうち，既に落書きがされていた一部の箇所を除いてほとんどを埋め尽くすような形で，『反戦』，『戦争反対』及び『スペクタクル社会』と大書した。

　(2)　その大書された文字の大きさ，形状，色彩等に照らせば，本件建物は，従前と比べて不体裁かつ異様な外観となり，美観が著しく損なわれ，その利用についても抵抗感ないし不快感を与えかねない状態となり，管理者としても，そのままの状態で一般の利用に供し続けるのは困難と判断せざるを得なかった。ところが，本件落書きは，水道水や液性洗剤では消去することが不可能であり，ラッカーシンナーによっても完全に消去することはできず，壁面の再塗装により完全に消去するためには約7万円の費用を要するものであった。

　2　以上の事実関係の下では，本件落書き行為は，本件建物の外観ないし美観を著しく汚損し，原状回復に相当の困難を生じさせたものであって，その効用を減損させたものというべきであるから，刑法260条前段にいう『損壊』に

当たると解するのが相当であり、これと同旨の原判断は正当である。」

445　公選法違反のポスターにシールを貼る行為

最決昭和 55 年 2 月 29 日刑集 34 巻 2 号 56 頁／判時 955・19、判タ 408・63

（重判昭 55 刑 8）

【決定理由】「原判決の認定するところによれば、被告人両名は、共同して、街頭に掲示された A 党所有の同党演説会告知用ポスターに表示された同党幹部会委員長 B の肖像写真や部分などに、『殺人者』などと刷られた原判示のシールを貼りつけたというのであって、被告人両名の右所為が右ポスターの効用を滅却したものとして暴力行為等処罰に関する法律 1 条（刑法 261 条）の罪にあたるとした原審の判断は、正当である。

　所論は、本件ポスターの掲示は公職選挙法 129 条、143 条 1 項に違反するから、このようなポスターは刑法 261 条の保護を受けず、その効用を滅却しても同条の器物毀棄罪は成立しない旨主張するが、公職選挙法上の選挙運動に関する右禁止規定と暴力行為等処罰に関する法律 1 条（刑法 261 条）とでは、それぞれ立法の目的、保護の法益を異にするのであって、たとえ本件ポスターの掲示が所論のように違法であるとしても、そのことから直ちに右ポスターが同法律 1 条（刑法 261 条）の罪の客体として保護されないものとは解しがたく、論旨は理由がないことが明らかである。」

⇒ 446・447

VI 公共の安全に対する罪

■1 放火罪

[1] 法益

446 3個の倉庫を焼損した場合の罪数

大判大正11年12月13日刑集1巻754頁

【事案】 被告人は，A株式会社の所有にかかる倉庫3棟を焼燬した。弁護人は，1個の行為により数個の家屋を焼燬したときは刑法54条1項前段の観念的競合として上告。

【判決理由】 「放火罪に於ては静謐なる公共的法益の侵害を以て主と為し個人の財産的法益の侵害は其の従たるものに過きされは本罪に於ける法益は其の主たる関係を標準と為すへきものなるか故に単一なる放火行為に因り数個の建造物を焼燬したるときは之を包括的に観察し単一なる放火罪として処分すへきものとす」

[2] 焼損──既遂時期

447 独立燃焼説──家屋の天井板約1尺四方の焼損

最判昭和23年11月2日刑集2巻12号1443頁

【判決理由】 「原判決はその挙示する証拠を綜合して，被告人が原判示家屋の押入内壁紙にマッチで放火したため火は天井に燃え移り右家屋の天井板約1尺四方を焼燬した事実を認定しているのであるから，右の事実自体によって，火勢は放火の媒介物を離れて家屋が独立燃焼する程度に達したことが認められるので，原判示の事実は放火既遂罪を構成する事実を充たしたものというべきである。されば，原判決が右の事実に対し刑法第108条を適用して放火既遂罪として処断したのは相当であって，原判決には所論のような違法はなく論旨は理

由がない。」

448 不燃性建造物への放火罪の既遂時期
東京高判昭和 49 年 10 月 22 日東高刑時報 25 巻 10 号 90 頁

【判決理由】「所論も、不燃性の建造物の場合、とくに本件のような形態・構造の鉄筋コンクリート造りの建物の場合には、放火罪の既遂時期について、木造家屋の場合とは異なる見解をとるべきであると強調しているので、この点について一言する。不燃性の建物といっても鉄筋コンクリート造りのオフィスビル、ホテル、マンション、石造ないしブロック造りの住宅・アパートなどさまざまであるが、いやしくも刑法 108 条の放火罪の対象となるものは、いずれも一部を木材などの可燃物で構成しており、その中には机、椅子、書棚、つい立て、衣類、書籍などの可燃性物件が多数存在するのが普通である。なおこれらの建造物の一部である可燃部分が独立に燃焼するころには——これらが木造家屋における可燃部分に比して概して硬質の素材で頑丈にできていて燃えにくい点等からみて——火勢がかなり強くなっていることが多く、木造家屋の場合と同様、それが他の可燃部分や可燃性の物件に燃え移る危険は大きいと思われる。したがって、不燃性の建造物においても、その可燃部分が独立して燃焼するに至れば公共の静ひつを害するという点では、木造家屋の場合ととくに区別して考える必要はないと解される。これを本件についてみると、列品館の構造は、原判決説示のとおり南北の長さ約 31.5 メートル、東西の長さ約 32.5 メートルの鉄筋コンクリート造り 3 階建で中央部分が吹き抜けになっており、1 階には工学部長室、事務室、宿直室、2 階には事務室、実験室、3 階には教官室などがあり、各室には木製とびら、机、つい立て、書籍、実験器具など可燃物が少なくなかった。また階段の東側、西側、北側のガラス戸の窓わくおよび階段両側の手すりは木製であった。そして、焼きされた原判示窓わく 9 個は、いずれもコンクリート壁に固定されていて容易に取りはずしできない状況にあり、建造物と不可分なその一部と認めるほかないものであった。このような状況のもとで、火は木製の机、とびらなどで構築されていたバリケードなどの媒介物を経て建物の一部である右の木製の窓わくへ燃え移って独立に燃焼しはじめ、これを焼失あるいは炭化させ、さらに天井に近い部分のコンクリート壁を黒色に変色させるに至るとともに、階段両側の木製手すりを焼失あるいは炭化させたのであ

⇒ *449*

る。火勢がいかに激しかったかは想像するにかたくなく，すでにこの段階では公共の静ひつを害したといってよく，建造物放火の既遂と認めるのに十分である。このように考えてくると，被告人らは，本件建造物に固定されその一部とみるほかない木製窓わくなどに燃え移るおそれがあることを未必的にせよ認識し，この認識のもとに意を通じて行動したと認められるのであるから，放火罪についての故意および共謀に欠ける点はないと解される。

警察官は不法占拠者の排除，不法行為の防止，犯罪容疑者の検挙等のために出動したのであり，この出動は前述のとおり正当な職務権限にもとづくものと思われるが，その出動後に被告人らは放火行為に着手し，危険は警察官にも及ぶ情勢になったのであるから，これらの警察官も同条にいう『現在する人』にふくまれると解するのが相当である。」

449 不燃性建造物への放火罪の既遂時期

東京地判昭和59年6月22日刑月16巻5＝6号467頁／判時1131・156，判タ531・245

【事案】 被告人は，千代田区有楽町の東京交通会館地下2階に設けられた可燃性塵芥集積区域内に集積された多量の紙屑等に放火して燃え上がらせ，同塵芥処理場のコンクリート壁表面の厚さ約2.5センチメートルのモルタルを約12.9平方メートルにわたり剝離，脱落させ，コンクリート天井表面の厚さ約1センチメートルの石綿を約61.6平方メートルにわたり損傷，剝離させたほか，天井に取り付けられていた蛍光灯，白熱電灯等を溶融・損傷し，さらに，吸気ダクトの塗装約14平方メートル，排気ダクトの塗装約10.1平方メートルを焼損させた。検察官は被告人を現住建造物放火既遂罪で起訴した。

【判決理由】「検察官は，……論告において『右塗装の燃焼は吸気ダクトで約14平方メートル，排気ダクトで約10.15平方メートルに達しているほか，本件放火によって，本件塵芥処理場のコンクリート内壁面のモルタル部分は強度が著しく低下し，天井表面の石綿部分も大幅な強度低下及び質的変化を起こすに至っていて，しかも右モルタル・石綿及び塗装は防音・断熱・美観保持のため本件塵芥処理場の内壁面・天井表面・吸排気各ダクトに吹き付けるなどして，同処理場本体と不可分一体となって右建造物の効用機能を十分ならしめていたものである。他方，右可燃性塵芥等が燃焼することによる火災，煙，熱気，ガス等によって人の生命，身体，財産に対する侵害の危険を生じさせたもので，このような本件公訴事実第一の犯行は，木造住宅等可燃性建造物の場合にみら

れるような建物自体の燃焼状態は惹起しなかったとしても，可燃性建造物の独立燃焼状態と同等と評価しうるまでの火力による損傷状態に達し，もって建造物としての効用を著しく毀損させるに至り，かつ，公共の危険が生じたものとみることができる。』と主張する。なお，検察官は『焼燬』の一般概念につき，公判中の釈明と論告とでやや一貫しない面もあり，明確を欠く点もないではないが，これを善解すれば，『放火罪が公共危険罪とされる由縁は，火力という手段により建造物等を損壊し，公共の危険を生ぜしめるところにあるのであるから，建造物本体が不燃性であるため燃焼することがなかったとしても，媒介物の火力によって不燃性建造物の一部を，可燃性建造物の本体あるいは一部が独立燃焼の状態に達した場合と同等に評価し得るまで損壊して建造物としての効用を著しく毀損させるに至り，かつ，それによって人の生命，身体，財産に対する危険状態に至った場合には，単なる建造物損壊罪としてとらえることなく，建造物の放火罪としてとらえるべきであり，この観点に立っても，被告人の右所為は，まさに建造物放火罪の焼燬にあたり，同罪の既遂として評価されるべきものであると考えるから（河上和雄「放火罪に関する若干の問題について」捜査研究26巻3号43頁参照），本件公訴事実第一は，現住建造物放火罪の既遂とするのが相当である。』旨主張するもののように思われる。

2　これに対し，弁護人は，『焼燬の概念は，火勢が媒介物を離れ，目的物が独立燃焼する程度に達したことをいうのであって，検察官の主張するように，焼燬をもって損傷，剥離，剥落等と同一ないし類似の概念とするのは失当である。

本件においては，損傷，剥離等はあるが，目的物件が独立燃焼したことを明らかにする証拠は全くないのである。従って，被告人の本件公訴事実第一については，現住建造物放火罪の未遂罪とするのが相当である。』旨主張する。

3　そこで判断するに，刑法108条所定の現住建造物放火罪は，目的建造物に火を放ってこれを『焼燬』することにより既遂に達するものであるところ，この『焼燬』とは，同罪が財産罪の側面があるとはいえ，本質において公共危険罪であることに鑑み，犯人の放った火が，媒介物を離れて当該目的建造物の部分に燃え移り，爾後その火が独立して燃焼を維持する程度に達したことをいうものと解するを相当とする。検察官の見解は，いわゆる効用喪失ないし毀滅説の理解において問題がないとはいえず，新説を主張するとしても，現住建造

⇒ *450*

物放火罪の既遂時期を判定する基準として明確性に欠け，たやすく左袒することができない。

そこで関係証拠によると，なるほど本件において検察官主張のようにモルタルの剥離，脱落等は認められるが，火が媒介物を離れてそれら，ひいては建造物自体に燃え移り，独立して燃焼を維持する程度に達した事実を認めさせる証拠はない。なお，検察官はダクトの塗料が燃焼していることを理由に，ダクト吹き付けの塗料が独立燃焼したかのようにとれる主張をしているが，関係証拠によれば，ダクトの塗料が一部焼損していることや，残る塗料をダクトから採取してライターで点火したところ黒煙を上げて燃え出したものの，このダクトは亜鉛引鉄板製のものであることが認められるので，それらの事実だけでは，ダクトに塗布されたままの塗料が媒介物を離れ，独立して燃焼する程度に達していたとはいえず，他にこれが独立燃焼状態に達したとする証拠はない。もっとも検察官も独立燃焼の域に達していなくても本件は焼燬と同視すべきことを主張するのである。しかし，焼燬の概念は上述のとおりであり，仮に『焼燬と同視すべき毀損』を既遂の基準として採り入れるとしても，媒介物の火力により建造物の主要部分につき毀損が生ずるなどして，建造物本来の効用を失う程度に至っていることが必要であって，判示程度の毀損では足りないことは検察官の引用する『河上和雄・放火罪に関する若干の問題について，捜査研究26巻3号』からも明らかである。

それ故，現住建造物放火罪の既遂罪が成立すると主張する検察官の主張は採用できず，弁護人の主張が正当であり，判示認定のとおり未遂罪を認定するに止めた。」

450 エレベーター内の側壁の一部の燃焼

最決平成元年7月7日判時1326号157頁／判タ710・125
（百選Ⅱ81）　⇒*464*

【事案】　被告人は，12階建てのマンション内のエレベーターのかごにおいて新聞紙に点火してかごの側壁を燃焼させた。既遂が成立する点について原判決は次のように述べている。

「本件エレベーターのかごの側壁が『焼燬』したと認められるか否かについて検討するに，刑法108条の『焼燬』とは，火が媒介物を離れて放火の目的とした建造物に燃え移り，独立して燃焼する程度に達した状態をいうと解される（昭和23年11月2日最高裁判所第三小法廷判決，刑集2巻12号1443頁）。そして関係証拠によれば，本件エレ

⇒ *451・452*

ベーターのかごの側壁は，厚さ1.2ミリメートルの鋼板の内側に当たる面に商品名フルオールシートなる化粧シートを合成樹脂粘着剤（アクリル系樹脂）で貼りつけた化粧鋼板でできているところ，……（中略）……フルオールシートそのものは可燃物であり，ある程度の高温にさらされると，溶融し，気化して燃焼し，その際生じる炭化物も最後には焼失するものであることが認められる。また関係証拠によれば，本件の火災に際しても，被告人が放火した，新聞紙等にしみたガソリンの火気による高温にさらされた結果，かごの南側壁面中央部下方約0.3平方メートルの部分において，壁面表面のフルオールシートが溶融，気化して燃焼し，一部は炭化状態となり，一部は焼失したことが明らかである。そうである以上，造造物たる本件マンションの構成部分である本件エレベーターのかごの南側側壁の一部（すなわち建造物の一部）が媒介物であるガソリンから独立して燃焼したと認めるに十分である。」

【決定理由】「1，2審判決の認定によれば，被告人は，12階建集合住宅である本件マンション内部に設置されたエレベーターのかご内で火を放ち，その側壁として使用されている化粧鋼板の表面約0.3平方メートルを燃焼させたというのであるから，現住建造物等放火罪が成立するとした原審の判断は正当である。」

[3] 建 造 物

451 建造物の意義
大判大正3年6月20日刑録20輯1300頁
⇒*435*

452 豚小屋は建造物か
東京高判昭和28年6月18日東高刑時報4巻1号5頁

【判決理由】「本件記録並びに当審における事実の取調の結果に徴すれば，本件豚小屋は，昭和28年4月25日当審における検証当時は既に約1年前に取り壊されて存在しないが，大工である，Aの父Bが7，8年前，5日位かかって作ったものであり，間口2間，奥行1間，屋根はガラ板の上に杉皮を敷き，柱は3寸角材6本を正式に本組みをし，柱の下は土台として玉石をおき，周りは下部から2尺5寸の所まで，板をくみ合わせた柵をめぐらし，柵は出入口のところは取り外しのできるようになっており，屋根までの中程に中段としてコオラ板を渡し土台より中段までは約4尺，中段よりハリまでは約4尺の高さがあ

⇒ *453*

り，下段は豚を収容し，中段には藁などを置いていたものであって，相当堅固な，建造物類似の構造を有していたものと認められるのであるが，右建物は元来豚を収容するために作られたものであって，中段に前示のように藁をおいていたが，元来人の出入することを予定して建てたものではなく，人が入ろうと思えば入れるが，実際入ったことはないというのであるから，右建物は刑法第109条にいわゆる建造物には該当しないものと認めるのが相当である。蓋し同条にいわゆる建造物たるには，人の起居出入に適する構造を有するものでなくても，土地に定着し，人の起居又は出入しうるものであれば，これに該当するものと解せられるのであるが，同条の立法趣旨から見ても，それは人の起居又は出入りすることが予定されている建物であることを前提としているのであって，その構造から見て，人が入ろうと思えば入れぬことはないが，そのものの性質上人の起居又は出入が全く予定されていないもの（例えば犬小屋，堆肥小屋等）は同条にいわゆる建造物には該当しないものと解するを相当とするからである。」

453 畳・建具の燃焼

最判昭和25年12月14日刑集4巻12号2548頁

【事案】 被告人は，強盗殺人の後，犯跡隠蔽のため放火したが，布団，畳を焼燬したに止まった。

【判決理由】 「原判決は，『右犯跡を隠す為，前記2児の寝ていた布団の中に焚付薪を差し入れ，これに燐寸の軸木を添え，それに点火すれば順次燃え拡がる仕掛をしてその一端に点火して，現に右Aの住居に使用する家屋に放火し，よって右布団3枚とその下に敷いてあった畳約30糎平方，深さ，約1，5糎を焼燬したものである』と明瞭に認定判示している。そして，建具その他家屋の従物が建造物たる家屋の一部を構成するものと認めるには，該物件が家屋の一部に建付けられているだけでは足りず更にこれを毀損しなければ取り外すことができない状態にあることを必要とするものである。従って，判示布団は勿論判示畳のごときは未だ家屋と一体となってこれを構成する建造物の一部といえないこと多言を要しないから，原判決の前示判示は，建造物の放火既遂の犯罪事実を認定判示したものではなく，その放火未遂の認定判示であるといわなければならない。そして，右放火未遂の事実認定は，原判決挙示の証拠によって，肯認することができるから，原判決には所論のような事実上又は証拠上の

理由不備の違法は存しない。しかし，原判決は，右建造物の放火未遂の事実に対し刑法108条のみを適用して同112条を適用していないから，この点において法律上の理由不備の違法があるものというべく，本論旨は結局その理由があって原判決は破棄を免れない。」

[4] 現住性

454 起臥寝食の場所

大判大正2年12月24日刑録19輯1517頁

【事案】 被告人は，午前7時過ぎごろM工学校校舎2階の押入れ内の石油に点火して放火，同校舎を焼燬したが，同校舎の1階の一室は教員の宿直室として使用されていた。

【判決理由】 「刑法第108条に所謂現に人の住居に使用する建造物とは現に人の起臥寝食の場所として日常使用せらるる建造物を謂ふものにして昼夜間断なく人の現在することを必要とせす而して学校の校舎の一室を宿直室に充て宿直員をして夜間宿泊せしむるときは其校舎は現に宿直員の起臥寝食の場所として日常使用せらるるものにして現に人の住居に使用する建造物なりと謂はさるへからす論旨に掲くる原判決の証拠に依れは校舎階下の一室は学校の新築落成後9月頃よりAの宿直室に充てられ同人は夜間其所に宿泊し居るものなるを以て右校舎は現に同人の居住に使用する建造物なることを認むるに足る従て原判決は証拠理由不備の不法あることなけれは論旨は理由なし」

455 殺害後の放火

大判大正6年4月13日刑録23輯312頁

【判決理由】 「被告は其父母を殺害したる後其犯跡を蔽はんか為め即時A等の死屍の横はれる家屋に放火し之を焼燬したるものにして原判決中該家屋には他に居住するものなく又人の現在せる事実をも認めあらさるを以て右被告の所為は刑法第109条に該当す可きものなること洵に所論の如し然れは原判決は此点に於て擬律の錯誤ありて破毀を免れさるものとす従て本論旨理由あり」

456 妻が家出中の家屋の現住性

横浜地判昭和58年7月20日判時1108号138頁
⇒総論 265

【事案】 被告人は、妻A子が被告人の暴力に耐えかねて家出したのを悲観し、焼身自殺をしようと家屋内にガソリンを撒いたが、これを点火する前に煙草を吸うためライターをつけたところ、その火がガソリンの蒸気に引火して建物を全焼した。弁護人は、放火の着手がないから放火予備罪に止まる、妻が家出中であるから現住建造物にあたらないと主張した。

【判決理由】「しかしながら、関係各証拠によれば、本件家屋は木造平家建であり、内部も特に不燃性の材料が用いられているとは見受けられず、和室にはカーペットが敷かれていたこと、本件犯行当時、本件家屋は雨戸や窓が全部閉められ密閉された状態にあったこと、被告人によって撒布されたガソリンの量は、約6.4リットルに達し、しかも6畳及び4畳半の各和室、廊下、台所、便所など本件家屋の床面の大部分に満遍無く撒布されたこと、右撒布の結果、ガソリンの臭気が室内に充満し、被告人は鼻が痛くなり、目もまばたきしなければ開けていられないほどであったことが認められるのであり、ガソリンの強い引火性を考慮すると、そこに何らかの火気が発すれば本件家屋に撒布されたガソリンに引火し、火災が起こることは必定の状況にあったのであるから、被告人はガソリンを撒布することによって放火について企図したところの大半を終えたものといってよく、この段階において法益の侵害即ち本件家屋の焼燬を惹起する切迫した危険が生じるに至ったものと認められるから、右行為により放火罪の実行の着手があったものと解するのが相当である。

よって、右の点に関する弁護人の主張は採用できない。

（なお、前記のとおり本件焼燬の結果は被告人自身がタバコを吸おうとして点火したライターの火に引火して生じたものではあるが、前記の状況の下でライターを点火すれば引火するであろうことは一般人に容易に理解されるところであって予想し得ないような事柄ではなく、被告人はライターを点火する時には本件家屋を焼燬する意思を翻したわけでもないから、右のような経緯で引火したことにより本件の結果が生じたからといって因果関係が否定されるものではなく、被告人は放火既遂罪の刑責を免れない。）」

「関係各証拠によれば、なるほどA子は被告人との離婚を相当に固く決意して家出したことは認められるけれども、同女はいわば着のみ着のままの状態で

家を出ているのであって，本件家屋に衣類等日常の生活品を残したままであること，同女は昭和58年2月にも3度家出しているものの，いずれも短期間で本件家屋に戻っていること，本件犯行時は同女が家を出てから半日も経過しておらず，同女と被告人が別居し離婚することが確定的になっていたものではなく，同女の離婚の意思は相当固かったとはいえ，なおその心理には微妙なものがあり，被告人との生活をもう一度やり直す気持ちが全くなかったわけではなく，本件家屋は自分の住居であるとの意思を有していたことが認められるのであり，これらの事実関係によれば，本件家屋は本件犯行当時においては依然A子が現に住居に使用する建物であったと認めるのが相当である。」

457 居住者を旅行に連れ出して放火した事例

最決平成9年10月21日刑集51巻9号755頁／判時1620・155，判タ955・152
（百選Ⅱ83，重判平9年7）

【事案】 被告人は，自己の所有する家屋およびその敷地に対する競売手続の進行を妨害するため，人がそこで生活しているように装うとともに，防犯の意味もかねて，自己の経営する会社の従業員5名を交替で家屋に寝泊まりさせていた。被告人は，同家屋に放火して火災保険を詐取しようと企て，放火する予定日前から従業員5名を沖縄旅行に連れ出すとともに，留守番役の別の従業員には，被告人らの留守中の宿泊は不要であると伝えた。これらの指示は，放火の準備や実行が従業員らに気づかれないようにするためのものであり，従業員らは，旅行から帰れば再び本件家屋への交替の宿泊が継続されるものと認識していた。Aは，被告人との共謀に基づき，被告人らが旅行中に本件家屋に火を放ち全焼させた。

【決定理由】「本件家屋は，人の起居の場所として日常使用されていたものであり，右沖縄旅行中の本件犯行時においても，その使用形態に変更はなかったものと認められる。そうすると，本件家屋は，本件犯行時においても，平成7年法律第91号による改正前の刑法108条にいう『現に人の住居に使用』する建造物に当たると認めるのが相当であるから，これと同旨の見解に基づき現住建造物等放火罪の成立を認めた原判決の判断は正当である。」

458 劇場の一部である便所に放火した事例

最判昭和24年2月22日刑集3巻2号198頁

【判決理由】「本件において，被告人が火を放った所論便所は，劇場建物の東側に接着するものであることは，原判決の確定するところであり，原判決の挙示する証拠，殊に強制処分における判事の検証調書の記載，同調書添付の図面

⇒ *459*

によれば，右便所は右劇場に接着して建設せられ，右劇場の一部をなすものであることがわかる。しかして，被告人が本件犯行にあたり，右便所を焼燬する意思のあったことは，原判決挙示の証拠上明瞭であるから，これにもとづいて，原判決が，被告人は本件劇場に放火しようと考えた旨判示したのは，相当である。また，右劇場には，人が寝泊りしていることを被告人が知っていたこと，及び，放火の結果，既に独立燃焼の程度に達する焼燬のあったことも，右証拠に照してあきらかであるから，原判決が，被告人の右の所為に対して，刑法第108条の既遂罪をもって，問擬したのは正当であって，この点を非難する論旨は理由がない。」

459 平安神宮放火事件

最決平成元年7月14日刑集43巻7号641頁／判時1328・19，判タ710・123

(百選Ⅱ82)

【決定理由】「弁護人の所論は，平安神宮社殿は一体として現住建造物を構成していたわけではなく，被告人が放火により焼燬した本殿，祭具庫，西翼舎等の建物と人が現住していた社務所等の建物とは別個の建造物であったから，本件においては非現住建造物放火罪が成立するにとどまると主張しているので，以下職権によりこの点につき判断する。

原判決及びその支持する第1審判決の認定によると，(1) 平安神宮社殿は，東西両本殿，祝詞殿，内拝殿，外拝殿（大極殿），東西両翼舎，神楽殿（結婚儀式場），参集殿（額殿），斎館，社務所，守衛詰所，神門（応天門），蒼龍楼，白虎楼等の建物とこれらを接続する東西の各内廻廊，歩廊，外廻廊とから成り，中央の広場を囲むように方形に配置されており，廻廊，歩廊づたいに各建物を1周しうる構造になっていた，(2) 右の各建物は，すべて木造であり，廻廊，歩廊も，その屋根の下地，透壁，柱等に多量の木材が使用されていた，(3) そのため，祭具庫，西翼舎等に放火された場合には，社務所，守衛詰所にも延焼する可能性を否定することができなかった，(4) 外拝殿では一般参拝客の礼拝が行われ，内拝殿では特別参拝客を招じ入れて神職により祭事等が行われていた，(5) 夜間には，権禰宜，出仕の地位にある神職各1名と守衛，ガードマンの各1名の計4名が宿直に当たり，社務所又は守衛詰所で執務をするほか，出仕と守衛が午後8時ころから約1時間にわたり東西両本殿，祝詞殿のある区域以外の社殿の建物等を巡回し，ガードマンも閉門時刻から午後12時までの間

に3回と午前5時ころに右と同様の場所を巡回し，神職とガードマンは社務所，守衛は守衛詰所でそれぞれ就寝することになっていたというのである。

　以上の事情に照らすと，右社殿は，その一部に放火されることにより全体に危険が及ぶと考えられる一体の構造であり，また，全体が一体として日夜人の起居に利用されていたものと認められる。そうすると，右社殿は，物理的に見ても，機能的に見ても，その全体が1個の現住建造物であったと認めるのが相当であるから，これと同旨の見解に基づいて現住建造物放火罪の成立を認めた原判決の判断は正当である。」

460　宿直員による巡回と現住性

　　　　　　　　　　　　　　　　大判大正3年6月9日刑録20輯1147頁

【判決理由】「原判決に拠れは被告は今治区裁判所に放火せんと決意し同裁判所庁舎の応接室に忍入り同室に放火したりと云ふに在り被告の意思は概括的にして裁判所の庁舎のみに限らす其附属建物（所論宿直室をも含む）をも焼燬せんとするの意思に出てたる事実を判示したるものと解するを相当とするのみならす官庁等は執務時間以外に於ては常に宿直員あり而して宿直員は非常を警戒すへき責任を有するを以て執務時限後と雖も庁中の各部分を巡視するを通例と為すか故に宿直室か庁舎と独立したる建造物内に在りたる場合と雖も庁舎を以て人の住居に使用せる建造物なりと謂ふを妨けす然らは本件に於て被告か放火したる場所は裁判所の一室にして当時其建物に何人も現在せさりしとするも又宿直室か別箇の建物内に在りしとするも被告の行為は人の住居に使用せる建造物に放火したるものに外ならさるを以て原判決の擬律は相当なり本論旨は理由なし」

461　待合の別棟の離れ座敷の現住性

　　　　　　　　　　　　　　最判昭和24年6月28日刑集3巻7号1129頁

【判決理由】「被害者A方はKという看板で待合業を営んで居り，被害家屋はBが住んで居る母屋とは別棟で所謂離れではあるが，同人の営業用に使用しているもので同建物には押入のある座敷があり，其押入には常に寝具を準備してあって被告人も同建物内に数回寝泊りした事実，並に犯行のあった晩も同離れには1人の客が来て使用した事実を認め得る。以上の事実により，同建物には昼夜間断なく人が現在するとはいえないがBの経営している待合業の為

⇒ 462

め日夜人が出入し，且つ起臥寝食の場所として使用している建物であることを認め得るから，被害建物は現に人の居住に使用して居ることの証拠がないとはいえない。そして原判決は挙示の証拠によって被害家屋は人の居住に使用している家屋であると認定したのであり，前説明のとおりその認定には何等法則に違反するところは認められないから，判示事実に対し刑法第108条を適用したことは当然であって，所論のような擬律錯誤はない。」

462 鉄筋10階建てマンションの1階の医院の現住性

仙台地判昭和58年3月28日刑月15巻3号279頁／判時1086・160，判夕500・232

【事案】 被告人は，深夜鉄筋10階建てマンションの1階にある無人のA外科医院に侵入し財物を窃取したが，犯跡隠蔽のために同医院内の書類等に放火し，同医院の受付室を焼燬した。同マンションの住戸数は72戸あり，2階以上は70世帯が居住していた。

【判決理由】「そうすると，A外科医院自体は，専ら業務，職務の執行場所として現に人の住居として使用していない建造物であり，本件犯行当時人の現在しない建造物であったと解されるところ，問題は，検察官が主張するように，同医院がKハイタウンの一部として現に人の住居に使用されている部分と一体の建造物と評価しうるか否かにあるので以下これを検討する。

専ら業務，職務の執行場所として用いられている建造物が，現に人の住居に使用される部分と一体の建造物と見做しうるか否かについては，たんに物理的な観点のみならず，その効用上の関連性，接着の程度，連絡・管理の方法，火災が発生した場合の居住部分への延焼の蓋然性など各種の観点を総合して判断すべきところ，A外科医院は，Kハイタウンの1階にあり，構造上他の区画と接着しているとはいえ，他の区画とは鉄筋コンクリートの壁，天井などで画され，独立性が強く，他の居住部分と一体の建造物とみることは困難である（前記管理人居住部分は本件医院とは幅1.7メートルの屋外通路をはさんだ別の区画内に存するから本件医院と構造上一体とみることはできない。）。また，本件医院は，居住者らのいわゆる共用部分といえないことは勿論，居住者らが居住のため常時使用する設備とみることもできないし，同マンション10階にあるAの居住とは親子電話による連絡がとれるだけであるから，居住部分との効用上の関連性は薄いといわなければならない。そこで，次に，本件医院に火災が発生した場合の居住部分への延焼の蓋然性について考えると，本件Kハイタウンのような共同住宅については，消防法上原則として自動火災報知設

備及び屋内消火栓設備などの設置が義務付けられているが，消防庁が昭和50年5月1日に発した『共同住宅等に係る消防用設備等の技術上の基準の特例について』と題する通達には特例として右義務を免除しうる基準が示されており，S市では右特例にもとづきその基準を更に厳しいものとした『特例を適用できる共同住宅の基準』と題する条例を定め，出入口は開放型廊下に面し自動閉鎖式の防火戸であること，各住戸は開口部のない耐火構造の床及び壁で区画されていること，外壁の開口部が直上階の開口部と同一垂直線上にある場合は不燃材料のひさし等で遮られていることなど，延焼しにくい防火構造上の基準を満たすときには，申請にもとづき，S市消防局が右義務を免除することができるとされているところ，本件Kハイタウンは，右基準に合致する構造，設備を備えているとして，現実に自動火災報知設備などの設置義務が免除されていること，従って，本件Kハイタウンは，床，壁，天井部分が鉄筋コンクリートで構成されており，しかも各区相互間には開口部が全くないので，これらの部分から他の区画へ延焼することは考えられず，延焼が考えられるのは，1区画で発生した火災の火勢が強くなって炎が窓ガラスを溶かし建物の外部に吹き出し，風などの状態によって炎が上階或いは隣りの区画の窓に直接当り，更にその窓ガラスが熱で溶けるような悪条件の重なった極く例外的な場合に限られ，一般的には他区画へは容易に延焼しないすぐれた防火構造を有する建物であるといいうるところ，本件A外科医院には，1階部分において直接隣接する区画はなく，上階には，B事務所（207号），C治療院（206号），D方（205号）があるものの，2階のバルコニーは1.10メートル，廊下は1.70メートルの幅があり，前記S市の基準で必要とされるひさしの幅0.5メートルの倍以上が確保されており，結局，同医院から他の区画への延焼の可能性は更に少ないこと（S市消防局予防課主幹兼建築設備係長Mの検察官に対する供述調書など）がそれぞれ認められる。

　そうすると，本件医院は，すぐれた防火構造を備え，1区画から他の区画へ容易に延焼しにくい構造となっているマンションの一室であり，しかも，構造上及び効用上の独立性が強く認められるのであるから，放火罪の客体としての性質は該部分のみをもってこれを判断すべく，本件建物が外観上1個の建築物であることのみを理由に，右医院と右マンション2階以上に住む70世帯の居住部分を一体として観察し，現住建造物と評価するのは相当でないというべき

⇒ 463・464

であって，本件医院は非現住建造物と解するのが相当である。」

463　鉄筋3階建てマンション内の空室の現住性
東京高判昭和58年6月20日刑月15巻4＝5＝6号299頁／判時1105・153

【判決理由】「本件マンションは，鉄筋コンクリート造3階建床面積114.03平方メートル（延床面積342.09平方メートル）で，各階に5室ずつ合計15室の同一間取り（1DK）の部屋が南向きに東西に並んでいて，各階とも，各室の南側に幅約0.90メートルのベランダが設けられ，北側には幅約1.30メートルの外廊下が玄関前に通じ，そして西側端には1階から2階および3階を経て屋上に至る幅約2.20メートルの外階段が設置されており，これが各階の外廊下に接続し，各室への出入りができる構造になっていること，そして本件マンションは，耐火構造の集合住宅として建築されたものであるけれども，外廊下に面した各室の北側にはふろがまの換気口が突出しており，南側ベランダの隣室との境はついたて様の金属板で簡易な仕切りがなされているにすぎなくて，いったん内部火災が発生すれば，火炎はともかく，いわゆる新建材等の燃焼による有毒ガスなどがたちまち上階あるいは左右の他の部屋に侵入し，人体に危害を及ぼすおそれがないとはいえず，耐火構造といっても，各室間の延焼が容易ではないというだけで，状況によっては，火勢が他の部屋へ及ぶおそれが絶対にないとはいえない構造のものであることが明らかである。そして，放火罪が公共危険罪であることにかんがみれば，原判決の補足説明にもあるように，本件マンションのようないわゆる耐火構造の集合住宅であっても，刑法108条の適用にあたっては，各室とこれに接続する外廊下や外階段などの共用部分も含め全体として1個の建造物とみるのが相当である。」

464　12階建てマンション内のエレベーターの現住性
最決平成元年7月7日判時1326号157頁／判タ710・125
（百選Ⅱ81）

【事案】　450の事案において，エレベーターの現住性につき原判決は次のように述べている。

「本件マンションのほぼ中央部に設置された本件エレベーターは，積載量600キログラム，9人乗りのものであるが，原判示の右一の1の㈠の事実によれば，高層（12階建）集合住宅である本件マンションの居住者が各階間の昇降に常時利用している共用部分であり，本件マンションの集合住宅としての構造とその利用形態に徴すると，原判示

⇒ 465

のとおり，本件エレベーターは，本件マンションの各居住空間の部分とともに，それぞれ一体として住宅として機能し，現住建造物である本件マンションを構成していることが認められる。そして，原判示の右の 1 の㈡の事実に明らかなとおり，本件エレベーターのかごをその収納部分から取り外すには，最上階でかごから重りを外した後最下階に移したうえ，解体してエレベーター扉から搬出するなど，作業員約 4 人かかりで 1 日の作業量を要するのであるから，本件エレベーターのかご部分は，最高裁判所の判例（昭和 25 年 12 月 14 日最高裁第一小法廷判決，刑集 4 巻 12 号 2548 頁）にいう『毀損しなければ取り外すことができない状態にある』場合に該当し，刑法 108 条の適用上も，建造物たる本件マンションの一部を構成するものというべきである。」

【決定理由】　⇒450

465　難燃性建造物における宿泊棟と研修棟の一体性

福岡地判平成 14 年 1 月 17 日判タ 1097 号 305 頁
（重判平 14 刑 7）

【事案】　被告人は，宿泊棟と研修棟が渡り廊下で連結されたホテルの無人の研修棟に放火した。本判決は，以下のように述べて，現住建造物放火罪の成立を否定し，非現住・非現在建造物放火罪の成立を認めた。

【判決理由】　「現に人がいる建物（以下「現在の建物」という。）と，現に人が住居に使用せず，かつ，現に人がいない建物（以下「非現住・非現在の建物」という。）とがある場合，それらが全体として一個の現在建造物と認められるためには，各建物が渡り廊下などの構造物によって相互に連結されていることを前提に，その構造上の接着性の程度，建物相互間の機能的連結性の有無・強弱，相互の連絡，管理方法などに加えて，非現住・非現在の建物の火災が現在の建物に延焼する蓋然性をも考慮要素とし，これらの諸事情を総合考慮して，一個の現在建造物と評価することが社会通念上も相当とみられることが必要と解される。そして，現在建造物放火罪の法定刑が著しく加重されているのは，人の生命・身体に対する危険性に着目したものであるから，その抽象的危険犯としての性格を前提としても，非現住・非現在の建物から現在の建物へ延焼する可能性が全く認められない場合にまで，それら複数の建物を一個の現在建造物と評価することは許されないというべきである。したがって，それら複数の建物が一個の現在建造物と認められるためには，そのような延焼可能性が否定できないという程度の意味において，延焼の蓋然性が認められることが必要と考えるべきである。

⇒ 466

　そこで検討すると、……被告人が放火した研修棟と従業員及び宿泊客が現在した宿泊棟とは、側壁及び天井を有する長さ約7.5メートルの2本の渡り廊下によって構造上連結されている上、住宅都市整備公団とE株式会社の契約で、宿泊棟及び研修棟は一体的に管理運営を行うものとされ、現に同社から委託を受けた株式会社AがホテルBを構成する施設として両建物を管理運営し、研修棟において行われる結婚式ないし結婚披露宴の為に宿泊棟の客室の一部を着付室などとして利用し、結婚披露宴等によって最も多くの売上を上げ、また、夜間には宿泊棟で当直勤務についている従業員により研修棟への巡回も行われているというのであるから、宿泊棟と研修棟との間には相当に強い機能的連結性が認められる。

　しかしながら、……宿泊棟と研修棟とを連結している南東側渡り廊下には、研修棟側入口に防火扉である鉄製扉が設置されている上、宿泊棟側にもガラス窓付きの金属製扉が設けられており、また、同渡り廊下を建築した建築業者の担当者によれば、長さ約7.5メートルの同渡り廊下の屋根から床面に至るまでの部材の中に可燃物は見当たらないというのであって、このような防火設備及び材質等に鑑みると、本件証拠関係の下では、同渡り廊下を経由して研修棟から宿泊棟へ延焼する蓋然性を認めるには合理的疑いが残ると言わざるを得ない。」

466　客体の性質の錯誤

名古屋高金沢支判昭和28年12月24日判特33号164頁

【事案】　原審は「被告人XはY所有の木造瓦葺2階建倉庫が、その西北方に建っている同人所有の住宅に接続してこれと一体をなしているのに拘らず、右住宅とは別個独立の人の現住又は現存しない建物であると誤信し、同倉庫の一部である薪小屋を焼燬する目的を以てこれに放火するに当り、これに放火すれば右倉庫に接続せるA等家族の現に住居に使用する前記住宅に延焼することあるべきを予見しながら、塵紙9枚位にマッチで点火し、これを右薪小屋内に堆積してあった枯松葉に投げ込み放火したが、該小屋及び倉庫を全焼せしめたのみで、予見した住宅焼燬の結果を惹起するに至らなかったものである。」という事実を認定したうえで現住建造物放火未遂としたが、名古屋高裁金沢支部は、これを破棄して既遂を認めた。

【判決理由】　「そうして見れば、原判文中『A所有の倉庫は同人の住宅と接続してこれと一体をなすものである』旨の記載は該倉庫が、単に、住宅と接近し、若しくは接続するに過ぎない別個独立の建造物であることを表示したものでは

なく，該倉庫それ自体が住宅の一部分であり，住宅の一翼を構成するものであることを表示したものであると解するのが，証拠の上からも，また，判文の文理から言っても，いずれの見地よりするも，至当であると言わねばならぬ。原判文を叙上の如く解読した上，原審認定の事実を再び要約摘示すれば，『被告人は，住宅の一部を構成する倉庫を，住宅と別個独立の建造物（人の現住又は現存しない建物）であると誤信し，若し該建造物に放火すれば住宅（母屋）に延焼することあるべきを予見しつつ，火を放って該倉庫，すなわち住宅の一部を焼燬したものである。』と言うに帰着するのである。思うに，いやしくも自己の行為より，住宅焼燬の結果が発生すべきことを認識しながら，しかも放火行為を敢てし，これに因て，現に住宅焼燬の結果を発生せしめるに於ては，其の認識が未必的であると確定的であるとを問わず，また，直接放火の対象となった建造物の性質について，錯誤があったと否とに依らず，該所為は住宅放火の既遂罪を構成すること，多言を要せずして明かなところである。」

467　現住建造物等放火罪と居住者の死傷結果

最決平成29年12月19日刑集71巻10号606頁

【決定理由】「1　本件公訴事実の要旨は，被告人は，平成23年12月29日午前4時38分頃，埼玉県大里郡寄居町所在の2名が現に住居に使用し，かつ，同人らが現にいる居宅（木造トタン葺平屋建，床面積約115.03㎡）に延焼し得ることを認識しながら，上記居宅に隣接した作業場建物の軒下に積み上げられていた段ボールに，ライターで着火して火を放ち，その火を上記居宅に燃え移らせて全焼させたというものである。

2　第1審判決は，公訴事実記載のとおりの事実を認定し，量刑事情として，上記居宅に居住していた2名が逃げ切れず一酸化炭素中毒により死亡したことをも考慮し，被告人を懲役13年に処した。

3　原判決は，第1審判決が，刑の量定に当たり，放火行為から人の死亡結果が生じたことを被告人に不利益に考慮したことは，それ自体不当なところはなく，余罪処罰に当たるようなものでもないなどとして，これを是認した。

4　所論は，現住建造物等放火罪の訴因にも罪となるべき事実にも記載されていない死亡の結果を量刑上考慮したことは，不告不理の原則に反する旨主張する。

5　放火罪は，火力によって不特定又は多数の者の生命，身体及び財産に対

⇒ *468*

する危険を惹起することを内容とする罪であり，人の死傷結果は，それ自体犯罪の構成要件要素とはされていないものの，上記危険の内容として本来想定されている範囲に含まれるものである。とりわけ現住建造物等放火罪においては，現に人が住居に使用し又は現に人がいる建造物，汽車，電車，艦船又は鉱坑を客体とするものであるから，類型的に人が死傷する結果が発生する相当程度の蓋然性があるといえるところ，その法定刑が死刑を含む重いものとされており，上記危険が現実に人が死傷する結果として生じた場合について，他により重く処罰する特別な犯罪類型が設けられていないことからすれば，同罪の量刑において，かかる人の死傷結果を考慮することは，法律上当然に予定されているものと解される。したがって，現住建造物等放火罪に該当する行為により生じた人の死傷結果を，その法定刑の枠内で，量刑上考慮することは許されるというべきである。」

[5] 無 主 物

468 所有権放棄された物への放火は何罪を構成するか

大阪地判昭和 41 年 9 月 19 日判夕 200 号 180 頁

【事案】 被告人は，A 宅板塀に接して置いてあるごみ箱上のハトロン紙に放火し，A 宅等に延焼する公共の危険を生ぜしめた。検察官は，110 条 1 項で起訴した。

【判決理由】「即ち右事実に関する前掲各証拠によれば，前認定のとおり，被告人の放火後早期に発見消火されたため，本件において，完全に燃焼しているのは，前記 A が前記ポリエチレン製ごみ箱の上に丸めて置いてあったハトロン紙約 5，6 枚のみであって，その外には右ごみ箱のふたとこれに接着する板塀は少し焦げた程度であり，いずれも独立燃焼の域に達しなかったことが認められる。

刑法は，同法第 110 条の放火の未遂を処罰する規定を置いていないから，前記ごみ箱のふたと板塀は独立燃焼の域に達していないこと前示のとおりであってみると，この点をとりあげて同条違反の責を問うことができないのはもちろんである。問題はハトロン紙 5，6 枚の焼燬であるが，前掲証拠によると，右のハトロン紙は A が捨てる意思で，ごみ箱の上に放置していたものであることが明らかである。

⇒ **469**

そもそも刑法第110条が第1項において同条2項の自己の所有物件に対する放火の場合より法定刑を重くしている理由は，放火罪が公共危険罪であると同時に財産権侵害の性質もあわせて持っていることが考慮されているからであると考えられる。所有者が所有権を放棄した物は，これを焼燬しても財産権侵害を理由に刑を加重すべきではないことはいうまでもないから，放火犯人所有の物に準じて取扱うのが妥当である。そうしてみれば，前記ハトロン紙を焼燬して，公共危険を生ぜしめた被告人の所為に対しては，同条第2項を適用すべきものといわなければならない。」

[6] 公共の危険

469　公共の危険の意義

最決平成15年4月14日刑集57巻4号445頁／判時1823・154，判タ1124・151
(百選Ⅱ84，重判平15刑8)

【決定理由】　「1　原判決及びその是認する第1審判決の認定並びに記録によれば，本件に関する事実関係は，以下のとおりである。

(1)　被告人は，妻と共謀の上，長女が通学する小学校の担任教諭の所有に係る自動車(以下「被害車両」という。)に放火しようと企て，本件当日午後9時50分ころ，同小学校教職員用の駐車場に無人でとめられていた被害車両に対し，ガソリン約1.45ℓを車体のほぼ全体にかけた上，これにガスライターで点火して放火した。

(2)　本件駐車場は，市街地にあって，公園及び他の駐車場に隣接し，道路を挟んで前記小学校や農業協同組合の建物に隣接する位置関係にあった。また，本件当時，前部を北向きにしてとめられていた被害車両の近くには，前記教諭以外の者の所有に係る2台の自動車が無人でとめられており，うち1台(以下「第1車両」という。)は被害車両の左側部から西側へ3.8mの位置に，他の1台(以下「第2車両」という。)は第1車両の左側部から更に西側へ0.9mの位置にあった。そして，被害車両の右側部から東側に3.4mの位置には周囲を金属製の網等で囲んだゴミ集積場が設けられており，本件当時，同所に一般家庭等から出された可燃性のゴミ約300kgが置かれていた。

(3)　被害車両には，当時，約55ℓのガソリンが入っていたが，前記放火により被害車両から高さ約20ないし30cmの火が上がっているところを，たまたま付近に来た者が発見し，その通報により消防車が出動し，消火活動により鎮火した。消防隊員が現場に到着したころには，被害車両左後方の火炎は，高さ約1m，幅約40ないし50cmに達していた。

⇒ *470*

　(4) 本件火災により，被害車両は，左右前輪タイヤの上部，左右タイヤハウス及びエンジンルーム内の一部配線の絶縁被覆が焼損し，ワイパーブレード及びフロントガラスが焼けてひび割れを生じ，左リアコンビネーションランプ付近が焼損して焼け穴を作り，トランクの内部も一部焼損し，更に第1，第2車両と前記ゴミ集積場に延焼の危険が及んだ。

　2　所論は，刑法110条1項にいう『公共の危険』は，同法108条，109条所定の建造物等への延焼のおそれに限られる旨主張する。しかし，同法110条1項にいう『公共の危険』は，必ずしも同法108条及び109条1項に規定する建造物等に対する延焼の危険のみに限られるものではなく，不特定又は多数の人の生命，身体又は前記建造物等以外の財産に対する危険も含まれると解するのが相当である。そして，市街地の駐車場において，被害車両からの出火により，第1，第2車両に延焼の危険が及んだ等の本件事実関係の下では，同法110条1項にいう『公共の危険』の発生を肯定することができるというべきである。本件について同項の建造物等以外放火罪の成立を認めた原判決の判断は，正当である。」

470　自己所有の炭焼き小屋に放火した事例

広島高岡山支判昭和30年11月15日裁特2巻22号1173頁

【判決理由】「公共の危険の有無については，当審で取調べた結果によると，本件炭焼小屋の所在した場所は麓に並存する人家から雑木林など（麓から往復する通路に当る中腹一帯の箇所には三椏の密生した畑がある）を隔てゝ直線距離にても300米以上の山腹に在り，小屋の北側には炭竈を設け，前面は平坦に土盛をなし，周辺の雑木はすべて切り払われ，切株からは既に若芽が萌え出ており，引火延焼の危険のある物は何物も存在しなかったといい，その上前夜来の雨は小降りながらも放火当時尚降りつづいて居り，被告人も亦附近一帯が被告人所有の山林であるところから，附近に延焼することのないよう監視しつつ焼燬したというのである。このような状態から見れば他に延焼する危険は毛頭なかったものと認め得べく，ましてや附近の部落民の中にも延焼の危険を感じたという者も全く認めることは出来ない。

　即ち被告人の主観に於ても，はたまた客観的な状勢に於ても延焼の危険を感ずるという何物もない遠く人家を離れた山腹の炭焼小屋を焼燬したものであって見れば，公共の危険があったとは毫も認められない。」

471　自動車のボディカバーに放火した事例

浦和地判平成 2 年 11 月 22 日判時 1374 号 141 頁／判タ 752・244

【事案】　被告人は，B，C 宅などに隣接する駐車場に駐車中の A の自動車のボディカバーに放火し，その一部を焼燬した。検察官は，公共の危険が生じたとして 110 条 1 項で起訴したが，本判決は公共の危険の発生を否定し器物損壊罪の成立を認めた。

【判決理由】「以上の各事実からすれば，なるほど被害車両後部と甲野荘との距離がわずか 0.56 メートルしかなかったことは検察官の指摘するとおりであるけれども，前記認定した火力の程度，ボディカバーや被害車両の燃焼の状況，当時の気象状況，燃焼実験の経緯等からすれば，本件の場合，D が消火することなくそのまま推移したとしても，炎は自然に消えるに至っていたであろう蓋然性がかなり高かったと認めざるをえず，したがって未だ付近の建造物等への延焼に至る客観的な危険性を肯認しうる状況にも，一般人をして右のような結果を生ずるおそれがあると危惧させるに足りる状態にも至っていなかった（D，E は，消火ないし目撃当時，右のようなおそれを感じたのかの如くに供述しているが，それは発見当時の狼狽もあり，とっさにガソリンに引火したら大変だという危惧感を抱いたというに止まるものであって，言い換えると，そのまま放置すれば，付近の建造物への延焼のおそれのある状態に至るのではないかとの抽象的な危険を意識したというにすぎず，右供述は公共の危険の発生の証左とするに足りるものではないというべきである。）と考えるのが合理的であると認められる。」

472　公共の危険の認識を必要とした事例

名古屋高判昭和 39 年 4 月 27 日高刑集 17 巻 3 号 262 頁／判時 399・22，判タ 164・117

【判決理由】「案ずるに，刑法第 109 条第 110 条第 1 項所定の他人の所有物を焼燬する罪の犯意については格別であるが，同法第 109 条第 2 項本文第 110 条第 2 項所定の自己の所有物を焼燬する各罪の犯意があるとするためには，所論のように，公共の危険発生の認識をも必要とすると解するのが相当である。それが未必的認識で足りることは，いうまでもない。けだし，自己の所有物を焼燬する行為自体は，同法第 115 条の場合にあたらない限り，本来適法行為であり，したがって同法第 109 条第 2 項本文第 110 条第 2 項の各罪は，現実に公共の危険を発生せしめる行為（その行為は，違法行為である）を処罰するものであって，公共の危険発生の事実をも構成要件としているとみるべく，そしてそ

⇒ *473*

の各罪の犯意としては，構成要件たる事実全部の認識を必要とし，したがって公共の危険発生の事実の認識をも必要とするといわなければならないからである。法律の解釈に関する点については，右の論旨は，正当である。しかるところ，本件においては，物置小屋が前記のように同法第109条所定の建造物にあたらない関係上，同条第2項本文の罪は成立しないけれども，後記説示のように，同法第110条第2項の罪が成立する。それで念のため，被告人に公共の危険発生の認識があったか否かという点に特に論及しよう。本件物置小屋およびその内部に入れてある諸物品の状態ならびに物置小屋附近の状況は，前記認定のとおりである。そして前記認定の事実関係のもとにおいては，物置小屋上部（垂木等）を燃焼させるにおいては，その火はたちまち右小屋のその他の部分およびその内部の諸物品に燃え移って，いわゆる火事となり，公共の危険を発生せしめるに至るべきことは，何人といえども，きわめて容易に予見し得るところである。この事情と後記引用のすべての証拠とを総合して考察すれば，被告人には，後記のように，少くとも未必的に公共の危険の発生をも認識していたと認定するに十分である。」

473 公共の危険の認識を不要とした事例

最判昭和60年3月28日刑集39巻2号75頁／判時1150・240，判タ554・165
（百選II85，重判昭60刑5）

【事案】　被告人は，暴走グループのリーダーであったが，自分たちの集団を離れたA，Bに反感を持ち，A，Bの単車を燃やすなどして破壊しようと企て，その旨をC，E，Fに伝えた。その結果，E，FはK方に近接して置かれてあったB所有の単車に放火してこれを焼燬し，さらに，K方家屋に延焼させた。原判決は，以下のように述べて，被告人を110条1項の放火罪の共同正犯とした。

「確かに，本件の場合被告人に公共の危険発生についての認識があったか否かについては，これを積極に認むべき証拠はない。しかし，そもそも刑法110条1項の建造物等以外放火罪の規定は，その文言からも明らかなように，結果的責任を定めたものであって，その成立には所論公共の危険発生についての認識は必要でないと解するのが相当であり，従ってこれが必要であるとする所論はその前提において失当であって，採用することができない。」

【判決理由】「刑法110条1項の放火罪が成立するためには，火を放って同条所定の物を焼燬する認識のあることが必要であるが，焼燬の結果公共の危険を発生させることまでを認識する必要はないものと解すべきであるから，これと

同旨の見解に立ち，被告人に本件放火罪の共謀共同正犯の成立を認めた原判断は，記録に徴し正当として是認することができる。」

　谷口正孝裁判官の意見　「一　私は，刑法110条1項の罪の成立については，多数意見と見解を異にし，公共の危険の発生することの認識を必要とするものと考える。その理由については，先に，当法廷昭和57年(あ)第893号・昭和59年4月12日決定（刑集38巻6号2107頁）の中で私の意見として述べておいたところであるから，ここにそれを引用する。

　そして，右の点について，認識必要説をとる場合と不要説をとる場合とでは，共謀共同正犯論に従って共同正犯の成立を肯定する判例の立場のもとでは，110条1項の罪の共同正犯の成立について異なる結論を導くばかりでなく，不要説をとる場合その結論の支持し難いもののあることを注意しておきたい。

　すなわち，本件においては，被告人は，Cを介してE及びFと順次共謀を遂げたとされているのであるが，被告人がCらに指示した内容が，『Aらの単車を潰せ』『Bの単車でもかまわない』ということであり，進んで『燃やせ』ということであって，その単車を何処で，どういう方法で燃やすかについては何ら指示するところがなく，被告人としては，Cを介しE及びFらが単車を燃やすことにより公共の危険が発生することについて認識するところがなかった場合を考えよ。その場合，実行行為を分担遂行した右E及びFにおいてK方1階応接間南側のガラス窓から約30センチメートル離れて同家軒下に置かれたB所有の自動2輪車に原判示の如き方法を用いて放火したとき，被告人の罪責はどうなるのか。この場合，被告人に対して成立する共謀の内容は器物損壊の限度に止まるものというべきであろう。然るに，現に右Eらの行為により実現したところは110条1項の罪であった（同人らについて公共の危険発生の認識の備わっていたことは記録上明らかである。）。

　もし，本件が右の如き場合であっても，多数意見に従う限り，被告人も又110条1項の罪の共同正犯の罪責を免れないということになる。この結論は明らかに不当である。右の場合は，いわゆる共犯における錯誤の問題として処理するのが正しい方法というべきではなかろうか。

　二　然し，本件においては，被告人としてもE及びFらの実行行為者においてB所有の単車に対する放火行為により『一般人をして延焼の危惧感を与えること』の認識を備えていたことが記録上肯認できる場合であるから，被告

⇒ *474*

人においても110条1項の罪の共同正犯としての罪責を免れないことは，原判決に示すとおりである。」

■2 往来を妨害する罪

474 往来の危険の発生（人民電車事件）
最判昭和36年12月1日刑集15巻11号1807頁／判時281・5
⇒総論 *29*

【事案】 被告人らは，国鉄の職員であったが，ストライキの一環として人民電車と書いた電車を京浜東北線において走らせた。京浜東北線には，これ以外の電車は走っていなかったが，山手線との線路の併用区間においては，山手線ダイヤに混乱を生じた。第1審は刑法125条電車往来危険罪の成立を否定，第2審は肯定した。各理由はつぎのとおりである。

【第2審判決】「そこで右人民電車の運行により，電車の往来に危険を生ぜしめたか否かを審究するに，刑法第125条の電車往来危険罪は，何らかの方法により，電車の衝突，脱線，顛覆等安全な電車の往来を妨げるおそれある状態を作為することによって成立するものであり，その事故発生が必然的，蓋然的たることを要せず，もとより実害を生ずることは必要としないものと解すべきところ，原判決は先ず，業務命令に反して電車を運行させても，事故防止に関する諸規則，慣行に従って運行している限り，たとえ危険が発生してもそれは違法の危険ではないとし，人民電車の場合は，正規の資格を有する運転士，車掌が乗車し，これらの者が業務上必要な注意を用いて，しかも国鉄所定のダイヤに基いて運行させたこと，6月10日の人民電車の運行により，他の電車の運転整理，時隔短縮，1閉塞区間2電車存在等の事態が生じたが，業務命令に従って運行する正規の電車の場合でも，事情により運転整理を行うことあり，また1閉塞区間2列車存在，又は時隔が1，2分に短縮される場合もあるのだから，これらの事態が生じたからといって6月10日の人民電車の運行が違法な危険を生ぜしめたとは認められない，6月11日の場合は前記同盟罷業により，人民電車の前後を運行する電車がなかったのであるから電車の往来に何等危険を生ぜしめた事実はないという判断，認定をしている。

原判決のいうところの違法の危険とは，その意義が明瞭でなく，真意を理解し難いのであるが，刑法第125条の罪の違法性は，電車の往来に危険を生ぜしめる行為に対する価値判断であるから，原判決が行為によって生じた危険を行為から切り離し，これを評価の対象とし，その危険の態様又は程度によって違法性を有する危険と然らざる危険とに区別し得るものとし，前者の危険を生ぜしめた場合に右の罪が成立すると解釈するのであれば，その解釈は誤といわなければならない。また原判決は前記のように，業務命令に反して電車を運行させる場合でも，正規の資格を有する運転士等が乗車し事故防止に関する諸規則，慣行に従い，且つ業務上の注意義務を尽して運行させた場合は，たとえ危険が生じてもその危険は違法ではないという趣旨の判断をしているので，原判決の見解は，あるいは右のような行為は，違法性がないという趣旨か，又は右のような行為によって生じた危険は刑法第215条の危険に該当しないという趣旨とも解される。しかし正規の資格，技能を有する者が事故防止に関する諸規則，慣行に従い業務上の注意義務を尽して電車を運行せしめる場合は，具体的のその場合に電車の顛覆，衝突等の事故発生の必然性，蓋然性が少ないことを考え得るに止まり，その行為が常に違法性を欠くと断定することはできない。右のような危険を生ぜしめた行為が違法性を有するや否やは事故発生の必然性，蓋然性の有無，強弱に関係なく，これを離れて行為全体が法秩序に反する性質を有するや否やによって決すべき事柄であるからである。また刑法第125条の危険とは，前記のように，電車の安全な往来を妨げるおそれある状態，即ち顛覆，衝突等の事故発生の可能性ある状態をいうのであって，その危険の態様，程度を問わないものと解すべきであるから，危険自体の態様，程度によって右法条に規定する危険に該当する危険と然らざる危険とに区別する見解は正当とはいえない。」

【判決理由】「原判決は刑法125条1項の電車往来危険罪における危険とは『電車の安全な往来を妨げるおそれある状態，すなわち顛覆，衝突等の事故発生の可能性ある状態をいう』とした上，被告人らが共謀して第1審判示の如くいわゆる人民電車を運行せしめ，もって電車の往来の危険を生ぜしめたことを認定し，刑法125条1項を適用処断しているのである。従って原判決は，被告人らが右の如き往来の危険を認識して，その犯行をしたものと認めた趣旨であること明白である。そして原判決のこの点の判断はすべて正当である。」

475 往来の危険の発生

最決平成15年6月2日刑集57巻6号749頁／判時1833・158，判タ1129・127

(百選Ⅱ86)

【決定理由】「1 原判決の認定及び記録によると，本件電汽車往来危険の事実関係は，次のとおりである。

(1) 被告人は，旧日本国有鉄道（以下「国鉄」という。）に対し防災工事費用を分担するよう申し入れたところ，これを拒絶されたため憤慨し，本件当日午後1時15分ころから午後5時ころまでの間，国鉄山陽本線瀬野駅・八本松駅間の鉄道用地と境界を接する自己の所有地上において，Aをして，パワーショベルで同所有地を同境界に沿って深さ約3.8mないし4.3m，幅約2m，長さ約76mにわたり掘削させた。上り線の線路脇にある上止69号電柱は，同境界と線路が最も接近している場所付近に存在したが，掘削が進むにつれて同電柱付近の土砂が崩壊し，土地の境界杭が落下したほか，国鉄側が同電柱を防護すべく打ち込んでいた長さ約3mのH鋼も滑り落ち，同電柱付近の路盤の掘削断面上端部は，同電柱から約0.6mの距離まで迫った。

(2) 上記掘削により，盛土上に位置する線路の軌道敷自体が緩むことはなかったものの，上止69号電柱付近の路盤の掘削断面は，著しく損なわれ，盛土の法面勾配に関する国鉄の安全基準（鉛直距離と水平距離の長さの割合が1対1.5）を大幅に超える急傾斜となった。

(3) 上記掘削開始後，国鉄広島鉄道管理局海田市保線区長Bは，上記安全基準を超えて土地が掘削されるのを目撃し，掘削現場にいた被告人に対して掘削をやめるよう警告するとともに，電車の徐行や電柱防護のための措置をとるなどした。本件当日午後4時37分ころ，国鉄側は，上止69号電柱直近の掘削により土砂が崩壊して境界杭が落下するなどしたことから，このまま電車を運行させると電柱の倒壊等により電車の乗客に危険が及ぶと判断して，送電停止の措置をとり，上り線の電車の運行を中止した。

2 平成7年法律第91号による改正前の刑法125条1項にいう『往来ノ危険』とは，汽車又は電車の脱線，転覆，衝突，破壊など，これらの交通機関の往来に危険な結果を生ずるおそれのある状態をいい，単に交通の妨害を生じさせただけでは足りないが，上記脱線等の実害の発生が必然的ないし蓋然的であることまで必要とするものではなく，上記実害の発生する可能性があれば足りる（最高裁昭和27年(あ)第43号同35年2月18日第1小法廷判決・刑集14巻2号138頁，最高裁昭和33年(あ)第2268号同36年12月1日第2小法廷判決・刑集15巻11号1807頁参照）。本件についてこれをみると，上記1のような掘削行為の規模及び掘削断面と上止69号電柱等との位置関係や，本件当時，国鉄職員及び工事関係者らが，上記掘削により上止69号電柱付近において地す

べりが生じ同電柱が倒壊するなどして，電車の脱線など安全な走行ができない状態に至るなど，極めて危険な状態にあると一致して認識しており，その認識は，現場の状況からして相当な理由があり合理的なものであったといえることなどに照らすと，上記実害の発生する可能性があったと認められる。したがって，電汽車往来危険罪の成立を認めた原判決は，結論において正当である。」

476 往来の危険の認識
大判大正 13 年 10 月 23 日刑集 3 巻 711 頁

【判決理由】「第 1，2 審判決は孰も公訴事実審理の結果に基き被告に刑法第 125 条の犯罪ありと判断したるものなること記録上明なるのみならす同条に所謂往来の危険を生せしめたるとは現実に汽車又は電車の顛覆脱線等の結果を惹起することを必要とせすして此等の結果を惹起するの虞あるを以て足るものとす従て如上の結果を惹起するの虞あることの認識ある以上は同罪の犯意を具備するものと云ふへし原判決認定事実に依れは被告は東北本線瀬峯線より新田線に向ひ 60 分 1 の下り勾配ある線路に差蒐りたる際貨物列車の新田駅に向ひて進行し来れるを目撃し汽車の往来に危険を生すへきことを豫知しなから果して如何なる影響を及ほすやを試みんとの好奇心より長約 2 寸 1 分幅約 2 寸厚約 5 分（最大部に於て）重量約 25 匁の小石 1 個を該列車の進路に当る軌條上継目の間隙に挿入して立置き以て汽車の往来に危険を生せしめたりと云ふに在りて被告か汽車の往来に危険を生せしむること明白なれは原判決か被告を刑法第 125 条に問擬したるは正当にして論旨は理由なし」

477 艦船覆没事件
最決昭和 55 年 12 月 9 日刑集 34 巻 7 号 513 頁／判時 989・130，判タ 431・59
（重判昭 56 刑 9）　⇒総論 30

【決定理由】「人の現在する本件漁船の船底部約 3 分の 1 を厳寒の千島列島ウルップ島海岸の砂利原に乗り上げさせて坐礁させたうえ，同船機関室内の海水取入れパイプのバルブを開放して同室内に約 19.4 トンの海水を取り入れ，自力離礁を不可能ならしめて，同船の航行能力を失わせた等，本件の事実関係のもとにおいては，船体自体に破損が生じていなくても，本件所為は刑法 126 条 2 項にいう艦船の『破壊』にあたると認めるのが相当である。」

478 三鷹事件

最大判昭和30年6月22日刑集9巻8号1189頁／判時52・1, 判夕49・88

【判決理由】「127条は, 125条の罪を犯し因て汽車電車の顛覆又は破壊の結果を発生せしめた場合, 126条の例によって処断すべきことを規定している。この法意は, 右の結果の発生した場合に126条1項2項の例によって処断すべしとするものであるばかりでなく, 汽車電車の顛覆又は破壊によって致死の結果を生じた場合には, また3項の例によって処断すべきを定めたものと解するを相当とする。けだし127条には右致死の結果の発生した場合について特に明記するところがないことは, 所論のとおりであるが, 同条が『前条ノ例ニ同シ』と規定して, 前条3項を除外せず, また『前条第1項第2項ノ例ニ同シ』とも規定していないことは, 文理上当然に, 126条各項所定の結果の発生した場合には, すべて同条項と同様処断すべきものであることを示しているからである。次に, 126条は人の現在する汽車電車の顛覆又は破壊の結果の発生につき故意ある場合を規定するものであるのに反し, 127条は広く125条の罪の結果犯について規定するものであるのにかかわらず, その処断については126条127条の間に差異がないことになるのであるが, このことは, 125条の汽車又は電車の往来に危険を生ぜしめる所為は, 本質上汽車又は電車の顛覆若しくは破壊, 延いては人の致死の結果等の惨害を惹き起す危険を充分に包蔵しているものであるから, 右各重大な結果が発生した以上は, 126条各項の場合に準じそれと同様に処断することを相当とする法意と解すべきである。なお126条3項にいう人とは, 必ずしも同条1項2項の車中船中に現在した人に限定すべきにあらず, いやしくも汽車又は電車の顛覆若しくは破壊に因つて死に致された人をすべて包含するの法意と解するを相当とする。けだし人の現在する汽車又は電車を顛覆又は破壊せしめ, 若しくは汽車又は電車の往来の危険を犯しもつて右と同様の結果が発生するときは, 人命に対する危害の及ぶところは, 独り当該車中の人に局限せられるわけのものではないからである。また127条にいわゆる汽車又は電車とは, 125条の犯行に供用されたものを含まないと解すべき理由は存しない。

されば, 原判決が被告人Xの犯罪事実として, 同被告人は三鷹電車区構内に入庫中の人の現在しない電車を発進させ, 運転者なしでこれを暴走せしめ同

構内出口附近で脱線させ，これによって電車の入出庫を妨害しようと企て，その電車の発進操作をなし，無人でこれを暴走せしめて電車の往来の危険を生ぜしめ，同電車は同被告人の予期に反して三鷹駅下り1番線上に驀進し同駅南改札口前の下り1番線車止に衝突して脱線破壊し，その破壊に際し附近に居合せたA外5名を死に致らした事実を肯認した上，これに対し刑法127条126条3項を適用処断したことは適法であるといわなければならない。」

　栗山茂，真野毅，島保，藤田八郎，谷村唯一郎各裁判官の少数意見
　「多数説は，刑法127条は，125条の罪を犯し因て汽車電車の顛覆，破壊又は艦船の覆没，破壊を致し，更に因て人を，死に致した場合に，126条3項の例によって処断すべきことを規定したものであると解するのであるが，この見解は正当とは思われない。127条は125条の罪を犯し，因て汽車，電車艦船の顛覆，破壊等の結果を生ぜしめた場合，126条1，2項の例によって処断すべきことを規定したに止まり，さらに，これに因て生じた致死の場合の結果的加重責任については，何ら規定するところのないものと解するを相当とする。その理由は次に述べるとおりである。
　刑法各本条を通じて，結果犯を加重の刑をもって処罰すべきものとする場合は，必ずいかなる結果の発生を要件としていかなる刑に処するかを法文に明記されているのであって，これが規定の方法として他の処罰規定を準用する場合であっても，結果犯処罰の要件たるべき事項は，例外なく各条にこれを明記しているのである。このことは罪刑法定主義の原則の根本的要請に適うものであって，刑罰法規にかかる明記のない場合に不明確な規定を基礎として行為者の意識せざる行為の結果にまで，刑事責任を課せんとすることは罪刑法定主義の本義にもとるものと云わなければならない。そこで127条の規定を見ると，125条の罪の結果犯の要件として掲げられているところは『因テ汽車又ハ電車ノ顛覆若クハ破壊，又ハ艦船ノ覆没若クハ破壊ヲ致シタル者』というに止まるのであって，更に因て人を死に致した場合について何ら法文に掲記するところはないのである。(126条においては3項にこれを明瞭に掲記しているにかかわらず)。この法文に掲記せられた結果犯の要件を基準として，127条にいわゆる『前条ノ例ニ同シ』を解釈すれば，前条1，2項の例に同じと解さるべきは当然であって，前条3項の致死の場合の規定は，その適用を見るべき余地はないのである。127条は『前条ノ例ニ同シ』と規定して，特に前条3項を除外

⇒ *478*

してはいないけれども，すでに前説示のごとく同条により結果的責任を生ずべき要件が特定されている以上3項適用の余地のないのは当然であって，『前条ノ例ニ同シ』という辞句から逆に致死の場合をもその要件として包含せしめようとすることは，厳格解釈を本則とする刑罰法規の解釈としては無理であるといわなければならない。

　126条3項は，その法定刑は『死刑又ハ無期懲役』にかぎられている極めて重い刑罰法規であって，かかる法定刑は，刑法中，尊属殺，強盗致死，強盗強姦致死，内乱罪の首魁等兇悪な犯罪にかぎって，課せられるところである。おもうに，人の現在する汽車電車等を顚覆破壊し，依って人を死に致すというがごとき犯罪は極度に交通機関の安全を害し，多数人命の危険を招来する，往来妨害の罪として最重最悪のものというべきで，これに対し右のごとき重刑をもってのぞむこと，また，故なしとしないのであるが，かかる重刑を課すべき場合は，その犯罪を構成する要件が法文に明記されている場合に局限せらるべきであって，たやすく，かかる規定の拡張適用を許すべきではないのである。

　もともと127条の基本となる125条の罪は，単なる汽車，電車等の往来の危険を生ぜしめる罪であって，その法定刑は『2年以上の有期懲役』と定められ，たとえ，この罪を犯して過つて人を死に致した場合でも，過失致死の罪と比照して重きに従って，処断されるに過ぎない。すなわち最長15年の懲役刑を超えることなく，事情によっては最短2年の有期懲役ということもあり得るのである。しかるに，同じく125条の罪を犯して，たまたまその結果として人の現在しない汽車，電車等の顚覆破壊等の事故をおこし，それがために人を死に致した場合において，若し，多数説のごとく，この場合に126条3項の適用ありとすればその法定刑は『死刑又は無期懲役』に限ることとなり，前段の場合と比べて，あまりにも刑の権衡を失するものといわなければならない。そうして127条の場合たるや，汽車，電車の顚覆破壊乃至は致死について，過失すらない場合にも適用を見るべきは結果犯の性質上当然であるから，この場合においても，必ず『死刑又ハ無期懲役』という法定刑の苛酷に過ぎることは云わずして明らかであろう。（若し125条の罪を犯し，因て人の現在する汽車，電車等の顚覆破壊等を惹起した場合その顚覆破壊等について，未必にもせよ故意ある場合は，当然に126条の適用があるのであり，また，125条の罪を犯し，未必の故意すらなくして人の現在する汽車，電車等の顚覆破壊等を惹起するという

がごときは，極めて稀有の事例に属するのみならず，かかる場合，126条3項の適用なくとも同条1，2項の適用により「無期懲役以下3年以上ノ有期懲役」に処することができるのであるから，この種事犯に対しても必ずしも，その量刑に事欠くことはないのである。）さらにこれを，刑法の過失致死，または，放火に因つて人を死に致した場合の刑と比較しても，また甚しく権衡を失するものといわなければならない。以上ひつきよう，127条について多数説のごとく126条3項の適用ありとの解釈をとることのいかに不合理であるか，かかる解釈の到底採るべからざることを実証してあまりあるものである。すなわち同条は125条の罪を犯して，汽車，電車等の顛覆，破壊等を生じた場合の結果的加重犯に関する規定であつて因つて致死の場合については，126条3項の適用を除外しているものと解するを相当とするのである。

　今，本件について，原判決の判示するところをみるに被告人Xは三鷹駅電車区車庫に入庫中の人の現在しない7輛連結の電車を運転者なしで同駅1番線上を暴走させて電車の往来の危険を生ぜしめたというのであるが，その際の同被告人の犯意として原判決の確定するところは『軽卒にも人の現在しない入庫中の電車を発進させ，運転者なしで，これを暴走させて電車区構内出口の一旦停止の標識がある地点で脱線させ，これにより電車の入，出庫を妨害しようと企てた』ものとするのであつて，右暴走の結果として生じた電車の破壊および附近に居合せた6名の致死については，当時被告人において，何らの認識なく，これらの事故は『被告人の予期に反して』惹起したものであるとしているのである。すなわち，原判決の確定するところに従うかぎり本件6名の致死は，その本質は，被告人の過失致死以上に出でないものであることは明らかである。

　かくのごとき案件に対し126条3項を適用すべきでないことは前叙のとおりであつて，被告人に対しては127条126条1項による電車破壊罪と，別に過失致死罪（被告人に対し致死についての過失が認定せられるかぎり）の刑を以て処断すべきものと思料する。」

⇒ *479*

Ⅶ　公共の信用に対する罪

■ *1*　文書偽造罪

［*1*］　法　　益

479　1筆の土地を3筆と偽った上申書を作成した事例

大判明治43年12月13日刑録16輯2181頁

【事案】　被告人は，A村の村長であったが1筆の土地を3筆と偽った官有財産目録訂正の上申書を作成し郡長に提出した。

【判決理由】　「文書偽造罪は文書の形式又は其内容を偽り因て以て其文書か証明の具として交通上に於て有する信用を害するに因りて成立する犯罪にして所論実害の要件としては抽象的に文書の信用を害するの危険あるのみを以て足り之を外にして特定の人に対し具体的に損害を与へ又は之を与ふるの危険あることを必要とせす是れ当院従来の判例に依りて認められ来りたる所なり而して本件に在つて被告か広島県安芸郡××の地所1筆を3筆なりと偽はり村長たる資格を以て其誤謬訂正の上申書を郡長に提出したる所為は具体的に何等の損害を生せす又生するの危険なかりしことは洵に所論の如しと雖も是れ唯た本案の場合に於て然るのみにして其行為の性質より見るときは虚偽の上申書を提出して当該官吏を欺罔せんと企てたるものにして文書の信用を害すへき危険あること勿論なるを以て其動機の私利を計るに出てたるにあらすして全く自己の奉職する町の繁栄を目的としたるものとするも其所為は文書偽造罪を構成することを妨けさるものとす」

[2] 文書の意義

480　入札用陶器への記載が文書にあたるとされた事例

大判明治 43 年 9 月 30 日刑録 16 輯 1572 頁

【事案】　被告人は，競売に際し手数料を利得しようとして，小川屋という他人の屋号を名義人として入札用の小皿に入札金額を記載し競売関係人に差し出した。

【判決理由】　「右小川屋なる屋号は A の通称にして氏名に代り得可きものなることは原審の判示する所なるを以て右屋号は之を署名と云ふに妨けなく又文書とは文字若くは之れに代る可き符号を用ひ永続すへき状態に於て或物体の上に記載したる意思表示を云ふものにして法律上其物体の種類に制限なきを以て被告等に於て判示の如く入札用の陶器に擅に右小川屋なる屋号を使用し B の所有建物を金 3400 円にて買受くる旨の記載を為し之を行使したる以上文書偽造罪を構成すへきこと勿論なるを以て論旨は理由なし」

481　郵便局の日付印

大判昭和 3 年 10 月 9 日刑集 7 巻 683 頁

【判決理由】　「日附印に於ける局名は其の郵便局を表示し又配列せられたる数字等は年月日時を表示するものと謂ふへく郵便局か郵便物を引受けたるとき日附印を郵便物に押捺するは即ち其の日附印に表示しある郵便局か之に表示する年月日時に其の郵便物を引受けたることを証する趣旨にして之に依れは該日附印の押捺は郵便物の引受を証する該郵便局の署名ある文書と解するを相当と認むへきか故に之を以て公務所たる郵便局の印章若は記号を押捺したるものと為すへきにあらす」

482　名義人を特定できない場合

大判昭和 3 年 7 月 14 日刑集 7 巻 490 頁

【判決理由】　「文書の偽造とは特定せる他人の作成名義を詐はりて文書を成作するを謂ふものにして其の文書か何人の作成名義に係るやは該文書自体に於て之を判別し得るを要するものなりとす而して他人の代表資格を詐はりて作成したる文書と雖其の被代表者たる他人か何人なるやを文書自体に於て判別し能はさるときは文書偽造罪を構成せさるものとす原判決の確定したる事実に従へは被告人は A と不和の間柄と為り居たる結果其の筋に対し A の営業に関する批難を申告して其の信用並に営業を妨害せむことを企て行使の目的を以て昭和 2

⇒ *483*

年12月中旬頃福岡県鞍手郡B町に於て郵便葉書（証第九号）に擅にB′町会議員代表と冒書し門司鉄道局下関運輸事務所旅客課長に宛てC駅構内の立売弁当は不潔にして非衛生的なる蠅卵付着せる旨虚偽の事実を記載したる文書1通を偽造し其の頃之を投函して前記旅客課長に到達せしめて之を行使し以て偽計を用ひ当局其の他をして右Aの営業に疑念を抱かしめ同人の信用を毀損し且つ其の業務を妨害したるものなりと言ふに在りて其の郵便葉書に表示せられたる該文書の作成名義を観るにB′町会議員代表とあるのみにして其のB′とはBと解し得られさるに非さるも被代表名義と認むへきB町会議員とあるは其の町会議員全部の意なりや一部の意なるや単に集合名詞の記載あるに過きすして其の名義人を特定するに由なきを以て斯かる文書を作成したりとするも文書を偽造したるものと謂ふを得さるものとす果して然らは原判決は被告人か前叙の如き葉書を作成したる行為を以てB町会議員代表名義の事実証明に関する文書を偽造したるものと解し刑法第159条第1項第161条第1項に問擬したるは擬律錯誤の違法あるものにして論旨は理由あり原判決は破毀を免れす」

483　名義人の記載はなくても名義人を特定できる場合

大判昭和7年5月23日刑集11巻665頁

【事案】　被告人は，A酒造株式会社という社名のある焼酎瓶に作成名義の表示のない偽りのアルコール含有量証明書を貼付した。

【判決理由】　「右焼酎瓶には其の何れかの部分に其の製造者としてA酒造株式会社の名か表示せられありたることを推測するに難からす既に右会社か製造者として表示せらるる以上右瓶に貼付せられたる酒精含有量の表示のペーパー其のものには作成名義者の表示なくとも右製造者A酒造株式会社の表示と相俟つて作成名義者を知り得へき文書なることを認むるに十分なり而して刑法第159条第3項の犯罪は作成名義人の署名又は捺印の存せさる文書の偽造を内容とするものなるか故に其の犯罪の成立には其の文書の作成名義者の何人なるかか其の文書自体又は之に附随せる物体より知り得るを以て足ると謂はさるへからす従て原判決か本件ペーパーの内容たる酒精含有量を証明したる文書の作成名義人か右文書と之を貼付せる焼酎瓶に徴しA酒造株式会社なることを知り得る程度に証拠説明を為したる以上本件文書偽造罪に於ける罪と為るへき事実は証拠に依りて明瞭に証明せられたりと認むへく前示証拠説明の不備は原判決を破毀すへき理由と為すに足らす論旨は理由なし」

484　名義人の実在を要するとした事例

大判明治 45 年 2 月 1 日刑録 18 輯 75 頁

【判決理由】「刑法第 159 条の文書偽造罪を認定するには行使の目的を以て他人の名義を冒用して権利義務若くは事実証明に関する文書を偽造したる事実を判示するを以て足る故に其名義を冒用せられたるものか現実存在する人なることを要するや勿論なりと雖も連続して多数人の文書を偽造したる事実を判示するには署名者の 12 人に付き特に氏名を掲記し其他は之れを省略して唯『外何名』と概括的に説示し且つ其存在を確認すへき住所等を詳記せさるも事実理由の明示を欠くものと謂ふへからす蓋し 12 人の氏名を掲記し以て現実存在せる人の名義を冒用したる事実を確定する以上は文書偽造罪の事実判示として足らさることなく其他の者の氏名住所等を掲記するの必要存せされはなり」

485　架空人名義でも文書たりうるとした事例

最判昭和 36 年 3 月 30 日刑集 15 巻 3 号 667 頁

【事案】　被告人は，A から金銭を騙取する手段として，実在しない人権擁護委員会会計課名義の保証金受領証を作成，行使した。原審は，次のように述べて公文書偽造罪の成立を認めた。

「東京都千代田区筆町 7 番地司法局別館人権擁護委員会会計課なるものは正確には実在しないけれども，原判示同委員会会計課作成名義の証明書は，その形式外観において一般人をして実在する公務所る右委員会がその職務権限内において作成した公文書であると誤信させるに足るものであると認めるのが相当であるから，被告人が右文書を作成，行使した所為は公文書偽造，同行使罪を構成するものであるといわなければならない。」

【判決理由】「被告人の本件文書を作成，行使した行為を公文書偽造，同行使罪に当るとした原判示は正当である。」

486　公文書の改ざんコピーの作成

最判昭和 51 年 4 月 30 日刑集 30 巻 3 号 453 頁／判時 811・23，判タ 335・151
（百選 II 87，重判昭 51 刑 5）

【事案】　被告人は，旭川地方法務局供託官 A 名義の真正に作成された供託金受領書の A の記名・押印部分を切り取り，虚偽の内容を記入した供託書と合わせて複写機で複写し，A 名義の供託金受領書写真コピー 5 通を作成して，これを行使した。第 1 審は，本件写真コピーは，私人が作成した公文書の写しであるから，被告人を作成名義人とする私文書であるとして無罪とした。原審も，次のように述べてこの結論を支持した。

「右認定の事実によれば，所論のように，宅地建物取引業者の営業保証金に関する供

⇒ 486

託済届の添付書類として供託金受領証の複写機による写真コピーが提出された場合には，北海道上川支庁では右コピーを原本と照合しないで受理する取扱いが本件発生時まで行われており，また同支庁に限らずその他の4府県においても，そうした写真コピーは原本と照合しないで受理される実情にあったことが窺われる。こうした取扱い例にもみられるように，一般に複写機による写真コピーが，原本の筆跡・形状をあるがままに正確に写し出す特質をもっているため，ある場合においては，原本の存在を証明する文書としてそれ相応の社会的機能と効用を有するものであることは否定しがたいところである。しかしながら，他面，右認定の事実によれば，北海道庁が各支庁宛に発した前記通達では，宅地建物取引業者の営業保証金に関する供託済届の添付書類として供託金受領証の写が提出された場合には，その写が手書きによるものであれ，本件のような複写機による写真コピーであれ，必ずこれを原本と照合すべきものと指示しており，現に上川支庁においても本件以後は右通達の指示に従って事務処理を行っており，また北海道以外の数県においても，添付書類として供託金受領証の写の提出を受けた場合にはそれが複写機による写真コピーであってもこれを原本と照合のうえ受理する取扱いを励行しているのである。こうした明確に原本と写とを区別する取扱いは，原判決も指摘するように，写真コピーには，原本から容易に看取できる程度の不正加工の痕跡も出来上った写真コピーの上では転写再現されえないという欠陥があることに由来するものというべく，建設業法関係の写真コピーを含め本件写真コピーが原本と同視しうる証明力ないし社会的機能と効用を有するものとして，原本に代わる文書であるとまでは断定しがたいことを如実に示すものというべきである。

　また，およそ写真コピーはいかに正確に原本を複写したものであっても，その紙質・色調などの外観から一見して複写機により複写した写であることが明らかであり，何人もコピーはコピーとしか認識していないのが通常である。すなわち写真コピーは，たとえ写の認証文言を欠く場合でもその記載内容・形式・体裁からみて，そこに複写したところと同じ内容の文言の記載された原本の存在を推認させ，その原本を正確に複写した旨の作成者の意識内容を保有する文書と解しうるとしても，もとより原本そのものの作成名義人の意識内容を直接表示するものではありえない。原本とは全く別個独立の書面なのである。

　したがって，本件写真コピーと原本との上記の差異に着目するとき，たやすく両者を同視しがたく，本件写真コピーが原本に代替する文書としての原本的性格ないし公信力まで有するものはとうてい解しがたい。これに反する所論の(1)は採用しえない。

　さらに検討するのに，本件で問題とされる各供託金受領証は本来これを作成する法的根拠のない建設業法関係の供託金受領証をも含めていずれも供託金の供託を証明する文書として旭川地方法務局供託官から供託者に対して発付される性質ないし体裁のものであって，原本と別個にその写を作成すること自体が法規上ないしその性質上禁止，制限

される類の文書でないことは明らかである。そして，宅地建物取引業法25条4項は，営業保証金に関する供託済届の添付書類として，供託者において供託金受領証の写を作成しうることを前提としていると解され，供託金受領証はもともと私人の手元において自由にその写を作成しうることの予定されている性質の文書である。してみれば，本件写真コピーは原本の存在を主張立証する者が，その簡易軽便な方法として誰でも自由に作成しうるものというべく，原本の作成名義人である法務局の供託官から許容され，またはその推定的承諾がある場合に限って特定の者にのみその写を作成する権限の与えられる文言と解するのは相当でない。

　以上の諸点にかんがみれば，所論のように本件写真コピーの作成名義人を原本のそれ（旭川地方法務局供託官A作成名義）と同視するのは相当でなく，右コピーの作成権限を有する者を公務所または公務員に限定すべき根拠も発見しがたい。結局本件写真コピーは被告人が勝手に作成した内容虚偽の私文書であると解しえても，刑法所定の公文書に該当するものでないことは明らかである。それゆえ，被告人の本件写真コピーの作成行使は刑法155条1項および158条1項の構成要件を充足するものでなく，公文書偽造・同行使罪を構成するものではない。」

　検察官の上告に対して，最高裁判所は原判決を破棄・自判して，有印公文書偽造・同行使罪を認めた。

【判決理由】「おもうに，公文書偽造罪は，公文書に対する公共的信用を保護法益とし，公文書が証明手段としてもつ社会的機能を保護し，社会生活の安定を図ろうとするものであるから，公文書偽造罪の客体となる文書は，これを原本たる公文書そのものに限る根拠はなく，たとえ原本の写しであっても，原本と同一の意識内容を保有し，証明文書としてこれと同様の社会的機能と信用性を有するものと認められる限り，これに含まれるものと解するのが相当である。すなわち，手書きの写のように，それ自体としては原本作成者の意識内容を直接に表示するものではなく，原本を正写した旨の写作成者の意識内容を保有するに過ぎず，原本と写との間に写作成者の意識が介在混入するおそれがあると認められるような写文書は，それ自体信用性に欠けるところがあって，権限ある写作成者の認証があると認められない限り，原本である公文書と同様の証明文書としての社会的機能を有せず，公文書偽造罪の客体たる文書とはいいえないものであるが，写真機，複写機等を使用し，機械的方法により原本を複写した文書（以下「写真コピー」という。）は，写ではあるが，複写した者の意識が介在する余地のない，機械的に正確な複写版であって，紙質等の点を除けば，その内容のみならず筆跡，形状にいたるまで，原本と全く同じく正確に再現さ

⇒ 486

れているという外観をもち，また，一般にそのようなものとして信頼されうるような性質のもの，換言すれば，これを見る者をして，同一内容の原本の存在を信用させるだけではなく，印章，署名を含む原本の内容についてまで，原本そのものに接した場合と同様に認識させる特質をもち，その作成者の意識内容ではなく，原本作成者の意識内容が直接伝達保有されている文書とみうるようなものであるから，このような写真コピーは，そこに複写されている原本が右コピーどおりの内容，形状において存在していることにつき極めて強力な証明力をもちうるのであり，それゆえに，公文書の写真コピーが実生活上原本に代わるべき証明文書として一般に通用し，原本と同程度の社会的機能と信用性を有するものとされている場合が多いのである。右のような公文書の写真コピーの性質とその社会的機能に照らすときは，右コピーは，文書本来の性質上写真コピーが原本と同様の機能と信用性を有しえない場合を除き，公文書偽造罪の客体たりうるものであって，この場合においては，原本と同一の意識内容を保有する原本作成名義人作成名義の公文書と解すべきであり，また，右作成名義人の印章，署名の有無についても，写真コピーの上に印章，署名が複写されている以上，これを写真コピーの保有する意識内容の場合と別異に解する理由はないから，原本作成名義人の印章，署名のある文書として公文書偽造罪の客体たりうるものと認めるのが相当である。そして，原本の複写自体は一般に禁止されているところではないから，真正な公文書原本そのものをなんら格別の作為を加えることなく写真コピーの方法によって複写することは原本の作成名義を冒用したことにはならず，したがって公文書偽造罪を構成するものでないことは当然であるとしても，原本の作成名義を不正に使用し，原本と異なる意識内容を作出して写真コピーを作成するがごときことは，もとより原本作成名義人の許容するところではなく，また，そもそも公文書の原本のない場合に，公務所または公務員作成名義を一定の意識内容とともに写真コピーの上に現出させ，あたかもその作成名義人が作成した公文書の原本の写真コピーであるかのような文書を作成することについては，右写真コピーに作成名義人と表示された者の許諾のあり得ないことは当然であって，行使の目的をもってするこのような写真コピーの作成は，その意味において，公務所または公務員の作成名義を冒用して，本来公務所または公務員の作るべき公文書を偽造したものにあたるというべきである。

⇒ *486*

　これを本件についてみると，本件写真コピーは，いずれも，認証文言の記載はなく，また，その作成者も明示されていないものであるが，公務員である供託官がその職務上作成すべき同供託官の職名及び記名押印のある供託金受領証を電子複写機で原形どおり正確に複写した形式，外観を有する写真コピーであるところ，そのうちの2通は，宅地建物取引業法25条に基づく宅地建物取引業者の営業保証金供託済届の添付資料として提出し異議なく受理されたものであり，また，その余の3通は，いずれも詐欺の犯行発覚を防ぐためその被害者に交付したものであるが，被交付者において，いずれもこれを原本と信じ或いは同一内容の原本の存在を信用して，これをそのまま受領したことが明らかであるから，本件写真コピーは，原本と同様の社会的機能と信用性を有する文書と解するのが相当である。してみると，本件写真コピーは，前記供託官作成名義の同供託官の印章，署名のある有印公文書に該当し，これらを前示の方法で作成行使した被告人の本件行為は，刑法155条1項，158条1項に該当するものというべきである。したがって，本件写真コピーは公文書偽造罪の客体たる公文書に該当しないとして被告人の刑責を否定した第1審判決を是認した原判決は，法令の解釈適用を誤り，所論引用の判例と相反する判断をしたものといわなければならず，論旨は理由がある。」

⇒**参考**　最決昭和54年5月30日刑集33巻4号324頁

　団藤重光裁判官の意見　「公文書偽造罪の客体は，いうまでもなく，『公務所又は公務員の作るべき文書』（刑法155条）である。狭義の原本にかぎらず，副本，謄本などであっても，その作成が公務所・公務員の権限に属する文書であれば，やはり公文書である。しかし，公文書の単なる写しは，もはや公文書ではない。公文書の写し──写真コピーをも含めて──を作ることは一般的に私人にも自由に許されているのであるから，公文書の写しが『公務所又は公務員の作るべき』文書にあたらないことは，明白である。なるほど，多数意見の援用する判例（最高裁判所昭和51年4月30日第二小法廷判決・刑集30巻3号453頁）のいうとおり，『原本の作成名義を不正に使用し，原本と異なる意識内容を作出して写真コピーを作成するがごときことは，もとより原本作成名義人の許容するところではなく，また，そもそも公文書の原本のない場合に，公務所または公務員作成名義を一定の意識内容とともに写真コピーの上に現出させ，あたかもその作成名義人が作成した公文書の原本の写真コピーであるか

⇒ *486*

のような文書を作成することについては，右写真コピーに作成名義人と表示された者の許諾のあり得ないことは当然』であろう（上掲刑集458頁）。しかし，それは，私人がこのような虚偽の写真コピーを作るのを許容されていないということを指摘するだけであって，このような写真コピーが『公務所又は公務員の作るべき』文書にあたるということの理由にはならないのである。

そればかりではない。文書の単なる写しは，それが写しとして使用されるかぎり，さかのぼって，文書偽造罪における『文書』の概念にあたらないというべきである。写真コピーは，もとになる文書の存在および内容をそのままに再現するから，これらを証明する手段として強力であり，一般社会においても，文書そのもののかわりにその写真コピーが使われることがすくなくないが，それはどこまでももとの文書の存在および内容の証明手段としてである。かような慣行の普及によって，写真コピーが『文書』そのものになるわけではない。しかも，写真コピーは，合成的方法による作為の介入がきわめて容易であるから，一般社会においても，写真コピーの信用性に実は大きな限界があることが次第に認識されて来るにちがいないとおもわれる。

もちろん，写真コピーが詐欺その他種々の不正行為の手段として使われることは，すくなくない。しかし，それは，詐欺罪の規定をはじめ，もし右不正行為自体を取り締まる法規があればこれによって対処されるべきことであり，その種の規定がないばあいは，現行法はこれを不可罰としている趣旨と考えなければならない。

たかだか考えられるのは，ドイツ連邦共和国の連邦最高裁判所の判例にみられるように，偽造文書の写真コピーの使用について偽造文書行使罪の成立をみとめることである。本件第1審判決は，これと同旨の見解を採ったものとみてよいであろう。しかし，ひとしく不正な写真コピーの使用の事例の中で，もとになる偽造文書が実在するばあいと，合成的方法による写真コピーのように，もとになる偽造文書が存在しないばあい（上掲第二小法廷判決の事案参照）とで，前者だけを可罰的とみることは，実際的にみて妥当な結論といえるかどうか，疑問である。戸田裁判官が，写真コピーによる行使罪の成立をも否定されるのは，理由のあることとおもわれる。この消極説の見解においては，写真コピーの方法によって利用するつもりで文書を偽造したときは，行使の目的を欠くことになり，文書偽造罪そのものの成立が否定されることになるが，これは

やむをえないというほかないであろう。

　上記判例は,『このような写真コピーは,そこに複写されている原本が右コピーどおりの内容,形状において存在していることにつき極めて強力な証明力をもちうるのであり,それゆえに,公文書の写真コピーが実生活上原本に代わるべき証明文書として一般に通用し,原本と同程度の社会的機能と信用性を有するものとされている場合が多い』として（上掲刑集457頁）,『たとえ原本の写であっても,原本と同一の意識内容を保有し,証明文書としてこれと同様の社会的機能と信用性を有するものと認められる限り』公文書偽造罪の客体となる文書に含まれるとするのである（上掲刑集456頁）。これは一見,常識に合致する考え方のようであるが,以上に考察したとおり,充分の根拠をもつものとはいいがたい。もし,不正な写真コピーの横行が放置を許されない程度の状況になっているのであれば,立法的措置によって対策が立てられるべきであろう。判例の考え方は当罰性と可罰性,立法論と解釈論を混同するものというべきである。わたくしは,戸田裁判官とともに,右判例は変更されるべきものと考えるのであり,この判例に基づいた多数意見には賛成することができない。」

487 公文書の改ざんコピーの作成
最決昭和61年6月27日刑集40巻4号340頁／判時1196・163,判タ606・51
（重判昭61刑5）

【決定理由】「公文書の改ざんコピーを作成することは,たとえ,その改ざんが,公文書の原本自体になされたのであれば,未だ文書の変造の範ちゅうに属するとみられる程度にとどまっているとしても,原本とは別個の文書を作り出すのであるから,文書の変造ではなく,文書の偽造に当たるものと解すべきである。したがって,この点に関する第1審判決及びこれを是認した原判決は,刑法155条の解釈を誤ったものというべきであるが,有印公文書の偽造とその変造とは,その罪質及び法定刑を同じく,その行使もともに同法158条1項に当たりその法定刑も同じであるから,右の誤りは,判決に影響を及ぼさない。」

488 ファクシミリの利用
広島高岡山支判平成8年5月22日高刑集49巻2号246頁／判時1572・150
（重判平8刑8）

【事案】　被告人は,金融会社の営業所長に対し,市の母子福祉資金の融資が受けられるのでこれを担保に融資してほしいとの架空の話を持ち込んで融資方を申し込み,その

⇒ *488*

証拠書類として行使する目的をもって，自己の父宛に郵送されていた公文書を改ざんし，これを送付原稿として自宅のファクシミリから金融会社営業所のファクシミリに送信し，同ファクシミリで印字させた。第１審判決は，ファクシミリで送信して受信先の機械で印字した写しは不鮮明である上，原本の代用と認められていないのが通常であって，その証明文書として原本と同一の社会的機能と信用を有するものと認めることはできないから，刑法が文書偽造罪において保護しようとする文書には該当しない，と判示した。これに対して，本判決は，以下のように述べて，有印公文書偽造罪・同行使罪の成立を認めた。

【判決理由】「㈠　公文書偽造罪は，公文書に対する公共的信用を保護法益とし，公文書が証明手段として持つ社会的機能を保護し，社会生活の安全を図ろうとするものであるから，公文書偽造罪の客体となる文書は，これを原本たる公文書そのものに限らず，原本の写しであっても，右の文書に該当する場合があるところ，原本の写しが右文書に該当するというには，⑴機械的方法により，あたかも真正な原本を原形どおり正確に複写したかのような形式，外観を有するものであること，⑵文書の性質上，原本と同様の社会的機能と信用性を有するものであることが要件であると解される。

㈡　……ファクシミリは，文書の送受信用の機器であると共に，複写用の機器でもあり，右の基本原理によって一般的に作成された受信文書は，送信文書の写しではあるが，その写し作成者の意識が介在混入する余地がなく，原本である送信文書が電気的かつ機械的に複写されるものであるといえるから，ファクシミリについても，真正な原本を原形どおり正確に複写したかのような形式，外観を有する写しを作成する機能を有するものである。

もとより，ファクシミリの印字機能，記録紙の種類等によって，印字の精細度ないし鮮明度，濃淡等に差異があり，送信文書ないし被写原本の印字と全く同一の印字が再現されるとは限らないことはいうまでもないが，それでも，文書全体の規格，文字の配置，文字の字体及び大きさ等は正確に複写され，これを見る者をして，同一の体裁と内容の原本の存在を信用させ，原本そのものを現認するのに近いような認識を抱かせる程度の写しが作成されることは否定できない。……

㈢　次に，ファクシミリによる文書の写しの社会的機能と信用性についてみると，真正な原本を原形のまま正確に複写したかのような形式，外観を有するファクシミリによる文書の写しは，一般には，同一内容の原本が存在すること

⇒ *489*

を信用させ，原本作成者の意識内容が表示されているものと受け取られて，証明用文書としての社会的機能と信用性があることは否定できず，その信用性の程度については，文書の作成名義，文書の様式及び規格等の体裁，記載内容，文書を行使する人物等の要素によって異なるものである。もとより，文書の本来の性質上，その存在自体が法律上又は社会生活上重要な意味をもっている文書，或いは人の重要な権利の行使に関して必要な文書などにおいては，ファクシミリによる文書の写しを原本の代用としてまでは認められないとしても，その他の分野においては，隔地者間における即時性のある証明用文書として有用なものとして利用されていることは明らかである。この点においても，複写機械による写しとの間に格別の差異があるとはいえない。

 本件の被告人が作成した通知書写しについても，岡山市の母子福祉担当課から被告人に対する支払金が振り込まれることを証明する原本文書の存在を信用させ，金融業者から借入れをするについて，保証書的役割を果たしたのである。

 (四) 以上のとおりであるので，本件通知書写しは，公文書偽造罪の客体としての文書としての要件を満たした公文書に当たるものというべきである。」

[3] 図　　画

489 煙草「光」の外箱

最判昭和 33 年 4 月 10 日刑集 12 巻 5 号 743 頁

【判決理由】「原判決は，第 1 審判決の確定した『被告人等（被告人 X，同 Y）は，共謀の上，真正な製造たばこ「光」の外箱と同様な図柄および「日本専売公社」なる文字その他所要の事項を印刷して製造したばこの外箱』について，これを以て右公社の製造にかかる製造たばこ『光』すなわち合法的な専売品であることを証明する意思を表示した図画であると解するを相当とし，所論のような美術的効果を否定できないとしても，単にそれだけのものに過ぎないということができないから，この点よりして刑法 155 条 1 項の図画に当らないとする所論は採用することができないと判断したこと，……（中略）……所論のとおりである。そして，当裁判所は，右原判決の判断を正当と認める。」

⇒ 490・491

490　土地台帳の地図

最決昭和 45 年 6 月 30 日判時 596 号 96 頁／判タ 251・269

【事案】　被告人は，福島地方法務局高田出張所と記載された表紙が付され 3 分冊に編綴されている土地台帳付属の地図の 11 カ所を変造した。

【決定理由】　「本件変造にかかる『大沼郡東尾岐村字限地図』が公務所たる福島地方法務局高田出張所の署名のある公図画であるとした原審の認定判断は相当である。」

[4]　電磁的記録

491　はずれ馬券の磁気部分の改ざん

甲府地判平成元年 3 月 31 日判時 1311 号 160 頁／判タ 707・265

【事案】　甲府地裁は，次の事実を認定し，私電磁的記録不正作出，同供用，窃盗の成立を認め，各罪は牽連犯になるとした。

【判決理由】　「被告人は，特殊法人日本中央競馬会の発行した勝馬投票券の裏面の磁気ストライプ部分の電磁的記録を不正に作出したうえ，これを利用して，同会の勝馬投票券の払い戻しのためのトータリゼータ・オンライン・システムに接続された複合投票券自動払戻機から現金を窃取しようと企て，同会の事務処理を誤らしむる目的をもって，

　第一　別紙犯罪一覧表 1 記載のとおり，昭和 63 年 8 月 6 日ごろ，甲府市（番地略）の被告人方において，ほしいままに，かねて自己が入手していた不的中券である同会主催 88 年第 2 回福島競馬 3 日目第 10 レースの連勝式勝馬投票券など 5 枚の裏面の磁気ストライプ部分の電磁的記録を，磁石で抹消したうえ，同券の裏面に，自己が製作した電磁的記録書込機を用いて，同会主催 88 年第 2 回福島競馬 7 日目第 9 レースの的中している連勝式勝馬投票券（的中番号 4―5 払込金 5000 円　配当金 14 万 7000 円のもの）の裏面の磁気ストライプ部分の電磁的記録と同一の内容の的中番号『4―5』，払込金『5000 円』，シークレット番号『9483』等を表わす印磁をして，同会の勝馬投票券払い戻しのための事務処理の用に供する事実証明に関する電磁的記録を不正に作出し，同月 7 日午前 11 時 30 分ごろから同日午前 11 時 36 分ごろまでの間，前後 5 回にわたり，山梨県東八代郡石和町窪中島 1017 番地の 1 同会東京競馬石和場外勝馬

投票券発売所において，右不正に作出した連勝式勝馬投票券5枚を前記オンライン・システムに接続されている複合投票券自動払戻機に挿入して，これを，同会の前記事務処理の用に供し，同機を作動させ，同発売所長A管理にかかる現金合計73万5000円を払い出させて，これを窃取し……たものである。」

[5] 偽　　造

偽造の意義

492 文書の使用態様と偽造の有無

大阪地判平成8年7月8日判タ960号293頁
（百選Ⅱ89）

【事案】 被告人は，金融会社に設置された自動契約受付機を利用し，他人になりすまして融資金入出用カードを騙し取ろうと企て，被告人の運転免許証の上に，Aの運転免許証のコピーから氏名，生年月日，本籍・国籍，住所，交付の各欄および免許証番号欄の一部を切り取ってこれを該当個所に重なるようにしておき，さらにその氏名欄の氏の部分に名字を書いた紙片を置き，上からメンディングテープを全体に張り付けて固定して，大阪府公安委員会作成名義の運転免許証を偽造し，金融会社支店の自動契約受付機のイメージスキャナーに偽造した同免許証を読みとらせ，同イメージスキャナーと回線で接続された同支店設置のディスプレイにこれを表示させるなどして，対応した同支店係員に対しこれを呈示し，行使した。本判決は，以下のように述べて，公文書偽造・同行使罪の成立を認めた。

【判決理由】「文書偽造罪における『偽造』といえるためには，当該文書が一般人をして真正に作成された文書であると誤認させるに足りる程度の形式・外観を備えていることが必要であることは，弁護人が主張するとおりである。しかし，ここで，当該文書の形式・外観が，一般人をして真正に作成された文書であると誤認させるに足りる程度であるか否かを判断するに当たっては，当該文書の客観的形状のみならず，当該文書の種類・性質や社会における機能，そこから想定される文書の行使の形態等をも併せて考慮しなければならない。これを，本件で問題とされる運転免許証についてみると，運転免許証は，自動車等の運転免許を受けているという事実を証明するためのみではなく，広く，人の住所，氏名等を証明するための身分証明書としての役割も果たしており，その行使の形態も様々であり，呈示の相手方は警察官等の公務員のほか，広く一

⇒ *493*

般人であることもあり，また，必ずしも相手方が運転免許証のみを直に手にとって記載内容を読み取るとは限らず，免許証等入れのビニールケースに入ったまま，しかも，相手に手渡すことなく示す場合もあるし，その場面も，夜間，照明の暗い場所であったりするし，時間的にも，瞬時ないしごく短時間であることさえある。さらに，近時は，相手方の面前で呈示・使用されるだけではなく，身分証明のために，コピー機やファクシミリにより，あるいは，本件のように，イメージスキャナー等の電子機器を通じて，間接的に相手方に呈示・使用される状況も生じてきている（このような呈示・使用が偽造文書行使罪における「行使」に該当することはもちろんである。）。……（中略）……

そこで，本件各運転免許証についてみると，その外観は前示のとおりであり，これを直接手に取って見れば，弁護人が指摘するように，誰にでも改ざんされたものであることは容易に見破られるものであるとみる余地がないではないが，電子機器を通しての呈示・使用も含め，運転免許証について通常想定される前述のような様々な行使の形態を考えてみると，一応形式は整っている上，表面がメンディングテープで一様に覆われており，真上から見る限りでは，表面の切り貼り等も必ずしもすぐ気付くとはいえないのであって，そうすると，このようなものであっても，一般人をして真正に作成された文書であると誤認させるに足りる程度であると認められるというべきである（現に，本件では，イメージスキャナー等を通してではあるが，相手方係員らが真正な運転免許証であると誤認したことは前示のとおりである。）」

493 文書の使用態様と偽造の有無

東京地判平成 22 年 9 月 6 日判時 2112 号 139 頁／判タ 1368・251
（重判平 23 刑 6）

【判決理由】「関係証拠によれば，①被告人は，東京都公安委員会が B 宛てに発行した駐車禁止除外指定車標章の有効期限欄の『平成 20 年 11 月 7 日』の『20』と記載された部分に，コピー機を利用するなどして作成した『22』と記載された紙片を，同発行日欄の『平成 18 年 6 月 2 日』の『18』と記載された部分に，同様に作成した『20』と記載された紙片を，ビニール製ケースの上面と上記標章との隙間から差入れて置いたこと，②その際，上記標章の表面は粘着性のある状態になっており，これを収納していたビニール製ケースと密着して貼り付くような状態であったため，被告人が上記紙片を標章の表面に置くと紙片は標章に密着し，ビニール製ケースを元の状態に戻したところ，上記紙片がビニール製ケースと標章との間に挟まれた状態となり固定されたこと，③こうし

て作出された本件標章の外観は，ほぼ押収してある駐車禁止除外指定車標章（平成22年押第80号の5）のとおりであり，被告人が置いた紙片は，その大きさ，形状，色，印字内容，字体等が真正な記載と酷似しており，上記のとおり標章と密着してこれと一体化することにより，あたかも紙片に記載された数字（年）が正規の有効期限及び発行日であるかのごとき外観を呈するものであったこと，以上の事実が認められる。

　上記認定事実に加え，警察官等がフロントガラス越しに確認するという駐車禁止除外指定車標章の本来的な用法も併せ考慮すれば，上記紙片に印字された数字が他の数字の位置と上下にずれており，載せた紙片の上部がめくれて少し浮かび上がる状態であったなどという弁護人指摘の点を踏まえても，本件標章が，一般人をして東京都公安委員会が作成した真正な公文書と信じさせるに足る程度の外観を備えたものといえることは明らかである。被告人による本件標章の作成行為は，有印公文書偽造罪にいう『偽造』に当たると優に認められる。」

494　自己の顔写真をはり付けた履歴書

最決平成11年12月20日刑集53巻9号1495頁
（百選Ⅱ95，重判平11刑8）

【決定理由】「私文書偽造の本質は，文書の名義人と作成者との間の人格の同一性を偽る点にあると解されるところ（最高裁昭和58年(あ)第257号同59年2月17日第二小法廷判決・刑集38巻3号336頁，最高裁平成5年(あ)第135号同年10月5日第一小法廷決定・刑集47巻8号7頁），原判決の認定によれば，被告人は，Aの偽名を用いて就職しようと考え，虚偽の氏名，生年月日，住所，経歴等を記載し，被告人の顔写真をはり付けた押印のあるA名義の履歴書及び虚偽の氏名等を記載した押印のあるA名義の雇用契約書等を作成して提出行使したものであって，これらの文書の性質，機能等に照らすと，たとえ被告人の顔写真がはり付けられ，あるいは被告人が右各文書から生ずる責任を免れようとする意思を有していなかったとしても，これらの文書に表示された名義人は，被告人とは別人格の者であることが明らかであるから，名義人と作成者との人格の同一性にそごを生じさせたものというべきである。したがって，被告人の各行為について有印私文書偽造，同行使罪が成立するとした原判断は，正当である。」

⇒ 495・496

実質主義・形式主義

495　形式主義
大判大正4年9月21日刑録21輯1390頁

【事案】 被告人らは，原審において，衆議院議員選挙人名簿をその確定後に変更したとして公文書変造罪で処断された。被告人側は，選挙人名簿に非有権者が登載され有権者が逸脱しているのを発見して，非有権者を削除し有権者を記入しただけであるから，虚偽の文書を真正な文書に変更したものであって文書変造罪は成立しない，と主張して上告した。

【判決理由】 「苟も公文書として成立せるものなる以上は其内容の真実に適合するものなると否とを問はす法律の保護を受けさるへからす故に擅に之を増減変更したるときは他に実害を生すると否とに拘はらす公の信用を害するものとして処罰を免るへからさるを以て本論旨は理由なし」

496　補助公務員による手続違反の公文書作成
最判昭和51年5月6日刑集30巻4号591頁／判時821・154, 判夕340・289
(百選Ⅱ90)

【事案】 被告人は，市役所本庁の市民課調査係長であったが，自宅の新築資金借り入れのために自己及び保証人らの印鑑証明書が必要になったので，市長作成名義の自己宛の印鑑証明書2通，妻Aほか3名宛の印鑑証明書各1通合計5通を，申請書を提出せずに自ら作成し，手数料を納付せずにこれを取得した。第1審判決は，印鑑証明書の作成発行が内部規定により市民課長の専決事項とされており，被告人に作成権限はなかったとして，有印公文書偽造罪，同行使罪の成立を認めた。第2審判決は，正規の手続及び目的にしたがう限りで市民課の課員すべてに慣行上印鑑証明書の作成発行事務を行う権限があったことを認めたが，被告人は正規の手続を踏まず自己の利益のために作成したものであるから偽造文書にあたるとして，第1審判決を是認した。

【判決理由】 「㈠ 公文書偽造罪における偽造とは，公文書の作成名義人以外の者が，権限なしに，その名義を用いて公文書を作成することを意味する。そして，右の作成権限は，作成名義人の決裁を待たずに自らの判断で公文書を作成することが一般的に許されている代決者ばかりでなく，一定の手続を経由するなどの特定の条件のもとにおいて公文書を作成することが許されている補助者も，その内容の正確性を確保することなど，その者への授権を基礎づける一定の基本的な条件に従う限度において，これを有しているものということがで

きる。

　(二)　これを本件についてみると，本庁における印鑑証明書の作成は，市民課長の専決事項とされていたのであるから，同人が，作成名義人である秋田市長の代決者として，印鑑証明書を作成する一般的な権限を有していたことはいうまでもないが，そのほか被告人を含む市民課員も，市民課長の補助者の立場で，一定の条件のもとにおいて，これを作成する権限を有していたことは，これに対する市民課長の決裁が印鑑証明書の交付された翌日に行われる事後決裁であったことから，明らかにこれを認めることができる。そして，問題となる5通の印鑑証明書は，いずれも内容が正確であって，通常の申請手続を経由すれば，当然に交付されるものであったのであるから，被告人がこれを作成したことをもって，補助者としての作成権限を超えた行為であるということはできない。確かに，被告人が，申請書を提出せず，手数料の納付もせずに，これを作成取得した点に，手続の違反があるが，申請書の提出は，主として印鑑証明書の内容の正確性を担保するために要求されているものと解されるので，その正確性に問題のない本件においてこれを重視するのは相当でなく，また，手数料の納付も，市の収入を確保するためのものであって，被告人の作成権限を制約する基本的な条件とみるのは妥当でない。してみれば，被告人は，作成権限に基づいて，本件の5通の印鑑証明書を作成したものというべきであるから，正規の手続によらないで作成した点において権限の濫用があるとしても，そのことを理由に内部規律違反の責任を問われることはかくべつ，公文書偽造罪をもって問擬されるべきではないと解するのが相当である。」

[6]　名義人の承諾

497　交通事件原票中の供述書

最決昭和56年4月8日刑集35巻3号57頁／判時1001・130，判タ442・124
（百選Ⅱ97）

【事案】　被告人は，酒気帯び運転等により運転免許停止処分を受けていたが，Aから「俺が免許証を持っているから，俺の名前を言ったら。」と勧められ，Aの本籍，住所，氏名，生年月日を書いたメモを交付されていたので，無免許運転をしていて取締を受けた際，「免許証は家に忘れてきました。」と言ってAの氏名等を称し，道路交通法違反

⇒ *498*

（免許証不携帯）の交通事件原票の供述書欄に「A」と署名して，免許証不携帯による反則金 2000 円ということでその場を切り抜けた。第 1 審判決が被告人に対して有印私文書偽造罪及び同行使罪の成立を認めたのに対して，弁護人は，名義人の承諾がある以上私文書偽造罪は成立しないと主張して控訴した。しかし，控訴審判決（東京高判昭和 54 年 8 月 28 日高刑集 32 巻 2 号 173 頁）は，以下のように判示して第 1 審判決を是認した。

「〔本件供述書の〕内容は自己の違反事実の有無等当該違反者個人に専属する事実に関するものであって，名義人が自由に処分できる性質のものではなく，専ら当該違反者本人に対する道路交通法違反事件の処理という公の手続のために用いられるものである。そのような性質からすると，名義人自身によって作成されることだけが予定されているものであり，他人の名義で作成することは許されないものといわなければならないから，当該違反者は，名義人の承諾があってもその名義で供述書を作成する権限はないものというべきである。」

【決定理由】「交通事件原票中の供述書は，その文書の性質上，作成名義人以外の者がこれを作成することは法令上許されないものであって，右供述書を他人の名義で作成した場合は，あらかじめその他人の承諾を得ていたとしても，私文書偽造罪が成立すると解すべきであるから，これと同趣旨の原審の判断は相当である。」

498 運転免許申請書

大阪地判昭和 54 年 8 月 15 日刑月 11 巻 7 = 8 号 816 頁／判タ 399・154

【事案】 被告人は，自己の住民登録がないため自動車運転免許の試験を受けることができないので，友人 A の承諾を受け，A 名義の運転免許申請書を作成し公安委員会に提出した。

【判決理由】「有印私文書偽造において，名義人の事前の承諾がある場合には，一般的には，刑法 159 条 1 項の構成要件に該当しないと解されている。しかし，思うに，同条の立法趣旨とするところは，被冒用者の利益を保護しようとするものではなく，権利，義務又は事実証明に関する文書等に対する公共信用性を確保しようとするものであって，かかる文書は，日常社会生活において，取引等の確実性を担保するものとして，重要な意義を有しているのである。換言すれば，一般には，名義人が事前に承諾を与えていれば，その文書についての責任は名義人が負うこととなり，文書の公共信用性を何ら損うことはないものと思われる。これに対し，たとえ，文書の名義人が事前に承諾を与えていたとし

ても，その文書の性質上，文書についての責任を名義人がとることができない場合には，その文書の公共信用性は損われるものといわなければならない（このことは，その文書が，私の手続内で使用される場合でも径庭を生じないと解される。）。かかる所為は，その立法趣旨に照らしても，刑法159条1項に該当し，又その行使は同法161条1項，159条1項に該当すると解すべきである。

そこで，本件についてこれをみるに，およそ，運転免許は，道路交通法に従い，公安委員会が申請者に下付するものであって，名義を偽って運転免許申請をした場合には，たとえ名義人が事前にこれを承諾していたとしても，その結果が名義人に生じるものではなく（被告人に交付された運転免許証がA名義でも，同人が運転免許を取得したといえないことは自明である。），このような運転免許申請行為の要素たる申請書の公共信用性の損われることは自明である。したがって，作成名義人であるAが事前に承諾していたとしても，被告人がA名義で運転免許申請書を作成した行為は，刑法159条1項に該当し，その行使は，同法161条1項，159条1項に該当するものである。」

499　替え玉受験

東京地判平成4年5月28日判時1425号140頁／判タ806・230
（重判平4刑7）　⇒529参照

【事案】　私立A大学の職員及び元野球部監督である被告人ら3名は，替え玉として受験する大学生らと共謀し，同大学政治経済学部の入学選抜試験に際し，同学部に入学を希望している志願者に合格点を取らせるため，20回にわたり右学生らに替え玉受験させた。弁護人は，本件各志願者は，自己の名において何者かが受験することを容認したと認定すべきであるから私文書偽造罪は成立しないと主張した。本判決は，各志願者は自分に替わって他の者が受験することを認識していなかったと認定して，有印私文書偽造，同行使罪の成立を認めたが，なお以下のように判示した。

【判決理由】　「仮に，本件各志願者が替え玉受験が行われることにつき何らかの認識があり，『承諾』があったとしても，本件のようにまさに文書の作成名義人と現実の作成者との人格の同一性についての欺罔が存する場合には，その目的のために与えられた『承諾』を有効と認めるべきでないことは当然である。そのような『承諾』は，作成者に適法な作成権限を与えるという性質のものではありえず，かえって，文書偽造罪の共犯を構成する行為としての評価を受けるべきものであろう。」

⇒ 500・501

[7] 通　称

500　通称の使用

最決昭和56年12月22日刑集35巻9号953頁／判時1032・137, 判タ464・92
(重判昭57刑6)

【事案】　被告人は、窃盗罪で懲役6年に処せられたが、受刑中に逃走し、種々の偽名を使用して逃亡生活を送っているうち、昭和51年6月建築会社を設立するにあたって義弟であるAの氏名をその承諾を得て借用することとし、それ以後約2年余りにわたって右氏名を使用し、本件犯行当時、Aという氏名は、少なくとも被告人の居住する町を中心とした姫路市方面及び右建築会社の取引関係という範囲においては被告人を指称するものとして通用していた。被告人は、昭和52年2月20日、無免許運転の疑いで検挙された際、Aの氏名、本籍、生年月日を称して交通事件原票の供述書を作成した。

【決定理由】　「原判決の認定するところによれば、被告人は、窃盗罪で服役中逃走し、遁刑中であることが発覚するのを恐れ、かねてから義弟と同一の氏名を使用して生活していたものであるところ、道路交通法違反(無免許運転)の罪を犯して警察官の取調を受けた際、右氏名を名乗り、義弟の生年月日及び本籍を告げ、右警察官が前記違反についての交通事件原票を作成するにあたりその旨記載させた上、その下欄の供述書に右氏名を使用して署名した、というのである。右の事実関係のもとにおいては、仮に右氏名がたまたまある限られた範囲において被告人を指称するものとして通用していたとしても、被告人が右供述書の作成名義を偽り、他人の名義でこれを作成したことにかわりはなく、被告人の右所為について私文書偽造罪が成立するとした原判断は相当である」

501　通称の使用

最判昭和59年2月17日刑集38巻3号336頁／判時1120・138, 判タ531・151
(百選II 93, 重判昭59刑5)

【事案】　被告人は、昭和24年10月ころ、わが国に密入国し、同年5月ころ被告人の写真が添付されたA名義の外国人登録証明書を手にいれ、その後、A名義で外国人登録法所定の登録確認申請手続を繰り返すなど、公私の広範囲の生活場面においてAの氏名を一貫して用い続けたため、Aという氏名が被告人を指称するものであることは、外国人登録証明書の提示を要するような公的生活ないしは行政機関に接触する場面ではもちろん、一般社会生活においても定着していた。被告人は、A名義の再入国許可を取得して北朝鮮に出国しようと企て、A名義の再入国許可申請書を作成して入国管理事務所事務官に提出した。第1審判決は、Aという名称が被告人の人格を示す名称と

して社会生活上一般に通用するようになっていたから，作成名義を偽ったことにならないとして，私文書偽造罪の成立を否定した。検察官は，再入国許可という公の手続内においてのみ用いられる本件再入国申請書については，本名以外の名称をもって作成された以上，すべて私文書偽造にあたる，と主張して控訴したが，控訴審判決も第1審判決を是認した。しかし，最高裁は，以下のように述べて，これを破棄した。

【判決理由】「おもうに，原判決が，私文書偽造とは，その作成名義を偽ること，すなわち私文書の名義人でない者が権限がないのに，名義人の氏名を冒用して文書を作成することをいうのであって，その本質は，文書の名義人と作成者との間の人格の同一性を偽る点にあるとした点は正当であるが，さらに進んで本件再入国許可申請書は，その名義人と作成者である被告人との間に客観的に人格の同一性が認められ，不真正文書でないことが明白であり，被告人の本件所為は私文書偽造，同行使罪にあたらないとした判断は，刑法159条1項，161条1項の解釈適用を誤ったものというべきである。」

「再入国許可申請書は，右のような再入国の許可という公の手続内において用いられる文書であり，また，再入国の許可は，申請人が適法に本邦に在留することを前提としているため，その審査にあたっては，申請人の地位，資格を確認することが必要，不可欠のこととされているのである。したがって，再入国の許可を申請するにあたっては，ことがらの性質上，当然に，本名を用いて申請書を作成することが要求されているといわなければならない。」

「前述した再入国許可申請書の性質にも照らすと，本件文書に表示されたAの氏名から認識される人格は，適法に本邦に在留することを許されているAであって，密入国をし，なんらの在留資格をも有しない被告人とは別の人格であることが明らかであるから，そこに本件文書の名義人と作成者との人格の同一性に齟齬を生じているというべきである。したがって，被告人は，本件再入国許可申請書の作成名義を偽り，他人の名義でこれを作成，行使したものであり，その所為は私文書偽造，同行使罪にあたると解するのが相当である。」

502 供述調書

東京地判昭和63年5月6日判時1298号152頁／判タ693・261

【事案】 被告人は，覚せい剤取締法違反で逮捕され取調を受けた際，未成年であったため少年院に戻されることをおそれ，執行猶予付き判決を受けることを期待して，自己の氏名を実在の成年者「A子」と詐称したうえ，取調官が作成した弁解録取書，供述調書の署名欄に「A子」と署名指印して提出した。被告人は，覚せい剤取締法違反の

⇒ 503

罪で懲役1年（執行猶予3年）に処せられたが，捜査，公判段階を通じてA子として振る舞い，A子の本籍，生年月日等も詐称したため，起訴状にも判決書にもA子として表示されていた。被告人は，その後，再度覚せい剤取締法違反で起訴されたが，その際，右氏名冒用の事実についても起訴された。本判決は，氏名冒用について私署名偽造，同行使罪の成立を認めた。また，本判決は，最初の覚せい剤違反事件の判決の効力について，以下のように判示した。

【判決理由】「本件被告人は，別件につき，昭和61年1月25日逮捕され，同月28日以来勾留されて，同年3月13日判決の宣告を受けるまで引き続き現実に身柄を拘束され，かかる身柄拘束のまま，捜査官の取調等にも被疑者として応ずるとともに，起訴状謄本の送達等も被告人として自らこれを受け，公判廷でも，自ら出頭のうえ終始被告人として行動し，前記判決の宣告も本件被告人に対して現実になされていることが明らかであって，以上によると，別件における検察官の意思が，実在の他人であるA子に対してではなく，本件被告人に対して公訴を提起するにあったことについては疑いをいれる余地がないのみならず，そのことは，起訴状等における前記表示の齟齬にもかかわらず，手続上客観的に明確なところであったというべく，また，別件公判裁判所も，右検察官の意思に対応して，現に被告人として公判廷にも出頭して被告人としてふるまっていた本件の被告人を別件の被告人として把握していたことがきわめて明らかであったというべきである。そうすると，結局，前記別件判決における被告人は本件の被告人にほかならず，右判決の効力は本件被告人に対して生じている関係にあることを優に肯定することができる。」

503　無効な養子縁組によって得た氏名の使用

東京地判平成15年1月31日判時1838号158頁

【事案】戸籍上Aの氏名を有していた被告人は，金融会社から多額の借金をしてその返済をしなかったことから，自己の名義であるAでは融資を受けることができない融資不適格者となっていたことから，Bの承諾を得ないまま，同人を養父とする養子縁組届を行い，戸籍上の氏名をCとした上，金融会社からキャッシングカードを詐取した上，同カードを使用して金員を窃取しようと企て，甲株式会社大和支店において，行使の目的をもって，同店備付けの極度借入基本契約書の氏名欄に「C」などと冒書し，極度借入基本契約書1通を作成し，同所において同店従業員Dに対し，これをあたかも真正に成立したもののように装って提出し，同社発行のキャッシングカードの交付を申し込み，前記Dをして，被告人がCであり，同人からキャッシングカードの交付の申

⇒ 503

込があったものと誤信させ，前記Dを欺いて同カード1枚を交付させた。弁護人は，有印私文書偽造，同行使及び詐欺につき，民法上は無効であっても「C」が「C」として行動しているのであり，被害会社は，戸籍の外観によって形式的に顧客となろうとする者を識別し，顧客として受け入れるかどうかを決定しているのであるから，「C」を被告人であると認識することに錯誤はなく，犯罪は成立しない，と主張したが，裁判所は，以下のように述べて有印私文書偽造罪の成立を認め，同行使罪および詐欺罪についても有罪とした。

【判決理由】「サラ金業者である各被害会社にとって，融資の申込に際して行う審査の目的は，戸籍の外観によって形式的に顧客となろうとするものを特定，識別するに止まらず，上記各事項を確認することによって，返済の意思や能力など，当該申込者の人格そのものに帰属する経済的信用度を判断し，申込者が融資を受ける適格を有する者か否かを判断することにあると解されるのであるから，その審査にとって極めて重要な判断資料として機能する本件各申込書は，社会通念上はもとより，取引信義則上も，申込者の人格に帰属する経済的信用度を誤らせることがないよう，その人格の本来的帰属主体を表示することが要求され，その帰属主体を偽ることが許されない性質の文書というべきである。

また，当事者間に縁組をする意思がないとき，養子縁組は無効であるが（民法802条1号），ここにいう縁組意思とは，実質的な縁組意思，すなわち，真に親子関係と認められるような身分関係の設定を欲する効果意思を意味し，かかる意思を欠く場合，縁組が無効であることはもとより，縁組の有効性を前提とする氏の変更（民法810条）の効果も生じないというべきであって，上記認定の事実によれば，被告人は，Bと全く面識がなく，その了解を得てもいないのに本件養子縁組を行ったものであるから，本件養子縁組は，縁組意思を欠く無効なものであって，被告人の氏をB姓とする氏の変更の効果も生じないことは明らかである。

そうすると，本件において融資適格者ではない被告人が，C名義を用いて……書面を作成した行為は，当時の被告人の戸籍上の記載に基づく表示であったとしても，本件養子縁組が無効である以上，各被害会社に対し，以後の融資契約等の法律効果の帰属主体を，本件養子縁組以前のAすなわち被告人とは別個の人格であるCと偽り，その結果，融資契約等の法律効果が帰属する人格の経済的信用度を誤らせるもので，虚偽の人格の帰属主体を表示し，各文書

⇒ 504

の作成名義を偽るものにほかならず、いずれについても有印私文書偽造罪が成立する。」

[8] 代表名義・肩書の冒用

504　理事会議事録署名人名義
最決昭和45年9月4日刑集24巻10号1319頁／判時609・96、判タ254・215
（百選Ⅱ92）

【決定理由】「他人の代表者または代理人として文書を作成する権限のない者が、他人を代表もしくは代理すべき資格、または、普通人をして他人を代表もしくは代理するものと誤信させるに足りるような資格を表示して作成した文書は、その文書によって表示された意識内容にもとづく効果が、代表もしくは代理された本人に帰属する形式のものであるから、その名義人は、代表もしくは代理された本人であると解するのが相当である（明治42年6月10日大審院判決、判決録15輯738頁参照）。ところで、原判決の是認した第1審判決は、その罪となる事実の第1として、昭和38年8月6日に開かれた学校法人A理事会は、議案のうち、理事任免および理事長選任に関する件については結論が出ないまま解散したもので、被告人Xを理事長に選任したり、同被告人に、理事署名人として当日の理事会議事録を作成する権限を付与する旨の決議もなされなかったのにかかわらず、被告人らは、行使の目的をもって、理事会決議録と題し、同日山口県A高等学校理科室で行なわれた理事会において、被告人Xを理事長に選任し、かつ、同被告人を議事録署名人とすることを可決したなどと記載し、その末尾に、理事録署名人Xと記載し、その名下に被告人Xの印を押し、もって、同被告人において権限のなかった理事会議事録について署名人の資格を冒用し、理事会議事録署名人作成名義の理事会決議録なる文書を偽造したと認定判示しているのである。そして、右理事会決議録なる文書は、その内容体裁などからみて、学校法人A理事会の議事録として作成されたものと認められ、また、理事録署名人という記載は、普通人をして、同理事会を代表するものと誤信させるに足りる資格の表示と認められるのであるから、被告人らは、同理事会の代表者または代理人として同理事会の議事録を作成する権限がないのに、普通人をして、同理事会を代表するものと誤信させるに足り

る理事録署名人という資格を冒用して，同理事会名義の文書を偽造したものというべきである。したがって，前記のとおり，これを理事会議事録署名人作成名義の文書を偽造したものとした第1審判決およびこれを是認した原判決は，法令の解釈適用を誤ったものといわなければならない。」

505 同姓同名の弁護士の肩書きの冒用
最決平成5年10月5日刑集47巻8号7頁／判時1484・138，判タ838・201
（百選Ⅱ94，重判平5刑5）

【事案】 被告人は，第二東京弁護士会に所属するA弁護士と同姓同名なのを利用して自分が弁護士であるかのように偽っていたが，弁護士の肩書きを付したA名義の弁護士報酬金請求書，振込依頼書，請求書，領収証等の文書を作成し，これを仕事の依頼者であるBに交付した。

【決定理由】「私文書偽造の本質は，文書の名義人と作成者との間の人格の同一性を偽る点にあると解されるところ（最高裁昭和58年(あ)第257号同59年2月17日第二小法廷判決・刑集38巻3号336頁参照），前示のとおり，被告人は，自己の氏名が第2東京弁護士会所属の弁護士Aと同姓同名であることを利用して，同弁護士になりすまし，『弁護士A』の名義で本件各文書を作成したものであって，たとえ名義人として表示された者の氏名が被告人の氏名と同一であったとしても，本件各文書が弁護士としての業務に関連して弁護士資格を有する者が作成した形式，内容のものである以上，本件各文書に表示された名義人は，第2東京弁護士会に所属する弁護士Aであって，弁護士資格を有しない被告人とは別人格の者であることが明らかであるから，本件各文書の名義人と作成者との人格の同一性にそごを生じさせたものというべきである。したがって，被告人は右の同一性を偽ったものであって，その各所為について私文書偽造罪，同行使罪が成立するとした原判断は，正当である。」

506 国際運転免許証に類似した文書の作成
最決平成15年10月6日刑集57巻9号987頁／判時1840・147，判タ1138・78
（百選Ⅱ96，重判平15刑9）

【決定理由】「1 1，2審判決の認定及び記録によると，本件の事実関係は，次のとおりである。
(1) 被告人は，Aらと共謀の上，国際運転免許証様の文書1通（以下「本件文書」という。）を作成した。被告人らは，本件文書のような国際運転免許証様の文書を顧客に販売することを業としており，本件文書も，顧客に交付する目的で作成されたもので

⇒ 506

ある。
　(2)　1949年9月19日にジュネーブで採択された道路交通に関する条約（以下「ジュネーブ条約」という。）は，締約国若しくはその下部機構の権限ある当局又はその当局が正当に権限を与えた団体でなければ，同条約に基づいて国際運転免許証を発給することができない旨規定した上，国際運転免許証の形状，記載内容等の様式を詳細に規定している。我が国はジュネーブ条約の締約国であり，同条約に基づいて発給された国際運転免許証は，我が国において効力を有する。
　(3)　本件文書は，その表紙に英語と仏語で『国際自動車交通』，『国際運転免許証』，『1949年9月19日国際道路交通に関する条約（国際連合）』等と印字されているなど，ジュネーブ条約に基づく正規の国際運転免許証にその形状，記載内容等が酷似している。また，本件文書の表紙に英語で『国際旅行連盟』と刻された印章様のものが印字されていることなどからすると，本件文書には国際旅行連盟なる団体がその発給者として表示されているといえる。このような形状，記載内容等に照らすと，本件文書は，一般人をして，ジュネーブ条約に基づく国際運転免許証の発給権限を有する団体である国際旅行連盟により作成された正規の国際運転免許証であると信用させるに足りるものである。
　(4)　国際旅行連盟なる団体がジュネーブ条約に基づきその締約国等から国際運転免許証の発給権限を与えられた事実はなく，被告人もこのことを認識していた。しかし，被告人は，メキシコ合衆国に実在する民間団体である国際旅行連盟から本件文書の作成を委託されていた旨弁解している。

　2　私文書偽造の本質は，文書の名義人と作成者との間の人格の同一性を偽る点にあると解される（最高裁昭和58年(あ)第257号同59年2月17日第2小法廷判決・刑集38巻3号336頁，最高裁平成5年(あ)第135号同年10月5日第1小法廷決定・刑集47巻8号7頁参照）。本件についてこれをみるに，上記1のような本件文書の記載内容，性質などに照らすと，ジュネーブ条約に基づく国際運転免許証の発給権限を有する団体により作成されているということが，正に本件文書の社会的信用性を基礎付けるものといえるから，本件文書の名義人は，『ジュネーブ条約に基づく国際運転免許証の発給権限を有する団体である国際旅行連盟』であると解すべきである。そうすると，国際旅行連盟が同条約に基づきその締約国等から国際運転免許証の発給権限を与えられた事実はないのであるから，所論のように，国際旅行連盟が実在の団体であり，被告人に本件文書の作成を委託していたとの前提に立ったとしても，被告人が国際旅行連盟の名称を用いて本件文書を作成する行為は，文書の名義人と作成者との間の人格の同一性を偽るものであるといわねばならない。したがって，被告人に

対し有印私文書偽造罪の成立を認めた原判決の判断は，正当である。」

[9] 文書内容の認識

507 内容を認識していない文書の作成
大判明治 44 年 5 月 8 日刑録 17 輯 817 頁
【判決理由】「被告かAの愚鈍に乗し之を欺罔し他の文書なりと誤信せしめて其内容を了知せしめすAの署名捺印ある権利義務に関する文書を作成し之を被告に交付せしめたりと云ふに在りて右は文書偽造の行為に該当するものなれは其他人を利用して文書を作成し之を交付せしむるに付き詐欺の手段を用ふるも之か為めに別に詐欺罪を構成せす又文書偽造罪の成立を妨害せす」

「文書偽造罪に於ける文書は必すしも被告人若くは情を知らさる第三者か作成するを要せす署名者として表示せらるる者を欺き他の文書なりと誤信して署名捺印せしめ又は内容を知悉せしめすして文書の全体を作成せしむる場合に於ても文書偽造罪は成立するものとす」

508 錯誤に基づく文書の作成
大判昭和 2 年 3 月 26 日刑集 6 巻 114 頁
【事案】 被告人は，Aに 322 円の貸金があったが，400 円の貸増を約してAから合計 722 円の借用証書を予め預かったのを奇貨とし，まだ 400 円の交付をしていないにもかかわらず，Bに対して右金員をAに交付済みであると詐言し，その旨Bを誤信させて，722 円の借用証書に保証人として署名捺印させてこれを受け取った。

【判決理由】「証書の署名者か其の記載事項を認識し該証書を作成するの意思を以て之に署名したるものなるときは縦令其の署名か他人の詐術に依る錯誤の結果其の記載事項の真実に反することを知らさりしに因るとするも証書の成立は真正にして作成名義を偽りたる事実なきを以て之を目して偽造の証書なりと云ふことを得さるや明なり然れとも署名者を欺罔して該証書の記載事項の内容を真実なるものと誤信せしめ因て該証書に署名捺印して交付せしめ之を自己に領得したるときは証書を騙取したるものにして詐欺罪に該当すへきは言を俟たす」

⇒ *509・510*

509 情を知らない公務員を利用した公文書作成

東京高判昭和 28 年 8 月 3 日判特 39 号 71 頁／判タ 34・56

【事案】 被告人は，本件運送契約書の作成権限を持っていなかったが，その作成権限を有する農林省木炭事務所長 A がとかく書類の内容を見ないで職印を押捺することがあるのに乗じ，A がその情を知らない間に同人をしてその職印を本件運送契約書に押捺させた。第 1 審判決は，被告人に対し虚偽公文書作成罪及び同行使罪の成立を認めた。

【判決理由】 「該契約書の内容に相当する運送契約は，この種契約締結の権限を有する右 A の意思に基づかないものであることが明らかであるから，これが契約書は全く虚偽の内容を記載した公文書と言わざるを得ない。……（中略）……該運送契約書は，右 A においてその虚偽の内容たるの情を知らずして，その職印を押捺したところに基づいて作成されたものである以上，本来その作成権限なき被告人等において A をして右作成せしめた原判示第一，㈠の所為は行使の目的をもって公務員の印章を使用して公務員の作るべき文書を偽造したものというべきであるからこれが所為については，刑法第 155 条所定の公文書偽造の罪の成立するは格別，刑法第 156 条を適用擬律し得べき限りではない。」

[10] 作成権限の有無

510 銀行支配人の小切手作成

大連判大正 11 年 10 月 20 日刑集 1 巻 558 頁

【事案】 被告人 X は，A 銀行の支配人として同銀行の営業一切を担任中，自己の定期米取引の資金等に窮した結果，同銀行支配人 X 名義をもって小切手を作成し，これを他銀行からの金員の騙取及び B に対する定期米取引の証拠金への充当のために交付行使し，また，B に対する証拠金に供するため，同銀行の記名印章を使用し B の当座口へ合計 1590 円を差し入れたる旨の C 銀行宛為替取引報告書を作成して行使した。原判決は，被告人に対し有価証券偽造，同行使罪，及び，私文書偽造，同行使罪の成立を認めたが，本判決は，以下のように述べたうえで，被告人は，A 銀行支配人として代理名義では または A 銀行名義で手形その他の文書を作成する権限を有していたので，本件小切手及び取引報告書の作成は権限の範囲に属し，有価証券偽造，私文書偽造罪を構成しないとした。

【判決理由】 「他人の代表者又は代理人か其の代表名義若は代理名義を用る又

は直接に本人の商号を使用して文書を作成する権限を有する場合に偶偶其の地位を濫用して単に自己又は第三者の利益を図る目的を以て擅に其の代表若は代理名義又は直接に本人の商号を用ゐ文書を作成したるときと雖文書偽造罪は成立するものに非す何となれは其の目的か本人の為にすると将た自己又は第三者の利益を図る為にするとは之れ唯本人と代表者又は代理人との間に於ける内部関係たるに止り外部関係に於ては何等の差別あるものに非す即ち客観的に観察すれは代表者又は代理人は孰れも其の本人の為に行動し其の権限内に於て作成したる文書に外ならすして形式上其の作成名義に偽りあることなけれは則ち斯る文書に依て為されたる意思表示は私法上有効にして直接に本人に対して其の効力を生するものと謂はさるへからす此の如くにして始めて克く文書の信用を維持し一般取引の安固を保つことを得へきなり若し之に反し代表者又は代理人か実質上其の任務の執行に関係なく単に自己又は第三者の利益を図る目的を以て文書を作成したる場合に之を偽造なりとせんか其の文書は全然無効なるを以て私法上に於ても亦何等の効力を有せさるものと論定せさるを得さるへく随て文書の形式上其の作成名義に偽なきに拘はらす本人たる者に於て法律上毫も責任を負はさることとなり却て文書の信用を傷け一般取引の安全を害することとなり延て文書偽造を罰する立法の旨趣にも反する結果を来すに至れはなり」

511 取締役の退任後の手形作成

大判大正 15 年 2 月 24 日刑集 5 巻 56 頁

【判決理由】「取締役か辞任するも其の登記を為ささる以前に於ては其の辞任を以て善意なる第三者に対抗し得さること商法第 12 条の規定に依り明かなりと雖之れ畢竟第三者は其の辞任登記以前に於ては一応猶取締役たる地位を保有するものと信すへきか故に之に因り第三者に損害を被らしめさる為之を保護するの趣旨に外ならされは之あるか為に辞任後其の登記ある迄は取締役の資格権限を喪失せさるものと解し得へきに非す故に原判決の認定したるか如く被告に於て既に取締役を辞任したる以上は其の登記を為ささる以前と雖最早其の資格を喪失し取締役として会社の事務を取扱ふの権限を有せさるものにして斯の如く取締役の権限を有せさる被告か行使の目的を以て擅に会社取締役なる署名を冒用して会社振出名義の約束手形を作成する行為は刑法第 162 条第 1 項の有価証券偽造罪を構成するや論を俟たす」

512　漁業組合参事の手形作成

最決昭和43年6月25日刑集22巻6号490頁／判時525・29, 判タ224・184
(百選Ⅱ98)

【事案】　漁業協同組合参事である被告人は，組合の内部規定では融通手形振出の権限が専務理事だけにあるにもかかわらず，組合長または専務理事の承認を受けることなく，准組合員のための融通手形として組合長振出名義の約束手形を作成した。第1審及び第2審判決が有価証券偽造罪の成立を認めたのに対し，弁護人は，上告して，商法38条によって組合参事は支配人と同一の権限を持ち，その権限に加えた制限は善意の第三者に対抗することができないから，被告人の手形振出は第三者との関係においては民法上有効であって偽造罪は成立しない，原判決は510等の大審院判例に反する，と主張した。本決定は，弁護人引用の判例は事案を異にして本件に適切でないとしたうえで，次のように判示した。

【決定理由】　「被告人は第1審判示A県鰹鮪漁業協同組合の参事であったが，当時同組合内部の定めとしては，同組合が組合員または准組合員のために融通手形として振り出す組合長振出名義の約束手形の作成権限はすべて専務理事Bに属するものとされ，被告人は単なる起案者，補佐役として右手形作成に関与していたにすぎないものであることが，明らかである。もっとも，同人は，水産業協同組合法46条3項により準用されている商法38条1項の支配人としての地位にあった者であるけれども，右のような本件の事実関係のもとにおいては，単に同人の手形作成権限の行使方法について内部的制約があったというにとどまるものではなく，実質的には同人に右手形の作成権限そのものがなかったものとみるべきであるから，同人が組合長または専務理事の決裁・承認を受けることなく准組合員のため融通手形として組合長振出名義の約束手形を作成した本件行為が有価証券偽造罪にあたるとした原審の判断は，その結論において相当である。」

513　村長の文書作成

最決昭和33年4月11日刑集12巻5号886頁

【事案】　A村村長である被告人は，他2名と共謀して，日本国有鉄道より古軽便軌条の払下げを受けこれを私せんと企て，同村が災害復旧工事用古軽便軌条の入手に困難しているからこれの払下げを受けたい旨記載した同村村長名義の払下願を作成し，同村長の職印を押捺して内容虚偽の公文書を作成した。

【決定理由】　「被告人Xは判示A村長として同村を統轄代表していたものであるから，判示村長名義の各文書を作成する職務権限を有することは明らかで

あり，従ってその作成した右文書の記載内容が虚偽であるに止まりその作成名義には何らの偽りがないのであるから，たとえ右被告人において所論のように専ら第三者の利をはかる等不法な意思に出でその職務権限の乱用と認むべき場合であっても，刑法156条の罪が成立し，同法155条の罪が成立するものではない。」

514 補助公務員の文書作成

最判昭和25年2月28日刑集4巻2号268頁
⇒592

【判決理由】「按ずるに刑法第155条第1項の公文書偽造罪が成立するにはその作成権限のない者が行使の目的を以て公務所又は公務員の作成名義を偽って公文書を作成することを要することは異論のないところである。元来本件割当証明書の作成名義人は判示建築出張所長総理庁技官Aであるからその作成権限は同人に属すること明らかである。論旨は被告人が発券係として同出張所に印刷して備付けてある割当証明書用紙を使用しその所要欄に必要事項を記入した上庶務係が保管している前記出張所長の公印を押し割当証明書を発行していたことが認められしかも右公印は庶務係の者に押して貰うべきものであるが実際は必要な場合何時でも被告人自身が自由に之れを使用して割当証明書に押していたこと等を挙げて右割当証明書作成の権限は被告人が有していたと主張する。しかし所論の事実があるとしても直ちに被告人が割当証明書作成の権限を有していたとはいい得ない。記録を精査するに右出張所長が該割当証明書作成権限を被告人に移したとか所長に故障がある為め被告人が臨時代理者として本件割当証明書発行の事務を執行したという事実が認められない点に鑑みるときは被告人がほしいままに出張所長の印章及び署名を使用して出張所長の権限に属する割当証明書を作成したことは，明らかに刑法第155条第1項の公文書偽造罪に該当し同法第156条同第157条に該当するものではない。論旨は恰も刑法第155条第1項の公文書偽造罪は公務員以外の者でなければ犯し得ないものの如く主張するがたとい公務員であっても行使の目的を以て作成権限が無いに拘わらず公務所又は公務員の印章若くは署名を冒用して公務所又は公務員の作るべき文書を作成すれば同罪の成立すること前に説明した通りであるから，論旨は採用できない。」

⇒ 515・516

515 補助公務員の文書作成
最判昭和 51 年 5 月 6 日刑集 30 巻 4 号 591 頁／判時 821・154, 判タ 340・289
（百選Ⅱ90）⇒*496*

［11］ 行　　使

516 父親を安心させるために卒業証書をみせる行為
最決昭和 42 年 3 月 30 日刑集 21 巻 2 号 447 頁／判時 479・65, 判タ 206・138

【事案】　A 県立高校の定時制教諭である被告人は，その担任を受け持ったこともあり懇意な間柄であった B から，右高校の卒業証書の偽造を懇請され，B がすでに中途退学し卒業した事実がないことを知悉していたにもかかわらず，同人より単に同高卒業を装いその父親を誤信満足させるためにのみ使用する旨聞き，その懇請拒み難く，これを承諾して，A 高校長 C 名義の卒業証書を偽造し，これを B が父親 D にみせて安心させた。第 1 審判決は，被告人に有印公文書偽造，同行使罪の成立を認め，第 2 審判決も，以下のように述べてこれを是記した。

「右卒業証書は B が昭和 31 年 3 月 10 日同校普通科の課程を修了したことを証する公文書であるから，右課程を修了したことを証明するためにこれを他人に提示することは，まさに右文書をその本来の用法に従って使用したものというべく，従って偽造文書たる右卒業証書をその情を知りながら真正なものとして他人の閲覧に供した以上，偽造文書の行使罪が成立することは疑を容れる余地のないところであって，たとえ相手方が提示者の父親であり，右提示は提示者において単に相手方たる父親を満足させる目的のみを以ってなされたとしても，相手方において右文書についてなんらの利害関係もなくかつ右利害関係につき社会生活上なんらかの行為に出る可能性が存しないものとはいい得ない（たとえば，相手方においては提示者の意図の如何にかかわらず，右文書に記載されている虚偽の事実を誤信して更に他人に吹聴したり，右虚偽の事実にもとづいて提示者の将来のために第三者と交渉をする等の可能性が存することは容易に推し得るところである。）から，右文書の提示を以って文書に対する公共の信用を害するおそれがないとは断じ得ない。」

【決定理由】　「被告人が，所論偽造にかかる A 高等学校長 C 名義の B の卒業証書を，同人と共謀のうえ，真正に成立したものとして，その父 D に提示した行為を，偽造公文書行使罪に当たるものとした原審の判断は相当である。」

517　登記簿原本の行使

大判大正 11 年 5 月 1 日刑集 1 巻 252 頁

【判決理由】「商業登記簿は常時登記官庁に備付け相当官吏若は一般人に於て之を閲覧するを得へき状態に在るものなるか故に登記官吏に対し不実の申立をなし同官吏をして不実の登記を為すに至らしむるときは其の登記あると共に当然其の不実記載部分も亦同官庁に備付けられ之と同時に不実登記を為さしめたる者に於て之を行使する効果を生すへく何人か之を閲覧し若は之か謄本等の下付の申請を待ちて始めて行使の効力を生するものに非す」

518　偽造運転免許証の行使

最大判昭和 44 年 6 月 18 日刑集 23 巻 7 号 950 頁／判時 559・21, 判タ 236・220
(百選Ⅱ99, 重判昭 44 刑 2)

【判決理由】「本件偽造公文書行使の各事実は，前記のように，被告人が自動車を運転した際に偽造にかかる運転免許証を携帯していたというものであるところ，偽造公文書行使罪は公文書の真正に対する公共の信用が具体的に侵害されることを防止しようとするものであるから，同罪にいう行使にあたるためには，文書を真正に成立したものとして他人に交付，提示等して，その閲覧に供し，その内容を認識させまたはこれを認識しうる状態におくことを要するのである。したがって，たとい自動車を運転する際に運転免許証を携帯し，一定の場合にこれを提示すべき義務が法令上定められているとしても，自動車を運転する際に偽造にかかる運転免許証を携帯しているに止まる場合には，未だこれを他人の閲覧に供しその内容を認識しうる状態においたものというには足りず，偽造公文書行使罪にあたらないと解すべきである。」

519　変造した文書をコピーして使用する行為

東京高判昭和 52 年 2 月 28 日高刑集 30 巻 1 号 108 頁／判時 869・109

【事案】　被告人は，法人税納付証明書及び事業税・都民税納付証明書の金額を改ざんして，有印公文書の変造を遂げたうえ，これを複写機にかけてその写しを作成し，右写しを真正なもののように装って，信用保証委託書等に添えて信用保証協会審査部係員に提出した。第 1 審判決が，有印公文書変造，同行使罪を認めたのに対して，弁護人は，右改ざんは，これに続く複写文書作成のためのものであって，被告人らには改ざんの各文書を真正なものとして使用する意図がなく，行使の目的を欠くから犯罪は成立せず，また，各証明書の改ざんは複写文書を作成するための準備行為であって，予備にすぎないから犯罪を構成せず，さらに，複写文書は写しにすぎないから内容虚偽の私文書にす

⇒ *520*

ぎない，等主張して控訴した。

【判決理由】「右各証明書の改ざん行為は，これを複写機を用いてその改ざんに係る公文書と同一作成名義，同一内容の複写文書（以下写真コピーという）を作成しこれを原判示用途に使用するためであったことは原判決の認定するとおりであるから，被告人らとしては，物理的に右改ざんに係る原判示各証明書自体を他人に対し，行使する目的がなかったにせよ，右各証明書と同一の作成名義，内容でその原本自体の存在に取引上疑問を抱かせない後記各写真コピーを作成することにより，これを介して，右改ざんに係る原判示各証明書を真正な文書として他人に対し主張する意図であり，かかる場合，たとえ写真コピーを介するにせよ，改ざんした証明書の内容の真正を主張せんとするものである以上，行使の目的をもって原判示各証明書を改ざんしたものと認めるに支障はないというべきである。そして，原判示各証明書の改ざんに行使の目的を認めうる限り，改ざんによる変造行為は完成し，これを単に写真コピー作成のための準備行為ないし予備行為として不可罰視することは許されない。」

■*2* 虚偽公文書作成罪

520 無形偽造の間接正犯

最判昭和 27 年 12 月 25 日刑集 6 巻 12 号 1387 頁／判タ 28・52
⇒*338*

【事案】 被告人は，アメリカ渡航の旅券を取得するのに使用するため，日本において兵役に服したことがない旨並びに選挙に投票したことがない旨それぞれ虚偽のない旨を記載した証明願い 2 通を A 町町役場係員に提出し，情を知らない同係員をして，右証明書 2 通に同村長名義の証明文の奥付及び同村長職印の押捺をなさしめ，もって右各証明書記載の内容が事実相違ないことを証明する旨の同村長名義の虚偽の証明書 2 通を作成せしめた。

【判決理由】「刑法は，いわゆる無形偽造については公文書のみに限ってこれを処罰し，一般私文書の無形偽造を認めないばかりでなく，公文書の無形偽造についても同法 156 条の他に特に公務員に対し虚偽の申立を為し，権利義務に関する公正証書の原本又は免状，鑑札若しくは旅券に不実の記載を為さしめたときに限り同法 157 条の処罰規定を設け，しかも右 156 条の場合の刑よりも著

しく軽く罰しているに過ぎない点から見ると公務員でない者が虚偽の公文書偽造の間接正犯であるときは同法157条の場合の外これを処罰しない趣旨と解するのを相当とする。そして右判示の証明書が同法157条にいわゆる権利義務に関する公正証書の原本又は免状，鑑札，旅券のいずれにも当らないことはいうまでもないところであるから被告人の右判示無形偽造の所為は罪とならないものといわなければならぬ。」

521 無形偽造の間接正犯

大判昭和11年2月14日刑集15巻113頁

【事案】 村助役である被告人は，村会議員選挙において役場派の議員を当選させるため投票の不正増減を行い，選挙長A名義で作成すべき選挙録に選挙記録係をして投票の点検，計算について虚偽の記載をなさしめ，情を知らない選挙長をしてこれに署名せしめたる後，選挙立会人たる相被告人らがこれに署名し，もって公務員の職務に関する虚偽の文書を完成したうえ，即時これを同役場に備え付け行使せしめた。原判決は，虚偽公文書作成，同行使罪の成立を認めた。

【判決理由】 「原判決は右被告人の行為を以て所謂間接正犯と解し右情を知らさる選挙長Aを利用し判示の如く虚偽の文書を作成し且之を行使したるに付被告人をして直接に其の責に任せしめたるものなること自ら明にして又其の解釈に誤あることなし然れは原判決か右被告人の行為を刑法第156条の罪及其の行使罪に問擬したるは正当〔なり〕」

522 無形偽造の間接正犯

最判昭和32年10月4日刑集11巻10号2464頁
（百選Ⅱ91）

【判決理由】 「被告人は，その第一の㈠及び㈡の犯行当時，M県栗原地方事務所において同地方事務所長Aの下にあって同地方事務所の建築係として一般建築に関する建築申請書類の審査，建築物の現場審査並びに住宅金融公庫よりの融資により建築される住宅の建築設計審査，建築進行状況の審査及びこれらに関する文書の起案等の職務を担当していたものであるところ，その地位を利用し行使の目的をもって右第一の㈠及び㈡の判示の如く未だ着工していないBの住宅の現場審査申請書に，建前が完了した旨又は屋根葺，荒壁が完了した旨いずれも虚偽の報告記載をなし，これを右住宅の現場審査合格書の作成権限者たる右地方事務所長に提出し，情を知らない同所長をして真実その報告記載の

⇒ *523・524・525*

とおり建築が進行したものと誤信させて所要の記名，捺印をなさしめ，もってそれぞれ内容虚偽の現場審査合格書を作らせたものであるから，被告人の右所為を刑法156条に問擬し，右虚偽の各審査合格書を各関係官庁並びに銀行に提出行使した所為を各同法158条の罪を構成するものと認定した第1審判決を是認した原判決は正当であるといわなければならない。所論引用の当裁判所の判例〔⇒520〕は，公務員でない者が虚偽の申立をなし情を知らない公務員をして虚偽の文書を作らせた事案に関するものであって，本件に適切でない。」

523 無形偽造の間接正犯
東京高判昭和28年8月3日判特39号71頁／判タ34・56
⇒509

■3 公正証書原本不実記載罪

524 土地台帳
最判昭和36年3月30日刑集15巻3号605頁

【判決理由】「刑法157条1項の権利義務に関する公正証書とは，公務員がその職務上作成する文書であって，権利義務に関するある事実を証明する効力を有するものをいい，公務員において申立に基きその内容の如何を審査することなく記載するものであるともしくはその内容を審査しこれを取捨選択して記載するものであると，また，その目的が特に私法上の権利義務を証明するためであると，否とは問うを要せず，従って，土地台帳のごときは，いわゆる権利義務に関する公正証書に該当するものであることは，夙に大審院の判例とするところであって（大審院判例集1巻828頁以下），当法廷もこれを正当とするものである」

525 住民票
最決昭和48年3月15日刑集27巻2号115頁／判時698・111，判タ295・371
(重判昭48 刑3)

【事案】 被告人は，A市役所において同市吏員に対し，Bが住居を同市から東京都に変更する事実がないのに，同人が東京都に転出する旨の内容虚偽の住民異動届を提出し，もって情を知らない同吏員をして，住民基本台帳原本にその旨不実の記載をさせたうえ，

これを同所に備え付けさせて行使した。

【決定理由】「住民基本台帳法に基づく住民票の原本が刑法157条1項にいう『権利，義務に関する公正証書の原本』に該当するとした原判決の判断は，正当である。」

526 所有権移転登記と電磁的公正証書原本不実記録罪の成否

最判平成28年12月5日刑集70巻8号749頁／判時2336・129，判タ1436・105

【事案】 暴力団員であるBは，不動産仲介業を営むCに対し，茨城県内で適当な土地探し等を依頼していた。Bは，茨城県暴力団排除条例により自らは不動産業者と取引することができないと考え，取得する土地及び建物の名義人となってもらえる者を探していたところ，知人から紹介を受けて，被告人に対し名義を貸してくれるよう依頼をし，被告人はこれを承諾した。そこで，被告人，B及びCは，協議の上，土地の売買契約において被告人又は被告人が代表取締役を務めるA社が買受名義人となり，被告人又はA社名義で本件各土地の登記を申請することとした。本件各土地の取得等に必要な交渉，手続は，主にC及び同人から指示を受けた者が行ったが，本件売主らとの間の売買契約の締結に当たっては，被告人もA社の代表取締役として，これに立ち会い，売買契約書等の作成を行ったほか，その場で売買代金全額を支払った。本件各売買契約はA社名義で行われ，Bのためにすることは一切表示されず，本件売主らは，契約の相手方がA社であると認識していた。なお，本件売主らは，Bとは一切面識がなかった。

本件各土地については，売買を原因として，所有権が売主からA社に移転した旨の所有権移転登記の申請が行われ，登記官によって，登記簿の磁気ディスクにその旨の記録がなされた。この行為について，電磁的公正証書原本不実記録罪及び同供用罪の成否が問題となったが，第1審判決は，本件各土地の所有権は本件売主らから被告人又はA社に移転したものであるから，本件各登記は不実の記録に当たらないとして，無罪を言い渡した。これに対して，原判決は，本件売買の実態は買受名義人を偽装した名義貸しにすぎず，本件各土地の所有権は，本件売主らからA社の名を借りたBに直接移転したものと認めるべきであり，A社名義の本件各登記の申請は虚偽の申立てであり，当該登記は不実の記録であるとして，本罪の成立を認めた。最高裁は次のように判示して，原判決を破棄した。

【判決理由】「電磁的公正証書原本不実記録罪及び同供用罪の保護法益は，公正証書の原本として用いられる電磁的記録に対する公共的信用であると解されるところ，不動産に係る物権変動を公示することにより不動産取引の安全と円滑に資するという不動産登記制度の目的を踏まえると，上記各罪の成否に関し，不動産の権利に関する登記の申請が虚偽の申立てに当たるか否か，また，当該

⇒ *526*

登記が不実の記録に当たるか否かについては，登記実務上許容されている例外的な場合を除き，当該登記が当該不動産に係る民事実体法上の物権変動の過程を忠実に反映しているか否かという観点から判断すべきものである。

そうすると，本件各登記の申請が虚偽の申立てに当たるか否か，また，本件各登記が不実の記録に当たるか否かを検討するにあたっては，本件各土地の所有権が本件売主らから，Bに直接移転したのか，それともA社に一旦移転したのかが問題となる。

原判決は，本件は，Bの存在を秘匿して，買受名義人を偽装した名義貸しであるとし，その実態を踏まえて，本件各土地の所有権がA社の名を借りたBに直接移転したものと認めるべきであるとした。

しかし，本件事実関係によれば，本件各売買契約における買主の名義はいずれもA社であり，被告人がA社の代表者として，本件売主らの面前で，売買契約書等を作成し，代金全額を支払っている。また，被告人がBのために本件各売買契約を締結する旨の顕名は一切なく，本件売主らはA社が買主であると認識していた。そうすると，本件各売買契約の当事者は，本件売主らとA社であり，本件各売買契約により本件各土地の所有権は，本件売主らからA社に移転したものと認めるのが相当である。

原判決は，被告人とBとの間の合意の存在を重視するが，本件各売買契約における本件売主らの認識等を踏まえれば，上記合意の存在によって上記の認定が左右されるものではない。

また，本件事実関係の下では，民法が採用する顕名主義の例外を認めるなどの構成によって本件各土地の所有権がBへ直接移転したということもできない。

以上によれば，本件各土地の所有権が本件各売買を原因としてA社に移転したことなどを内容とする本件各登記は，当該不動産に係る民事実体法上の物権変動の過程を忠実に反映したものであるから，これに係る申請が虚偽の申立てであるとはいえず，また，当該登記が不実の記録であるともいえない。」

■4　私文書偽造罪

527　広　告
最決昭和 33 年 9 月 16 日刑集 12 巻 13 号 3031 頁

【決定理由】「A 党佐賀県委員会の機関誌である本件『新佐賀』第 7 号に掲載せられた『祝発展，佐賀県労働基準局長 B』なる広告文は，同人において右新佐賀紙の発展に祝意を表明するとの趣旨を広告欄に記載した同人名義の文書であり，そして，右のように，公務員の地位にある者がある特定政党の機関紙である新聞紙の発展を祝賀しているというような事実は，社会生活に交渉を有する事項に属すると認めるのが相当であり，従ってかかる事項を証明するに足る文書である以上は，たとえそれが所論のように，権利義務に関する事項に関しないものであっても，刑法 159 条 1 項にいわゆる事実証明に関する文書に当たると解するを相当とする。」

528　自動車登録事項等証明書交付請求書
東京高判平成 2 年 2 月 20 日高刑集 43 巻 1 号 11 頁／判時 1342・157，判タ 730・244
(重判平 2 刑 7)

【判決理由】「自動車の自動車登録ファイルへの登録は電子情報処理組織によって行う（道路運送車両法 6 条 1 項）とされる関係上，自動車の所有権得喪の対抗要件制度として不可欠な原簿の公開につき，原簿自体を閲覧させたり，その謄・抄本を作成することが不可能であるため，通常の原簿公開方法に代え，同法 22 条 1 項は，何人も運輸大臣に対し登録事項等証明書の交付を請求することができるものとしている。そして自動車登録規則 24 条及びこれに基づく運輸省令が登録事項等証明書交付請求書の様式等を定めており，その請求書には請求者の住所氏名の記載と押印が求められている。そして右の関連法令の趣旨に鑑みれば，自動車登録事項等証明書に記載される事項が，実社会生活に交渉を有する事項であることに疑いの余地はなく，このような事項に関する情報を入手する目的で作成提出される自動車登録事項等証明書交付請求書は何某という請求者がこれらの情報の入手を請求する意思を表示したことを証明するものとして，実社会生活に交渉を有する事項を証明するに足りる文書であって，刑法 159 条にいう『事実証明に関する文書』に当たるものと解される」

⇒ *529・530・531*

529　試験答案
最決平成 6 年 11 月 29 日刑集 48 巻 7 号 453 頁／判時 1530・141, 判タ 878・137
（百選 II 88, 重判平 6 刑 4）　⇒*499*参照

【決定理由】「本件入学選抜試験の答案は, 試験問題に対し, 志願者が正解と判断した内容を所定の用紙の解答欄に記載する文書であり, それ自体で志願者の学力が明らかになるものではないが, それが採点されて, その結果が志願者の学力を示す資料となり, これを基に合否の判定が行われ, 合格の判定を受けた志願者が入学を許可されるのであるから, 志願者の学力の証明に関するものであって, 『社会生活に交渉を有する事項』を証明する文書（最高裁昭和 33 年(あ)第 890 号同年 9 月 16 日第三小法廷決定・刑集 12 巻 13 号 3031 頁参照）に当たると解するのが相当である。」

■5　有価証券偽造罪

530　約束手形
大判明治 42 年 3 月 16 日刑録 15 輯 261 頁

【判決理由】「刑法ニ所謂有価証券トハ証券上表示セラレタル権利ノ行使ニ其証券ノ占有ヲ必要トスルモノヲ汎称ス故ニ約束手形モ其性質上当然有価証券ノ中ニ包含セラルヘキモノトス」

531　定期乗車券
最判昭和 32 年 7 月 25 日刑集 11 巻 7 号 2037 頁

【判決理由】「刑法にいわゆる有価証券とは, 大審院が屢々判示したように, 財産上の権利が証券に表示され, その表示された財産上の権利の行使につきその証券の占有を必要とし, その証券が取引上流通性を有すると否とは刑法上は必ずしもこれを問わないものと解するを相当とする。されば, 第 1 審判決が本件定期乗車券を有価証券と解したのは正当である。」

Ⅷ 風俗に対する罪・わいせつ罪

532 わいせつ物の意義・公然陳列の意義
最決平成 13 年 7 月 16 日刑集 55 巻 5 号 317 頁／判時 1762・150，判タ 1071・157
（百選Ⅱ101，重判平 13 刑 8）

【事案】 被告人は，自ら開設・運営していたパソコンネットのホストコンピュータのハードディスクにわいせつな画像データを記憶・蔵置させ，不特定多数の会員が，これを閲覧することができる状態を設定した。原判決は，わいせつ物公然陳列罪の成立を認めた。

【決定理由】「まず，被告人がわいせつな画像データを記憶，蔵置させたホストコンピュータのハードディスクは，刑法 175 条が定めるわいせつ物に当たるというべきであるから，これと同旨の原判決の判断は正当である。

次に，同条が定めるわいせつ物を『公然と陳列した』とは，その物のわいせつな内容を不特定又は多数の者が認識できる状態に置くことをいい，その物のわいせつな内容を特段の行為を要することなく直ちに認識できる状態にするまでのことは必ずしも要しないものと解される。被告人が開設し，運営していたパソコンネットにおいて，そのホストコンピュータのハードディスクに記憶，蔵置させたわいせつな画像データを再生して現実に閲覧するためには，会員が，自己のパソコンを使用して，ホストコンピュータのハードディスクから画像データをダウンロードした上，画像表示ソフトを使用して，画像を再生閲覧する操作が必要であるが，そのような操作は，ホストコンピュータのハードディスクに記憶，蔵置された画像データを再生閲覧するために通常必要とされる簡単な操作にすぎず，会員は，比較的容易にわいせつな画像を再生閲覧することが可能であった。そうすると，被告人の行為は，ホストコンピュータのハードディスクに記憶，蔵置された画像データを不特定多数の者が認識できる状態に置いたものというべきであり，わいせつ物を『公然と陳列した』ことに当たると解されるから，これと同旨の原判決の判断は是認することができる。」

533 わいせつ物の意義

横浜地川崎支判平成12年7月6日判例集未登載

【事案】 被告人は，わいせつ画像データを電子メールの添付ファイルとして顧客に送信し販売した。

【判決理由】「本罪の保護法益である健全な性風俗は，情報の化体した媒体が『物』であるか否かにかかわらず，わいせつな情報内容によって侵害されるはずである。にもかかわらず，従来，『わいせつな文書，図画その他の物』の構成要件として有体物であることが必要であると考えられた理由の一つは，ストリップ・ショーのように，わいせつな視覚情報を陳列などする行為であっても，提供される情報が媒体に化体されず，その場限りで消えていく場合には，そのわいせつな情報自体に伝播可能な固定性がなく，性風俗の侵害の危険性が本罪の予定する程度に至らないから，法定刑の軽い公然わいせつ罪にとどまるという事案との限界を画する意味があったと考えられる。すなわち，わいせつ情報が有体物という媒体に固定されてこそ，その情報が同一性を維持したまま繰り返し再現可能となり（著作権法2条3項参照），本罪の予定する性風俗の侵害の危険が発生すると考えられ，わいせつ情報が有体物という媒体から離れたまま同一性を維持して伝播し，性風俗を侵害するという事態を技術的に想定していなかったためであると考えられる。ところで，被告人方のパソコンに記録，保存されたわいせつな画像のデータは，インターネットの電子メール・システムにより，同じ形で送信先の受信用メールサーバーに送られ，その受信メール・アドレスを有する者のパソコンのディスプレー上に同一の画像として再生可能な状態となるものである。このようなシステムが社会一般に普及してきた状況のもとでは，いわば電子メール・システム全体がビデオテープのように情報の媒体としての機能を果たし，わいせつな画像データが有体物に化体されたのと同程度の固定性・伝播性を有するに至っているといえる。もちろん，電子メール・システムという媒体がなければ本件画像データは同一性を維持したまま伝播しうる固定性を保つことができないから，このシステムから離れて，本件画像データそれ自体が『わいせつ図画』に該当すると解することはできないが，本件画像データがインターネットにおける電子メール・システムという媒体の上に載っていることにより，有体物に化体されたのと同視して『図画』に該当すると解することは可能であり，合理的な拡張解釈として許されると解す

る。
　有体物性を要求する第2の理由として，有体物でなければ所有権の移転を観念できないから『販売』の概念があいまいになることが考えられるが，以上のような構成をとれば，画像データの載っている媒体自体の所有権の移転はないが，電気的信号である画像データの移転は観念することができるから，所有権の移転としての『販売』の構成要件をあいまいにするものではないと考える。
　弁護人は，本罪には『電磁的記録』が構成要件化されていない反対解釈として，単なる画像データは『図画その他の物』に含まれないと主張するが，刑法上の『電磁的記録』は，情報が保護の対象又は侵害の客体となる犯罪類型について規定されているもので，本罪のように，情報自体が法益侵害の直接の手段となる犯罪類型に対しては，構成要件を限定する意味を持たないと解する。以上により，本件画像データは，インターネットにおける電子メール・システムを媒体とする『わいせつ図画』に該当するものと解するのが相当である。
　なお，本件は，プロバイダのサーバーコンピュータにわいせつな画像を蔵置することなく，自己のパソコンに保存してあるわいせつな画像のデータを電子メールを利用して直接Kらに送信したものであり，不特定多数の者が本件画像データに直接アクセスすることはできなかったのであるから，予備的訴因である公然陳列罪と構成することは困難であると考える。」

534　わいせつ物有償頒布目的の所持

最決平成18年5月16日刑集60巻5号413頁／判時1953・175，判タ1227・187
（百選Ⅱ102，重判平18刑9）

【決定理由】「1　原判決及びその是認する第1審判決の認定並びに記録によれば，上記罪の成否に係る事実関係は，次のとおりである。
　(1)　被告人は，自らデジタルカメラで撮影した児童の姿態に係る画像データをパーソナルコンピュータ上のハードディスクに記憶，蔵置させ，さらに，そこに保存された画像データを光磁気ディスクに記憶，蔵置させ，これを所持していた。当該画像データが記憶，蔵置された光磁気ディスク（以下「本件光磁気ディスク」という。）は，児童買春，児童ポルノに係る行為等の処罰及び児童の保護等に関する法律（平成16年法律第106号による改正前のもの。以下「法」という。）2条3項の児童ポルノであり，かつ，刑法175条が定めるわいせつ物であった。
　(2)　被告人が本件光磁気ディスクを製造し，所持していた目的についてみると，被告人は，パーソナルコンピュータ上のハードディスクに保存された上記画像データについ

⇒ *535*

て，画像上の児童の目の部分にぼかしを入れ，ファイルのサイズを縮小する加工を施した上，そのデータをハードディスクに記憶，蔵置させ，そこに保存されるデータをコンパクトディスクにそのまま記憶させ，これを販売する目的であったところ，本件光磁気ディスクは，このハードディスクに保存される上記加工後のデータが何らかの事情で破壊されるなどして販売用のコンパクトディスクが作成できなくなる事態に備えて，上記加工前のデータを保存しておくバックアップのためのものであった。

2　このように，被告人は，本件光磁気ディスク自体を販売する目的はなかったけれども，これをハードディスクの代替物として製造し，所持していたものであり，必要が生じた場合には，本件光磁気ディスクに保存された画像データを使用し，これをコンパクトディスクに記憶させて販売用のコンパクトディスクを作成し，これを販売する意思であったものである。その際，画像上の児童の目の部分にぼかしを入れ，ファイルのサイズを縮小する加工を施すものの，その余はそのまま販売用のコンパクトディスクに記憶させる意思であった。そうすると，本件光磁気ディスクの製造，所持は，法7条2項にいう『前項に掲げる行為の目的』のうちの児童ポルノを販売する目的で行われたものであり，その所持は，刑法175条後段にいう『販売の目的』で行われたものということができる。上記各目的を肯認した原判断は正当である。」

535　わいせつ電磁的記録等送信頒布罪の成否

最決平成26年11月25日刑集68巻9号1053頁／判時2251・112，判タ1410・79

（重判平27刑7）

【決定理由】「1　原判決及びその是認する第1審判決の認定並びに記録によれば，(1)日本在住の被告人は，日本及びアメリカ合衆国在住の共犯者らとともに，日本国内で作成したわいせつな動画等のデータファイルをアメリカ合衆国在住の共犯者らの下に送り，同人らにおいて同国内に設置されたサーバコンピュータに同データファイルを記録，保存し，日本人を中心とした不特定かつ多数の顧客にインターネットを介した操作をさせて同データファイルをダウンロードさせる方法によって有料配信する日本語のウェブサイトを運営していたところ，平成23年7月及び同年12月，日本国内の顧客が同配信サイトを利用してわいせつな動画等のデータファイルをダウンロードして同国内に設置されたパーソナルコンピュータに記録，保存し，(2)被告人らは，平成24年5月，前記有料配信に備えてのバックアップ等のために，東京都内の事務所において，DVDやハードディスクにわいせつな動画等のデータファイルを保管したというのである。

2　所論は，サーバコンピュータから顧客のパーソナルコンピュータへのデータの転送は，データをダウンロードして受信する顧客の行為によるものであって，被告人らの

頒布行為に当たらず，また，被告人らの行為といえる前記配信サイトの開設，運用は日本国外でされているため，被告人らは，刑法1条1項にいう『日本国内において罪を犯した』者に当たらないから，被告人にわいせつ電磁的記録等送信頒布罪は成立せず，したがって，わいせつな動画等のデータファイルの保管も日本国内における頒布の目的でされたものとはいえないから，わいせつ電磁的記録有償頒布目的保管罪も成立しないという。

3 そこで検討するに，刑法175条1項後段にいう『頒布』とは，不特定又は多数の者の記録媒体上に電磁的記録その他の記録を存在するに至らしめることをいうと解される。

そして，前記の事実関係によれば，被告人らが運営する前記配信サイトには，インターネットを介したダウンロード操作に応じて自動的にデータを送信する機能が備え付けられていたのであって，顧客による操作は被告人らが意図していた送信の契機となるものにすぎず，被告人らは，これに応じてサーバコンピュータから顧客のパーソナルコンピュータへデータを送信したというべきである。したがって，不特定の者である顧客によるダウンロード操作を契機とするものであっても，その操作に応じて自動的にデータを送信する機能を備えた配信サイトを利用して送信する方法によってわいせつな動画等のデータファイルを当該顧客のパーソナルコンピュータ等の記録媒体上に記録，保存させることは，刑法175条1項後段にいうわいせつな電磁的記録の『頒布』に当たる。

また，前記の事実関係の下では，被告人らが，同項後段の罪を日本国内において犯した者に当たることも，同条2項所定の目的を有していたことも明らかである。

したがって，被告人に対しわいせつ電磁的記録等送信頒布罪及びわいせつ電磁的記録有償頒布目的保管罪の成立を認めた原判断は，正当である。」

536 死体遺棄罪の成否

大阪地判平成25年3月22日判タ1413号386頁

【判決理由】「証拠によれば，被告人が，①平成19年2月頃の女児の殺害当日に，その死体をタオルに包み，アパートaのA方押し入れにあったスポーツバッグに入れて隠匿した，②①より2，3日後，死体をスポーツバッグごとアパートcの自宅に移動させて，クローゼットに隠匿した，③平成19年春頃，死体をキャリーバッグに入れてマンションdに移動し，室内に放置した，④平

⇒ 537

成21年2月頃，死体をキャリーバッグごとマンションbに移動させ，クローゼット内に隠匿し放置したという作為による形態の死体遺棄と，⑤葬祭義務があるにもかかわらず，女児を殺害してから警察に発見されるまでの間，葬祭義務を果たさないまま死体を放置し続けたという不作為による形態の死体遺棄が，同時的に存在している。

両者の違法性について考えると，本件において，死体をタオルで包み，ポリ袋に入れる等の作為により，自己の支配下に死体を隠匿し放置したことと比べて，葬祭義務を果たすことなく自己の支配下に死体を放置し続けたという不作為が，死体遺棄罪の保護法益である死者に対する社会的習俗としての宗教感情を一層害するものとはいえないから，作為の形態による死体遺棄行為により本件事象の違法性が評価し尽くされているといえる。そうすると，本件では，実体法上，作為の形態による死体遺棄罪が成立し，不作為による形態の死体遺棄罪は成立しないと認めるのが相当である。

なお，本件では，①の隠匿行為に次いで，②の隠匿行為では，当時の交際相手の居室から被告人方での隠匿という状況の変化があり，完全に被告人の支配下に死体が移動して放置されているところ，このような死体の保管状況の変化に応じて，葬祭されなくなる可能性が格段に高まり，新たに死者に対する社会習俗としての宗教感情を害するに至ったといえるため，②の隠匿行為も，別途，死体遺棄罪が成立し，①及び②の罪は，包括一罪の関係にあたる。しかしながら，③及び④の隠匿行為は，②の隠匿行為により発生した違法状態を結果的に維持するものに過ぎないといえることから，別途，死体遺棄罪を構成するものではない。

第4 公訴時効の成否

そうすると，本件で成立する死体遺棄罪の公訴時効の起算点は，②の遺棄行為が終了した時である平成19年2月頃であり，平成24年9月19日に公訴提起した時点においては，既に3年が経過しているから，公訴時効が完成していたことが明らかである（刑事訴訟法250条2項6号）。」

537　死体遺棄罪の成否

横浜地判平成28年5月25日公刊物未登載

【判決理由】「被告人が，意識喪失状態にあったAを死亡したものと誤信し，その身体を海中に押し込んだことは争いがなく，証拠上も認定できるところ，

検察官は，被告人が，死体遺棄罪の故意で殺人罪を犯したものとして，両者を対比し，軽い死体遺棄罪の限度で刑責を負う旨主張するのに対し，弁護人は，被告人の行為は，死体遺棄罪の客観的構成要件該当性がないので無罪である旨主張するので検討する。

　被告人は，Ａを海中深くに沈め，外部から容易に発見できない状態におくことまでを意図し，Ａをガラ入れ袋に入れてコンクリート塊付きロープで結束した上，インフレータブルカヌーに乗せて△△湾内に運んだ後，海中に押し込み，海中に沈んでいくのを見ていたものである。そうすると，被告人による遺棄行為は，Ａの身体を海中に押し込んだ時点で終了したものとみるのは相当ではなく，その後，Ａの身体が海中深くに沈み，外部から容易に発見されない状態になるまで相当時間続いていたものとみるべきである。そして，関係証拠に照らし，Ａの正確な死亡時期までは不明であるものの，Ａが海中に押し込まれる際に意識を喪失していたことに鑑みると，海中に押し込まれた後，間もなく溺水の吸引により死亡したと推認できるから，Ａは被告人による遺棄行為が完了するまでに死亡していたものと認められる。

　以上によれば，被告人は，遺棄行為の当初からＡが死亡しているものと誤信していたとはいえ，結局，遺棄行為の最終段階においては，意図したとおり，死体遺棄の結果を生ぜしめるに至っているのであり，Ａの死亡時期に錯誤があるものの，それは因果の経過に関する錯誤にすぎないから，被告人には死体遺棄罪が成立するというべきである。」

⇒ 538・539

IX 国家作用に対する罪

■1 公務執行妨害罪

[1] 保護法益

538 公務の保護
最判昭和 28 年 10 月 2 日刑集 7 巻 10 号 1883 頁／判タ 35・45
【判決理由】「論旨は刑法 95 条の規定が憲法 14 条に違反し無効であると主張するのである。しかし刑法 95 条の規定は公務員を特別に保護する趣旨の規定ではなく公務員によって執行される公務そのものを保護するものであるから，論旨は同条の保護法益に関し誤った見解に立つものである。従って違憲の主張はその前提を欠く採るを得ない。」

[2] 公務の範囲

539 国鉄電気機関士の出区点検行為
最決昭和 59 年 5 月 8 日刑集 38 巻 7 号 2621 頁／判時 1121・140, 判タ 531・146
【決定理由】「国鉄の電気機関士 A がした本件電気機関車出区点検の行為が刑法 95 条 1 項にいう公務員の職務にあたるとして公務執行妨害罪の成立を認めた原判決の判断は，正当である。」
　谷口正孝裁判官の意見　「一　私は，国または公共団体が公務員（法令により公務に従事する者とみなされる公法人の職員を含む。以下，公務員と言う場合はこの意味で使う。）を通じて行う活動のうち非権力的関係を内容とするもの，特に私企業的性格を有するもの（現業業務といってもよい。）については，国または公共団体もまたその権力性を捨象した関係において私人と同様の経済活動の主体として機能しているのであって，専らこの関係において公務員を攻撃

の客体としてその者の行う活動を妨害した場合には，私人の営為する業務に対する妨害と区別して考える必要はなく，個人的法益に対する罪として観念すべきものと考えている。このことは，刑法95条に規定する公務執行妨害罪が荷っている同罪の性格，すなわち，同罪が公権力の執行に対する抵抗を規制するものであることからも導かれる推論であると思う。したがって，同条にいう公務の概念には自ら限定があり，右の非権力的関係を内容とする現業業務の如きものは，同条の公務から除かれるものと考える（最高裁昭和55年(あ)第417号同年10月27日第一小法廷決定・刑集34巻5号322頁における私の補足意見参照）。

二　ところで，公務をこのように二分して，権力的関係を内容とするものと，非権力的関係を内容とするもの，特に私企業的性格を有するものとに類別し，公務員が前者の公務を執行するに際し暴行・脅迫を用いてその職務の執行を妨害した場合にのみ公務執行妨害罪の成立を認めるということになれば，後者の公務に対する妨害行為の処罰の可否が当然に問題となる。私は，その場合威力等を用いることにより刑法234条・233条の構成要件を充足する限り同条の業務妨害罪の成立を認めて然るべきものと考える。なるほど同条の業務妨害罪は人の経済生活の自由を保護法益とするもので，個人的法益に対する罪と観念されているのであるが，右後者の公務については，国または公共団体も私人と同様の経済活動の主体として機能しているわけであるから，その作用の面に着目する限りよしそれが公務員を通じてなされるものであるにせよ，業務妨害罪の保護の対象とすることに毫も支障はない。従って，本件で問題となっている国鉄職員の行う非権力的業務の執行を威力を用いて妨害した場合は威力業務妨害罪が成立するということになる。

そして，この結論は最高裁判所判例の採用するところである。例えば，昭和35年11月18日第二小法廷判決・刑集14巻13号1713頁，同41年11月30日大法廷判決・刑集20巻9号1076頁がそれである。もっとも，これらの判例は，『国鉄職員の非権力的現業業務の執行に対する妨害は，その妨害の手段方法の如何によっては，刑法233条または234条の罪のほか同法95条の罪の成立することもあると解するのが相当である。』とするものであって，国鉄職員の非権力的現業業務の執行を暴行・脅迫の手段により妨害した場合には公務執行妨害罪が，威力を用いて妨害した場合は威力業務妨害罪が成立するというも

⇒ *539*

のと理解される。

　然し，私は，非権力的現業業務の執行に対する妨害が，すなわち，同一保護法益に対する侵害が，暴行・脅迫によって行われるか，威力によって行われるかというその妨害の手段方法の如何により，罪質を異にする公務執行妨害罪と威力業務妨害罪の異別の犯罪となるとすることについては，とうてい理解の届かないところである。けだし，暴行・脅迫と威力との違いは，相手方に及ぼす力の程度の差にすぎないのであって，罪質に差異をもたらすほどの質的な差異では，決してないからである。また，暴行の中には当然威力が含まれていることを考えれば，右の場合において，暴行を手段とする場合には常に両罪の成立が肯定されるものとしなければなるまい。果して然らば，その場合両罪の関係はどのように処理されるものと考えればよいのか。

　私は，公務を権力的関係を内容とするものと非権力的関係を内容とする現業業務とに二分して考えることには賛成であるが，後者について，さらにその妨害の手段方法の如何によって，場合により公務執行妨害罪が成立し，あるいは威力業務妨害罪が成立するという右判例の見解には賛成しかねる。公務員の職務に対する妨害を公務執行妨害罪によって律するものとする限り，その妨害行為が威力，すなわち，暴行・脅迫にいたらない手段方法による場合には処罰規定を欠くことになることに対する考慮から，右のような判例の解釈態度が導かれたものと推測されるのであるが，刑法が公務執行妨害罪の手段を暴行・脅迫に限定したことにはそれなりの理由があるのであって，一方において公務員が行う現業業務も公務執行妨害罪の対象となる公務に含まれるとしつつ，これに対する威力による妨害を不処罰とすることは私人の行う業務の保護に比べて権衡を失するとの見地から公務員の行う現業業務について威力業務妨害罪の成立を肯定しようとする右判例の態度には，私としては，左袒し難いものがある。

　公務員の行う職務をその内容によって前記の如く2つのものに性格づけして分類した以上，その妨害に用いられた手段方法の如何を問わず，公務執行妨害罪と威力業務妨害罪とは，それぞれの成立領域を異にするという結論になる。

　三　以上述べてきた私の見解によれば，所論が問題にするところの第1審判決判示第四の国鉄の電気機関士Aがした電気機関車出区点検行為は，非権力的な現業業務であって刑法95条の公務にあたらないことになり，これに対する被告人X，同Yの本件妨害行為は，威力業務妨害罪をもって処断すべきこ

とになる。従って，これを公務執行妨害罪に問擬したことには，法令の解釈適用を誤った違法があるというべきである。」

[3] 「職務を執行するに当たり」の意義

540 東灘駅事件

最判昭和 45 年 12 月 22 日刑集 24 巻 13 号 1812 頁／判時 618・90, 判タ 257・215

【事案】 被告人は，駅助役が会議室での点呼終了後，事務引継をすべく数十メートル離れた助役室へ向かうため会議室を退出しようとしたところ暴行を加えた。

【判決理由】「なお，所論にかんがみ，刑法 95 条 1 項の定める公務執行妨害罪の要件について考えるに，右条項の趣旨とするところは，公務員そのものについて，その身分ないし地位を特別に保護しようとするものではなく，公務員によって行なわれる公務の公共性にかんがみ，その適正な執行を保護しようとするものであるから，その保護の対象となるべき職務の執行というのは，漫然と抽象的・包括的に捉えられるべきものではなく，具体的・個別的に特定されていることを要するものと解すべきである。そして，右条項に『職務を執行するに当り』と限定的に規定されている点からして，ただ漫然と公務員の勤務時間中の行為は，すべて右職務執行に該当し保護の対象となるものと解すべきではなく，右のように具体的・個別的に特定された職務の執行を開始してからこれを終了するまでの時間的範囲およびまさに当該職務の執行を開始しようとしている場合のように当該職務の執行と時間的に接着しこれと切り離し得ない一体的関係にあるとみることができる範囲内の職務行為にかぎって，公務執行妨害罪による保護の対象となるものと解するのが相当である。以上と異なり，職務の執行を抽象的・包括的に捉え，しかも『職務を執行するに当り』を広く漫然と公務員の勤務時間中との意味に解するときは，公務の公共性にかんがみ，公務員の職務の執行を他の妨害から保護しようとする刑法 95 条 1 項の趣旨に反し，これを不当に拡張し，公務員そのものの身分ないし地位を保護の対象とする不合理な結果を招来することとなるを免れないからである。

以上の見地に立って，本件をみるに，原判決は，A 助役に課せられた職務は，『点呼』および『事務引継ぎ』であり，刑法 95 条 1 項により保護されるべきは，『点呼』の執行であり『事務引継ぎ』の執行であるとし，その『事務引

⇒ 540

継ぎ』の行なわれる場所に赴くこと自体は、『事務引継ぎ』の予備的段階であって、『事務引継ぎ』そのものではないといい、本件は、右点呼の執行が終った直後点呼の執行場所内およびその出入口附近で生起したもので、『引継ぎ』はそれよりさらに数十米隔った助役室で行なわれるのであって、それは『引継ぎ』の職務執行の着手に近接した場合ではあるが、『引継ぎ』の職務の執行またはその着手と同視できる程度の、まさに職務の執行に着手しようとした場合とも認められず、また、右点呼と事務引継ぎの両事務は全然別個のものであり、ただ、順序として、まず前者を執行し、それが終了してから後者を執行するというだけのことであって、この両事務を一連の事務とし、その間の点呼場より助役室に赴くことを職務自体と解することはできないとし、したがって、被告人らのA助役に対する暴行は、同助役の職務の執行にあたり加えられたものとはいえない旨の認定ないし判断をしているのである。

右の認定・判断は、前叙の当審の見解に照らし、首肯し得ないものではない。」

松本正雄裁判官の反対意見「公務執行妨害罪の規定が、公務員を特別に保護しようとするものではなく、公務の適正な執行を保護しようとするものであること、その保護の対象となる職務の執行は、漫然と抽象的・包括的に捉えられるべきではなく、具体的・個別的に特定されるべきものであること、『職務を執行するに当り』というのは、当該職務の執行中ならびにその執行と接着しこれと切り離し得ない一体的関係にあるとみられる時間的範囲を指すものであること、以上の点については、わたくしもあえて異論を唱えるものではない。しかしながら、刑法95条1項の規定する公務員には広く種々の者が含まれるのであり（刑法7条1項参照。たとえば、郵便集配員の如きも刑法上の公務員にあたること当第三小法廷昭和35年3月1日判決、刑集14巻3号209頁の判示するとおりである。）、その担当する公務も各種、各様であって、公務員の取り扱う事務のすべてが含まれているのである。したがって、公務によっては、その職務内容を個別に分解したり、その過程や段階を分断、区別して、それぞれの開始、終了を考えるのは困難なことが多く、むしろ勤務中の行為は諸種のものが連続し、結合して1個の公務を形成しているとみるべき場合が多いと考えられる。このような点からすれば、刑法95条1項の予定する公務員の職務は、場合によっては、ある程度継続した一連のものとして把握してもよく、そのよ

うに把握しても職務行為の具体性、個別性を失うものではないと解するのが相当である。もとより、わたくしとしても、職務行為を常に漫然と捉えてよいというのではなく、たとえば、勤務時間中にある公務員に対しては、いかなる場合にも公務執行妨害罪の成立が可能であるとするものではない。しかし、これを本件についてみると、原判決によれば、Aが担当していた当直助役の職務は、要するに駅における一切の業務を処理すべき駅長の職務を補佐、代理することであり、その作業は、先ず駅員に対する点呼を行ない、続いて前任者から事務引継をうけることによって始まるというのであって、右点呼と事務引継は引続いて行なわれるべきものであり、その間には休憩等の自由時間は予定されていないというのである。しかも、点呼の場所である会議室と事務引継のなされる助役室とは数十米離れているにすぎず、その間は徒歩で約1分を要するだけというのである。右のような当直助役の職務内容ならびに点呼と事務引継との時間的、場所的な接着性、近接性等からすれば、被告人らが暴行を加えた段階においては、被害者たるAは当直助役として点呼ならびに事務引継という一連の職務を執行中であったとみるのが相当であるといわなければならない。原判決のように、点呼と事務引継とを全く別個の職務行為と解するのは、事案の実態に即さないものというべく、ひいては、公務の適正な執行を保護すべきものとする刑法95条1項の趣旨にもそわないというべきである。

以上のように考えると、本件においては公務執行妨害罪の成立を認むべきものであり、これを消極に解した原判決は、刑法95条1項の解釈、適用を誤ったものであって、その違法は判決に影響を及ぼすことが明らかであり、これを破棄しなければ著しく正義に反するものといわなければならない。」

541 長田電報局事件

最判昭和53年6月29日刑集32巻4号816頁／判時889・15, 判タ366・185

(重判昭53刑6)

【事案】 被告人は労働組合執行委員であるが、組合員に対する行政処分を不当として、電報局長室で会計書類の決裁等を行っていた局長に暴行を加え、さらに窓口事務通信室において報告文書作成を行っていた局次長に暴行を加え、その際局長から制止されるや局長にも暴行を加えた。第1審判決は、局長らの職務行為は被告人に応対するため任意に中断されている、応対行為を妨害する犯意がなかった等の理由で公務執行妨害罪の成立を否定した（無罪）。第2審判決も、職務行為の中断を認める等により、公務執行妨害罪の成立を否定した（暴行罪では有罪）。

⇒ *541*

【判決理由】「1　刑法95条1項にいう『職務を執行するに当り』とは、具体的・個別的に特定された職務の執行を開始してからこれを終了するまでの時間的範囲及びまさに当該職務の執行を開始しようとしている場合のように当該職務の執行と時間的に接着しこれと切り離しえない一体的関係にあるとみることができる範囲内の職務行為をいうものと解すべきである（最高裁昭和42年(あ)第2307号同45年12月22日第三小法廷判決・刑集24巻13号1812頁）が、同項にいう職務には、ひろく公務員が取り扱う各種各様の事務のすべてが含まれるものである（大審院明治42年(れ)第1495号同年11月19日判決・刑録15輯26巻1641頁、同44年(れ)第527号同年4月17日判決・刑録17輯9巻601頁参照）から、職務の性質によっては、その内容、職務執行の過程を個別的に分断して部分的にそれぞれの開始、終了を論ずることが不自然かつ不可能であって、ある程度継続した一連の職務として把握することが相当と考えられるものがあり、そのように解しても当該職務行為の具体性・個別性を失うものではないのである。

　2　これを本件についてみるに、日本電信電話公社職制67条3項、5項によれば、電報局長は、上司又は当該機関を管理する機関の長の命を受け、所属の職員等を指揮監督してその局の事務を執行する職責を有するものとされており、本件電報局長は、その局の事務全般を掌理し、部下職員を指揮監督する職務権限を有するものであり、また、日本電信電話公社の電話局、電報局等分課規程231条によれば、電報局次長は、局長を助け、局務を整理するものとされており、本件電報局次長は、局長を補佐して局務全般を整理し、局長の命を受けて部下職員を指揮監督する職務権限を有するものであって、本件局長及び次長の職務は、局務全般にわたる統轄的なもので、その性質上一体性ないし継続性を有するものと認められ、本件公訴事実記載の局長及び次長の職務も右の統轄的な職務の一部にすぎないものというべきである。したがって、このような局長及び次長の職務の性質からすれば、局長及び次長が被告人から原判示暴行を受けた際、公訴事実記載の職務の執行が中断ないし停止されているかのような外観を呈していたとしても、局長及び次長は、なお一体性ないし継続性を有する前記の統轄的職務の執行中であったとみるのが相当である。

　3　さらに、原判決が認定したところによると、被告人の本件暴行の所為は、いわゆる『パルチザン闘争』と称する職制に対するいやがらせを執拗に継続す

る『処分撤回闘争』の一環としてなされたものであり、そのため局長及び次長は、公訴事実記載の各職務の執行を事実上一時的に中断せざるをえなくなったものであって、局長及び次長がその職務の執行を自ら放棄し、又は自発的にその職務の執行から離脱したものでないことが明らかであり、したがって、本件局長及び次長の右各職務の執行が一見中断ないし停止されているかのような外観を呈したとしても、その状態が被告人の不法な目的をもった行動によって作出されたものである以上、これをもって局長及び次長が任意、自発的に当該職務の執行を中断し、その職務執行が終了したものと解するのは相当でないといわざるをえない。

　4　次に、原判決は、公訴事実第二記載の公務執行妨害の訴因につき、被告人に同罪の故意が認められないとし、その理由を前記のように判示している。すなわち、原判決は、公務執行妨害罪の主観的成立要件としての職務執行中であることの認識につき、当該公務員が具体的にいかなる職務を執行中であるかについての認識を必要とするとの見解に立って被告人の本件行為を評価しているのである。しかしながら、公務執行妨害罪の故意が成立するためには、行為者において公務員が職務行為の執行に当っていることの認識があれば足り、具体的にいかなる内容の職務の執行中であるかまでを認識することを要しないものと解するのが相当であるところ、被告人は、あらかじめ面会を申し入れることもなく、突如局長室及び通信室に闖入したものであって、本件行為当時、局長及び次長が原判示長田電報局の事務全般を管理するという職務を執行中であったことの認識を有していたことは記録上明らかであるから、被告人につき公務執行妨害罪の故意の存在を肯定しうるものといわざるをえない。

　5　そうすると、被告人の本件行為は、公務執行妨害罪を構成するものというべきであるから、被告人に対し同罪の成立を否定した第1審判決及び原判決には法令の違反があり、これが判決に影響を及ぼし、原判決及び第1審判決を破棄しなければ著しく正義に反するものであることは明らかである。」

542　熊本県議会事件

最決平成元年3月10日刑集43巻3号188頁／判時1310・155、判タ697・202
（百選Ⅱ114、重判平元刑6）

【決定理由】「原判決の認定によれば、熊本県議会公害対策特別委員会委員長Aは、同委員会の議事を整理し、秩序を保持する職責を有するものであるが、

⇒ 543

昭和50年9月25日同委員会室で開催された委員会において，水俣病認定申請患者協議会代表者から陳情を受け，その事項に関して同委員会の回答文を取りまとめ，これを朗読したうえ，昼食のための休憩を宣するとともに，右陳情に関する審議の打切りを告げて席を離れ同委員会室西側出入口に向かおうとしたところ，同協議会構成員らが右打切りに抗議し，そのうちの1名が，同委員長を引きとめるべく，その右腕などをつかんで引っ張る暴行を加え，同委員長がこれを振り切って右の出入口から廊下に出ると，右構成員らの一部や室外で待機していた同協議会構成員らも加わって合計約2，30名が，同委員長の退去を阻止すべく，同委員長を取り囲み，同委員会室前廊下などにおいて，同委員長に対し，押す，引くなどしたばかりか，体当たりし，足蹴りにするなどの暴行を加えたというのである。右の事実関係のもとにおいては，A委員長は，休憩宣言により職務の執行を終えたものではなく，休憩宣言後も，前記職責に基づき，委員会の秩序を保持し，右紛議に対処するための職務を現に執行していたものと認めるのが相当であるから，同委員長に対して加えられた前記暴行が公務執行妨害罪を構成することは明らかであり，これと同旨の原判断は正当である（最高裁昭和51年(あ)第310号同53年6月29日第一小法廷判決・刑集32巻4号816頁参照。）」

[4] 暴行の意義

543 不法な攻撃

最判昭和37年1月23日刑集16巻1号11頁／判タ127・50

【事案】 小学校教諭で教職員組合の役員である被告人が，同校教諭であり組合員であるAの非協力的態度に憤慨して同人と押し問答をしているうち，Aが教室に入って生徒に指示していたので，被告人も教室に入り，Aを無理に連れ出そうとして暴行を加え，別室に連行した。

【判決理由】 「刑法95条にいわゆる暴行とは，公務員の身体に対し直接であると間接であるとを問わず不法な攻撃を加えることをいうのであって，被告人の本件所為が右の暴行にあたることは明らかである。」

544 補助者に対する暴行
最判昭和 41 年 3 月 24 日刑集 20 巻 3 号 129 頁／判時 443・55，判タ 190・169
(百選Ⅱ118，重判昭 41・42 刑 4)

【判決理由】「刑法 95 条 1 項に規定する公務執行妨害罪の成立には，公務員が職務の執行をなすに当り，その職務の執行を妨害するに足りる暴行脅迫がなされることを要するけれども，その暴行脅迫は，必ずしも直接に当該公務員の身体に対して加えられる場合に限らず，当該公務員の指揮に従いその手足となりその職務の執行に密接不可分の関係において関与する補助者に対してなされた場合もこれに該当すると解するを相当とする。本件において，被告人は A 執行吏がその職務の執行をなすに当り，公務員ではないがその補助者として同執行吏の命によりその指示に従って被告人方の家財道具を屋外に搬出中の B に対し第 1 審判示の暴行脅迫を加えたもので，その際被告人方の出入口又は戸外において執行を指揮していた右執行吏をして，右暴行脅迫により一時執行を中止するの止むなきに至らしめたものであるから，本件被告人の所為は，直接公務員である同執行吏に対してなされたものでないとしても，同執行吏の職務の執行を妨害する暴行脅迫に該当するとした原審の判断は，右説示に照らして正当である。」

545 差押対象物件の損壊
最決昭和 34 年 8 月 27 日刑集 13 巻 10 号 2769 頁

【決定理由】「刑法 95 条 1 項の公務執行妨害罪が成立するには，いやしくも公務員の職務の執行に当りその執行を妨害するに足る暴行を加えるものである以上，それが直接公務員の身体に対するものであると否とは問うところでないことは当裁判所判例とするところである（昭和 25 年(れ)1718 号，同 26 年 3 月 20 日第三小法廷判決，刑集 5 巻 5 号 794 頁参照）。原審の確定した事実によれば，被告人は，司法巡査が覚せい剤取締法違反の現行犯人を逮捕する場合，逮捕の現場で証拠物として適法に差押えたうえ，整理のため同所に置いた覚せい剤注射液入りアンプル 30 本を足で踏付け内 21 本を損壊してその公務の執行を妨害したというのであるから，右被告人の所為は右司法巡査の職務の執行中その執行を妨害するに足る暴行を加えたものであり，そしてその暴行は間接に同司法巡査に対するものというべきである。さればかかる被告人の暴行を刑法 95 条 1 項の公務執行妨害罪に問擬した原判決は正当でありこれを攻撃する論旨は理

⇒ 546

由がない。」

546 交通違反の点数切符をつかみ取り引き裂く行為

秋田地判平成9年9月2日判時1635号158頁

【事案】 被告人は，交通違反の疑いで警察の取調べを受けた際に，パトカーの車内に置いてあった警察官が作成中の点数切符を，やにわにつかみ取り，これを引き裂いた。判決は，公用文書毀棄罪の成立は認めたが，公務執行妨害罪の成立は否定した。

【判決理由】「公務執行妨害罪にいう『暴行』というためには，有形力の行使が，直接，公務員の身体に対してなされたものであることは要しない。しかし，『公務員に対して』暴行が加えられたことは必要である。

被告人がテーブルの上に置いてあったバインダーから点数切符をつかみ取った行為は有形力の行使であることは明らかである。その際にA巡査の左手がバインダーまたは点数切符に添えられており，被告人の行使した有形力がA巡査に感応するものであったとしても，それだけでは，『公務員に対する暴行』ということはできない。行為者において，自分の置かれた状況が公務員が適法に職務を行使している場面であることを認識し，自分のなす有形力の行使が公務員の職務執行の妨害となるべきものであること（公務員の職務執行継続の意思を挫くものであること）を意識したうえで有形力を行使したものを公務員執行妨害罪における『公務員に対する暴行』というべきであって，公務員の職務執行の場面におけるすべての有形力の行使を『公務員に対する暴行』と評価すべきではないと思料する。

例えば，公務員が職務執行中書類等を所持していたところ，その隙を見てこれをひったくる行為は，当該公務員の身体に感応するものではあるが，それだけでは『公務員に対する暴行』とはいえないであろう。本件の被告人の行為はそれに類するものである。

被告人が，テーブルの上のバインダーから点数切符をつかみ取った行為は，適法な職務を執行しているA巡査に対して行われた暴行である，とまでは認めることはできない。」

[5] 適 法 性

547 収税官吏による検査章の不携帯

最判昭和 27 年 3 月 28 日刑集 6 巻 3 号 546 頁／判タ 19・67

【判決理由】「所得税法 63 条は，収税官吏は，所得税に関する調査について必要があるときは，納税義務者その他同条各号所定の者に質問し又はその者の事業に関する帳簿書類その他の物件を検査することができると規定しているから，所得税の調査等に関する職務を担当する収税官吏は，所得調査という行政目的を達成するためには，同条所定の者に質問し，又は同条所定の物件を検査する権能を法律上認められているものといわなければならない。所得税法施行規則 63 条は収税官吏は所得税法 63 条の規定により帳簿書類その他の物件を検査するときは，大蔵大臣の定める検査章を携帯しなければならないと規定しているが，この規定は，専ら，物件検査の性質上，相手方の自由及び権利に及ぼす影響の少からざるを顧慮し，収税官吏が右の検査を為すにあたり，自らの判断により又は相手方の要求があるときは，右検査章を相手方に呈示してその権限あるものであることを証することによって，相手方の危惧の念を除去し，検査の円滑な施行を図るため，特に検査章の携帯を命じたものであって，同条は単なる訓示規定と解すべきではなく，殊に相手方が検査章の呈示を求めたのに対し，収税官吏が之を携帯せず又は携帯するも呈示しなかった場合には，相手方はその検査を拒む正当な理由があるものと認むべきである。しかし，さればといって，収税官吏の前記検査権は右検査章の携帯によって初めて賦与されるものでないことは前記のとおりであるから，相手方が何等検査章の呈示を求めていないのに収税官吏において偶々これを携帯していなかったからといって直ちに収税官吏の検査行為をその権限外の行為であると解すべきではない。即ち，所得税に関する調査等をする職務を有する収税官吏が所得調査のため所得税法 63 条により同条所定の物件を検査するにあたって，検査章を携帯していなかったとしても，その一事を以て，右収税官吏の検査行為を公務の執行でないということはできない。従って，之に対して暴行又は脅迫を加えたときは公務執行妨害罪に該当するものといわなければならない。

これを本件について見るに，原判決の確定したところによると，収税官吏た

⇒ *548*

る判示大蔵事務官は判示の如き行政上の目的を以って，納税義務者たる被告人に面接の上，その身分及び目的を告げ，身分証明書を示して判示退職者調書の検査をしようとしてその提出を求めたが，被告人が之に応じなかったというのであるが，その際被告人は右大蔵事務官に対して，検査章の呈示を求めたとか，あるいは同事務官が検査章を携帯していなかったことを事由として前記調書の提出要求に応じなかったというような事実は，原審において何ら主張されていないのであって，従って原判決も亦かかる事実を認定していないばかりでなく（記録を精査しても，かかる事実を認めるに足る資料はない），右大蔵事務官がなおも被告人に対し再三同調書の提出方を求めたところ，被告人が判示の如き言動に出て同事務官を脅迫したというのであるから，右大蔵事務官の判示所為は所論の如くその職務権限を逸脱した場合であるということはできないのであって，従って判示被告人の行為は公務執行妨害罪を構成するものといわなければならない。」

548　会議規則に違反する議長の措置

最大判昭和42年5月24日刑集21巻4号505頁／判時482・14，判タ208・94
（百選Ⅱ112，重判昭41・42憲6）

【事案】　地方議会の議長が議員から提出された「すべての質疑を打ち切り，討論省略の上全上程議案を一括採択すべき」旨の緊急動議に基づき，全上程議案の一括採択を諮ろうとした際，議員である被告人らは議長席に殺到し，議長に暴行を加えてこれを妨害した。

【判決理由】　「所論は，議長の職務執行の違法性を主張し，違法な執行に対しては公務執行妨害罪は成立しないという。しかし，議長のとった本件措置が，本来，議長の抽象的権限の範囲内に属することは明らかであり，かりに当該措置が会議規則に違反するものである等法令上の適法要件を完全には満していなかったとしても，原審の認定した具体的な事実関係のもとにおいてとられた当該措置は，刑法上には少なくとも，本件暴行等による妨害から保護されるに値いする職務行為にほかならず，刑法95条1項にいう公務員の職務の執行に当るとみるのが相当であって，これを妨害する本件所為については，公務執行妨害罪の成立を妨げないと解すべきである。」

549 逮捕の際の被疑事実の不告知

東京高判昭和 34 年 4 月 30 日高刑集 12 巻 5 号 486 頁／判時 198・22，判タ 91・55

【事案】 警察官による逮捕状の緊急執行に際し，被告人は暴行を加えた。被告人は警察官に対して，再三逮捕状の呈示を求めたが，これに対し，警察官は罪名及び逮捕状が発布されている事実を告げただけで被疑事実の要旨はこれを告げなかった。

【判決理由】「惟うに逮捕状の緊急執行による逮捕手続の方式として逮捕状が発せられていること及びその被疑事実の要旨を告げるべきことを規定している法意は，逮捕される側に対して既に逮捕状が発せられていながら，これを示すことができない場合にこれに代る手続として如何なる被疑事実により逮捕されるものであるかを知らしめ安じてこれに応ぜしめようとする趣旨に出でたものであって，その孰れの事項も国民の基本的人権と重大なる関係を有するのであって緊急執行手続上欠くことの出来ない重要な方式と解せられるのである。然るに本件逮捕に当っては充分にこれが被疑事実の要旨を告げる余裕が存在するに拘らず（蓋し被告人は再三に渉り逮捕状の提示を求めていることに照らし），単に脅迫罪による逮捕状が出ている事実を告げたに止まり，被疑事実の要旨を告げなかったのであるから，此の点において本件逮捕手続たるや不適法のものであって刑法第 95 条所定の公務員の職務の執行に該当しないものといわなければならない。この点につき所論は，前記両巡査は被疑事実の要旨と令状が発せられている旨を告げなければならないのを誤解して，単に罪名と令状が発せられている旨を告げれば足るものと考え，被告人に対し脅迫の容疑により逮捕状が発せられている旨を告げて逮捕せんとしたものであるから，該逮捕行為は法令の定める手続には違背しているけれども，その瑕疵の程度は左程重大ではなく，なお一般の見解上一応形式的には前記巡査等の一般的権限に属する適法な職務行為と解すべき旨主張するのであるが，逮捕のように被逮捕者の基本的人権に重大な制約を加える場合にあっては，逮捕の円滑強力な執行を要請する国家的利益を考慮する必要性の大なることもさることながら，これにより被逮捕者の基本的人権を不当に侵害することのないよう職務行為の適法要件は厳格に解するのが相当であって，逮捕手続を定めている規定を厳格規定と解すべきこと前説示の通りである。ところで，所論のように前記警察官において逮捕手続を誤解した為，罪名を告げたに止り，被疑事実の要旨を告げなかったとしても，斯の如きは逮捕に当り警察官として当然遵守すべき重要な手続を履践して

⇒ *550*

いないことは勿論，罪名を告げただけでは，被疑事実の要旨を告知することにより実現しようとした前説示の法の目的を達し難いと認められるから，罪名を告げただけで直ちに被疑事実の内容を察知することができ，被疑者においても敢えて逮捕状の呈示を求めないような場合は兎も角として，そうでない限り所論の瑕疵を目して左程重要でない軽微なものと解することは当を得ないものといわざるを得ないのであって，従ってまた斯る瑕疵ある職務行為を適法なものとは解し難いのである。また警察官において，所論のような誤解をした為，本件逮捕を適法と信じたとしても，職務行為が適法要件を備えているか否かは，客観的見地から判断すべきものであるから，この点からも本件逮捕を適法なものとは解し難い。そして本件においては，被告人が再三逮捕状の呈示を求めていることは前説示の通りであり，更に罪名を告げただけで，被告人において被疑事実の内容を察知し得る状況にあったとか，或は現にこれを察知していたものと確認するに足る証拠は存在しないのであるから，孰れの点から考えても所論は採用の限りでない。従って原判決が本件逮捕行為は違法なものであり，被告人がこれを排除するため暴行を加えても，公務執行妨害罪は成立せず又暴行により両巡査に傷害の結果を生じても，右両巡査の実力行使を免れるためとっさの間になされた所為であって法律上正当防衛の範囲に属するものと認められるから犯罪の成立を阻却するものとして前記公訴事実につき被告人に対して無罪の言渡をしたのは洵に相当であって，原判決には所論の如き法令の解釈適用を誤った違法は存しない。」

550 適法性の判断基準

最決昭和 41 年 4 月 14 日判時 449 号 64 頁／判タ 191・146
（百選 II 113，重判昭 41・42 刑 3）

【事案】（原判決）

「原判決挙示の関係証拠によると，原判示第一事実の日時場所において，A，B 両巡査が警邏中，C が日本刀の仕込杖を所持していたことから，同人を銃砲刀剣類等所持取締法違反罪の現行犯人として逮捕しようとしたが，そのとき同人の傍に寄りかかっていた D が同人から何物かを手渡されている気配を察知し，B 巡査において右両名の間に割込んだところ，D の腹のあたりから拳銃が落ちてきたので，同人をも同違反罪の現行犯人として逮捕しようとしたところ，これを免れようとして被告人および D 等から原判示の暴行を受けたことが認められる。そして D も同違反罪を犯したものとして起訴せられたが，原審において無罪の判決を言い渡され右判決が確定したことも記録上明

らかである。ところで公務執行妨害罪が成立するには公務員の職務行為が適法であることを要するのは所論のとおりであるが，職務行為の適否は事後的に純客観的な立場から判断されるべきでなく，行為当時の状況に基づいて客観的，合理的に判断されるべきであって，前段認定のごとき状況の下においては，たとえDの前示所持が同法違反罪の構成要件に該当せずとして事後的に裁判所により無罪の判断を受けたとしても，その当時の状況としてはDの右挙動は客観的にみて同法違反罪の現行犯人と認められる十分な理由があるものと認められるから，右両巡査がDを逮捕しようとした職務行為は適法であると解するのが相当であり，これを急迫不正の侵害であるとする所論はとるをえない。」

【決定理由】「なお，所論の点に関する原判決の判断は，相当である。」

551 抽象的職務権限

大判昭和7年3月24日刑集11巻296頁

【判決理由】「按するに公務執行妨害罪の成立するには其の妨害か公務員の適法なる職務の執行に当り為されたることを要し而して特定の行為か職務の執行たる為には該行為か其の公務員の抽象的職務権限に属する事項に該ることを要するや勿論なりと雖公務員は苟も其の抽象的職務権限に属する事項なる限り箇々の場合に於て其の職務執行に必要なる条件たる具体的事実の存否並法規の解釈適用を決定する権能を有するか故に偶々其の職務を行ふに当り職務執行の原因たるへき具体的事実を誤認し又は当該事実に対する法規の解釈を誤り適用すへからさる法規を適用したりとするも該行為か其の公務員の抽象的職務権限に属する事項に該り該公務員として真実其の職務の執行と信して之を為したるに於ては其の行為は一応其の公務員の適法なる職務執行行為と認めらるへきものにして従て其の執行に当り為されたる妨害行為は仍は公務執行妨害罪たることを失はさるものとす本件に於て原判決の確定したる事実は被告人は八幡市会議員にして昭和5年3月16日開会せられたる同市昭和6年度予算審議の為にせる昭和5年度第4回継続市会に出席したるか同市会に於ては市会議長Aか開会を宣するや議員B発言を求め同市上水道配水池亀裂問題に対する市当局の措置殊にC市助役の引責辞職の事実の有無に付質問したるに議長は右は緊急問題と認め難しとして之を後刻に廻はし予算案を先に審議すへき旨を告け該質問を許さす仍て議員D発言を求めB議員の質問を許せよと迫りたるか議長は之をも斥けたるによりD議員は再度発言を求め水道問題は重大且緊急なれ

⇒ *552*

は議事日程を変更し予算審議に先ち同問題に関する質問を許すへきを理由として日程変更の動議を提出したり然るに同動議に付ては成規の議員数名の賛成ありたるに拘らす議長は遂に之を議題と為さす日程の予算案に付直に市長に発言を許さんとするや被告人は議長をして強ひて右動議を議題とせしむへく自席を立ちて議長席附近まて迫り一旦他の議員より制止せられたるにも拘らす議長席横より壇上に上りA議長の着衣の襟を摑み同人を壇下に引卸すの暴行を敢てし以て同議長の職務執行を妨害したりと謂ふにありて市制第57条の規定に依れは市会議長は会議を総理し会議の順序を定め会議を開閉する等審議の指揮を為す職務権限を有するものなるか故に右A議長かD議員の提出したる議事日程変更の動議を上程すると否とを採決することは市会議長の抽象的職務権限に属する事項に該るものと謂ふへく従つて仮に所論の如くA議長か法規の解釈を誤り該動議を以て法規の許ささるところなりと信し之を上程せさりしとするも右の行為は一応適法なる職務執行行為と認めらるへきものなるか故に前叙の理由に照らし右の行為に当り為されたる被告人の妨害行為は刑法第95条第1項の公務執行妨害罪を構成す」

552 適法性の錯誤

大阪地判昭和47年9月6日判タ306号298頁

【事案】 被告人は傷害の準現行犯として警察官により逮捕されるに際して,逮捕を免れようとして警察官に対し暴行を加え,傷害を負わせた。

【判決理由】「被告人はAに対する傷害の準現行犯人として逮捕されることについて認識せず,何故かわからぬままに両巡査から車に乗せられようとしたために『何でいかなあかん』と乗車を拒んだところ,何の説明もなく,ただ強力に押し込み立ち向ってくるので両巡査の職務行為を違法と考え抵抗をつづけ最後まで違法な職務行為と認識していたものと認められる。(任意同行の職務行為について認識はあるが,これは被告人において拒みうるものである。)

そしてAに対する傷害行為を行っておらず,Aの両巡査に対する指示も知っていないのであるから,被告人の認識事情のもとにおいては両巡査の逮捕行為は違法なものとなるから,本件におけるその職務行為の適法性についての錯誤は事実の錯誤があった場合にあたるというべきである。(仮に法律の錯誤としても,被告人に両巡査の準現行犯人逮捕行為が一応適法であることを認識することを期待できない情況である)。

よって被告人は準現行犯人逮捕の公務執行を妨害する犯意を欠いていたものと、いわなければならない。」

553 適法性が否定された事例
鹿児島地判平成2年3月16日判時1355号156頁／判タ726・239

【判決理由】「A巡査部長は、平成元年4月23日午後1時35分ころから西之表派出所管内の納曽部落へ巡回連絡に出発し、その過程においてペンション『甲野』を訪れた旨供述しており、その供述を疑うべき事情は存在しないから、この事実をそのまま認定すべきところ、同巡査部長が右ペンションで被告人に対し巡回連絡の趣旨等を説明することが警察官としての公務の執行にあたることは明らかである。

しかしながら、前記認定事実によれば、A巡査部長は右ペンションで被告人に会った際、被告人から『警察は来なくていい。帰ってくれ。』などと言われて言い争いになり、同所を去る時に『馬鹿と話をしても駄目だ。』と述べたうえ、右手を頭の上に持っていって結んだ拳を上に向かって何度も開くいわゆる『くるくるぱー』の格好をして、被告人を愚弄する態度を示したのであるから、その時点において、仮に同巡査部長の公務の執行が継続していたと認められる場合であっても、その公務の執行は違法なものというべきである。

したがって、当該違法な公務の執行をなすA巡査部長に対し、被告人が角材を持ち上げて振り上げた行為は公務執行妨害罪を構成せず、かつ、暴行罪を構成するほどの違法性を備えているとも認められないので、罪とはならないといわなければならない。

その後もA巡査部長は、被告人に対し『手招き』もしくはこれに類似する行為をなして被告人を刺激し、かつ被告人のこめかみに拳銃を突きつけ、更に再度『くるくるぱー』の格好をして被告人を愚弄する態度を示したのであるから、同巡査部長の公務の執行がその時点においてもなお継続していたと仮定しても、その公務の執行は違法なものというべきところ、被告人がこれに対し、モップを手にして暴言を吐きながら同巡査部長に近づき、同巡査部長の右違法な行為に対応して同巡査部長の胸を押したり、同巡査部長に対し石を投げた行為は、いささか不穏当なものであるとしても同様に公務執行妨害罪を構成せず、かつ、独立して暴行、脅迫罪の成立を認めるべき違法性を備えているとはいい

⇒ *554*

えないので，これらも罪とはならないというべきである。」

■2　封印等破棄罪

554　占有者を誤認してなされた仮処分の執行と封印破棄罪の成否
　　最決昭和42年12月19日刑集21巻10号1407頁／判時508・71，判タ216・186
【決定理由】「本件仮処分の執行に着手した当時，被告人に本件建物の占有がなかったとした原判断はあやまりであるといわざるを得ない。また，右仮処分の執行当時，その債務者とされたAは，既に他に転居し，本件建物に対する占有を有しなかったと認めるべきことは，記録中に存在する本件仮処分に先き立って行なわれた2回の仮処分執行の際作成された執行中止調書（2通）によっても明らかであり，従って，本件仮処分の執行は，実際に本件建物を占有していた者は被告人であったのに，執行にあたった執行吏代理がこれを債務者Aの占有と誤認した結果なされたものであって，その執行の方法をあやまったものというべきである。しかしながら，右執行に際し，右執行吏代理に故意に第三者の権利を侵害する目的があったとは認められず，また，その執行の瑕疵が重大かつ明白であって，執行行為そのものが無効あるいは不存在と認められるような場合でもなかったことは原判決の判示するとおりであるから，執行吏の占有保管に移すという本件仮処分の執行とその旨の公示とによって，第三者である被告人の占有も制限を受け，執行方法の異議もしくは第三者異議の訴によって，その取消を求めない限り，本件家屋に入居することは許されなくなったものと解すべきである。そうすると，被告人が，本件仮処分の取消を得ないうちに，あえて本件家屋に入居したことは，執行吏の占有を侵害し，その差押の標示を無効ならしめたものとして封印破棄罪にあたるものといわざるを得ない」

■3 強制執行妨害罪

555 保護法益

最判昭和 35 年 6 月 24 日刑集 14 巻 8 号 1103 頁
(百選 II 117)

【判決理由】「およそ刑法 96 条の 2 の罪は，国家行為たる強制執行の適正に行われることを担保する趣意をもってもうけられたものであることは疑のないところであるけれども，強制執行は要するに債権の実行のための手段であって，同条は究極するところ債権者の債権保護をその主眼とする規定であると解すべきである。同条は『強制執行ヲ免ルル目的ヲ以テ』と規定しているのであるが，その目的たるや，単に犯人の主観的認識若しくは意図だけでは足らず，客観的に，その目的実現の可能性の存することが必要であって，同条の罪の成立するがためには現実に強制執行を受けるおそれのある客観的な状態の下において，強制執行を免れる目的をもって同条所定の行為を為すことを要するものと解すべきである。そして，いかなる場合に強制執行を受けるおそれありとみとめるべきかは具体的な事案について個々に決するの外はないのであるが，本件のように，何らの執行名義も存在せず単に債権者がその債権の履行請求の訴訟を提起したというだけの事実をもっては足らず，かくのごとき場合に本条の罪の成立を肯定するがためには，かならず，刑事訴訟の審理過程において，その基本たる債権の存在が肯定されなければならないものと解すべきである。従って，右刑事訴訟の審理過程において債権の存在が否定されたときは，保護法益の存在を欠くものとして本条の罪の成立は否定されなければならない。」

■4 強制執行関係売却妨害罪

556 偽計による妨害

最決平成 10 年 7 月 14 日刑集 52 巻 5 号 343 頁／判時 1648・157，判タ 980・114
(百選 II 119，重判平 10 刑 7)

【事案】 検事を退官して弁護士業務を行っていた被告人は，裁判所が競売開始決定を

⇒ *557・558*

行い，期間入札により競売する旨の売却実施命令を発したAら所有の土地につき，競売を妨害する目的で，虚偽の賃貸借契約書写しを裁判所に提出した。その結果，裁判所は，再度現況調査を行わせるため，先の売却実施命令を取り消した。

【決定理由】「なお，原判決の認定によれば，被告人は，A，B及びCらと共謀の上，徳島地方裁判所が不動産競売の開始決定をしたAら所有の土地建物について，その売却の公正な実施を阻止しようと企て，同裁判所に対し，賃貸借契約が存在しないのにあるように装い，右土地建物は既に他に賃貸されているので取調べを要求する旨の上申書とともに，AらとB，Cとの間でそれぞれ競売開始決定より前に短期賃貸借契約が締結されていた旨の内容虚偽の各賃貸借契約書写しを提出したというのであるから，被告人に刑法96条の3第1項所定の偽計による競売入札妨害罪が成立することは明らかであり，これと同旨の原判決の判断は，正当である。」

557 威力による妨害

最決平成10年11月4日刑集52巻8号542頁／判時1663・148, 判タ991・133

【事案】 右翼団体政治結社を設立し，その支部長であった被告人は，自己が管理する土地・建物につき競売開始決定がなされたため，最低売却価格と同額の1456万5000円で入札したが，A不動産が1466万円で落札したことを知り，威力を用いて，同社をして右落札を辞退させ，または，本件物件を自己に譲渡させようと企て，A不動産の取締役に対し，「この物件から手を引いてくれ。これをうちの方によこさないと，ことが面倒になる。ただじゃおかない」などと申し向けた。

【決定理由】「不動産の競売における入札により最高価買受申出人となった者に対し，威力を用いてその入札に基づく不動産の取得を断念するよう要求したときは，刑法（平成3年法律第31号による改正前のもの）96条ノ3第1項の競売入札妨害罪が成立すると解するのが相当であるから，これと同旨の原判決の判断は，正当である。」

558 本罪の終了時期

最決平成18年12月13日刑集60巻10号857頁／判時1957・164, 判タ1230・96
⇒総論 *41*

【決定理由】「1 原判決の認定及び記録によれば，上記第1審判示第7の1の事実に関する事実関係は，次のとおりである。
　(1) 被告人Xは，A株式会社（平成7年11月24日の商号変更により株式会社Bとなる。以下「本件会社」という。）の代表取締役であるとともに，同社関連会社である

株式会社Cの実質的経営者として両社の業務全般を統括しているもの，被告人Yは本件会社の財務部長，被告人ZはCの代表取締役であったものであるが，被告人3名は，共謀の上，平成7年10月31日付けで東京地方裁判所裁判官により競売開始決定がされた本件会社所有に係る土地・建物（以下「本件土地・建物」という。）につき，その売却の公正な実施を阻止しようと企てた。

(2)　そこで，上記競売開始決定に基づき，同年12月5日，同裁判所執行官が現況調査のため，本件土地・建物に関する登記内容，占有状況等について説明を求めた際，被告人Yにおいて，同執行官に対し，本件会社が同建物を別会社に賃貸して引き渡し，同社からCに借主の地位を譲渡した旨の虚偽の事実を申し向けるとともに，これに沿った内容虚偽の契約書類を提出して，同執行官をしてその旨誤信させ，現況調査報告書にその旨内容虚偽の事実を記載させた上，同月27日，これを同裁判所裁判官に提出させた。

(3)　その後，同裁判所裁判官から本件土地・建物につき評価命令を受けた，情を知らない評価人は，上記内容虚偽の事実が記載された現況調査報告書等に基づき，不動産競売による売却により効力を失わない建物賃貸借の存在を前提とした不当に廉価な不動産評価額を記載した評価書を作成し，平成8年6月5日，同裁判所裁判官に提出した。これを受けて，情を知らない同裁判所裁判官は，同年12月20日ころ，本件土地・建物につき，上記建物賃借権の存在を前提とした不当に廉価な最低売却価額を決定し，情を知らない同裁判所職員において，平成9年3月5日，上記内容虚偽の事実が記載された本件土地・建物の現況調査報告書等の写しを入札参加希望者が閲覧できるように同裁判所に備え置いた。

2　被告人3名は，平成12年1月28日，本件土地・建物につき，偽計を用いて公の入札の公正を害すべき行為をした旨の競売入札妨害の事実で起訴されたものであるが，所論は，競売入札妨害罪は，即成犯かつ具体的危険犯であるから，現況調査に際して執行官に対し虚偽の陳述をした時点で犯罪は終了しており，公訴時効が完成しているのに，その成立を否定した原判決には法令解釈適用の誤りがあるという。

しかしながら，上記1の事実関係の下では，被告人Yにおいて，現況調査に訪れた執行官に対して虚偽の事実を申し向け，内容虚偽の契約書類を提出した行為は，刑法96条の3第1項の偽計を用いた『公の競売又は入札の公正を害すべき行為』に当たるが，その時点をもって刑訴法253条1項にいう『犯罪行為が終つた時』と解すべきものではなく，上記虚偽の事実の陳述等に基づく競売手続が進行する限り，上記『犯罪行為が終つた時』には至らないものと解

⇒ 559・560

するのが相当である。そうすると，上記競売入札妨害罪につき，3年の公訴時効が完成していないことは明らかであるから，同罪につき，公訴時効の成立を否定した原判決の結論は正当である。」

■5 談合罪

559 「公正な価格」の意義
最決昭和28年12月10日刑集7巻12号2418頁／判時20・24，判夕38・59

【決定理由】「刑法96条の3第2項所定の談合罪が成立するためには，公の競売又は入札において『公正ナル価格ヲ害シ又ハ不正ノ利益ヲ得ル目的』で競争者が互に通謀して或る特定の者をして契約者たらしめるため他の者は一定の価格以下又は以上に入札しないことを協定するだけで足るのであり，それ以上その協定に従って行動されたことを必要とするものではない。そして右にいわゆる『公正ナル価格』とは入札なる観念を離れて客観的に測定せらるべき公正価格の意ではなく，当該入札において，公正な自由競争によって形成せられたであろう落札価格の謂に外ならない。」

■6 犯人蔵匿罪

560 罪を犯したる者の意義
最判昭和24年8月9日刑集3巻9号1440頁
(百選Ⅱ120)

【判決理由】「上告論旨第3点は，刑法第103条は蔵匿の対象者を『罰金以上の罪を犯したる者』と規定しているのであるから，その者が罪を犯したという事実が確定されるまでは犯人蔵匿は成立しない，と主張する。なるほどその趣旨の学説もないではないが，刑法第103条は司法に関する国権の作用を妨害する者を処罰しようとするのであるから，『罪を犯したる者』は犯罪の嫌疑によって捜査中の者をも含むと解釈しなくては，立法の目的を達し得ない。」

561　犯人の死亡と犯人隠避罪の成否

札幌高判平成17年8月18日高刑集58巻3号40頁／判時1923・160, 判タ1198・118
(百選Ⅱ126)

【判決理由】「論旨は, 要するに, 被告人が酒気帯び運転の犯人であるBの身代わりとなり, 警察官に自ら運転していた旨虚偽の事実を述べた時点で, Bはすでに死亡していた, そして, 刑法103条にいう『罪を犯した者』に死者は含まれないと解すべきであるから被告人は犯人隠避罪について無罪であるのに, 死者も犯人隠避罪の客体になるとして被告人に同罪の成立を認めた原判決には, 判決に影響を及ぼすことの明らかな法令適用の誤りがある, というのである。

そこで検討するに, 関係証拠によれば, 所論のとおり, 被告人が警察官に虚偽の事実を述べた時点で犯人であるBはすでに死亡していた可能性が高く, その時点では犯人は死亡していたと推認される。そうすると, 同条の犯罪が成立するかどうかは, 同条にいう『罪を犯した者』に死者を含むかどうかによることとなる。ところで, 同条は, 捜査, 審判及び刑の執行等広義における刑事司法の作用を妨害する者を処罰しようとする趣旨の規定である。そして, 捜査機関に誰が犯人か分かっていない段階で, 捜査機関に対して自ら犯人である旨虚偽の事実を申告した場合には, それが犯人の発見を妨げる行為として捜査という刑事司法作用を妨害し, 同条にいう『隠避』に当たることは明らかであり, そうとすれば, 犯人が死者であってもこの点に変わりはないと解される。なるほど, 無罪や免訴の確定判決があった者などは, これを隠避しても同条によって処罰されないが, このような者はすでに法律上訴追又は処罰される可能性を完全に喪失し, 捜査の必要性もなくなっているから, このような者を隠避しても何ら刑事司法作用を妨害するおそれがないのに対し, 本件のような死者の場合には, 上記のとおり, なおそのおそれがあることに照らすと, 同条にいう『罪を犯した者』には死者も含むと解すべきである。結局, 論旨は理由がない。」

562　隠避の意義（参考人の虚偽供述）

最決平成29年3月27日刑集71巻3号183頁

【決定理由】「1　原判決の認定及び記録によれば, 本件犯人隠避の事実関係は, 次のとおりである。

(1)　Aは, 平成23年9月18日午前3時25分頃, 普通自動二輪車（カワサキZEPH-

⇒ **563**

YR。以下「A車」という。）を運転し、信号機により交通整理の行われている交差点の対面信号機の赤色表示を認めたにもかかわらず、停止せずに同交差点内に進入した過失により、右方から普通自動二輪車を運転進行してきたBを同車もろとも路上に転倒・滑走させ、同車をA車に衝突させ、よってBに外傷性脳損傷等の傷害を負わせる交通事故（以下「本件事故」という。）を起こし、その後Bを同傷害により死亡させたのに、所定の救護義務・報告義務を果たさなかった。

(2) 被告人は、自ら率いる不良集団の構成員であったAから同人が本件事故を起こしたことを聞き、A車の破損状況から捜査機関が前記道路交通法違反及び自動車運転過失致死の各罪の犯人がAであることを突き止めるものと考え、Aの逮捕に先立ち、Aとの間で、A車は盗まれたことにする旨の話合いをした。

(3) Aは、前記(1)に係る各被疑事実により、平成24年7月8日通常逮捕され、引き続き勾留された。被告人は、その参考人として取調べを受けるに当たり、警察官から、本件事故のことのほか、AがA車に乗っているかどうか、A車がどこにあるか知っているかについて質問を受け、A車が本件事故の加害車両であると特定されていることを認識したが、警察官に対し、『AがゼファーというA単車に実際に乗っているのを見たことはない。Aはゼファーという単車を盗まれたと言っていた。単車の事故があったことは知らないし、誰が起こした事故なのか知らない。』などのうそを言い、本件事故の当時、A車が盗難被害を受けていたことなどから前記各罪の犯人はAではなく別人であるとする虚偽の説明をした。

2 前記の事実関係によれば、被告人は、前記道路交通法違反及び自動車運転過失致死の各罪の犯人がAであると知りながら、同人との間で、A車が盗まれたことにするという、Aを前記各罪の犯人として身柄の拘束を継続することに疑念を生じさせる内容の口裏合わせをした上、参考人として警察官に対して前記口裏合わせに基づいた虚偽の供述をしたものである。このような被告人の行為は、刑法103条にいう『罪を犯した者』をして現にされている身柄の拘束を免れさせるような性質の行為と認められるのであって、同条にいう『隠避させた』に当たると解するのが相当である（最高裁昭和63年(あ)第247号平成元年5月1日第一小法廷決定・刑集43巻5号405頁参照）。したがって、被告人について、犯人隠避罪の成立を認めた原判断は、是認できる。」

563　隠避の意義（留守宅及び捜査の形勢を知らせる行為）

大判昭和5年9月18日刑集9巻668頁

【事案】　被告人は、瀆職事件の被疑者として検事局より召喚されながら逃避して出頭せず各所に潜伏していたAからその留守宅の状況、家族の安否、官憲捜査の形勢等に

ついて聞かせることを求められ,「家族一同無事にして留守宅の生計については親族の配慮あり官憲の捜査も爾く厳重ならざる由」を語った。

【判決理由】「刑法第103条に所謂蔵匿とは官憲の発見逮捕を免るへき隠匿場を供給することを指称し隠避とは蔵匿以外の方法に依り官憲の発見逮捕を免れしむへき一切の行為を包含するものなるを以て逃避者に逃避の便宜を与ふるか如き行為も亦同条の所謂犯人隠避罪を構成するものと解するを妥当とす…(中略)…被告人の所為は畢竟官憲の発見逮捕を免れんか為韜晦せる判示Aの逃避に便宜を与へたるものに外ならさるを以て刑法第103条の犯人隠避罪を構成するや論を俟たす」

564 隠避の意義(勾留中の犯人の身代りを出頭させる行為)

最決平成元年5月1日刑集43巻5号405頁／判時1313・164,判タ699・185
(百選Ⅱ125,重判平元刑7)

【事案】 被告人は,暴力団甲組若頭であるが,同組組長Aが殺人未遂の被疑事実により逮捕されたことを知るや,Aをして同罪による訴追処罰を免れさせる目的で,同組組員Bに対し予め入手していた拳銃とその実包を渡したうえAの身代り犯人として警察に出頭することを教唆し,Bをしてその旨決意させ身代り犯人として警察署に出頭させた。しかし,Bの出頭によってAの身柄拘束が解かれることはなかった。第1審判決は,刑法103条の立法趣旨が官憲による身柄の確保に向けられた刑事司法作用の保護にあると解されることに照らすと,同条はすでに逮捕勾留されている者を「隠避せしむる」場合を予定していないと解するのが相当であり,一歩退いて考えても,「隠避せしめた」といえるのは,逮捕勾留されている者を官憲が誤って逮捕勾留を解くに至ったときに限られると解するのが相当である,として犯人隠避教唆について無罪を言い渡した。これに対して,第2審判決は,103条の立法趣旨を第1審判決のように限定して解する合理的根拠はないとして,犯人隠避教唆罪の成立を認めた。

【決定理由】「刑法103条は,捜査,審判及び刑の執行等広義における刑事司法の作用を妨害する者を処罰しようとする趣旨の規定であって(最高裁昭和24年(れ)第1566号同年8月9日第三小法廷判決・刑集3巻9号1440頁参照),同条にいう『罪を犯したる者』には,犯人として逮捕勾留されている者も含まれ,かかる者をして現になされている身柄の拘束を免れさせるような性質の行為も同条にいう『隠避』に当たると解すべきである。そうすると,犯人が殺人未遂事件で逮捕勾留された後,被告人が他の者を教唆して右事件の身代り犯人として警察署に出頭させ,自己が犯人である旨の虚偽の陳述をさせた行為を犯人隠避教唆罪に当たるとした原判断は,正当である。」

565　隠避の意義（内妻への資金援助）

大阪高判昭和59年7月27日高刑集37巻2号377頁／判時1125・174, 判夕541・269

【事案】　Aは，銃砲刀剣類所持等取締法違反の容疑で全国に指名手配され逃走していたが，内妻のBが賃借して経営していたバーの営業が不振になったため，家賃を支払うよりは同店の土地建物を買い取ったうえ引き続き同女に営業させ，同女らの生活費と自己の逃走資金を得るのが得策であると考え，店舗購入の頭金500万円の金策を被告人に依頼した。被告人は，Aが組のために事件を起こし前示の犯罪で指名手配されていることを知りながらこれを了承し，自己の手持ち金300万円に他の組員に借りた200万円を加えてBに手渡した。AはBに対して電話で金員の使途について指示し，Bは右500万円を頭金等の支払や生活費等に支出し，Aには何も渡さなかった。

【判決理由】　「刑法103条の『蔵匿』とは，自己の支配する場所を提供してかくまうことをいうのに対し，『隠避せしめ』るとは，逃げかくれするのを容易にすることをいい，判例では『蔵匿以外の方法により官憲の発見逮捕を免れしむべき一切の行為を包含する』（大判昭和5年9月18日刑集9巻668頁）とされているが，もとより蔵匿とともに官の発見・逮捕を妨げる行為であるから，右のように『一切の行為』といっても自ら限界があるべきで，蔵匿との対比においてそれと同程度に『官憲の発見逮捕を免れしむべき行為』，つまり逃げかくれさせる行為または逃げかくれするのを直接的に容易にする行為に限定されると解するのが相当であり，それ自体は隠避させることを直接の目的としたとはいい難い行為の結果間接的に安心して逃げかくれできるというようなものまで含めるべきではない。本件の場合，さきに認定したように，500万円は被告人がAの内妻Bの店舗購入資金として同女に供与したものであり，Aの手に渡ったのは皆無であるから，被告人の右行為によってAが安心して逃走をつづけることができたとしても，これをもってAの逃走を容易にし隠避させたということはできない。したがって，被告人の認識の点に関する所論について判断するまでもなく，原判決が本件500万円を『店舗購入資金・逃走資金等』と認定し，犯人隠避罪の成立を認めたのは，事実を誤認し法令の解釈適用を誤ったものであり，この誤りは判決に影響を及ぼすことが明らかである。」

566　罰金刑以上であることの認識

最決昭和29年9月30日刑集8巻9号1575頁

【事案】　被告人は，氏名不詳者より依頼されて，一人前1000円の約束で，密入国して付近山中に隠れていた9名を密入国者であることの事情を知りながら，A島まで運ぶ

べく自己所有の運搬船に乗せて船倉に隠し，もってこれら犯人を蔵匿した。原判決は，以下のように判示して犯人蔵匿罪の成立を認めた。

「本件犯人蔵匿罪は，被告人が，判示……〔9名〕が所謂密入国者であることを認識してこれを蔵匿することによって成立するものである。所謂密入国罪の刑が罰金以上である限り，被告人において，その刑が罰金以上であることの認識なくとも，右犯罪の成立には差し支えない。」弁護人は，蔵匿の対象となる者が罰金刑以上の刑にあたることの認識が必要であるとして，上告した。

【決定理由】「この点に関する原判決の判示は相当である。」

567 犯人による教唆

最決昭和40年2月26日刑集19巻1号59頁／判時404・56，判タ174・135

【事案】 被告人は，無免許でトラックを運転中，過失により荷台のAを転落させてひき殺したが，自己の犯行を隠そうと企て，B及びCに対しAが自ら道板を踏み外して転落死亡したものとして現場を工作し警察に申告することを教唆し，よって同人らにその旨決意させ，Bをして現場を偽装させたうえ，Cをして警察に虚偽の届出をさせた。

【決定理由】「犯人が他人を教唆して自己を隠避させた場合に犯人隠避罪の教唆犯が成立するとした原判断は正当である」

568 共犯者の蔵匿・隠避

旭川地判昭和57年9月29日刑月14巻9号713頁／判時1070・157，判タ496・184
（百選Ⅱ124）

【事案】 被告人は，的屋甲組の親分であるが，支配下の者と共謀のうえ，対立する組織に属するAを監禁し，その際Aを窒息死するに至らしめた。被告人は，犯人の1人であるBと共謀のうえ，右監禁致死事件の犯人である配下8名を隠避させようと企て，BにおいてBが単独でAを殺害した旨虚偽の事実を申し立てて警察に自首し，もって右8名の逃走を容易にし，さらに，右8名の発見，逮捕を免れさせるために，飛行機で高飛びさせて各所に潜伏させる等，犯人を隠避させるとともに蔵匿した。

【判決理由】「本件のように，先の犯罪の共犯者中の1人が他の共犯者を蔵匿し，隠避せしめ，その犯人蔵匿，隠避が同時に行為者自身の刑事被告事件に関する証憑湮滅としての側面をも併有している場合に，まず，刑法104条が，自己の刑事被告事件に関する証憑湮滅については，一般的に期待可能性がないが故に不可罰としている趣旨に照らして，右犯人蔵匿，隠避についても，これを期待可能性がないとして不可罰とすべきか否かを検討しなければならない。

ところで，共犯者中の1人が自己及び他の共犯者の利益のために双方共通の証憑を湮滅した場合の同法104条の罪の成否に関しては，判例は必ずしも一貫

⇒ 569

した見解を示していないし，学説も帰一していないが，その点の解釈はしばらく措き，同法103条，104条の保護法益をみるに，これは，抽象的には，いずれも国家の刑事司法作用であるが，同法104条の証憑湮滅罪は他人の刑事被告事件に関する証憑の完全な利用を妨げる罪であるのに対し，同法103条の犯人蔵匿，隠避罪は犯人を庇護して当該犯人に対する刑事事件の捜査，審判及び刑の執行を直接阻害する罪であって，このような法益保護の具体的な態様の相違に着目すると，本件のように，共犯者に対する犯人蔵匿，隠避が，行為者である被告人自身の刑事被告事件に関する証憑湮滅としての側面をも併有しているからといって，そのことから直ちにこれを不可罰とすることはできないものと解すべきである。けだし，かように，被告人自身の刑事被告事件の証拠方法となるのみならず，終局的には共犯者である犯人自身の刑事被告事件における刑執行の客体ともなる者自体を蔵匿し，隠避せしめて，当該犯人に対する捜査，審判及び刑の執行を直接阻害する行為は，もはや防禦として放任される範囲を逸脱するものというべきであって，自己の刑事被告事件の証憑湮滅としての側面をも併有することが，一般的に期待可能性を失わせる事由とはなりえないというべきだからである。

更に，被告人と本件監禁致死事件の共犯者である前記Ｃら8名との間のいわゆる親分，子分としての人的な関係，本件犯人蔵匿，隠避に至る経緯等の具体的な事実関係に照らして検討してみても，被告人に適法行為の期待可能性がなかったといえるほどの事情は存在しないと認められる。

したがって，右いずれの観点よりしても，被告人に判示第2の犯人蔵匿，隠避罪が成立することは明らかである。」

■ 7　証拠隠滅罪

569　他人の意義

大判大正8年3月31日刑録25輯403頁

【事案】　警察署長である被告人Ｘは，Ｙ方においてＡ社役員より饗応を受け瀆職の罪を犯し，その発覚を防ぐため証憑を偽造することを企図し，やはりＡ社役員より饗応を受けていた警察官Ｚに対し，飲食遊興費はＸにおいて支払の意思があったものの

ごとく装うため Y をして飲食遊興費の受領証を作成交付させるよう教唆して，Z は Y を教唆して分担額の受領証を作成させてこれを X に交付した。

【判決理由】「証憑湮滅罪の罪質は独立性を有するものにして又其犯意は他人の刑事被告事件に関する証憑たることの認識と之を湮滅し又は偽造変造し若くは偽造変更の証憑を使用する意思より成るものなれは其犯人中の 1 人の為したる証憑湮滅の行為か専ら他の共犯人の為にする如上犯意に出て其之を自己の利益の為にする意思を欠如するに於ては右犯罪を構成するものと論せさるを得す原判決判示第七事実に依れは被告 Z は第 1 審相被告にして共犯関係ある Y を教唆し被告 X の瀆職被告事件に関する証憑を偽造せしめ被告 X は被告 Z を教唆し同人をして Y に対し右証憑を偽装することを教唆せしめたるものにして共犯人たる右 Y の証憑偽造行為は専ら被告 X の為にする犯意に出て自己利益の為にする意思を欠如せることは判文上之を判知するに難からされは原判決か如上同一見解の下に被告等を右法条に問擬したるは正当にして論旨は理由なし」

570 刑事被告事件の意義

大判明治 45 年 1 月 15 日刑録 18 輯 1 頁

【判決理由】「刑法第 104 条に所謂『刑事被告事件』とは現に裁判所に繋属する刑事訴訟事件は勿論将来刑事訴訟事件と為り得へきものをも包含指称するものと解すへきものとす」

571 参考人の隠匿

最決昭和 36 年 8 月 17 日刑集 15 巻 7 号 1293 頁
(百選 II 121)

【事案】 被告人は，博徒仲間の A が共謀した殺人未遂事件について，A 配下の B が右事件につき必要な知識を有するものとして捜査官憲から取り調べられるべき者であることを察知しながら，情を知らない C をして B を C 方に宿泊させて隠匿し，もって A 等の刑事事件に関する証拠を隠滅した。第 1 審判決が証拠隠滅罪（証憑湮滅罪）の成立を認めたのに対し，弁護人は，① B は当時捜査段階の単なる参考人にすぎず，出頭や供述を拒む憲法上の権利があるから，その依頼に応じて隠避しても憲法上保障された権利の行使に関与したもので犯罪を構成しない，② B に対しては当時右事件の被疑者として逮捕状が発せられていたのであるから，同人を隠匿するのは犯人蔵匿（隠匿）罪が成立するとしても，証拠隠滅罪は成立しない，と主張して控訴した。控訴審判決は，①の主張を退けるとともに，②について，被告人は B が犯人であるとの認識はなく参考

⇒ *572・573*

として追及されているとの認識の下に隠匿したのであるから、この意味で犯人蔵匿罪は成立せず、証拠隠滅罪が成立する、と判示して控訴を棄却した。

【決定理由】「刑法104条の証憑湮滅罪は犯罪者に対する司法権の発動を阻害する行為を禁止しようとする法意に出ているものであるから、捜査段階における参考人に過ぎない者も右法条にいわゆる他人の刑事被告事件に関する証憑たるに妨げなく、これを隠匿すれば証憑湮滅罪が成立するものと解すべきであり、且つまた原判決の是認した第1審判決の確定した事実関係の下では被告人について犯人隠匿罪の成立する余地がないものとした原裁判所の判断は当審もこれを正当として是認する。」

572 証拠の隠匿

大判明治43年3月25日刑録16輯470頁

【判決理由】「刑法第104条の規定を設けられたるは犯罪人を庇護し以て犯罪の捜査権と其審判権とを侵害するの行為を防止せんとする精神に出てたるものなるを以て苟くも刑事被告事件に関する証憑の顕出を妨げ若くは其効力を滅失減少せしむる如き所為は総て之を同条に依り処断するの法意にして単に証憑其物を滅失せしむる所為のみを罰するの法意にあらすと解するを相当とす而して証憑の蔵匿は証憑の顕出を妨け犯罪の捜査権と其審判権とに侵害を及ほす点に於て其滅失と異なる所なきを以て証憑蔵匿の所為亦同条に謂ふ湮滅の文字中に包含せしめたるものとせさるへからす」

573 供述調書

千葉地判平成7年6月2日判時1535号144頁／判タ949・244
（百選Ⅱ122、重判平7刑6）

【事案】 被告人は、参考人として取調べを受け、その際、検察官に対し虚偽の事実を供述し、内容虚偽の検察官調書を作成させた、として証拠（証憑）偽造罪で起訴されたが、本判決は、以下のように述べて、被告人に無罪を言い渡した。

【判決理由】「参考人が捜査官に対して虚偽の供述をすることは、それが犯人隠避罪に当たり得ることは別として、証憑偽造罪には当たらないものと解するのが相当である……。それでは、参考人が捜査官に対して虚偽の供述をしたにとどまらず、その虚偽供述が録取されて供述調書が作成されるに至った場合、すなわち、本件のような場合は、どうであろうか。この場合、形式的には、捜査官を利用して同人をして供述調書という証憑を偽造させたものと解すること

ができるようにも思われる。しかし、この供述調書は、参考人の捜査官に対する供述を録取したにすぎないものであるから（供述調書は、これを供述者に読み聞かせるなどして、供述者がそれに誤りのないことを申し立てたときは、これに署名押印することを求めることができるところ、本件にあっても、被告人が供述調書を読み聞かされて誤りのないことを申し立て署名指印しているが）、参考人が捜査官に対して虚偽の供述をすることそれ自体が、証憑偽造罪に当たらないと同様に、供述調書が作成されるに至った場合であっても、やはり、それが証憑偽造罪を構成することはあり得ないものと解すべきである。」

574 供述調書

最決平成28年3月31日刑集70巻3号58頁／判時2330・100、判タ1436・110
（重判平28刑9）

【決定理由】「1 原判決及びその是認する第1審判決並びに記録によれば、本件証拠偽造の事実関係は次のとおりである。

(1) 本件は、被告人が、平成23年12月19日、Aと共に警察署を訪れ、同署刑事課組織犯罪対策係所属のB警部補及びC巡査部長から、暴力団員である知人のDを被疑者とする覚せい剤取締法違反被疑事件について参考人として取り調べられた際、A、B警部補及びC巡査部長と共謀の上、C巡査部長において、『Aが、平成23年10月末の午後9時頃にDが覚せい剤を持っているのを見た。Dの見せてきたカバンの中身をAがのぞき込むと、中には、ティッシュにくるまれた白色の結晶粉末が入った透明のチャック付きポリ袋1袋とオレンジ色のキャップが付いた注射器1本があった』などの虚偽の内容が記載されたAを供述者とする供述調書1通を作成し、もって、他人の刑事事件に関する証拠を偽造した、という事案である。

(2) Aは、被告人と相談しながら、Dが覚せい剤等を所持している状況を目撃したという虚構の話を作り上げ、二人で警察署へ赴き、B警部補及びC巡査部長に対し、Dの覚せい剤所持事件の参考人として虚偽の目撃供述をした上、被告人らの説明、態度等からその供述が虚偽であることを認識するに至ったB警部補及びC巡査部長から、覚せい剤所持の目撃時期が古いと令状請求をすることができないと示唆され、『適当に2か月程前に見たことで書いとったらええやん』などと言われると、これに応じて2か月前にもDに会ったなどと話を合わせ、具体的な覚せい剤所持の目撃時期、場所につき被告人の作り話に従って虚偽の供述を続けた。C巡査部長は、Aらと相談しながら具体化させるなどした虚偽の供述を、それと知りながら、Aを供述者とする供述調書の形にした。Aは、その内容を確認し、C巡査部長から『正直、僕作ったところあるんで』『そこは流してもうて、注射器とか入ってなかっていう話なんすけど、まあ信憑性を高めるために入れてます』などと言われながらも、末尾に署名指印をした。

⇒ 575

2　他人の刑事事件に関し，被疑者以外の者が捜査機関から参考人として取調べ（刑訴法223条1項）を受けた際，虚偽の供述をしたとしても，刑法104条の証拠を偽造した罪に当たるものではないと解されるところ（大審院大正3年(れ)第1476号同年6月23日判決・刑録20輯1324頁，大審院昭和7年(れ)第1692号同8年2月14日判決・刑集12巻1号66頁，大審院昭和9年(れ)第717号同年8月4日判決・刑集13巻14号1059頁，最高裁昭和27年(あ)第1976号同28年10月19日第二小法廷決定・刑集7巻10号1945頁参照），その虚偽の供述内容が供述調書に録取される（刑訴法223条2項，198条3項ないし5項）などして，書面を含む記録媒体上に記録された場合であっても，そのことだけをもって，同罪に当たるということはできない。

　しかしながら，本件において作成された書面は，参考人AのC巡査部長に対する供述調書という形式をとっているものの，その実質は，被告人，A，B警部補及びC巡査部長の4名が，Dの覚せい剤所持という架空の事実に関する令状請求のための証拠を作り出す意図で，各人が相談しながら虚偽の供述内容を創作，具体化させて書面にしたものである。

　このように見ると，本件行為は，単に参考人として捜査官に対して虚偽の供述をし，それが供述調書に録取されたという事案とは異なり，作成名義人であるC巡査部長を含む被告人ら4名が共同して虚偽の内容が記載された証拠を新たに作り出したものといえ，刑法104条の証拠を偽造した罪に当たる。したがって，被告人について，A，B警部補及びC巡査部長との共同正犯が成立するとした原判断は正当である。」

575　犯人による教唆

最決昭和40年9月16日刑集19巻6号679頁／判時425・46，判タ183・139
⇒総論 382

【事案】　被告人は，同人に対する横領被告事件で有利な判決を得る目的で，Aを教唆して右被告事件の証拠書類として内容虚偽の誓約証を作成させた。

【決定理由】　「犯人が他人を教唆して，自己の刑事被告事件に関する証憑を偽造させたときは，刑法104条の証憑偽造罪の教唆犯が成立するものと解すべきである」

■8 偽証罪

576 虚偽の陳述の意義

大判大正3年4月29日刑録20輯654頁
(百選Ⅱ123) ⇒総論35

【事案】 被告人は、Aほか数名連署の借用証書中20円という記載を30円と変造し、実際の貸与金は20円であるにもかかわらず、30円と偽って返済を受けたという事件において、裁判所において公判の審理を受けるに際し、Aを教唆して、「借用証書記載の金額が20円であったかどうかは記憶していないが、金30円の授受があったことは相違なく、10円の借用証書を同時に被告人に渡したかどうかは記憶にない」旨、記憶に反する虚偽の陳述をなし偽証を遂げさせた。原判決は、被告人に対して偽証教唆の成立を認めたが、文書偽造、同行使、詐欺の罪については、これを認定すべき証拠が充分でないとして無罪を言い渡した。弁護人は、上告して、前者について無罪を言い渡す以上、偽証の事実も当然否定すべきであると主張したが、本判決は、以下のように述べて、これを退けた。

【判決理由】 「証言の内容たる事実か真実に一致し若くは少くとも其不実なることを認むる能はさる場合と雖も苟くも証人か故らに其記憶に反したる陳述を為すに於ては偽証罪を構成すへきは勿論にして即ち偽証罪は証言の不実なることを要件と為すものに非さるか故に裁判所は一面偽証の犯罪事実を認め他面証言の内容か不実ならさることを認むるも2箇の認定は必すしも相抵触するものと謂ふを得す」

577 被告人による教唆

最決昭和28年10月19日刑集7巻10号1945頁

【決定理由】 「被告人自身に黙秘権があるからといって、他人に虚偽の陳述をするよう教唆したときは偽証教唆の責を免れないことは既に当裁判所の判例とするところであり(昭和26年(あ)第262号、同27年2月14日第一小法廷決定参照)、今これを変更する必要を認めない。また刑法104条の証憑の偽造というのは証拠自体の偽造を指称し証人の偽証を包含しないと解すべきであるから、自己の被告事件について他人を教唆して偽証させた場合に右規定の趣旨から当然に偽証教唆の責を免れるものと解することはできない。」

「何人も自己が刑事訴追を受け又は有罪判決を受ける処のある証言を拒むこ

⇒ *578・579・580*

とができることは刑訴146条の規定するところであるが証人がこの証言拒絶権を抛棄し他の刑事事件につき証言するときは必ず宣誓させた上で，これを尋問しなければならないのである。それゆえかかる証人が虚偽の陳述をすれば刑法169条の偽証罪が成立するのである。」

■9 虚偽告訴罪

578 被告訴者の承諾

大判大正元年12月20日刑録18輯1566頁
⇒*総論109*

【判決理由】「誣告罪は一方所論の如く個人の権利を侵害すると同時に他の一方に於て公益上当該官憲の職務を誤らしむる危険あるか為め処罰するものなるか故に縦し本案は所論の如く被誣告者に於て承諾ありたる事実なりとするも本罪構成上何等影響を来すへき理由な〔し〕」

579 虚偽の申告の意義

最決昭和33年7月31日刑集12巻12号2805頁

【事案】 被告人は，Tに刑事処分を受けさせ鬱憤をはらそうとして，T名義の脅迫を内容とする手紙を偽造してFに送り，Tから送られたものと誤解したFをして脅迫罪の嫌疑でTに刑事処分を受けさせるべく警察官に申告させた。原判決は虚偽告訴罪の成立を肯定した。

【決定理由】「刑法172条にいう虚偽の申告とは，申告の内容をなすところの刑事，懲戒の処分の原因となる事実が客観的真実に反することをいうと解するを相当とし，第1審判決の認定した事実によると，被告人がFをしてTに刑事上の処分を受けしめる目的で司法警察員に対し申告せしめた事実は虚偽であることが明白であるから，原判決には所論の違法は存しない。」

580 目的の意義

大判昭和8年2月14日刑集12巻114頁
⇒*総論34*

【事案】 被告人は，Nの妻と駆け落ちをしようとしたが，Nの追跡を妨げるべく，Nを放火の被疑者として警察に引致させようとして，自ら放火したうえ，警察署宛Nの取り調べを求める書面を送付した。

478　Ⅸ 国家作用に対する罪

⇒ *581*

【判決理由】「刑法第 172 条に所謂人をして刑事の処分を受けしむる目的を以て虚偽の申告を為すとは虚偽の申告を為すに当り之か為に他人か刑事の処分を受くることあるへしとの認識あるを以て足り其の処分を希望するの意思あること又は処分なる結果の発生を要せさる趣旨なりと解すへきものとす而して申告せる虚偽の事実か刑事上の取調を誘発し得へき程度にある以上は刑事の処分を受くることあるへしとの認識ありと謂ふへく該申告か誣告罪を構成すること勿論なり」

■ 10　公務員職権濫用罪

581　保護観察官によるわいせつ行為

東京高判昭和 43 年 3 月 15 日高刑集 21 巻 2 号 158 頁／判時 521・87，判タ 224・191

【事案】　保護観察官である被告人は，過去あるいは現在保護観察の対象者である女性を呼び出し，わいせつ行為を行った。原判決は公務員職権濫用罪の成立を否定した。

【判決理由】「刑法第 193 条の公務員職権濫用罪は，公務員が法令に定められたその一般的権限に属する職務事項についてこれを不法に行使することによって成立するのである。」

「刑法第 193 条は同法第 195 条と規定の内容形式を異にしていて，右各条は所論のような一般規定，特別規定の関係はなく，第 193 条にいわゆる公務員その職権を濫用しとは，公務員がその一般的権限に属する事項についてこれを不法に行使することをいうものであることは前記一において説明したとおりである。従って，公務員がたまたま職務行為をした機会になした不法行為は，それが他の犯罪を構成することがあっても，かかる職務以外の行為をしたことはよしんばその行為が所論のように職務行為と密接な関連のもとに行われたからといって，その行為自体が公務員職権濫用罪を構成するものではない。本件の場合，保護観察官である被告人が相手方と面接などした際これにわいせつないし強制わいせつの行為をしたことは認められるが，右の行為そのものはもとより被告人の職務に属する行為ではないから，相手方と面接などしたことが公務員職権濫用罪に当る場合であると否とに拘らず，わいせつないし強制わいせつの行為をしたこと自体は公務員職権濫用罪に関する限り被告人は無罪である。」

⇒ 582

582 身分帳閲覧事件
最決昭和57年1月28日刑集36巻1号1頁／判時1029・60，判タ460・63
(重判昭57刑7)

【事案】 裁判官である被告人は，司法研究その他職務上の参考に資するための調査研究を装って，身分帳簿の閲覧・写しの交付等を求め，刑務所長等に応じさせたとして公務員職権濫用罪で起訴されたが，第1審は犯罪の成立を否定した。控訴審は，犯罪成立の可能性を認め，破棄・差戻しの判決を行っている。

【決定理由】「刑法193条にいう『職務の濫用』とは，公務員が，その一般的職務権限に属する事項につき，職権の行使に仮託して実質的，具体的に違法，不当な行為をすることを指称するが，右一般的職務権限は，必ずしも法律上の強制力を伴うものであることを要せず，それが濫用された場合，職権行使の相手方をして事実上義務なきことを行わせ又は行うべき権利を妨害するに足りる権限であれば，これに含まれるものと解すべきである。

ところで，刑務所における行刑は，受刑者の名誉を保護する等の見地から，原則として密行すべきものとされているのであるが，裁判官については，一般の部外者について刑務所長の裁量により参観が許されることがある（監獄法5条）にとどまるのと異なり，刑務所の巡視権が与えられている（同法4条2項）。また，刑務所長が保管責任を負う身分帳簿は，行刑密行の一環として秘密性を有し，部外に対する提出やその内容の回答については厳格な規制がなされているのであるが，司法研究の委嘱を受けた裁判官は，研究題目等によっては身分帳簿の内容を了知することが許される場合があるとされている。このように，裁判官に巡視権が与えられ，かつ，現に担当している具体的事件についての証拠調等でない場合にも，身分帳簿の内容の了知が許されることがあるとされているゆえんは，刑務所は裁判所が言い渡した刑を執行する施設であり，裁判官は，適正妥当な刑事裁判の実現というその職責の遂行上，行刑の実情について十分な理解をもつことがとくに要請されるからにほかならない。

右の点にかんがみると，裁判官が刑務所長らに対し資料の閲覧，提供を求めることは，司法研究ないしはその準備としてする場合を含め，量刑その他執務上の一般的参考に資するためのものである以上，裁判官に特有の職責に由来し監獄法上の巡視権に連なる正当な理由に基づく要求というべきであって，法律上の強制力を伴ってはいないにしても，刑務所長らに対し行刑上特段の支障が

ない限りこれに応ずべき事実上の負担を生ぜしめる効果を有するものであるから，それが濫用された場合相手方をして義務なきことを行わせるに足りるものとして，職権濫用罪における裁判官の一般的職務権限に属すると認めるのが相当である。

　したがって，裁判官が，司法研究その他職務上の参考に資するための調査・研究という正当な目的ではなく，これとかかわりのない目的であるのに，正当な目的による調査行為であるかのように仮装して身分帳簿の閲覧，その写しの交付等を求め，刑務所長らをしてこれに応じさせた場合は，職権を濫用して義務なきことを行わせたことになるといわなければならない。」（なお，本判決には補足意見のほか，職権濫用の基礎になる一般的権限は法令上の根拠を要するとする反対意見が付されている。）

583　裁判官による刑事被告人の裁判所外への呼び出し

最決昭和60年7月16日刑集39巻5号245頁／判時1167・157，判夕570・47

【決定理由】「原判決の是認する第1審判決の認定によれば，被告人は，小倉簡易裁判所判事で，Kに対する窃盗被告事件の審理を担当していた者であるが，同事件については，被害弁償を待つために次回公判期日が昭和55年7月16日に指定されていたところ，同月11日午後8時40分ころ，自己との交際を求める意図で，右Kに電話をし，『裁判所のXですが。』『例の件の弁償はどうなりましたか。』『これから弁償のことで，ちょっと会えないかな。』などと言って，同女を呼び出し，右被告事件について出頭を求められたものと誤信した同女をして，同9時ころ国鉄小倉駅付近の喫茶店『A』まで出向かせ，そのころから同9時30分ころまでの間，同店内に同席させたというのである。刑事事件の被告人に出頭を求めることは裁判官の一般的職務権限に属するところ，裁判官がその担当する刑事事件の被告人を右時刻に電話で喫茶店に呼び出す行為は，その職権行使の方法としては異常なことであるとしても，当該刑事事件の審理が右状況にあるもとで，弁償の件で会いたいと言っていることにかんがみると，所論のいうように職権行使としての外形を備えていないものとはいえず，右呼出しを受けた刑事事件の被告人をして，裁判官がその権限を行使して自己に出頭を求めてきたと信じさせるに足りる行為であると認めるのが相当であるから，右Kをしてその旨誤信させて，喫茶店まで出向かせ，同店内に同席させた被告人の前記所為は，職権を濫用し同女をして義務なきことを行

⇒ 584・585

わせたものというべきである。」

584 執行吏が公示札を立てる行為

最決昭和38年5月13日刑集17巻4号279頁

【事案】 執行吏である被告人は，執行力ある和解調書正本には土地の保管と公示を命ずる条項がないのに，和解調書の執行として「本職之を占有保管する」という虚偽の記載をした公示札を土地の上に立てた。その土地は，執行債務者以外の第三者の所有に属するものであった。原判決は，職権を濫用して土地所有者の権利を妨害したとして職権濫用罪の成立を肯定した。

【決定理由】「本件公示札を第1審判示各土地上に立てた被告人Xの所為をもって，執行吏の職権を濫用して右各土地所有者の権利の行使を妨害したものに当るとした原判断は正当である。」

585 盗 聴

東京高決昭和28年7月17日判特39号15頁／判時9・3

【事案】 警察官が，犯罪捜査のため，家主Oの承諾を得たうえで，Tの借用する部屋の襖の外側近くにマイクを設置し，室内の会話等を盗聴した。

【決定理由】「即ち本件聴取の目的は専ら右8幹部の前記被疑事件に関する捜査に在り，その聴取器の取付け及び使用のためO方に出入するについては同家屋管理者たる同人の承諾を受けたのであるが，同器はTの居室の外側近くに取付けられたにすぎず，之によって同室内の外観，音響等の利用形態には何等の影響をも来さなかったことはいずれも記録上明白である，また右聴取が所論の様にA党の合法的政治活動を弾圧する準備に資する目的を以ってなされたものであるとの事跡は記録上これを発見し得ない。而して右聴取器の取付け及び使用は聴取せられるT等に対しては穏密裡になされたものではあるが，却ってそのために，前叙の様に，同人等の居室の内外に亘ってこれを附着せしめて使用したものでもなく，また右取付及び使用については，家屋管理者の承諾を得たものであるから，捜査当局は此の聴取を以て敢て強制的処分と謂うに当らないものと考えていたことは記録によって明白である。かくして右聴取は，右捜査目的を達成するに必要な範囲と限度とにおいて行われた限りおいては，たといその為に前記T等の所論基本権等の行使に軽度の悪影響が与えられたとしても，それは右聴取行為に必然的に伴う結果であって，これを目して職権を濫用するものであるとすることはできない。何となれば右の範囲と限度内に

482　Ⅸ 国家作用に対する罪

⇒ *585*

おける聴取は合法的な捜査行為として公共の福祉を図る所以であるから右T等は所論基本権等を右の公共の福祉のために利用すべき責任を有するからである。尤も右聴取の遂行過程において，右の捜査目的の達成には直接資するところのない談話内容等が当該司法警察員の聴覚に触れることはあり得るが，本件においてかかる事実が実在し，そのために，所論T等が国民として有する住居，言論，集会，結社等の自由に関する基本的人権が脅威又は侵害を受けたとの事実を疑うに足る十分な根拠は記録上存在しない。しかしまた右の様な脅威又は侵害を伴った聴取事実が本件において絶対に発生しなかったとの事実はこれを十分に証明し得ない関係にある。従って若し右秘聴行為に際して右の脅威を伴いその結果所論基本的人権が一般的に侵害せられたことがあるとすれば，それは畢竟職権行使の限度を超えたものとして，その濫用に該当するに外ならないと謂わなければならない。しかし，本件において抗告人が問題としている刑法第193条の職権濫用罪が成立するためには，公務員がその職権を濫用して人をして義務のないことを行わしめ，又は行うべき権利を妨害したことを要するところ，本件においては右聴取のため何人も義務のないことを行わしめられた事実はないばかりでなく，又何人も行うべき権利を妨害せられていないことは記録に徴して明瞭である。何となれば，同条にいわゆる行うべき権利を妨害するとは，一定の権利が具体化し，それを現実に行使し得る具体的条件の備わった場合において，公務員が，その職務執行の具体的条件が備わらないにかかわらず，現実に右の権利行使を妨害することを意味するのであって，前示T等の基本的人権に抽象的に脅威若しくは侵害を与えるにすぎない行為は未だ以て右権利行使の妨害に該当することができないからである。加之右の職権濫用罪が成立するためには，行為者において職権濫用の認識があることを要するところ，本件において右聴取者に右の認識がなかったことは，右聴取行為の目的について前述したところ並びに記録に徴し明白であるから，たとい右脅威乃至侵害行為が右権利行使の妨害に該当するとしても，本件においては右職権濫用罪は，その主観的構成事実を欠くことのために，成立しないものと謂わなければならない。」

586 盗　聴

最決平成元年3月14日刑集43巻3号283頁／判時1308・108, 判タ696・83
（百選Ⅱ111, 重判平元刑8）

【決定理由】「原決定及びその是認する原原決定の認定によれば，警察官である被疑者H及び同Kは，職務として，A党に関する警備情報を得るため，他の警察官とも意思を通じたうえ，同党中央委員会国際部長である請求人方の電話を盗聴したものであるが，その行為が電気通信事業法に触れる違法なものであることなどから，電話回線への工作，盗聴場所の確保をはじめ盗聴行為全般を通じ，終始何人に対しても警察官による行為でないことを装う行動をとっていたというのである。

　ところで，右の行為について，原原決定は，『相手方において，職権の行使であることを認識できうる外観を備えたもの』でないことを理由に，原決定は，『行為の相手方の意思に働きかけ，これに影響を与える職権行使の性質を備えるもの』でないことを理由に，職権を濫用した行為とはいえないとして公務員職権濫用罪に当たらないと判断した。これに対し，所論は，公務員の不法な行為が職務として行われ，その結果個人の権利，自由が侵害されたときには当然同罪が成立し，本件盗聴行為についても同罪が成立すると主張する。

　しかし，刑法193条の公務員職権濫用罪における『職権』とは，公務員の一般的職務権限のすべてをいうのではなく，そのうち，職権行使の相手方に対し法律上，事実上の負担ないし不利益を生ぜしめるに足りる特別の職務権限をいい（最高裁昭和55年(あ)第461号同57年1月28日第二小法廷決定・刑集36巻1号1頁参照），同罪が成立するには，公務員の不法な行為が右の性質をもつ職務権限を濫用して行われたことを要するものというべきである。すなわち，公務員の不法な行為が職務としてなされたとしても，職権を濫用して行われていないときは同罪が成立する余地はなく，その反面，公務員の不法な行為が職務とかかわりなくなされたとしても，職権を濫用して行われたときには同罪が成立することがあるのである（前記昭和57年1月28日第二小法廷決定，最高裁昭和58年(あ)第1309号同60年7月16日第三小法廷決定・刑集39巻5号245頁参照）。

　これを本件についてみると，被疑者らは盗聴行為の全般を通じて終始何人に対しても警察官による行為でないことを装う行動をとっていたというのである

から，そこに，警察官に認められている職権の濫用があったとみることはできない。したがって，本件行為が公務員職権濫用罪に当たらないとした原判断は，正当である。

なお，原原決定及び原決定が職権に関して判示するところは，それらが公務員職権濫用罪が成立するための不可欠の要件を判示した趣旨であるとすれば，同罪が成立しうる場合の一部について，その成立を否定する結果を招きかねないが，これを職権濫用行為にみられる通常の特徴を判示した趣旨と解する限り，是認することができる。」

■ 11 賄 賂 罪

[1] 職 務 行 為

587 一般的職務権限

最判昭和37年5月29日刑集16巻5号528頁／判タ132・47

【事案】 被告人X及びYは，A地方事務所農地課に勤務する（さらに事務所長により農地課長の職務代理者とされていた）被告人Zに対し，農地及び農業施設災害復旧工事の検査に便宜な取り計らいを受け，さらに工事請負に便宜な取り計らいを受けたいという趣旨で現金を供与した。第1審判決は賄賂罪の成立を肯定したが，控訴審判決は被告人Zは一般的職務権限を有しないとして賄賂罪の成立を否定した。

【判決理由】「刑法197条にいう『其職務』とは，当該公務員の一般的な職務権限に属するものであれば足り，本件が現に具体的に担当している事務であることを要しないものと解するを相当とするから，熊本県事務吏員で同県A地方事務所農地課勤務の被告人Zは，農地課長の職務代理者を命ぜられたと否とにかかわりなく，たとえ，日常担当しない事務であっても，同課の分掌事務に属するものであるかぎり，前記農地および農業用施設等復旧工事に関する事務をも含めてその全般にわたり，上司の命を受けてこれを処理し得べき一般的権限を有していたものと解するのを相当とする。

もっとも……（中略）……右農地課には，耕地係，農地係，開拓係の3つの係が設けられ，被告人Zは開拓関係の事務と庶務一般を担当していたことが認められるけれども，これらは，ただ便宜に従い右農地課内部における事務分

⇒ *588・589*

配の標準を定めたにとどまるものであって，これにより同被告人の前記法令上有する職務権限は何ら左右されるものではない。

してみると，昭和28年10月当時A地方事務所農地課勤務の事務吏員の地位にあった被告人Zが，農地および農業用施設等災害復旧工事につき事業主体のなす工事請負契約締結の方法，競争入札の実施，その際における予定価格の決定などに関与することは，刑法197条にいう公務員の『其職務』といわなければならない。」

588 他の警察署が捜査中の事件に関する賄賂の収受

最決平成17年3月11日刑集59巻2号1頁／判時1888・162，判タ1177・154
(百選Ⅱ105，重判平17刑9)

【決定理由】「原判決及びその是認する第1審判決の認定によれば，被告人は，警視庁警部補として同庁調布警察署地域課に勤務し，犯罪の捜査等の職務に従事していたものであるが，公正証書原本不実記載等の事件につき同庁多摩中央警察署長に対し告発状を提出していた者から，同事件について，告発状の検討，助言，捜査情報の提供，捜査関係者への働き掛けなどの有利かつ便宜な取り計らいを受けたいとの趣旨の下に供与されるものであることを知りながら，現金の供与を受けたというのである。警察法64条等の関係法令によれば，同庁警察官の犯罪捜査に関する職務権限は，同庁の管轄区域である東京都の全域に及ぶと解されることなどに照らすと，被告人が，調布警察署管内の交番に勤務しており，多摩中央警察署刑事課の担当する上記事件の捜査に関与していなかったとしても，被告人の上記行為は，その職務に関し賄賂を収受したものであるというべきである。したがって，被告人につき刑法197条1項前段の収賄罪の成立を認めた原判断は，正当である。」

589 事実上所管する職務行為

最決昭和31年7月12日刑集10巻7号1058頁

【事案】 京都府O村役場の書記で，村長の補佐として外国人登録事務を取り扱っていた被告人が，外国人登録原票ないし外国人登録証明書の偽造の請託を受け，その謝礼の趣旨で饗応・現金を受け外国人登録原票ないし外国人登録証明書を偽造した。

【決定理由】「公務員が法令上管掌するその職務のみならず，その職務に密接な関係を有するいわば準職務行為又は事実上所管する職務行為に関して賄賂を収受すれば刑法197条の罪は成立するのである。従って公務員が右の罪を犯し

かかる準職務行為につき不正の行為を為し，又は相当の行為を為さないときは，同条ノ3の罪が成立するものと解するのを相当とする。けだし，この場合においても，法令上所管する職務そのものに関して不正の行為の為された場合と同じく，加重収賄を認むべき事情は存在するからである。」

590 大学設置審事件

最決昭和59年5月30日刑集38巻7号2682頁／判時1119・155，判夕530・141

（百選Ⅱ106，重判昭59刑3）

【決定理由】「所論にかんがみ職権で判断するに，原判決の認定によれば，被告人Ｘは，文部大臣の任命により同大臣の諮問に応じて大学の設置の認可等に関する事項を調査審議する大学設置審議会の委員をし，同時に歯科大学の専門課程における教員の資格等を審査する同審議会内の歯学専門委員会の委員をしていたところ，歯科大学設置の認可申請をしていた関係者らに対し，各教員予定者の適否を右専門委員会における審査基準に従って予め判定してやり，あるいは同専門委員会の中間的審査結果をその正式通知前に知らせてやったというのであって，被告人Ｘの右各行為は，右審議会の委員であり且つ右専門委員会の委員である者としての職務に密接な関係のある行為というべきであるから，これを収賄罪にいわゆる職務行為にあたるとした原判断は，正当である。」

谷口正孝裁判官の補足意見 「二 賄賂罪の本質は公務の不可買収性にある。盖し，公務員が賄賂を収受することにより公務の公正さに対する信頼が失われることになるので処罰の必要があるのである。この処罰理由に徴して考えると，賄賂は当該公務員の職務行為それ自体と対価関係に立つことは必ずしも必要ではない。職務行為と密接な関係にある行為について公務員が賄賂を収受した場合収賄罪として処罰されるべき十分な理由がある。大審院判例・最高裁判所判例が一貫して刑法197条の『職務に関し』の意義を，職務行為及び職務に密接な関係のある行為と解してきたのは，公務員が賄賂を収受することによって公務の公正を疑わせるかどうかという点に着目して，その虞れのない公務員の私的行為との間に限界づけをしたものと思う。

三 もっとも，判例のいう『職務に密接な行為』という概念は，論旨も指摘するように必ずしも明確なものではない。判例の集積によりその内容は固められることになるわけであるが，『職務に密接な行為』というためには，本来の職務行為として法律上の効力は認められないとしても，職務行為と関連性があ

⇒ *591・592*

り社会通念上職務行為として認められ行われているものをいうのであって，そのような行為として認定するためには，当該公務員の職務権限と実質的な結びつきがあるかどうか，公務を左右する性格をもつ行為かどうか，公務の公正を疑わせるかどうかの視点が基準となる。

　四　以上の観点に立って被告人の本件行為を収賄罪として律することができるかどうかを考えてみると，被告人のした行為は，所論の如く私人としての鑑定行為に類するものとはとうてい言えないものであり，被告人が前記各委員としての地位に在ることによって初めて可能な行為であって，被告人の職務権限と実質的な結びつきがあり，公務を左右する性格をもつ行為であり，公務の公正を疑わせるものであることは，明らかである。被告人Ｘの原判示所為は，『職務に関し』賄賂を収受したということになる。」

591　大阪タクシー事件
　　　最決昭和63年4月11日刑集42巻4号419頁／判時1282・3，判タ671・95
　　　　　　　　　　　　　　　　　　　　　　　　　　　（重判昭63刑7）

【決定理由】「所論にかんがみ，職権により検討するに，1，2審判決の認定するところによれば，被告人は，タクシー等の燃料に用いる液化石油ガスに新たに課税することを内容とする石油ガス税法案が，既に内閣から衆議院に提出され，当時衆議院大蔵委員会で審査中であったところ，Tほか5名と共謀の上，衆議院議員として法律案の発議，審議，表決等をなす職務に従事していたA，Bの両名に対し，単に被告人らの利益にかなう政治活動を一般的に期待するにとどまらず，右法案が廃案になるよう，あるいは，税率の軽減，課税実施時期の延期等により被告人らハイヤータクシー業者に有利に修正されるよう，同法案の審議，表決に当たって自らその旨の意思を表明するとともに，衆議院大蔵委員会委員を含む他の議員に対して説得勧誘することを依頼して，本件各金員を供与したというのであるから，A，Bがいずれも当時衆議院運輸委員会委員であって同大蔵委員会委員ではなかったとはいえ，右金員の供与は，衆議院議員たるA，Bの職務に関してなされた賄賂の供与というべきであって，これと同旨の原判断は正当である。」

592　大館市議会議長選挙事件
　　　最決昭和60年6月11日刑集39巻5号219頁／判時1166・170，判タ568・60

【決定理由】「現職の市議会議員によって構成される市議会内会派に所属する

議員が，市議会議長選挙における投票につき同会派所属の議員を拘束する趣旨で，同会派として同選挙において投票すべき者を選出する行為は，市議会議員の職務に密接な関係のある行為というべきであるから，これを収賄罪にいわゆる職務行為にあたるとした原判断は，正当である。」

593 板硝子事件

最判昭和25年2月28日刑集4巻2号268頁
⇒514

【事案】 戦災復興院福井建築出張所雇として板硝子割当証明書の発行の事務を担当している被告人が，板硝子商Tより板硝子割当証明書が多く自己の店舗に回るように仕向けられたいとの趣旨で饗応を受けた。

【判決理由】 「論旨は被告人が判示の如く板硝子割当証明書が多く判示Tの店にまわる様に仕向けたことは被告人が戦災復興院福井建築出張所雇として実際担当していた職務とは何等関係なく従って被告人が判示Tから判示のような饗応を受けたとしても其の職務に関し賄賂を収受したことにはならないと主張する。なるほど判示板硝子割当証明書を所持している者が或特定の店舗から板硝子を買受けるように仕向けることは厳密にいえば其の職務の範囲に属するものとはいい得ないであろう。しかし被告人が権限に属する職務執行に当り其の職務執行と密接な関係を有する行為を為すことにより相手方より金品を収受すれば賄賂罪の成立をさまたげるものではない，従って論旨は理由がない。」

594 芸大バイオリン事件

東京地判昭和60年4月8日判時1171号16頁／判タ589・46

【事案】 国立大学音楽学部教授である被告人Xは，指導中の学生に対して楽器商Yの保有する特定の楽器を購入するよう勧告ないし斡旋することの対価としてYから金員を受領した。

【判決理由】 「(二) ところで，刑法197条1項にいう『其職務に関し』とは，当該公務員の職務執行行為ばかりでなく，これと密接な関係のある行為に関する場合をも含むと解されるところ（最高裁判所昭和25年2月28日第三小法廷判決，刑事判例集4巻2号268頁参照），学生生徒らに対し特定の楽器の購入を勧告ないし斡旋する行為は，前記4(三)認定のとおりそれ自体としては教育公務員としての本来の職務行為にあたらないと解されるものの，右(一)認定のように右勧告ないし斡旋行為と楽器商からの謝礼の供与との間に対価的関係のある

⇒ *594*

ことに照らし，右勧告ないし斡旋行為についても，これが本来の職務と密接な関係のある行為かどうか検討することを要する。

　まずこの点，右勧告ないし斡旋行為は，その行為自体として，前記4㈢認定のように学生生徒らの使用する楽器の選定に関する教師の立場からの助言指導の存在を必然的な前提とし，また形の上でも，その助言指導が学生生徒らの買替えの相談を受けたような場合など，楽器の選定に関する助言指導と特定の楽器の購入の勧告ないし斡旋とは一体的なものとして学生生徒らの側に受けとめられるのが通常であり，結局，実質及び形式いずれにおいても教師の本来の職務行為である教育指導，とりわけ楽器の選定に関する助言指導と極めて密接に結びついていることは明らかである。更に，教師が現実に楽器の購入方の勧告ないし斡旋をした場合，その影響力についてみるに，たしかに教えを受ける立場にある学生生徒らにおいても，楽器の購入自体については，経済的負担能力の問題もあり，その勧告や斡旋などに従う法的な意味での義務のないことは明らかである。しかし学生生徒らとしては，教師から受けた勧告や斡旋にはその前提に今後自己の使用する楽器の選定に関する助言指導が存在するところから，教育的意味においてもこれに従いたいという心理的負担を感じるのが一般と認められ，また，実際問題としても，勧告や斡旋に従わなければ教師のいわば機嫌を損ね，自己の成績評価に悪く影響するのではないか，あるいは今後の演奏技術の指導などでも粗略に扱われるのではないかという不安や懸念を抱くおそれが十分あり，その事実上の影響力はかなり大きいものと認められる。したがって，右のような意味においても，教師の行なう勧告ないし斡旋などの行為は，教師の職務である教育指導と密接に関係しているものと認められる。

　加えて，楽器の購入の勧告ないし斡旋という行為は，右㈠認定のとおり一般的に楽器商からの謝礼と結びつくことが多いと認められるものの，これが謝礼と結びついている場合には，公立学校の教師であると私立学校の教師であるとを問わず，社会一般から，教師の行なう購入の勧告ないし斡旋ひいてはこれと実際上直接に関連する楽器選定に関する助言指導そのものが，学生生徒らの教育指導という見地からではなく，楽器商からの謝礼目当てないしは楽器商の利益のために行なわれているのではないかという疑いを受けるおそれのあることは明らかである。とりわけ，その教師が国立大学音楽学部教授など教育公務員である場合，右のように社会に疑惑の念が抱かれるということは，まさに学生

らの教育指導という公務員としての職務——この場合直接的には学生生徒らに対するその使用する楽器の選定についての助言指導——そのものの公正さが疑われているということを意味する。してみると，職務との密接性について職務の公正さの保持という標準に照らし検討しても，国立大学音楽学部教授がその指導中の学生に対し特定の楽器を特定の楽器商から購入するよう勧告ないし斡旋する行為は，教育公務員としての職務に密接な関係を有する行為であることが十分肯認できるのである（なお，楽器の選定ないし購入に関し助言指導あるいは勧告を受けた学生生徒の側から謝礼として教師に金品の供与があったような場合については，職務の公正さの保持という標準に照らし，その額が教師のいわば余分に費やした労力などに対する礼として社会的に見合うようなものであるときなど，謝礼の賄賂性が否定されると考える余地があろう。）。

　（三）　以上から結局，A 芸大音楽学部器楽科担当の教授が自己の指導中のバイオリン専攻の学生に対し，その使用するバイオリンの選定に関する助言指導を行なうにあたり，特定の楽器商の保有する特定のバイオリンの購入方を勧告ないし斡旋することは，国立大学教授としての職務の執行に密接な関係を有する行為であって，右行為に関し当該楽器商から利益の供与を受けたときは，刑法 197 条 1 項にいわゆるその職務に関するものとして収賄罪を構成するものと解するのを相当とする。」

595　ロッキード事件（丸紅ルート）

最大判平成 7 年 2 月 22 日刑集 49 巻 2 号 1 頁／判時 1527・3，判タ 877・129
（百選 II 107，重判平 7 行 2・刑 7・刑訴 7）

【事案】　ロッキード社による全日空への航空機売り込みにあたり，代理店の社長らが内閣総理大臣である被告人に対して，全日空に対し特定機種の航空機の購入を勧める行政指導をするよう運輸大臣を指揮すること，ないし自ら直接全日空に同趣旨の働きかけをすることを依頼したところ，被告人はそれを承諾し，その後全日空が航空機の購入を決定したため 5 億円の授受が行われた。本判決の多数意見は，以下のように述べて，被告人に対し贈賄罪の成立を認めた原判決を是認した。本判決には，①内閣総理大臣の指揮監督権限は，憲法 72 条に基づくものであって，閣議決定によって発生するものではない，とする園部，大野，千種，河合各裁判官の補足意見，②本件においては，内閣総理大臣の指揮監督権限の行使のために必要な閣議にかけて決定した方針が存在した，とする可部，大西，小野各裁判官の補足意見，③内閣総理大臣は，閣議決定がなくとも指揮監督権限を指導等の形で行使できる，とする尾崎裁判官の補足意見，④内閣総理大臣

⇒ 595

が指揮監督権限を行使するためには閣議にかけて決定した方針に基づく必要があるが、本件ではそのような閣議決定は存在しないので、内閣総理大臣の運輸大臣に対する働き掛けはその職務権限に属する行為ではなく、また、運輸大臣が全日空に対して行った特定機種の選定購入の勧奨はその職務権限外の行為であるが、運輸大臣の勧奨行為はその職務と密接に関係する行為であり、内閣総理大臣が運輸大臣に対しそのような勧奨をするよう指示を与えることは内閣総理大臣の職務と密接な関係にある行為である、として多数意見の結論を支持する草場、中島、三好、高橋各裁判官の意見が付されている。

【判決理由】「一　本件請託の対象とされた行為のうち、Ａが内閣総理大臣として運輸大臣に対し全日本空輸株式会社（以下「全日空」という。）にロッキード・エアクラフト・コーポレイションの大型航空旅客機 L1011 型機の選定購入を勧奨するよう働き掛ける行為が、Ａの内閣総理大臣としての職務権限に属するとした原判決は、結論において正当として是認できる。その理由は、以下のとおりである。

　1　賄賂罪は、公務員の職務の公正とこれに対する社会一般の信頼を保護法益とするものであるから、賄賂と対価関係に立つ行為は、法令上公務員の一般的職務権限に属する行為であれば足り、公務員が具体的事情の下においてその行為を適法に行うことができたかどうかは、問うところではない。けだし、公務員が右のような行為の対価として金品を収受することは、それ自体、職務の公正に対する社会一般の信頼を害するからである。

　2　Ａが内閣総理大臣として運輸大臣に対し全日空に L1011 型機の選定購入を勧奨するよう働き掛ける行為が、Ａの内閣総理大臣としての職務権限に属する行為であるというためには、右行為が、Ａが運輸大臣を介して全日空に働き掛けるという間接的なものであることからすると、(1) 運輸大臣が全日空に L1011 型機の選定購入を勧奨する行為が運輸大臣の職務権限に属し、かつ、(2) 内閣総理大臣が運輸大臣に対し右勧奨をするよう働き掛けることが内閣総理大臣の職務権限に属することが必要であると解される。

　㈠　そこで、まず、運輸大臣の職務権限について検討する。

　民間航空会社が運航する航空路線に就航させるべき航空機の機種の選定は、本来民間航空会社がその責任と判断において行うべき事柄であり、運輸大臣が民間航空会社に対し特定機種の選定購入を勧奨することができるとする明文の根拠規定は存在しない。しかし、一般に、行政機関は、その任務ないし所掌事

務の範囲内において，一定の行政目的を実現するため，特定の者に一定の作為又は不作為を求める指導，勧告，助言等をすることができ，このような行政指導は公務員の職務権限に基づく職務行為であるというべきである。

そして，運輸大臣がその長である運輸省の任務ないし所掌事務についてみると，運輸省設置法（昭和47年法律第105号による改正前のもの）は，運輸省の任務の一つとして『航空』に関する国の行政事務を一体的に遂行することを規定し（3条11号），航空局の所掌事務として，『航空運送事業，利用航空運送事業及び航空機使用事業に関する免許，許可又は認可に関すること』（28条の2第1項13号）などを，運輸省の権限として，『航空運送事業，利用航空運送事業及び航空機使用事業を免許し，又は許可し，並びにこれらの事業の業務に関し，許可し，認可し，又は必要な命令をすること』（4条1項44号の9）などを定めている。

また，航空法（昭和48年法律第113号による改正前のもの）は，運輸大臣に対し，定期航空運送事業を経営しようとする者に対する免許権限（100条1項）のほか，定期航空運送事業者の事業計画変更の認可権限（109条，101条）を付与しているところ，定期航空運送事業者である民間航空会社が新機種の航空機を選定購入して路線に就航させようとするときは，使用航空機の総数，型式，登録記号，運航回数，整備の施設等の変更を伴うため事業計画の変更が必要となり（航空法施行規則（昭和48年運輸省令第59号による改正前のもの）220条，210条1項参照），運輸大臣の認可を受けなければならないこととなる。そして，運輸大臣は，事業計画変更申請に際し，『公衆の利用に適応するものであること，当該路線における航空輸送力が航空輸送需要に対し，著しく供給過剰にならないこと，事業計画が経営上及び航空保安上適切なものであること，申請者が当該事業を適確に遂行するに足る能力を有するものであること』などの認可基準（航空法109条2項，101条）に適合するかどうかを審査し，新機種の路線への就航の可否を決定しなければならないものとされている。

このような運輸大臣の職務権限からすれば，航空会社が新機種の航空機を就航させようとする場合，運輸大臣に右認可権限を付与した航空法の趣旨にかんがみ，特定機種を就航させることが前記認可基準に照らし適当であると認められるなど，必要な行政目的があるときには，運輸大臣は，行政指導として，民間航空会社に対し特定機種の選定購入を勧奨することも許されるものと解され

⇒ *595*

る。したがって，特定機種の選定購入の勧奨は，一般的には，運輸大臣の航空運輸行政に関する行政指導として，その職務権限に属するものというべきである。そうすると，本件において，運輸大臣が全日空に対しL1011型機の選定購入を勧奨する行政指導をするについて必要な行政目的があったかどうか，それを適法に行うことができたかどうかにかかわりなく，右のような勧奨は，運輸大臣の職務権限に属するものということができる。

　(二)　次に，内閣総理大臣の職務権限について検討する。

　内閣総理大臣は，憲法上，行政権を行使する内閣の首長として (66条)，国務大臣の任免権 (68条)，内閣を代表して行政各部を指揮監督する職務権限 (72条) を有するなど，内閣を統率し，行政各部を統轄調整する地位にあるものである。そして，内閣法は，閣議は内閣総理大臣が主宰するものと定め (4条)，内閣総理大臣は，閣議にかけて決定した方針に基づいて行政各部を指揮監督し (6条)，行政各部の処分又は命令を中止させることができるものとしている (8条)。このように，内閣総理大臣が行政各部に対し指揮監督権を行使するためには，閣議にかけて決定した方針が存在することを要するが，閣議にかけて決定した方針が存在しない場合においても，内閣総理大臣の右のような地位及び権限に照らすと，流動的で多様な行政需要に遅滞なく対応するため，内閣総理大臣は，少なくとも，内閣の明示の意思に反しない限り，行政各部に対し，随時，その所掌事務について一定の方向で処理するよう指導，助言等の指示を与える権限を有するものと解するのが相当である。したがって，内閣総理大臣の運輸大臣に対する前記働き掛けは，一般的には，内閣総理大臣の指示として，その職務権限に属することは否定できない。

　(三)　以上検討したところによれば，運輸大臣が全日空に対しL1011型機の選定購入を勧奨する行為は，運輸大臣の職務権限に属する行為であり，内閣総理大臣が運輸大臣に対し右勧奨行為をするよう働き掛ける行為は，内閣総理大臣の運輸大臣に対する指示という職務権限に属する行為ということができるから，Aが内閣総理大臣として運輸大臣に前記働き掛けをすることが，賄賂罪における職務行為に当たるとした原判決は，結論において正当として是認することができるというべきである。

　二　以上のとおり，被告人Xにつき贈賄罪の成立を肯定した原判決の結論を是認できるから，本件請託の対象とされた行為のうち，Aが直接自ら全日

空にL1011型機の選定購入を働き掛ける行為が，Aの内閣総理大臣としての職務権限に属するかどうかの点についての判断は示さないこととする。」

596 リクルート事件文部省ルート
最決平成14年10月22日刑集56巻8号690頁／判時1805・153，判タ1108・160
（重判平14刑8）

【決定理由】「原判決の認定及び記録によれば，被告人は，昭和58年7月5日から昭和61年6月16日までの間，文部省初等中等教育局の局長として，教育課程，学習指導法等初等中等教育のあらゆる面について，教育職員その他の関係者に対し，専門的，技術的な指導と助言を与えること，初等中等教育における進路指導に関し，援助と助言を与えること，文部大臣の諮問機関である教育課程審議会に関することなどの同局の事務全般を統括する職務に従事し，その後，同月17日から昭和63年6月10日までの間，文部事務次官として，文部大臣を助け，省務を整理し，同省各部局等の事務を監督するなどの職務に従事していた者であるが，昭和61年9月上，中旬ころ，高校生向けの進学・就職情報誌を発行して，これを高校生に配布するなどの事業を営む株式会社リクルート（以下「リ社」という。）の代表取締役社長をしていたA及びリ社の関連会社であるファーストファイナンス株式会社の代表取締役社長をしていたBから，①リ社の進学情報誌に係る事業に関し，高等学校の教育職員が高校生の名簿を収集提供するという便宜を与えていることなどについての批判が顕在化していたのに，文部省が同事業の遂行に不利益となるような行政措置を採らずにいたことに対する謝礼と今後も同様の取り計らいを受けたいという趣旨，及び②リ社の事業の遂行に利益となる同社役職員の教育課程審議会等文部省所管の各種審議会，会議等の委員への選任に対する謝礼と今後も同様の取り計らいを受けたいという趣旨の下に，同年10月30日に社団法人日本証券業協会に店頭売買有価証券として店頭登録されることが予定されており，登録後確実に値上がりすることが見込まれ，前記Aらと特別の関係にある者以外の一般人が入手することが極めて困難である株式会社リクルートコスモスの株式を，店頭登録後に見込まれる価格より明らかに低い1株当たり3000円で1万株供与する旨の申入れを受け，申入れの趣旨が前記①②のとおり自己の職務に関するものであることを認識しながら，その申入れを了承し，同年9月30日，同株式1万株を取得したものと認められる。被告人の上記行為が平成7年法律第91

⇒ *597*

号による改正前の刑法 197 条 1 項前段の収賄罪に該当することは明らかである。前記①の関係につき，被告人において積極的な便宜供与行為をしていないことは，同罪の成否を左右するものではない。所論は，不作為につき職務関連性を認めるためには，何らかの行政措置を採るべき作為義務が存在する場合でなければならない旨主張するが，そのように解すべき根拠はない。したがって，被告人につき，前記①の関係も含めて収賄罪の成立を認めた原判断は，結論において正当である。」

597 復興金融金庫事件

最判昭和 32 年 3 月 28 日刑集 11 巻 3 号 1136 頁

【判決理由】「原判決が，判示第一の冒頭において，所論摘示のごとく，要するに，被告人 N は，昭和 23 年 3 月 10 日より同年 10 月 18 日まで農林大臣として農林行政一般に関する事務を統轄掌理していたほか判示のごといわゆる復金（復興金融金庫）融資の斡旋事務の処理についても農林大臣所管の事務としてその責任に任じていたものである旨判示したこと，並びに，判示第一の六および七において，所論摘示のごとく，要するに，被告人 H は，同年 3 月 18 日被告人 N から農林省所轄下兵庫食糧事務所長宛に『H 君を紹介申上候よろしく願上候』と記載し KN とサインした農林大臣 N 名義の紹介名刺 1 枚を貰い受け，また，被告人 H は，同年 3 月末頃農林大臣官邸で被告人 N から復金融資部長 M に紹介され，種々奔走尽力した結果農林省の斡旋により復金から融資を受けることができたので，その謝礼並びに将来も同様な便宜を受けたい趣旨を含めて同年 7 月 30 日被告人 N に対し現金 30 万円を同人の前記職務に関し賄賂を供与し，被告人 N はその情を知りながらこれが交付を受けた旨判示したことは所論のとおりである。そして，原判決の確定した被告人の前記復金融資の斡旋に関する職務権限の内容は，『毎年各四半期毎に産業の資金計画案を樹立しこれを基礎とし農林省内各局に於て受理した業者から申請の復興金融金庫（以下復金と略称す）から融資希望事業並その希望者を検討した上同省総務局総務部農林金融課に連絡し同課において更らに全部を取纏め整理し省議を経た上経済安定本部と折衝し農林全体に対する所謂融資枠が確定された後これを閣議に付議して融資枠の最後的決定がなされ，次で右決定に基つき農林省内に於て融資企業体の緊急度等を勘案して各局別各業態別にこれを適宜配合し

各業者に対し復金融資の斡旋事務の処理について農林大臣としてその責に任ずる』というのであるから，結局その職務権限の内容は，毎年各四半期毎に産業の資金計画案を樹立すること，復金融資に関する省議を主宰すること，農林省全体としての融資枠を得るについて安本と折衝すること，それが閣議に付されたとき意見を述べることのほか以上大綱に亘る事項の前後における各局部課の細目の事務的処理に対し一般的な統轄，監督をなし，必要なときは部下に指揮，命令をすることであるといわなければならない。従って，被告人Nが前記のごとき兵庫食糧事務所長宛の紹介名刺1枚を交付したこと（これが部下に対する指揮，命令でないことは所論のとおりである。），並びに，復金融資部長を紹介したことは，農林大臣の復金融資に関する本来の職務執行行為に属しないものであることは論を俟たない。しかし，刑法197条の公務員の収賄罪の規定にいわゆる『其職務に関し』とは，当該公務員の職務執行行為ばかりでなく，これと密接な関係のある行為に関する場合をも含むものと解するを相当とするから，前記被告人Nの行為が職務執行行為と密接な関係のある行為であるか否かを判定することとする。

　まず，判示紹介名刺を交付したことについて審究して見ると，原判決の確定したところによれば，右名刺交付の日時は，被告人Nが農林大臣に就任した昭和23年3月10日から1週間余を経た同月18日であるというのであるから，同被告人が果して判示復金融資の職務行為につき深い理解を有していたかについては多大の疑問を存するのであるが，一方において原判決は，『被告人Hは，被告人Eから同人が製粉工場の設立並その設立資金融資に関する手続等を農林省係官に就て調査した結果の報告を受け前記東洋製粉株式会社の工場設立に要する資金を復金から融資を受けたいと考え昭和23年3月10日頃農林省に対し右東洋製粉株式会社に対する復金融資の斡旋方の申請書を提出し，その頃被告人Nが止宿していた旅館駿台荘で被告人Eと共に当時農林大臣に就任していた被告人Nに面会して右製粉事業計画の内容を説明して援助方を依頼し同人の賛成を得て激励されたのであるが，農林担当係官から右申請書につき地元食糧事務所の副申書の添付がないと受理できない旨注意されたので同月18日右駿台荘に於て被告人Eの口添により被告人Nから右名刺を貰い受けた』と認定しているのであるから，被告人Nは，被告人Hが自己の職務に属する復金融資の斡旋方の申請書を受理されるのに必要な副申書を書いて貰いに行くの

に利用することを知りながら該名刺を交付したものと認めざるを得ない。その上該名刺は農林大臣の肩書を附したものであり，宛名は農林省所轄下の兵庫食糧事務所長であり，しかもその結果目的とした副申書を得ることができたのであるから，該名刺の交付は，結局被告人Nの職務に関係ある行為であるとなさざるを得ない。しかし前記のごとく，副申書は，復金金融斡旋方の申請書を受理されるために必要な書類ではあるが，これをもらって右申請書類を整備する等のことは，復金融資を受けるための準備的段階の行為たるに過ぎない。果して然らば，本件名刺の交付は，被告人Nの職務に関係ある行為ではあるが，未だその職務執行行為に密接な関係のある行為ということはできない。

次に被告人Nが被告人Hに対し判示復金融資部長を紹介した点について審究して見ると，原判決の認定したところによれば，右紹介はその紹介の場所その他から見て被告人Nが個人としてではなく，農林大臣としてしたものであって，その目的は被告人Hをして復金から融資を受けるについて復金融資部長に対しこれが依頼をなす機会を与えるためであったと解することができる。しかし，復興金融金庫法28条によれば，『復興金融金庫及び復興金融審議会は，主務大臣が，これを監督する』のであり，同法施行令34条によれば，『復興金融金庫法中主務大臣とあるのは，大蔵大臣及び通商産業大臣とする』とされているのである。それ故，農林大臣は復金を監督する主務大臣ではない。また右復金融資部長は重要なる地位にある者ではあるが，農林大臣の部下でないこと明らかであるから，原判決の確定した前記復金融資に関する農林大臣の職務権限によれば，かかる紹介はその本来の職務権限に属しないことはさきに一言したとおりであり，またこれに密接な関係のある行為ともいい難いことは多言を要しないところである。然らば，如上説明したとおり右の紹介行為は2つとも同被告人本来の職務行為ではなく，またその職務に密接な関係のある行為とも認められない以上，被告人Nの本件収賄罪は成立しないものといわなければならない。」

598 県立医大教授が医局の医師を関連病院に派遣する行為

最決平成18年1月23日刑集60巻1号67頁／判時1922・168，判タ1202・269

(重判平18刑10)

【決定理由】「1 原判決及びその是認する第1審判決の認定によれば，本件の事実関係は次のとおりである。

⇒ *598*

(1) N県立医科大学（以下「N医大」という。）は，N県の条例に基づき設置された公立大学であり，同大学附属病院（以下「附属病院」という。）は，その付属施設である。N医大の各臨床医学教室と附属病院の各診療科とは，臨床医学教室での医学の教育研究と診療科での診療を通じた医療の教育研究とを同時に行うべく，1対1で対応しており，人的構成上も，臨床医学教室の教授が対応する診療科の部長を務め，臨床医学教室の助教授がそれに対応する診療科の副部長を務めることとされているなど，いわば一体の組織として構成され，機能している。

(2) Aは，本件当時，N医大の救急医学教室教授であるとともに，附属病院救急科部長であり，教育公務員特例法等の規定により教育公務員とされ，地方公務員としての身分を有していたが，救急医学教室及び救急科に属する助教授以下の教員，医員及び臨床研修医等の医師を教育し，その研究を指導する職務権限を有していた。

(3) N医大においても，他の多くの大学の医学部・附属病院と同様，臨床医学教室及び診療科に対応して，医局と呼ばれる医師の集団が存在するところ，N医大の医局は，長たる教授のほか，助教授以下の教員，医員，臨床研修医，大学院生，専修生及び研究生等により構成されており，大学の臨床医学教室又は附属病院の診療科に籍を置いている者が大半であるが，籍を置かない者もいる。そして，教授は，自己が長を務める医局を主宰，運営する役割を担い，当該医局の構成員を教育指導し，その人事についての権限を持っている。

(4) AもまたN医大において，救急医学教室及び救急科に対応する医局に属する助教授以下の教員の採用や昇進，医員，非常勤医師及び臨床研修医の採用，専修生及び研究生の入学許可等につき，実質的な決定権を掌握していたほか，関連病院，すなわち，医局に属する医師の派遣を継続的に受けるなどして医局と一定の関係を有する外部の病院への医師派遣についても，最終的な決定権を有しており，Aにとって，自己が教育指導する医師を関連病院に派遣することは，その教育指導の上でも，また，将来の救急医学教室の教員等を養成する上でも，重要な意義を有していた。

2 以上の事実関係の下で，Aがその教育指導する医師を関連病院に派遣することは，N医大の救急医学教室教授兼附属病院救急科部長として，これらの医師を教育指導するというその職務に密接な関係のある行為というべきであ

⇒ 599・600

る。そうすると，医療法人理事長として病院を経営していた被告人が，その経営に係る関連病院に対する医師の派遣について便宜ある取り計らいを受けたことなどの謝礼等の趣旨の下に，Aに対して金員を供与した本件行為が贈賄罪に当たるとした原判断は正当である。」

599 市職員による土地のあっせん

最判昭和51年2月19日刑集30巻1号47頁／判時809・31，判タ335・320

【判決理由】「刑法197条にいう『職務に関し』とは，公務員の職務執行行為だけでなく，これと密接な関係のある行為に関する場合をも含むと解すべきであるが，ここに密接な関係のある行為とは，公務員の職務執行行為と何らかの関係があれば足りるというものではなく，公務員の職務に密接な関係を有するいわば準職務行為又は事実上所管する職務行為であることを要するのである。これを本件についてみるに，A，B，Cが，G紙工が奈良県及び大和郡山市の各工場誘致などに関する窓口を訪れて工場用地を買い入れたい旨申し込んだのを受けて，右事務を担当していた同人らにおいて同市が開発して工場誘致を図っていた昭和工業団地に案内した行為が同人らの職務執行行為にあたることはいうまでもないが，同団地内にG紙工の希望にそう土地がなかったことから，かねてHから売却処分方を依頼されていた本件土地に案内しこれを買い入れるようあっせんした行為は，同人らの職務と密接な関係を有するいわば準職務行為又は事実上所管する職務行為であるということはできない。したがって，A，B，CがHとG紙工との間の本件土地売買をあっせんした行為に対する謝礼は賄賂ではないのである。」

600 中学校教員による時間外の指導

最判昭和50年4月24日判時774号119頁／判タ321・66
（百選II 104） ⇒610

【事案】 中学校教員である被告人は，父兄らの特別な依頼・要望に応えて，本来の学習指導時間外の深夜の宿直時間や私生活上の時間を割いて学習指導をし，生徒の自宅を訪問したり家庭教師と指導方針を打ち合わせる等して学習・生活面の指導訓育に熱心な努力を傾け，父兄からその謝礼として1万円のギフトチェックを受け取った。

【判決理由】「思うに，原判決が指摘する前記学習指導の内容それ自体は，学校教員としての当然の職務に属するものであり（学校教育法28条4項参照），

また，教育の目的はあらゆる機会にあらゆる場所において実現されなければならないものであって（教育基本法2条参照），学校教員の地位にある者が児童生徒に対して行う教育指導には，その性質上，必ずしも公私の別を明確一律に弁じがたい微妙なものの存することは否定しがたいし，かつ，学校教員にあっては，その重要な社会的使命を自覚するならば，みだりに父兄等からの度重なる金品の贈与に慣れて廉潔心が鈍麻し，人の師表として世の指弾を浴びることのないよう，厳に自ら慎しむべきであることは，その職業倫理からしても当然であろう。

しかし，そうであるからといって，本件におけるように，被告人の教育指導が父兄からの特別の依頼要望にこたえて私生活上の時間を割き法令上の義務的時間の枠をはるかに超え，かつ，その内容の実質も学校教員に対して寄せられる社会一般の通常の期待以上のものがあったのではないかとも考えられる場合，右教育指導が，教諭としての職務に基づく公的な面を離れ，児童生徒に対するいわば私的な人間的情愛と教育に対する格別の熱情の発露の結果であるともみられるとするならば，かかる極めて特殊な場合についてまで右教育指導を被告人の当然の職務行為であると速断することは，教育公務員の地位身分とその本来の職務行為とを混同し，形式的な法解釈にとらわれて具体的事実の評価を誤まるものではないかとの疑念を抱かせるものがあることもまた否むことができない。

ひるがえって右A及びBの側について見れば，卒業時における教員への謝恩的贈答は，形式こそ本件の場合と異なれ，一般的に見受けられる公知の慣習的儀礼として承認されているものであるところ，右A及びBの両名とも，被告人のみならず関係の教員に対しては従来から中元，歳暮の儀礼的贈答を慣行としてきたという事情があるのに加え，右判示のように，いわば私的に特別の指導に浴した生徒の父兄としては，右両名が第1審公判廷において縷々訴えるように，被告人の生徒への情愛と教育に対する熱意，人柄に対しておのずからの敬慕と感謝の念を抱くことは人情の自然であるとして理解できるところであって，この経緯に徴すれば，特に被告人に対して右儀礼を厚くすべき格別の動機を有していたものと認めるにかたくないところである。

以上説示の諸事情に加え，その他記録上窺知できる諸般の事情をも総合して本件事実関係を見れば，第1審判決が掲げる証拠及び記録によっても，前記2

⇒ 601・602

件の供与をもって，被告人の教諭としての公的職務に関し，これに対してなされたものであると断定するには，なお合理的な疑いの存することを払拭することができず，右2件の供与は，被告人の職務行為を離れた，むしろ私的な学習上生活上の指導に対する感謝の趣旨と，被告人に対する敬慕の念に発する儀礼の趣旨に出たものではないかと思われる余地があると言わなくてはならない。」

601 市長の再選後の職務

最決昭和61年6月27日刑集40巻4号369頁／判時1199・157，判タ607・54
(百選Ⅱ108，重判昭61刑4)

【決定理由】「原判決の是認する第1審判決によると，被告人は，長崎県M市が発注する各種工事に関し，入札参加者の指名及び入札の執行を管理する職務権限をもつ同市市長と共謀を遂げ，近く施行される同市長選挙に立候補の決意を固めていた同市長において，再選された場合に具体的にその職務を執行することが予定されていた市庁舎の建設工事等につき，電気・管工事業者Aから入札参加者の指名，入札の執行等に便宜有利な取計いをされたい旨の請託を受けたうえ，その報酬として，同市長の職務に関し，現金3000万円の供与を受けたというのである。このように，市長が，任期満了の前に，現に市長としての一般的職務権限に属する事項に関し，再選された場合に担当すべき具体的職務の執行につき請託を受けて賄賂を収受したときは，受託収賄罪が成立すると解すべきであるから，被告人の本件所為について受託収賄罪の成立を認めた原判断は正当である。」

602 転職後の賄賂の収受

大判大正4年7月10日刑録21輯1011頁

【判決理由】「収賄罪の成立要素は第一公務員又は仲裁人なること第二其職務に関すること第三其職務に関し賄賂を要求又約束し若くは収受することに在るを以て賄賂を要求約束又は収受の当時に於て此等の要素を具備するにあらされは各収賄罪の成立せさること論を俟たす而して公務員にして其職務に関し賄賂を約束し後転して他の職務を執るに至り曩の約束に基き金品を収受したるときは収受当時に於ける職務は約束当時の職務と異なるか故に公務員の職務に関し賄賂を収受したるものと謂ふを得す従て賄賂収受罪として処分するを得さるものとす然れとも賄賂を約束したる当時に於ては賄賂約束罪として其要素に欠くる所なきを以て如此き場合に在っては賄賂約束罪を以て処罰すべく賄賂収受罪

を以て処罰すへきものにあらす原判決に依れは被告Xは帝室林野管理局主事奉職中其職務に関し賄賂を約束し後ち転して全く其職務を異にせる宮内省会計審査官奉職中該約束に基き金員を収受したる事実なれは賄賂約束罪を以て処分すへきものなるに原判決は事茲に出てす右金員収受の事実を賄賂収受罪として処断したるは擬律錯誤の違法ありと謂はさる可らす」

603　転職後の賄賂の収受
最決昭和28年4月25日刑集7巻4号881頁

【事案】　被告人は，岸和田税務署直税課から浪速税務署直税課に転勤した後，前職当時有利な取扱いをしたことの謝礼として現金を受け取った。

【決定理由】　「収賄罪は公務員が職務に関し賄賂を収受するによって成立する犯罪であって，公務員が他の職務に転じた後，前の職務に関して賄賂を収受する場合であっても，いやしくも収受の当時において公務員である以上は収賄罪はそこに成立し，賄賂に関する職務を現に担任することは収賄罪の要件でないと解するを相当とする。」

604　転職後の賄賂の収受
最決昭和58年3月25日刑集37巻2号170頁／判時1073・149，判タ494・83
（百選II 109，重判昭58刑4）

【決定理由】　「贈賄罪は，公務員に対し，その職務に関し賄賂を供与することによって成立するものであり，公務員が一般的職務権限を異にする他の職務に転じた後に前の職務に関して賄賂を供与した場合であっても，右供与の当時受供与者が公務員である以上，贈賄罪が成立するものと解すべきである（最高裁昭和26年(あ)第2529号同28年4月25日第二小法廷決定・刑集7巻4号881頁，同26年(あ)第2452号同28年5月1日第二小法廷判決・刑集7巻5号917頁参照）。これを本件についてみると，被告人は，外1名と共謀の上，原判示Tに対し，A県建築部建築振興課宅建業係長としての職務に関し現金50万円を供与したというのであって，その供与の当時，右TはA県住宅供給公社に出向し，従前とは一般的職務権限を異にする同公社開発部参事兼開発課長としての職務に従事していたものであったとしても，同人が引き続きA県職員（建築部建築総務課課長補佐）としての身分を有し，また，同公社職員は地方住宅供給公社法20条により公務員とみなされるものである以上，被告人らの右所為につき贈賄罪が成立するものというべきであり，これと同旨の原判断は相当で

⇒ 605・606・607

ある。」

[2] 賄　　略

605　芸妓の演芸
大判明治 43 年 12 月 19 日刑録 16 輯 2239 頁

【判決理由】「賄賂の目的物は其有形なると無形なるとを問はす苟も人の需用若くは其慾望を充たすに足るへき一切の利益を包含すへきものなるを以て原判決第二事実の一並に二に金若干円に相当する飲食物等を饗応し云々と判示せる飲食物等の費用中所論の如く芸妓揚代若くは其演芸代等を包含せりとするも芸妓の演芸は饗応の一部にして人の慾望を充たすの目的たるに外ならされは原判決は所論の如き何等違法の点なく論旨は理由なし」

606　新規上場に先立ち株式を公開価格で取得できる利益
最決昭和 63 年 7 月 18 日刑集 42 巻 6 号 861 頁／判時 1284・47，判タ 675・102
（百選 II 103，重判昭 63 刑 6）

【決定理由】「原判決の認定によれば，本件は，A 住宅相互株式会社，B 電気硝子株式会社その他の株式会社の株式が東京証券取引所等において新規に上場されるのに先立ち，あらかじめその株式が公開された際，贈賄側の者が公開に係る株式を公開価格で提供する旨の申し出をし，収賄側の者がこれを了承してその代金を払い込むなどしたという事案であるが，右株式は，間近に予定されている上場時にはその価格が確実に公開価格を上回ると見込まれるものであり，これを公開価格で取得することは，これらの株式会社ないし当該上場事務に関与する証券会社と特別の関係にない一般人にとっては，極めて困難であったというのである。以上の事実関係のもとにおいては，右株式を公開価格で取得できる利益は，それ自体が贈収賄罪の客体になるものというべきであるから，これと同趣旨に出た原判断は，正当である。」

607　土地の売買による換金の利益
最決平成 24 年 10 月 15 日刑集 66 巻 10 号 990 頁
（重判平 24 刑 8）

【決定理由】「1　原判決の認定した本件収賄罪の犯罪事実の要旨は，『被告人 A は，福島県知事として，同県の事務を管理し執行する地位にあり，同県が発注する建設工事

に関して，一般競争入札の入札参加資格要件の決定，競争入札の実施，請負契約の締結等の権限を有しており，被告人Ｂは，被告人Ａの実弟であり，縫製品の製造，加工，販売等を業とするＣ株式会社の代表取締役として同社を経営していたものである。福島県は，同県東部の木戸川の総合開発の一環として行う木戸ダム本体建設工事（以下「木戸ダム工事」という。）について，一般競争入札を経て，平成12年10月16日，Ｄ株式会社ほか2社の共同企業体に発注した。被告人両名は，共謀の上，Ｄ社が木戸ダム工事を受注したとき被告人Ａから有利便宜な取り計らいを受けたことに対する謝礼の趣旨で，Ｄ社副会長のＥが下請業者であるＦ株式会社取締役副社長のＧに指示をした結果，Ｆ社が買取りに応じるものであることを知りながら，被告人Ｂが，Ｇに対し，Ｆ社においてＣ社の所有する福島県郡山市の16筆の土地合計約1万1101㎡を8億7372万円余で買い取るように求め，Ｆ社が前記土地を同価額で買い取ることを承諾させた。その結果，平成14年8月28日，Ｆ社から，その売買代金として，福島県郡山市の株式会社Ｈ銀行本店のＣ社名義の当座預金口座に8億7372万円余が振込送金された。このように，被告人Ｂは，被告人Ａとの前記共謀に基づき，前記土地売却による換金の利益の供与を受けて，同県知事の職務に関し，賄賂を収受した。』というものである。

　2　所論は，本件土地の売買は，時価と売買代金額との間に差のない通常の不動産取引であるから，賄賂には当たらないと主張する。

　しかしながら，原判決の認定によれば，被告人Ａは福島県知事であって，同県が発注する建設工事に関して上記の権限を有していたものであり，その実弟である被告人Ｂが代表取締役を務めるＣ社において，本件土地を早期に売却し，売買代金を会社再建の費用等に充てる必要性があったにもかかわらず，思うようにこれを売却できずにいる状況の中で，被告人両名が共謀の上，同県が発注した木戸ダム工事受注の謝礼の趣旨の下に，Ｆ社に本件土地を買い取ってもらい代金の支払を受けたというのであって，このような事実関係の下においては，本件土地の売買代金が時価相当額であったとしても，本件土地の売買による換金の利益は，被告人Ａの職務についての対価性を有するものとして賄賂に当たると解するのが相当である。」

608　個々の職務行為との対価関係

最決昭和33年9月30日刑集12巻13号3180頁

【事案】　被告人は，Ａ市交通局資材課長ついで用度課長であったが，業者より，資材・物品の購入等につき，謝礼ないし便宜な取扱いを得たい趣旨の下，饗応を受けた。

【決定理由】　「賄賂は職務行為に対するものであれば足り，個々の職務行為と賄賂との間に対価的関係のあることを必要とするものではないと解するを相当

⇒ *609・610*

とする〔昭和4年(れ)1063号同年12月4日大審院第三刑事部判決，刑集8巻609頁等参照〕。原判決は，第1審判決挙示の関係証拠によると，被告人が6回にわたり判示S外4名から判示の趣旨のもとに判示の各饗応を受け，物品を収受して職務に関し収賄をなした事実を明認するに足り，本件各饗応または物品の提供が慣例上承認された社交的儀礼または感謝の贈物などとしてなされたものとは認められない旨を判示していること判文上明らかであって，所論の控訴趣意に対しても判断を示したものと解することができるから，所論のような違法は存しない。」

609　社交儀礼

大判昭和4年12月4日刑集8巻609頁

【判決理由】「若し公務員の職務に関係なかりせは中元歳暮に於ける社交上の慣習儀礼と認めらるへき程度の贈物と雖苟も公務員の職務に関し授受せらるる以上は賄賂罪の成立すること勿論にして其の額の多少公務員の社交上の地位若は時期の如何を理由として公務員の私的生活に関する社交上の儀礼に依る贈答たるに止まるものと認めさるへからさる理由あることなし」

610　社交儀礼

最判昭和50年4月24日判時774号119頁／判タ321・66
(百選II 104)　⇒*600*

【事案】　中学校教員である被告人は，4月下旬ころ，新規にその学級を担当することとなった生徒の母親から好意ある指導を受けたいとして贈答用小切手（額面5000円）を受け取った。

【判決理由】「そこで右小切手の授受についてみると，それが供与されたのは，被告人が新規に右Cの学級担任になった直後の時期においてであるところ，右Dは，Cの場合ばかりでなく，かねてから子女の教員に対しては季節の贈答や学年初めの挨拶を慣行としていたものであって，これらの贈答に関しては，儀礼的挨拶の限度を超えて，教育指導につき他の生徒に対するより以上の特段の配慮，便益を期待する意図があったとの疑惑を抱かせる特段の事情も認められないのであるから，本件小切手の供与についても，被告人が新しく学級担任の地位についたことから父兄からの慣行的社交儀礼として行われたものではないかとも考えられる余地が十分存するのであって，右供与をもって直ちに被告人が学級担任の教諭として行うべき教育指導の職務行為そのものに関する対価

的給付であると断ずるには，記録上窺知することのできる被告人に対する他の父兄からの贈答状況，金額，被告人以外の教員の場合における同種事情，被告人が無罪とされた他の9個の事実との対比等の諸事情一切を総合考慮するときは，なお合理的な疑が存するものといわなければならないのである。」

611　政治献金との区別

大阪高判昭和58年2月10日刑月15巻1＝2号1頁／判時1076・3

【事案】　591（大阪タクシー事件）と同一事案。

【判決理由】「案ずるに，政治献金とは，もともとは，政治家の政治的手腕やその人格識見に信頼を寄せる者が，自己の政治的理念や主張の実現をその人に託する意図で拠出するものであって，このような献金者の利害に関係のない，いわば浄財的な資金の贈与が賄賂にあたらないことはもちろんであるが，政治献金がなんらかのかたちでの利益の見返りを期待してなされるという現状にかんがみると，献金者の利益を目的とする場合でも，献金者の利益にかなう政治活動を一般的に期待してなされたと認められる限り，その資金の贈与は，政治家が公務員として有する職務権限の行使に関する行為と対価関係に立たないものとして，賄賂性は否定されることになると思われる。しかしながら，上記の場合とは異なり，資金の贈与が，政治家が公務員として有する職務権限の行使に関する行為と対価関係に立つと認められる場合，換言すれば，職務権限の行使に関して具体的な利益を期待する趣旨のものと認められる場合においては，上記の政治献金の本来の性格，贈収賄罪の立法趣旨ないし保護法益に照らし，その資金の賄賂性は肯定されることになると解すべきである。これを本件についてみると，後記のとおり，被告人AおよびBは，衆議院議員として，当時，同院大蔵委員会で審査中であった本件石油ガス税法案について，同法案の同院本会議における審議に関し，質疑，討論，修正案の提出，表決等をなす職務権限を有していたほか，右職務権限に密接に関連する行為として，同法案の同院本会議における審議および大蔵委員会における審査に関する右のような権限の行使につき同僚議員を勧誘説得して影響を及ぼしうべき立場にあったと認められるところ，前記説示のとおり，被告人C，同Dらは，被告人AおよびBに対し，本件石油ガス税法案について，その廃案ないし税率の軽減，課税実施時期の延期等その内容の有利な修正に向け国会議員としての右のような権限行使に関する行為を通じて尽力するよう依頼し，原判示金員を供与しているのであ

⇒ *612・613*

るから，上記の浄財的な資金の贈与にあたらないのはもとより，ただ単に献金者の利益にかなう政治的活動を一般的に期待してなされたと認められる場合でもなく，被告人ＡおよびＢの有した上記職務権限の行使に関する行為との対価関係は優に肯定することができ，これを政治献金という所論は採用することができない。」

[3] 請　託

612　請託の意義

最判昭和27年7月22日刑集6巻7号927頁／判タ23・43

【判決理由】「収賄罪は公務員が職務に関して賄賂を収受するによって成立し，これにより公務員が不正の行為をなし又は相当の行為をなさないことを要件とするものではない。故に事実上不正処分の可能性なき場合においても収賄罪の成立を妨げないとすること従来の判例とするところである。（昭和11年㈹562号同年5月14日大審院第二刑事部判決)。従って刑法197条1項後段の請託とは公務員に対して一定の職務行為を行うことを依頼することであって，その依頼が不正な職務行為の依頼であると，正当な職務行為の依頼であるとに関係なく，苟も公務員が請託を受けて賄賂を収受した事実ある以上同条項後段の収賄罪は成立し，賄賂の収受が事前なると事後なるとは犯罪の成否に影響なきことは従来判例の趣旨に徴して明らかである。所論は収賄罪の被害法益は公務員の職務の公正であるとの前提に立ち，請託とは公務員の職務の公正を害するおそれある不法の依頼要求であって，正当な職務行為の依頼を受けて賄賂を収受するも何等職務の公正を害する危険がないから請託というを得ず，従って同条項後段の収賄罪を構成せずと主張するけれども，公務員の職務の公正を維持するためには正当な職務行為に対しても賄賂による買収を許すことを得ないことは明らかである。」

613　請託の有無

最判昭和30年3月17日刑集9巻3号477頁／判タ49・61

【事案】　室内装飾工事の請負を業とする被告人が，特別調達局施行の修理工事に関し，同局促進監督部役務課勤務の事務官に対して，一定の職務行為の依頼ではなく，工事の監督促進に世話になった謝礼と将来好意ある取扱いを受けたい趣旨で現金を供与した。

⇒ 614

【判決理由】「刑法197条1項後段にいわゆる『請託を受け』とは，将来一定の職務行為をすることの依頼を受けることを意味するのは所論のとおりである。しかるに，事実審の判示事実も挙示の証拠も請託のあったことを示すものがないから，同条項を適用したことは違法である。しかし，請託をうけて収賄した者に対しては，同条項により刑が加重されるが，本件被告人のように贈賄者の側にある者は，請託関係の故に刑を加重されてはいない（刑198条）。従って，前記違法を理由として本件に刑訴411条を職権適用すべきものとは認められない。」

[4] 第三者供賄

614 法人への賄賂の供与

最判昭和29年8月20日刑集8巻8号1256頁

【判決理由】「なお刑法197条ノ2の罪が成立するためには公務員が其の職務に関する事項につき依頼を受けこれを承諾したことを必要とし第三者に供与した利益がその公務員の職務行為に対する代償たる性質を有することを要するものと解するを相当とし，右第三者のうちには地方公共団体その他の法人を含むことも当然でありこれを除外する理由はない。本件において確定された事実は第1審判決判示のとおりであってその要旨は被告人は吉井町警察の警察署長であり犯罪の検挙，捜査及び検挙した被疑事件を検察官に送致する職務等を有するものであるが，判示被疑事件につき吉井町又は吉井町外2ケ村隔離病舎組合に寄附金をするから寛大に扱われたいとの依頼を受けてこれを承諾し右町及び組合に寄附金名義で金員を供与させよって右被疑事件を検察庁に送致しなかったという趣旨であるから，贈賄者の供与した利益は賄賂性があり刑法197条ノ3，1項及び同法197条ノ2の罪が成立するものというべく，従って原判決には所論のような違法は存しない。」

「なお前記説明の如く刑法197条ノ2に規定する第三者に法人を含むと解する以上同法197条ノ4の規定による没収又は追徴は法人に対してもこれを為し得るものというべく，法人が情を知っているというのは法人の代表者が情を知っている場合をいうものと解すべきである。本件において供与された賄賂はいずれも判示公共団体の代表者がその情を知って収受したものであることは原判

⇒ 615・616

決の確定した事実であるから，原判決が右公共団体に価額の追徴を命じたのは正当である。」

[5] あっせん収賄

615　公務員の地位利用
最決昭和 43 年 10 月 15 日刑集 22 巻 10 号 901 頁／判時 537・26，判タ 228・260
(重判昭 43 刑 4)

【事案】　被告人は税務署所得税課資産税係に勤務する大蔵事務官であるが，他の税務署ないし前任の税務署に申告すべき所得税ないし相続税の申告に関し，過少の納税ですむ等の便宜を図るよう幹旋したことないし幹旋することの報酬の趣旨で現金を受け取った。

【決定理由】　「刑法 197 条ノ 4 の幹旋収賄罪が成立するためには，その要件として，公務員が積極的にその地位を利用して幹旋することは必要でないが，少なくとも公務員としての立場で幹旋することを必要とし，単なる私人としての行為は右の罪を構成しないものと解するのが相当である。しかし，原判決の維持した第 1 審判決掲記の証拠によれば，第 1 審判示第一の三の(1)，六の(1)，七の(1)の各幹旋行為は，単なる私人としての行為でなく，被告人が公務員としての立場でこれを行なったことが明らかであるから，右の判示各事実が幹旋収賄罪にあたるとした原判決の判断は，その結論において正当である。」

616　公取委が調査中の事件を告発しないように働き掛ける行為
最決平成 15 年 1 月 14 日刑集 57 巻 1 号 1 頁／判時 1810・165，判タ 1113・132
(百選 II 110)

【事案】　被告人 X は，土木建築工事の請負等を業とする K 社の代表取締役副社長の職にあったものであり，被告人 Y は，衆議院議員であるが，①被告人 X は，公正取引委員会が，埼玉県内の公共工事を受注する K 社等の建設会社が同県内に設けている支店等の営業責任者らにより組織されていた「埼玉土曜会」の会員による独禁法違反の事実があるとして調査を続けていたことに関し，被告人 Y に対し，公取委が告発をしないよう公取委委員長 A に働きかけてもらいたい旨の幹旋方の請託をし，これを承諾した被告人 Y に対し，その報酬として現金 1000 万円を供与した。②被告人 Y は，被告人 X から，前記幹旋方の請託を受けてこれを承諾し，前記趣旨のもとに供与されるものであることを知りながら，現金 1000 万円の供与を受けた。被告人 Y は，請託に基づき，A 委員長に対して告発見送りの強い働きかけを行った（その後，公取委は，証拠不十

分を理由に、土曜会事件について刑事告発を見送っている)。第1審判決は、「被告人Yの働きかけの趣旨は、公取委の調査の終了を待ってその結果次第でというらいわば条件付きで、A委員長に告発しないようにして欲しいと申し入れたものではなく、調査が完了しなくとも、むしろ、調査が完了しない前だからこそ、告発しない方向に調査自体を持っていって欲しいと申入れたものと解する方が自然であり、……公取委が告発すべきものと思料される場合であってもとの条件なしに、被告人YがA委員長に対し、公取委が告発しないように働きかけたものと認定した」旨判示して、被告人Yに斡旋収賄罪、被告人Xに贈賄罪の成立を認めた。これに対して、弁護人は、告発すべきものであっても告発しないよう働きかけるのでなければ、「職務上相当ノ行為ヲ為サザラシム可ク」あっせんしたとはいえない、と主張して、控訴したが、原判決がこれを否定して第1審判決を是認したので、上告して、同様の主張を行った。

【決定理由】「私的独占の禁止及び公正取引の確保に関する法律73条1項は、公正取引委員会は、同法違反の犯罪があると思料するときは検事総長に告発しなければならないと定め、同法96条1項は、同法89条から91条までの罪は、同委員会の告発を待って、これを論ずると定めているところ、公務員が、請託を受けて、公正取引委員会が同法違反の疑いをもって調査中の審査事件について、同委員会の委員長に対し、これを告発しないように働き掛けることは、同委員会の裁量判断に不当な影響を及ぼし、適正に行使されるべき同委員会の告発及び調査に関する権限の行使をゆがめようとするものであるから、平成7年法律第91号による改正前の刑法197条ノ4にいう『職務上相当ノ行為ヲ為サザラシム可ク』あっせんすることに当たると解すべきである。」

[6] 事後収賄

617 顧問料受領

最決平成21年3月16日刑集63巻3号81頁／判時2069・153, 判タ1318・115
(重判平21刑8)

【決定理由】「被告人は、〔防衛庁〕調達実施本部在職中に、A社のB及びCから請託を受けて、A社の関連会社及び子会社の各水増し請求事案の事後処理として、それぞれこれらの会社が国に返還すべき金額を過少に確定させるなどの便宜を図り、その会社の利益を図るとともに国に巨額の損害を加えたものであるところ、被告人のこれらの行為は、いずれも被告人の前記調達実施本部契

⇒ *618*

約原価計算第一担当副本部長等としての任務に背くものであり，背任罪を構成するとともに，職務上不正な行為に当たることが明らかである。そして，その後の間もない時期に，A社のB及びC並びにA社の関連会社であるD社の代表取締役Eにおいて，前記水増し請求の事案の事後処理で世話になっていたなどの理由から，被告人の希望に応ずる形で，当時の同社においては異例な報酬付与の条件等の下で，防衛庁を退職した被告人を同社の非常勤の顧問に受け入れ，被告人は，顧問料として前記金員の供与を受けることとなったものである。このような事実からすれば，被告人に供与された前記金員については，被告人にD社の顧問としての実態が全くなかったとはいえないとしても，前記各不正な行為との間に対価関係があるというべきである。原判決がこれと同旨の判断に立ち，事後収賄罪の成立を認めたのは，正当である。」

[7] 恐喝との関係

618 収賄罪不成立

大判昭和2年12月8日刑集6巻512頁

【判決理由】「苟も人を恐喝して財物を交付せしむるに於ては恐喝罪は成立するものにして本件の如く公務員か其の職務を執行するの意思なく名を其の執行に藉り以て人を恐喝し財物を交付せしめたる場合に於ては縦令被害者に於ては公務員の職務に対し財物を交付するの意思に出てたるときと雖犯人の所為は収賄罪を構成せすして恐喝罪を構成するものとす何となれは収賄罪にありては公務員に於て其の職務執行の対価として財物の交付を受くる意思あることを要すると同時に贈賄者に於て任意に賄賂を提供することを要するものなるに反し本件の場合に於ては犯人の意思は賄賂として之を受くるに非すして被害者を恐喝して財物を自己に交付せしむるにありと解すへく財物の提供は被害者の畏怖の結果にして其の任意に出さるを以てなり而して原判示事実に依れは被告人は菅某と共謀の上巡査たる職権を濫用し他人を恐喝して不法に金員を領得せんと企て相楽某等の賭博現場に臨み犯人検挙の意思なくして相楽某等に対し賭博の現行犯を目撃したるに付之を検挙すへき旨申し聞け同人等を畏怖せしめ菅某は此の間に処して相楽某等をして被告人に金員を提供して宥恕の処置を乞ふに如かすと決意せしめたる上同人等より金円を交付せしめたりと云ふに在るを以て

被告人の所為は恐喝罪を構成するに止まるものにして論旨は理由なし」

619　収賄罪不成立

最判昭和25年4月6日刑集4巻4号481頁

【事案】　警察官である被告人は，勤務中，経済事犯として検挙する意思がないのに，自己の職権を利用して検挙に藉口して相手方を畏怖させて金員を取った。

【判決理由】「人を恐喝して財物を交付せしめる場合には恐喝罪が成立する。本件のように公務員がその職務を執行するの意思がなく，ただ名をその職務の執行に藉りて，人を恐喝し財物を交付せしめた場合には，たといその被害者の側においては公務員の職務に対し財物を交付する意思があったときと雖も，当該公務員の犯行は，収賄罪を構成せず恐喝罪を構成するものと見るを相当とする。すなわち，被害者の側では公務員たる警察官に自己の犯行を押さえられているので処罰を怖れて財物の交付をするのであって，全然任意に出でた交付ということはできないから，恐喝罪のみを構成するものである。原判決が被告人の判示同旨の供述の外に被害者Tの寛大な取扱を受けたくて交付したとの供述を証拠として原判示の事実を認定したことは，何等証拠に矛盾は存在しないのである。被告人が名を職務の執行に藉りて金員を喝取せんとした事実は原判決の認定した事実であって，所論のようにこれを職務執行であると主張することは，原判決の認定しない事実を主張することに帰着し適法な上告理由と認め難い。論旨は採ることを得ない。」

620　恐喝罪と収賄罪の観念的競合

福岡高判昭和44年12月18日刑月1巻12号1110頁／判時584・110，判タ246・285

【事案】　海上保安官である被告人は，捜査を担当中の船舶衝突事故に関し，恐喝的方法により現金等を交付させた。原判決は，恐喝罪の成立を肯定し，収賄罪の成立を否定した。

【判決理由】「公務員が職務に関して恐喝的方法によって相手方を畏怖させて財物を交付させた場合，恐喝罪の成立することは勿論であるが，相手方が畏怖により意思の自由を全く失ってしまったような場合は別として，相手方に不完全ではあっても，なお，財物を交付すべきか否かを選択するに足る意思の自由が残っている場合には賄賂罪も成立し，当該公務員については恐喝罪と同時に収賄罪が成立し，右両罪の関係は一所為数法の関係にあるものと解すべきである。」

⇒ 621・622

「右事実関係からみて，AおよびBは被告人の要求に対し困惑畏怖を感じながらもなお，被告人に対し金員を交付すべきか否かを選択する意思の自由は，完全ではないとしても，なお保っていたものと認めるのが相当である。したがって，右両名の関係については恐喝罪とともに，これと一所為数法の関係にある収賄罪が成立するものというべきである。」

621 贈収賄成立

最決昭和39年12月8日刑集18巻10号952頁／判時399・53，判タ172・164

【事案】 証券検査官である被告人Aは，証券会社の業務等についての検査に関し，証券会社の不正経理を厳しく追及して，賄賂を要求し，証券会社の社長である被告人Bはこの強要にやむなく応じた。原判決は，Aについて収賄罪，Bについて贈賄罪の成立を肯定した。

【決定理由】「贈賄罪における賄賂の供与等の行為には，必ずしも完全な自由意思を要するものではなく，不完全ながらも，いやしくも贈賄すべきか否かを決定する自由が保有されておれば足りるものと解するのが相当である——昭和10年(れ)第1427号同年12月21日大審院判決，刑集14巻1434頁参照」

[8] 没収・追徴

622 ゴルフクラブ会員権

最決昭和55年12月22日刑集34巻7号747頁／判時993・130，判タ435・93
（重判昭56刑10）

【決定理由】「なお，本件における賄賂であるAカントリークラブの個人正会員たる地位，すなわちいわゆるゴルフクラブ会員権は，株式会社Bの経営管理するゴルフ場施設を優先的に利用することができる権利及び所定の条件のもとで入会保証金の返還を請求することができる権利並びに年会費等を納入しなければならない義務を内容とする債権的法律関係であって，譲渡性を有する権利ないし法律上の地位ではあるが（最高裁昭和49年(オ)第246号同50年7月25日第三小法廷判決・民集29巻6号1147頁参照），それ自体は性質上没収することができないものであり，また，記録によれば，右会社の発行した所論入会保証金預託証書は，裏面に譲渡人と譲受人の氏名押印欄が設けられ，右ゴルフクラブ会員権と一体をなすものとして裏書によって転転譲渡されることを予

定しているようにみえるけれども，証書上からは右会員権の内容が明らかでないのみならず，指図文句の記載もなく，かえって右ゴルフクラブの会員としての地位の譲渡についてはクラブの承認が必要とされ，その旨が証書上に記載されており，譲渡について右の制限が設けられているのは，クラブ会員たる地位の取得についてはその者の個人的適格性の有無の考慮が必要であるとされるためであると認められること等に照らして考えると，右預託証書をもって前記ゴルフクラブ会員権を表章する有価証券として没収の対象となるものと認めることはできないとした原審の判断は正当であり，本件において，被告人らが本件ゴルフクラブ会員権を収受したことによって得た利益を剝奪するためには，これを収受した時点におけるその価格の全額を追徴すべきものとした原審の判断に所論の違法はない。」

623 追徴価額の算定基準時

最大判昭和43年9月25日刑集22巻9号871頁／判時529・18，判タ227・179
（重判昭43刑3）

【判決理由】「原判決が，没収すべきものが没収することができなくなってその価額を追徴すべき場合には，没収刑を定めた法意に照らし，収賄時をもって基準とすべきではなく，没収不能となった時点の価額を追徴すべきものと解する旨判示したうえ，被告人に対し，本件加重収賄の収受物件である宅地が第三者に贈与されたため没収することができなくなった昭和38年3月22日当時のその宅地の価額138万9150円と，本件における他の収賄金額10万円との合計148万9150円を追徴すべきものとしたことは，所論のとおりであり，また論旨引用の大審院昭和4年(れ)第824号同年11月8日判決（刑集8巻601頁）が賄賂の価額を追徴すべき場合にはその価額は賄賂の授受があった当時の価額によるものと解する旨判示していることも所論のとおりである。しかして収賄者は賄賂たる物を収受することによってその物のその当時の価額に相当する利益を得たものであり，その後の日時の経過等によるその物の価額の増減の如きは右収受とは別個の原因に基づくものにすぎないのであるから，没収に代えて追徴すべき金額はその物の授受当時の価額によるべきものと解するのが相当である。それゆえ，当裁判所は，右大審院の判例はなおこれを維持すべきものとする（なお検察官の引用する大審院昭和19年(れ)第464号同年9月29日判決，刑集23巻199頁は，賄賂として現金が授受された事案に関するものであり，一

⇒ *623*

旦収受した右賄賂と同額の金銭を返還した場合に収賄者または贈賄者のいずれから追徴をなすべきかについて判示したものであるから，本件に適切でない）。しからば，原判決は右大審院判例と相反する判断をした違法があり，論旨は理由がある。」

田中二郎裁判官の反対意見「私は，没収及びこれに代わる追徴の性質にかんがみ，右の多数意見には賛成することができない。むしろ，原判決の判示するように，没収すべき物の没収が不能となったために，その価額を追徴すべき場合には，没収不能となった時点におけるその物の価額を追徴すべきもので，この点の原判決の判断は正当であり，本件上告は棄却すべきものと考える。その理由は，次のとおりである。

一，没収は，犯罪に関係のある物件の所有権を剝奪して国に帰属させることを目的とした附加刑であり，主刑に附加してこれを科することによって科刑の目的を全うしようとするものである。それが，一面において，制裁的な意味合いをもつことを全く否定し去ることはできないが，特にこれを『附加刑』としているのは，主刑と異なり，多分に保安処分的性質をもつものであるからにほかならない。そして，追徴は，没収を科すべき場合であることを前提とし，本来没収すべきものが法定の事由によって没収することができなくなった場合に，これに代えて補充的・代替的に科せられるべきものであることは，法文上，明らかである。それは，没収されるべき犯罪貨物等の所有者が得た利益を剝奪することによって，犯人をして，犯罪により利得させるようなことがないようにし，又は犯罪貨物等の滅失毀損若しくは第三者への譲渡等によって，犯人をして，不当に没収を免れるようなことがないようにするためである。若し犯罪貨物が滅失したり第三者に譲渡されたりして，没収が不能となった場合に，何らの措置をとり得ないとすれば，没収を科せられるべき犯罪貨物の所有者をして，故意に没収不能の事態を招来させ，結果的には，不当に利益を保有させることになるおそれを免れない。そこで，これにそなえて，没収に代わる追徴を補充的・代替的な一種の保安処分として認める必要が生ずるのである。（なお，右の没収及びこれに代わる追徴の性質については，かつて，関税法による没収及び追徴に関する最高裁判所昭和39年7月1日大法廷判決刑集18巻6号302頁以下に述べた私の少数意見を参照されたい。）

二，没収及び追徴の性質が右述のとおりであるとすれば，犯人が収受した賄

略の全部又は一部を没収することができない場合に，その没収に代えて補充的・代替的に科せられるべき追徴は，正に賄賂の目的物を没収することが不能となった時を基準として，その価額を科すべきものとするのが，収賄者をして賄賂による利益を保持させないことを目的として定められた法文の文理にそう解釈であるのみならず，追徴の補充的・代替的性質にも合する合理的な解釈であるといわなければならない。

　収賄者の授受した賄賂の目的物は，日時の経過等によって，その価額の増減を生ずるのが通例であるが，仮にその価額が増大する場合を考えると，収賄者がその増大した価額でその目的物を処分し，その結果として，その没収が不能となった場合に，目的物の授受時を基準としてその時の価額を追徴したのでは，収賄者に価額の増大した分だけの利益を不当に保有させる結果となり，追徴の叙上の趣旨に照らし，不当といわざるを得ず，また，仮にその価額が減少する場合を考える（例えばテレビその他消耗品の場合がこれにあたる。）と，その間，収賄者は何らかの利益を受けることになるが，収賄者が目的物をそのまま保有していたとすれば，当然その状態における目的物が没収されることになるのであるから，その没収に代わる追徴が，その目的物の価額，すなわち，本来没収すべくして没収することができなくなった状態におけるその目的物の価額（テレビ等を使用し，そのために減価した価額）についてされることにしても，必ずしも不当とはいえない。むしろ，追徴が没収の補充的・代替的性質のものであることの当然の結果ということができる。

　これを本件についてみると，若し被告人が本件賄賂の目的物である宅地をそのまま保有していたならば，当然その状態において没収されるべきであったのであり，被告人がこれを処分したことにより，現実に138万9,150円相当の利益を得たものと認められるから，収賄者にその利益を保持させないことを目的とする追徴制度の趣旨からいって，右価額を追徴するのが相当といわなくてはならない。」

大隅健一郎裁判官の反対意見　「収賄罪において犯人の収受した賄賂は没収すべきであるが，その全部または一部を没収することができないときは，その価額を追徴すべきものとされている（刑法197条ノ5）。没収は，犯罪に関係ある物件の所有権を剥奪して国庫に帰属せしめる附加刑であって，主刑に附加してこれを科することにより科刑の目的を全うしようとするものであるが，その

⇒ 623

実質においては，刑罰であるよりは，多分に保安処分的色彩を有するものと解せられる。そして追徴は，本来没収を科すべき場合に没収すべきものが没収できなくなった場合，これに代えて補充的に科せられる換刑処分であって，犯人をして犯罪による利得を保持させないようにする没収の趣旨を貫徹する目的に出たものである。

　ところで，刑法197条ノ5は，犯人の収受した賄賂の全部または一部を没収することができないときは『その価額』を追徴すべきものとしているが，いわゆるその価額とは，右に見た追徴制度の目的にかんがみれば，裁判言渡の時における賄賂の目的物の価額を意味するものと解するのが，最も理論的であると考えられる。けだし，収賄者が賄賂の目的物の保持を継続し，没収の言渡を受けたとすれば失ったであろう利得相当額を追徴するのが，前述した追徴制度の趣旨にそうゆえんであると認められるからである。ドイツの学説がこれと同じ見解をとっているのは，理由のないことではないと思う。ただ，この見解によると，裁判言渡時の価額を裁判中に予測して決定することを要し，また，1審が無罪で2審で破棄自判または破棄差戻をする場合に，どの裁判言渡時を標準としてその価額を定むべきかの問題を生ずるなど，若干の技術的難点があるのを免れない。その点を考慮すれば，賄賂の目的物につき没収不能の事由を生じた時を標準として右の価額を定むべきものと解するのが，実際上は適当であるといえるであろう。いずれにしても，賄賂の授受があった時を標準として右の価額を定むべきものとする多数意見の見解には，にわかに賛成することができない。

　多数意見は，収賄者は賄賂たる物を収受することによってその物のその当時の価額に相当する利益を得たものであり，その後の日時の経過等によるその物の価額の増減の如きは右収受とは別個の原因に基づくにすぎないのであるから，没収に代えて追徴すべき金額はその物の授受当時の価額によるべきものと解するのが相当であるとする。賄賂が授受された後にその目的物の価額が減少した場合に，没収に当たり減少した価額に相当する金額が別に追徴されるのであれば，右の見解が正当であるといわなければならないであろうが，没収は賄賂の目的物の価額が後に減少した場合（ことに収賄者がその物を使用して利益を享受したことにより価額が減少した場合）にも，その状態における物についてなされるのみである。してみれば，没収に代えて追徴すべき金額がその物の授受

当時の価額によるべきであるとする合理的理由は見出しがたく，かえって，没収に代えて追徴すべき金額は没収すべくして没収することができなくなった状態における物の価額によるべきものと解するのが相当であるといわざるをえない。その理は，本件におけるように賄賂の目的物の価額が後になって増大した場合においても，異なるところはない。

　以上の理由により，原判決が，没収すべきものが没収することができなくなってその価額を追徴すべき場合には，没収刑を定めた法意に照らし，収賄時をもって基準とすべきではなく，没収不能となった時点の価額を追徴すべきである旨判示しているのは正当であって，本件上告は棄却すべきものと考える。」

624 共犯者が共同して収受した賄賂についての追徴方法
最決平成16年11月8日刑集58巻8号905頁／判時1881・47，判タ1170・129
（重判平16刑5）

【決定理由】「1　原判決及びその是認する第1審判決の認定によれば，本件の事実関係は，当時茨城県北茨城市長であった被告人Xと，その支援者で非公務員である被告人Yとが共謀の上，被告人Yにおいて，被告人Xの職務に関連してゴルフ場開発業者から現金合計1億5000万円の賄賂を収受したが，被告人両名間におけるその分配，保有及び費消の状況は不明であるというものである。

　2　刑法（平成7年法律第91号による改正前のもの。）197条ノ5の規定による没収・追徴は，必要的に行うべきものであるが，本件のように収賄の共同正犯者が共同して収受した賄賂については，これが現存する場合には，共犯者各自に対しそれぞれ全部の没収を言い渡すことができるから，没収が不能な場合の追徴も，それが没収の換刑処分であることに徴すれば，共犯者ら各自に対し，それぞれ収受した賄賂の価額全部の追徴を命じることができると解するのが相当であり，賄賂を共同収受した者の中に公務員の身分を有しない者が含まれる場合であっても，異なる扱いをする理由はない。

　もっとも，収受された賄賂を犯人等から必要的に没収，追徴する趣旨は，収賄犯人等に不正な利益の保有を許さず，これをはく奪して国庫に帰属させるという点にあると解される。また，賄賂を収受した共犯者ら各自からそれぞれその価額の全部を追徴することができるとしても，追徴が没収に代わる処分である以上，その全員に対し重複してその全部につき執行することが許されるわけではなく，共犯者中の1人又は数人について全部の執行が了すれば，他の者に

⇒ *624*

対しては執行し得ないものであることはもちろんである（最高裁昭和29年㋐第3683号同30年12月8日第1小法廷決定・刑集9巻13号2608頁，最高裁昭和30年㋐第3445号同33年4月15日第3小法廷決定・刑集12巻5号916頁参照）。

　これらの点に徴すると，収賄犯人等に不正な利益の保有を許さないという要請が満たされる限りにおいては，必要的追徴であるからといって，賄賂を共同収受した共犯者全員に対し，それぞれその価額全部の追徴を常に命じなければならないものではないということができるのであり（最高裁昭和26年㋐第3100号同33年3月5日大法廷判決・刑集12巻3号384頁参照），裁判所は，共犯者らに追徴を命じるに当たって，賄賂による不正な利益の共犯者間における帰属，分配が明らかである場合にその分配等の額に応じて各人に追徴を命じるなど，相当と認められる場合には，裁量により，各人にそれぞれ一部の額の追徴を命じ，あるいは一部の者にのみ追徴を科することも許されるものと解するのが相当である。

　3　これを本件について見ると，原判決は，前記の事実関係の下において，共同収受した賄賂について，共犯者間におけるその分配，保有及び費消の状況が不明である場合には，賄賂の総額を均分した金額を各自から追徴すべきものと解されるとして，被告人両名に対し，上記収受した賄賂の総額を2等分した金額である7500万円を各人からそれぞれ追徴する旨言い渡した第1審判決を是認したものであるところ，収受した賄賂の総額を均分した金額を各被告人から追徴するものとしたことには相応の合理性があると認められ，また，各追徴の金額を合算すれば収受された賄賂の総額を満たすから，必要的追徴の趣旨を損なうものでもない。したがって，第1審判決のした各追徴及びこれを是認した原判断は，相当なものとして是認することができる。」

判 例 索 引

＊〔　〕内の数字は本書での判例番号を，その次の数字は頁数を示す。

大判明 36・5・21 刑録 9・874〔169〕 ……………145
大判明 42・3・16 刑録 15・261〔530〕 …………436
大判明 42・4・16 刑録 15・452〔437〕 …………358
大判明 42・10・19 刑録 15・1420〔13〕 …………15
大判明 43・3・25 刑録 16・470〔572〕 …………474
大判明 43・5・12 刑録 16・857〔18〕 ……………17
大判明 43・6・17 刑録 16・1210〔266〕 …………208
大判明 43・9・30 刑録 16・1572〔480〕 …………97
大判明 43・11・15 刑録 16・1937〔78〕 …………62
大判明 43・12・13 刑録 16・2181〔479〕 ………396
大判明 43・12・19 刑録 16・2239〔605〕 ………504
大判明 44・2・27 刑録 17・197〔438〕 …………359
大判明 44・5・8 刑録 17・817〔507〕 ……………423
大判明 44・10・13 刑録 17・1698〔409〕 ………335
大判明 44・11・27 刑録 17・2041〔321〕 ………253
大判明 45・1・15 刑録 18・1〔570〕 ……………473
大判明 45・2・1 刑録 18・75〔484〕 ……………399
大判明 45・4・26 刑録 18・536〔198〕 …………161
大判明 45・6・20 刑録 18・896〔47〕 ……………34
大判明 45・7・4 刑録 18・1009〔418〕 …………340
大判明 45・7・16 刑録 18・1083〔26〕 …………21
大判大元・10・8 刑録 18・1231〔368〕 …………293
大判大元・12・20 刑録 18・1563〔172〕 ………148
大判大元・12・20 刑録 18・1566〔578〕 ………478
大判大 2・12・16 刑録 19・1440〔383〕 ………306
大連判大 2・12・23 刑録 19・1502〔292〕 ……227
大判大 2・12・24 刑録 19・1517〔454〕 ………371
大判大 3・3・6 新聞 929・28〔196〕 ……………160
大判大 3・4・29 刑録 20・654〔576〕 …………477
大判大 3・6・9 刑録 20・1147〔460〕 …………375
大判大 3・6・13 刑録 20・1174〔411〕 …………335
大判大 3・6・20 刑録 20・1300〔435, 451〕
　　　　　　　　　　　　　　　……………357, 369
大判大 3・12・1 刑録 20・2303〔82〕 ……………65

大判大 4・2・10 刑録 21・90〔35〕 ………………27
大判大 4・5・21 刑録 21・663〔130, 220〕
　　　　　　　　　　　　　　　……………110, 175
大判大 4・5・21 刑録 21・670〔24〕 ……………20
大判大 4・6・2 刑録 21・721〔421〕 ……………344
大判大 4・7・10 刑録 21・1011〔602〕 …………502
大判大 4・9・21 刑録 21・1390〔495〕 …………412
大判大 4・10・8 刑録 21・1578〔430〕 …………350
大判大 5・5・2 刑録 22・681〔322〕 ……………253
大判大 6・4・13 刑録 23・312〔455〕 …………371
大判大 6・10・15 刑録 23・1113〔359〕 ………289
大判大 7・7・17 刑録 24・939〔295〕 …………230
大判大 7・9・25 刑録 24・1219〔213〕 …………169
大判大 7・10・19 刑録 24・1274〔367〕 ………293
大判大 7・11・19 刑録 24・1365〔199〕 ………161
大判大 7・12・6 刑録 24・1506〔111〕 …………95
大判大 8・3・31 刑録 25・403〔569〕 …………472
大判大 8・4・4 刑録 25・382〔182〕 ……………152
大判大 8・4・5 刑録 25・489〔197〕 ……………160
大判大 8・4・18 新聞 1556・25〔157〕 …………134
大判大 8・7・15 新聞 1605・21〔391〕 …………313
大判大 8・11・19 刑録 25・1133〔377〕 ………303
大判大 8・12・13 刑録 25・1367〔1〕 ……………1
大判大 9・2・4 刑録 26・26〔231〕 ……………184
大判大 9・2・26 刑録 26・82〔141〕 ……………120
大判大 9・6・3 刑録 26・382〔16〕 ………………16
大判大 9・12・17 刑録 26・921〔431〕 …………350
大判大 10・10・24 刑録 27・643〔124〕 ………106
大判大 11・2・28 刑集 1・82〔428〕 ……………349
大判大 11・5・1 刑集 1・252〔517〕 ……………429
大判大 11・7・12 刑集 1・393〔378〕 …………303
大連判大 11・10・20 刑集 1・558〔510〕 ………424
大判大 11・11・28 刑集 1・705〔14〕 ……………16
大判大 11・12・13 刑集 1・754〔446〕 …………364

判　例　索　引　　521

大判大 11・12・15 刑集 1・763〔307〕 …………238
大判大 12・6・9 刑集 2・508〔214〕 …………170
大判大 12・6・14 刑集 2・537〔306〕 …………238
大判大 12・7・3 刑集 2・624〔207〕 …………167
大判大 12・7・14 刑集 2・650〔337〕 …………265
大判大 12・12・1 刑集 2・895〔384〕 …………306
大判大 13・6・10 刑集 3・473〔185〕 …………154
大判大 13・6・19 刑集 3・502〔90〕 …………71
大判大 13・10・23 刑集 3・711〔476〕 …………391
大判大 15・2・24 刑集 5・56〔511〕 …………425
大判大 15・4・20 刑集 5・136〔386〕 …………307
大判大 15・11・2 刑集 5・491〔183〕 …………153
大判昭 2・3・26 刑集 6・114〔508〕 …………423
大判昭 2・3・28 刑集 6・118〔57〕 …………42
大判昭 2・12・8 刑集 6・512〔618〕 …………512
大判昭 3・7・14 刑集 7・490〔482〕 …………397
大判昭 3・10・9 刑集 7・683〔481〕 …………397
大決昭 3・12・21 刑集 7・772〔330〕 …………261
大判昭 4・3・7 刑集 8・107〔296〕 …………30
大判昭 4・5・16 刑集 8・251〔289〕 …………226
大判昭 4・12・4 刑集 8・609〔609〕 …………506
大判昭 5・5・26 刑集 9・342〔293〕 …………229
大判昭 5・9・18 刑集 9・668〔563〕 …………468
大判昭 6・5・8 刑集 10・205〔267〕 …………208
大判昭 7・2・19 刑集 11・85〔297〕 …………231
大判昭 7・3・24 刑集 11・296〔551〕 …………459
大判昭 7・5・23 刑集 11・665〔483〕 …………398
大判昭 7・10・31 刑集 11・1541〔392〕 …………13
大判昭 8・2・14 刑集 12・114〔580〕 …………478
大判昭 8・3・16 刑集 12・275〔385〕 …………306
大判昭 8・4・15 刑集 12・427〔38〕 …………30
大判昭 8・4・19 刑集 12・471〔8〕 …………12
大判昭 8・11・9 刑集 12・1946〔361〕 …………290
大判昭 9・3・29 刑集 13・335〔320〕 …………252
大判昭 9・7・19 刑集 13・983〔413〕 …………337
大判昭 9・7・19 刑集 13・1043〔363〕 …………291
大判昭 9・12・12 刑集 13・1717〔415〕 …………38
大判昭 9・12・22 刑集 13・1789〔221, 439〕
　………………………………………………176, 359

大判昭 10・2・7 刑集 14・76〔15〕 …………16
大判昭 10・7・3 刑集 14・745〔412〕 …………336
大判昭 11・2・14 刑集 15・113〔521〕 …………431
大判昭 12・9・10 刑集 16・1251〔58〕 …………42
大判昭 12・11・19 刑集 16・1513〔156〕 …………133
大判昭 16・11・11 刑集 20・598〔191〕 …………57
最判昭 23・5・20 刑集 2・5・489〔120〕 …………103
最判昭 23・6・5 刑集 2・7・641〔375〕 …………301
最大判昭 23・6・9 刑集 2・7・653〔333〕 …………263
最判昭 23・11・2 刑集 2・12・1443〔447〕 …………364
最判昭 23・11・9 刑集 2・12・1504〔425〕 …………347
最判昭 23・11・25 刑集 2・12・1649〔117〕 …………101
最判昭 23・12・24 刑集 2・14・1883〔256〕 …………200
最判昭 24・2・8 刑集 3・2・75〔252〕 …………197
最判昭 24・2・8 刑集 3・2・83〔216〕 …………171
最判昭 24・2・15 刑集 3・2・164〔259〕 …………201
最判昭 24・2・15 刑集 3・2・175〔173, 215〕
　………………………………………………148, 171
最判昭 24・2・22 刑集 3・2・198〔458〕 …………373
最判昭 24・3・8 刑集 3・3・276〔381〕 …………304
最判昭 24・5・28 刑集 3・6・873〔286〕 …………222
最判昭 24・6・28 刑集 3・7・1129〔461〕 …………375
最判昭 24・8・9 刑集 3・9・1440〔560〕 …………466
最判昭 24・10・20 刑集 3・10・1660〔427〕 …………348
大阪高判昭 24・12・5 判特 4・3〔223〕 …………78
最判昭 24・12・20 刑集 3・12・2036〔87〕 …………69
最判昭 24・12・22 刑集 3・12・2070〔208〕 …………167
最判昭 25・2・28 刑集 4・2・268〔514, 593〕
　………………………………………………427, 489
最判昭 25・4・6 刑集 4・4・481〔619〕 …………513
東京高判昭 25・6・10 高刑集 3・2・222〔43〕 …………32
広島高松江支判昭 25・7・3 高刑集 3・2・247〔81〕
　………………………………………………65
最判昭 25・8・29 刑集 4・9・1585〔176〕 …………149
最判昭 25・11・9 刑集 4・11・2239〔44〕 …………32
最判昭 25・12・5 刑集 4・12・2475〔352〕 …………280
最判昭 25・12・14 刑集 4・12・2548〔453〕 …………370
最判昭 26・5・25 刑集 5・6・1186〔360〕 …………290
最判昭 26・7・13 刑集 5・8・1437〔232〕 …………185

最大判昭 26・7・18 刑集 5・8・1491〔*131*〕……*111*
最判昭 26・9・20 刑集 5・10・1937〔*60*〕…………*43*
仙台高判昭 26・11・29 判特 22・85〔*417*〕……*339*
最判昭 26・12・14 刑集 5・13・2518〔*309*〕……*240*
最決昭 27・2・21 刑集 6・2・275〔*9*〕…………*12*
福岡高判昭 27・3・20 判特 19・72〔*298*〕……*231*
最判昭 27・3・28 刑集 6・3・546〔*547*〕…………*55*
東京高判昭 27・6・3 高刑集 5・6・938〔*174*〕……*148*
最判昭 27・6・6 刑集 6・6・795〔*53*〕…………*37*
東京高判昭 27・7・3 高刑集 5・7・1134〔*127*〕
………………………………………*108*
最決昭 27・7・10 刑集 6・7・876〔*423*〕………*345*
最判昭 27・7・22 刑集 6・7・927〔*612*〕………*508*
札幌高判昭 27・11・20 高刑集 5・11・2018〔*351*〕
………………………………………*280*
最判昭 27・12・25 刑集 6・12・1387〔*338, 520*〕
………………………………*266, 430*
最判昭 28・1・30 刑集 7・1・128〔*140*〕………*120*
広島高岡山支判昭 28・2・17 判特 31・67〔*244*〕
………………………………………*191*
最決昭 28・2・19 刑集 7・2・280〔*41*〕…………*31*
名古屋高判昭 28・2・26 判特 33・9〔*393*〕……*314*
最決昭 28・4・25 刑集 7・4・881〔*603*〕…………*03*
広島高判昭 28・5・27 判特 31・15〔*276*〕……*215*
東京高判昭 28・6・18 東高刑時報 4・1・5〔*452*〕
………………………………………*369*
東京高決昭 28・7・17 判特 39・15〔*585*〕……*482*
東京高判昭 28・8・3 判特 39・71〔*509, 523*〕
………………………………*424, 432*
浦和地判昭 28・8・21 判時 8・19〔*301*〕………*233*
最判昭 28・10・2 刑集 7・10・1883〔*538*〕……*444*
最決昭 28・10・19 刑集 7・10・1945〔*577*〕……*477*
大阪高判昭 28・11・18 高刑 6・11・1603〔*245*〕
………………………………………*191*
最決昭 28・12・10 刑集 3・9・1440〔*559*〕……*466*
最判昭 28・12・15 刑集 7・12・2436〔*162*〕……*137*
名古屋高金沢支判昭 28・12・24 判特 33・164
〔*466*〕………………………………*380*
最判昭 28・12・25 刑集 7・13・2721〔*387*〕……*307*

大阪高判昭 29・5・4 高刑集 7・4・591〔*210*〕…*168*
広島高判昭 29・6・30 高刑集 7・6・944〔*10*〕……*12*
最判昭 29・8・20 刑集 8・8・1256〔*614*〕………*509*
最判昭 29・8・20 刑集 8・8・1277〔*40*〕…………*31*
最決昭 29・9・30 刑集 8・9・1575〔*566*〕………*470*
東京高判昭 29・10・7 東高刑時報 5・9・380〔*254*〕
………………………………………*198*
名古屋高判昭 30・2・16 高刑集 8・1・82〔*290*〕
………………………………………*226*
最判昭 30・3・17 刑集 9・3・477〔*613*〕………*508*
最判昭 30・4・8 刑集 9・4・827〔*305*〕…………*237*
福岡高判昭 30・4・25 高刑集 8・3・418〔*178*〕
………………………………………*150*
最大判昭 30・6・22 刑集 9・8・1189〔*478*〕……*392*
最決昭 30・7・7 刑集 9・9・1856〔*312*〕…………*42*
最決昭 30・8・9 刑集 9・9・2008〔*175*〕………*149*
東京高判昭 30・8・30 高刑集 8・6・860〔*125*〕
………………………………………*106*
最判昭 30・10・14 刑集 9・11・2173〔*294*〕……*229*
広島高岡山支判昭 30・11・15 裁特 2・22・1173
〔*470*〕………………………………*384*
最判昭 30・12・9 刑集 9・13・2627〔*416*〕……*339*
名古屋高判昭 30・12・13 裁特 2・24・1276〔*350*〕
………………………………………*279*
最判昭 30・12・26 刑集 9・14・3053〔*365*〕……*292*
最決昭 31・1・19 刑集 10・1・67〔*201*〕………*161*
福岡高判昭 31・4・14 裁特 3・8・409〔*91*〕……*71*
最判昭 31・6・26 刑集 10・6・874〔*369, 373*〕
………………………………*293, 297*
最決昭 31・7・12 刑集 10・7・1058〔*589*〕……*486*
東京高判昭 31・8・9 裁特 3・17・826〔*382*〕…*305*
最決昭 31・8・22 刑集 10・8・1260〔*238*〕……*188*
最判昭 31・8・30 判時 90・26〔*300*〕…………*233*
東京高判昭 31・9・27 高刑集 9・9・1044〔*93*〕…*74*
東京高判昭 31・12・5 東高刑時報 7・12・460〔*313*〕
………………………………………*243*
最判昭 31・12・7 刑集 10・12・1592〔*394*〕……*315*
最決昭 32・1・24 刑集 11・1・270〔*188*〕………*154*
最判昭 32・2・21 刑集 11・2・877〔*142*〕………*121*

最判昭 32・3・28 刑集 11・3・1136〔597〕……496
最判昭 32・4・4 刑集 11・4・1327〔441〕………359
最判昭 32・7・16 刑集 11・7・1829〔186〕……154
最判昭 32・7・25 刑集 11・7・2037〔531〕……436
最判昭 32・9・13 刑集 11・9・2263〔268〕……209
大阪高判昭 32・9・13 高刑集 10・7・602〔83〕…65
最判昭 32・10・4 刑集 11・10・2464〔522〕……431
最判昭 32・10・15 刑集 11・10・2597〔203〕…162
最判昭 32・11・8 刑集 11・12・3061〔179〕……151
東京高判昭 33・3・10 裁特 5・3・89〔184〕……153
最決昭 33・3・19 刑集 12・4・636〔85〕…………68
最判昭 33・4・10 刑集 12・5・743〔489〕………407
最決昭 33・4・11 刑集 12・5・886〔513〕………426
最判昭 33・4・17 刑集 12・6・1079〔229〕……183
最判昭 33・4・18 刑集 12・6・1090〔74〕………58
最決昭 33・5・1 刑集 12・7・1286〔358〕………289
東京高判昭 33・7・7 裁特 5・8・313〔314〕……244
最決昭 33・7・31 刑集 12・12・2805〔579〕……478
最決昭 33・9・16 刑集 12・13・3031〔527〕……435
最決昭 33・9・30 刑集 12・13・3180〔608〕……505
最判昭 33・10・10 刑集 12・14・3246〔414〕…337
最判昭 33・11・21 刑集 12・15・3519〔6〕………9
最決昭 34・2・9 刑集 13・1・76〔422〕…………344
最決昭 34・2・13 刑集 13・2・101〔419〕………340
最決昭 34・3・23 刑集 13・3・391〔277〕………215
東京高判昭 34・4・30 高刑集 12・5・486〔549〕
　　………………………………………………457
最判昭 34・5・7 刑集 13・5・641〔158, 164〕
　　……………………………………………134, 141
最判昭 34・7・24 刑集 13・8・1163〔27〕………21
最決昭 34・8・27 刑集 13・10・2769〔545〕……453
最判昭 34・8・28 刑集 13・10・2906〔217〕……171
最決昭 34・9・28 刑集 13・11・2993〔331〕……261
東京高判昭 35・2・22 東高刑時報 11・2・43〔316〕
　　………………………………………………246
最判昭 35・3・18 刑集 14・4・416〔79〕…………62
東京高判昭 35・3・22 東高刑時報 11・3・73〔75〕
　　………………………………………………59
最判昭 35・4・26 刑集 14・6・748〔218〕………172

最判昭 35・6・24 刑集 14・8・1103〔555〕……462
熊本地判昭 35・7・1 下刑集 2・7=8・1031〔30〕…23
最決昭 35・9・9 刑集 14・11・1457〔230〕……183
最決昭 35・12・27 刑集 14・14・2229〔440〕…359
最判昭 36・3・30 刑集 15・3・605〔524〕………432
最判昭 36・3・30 刑集 15・3・667〔485〕………399
最決昭 36・8・17 刑集 15・7・1293〔571〕……473
最決昭 36・10・10 刑集 15・9・1580〔376〕……302
最決昭 36・12・1 刑集 15・11・1807〔474〕……388
最決昭 37・1・23 刑集 16・1・11〔543〕…………52
最決昭 37・2・13 刑集 16・2・68〔404〕………328
最決昭 37・5・29 刑集 16・5・528〔587〕………485
東京高判昭 37・8・30 高刑集 15・6・488〔263〕
　　………………………………………………205
東京高判昭 37・10・31 東高刑時報 13・10・267
　〔255〕……………………………………199
最決昭 37・11・21 刑集 16・11・1570〔94〕………74
東京地判昭 37・11・29 判タ 140・117〔335〕…265
東京地判昭 37・12・3 判時 323・33〔193〕……158
東京地判昭 38・3・23 判タ 147・92〔48〕………34
福岡高宮崎支判昭 38・3・29 判タ 145・199〔76〕
　　………………………………………………60
最決昭 38・4・18 刑集 17・3・248〔88〕…………70
最決昭 38・5・13 刑集 17・4・279〔584〕………482
最決昭 38・7・9 刑集 17・6・608〔395, 410〕
　　……………………………………………316, 335
高松地丸亀支判昭 38・9・16 下刑集 5・9=10・867
　〔336〕……………………………………265
最決昭 38・11・8 刑集 17・11・2357〔429〕……349
最決昭 38・12・24 刑集 17・12・2485〔432〕…351
最決昭 39・1・28 刑集 18・1・31〔42〕……………31
名古屋高判昭 39・4・27 高刑集 17・3・262〔472〕
　　………………………………………………385
東京高判昭 39・6・8 高刑集 17・5・446〔194〕
　　………………………………………………159
最決昭 39・12・8 刑集 18・10・952〔621〕……514
最決昭 40・2・26 刑集 19・1・59〔567〕………471
東京高判昭 40・6・25 高刑集 18・3・238〔89〕…70
最決昭 40・9・16 刑集 19・6・679〔575〕………476

東京地判昭 40・9・30 下刑集 7・9・1828〔36〕 …28
最判昭 41・3・24 刑集 20・3・129〔544〕 ……453
最判昭 41・4・8 刑集 20・4・207〔192〕 ……158
最決昭 41・4・14 判時 449・64〔550〕 ………458
最決昭 41・6・10 刑集 20・5・374〔443〕 ……361
大阪高判昭 41・8・9 高刑集 19・5・535〔247〕
……………………………………………………194
大阪地判昭 41・9・19 判タ 200・180〔468〕 …382
東京地判昭 41・11・25 判タ 200・177〔200〕 …161
最大判昭 41・11・30 刑集 20・9・1076〔132〕 …111
最決昭 42・3・30 刑集 21・2・447〔516〕 ……428
最大判昭 42・5・24 刑集 21・4・505〔548〕 …456
最決昭 42・11・2 刑集 21・9・1179〔248〕 …195
新潟地判昭 42・12・5 下刑集 9・12・1548〔282〕
……………………………………………………220
最決昭 42・12・19 刑集 21・10・1407〔554〕 …462
最決昭 42・12・21 刑集 21・10・1453〔323〕 …254
最決昭 43・1・18 刑集 22・1・7〔160〕 ………135
尼崎簡判昭 43・2・29 下刑集 10・2・211〔112〕
………………………………………………………96
東京高判昭 43・3・15 高刑集 21・2・158〔581〕
……………………………………………………479
最決昭 43・6・25 刑集 22・6・490〔512〕 ……426
最決昭 43・9・17 判時 534・85〔233〕 ………185
最大判昭 43・9・25 刑集 22・9・871〔623〕 …515
岡山地判昭 43・10・8 判時 546・98〔29〕 ……22
最決昭 43・10・15 刑集 22・10・901〔615〕 …510
最決昭 43・10・24 刑集 22・10・946〔308〕 …239
最決昭 43・11・7 判時 541・83〔25〕 …………21
最決昭 43・12・11 刑集 22・13・1469〔291〕 …227
最大判昭 44・6・18 刑集 23・7・950〔518〕 …429
最大判昭 44・6・25 刑集 23・7・975〔166〕 …142
大阪高判昭 44・8・7 刑月 1・8・795〔317〕 …247
福岡高判昭 44・12・18 刑月 1・12・1110〔620〕
……………………………………………………513
最決昭 45・1・29 刑集 24・1・1〔100〕 …………81
最決昭 45・3・26 刑集 24・3・55〔324〕 ……255
東京高判昭 45・4・6 判タ 255・235〔177〕 …150
広島高判昭 45・5・28 判タ 255・275〔209〕 …168

最決昭 45・6・30 判時 596・96〔490〕 …………408
札幌高判昭 45・7・14 高刑集 23・3・479〔59〕 …43
最決昭 45・9・4 刑集 24・10・1319〔504〕 ……420
京都地判昭 45・10・12 刑月 2・10・1104〔84〕 …67
最決昭 45・12・3 刑集 24・13・1707〔67, 71〕
…………………………………………………52, 56
最判昭 45・12・22 刑集 24・13・1812〔540〕 …447
最決昭 45・12・22 刑集 24・13・1882〔257〕 …200
東京地判昭 46・3・19 刑月 3・3・444〔73〕 …57
仙台高判昭 46・6・21 高刑集 24・2・418〔222〕
……………………………………………………177
福岡高判昭 46・10・11 刑月 3・10・1311〔39〕 …30
大阪高判昭 46・11・26 高刑集 24・4・741〔379〕
……………………………………………………303
最判昭 47・3・14 刑集 26・2・187〔72〕 ………57
大阪地判昭 47・9・6 判タ 306・298〔552〕 …460
福岡高判昭 47・11・22 刑月 4・11・1803〔370〕
……………………………………………………294
最決昭 48・2・8 刑集 27・1・1〔68〕……………53
東京地判昭 48・3・9 判タ 298・349〔28〕 ……22
最決昭 48・3・15 刑集 27・2・115〔525〕 ……432
東京高判昭 48・3・26 高刑集 26・1・85〔261〕
……………………………………………………203
東京高判昭 48・8・7 高刑集 26・3・322〔149〕
……………………………………………………125
東京地判昭 48・9・6 刑月 5・9・1315〔133〕 …112
東京地判昭 48・11・20 高刑集 26・5・548〔371〕
……………………………………………………295
大阪高判昭 49・2・14 刑月 6・2・118〔150〕 …125
東京地判昭 49・4・25 判時 744・37〔139〕 …118
最決昭 49・5・31 裁判集刑 192・571〔113〕 ……96
神戸地判昭 49・10・11 刑月 6・10・1031〔126〕
……………………………………………………107
東京高判昭 49・10・22 東高刑時報 25・10・90
〔448〕 ……………………………………………365
東京高判昭 49・10・23 判時 765・111〔310〕 …240
福岡高判昭 50・1・27 刑月 7・1・14〔161〕 …136
東京高判昭 50・4・15 刑月 7・4・480〔45〕 ……32
最判昭 50・4・24 判時 774・119〔600, 610〕

………………………………………500, 506
最決昭50・6・12 刑集29・6・365〔426〕………347
広島地判昭50・6・24 刑月7・6・692〔224〕…178
最判昭51・2・19 刑集30・1・47〔599〕………500
最判昭51・3・4 刑集30・2・79〔107〕…………91
最決昭51・3・23 刑集30・2・229〔168〕………143
最決昭51・4・1 刑集30・3・425〔332〕…………62
最判昭51・4・30 刑集30・3・453〔486〕………399
最判昭51・5・6 刑集30・4・591〔496, 515〕
　……………………………………………412, 428
広島高判昭51・9・21 刑月8・9=10・380〔86〕…68
京都地判昭51・10・15 刑月8・9=10・431〔278〕
　……………………………………………………216
大阪地判昭51・10・25 刑月8・9=10・435〔95〕…76
広島高松江支判昭51・12・6 高刑集29・4・651
　〔318〕……………………………………………249
京都地判昭51・12・17 判時847・112〔234〕…185
東京高判昭52・2・28 高刑集30・1・108〔519〕
　……………………………………………………429
最判昭52・5・6 刑集31・3・544〔70〕…………55
福岡高判昭53・4・24 判時905・123〔366〕…292
最判昭53・6・29 刑集32・4・816〔541〕………449
熊本地判昭54・3・22 判時931・6〔19〕…………18
秋田地判昭54・3・29 刑月11・3・264〔22〕……19
東京地判昭54・8・10 刑月11・8・943・122〔50〕………35
大阪地判昭54・8・15 刑月11・7=8・816〔498〕
　……………………………………………………414
最決昭54・11・19 刑集33・7・710〔274〕……214
東京地判昭55・2・14 刑月12・1=2・47〔236〕
　……………………………………………………187
最決昭55・2・29 刑集34・2・56〔445〕………363
東京高判昭55・3・3 判時975・132〔302〕……234
長崎地佐世保支判昭55・5・30 判時999・131
　〔144〕……………………………………………121
最決昭55・7・15 判時972・129〔364〕………291
名古屋地判昭55・7・28 刑月12・7・709〔103〕
　………………………………………………………86
大阪高判昭55・7・29 刑月12・7・525〔362〕…291
最決昭55・10・30 刑集34・5・357〔235〕……186

最決昭55・11・13 刑集34・6・396〔56〕………41
前橋地判昭55・12・1 判タ445・176〔145〕…122
最決昭55・12・9 刑集34・7・513〔477〕………391
最決昭55・12・22 刑集34・7・747〔622〕……514
東京高判昭56・1・27 刑月13・1=2・50〔104〕…88
神戸地判昭56・3・27 判時1012・35〔389〕…310
最決昭56・4・8 刑集35・3・57〔497〕…………413
最判昭56・4・16 刑集35・3・84〔163〕………138
福井地判昭56・8・31 判時1022・144〔319〕…251
福岡高判昭56・9・21 刑月13・8=9・527〔328〕
　……………………………………………………259
最決昭56・12・22 刑集35・9・953〔500〕……416
東京高判昭57・1・21 刑月14・1=2・1〔119, 258〕
　……………………………………………103, 201
最決昭57・1・28 刑集36・1・1〔582〕…………480
最判昭57・6・24 刑集36・5・646〔433〕………352
東京高判昭57・8・6 判時1083・150〔264〕…206
福岡高判昭57・9・6 高刑集35・2・85〔20〕……19
旭川地判昭57・9・29 刑月14・9・713〔568〕…471
東京高判昭58・1・20 判時1088・147〔118〕…102
大阪高判昭58・2・10 刑月15・1=2・1〔611〕…507
福岡高判昭58・2・28 判時1083・156〔189〕…155
東京地判昭58・3・1 刑月15・3・255〔105〕……89
最決昭58・3・25 刑集37・2・170〔604〕………503
仙台地判昭58・3・28 刑月15・3・279〔462〕…376
最判昭58・4・8 刑集37・3・215〔114〕…………97
東京高判昭58・4・27 高刑集36・1・27〔159〕
　……………………………………………………134
最決昭58・5・24 刑集37・4・437〔405〕………328
東京高判昭58・6・20 刑月15・4=5=6・299〔463〕
　……………………………………………………378
最判昭58・6・23 刑集37・5・555〔69〕…………53
横浜地判昭58・7・20 判時1108・138〔456〕…372
大阪高判昭58・8・26 判時1102・155〔251〕…196
最判昭58・11・1 刑集37・9・1341〔155〕……130
最判昭59・2・17 刑集38・3・336〔501〕………416
最決昭59・3・23 刑集38・5・2030〔143〕……121
最決昭59・3・27 刑集38・5・2064〔11〕………13
秋田地判昭59・4・13 判時1136・161〔329〕…260

最決昭 59・4・27 刑集 38・6・2584〔147〕……124	大阪高判昭 61・12・16 高刑集 39・4・592〔80〕…63
最決昭 59・5・8 刑集 38・7・2621〔539〕………444	福岡地判昭 62・2・9 判時 1233・157〔275〕…214
新潟地判昭 59・5・17 判時 1123・3〔400〕……321	最決昭 62・3・12 刑集 41・2・140〔134〕……114
大阪高判昭 59・5・23 高刑集 37・2・328〔339〕	最決昭 62・3・24 刑集 41・2・173〔96〕……77
………………………………………………266	最決昭 62・4・10 刑集 41・3・221〔187〕……153
最決昭 59・5・30 刑集 38・7・2682〔590〕……487	大阪高判昭 62・7・10 高刑集 40・3・720〔62〕…46
東京地判昭 59・6・15 刑月 16・5=6・459〔237〕	大阪高判昭 62・7・17 判時 1253・141〔284〕…220
………………………………………………188	東京地判昭 62・9・16 判時 1294・143〔101〕…82
東京地判昭 59・6・22 刑月 16・5=6・467〔449〕	東京地判昭 62・10・6 判時 1259・137〔226〕…179
………………………………………………366	最決昭 63・1・19 刑集 42・1・1〔17, 31〕……17, 24
東京地判昭 59・6・28 刑月 16・5=6・476〔170〕	最決昭 63・2・29 刑集 42・2・314〔21〕………19
………………………………………………146	最決昭 63・4・11 刑集 42・4・419〔592〕……488
東京高判昭 59・7・18 高刑集 37・2・360〔164〕	東京地判昭 63・5・6 判時 1298・152〔502〕…417
………………………………………………140	最決昭 63・7・18 刑集 42・6・861〔606〕……504
大阪高判昭 59・7・27 高刑集 37・2・377〔565〕	最決昭 63・11・21 刑集 42・9・1251〔401〕……323
………………………………………………470	大阪地判昭 63・12・22 判タ 707・267〔239〕…188
大阪高判昭 59・11・28 高刑集 37・3・438〔269〕	東京高判平元・2・27 高刑集 42・1・87〔270〕…210
………………………………………………209	最決平元・3・10 刑集 43・3・188〔542〕……451
最判昭 59・12・18 刑集 38・12・3026〔110〕……94	最決平元・3・14 刑集 43・3・283〔586〕……484
大阪高判昭 60・2・6 高刑集 38・1・50〔285〕…221	東京高判平元・3・14 判タ 700・266〔299〕……232
東京地判昭 60・2・13 刑月 17・1=2・22〔380〕	福岡高宮崎支判平元・3・24 高刑集 42・2・103〔7〕
………………………………………………304	………………………………………………10
東京地判昭 60・3・6 判時 1147・162〔390〕…312	甲府地判平元・3・31 判時 1311・160〔491〕…408
東京地判昭 60・3・19 判時 1172・155〔283〕…220	最決平元・5・1 刑集 43・5・405〔564〕………469
最判昭 60・3・28 刑集 39・2・75〔473〕………386	最決平元・7・7 刑集 43・7・607〔219〕………173
東京地判昭 60・4・8 判時 1171・16〔594〕…489	最決平元・7・7 判時 1326・157〔450, 464〕
最決昭 60・6・11 刑集 39・5・219〔591〕……488	………………………………………………368, 378
新潟地判昭 60・7・2 刑月 17・7=8・663〔195〕	最決平元・7・14 刑集 43・7・641〔459〕………374
………………………………………………160	最決平元・12・15 刑集 43・13・879〔32〕……24
最決昭 60・7・16 刑集 39・5・245〔583〕……481	東京高判平 2・2・20 高刑集 43・1・11〔528〕…435
最決昭 60・10・21 刑集 39・6・362〔77〕………61	鹿児島地判平 2・3・16 判時 1355・156〔553〕
横浜地判昭 61・2・18 刑月 18・1=2・127〔128〕	………………………………………………461
………………………………………………108	浦和地判平 2・11・22 判時 1374・141〔471〕…385
福岡地判昭 61・3・3 判タ 595・95〔148〕……124	東京高判平 3・4・1 判時 1400・128〔180〕……151
京都地判昭 61・5・23 判タ 608・137〔135〕…114	東京地八王子支判平 3・8・28 判タ 768・249〔311〕
最決昭 61・6・27 刑集 40・4・340〔487〕……405	………………………………………………241
最決昭 61・6・27 刑集 40・4・369〔601〕……502	東京地判平 4・5・28 判時 1425・140〔499〕…415
最決昭 61・7・18 刑集 40・5・438〔434〕……353	東京地判平 4・6・19 判タ 806・227〔97〕………78
最決昭 61・11・18 刑集 40・7・523〔260〕……202	岡山地判平 4・8・4 判例集未登載〔354〕……281

判例索引　527

大阪地判平 4・9・22 判タ 828・281〔*253*〕……*198*
東京高判平 4・10・28 判タ 823・252〔*211*〕…*169*
東京高判平 5・6・29 高刑集 46・2・189〔*353*〕
　…………………………………………………*280*
最判平 5・10・5 刑集 47・8・7〔*505*〕………*421*
最決平 6・3・4 裁判集刑 263・101〔*54*〕………*37*
仙台高判平 6・3・31 判時 1513・175〔*122*〕…*104*
最決平 6・7・19 刑集 48・5・190〔*243*〕………*91*
最決平 6・11・29 刑集 48・7・453〔*529*〕……*436*
東京地判平 7・2・13 判時 1529・158〔*355*〕…*284*
最大判平 7・2・22 刑集 49・2・1〔*595*〕………*491*
千葉地判平 7・6・2 判時 1535・144〔*573*〕…*474*
札幌高判平 7・6・29 判時 1551・142〔*262*〕…*204*
最決平 8・2・6 刑集 50・2・129〔*406*〕………*329*
広島高岡山支判平 8・5・22 高刑集 49・2・246
　〔*488*〕…………………………………………*405*
大阪地判平 8・7・8 判タ 960・293〔*492*〕……*409*
大阪地判平 9・8・20 判タ 995・286〔*63*〕………*48*
秋田地判平 9・9・2 判時 1635・158〔*546*〕…*454*
大阪地判平 9・10・3 判タ 980・285〔*153*〕…*128*
最決平 9・10・21 刑集 51・9・755〔*457*〕……*373*
東京地判平 9・12・5 判時 1634・155〔*171, 202*〕
　………………………………………………*147, 162*
最決平 10・7・14 刑集 52・5・343〔*556*〕……*462*
大阪高判平 10・7・16 判時 1647・156〔*3*〕………*5*
最決平 10・11・4 刑集 52・8・542〔*557*〕……*464*
最決平 10・11・25 刑集 52・8・570〔*402*〕……*323*
最決平 11・12・9 刑集 53・9・1117〔*249*〕……*195*
最決平 11・12・20 刑集 53・9・1495〔*494*〕……*411*
最決平 12・2・17 刑集 54・2・38〔*136*〕………*115*
最決平 12・3・27 刑集 54・3・402〔*340*〕……*268*
東京高判平 12・5・15 判時 1741・157〔*227*〕…*181*
横浜地川崎支判平 12・7・6 判例集未登載〔*533*〕
　………………………………………………………*438*
大阪高判平 12・8・24 判時 1736・130〔*326*〕…*256*
福岡高判平 12・9・21 判時 1731・131〔*152*〕…*126*
最判平 12・12・15 刑集 54・9・923〔*246*〕……*192*
最決平 12・12・15 刑集 54・9・1049〔*250*〕……*196*
最決平 13・7・16 刑集 55・5・317〔*532*〕……*437*

最判平 13・7・19 刑集 55・5・371〔*349*〕……*278*
最決平 13・11・5 刑集 55・6・546〔*388, 415*〕
　……………………………………………*308, 344*
福岡地判平 14・1・17 判タ 1097・305〔*465*〕…*379*
最決平 14・2・8 刑集 56・2・71〔*303*〕………*234*
最決平 14・2・14 刑集 56・2・86〔*279*〕………*216*
広島地判平 14・3・20 判タ 1116・297〔*397*〕…*317*
最決平 14・7・1 刑集 56・6・265〔*424*〕………*346*
最決平 14・9・30 刑集 56・7・395〔*129, 137*〕
　………………………………………………*109, 116*
最決平 14・10・21 刑集 56・8・670〔*343*〕……*270*
最決平 14・10・22 刑集 56・8・690〔*596*〕……*495*
最決平 15・1・14 刑集 57・1・1〔*616*〕………*510*
東京高判平 15・1・29 判時 1838・155〔*315*〕…*244*
東京地判平 15・1・31 判時 1838・158〔*503*〕…*418*
大津地判平 15・1・31 判タ 1134・311〔*272*〕…*212*
最決平 15・2・18 刑集 57・2・161〔*407*〕……*330*
東京地判平 15・3・6 判タ 1152・296〔*288*〕…*224*
最判平 15・3・11 刑集 57・3・293〔*123*〕……*105*
最決平 15・3・12 刑集 57・3・322〔*304*〕……*236*
最決平 15・3・18 刑集 57・3・356〔*396*〕……*316*
最決平 15・3・18 刑集 57・3・371〔*98*〕………*79*
最判平 15・4・14 刑集 57・4・445〔*469*〕……*383*
最大判平 15・4・23 刑集 57・4・467〔*374*〕……*298*
最決平 15・6・2 刑集 57・6・749〔*475*〕………*90*
鹿児島地判平 15・9・2 LEX/DB28095497〔*23*〕
　……………………………………………………*20*
最決平 15・10・6 刑集 57・9・987〔*506*〕……*421*
札幌地判平 15・11・27 判タ 1159・292〔*33*〕……*24*
最決平 15・12・9 刑集 57・11・1088〔*325*〕…*256*
最決平 16・1・20 刑集 58・1・1〔*12*〕……………*13*
最決平 16・2・9 刑集 58・2・89〔*327*〕………*258*
最決平 16・7・7 刑集 58・5・309〔*334*〕………*263*
最決平 16・8・25 刑集 58・6・515〔*181*〕……*152*
最判平 16・9・10 刑集 58・6・524〔*398*〕……*319*
最決平 16・11・8 刑集 58・8・905〔*624*〕……*519*
大阪地判平 16・11・17 判タ 1166・114〔*55*〕……*37*
最決平 16・11・30 刑集 58・8・1005〔*228*〕……*182*
最判平 16・12・10 刑集 58・9・1047〔*280*〕……*217*

最決平 17・3・11 刑集 59・2・1〔588〕…………486
最決平 17・3・29 刑集 59・2・54〔51〕………36
神戸地判平 17・4・26 判時 1904・152〔271〕…211
最決平 17・7・4 刑集 59・6・403〔37〕………28
東京高判平 17・8・16 判タ 1194・289〔281〕…218
札幌高判平 17・8・18 高刑集 58・3・40〔561〕
　………………………………………………467
最決平 17・10・7 刑集 59・8・779〔403〕………326
最決平 17・12・6 刑集 59・10・1901〔92〕……72
最決平 18・1・17 刑集 60・1・29〔444〕………362
最決平 18・1・23 刑集 60・1・67〔598〕………498
最決平 18・2・14 刑集 60・2・165〔356〕………285
最決平 18・3・14 刑集 60・3・363〔66〕………51
最決平 18・5・16 刑集 60・5・413〔534〕………439
最決平 18・8・21 判タ 1227・184〔341〕………268
最決平 18・8・30 刑集 60・6・479〔242〕………191
最決平 18・12・13 刑集 60・10・857〔558〕……464
最決平 19・3・20 刑集 61・2・66〔436〕………357
最決平 19・4・13 刑集 61・3・340〔204〕………163
最決平 19・7・2 刑集 61・5・379〔121, 151〕
　………………………………………104, 126
最決平 19・7・17 刑集 61・5・521〔344〕………271
東京高判平 19・9・26 判タ 1268・345〔99〕……79
最決平 20・1・22 刑集 62・1・1〔106〕…………91
最決平 20・2・18 刑集 62・2・37〔240〕…………189
東京高判平 20・3・19 判タ 1274・342〔265〕…206
最判平 20・4・11 刑集 62・5・1217〔109, 115〕
　……………………………………………93, 98
最決平 20・5・19 刑集 62・6・1623〔408〕……331
最決平 20・10・16 刑集 62・9・2797〔65〕……51
東京高判平 21・3・12 高刑集 62・1・21〔138〕
　………………………………………………116
最決平 21・3・16 刑集 63・3・81〔617〕………511
最決平 21・3・26 刑集 63・3・291〔372〕………296
広島高松江支判平 21・4・17 高刑速（平 21）205
　〔225〕………………………………………179
最決平 21・6・29 刑集 63・5・461〔205〕………164
最決平 21・7・13 刑集 63・6・590〔108〕………93
最決平 21・11・9 刑集 63・9・1117〔399〕……321

東京高判平 21・11・16 東高刑時報 60・1～12・185
　〔273〕………………………………………212
最判平 21・11・30 刑集 63・9・1765〔116〕……99
東京高判平 21・12・22 東高刑時報 60・1～12・247
　〔212〕………………………………………169
最決平 22・3・15 刑集 64・2・1〔167〕…………142
最決平 22・7・29 刑集 64・5・829〔345〕………272
東京地判平 22・9・6 判時 2112・139〔493〕…410
東京高判平 23・1・25 高刑集 64・1・1〔287〕…222
東京高判平 23・4・18 東高刑時報 62・1～12・37
　〔34〕…………………………………………26
東京地判平 23・7・20 判タ 1393・366〔442〕…360
最決平 23・10・31 刑集 65・7・1138〔64〕……49
最決平 24・1・30 刑集 66・1・36〔49〕…………35
最決平 24・2・13 刑集 66・4・405〔154〕………129
大阪高判平 24・3・13 判タ 1387・376〔46〕……33
東京地判平 24・6・25 判タ 1384・363〔357〕…286
名古屋高判平 24・7・5 高刑速（平 24）207〔206〕
　………………………………………………165
最決平 24・7・24 刑集 66・8・709〔52〕………36
最決平 24・10・9 刑集 66・10・981〔241〕……190
最決平 24・10・15 刑集 66・10・990〔607〕……504
東京高判平 24・10・17 東高刑時報 63・1～12・211
　〔190〕………………………………………155
大阪地判平 25・3・22 判タ 1413・386〔536〕…441
札幌高判平 25・7・11 高刑速（平 25）253〔5〕…7
東京高判平 25・11・6 判タ 1419・230〔4〕……6
最判平 26・3・28 刑集 68・3・582〔346〕………273
最決平 26・3・28 刑集 68・3・646〔347〕………275
最決平 26・4・7 刑集 68・4・715〔348〕………277
最決平 26・11・25 刑集 68・9・1053〔535〕……440
東京高判平 27・1・29 東高刑時報 66・1～12・1
　〔342〕………………………………………268
東京地判平 28・2・16 判タ 1439・245〔146〕…123
最決平 28・3・24 刑集 70・3・1〔61〕…………44
最決平 28・3・31 刑集 70・3・58〔574〕………475
横浜地判平 28・5・25 公刊物未登載〔537〕…442
最判平 28・12・5 刑集 70・8・749〔526〕………433
最決平 29・3・27 刑集 71・3・183〔562〕………467

判例索引　529

最大判平 29・11・29 刑集 71・9・467〔*102*〕……*83*　　最決平 29・12・19 刑集 71・10・606〔*467*〕……*381*

● 著者紹介

西田典之（にしだ のりゆき）　元東京大学教授
山口　厚（やまぐち あつし）　東京大学名誉教授
佐伯仁志（さえき ひとし）　東京大学教授
橋爪　隆（はしづめ たかし）　東京大学教授

判例刑法各論〔第7版〕

1994年 3 月30日　初　版第1刷発行
1998年 3 月30日　増補版第1刷発行
2002年12月20日　第3版第1刷発行
2006年 3 月25日　第4版第1刷発行
2009年 3 月30日　第5版第1刷発行
2013年 3 月30日　第6版第1刷発行
2018年 3 月20日　第7版第1刷発行
2019年 8 月10日　第7版第3刷発行

著　者　西　田　典　之
　　　　山　口　　　厚
　　　　佐　伯　仁　志
　　　　橋　爪　　　隆

発行者　江　草　貞　治

発行所　株式会社　有　斐　閣
　　　　郵便番号 101-0051
　　　　東京都千代田区神田神保町2-17
　　　　電　話　03(3264)1314〔編集〕
　　　　　　　　03(3265)6811〔営業〕
　　　　http://www.yuhikaku.co.jp/

印刷・株式会社理想社／製本・大口製本印刷株式会社
© 2018, 西田久美子・山口厚・佐伯仁志・橋爪隆. Printed in Japan
落丁・乱丁本はお取替えいたします。
★定価はカバーに表示してあります。
ISBN 978-4-641-13930-5

[JCOPY] 本書の無断複写（コピー）は、著作権法上での例外を除き、禁じられています。複写される場合は、そのつど事前に（一社）出版者著作権管理機構（電話03-5244-5088, FAX03-5244-5089, e-mail：info@jcopy.or.jp）の許諾を得てください。

本書のコピー，スキャン，デジタル化等の無断複製は著作権法上での例外を除き禁じられています。本書を代行業者等の第三者に依頼してスキャンやデジタル化することは，たとえ個人や家庭内での利用でも著作権法違反です。